사회복지행정

5판

| 김영종 저 |

Social Welfare Administration

학지사

5판 머리말

어느덧 5판 개정에 이르렀다.

사회복지행정 분야에서는 그간 이러저러한 변화들이 나타났다. 특히 우리나라에서 '사회복지' 개념의 확대 전환이 이루어지면서, 그 실행 구조를 담당하는 사회복지행정의 성격 또한 이전과는 다르게 규정되어야 할 필요가 생겼다. 기존의 민간 조직 중심 '사회복지서비스'에 대한 행정에서부터, 공공 조직을 포함한 '사회보장'의 확대된 영역에 대한 행정으로 사회복지행정을 설명할 필요가 있다.

이런 필요에도 불구하고, 책을 개정하는 일은 늘 꾸물대면서 가능한 한 미루게 된다. 내 책의 허술함을 또 다시 정면으로 맞닥뜨려야 하기 때문이다. 그것은 심적으로 적지 않은 부담을 준다. 그래서 개정 작업은 대개 불가피한 사유나 계기가 주어져야만 비로소 시작된다.

5판 개정의 계기는 부경대학교 사회복지학전공 김은정 교수가 제공해 주었다. 그는 나와 함께 지난 몇 년간 『사회복지개론』을 같이 써 왔었는데, 그 과정에서 틈만 나면 김영종 著 『사회복지행정』의 구성이 얼마나 '구닥다리'인지를 누누이 지적하였다. 어떤 이야기든 자주 듣다 보면 그것이 사실이 되어 버린다. 내게는 그 '구닥다리'라는 오명에서 벗어나고 싶은 마음이 개정에 나설 충분한 계기로 작용했다. 비록 듣기는 쉽지 않았지만, 그 때문에 이번 개정이 가능했기에 깊은 감사의 마음을 전하고 싶다.

이번 5판에서는 사회복지의 개념 변화에 따른 사회복지 전달체계에 대한 새로운 설명을 담았다(4장). 근래 사회복지 제도의 변용에 관한 이슈로서 복지국가의 성격 변화와 지역사회복지의 행정에 대한 설명은 별도의 장으로 다루었다(5장). 그 외의 나머지 장들에서도 사회보장의 개념으로 확대된 사회복지의 행정과 관련된 이슈들, 예를 들

어 공공 조직과 공공 전달체계에 관한 내용들을 추가해서 설명하였다. 그럼에도 사회
복지행정 지식의 골격에 해당하는 조직, 프로그램, 전달체계의 기본 틀은 그대로 유지
했다.

  이번 개정도 많은 이들의 도움으로 가능했다. 이 책을 수업 교재로 사용했던 학생들
의 솔직한 소감이나 평가는 늘 개정의 좋은 소재가 된다. 힘들게 책을 읽어야만 했던
경성대학교 사회복지학과의 학부와 대학원 학생들에게 감사한다. 실천 현장의 행정
상황을 전해 주었던 많은 사회복지사들께도 감사하고, 학술 활동을 함께해 왔던 여러
연구자들의 도움에도 감사한다. 이번 개정의 편집을 맡아 꼼꼼히 챙겨 주신 학지사 편
집부의 이영봉 과장님에게는 특별한 감사를 전한다. 학지사의 김진환 사장님과 김은
석 상무님에게는 한결같은 후원에 감사함을 표현한다.

  늘 그렇지만, 부족하나마 하나의 디딤돌이라도 더 얹는다는 마음으로 이 책을 내놓
는다.

2023년 3월
재약산 자락 곰발에서
김영종

1판 머리말

현재 우리나라 사회복지의 현실에 비추어 볼 때, 사회복지행정에 대한 지식적 기반이 확대되어야 할 필요성은 매우 크게 나타나고 있다. 비록 아직 충분하지는 않으나 점진적인 사회복지의 규모 팽창으로 인해서 사회복지조직들의 양적 증대와 서비스 규모 면에서의 확대가 꾸준히 이루어지고 있다. 그 결과 확대된 사회복지서비스들에 대한 체계적 운영과 관리의 필요성이 최근 들어 절실하게 나타나고 있다. 사회복지 실천의 일선에 있는 사회복지전문직들뿐만 아니라 사회복지를 공부하는 학생들 모두에게 사회복지행정은 더욱 중요한 지식이 되어 가고 있는 것이다.

이 책을 구상하고 있을 때만 해도 불과 한두 권에 불과하던 사회복지행정(론) 책들이 지금에는 많은 수로 불어나 있다. 사회복지행정에 대한 사회복지학계에서의 관심이 높아진 까닭일 것이다. 기존의 사회복지행정 교과서들은 모두가 훌륭한 책들로서 각각이 좋은 내용들을 담고 있다. 새롭게 내놓게 되는 이 책도 나름대로 독특한 내용과 설명들을 담으려고 노력은 하였으나 그것이 어떻게 받아들여질는지는 잘 모르겠다.

이 책은 크게 다섯 부분으로 구성되어 있다. 1부에서는 사회복지행정의 일반적인 성격에 대해서 설명하고 있다. 사회복지행정의 개념에 대한 설명과 사회복지행정이 일반행정과는 어떻게 구분되어야 하는지, 사회복지행정의 역사적 발달 등을 토대로 하여 사회복지행정의 특성에 대해서 설명한다. 2부에서부터 5부까지는 사회복지행정에 있어서의 중심적인 테마가 되는 조직, 프로그램, 서비스, 평가를 다루고 있다.

구체적으로는 2부에서 사회복지조직들의 구조와 운영에 대해서 다루는데 조직구조, 리더십, 인력관리, 재정관리, 정보관리 등이 포함되어 있다. 3부에서는 사회복지 프로그램에 대해서 설명한다. 사회복지 프로그램의 성격, 설계, 욕구사정, 개입전략 및 자원결정, 프로그램 기법 등이 차례로 정리되어 있다. 4부는 사회복지서비스의 전달체계와 활용에 대해서 다룬다. 5부는 사회복지의 평가에 대해서 주로 다루며 그와 관련된 사회복지의 책임성과 변화에 대해서 논의한다. 비록 각 파트의 주제들이 사회복지행정의 실천적 과정에서는 혼합되어서 나타나지만 책 구성과 설명의 편이를 고려하여 나누어서 설명되었다.

대학에서 사회복지행정을 강의하면서 이 분야에 대한 책을 한번 써 보고 싶다는 생각을 오랫동안 해 왔다. 그럼에도 그것을 실행하기에는 내게 오랜 시간과 많은 용기가 필요했다. 사회복지행정의 광범위한 분야들을 한 권의 책으로 묶어서 소화해 낼 수 있을 만큼의 충분한 지식이 내게 있는가에 대한 의문이 있었기 때문이다. 아직도 그 의문에 대해서는 답할 수 없지만 그래도 이 책을 쓰는 과정에서 나름대로의 이유는 찾을 수 있었다. 이 책이 사회복지행정의 실천 분야에 있는 사람들과 학생에게 우리의 사회복지행정에 대한 현실을 이해하는 데 조금이라도 도움을 줄 수 있다면—이해의 길잡이가 되든 비판의 근거가 되든—그것으로도 이 책의 존재 가치는 있을 것이라는 생각이었다. 이 책을 읽는 많은 분들의 조언이 있기를 바란다.

이 책을 쓰는 과정에는 많은 사람들의 도움이 있었다. 미국 텍사스-오스틴 주립대학교의 여러 교수들의 격려와 조언을 통해서 이 책의 구성이 시작되었으며 특히 Dr. David Austin의 지도에 대해서는 가슴 깊이 그 감사를 느낀다. 내게 '실제로' 책을 쓰도록 자극을 아끼지 않았던 학지사의 김진환 사장님, 수정되지도 않은 조악한 원고를 강의노트로 사용하였는데도 큰 불평 없이 인내해 주었던 경성대학교의 학부와 대학원 학생들, 바쁜 일정들을 쪼개어 그림 그리기와 교정을 보아 준 여러분, 그 외에도 수많은 사람들의 격려와 조력이 있었음을 일일이 다 밝힐 수 없는 것이 아쉽다. 다시 한 번 더불어 살아가고 있음에 감사를 느끼고 그것에 대해 보답을 해야 한다는 무거운 책임감도 새삼 느낀다.

대연동에서
저자 김영종

차례

◎ 5판 머리말 _ 3
◎ 1판 머리말 _ 5

제1부 사회복지와 행정

제1장 사회복지행정이란   15

1. 현대사회의 사회복지 _ 15
2. 사회복지행정의 필요성 _ 18
3. 사회복지행정의 영역과 기능 _ 22
4. 사회복지행정의 특성 _ 26

제2장 사회복지행정의 역사   35

1. 영국의 사회복지행정 _ 35
2. 미국의 사회복지행정 _ 45
3. 일본의 사회복지행정 _ 50

제3장 한국의 사회복지행정   63

1. 사회복지행정의 형성기 (1950~1970년대) _ 63
2. 사회복지행정의 성장기 (1980~1990년대) _ 67
3. 사회복지행정의 패러다임 전환기 (2000년대~현재) _ 71
4. 우리나라의 현행 사회복지 제도 _ 76

제2부 전달체계

제4장 사회복지 전달체계   87

1. 사회복지 전달체계란 _ 87
2. 전달체계의 분석틀 _ 89
3. 사회보험 전달체계 _ 101
4. 공공부조 전달체계 _ 103
5. 사회서비스 전달체계 _ 106

제5장 지역사회복지 행정과 전달체계   117

1. 지역사회복지 행정이란 _ 117
2. 우리나라의 지역사회복지 행정 _ 121
3. 커뮤니티 케어 _ 124
4. 지역사회복지의 전달체계 _ 127
5. 전달체계의 사정과 통합 _ 132

제3부 조직의 이해

제6장 조직 이론   143

1. 조직이란 _ 143
2. 합리 · 합법성 이론 _ 145
3. 인간관계론과 인적자원론 _ 151
4. 개연성 이론 _ 155
5. 정치경제 이론 _ 157
6. 제도 이론 _ 160
7. 조직 이론의 동향 _ 162

제7장 조직 환경과 구조   175

1. 사회복지조직과 환경 _ 175
2. 조직 구조 _ 180
3. 행렬조직 _ 188
4. 사회복지조직의 구조 선택 _ 191

제4부 조직 관리

제8장 리더십과 수퍼비전   199

1. 리더십이란 _ 199
2. 리더십 이론 _ 200

3. 참여적 리더십과 의사결정 _ 210

4. 관리자의 리더십 기술 _ 213

5. 휴먼서비스 리더십과 수퍼비전 _ 216

제9장 인사 관리   225

1. 인사 관리란 _ 225

2. 인사 관리의 과업 _ 227

3. 인력의 평가와 개선 _ 235

4. 인사 관리의 실천 동향 _ 244

5. 자원봉사자 개발과 관리 _ 248

제10장 재정 관리   255

1. 예산이란 _ 255

2. 예산 양식 _ 258

3. 비용 분석 _ 266

4. 예산 집행 _ 273

5. 사정과 회계 _ 277

제11장 정보 관리   283

1. 정보와 정보 관리 _ 283

2. 전산화와 정보관리시스템 _ 289

3. 정보시스템의 구축과 운용 _ 294

4. 사회복지 분야의 통합적 정보시스템 _ 302

5. 사회복지조직과 정보 관리의 과제 _ 304

제5부 기획 및 프로그램

제12장 기획   311

1. 사회복지 기획과 의사결정 _ 311

2. 전략적 기획 _ 316

3. 프로그램 기획 _ 320

4. 마케팅 기획 _ 323

5. 의사결정 기법 _ 329

제13장 사회복지 프로그램의 개발   337

1. 프로그램 구조 _ 337

2. 프로그램 기획의 과정 _ 343

3. 문제 확인과 욕구사정 _ 345

4. 목적과 목표 설정 _ 355

5. 프로그래밍 _ 360

6. 실행 및 관리, 평가 _ 366

제14장 프로그램 및 서비스 관리   371

1. 프로포절 작성과 활용 _ 371

2. 프로그램의 목표 관리 (MBO) _ 376

3. 일정관리 기법 (Gantt, PERT) _ 379

4. 성과 측정 _ 388

5. 클라이언트 흐름도 _ 391

제15장 평가   397

1. 공식적 평가의 필요성 _ 397

2. 평가의 체계와 유형 _ 399

3. 프로그램 평가 _ 402

4. 사회복지조직의 평가 시스템 _ 416

제6부 서비스 활용과 전문직

제16장 사회복지서비스의 활용   425

1. 서비스 접근성과 활용 _ 425

2. 서비스 활용과 사회적 비용 _ 428

3. 서비스 활용의 과정 _ 431

4. 서비스 활용의 전략 _ 435

제17장 책임성과 변화, 사회복지전문직   447

1. 사회복지조직의 책임성 _ 447

2. 사회복지조직의 변화 전략 _ 453

3. 사회복지전문직의 과제 _ 459

◎ 찾아보기 _ 465

제1부
- - - - - - -

사회복지와 행정

제1장 ⋯ 사회복지행정이란

제2장 ⋯ 사회복지행정의 역사

제3장 ⋯ 한국의 사회복지행정

제1부에서는 사회복지행정이란 무엇인지를 설명한다. 먼저 제1장은 현대사회에서 사회복지행정이 왜 필요하고, 그 특성은 무엇인지를 설명한다. 제2장 사회복지행정의 역사는 사회복지행정이 영국과 미국, 일본에서는 각기 어떻게 전개되었는지를 설명한다. 제3장에서는 우리나라 사회복지행정의 제도적 발달 과정과 현황을 설명한다.

제1장

사회복지행정이란

사회복지행정이란 사회복지의 이념이나 정책적 목적을 추구하는 방법으로서의 행정을 말한다. 행정이란 '조직' 과정을 통해 목적을 수행하는 방법이다. 현대사회에서는 사회복지의 목적 수행을 위해 이 같은 행정의 방법이 필수적이 된다. 이 장에서는 그 이유가 무엇 때문인지를 먼저 설명하고, 일반 행정과는 다른 사회복지행정의 고유한 특성을 제시해 본다.

1. 현대사회의 사회복지

현대사회란 단순하게는 지금 우리가 살고 있는 사회를 말한다. 이러한 현대사회에서 살아가는 사람들의 삶은 과거 농경사회 등에서와는 현저하게 다른 특성을 가진다. 대표적으로는 산업화의 영향으로 인해 사람들이 일하고 생계를 영위하는 방식이 달라진 것이다. 그로 인해 사람들이 살아가는 데 필요한 상호부조 혹은 복지의 기능이 수행되는 방식 또한 확연히 달라졌다.

농경사회란 사람들이 농사를 지어 삶을 영위하는 방식을 뜻한다. 산업사회가 등장하기 이전까지 이런 방식의 사회가 인간 역사에서 오랫동안 지속되어 왔다. 농경사회에서 사람들은 가족 내 협업 노동을 통해 삶에 필요한 자원을 확보했다. 이를 토대로 가족 울타리 안에서 아이를 양육하고, 노약자를 돌보는 등의 상호부조 기능을 수행할 수 있었다. 농경사회에서 가족이란 경제와 복지의 기능을 통합적으로 수행하는 하나의 온전한 공동체 사회에 관한 제도였다.

농경사회의 가족 제도를 지탱하는 가치와 규범 체계는 '효'가 대표한다. 효(孝)는 부모가 자식을 양육하고, 자식은 성장해서 부모를 부양한다는 가족 구성원들의 세대 간 약속이다. 가족 경제의 농경사회에서는 이 규약 하나만으로도 대부분 사람들의 상호부조의 복지 욕구가 충족될 수 있었다. 이때 사회적 도움이 필요한 사람들은 단지 가족(기능)을 잃은 사람들이고, 지역이나 종교, 국가 등의 도움은 단순히 '시혜'에 그쳤다. 이때는 복잡한 규약 체계를 필요로 하는 현대의 사회복지 제도와 같은 것이 불필요했다.

산업화와 도시화로 대표되는 현대사회에 들어오면서는 이러한 풍경이 급격히 변화한다. 산업화는 일차적으로 사람들이 살아가는 삶의 양식을 근본적으로 바꾸어 놓았다. 사람들은 공장에서 노동을 한다. 자신의 노동력을 시장에 내다 팔아서 획득한 임금을 통해 삶을 영위한다. 생계에 필요한 식량 등의 자원은 임금 소득으로 얻은 화폐적 교환가치를 통해 시장에서 구입한다. 산업화 사회에서 사람들의 생계는 가족 내 협업 노동이 아니라, 타인들과의 공장 노동을 통해 개인적으로 획득한 화폐액의 가치에 달려 있게 된다.

산업화된 사회에서는 사람들 간의 관계가 기능적으로 분화된다. 과거 농경사회에서는 사람들이 비슷한 일(농사)을 하고 살았다면, 현대 산업사회에서는 사람들은 제각기 다른 일을 하며 살아간다. 신기하게도 그토록 많은 사람들이 각기 다른 생각과 행동, 일을 하며 각자 살아가는데도 전체 사회가 통합적으로 작동한다. 이를 가능하게 하는 것이 '공장' 제도다. 공장이란 분업화된 일을 담당하는 기본 조직 단위를 뜻한다.

우리가 옷 하나를 입는 것도 수많은 공장들이 각기 작동해서 가능하다. 옷감에서부터 실, 단추, 지퍼 등의 자재를 생산하는 공장, 이들을 이리저리 사고파는 일을 하는 공장, 물건을 운송하는 공장, 자재들을 가지고 옷을 완성하는 공장, 다시 이들을 이리저리 사고파는 공장, 운송하는 공장, 진열하고 판매하는 공장 등이 각자의 일들을 하면서 연결되어 있다. 이 외에도 그런 공장들을 지원하는 공장들까지를 더하면, 전 세계의 수많은 공장들이 내가 지금 옷을 입는데 기여(기능)했다.

과거 농경사회라면 내가 옷을 입는 데 기여하는 것은 가족 구성원들밖에 없다. 가족 중 누군가 목화를 심고, 실을 뽑고, 베틀에서 옷감을 짜고, 재단하고 바느질해서 옷을 만들어 낸 옷을 내가 입는다.

공장 조직 제도는 도시화와 공식적인 규약체계를 필요로 한다. 공장에서 일하는 사람들은 한정된 공간에 밀집해서 살면서, 시장을 통해 재화를 획득하는 도시적 삶을 산다. 도시에서 사람들은 서로 간에 익명성을 띠고 살아간다. 서로 '모르는' 사람들이 모여 공장에서 일을 하고, 함께 버스를 타고, 인터넷으로 소통도 한다. 과거 한정된 공간에서 소수의 '아는' 사람들끼리 살아가던 지역에서는 비공식적이고 단순한 규약만으로도 사회가 유지될 수 있었다. 그러나 익명의 수많은 사람들이 복잡하게 얽혀 살아가는 현대 산업도시에서는 법제도와 같은 공식적 규약 체계가 사회적으로 불가피하게 된다.

어떤 사회에서도 사람들은 상호부조(mutual support)의 기능이 충족될 필요를 가진다. 이 기능은 개인이 혼자서 충족할 수 없는 것으로, 다른 사람들과의 관계를 통해서만 가능하다. 그래서 사람들은 상호부조를 위한 사람들 간 관계를 중심으로 공동체 사회를 이룬다. 한 사람은 여러 유형의 사회들, 예를 들어 가족, 지역, 회사, 동호회, 연대, 종교집단, 국가 등에 속할 수 있지만, 이 중에서도 상호부조의 공동체 기능을 수행해 주는 사회에는 필수적으로 소속되어야 한다.

최소한 아이가 태어나서 성인이 될 때까지는 누군가 양육을 해 주어야 하고, 후에 노인이 되었을 때도 누군가로부터 돌봄을 받아야 한다. 이를 위해 자신이 성인일 때 아이를 양육하고 노인을 부양한다. 이런 자연스런 생애주기에 따른 상호부조의 필요성 때문에 사람들은 공동체 사회가 필요하다. 과거에는 가족이 그런 사회의 중심이었다면, 도시산업사회에서는 국가 등으로 중심이 옮겨간다. 예를 들어, 이제 노인부양은 기본적으로 국가 공동체와의 계약으로 사회연금이나 장기요양서비스 등이 감당하게 된다.

오늘날 사람들은 산업화와 공장제 분업, 도시화와 공식적 규약 관계 등과 같은 사회적 기반 위에서 살아간다. 여기에서 가족 사회는 과거와 같은 경제와 복지의 통합적 기능을 수행하는 제도로 유지되기 어렵다. 그래서 새로운 형태의 공식적인 계약으로 형성된 공동체 사회가 구성되는데, 그것이 사회복지 제도가 된다.

현대사회의 사회복지 제도는 수많은 개인들 간의 공식적인 규약 체계의 형태를 띤다. 익명적이고 분화된 기능을 수행하는 개인들은 공식적인 규약에 의거해서 상호부조에 관한 권리와 의무를 가지는 공동체에 편입된다. 사회복지 제도만이 아니라 현대사회의 모든 제도들이 대부분 이러한 공식적인 규약 체계로서 작동되는데, 이를 구성하고 운용하는 기본 단위는 '조직' 차원에 있다. 오늘날 사회복지에서 조직 방법의 사회복지행정이 필요한 이유도 이로부터 나타난다.

2. 사회복지행정의 필요성

사회복지를 행정, 관리 혹은 경영해야 하는 이유는 일차적으로 현대사회에서 상호부조 기능을 수행하는 공동체 사회의 범주가 국가 혹은 그 이상으로까지 확산되었기 때문이다.[1] 그로 인해 공동체 사회의 규약에 해당하는 사회복지 제도는 막대한 규모의 사람들 간 관계를 다루어야 하고, 체계의 복잡성이 크게 증가할 수밖에 없다. 이에 따라 현대사회에서는 사회복지의 핵심 과업 중 하나가 이러한 복잡한 체계를 구성하고 관리하는 것이 된다. 즉, 사회복지에 행정이 필요하게 되는 것이다.

대규모 사회를 잇는 사회복지를 행정하는 일차적인 수단은 공식적이고 체계적인 '조직'이다. 조직(organization)이란 사람들이 모여 공통된 목적을 가지고 짜여진 방식으로 일을 나누어 하는 것, 혹은 그렇게 하는 구조나 기구를 의미한다. 굳이 구분하자면 후자를 조직체라고도 한다.

영어로 조직을 'organization'이라 하는데, 수단이나 방법을 뜻하는 그리스어 'organon'에서 유래되었다고 본다. 영어로 'organ'은 신체 기관이나 장기를 뜻하는 말이다. 조직은 한자어로 '組織'으로 쓰는데, 실을 짜서 옷감을 만드는 뜻에서 기인했다. 옷감은 실 가닥들을 어떻게 조합하고 짜는지에 따라 여러 형태로 만들어 낼 수 있다. 조직의 뜻은 이런 의미들에 중첩되어 있다. 즉, 조직이란 특정한 기능 수행을 위한 수단으로서 사람들이 특정한 방식으로 짜여 있는 상태, 혹은 그 결과로서의 조직체를 뜻한다.

현대사회는 조직 사회다. 현대사회의 주요 기능은 개인보다 조직을 기본 단위로 해서 수행된다. 현대의 사회복지 제도 역시 대부분의 과정이 조직 차원으로 짜여 있다. 과거 가족이나 지역사회와 같은 비공식적인 인간관계로서 자연스레 해결되던 사람들의 상호부조 욕구가 현대사회에서는 공식 조직들을 통해 수행된다.[2]

국가는 노령, 질병, 재해, 실업에 대비하기 위해 정부 조직으로서의 보건복지부와 고용노동부뿐만 아니라, 연금공단, 건강보험공단, 근로복지공단 등과 같은 공공 기관들을 둔다. 이들 조직은 법에 명시된 규정에 의거해서 보험료를 고용자, 노동자 혹은 정부로부터 수거, 관리하고 이를 사전에 정해진 규정에 따라 지급한다. 개인은 이들 공공 조직의 기능을 통해 전체 사회구성원들과 상호부조의 관계로 연결될 수 있다.

우리나라 5천만 인구는 공공부조 제도로 묶여 있다. 공공부조는 정부 조직이 상호부조의 사회적 기능을 수행하는 것으로, 우리나라에서는 국민기초생활보장제도가 대표적이다. 공공부조 제도를 운영하려면, 먼저 세금을 징수하기 위한 입법 및 행정, 사법 조직들이 필요하다. 세금액을 법으로 정하고, 이를 실행하고, 때로 강제하기 위해 그런 조직들이 갖추어져야 한다. 걷혀진 세금을 대상자 개인들에게 선정해서 지급하려면 여기에도 방대한 조직 기구들이 필요하다. 국민기초생활보장제도의 급여가 전달되는 [보건복지부−시·도−시·군·구−읍·면·동−사회복지직공무원]의 정부 조직 체계는 단지 그중 일부분에 해당한다. 개인(국민)은 이들 공식 조직의 기능을 통해 다른 5천만 인구들과 상호부조의 관계를 맺는다.

지역사회 차원에서 공공이나 민간이 사회서비스를 제공하는 데도 수많은 공식 조직들이 동원된다. 우리나라에서 사회복지서비스 활동에 관한 기본적 제도 규범인 「사회복지사업법」에서는 사회복지서비스는 '법인' 혹은 '시설'이라는 공식 조직을 통해 수행한다고 명시한다.[3] 사람들은 이들 조직에 직접 후원하거나 세금을 통해 간접적으로 지원하고, 필요에 따라 이들 조직이 제공하는 서비스를 이용한다. 이런 점에서 사회서비스를 수행하는 제반 기관이나 프로그램들도 모두 사회적 차원의 상호부조 기능을 수행하는 공식 조직이다.

공공과 민간 조직 모두 공식(公式) 조직에 해당한다. 공공(public, civil, 公共) 조직이란 정부나 공단 조직을 지칭하는 것이고, 민간(private) 조직은 영리나 비영리 목적의 조직들을 말한다. 이들은 모두 일정한 제도적 규칙과 틀에 의거한다는 점에서 공식적 조직이지만, 규제와 작동 방식의 차이에 따라 공공과 민간 부문으로 구분된다. 사회복지의 기능 수행은 공공 부문뿐만 아니라, 수많은 민간 부문의 공식 조직들에 의해서도 이루어진다.

우리나라에서 사회(복지)서비스의 실천 기능은 대부분 민간 조직들이 수행한다. 일부만 예로 들더라도, 어린이집, 방과후교실, 지역아동센터, 가출청소년쉼터, 아동생활시설, …, 노인복지관, 노인대학, 가정봉사원파견센터, 양로원, 요양원, 전문요양원, …, 장애인복지관, 장애인생활시설, 장애인활동지원센터, … 등과 같은 수많은 공식적 사회서비스 조직들은 대개 민간 부문에서 운영한다.

현대사회는 공식적 조직에 대한 필요성을 확대해 왔다. 대규모의 공식 조직들은 한 개인에 의해 소유되는 지식과 기술들을 초월할 수 있는 집합성을 제공하기 때문에, 현대사회의 복잡한 문제들을 해결할 수 있는 주된 도구가 되어 왔다.[4] 그 결과, 산업사회 이후에 등장하는 대부분의 사회복지 활동은 정형화되고 과학적인 프로그램 혹은 조직의 의미를 띠게 되었다.[5] 윌렌스키와 르보가 현대사회에서의 사회복지를 규정짓는 첫 번째 조건으로 '공식적 조직'을 꼽은 것도 바로 이러한 연유다.[6]

조직화된 사회복지는 그 과정과 운영에 대한 이해를 필요로 한다. 아무리 고상한 목적이라도 그것이 실현되기 위해서는 효과적인 수단이 필요하다. 강을 건너기 위해서는 배가 필요하다. 사회복지의 목적이 강을 건너는 것이라면, 사회복지행정은 그 목적을 구현하는 수단인 배와 같은 것이다. 그러한 배를 어떻게 건조하고 운행할 것인지가 곧 사회복지행정의 방법적 지식과 기술을 형성한다.

현재와 같이 복잡하게 분화된 사회에서는 특정 사회복지 목적이나 정책이 개인들에게 서비스화되어 도달하기까지는 수많은 조직적 과정이 필요하다. 정책 목적은 구체적인 수단 목표들로 나누어지고, 제각기의 조직 기구들이 세분화된 목표들을 각자 수행한다. 개별 조직 단위의 세분화된 활동들은 전체의 목적에 기여하는지를 놓고 관리되어야 한다. 각자가 아무리 효과적이더라도, 의도했던 정책 목적의 달성과는 무관하거나 심지어는 그 달성을 저해할 수도 있기 때문이다.

이러한 이유들로 인해 사회복지의 조직적 과정에 대한 관리를 담당하는 행정에 대한 필요성이 확대되었다. 개별적인 실천 활동들이 전체 사회복지의 목적 추구에 정합(整合)되기 위해서는 사회복지행정에 대한 지식이 더욱 중요해졌다. 티트무스(R. Titmuss)는 20세기 초 영국이 근대적 사회복지 제도를 도입하면서 겪었던 경험을 통해, 사회복지행정의 필요성을 제기했다.[7]

> 영국 사회에 있어서 20세기 초는 사회서비스들에 관한 사상이 가장 진보적인 시기였다. 이 시기는 개인에 대한 책임을 강요하는 구빈법(Poor Law)적인 전통에서 벗어나, 집합적으로 사회 문제를 해결하고자 하는 사상과 이념이 가장 왕성했던 때였다. 그런데도 이 시기에 나타났던 많은 서비스들은, 19세기까지 이어져 왔던 구빈법적인 양식을 답습하게 되었다. 구빈법을 몰아내기 위해 만들어진 서비스 프로그램들이 새로운 아이디어와 도구의 부재로 인해 과거의 낡은 실천 방법론들을 빌리게 되었고, 그 결과 그러한 방법론들에 내재되어 있던 구빈법적 이념이 새로운 서비스들에 잔재하게 되었던 것이다. 이러한 사회적 목적과 실천 방법들 간에 나타났던 상반되는 괴리로 인해, 영국의 사회서비스의 구조와 기능들이 심각하게 저해되었던 바가 있었다.

티트무스는 이러한 문제 분석에 입각해서, 사회정책과 이를 실천에 옮기는 운반체(machinery) 및 서비스 대상 인구에 대한 이해 등을 포괄적으로 연구하는 사회행정이 절실히 필요하다는 것을 제시했다. 비록 티트무스가 말하는 영국에 있어서의 '사회행정(social administration)'은 미국이나 우리나라에서 쓰이는 '사회복지행정'의 개념보다 확대된 것이기는 하다. 그럼에도, 이념과 정책적 목적, 실천을 연결하는 행정 기능이 중요하다는 지적은 현재까지도 사회복지행정의 필요성을 명료하게 대변한다.

3. 사회복지행정의 영역과 기능

사회복지행정은 사회복지를 행정 혹은 관리하는 것이다. 조직화된 현대사회에서 사회복지의 행정 과업은 일차적으로 정책과 실천을 조직적 과정으로 연결하는 것에 있다. 이를 위해 조직을 기획하고 관리하는 역할을 수행한다. 여기에서 '행정'이란 공공 부문에 국한된 것이 아니라, 민간 부문의 조직과 체계 활동까지를 포괄하는 의미다.[8]

1) 영역

사회복지행정은 사회복지의 방법 영역 중 하나다. 사회복지의 방법은 크게 정책, 행정, 실천 영역으로 구분된다. 사회복지정책과 실천의 방법은 비교적 각기 뚜렷하게 구분되지만, 사회복지행정의 경우는 그렇지 못하다. 행정은 정책과 실천 영역을 잇는 가교(bridging) 역할을 하므로, 그 이음 부분들에서 중첩이 나타나기 쉽기 때문이다.

현실적으로도 정책과 행정의 개념은 쉽사리 혼동되기 쉽다. 이념적으로는 정책과 행정의 관계란 '목적과 수단, 목표와 노정(路程), 근본주의와 점진주의, 유토피아와 여행수단' 등으로 쉽게 구분될 수 있다.[9] 정책은 일종의 방향 제시이고, 행정은 그것을 실천하는 수단이나 과정인 것이 분명하다. 그러나 현실에서는 어떤 특정 활동이 스스로 정책인지 아니면 행정인지로 구분되어 있지 않다. 따라서 그 판단은 맥락에 의거해서 내려진다.

보건복지부가 지방자치단체와 민간 사회복지 시설들에 대한 지원 방식을 바꾸려는 목적으로 「사회복지사업법 시행규칙」을 바꾼다 하자(A). 이에 따라 지방자치단체가 민간 시설 지원에 관한 조례를 개정하고(B), 이에 근거해서 어떤 노인생활시설이 시설입소자의 의식주 관련 생활 기준을 변경하고 시행한다(C). 이 경우 B는 C의 입장에서는 정책이지만, A의 입장에서는 행정이 된다.

　행정은 정책뿐만 아니라 다른 개념들과도 연관성을 가지고 있다. 사회복지기획이나 지역사회조직 등도 사회복지행정의 개념과 상당 부분 영역이 중첩되어 있다.

· 사회복지정책(policy) : 사회복지에 관한 목적이 결정되는 과정 혹은 그 결과를 의미한다. 정책은 주로 '무엇을 할지를 결정'하는 것이지만, '어떻게'에 대한 방법의 결정이 포함되기도 한다.
· 사회복지기획(planning) : 사회복지정책을 형성하거나 실행 수단을 강구하는 데 필요한 합리적 의사결정과 선택의 과정을 뜻한다. 조사, 가치 분석과 표출, 정책 형성, 행정의 구조화, 평가와 측정, 피드백 등이 주된 활동 내용이다.
· 지역사회조직(CO) : 지역사회(Community)를 조직하는 과정(Organizing)을 주로 다룬다. CO는 지역 차원의 활동에서 정책과 기획, 행정의 영역을 포괄하지만, 방법적으로는 지역사회 주민의 참여를 중심 기제로 한다는 점에서 다른 개념들과 차이를 가진다.

　사회복지의 실천에서는 정책과 기획, 지역사회조직, 행정 간에 영역의 중첩이 빈번하게 발생한다. 그래서 굳이 이들을 분리시키기보다는 함께 묶어서 사회복지 매크로실천(macro-practice)으로 개념화하는 경향도 있다.[10] 이는 클라이언트와의 대면적 관계를 통해 실행되는 직접 실천 혹은 마이크로실천(micro-practice)과 구분된다. 매크로실천은 마이크로실천에 영향을 끼치는 정책이나 행정, 지역사회 등의 거시적 환경을 다루는 역할을 한다.

　매크로실천의 관점에서 보자면, 사회복지행정의 영역은 목적과 수단의 측면을 포괄적으로 다룰 필요가 있다. 수단으로서의 행정이 목적으로서의 정책을 간과하면, 행정은 합리성을 지향할 수 없게 된다. 합리성이란 목적과 수단이 합치되는 것을 말하기 때문이다. 사회복지행정이 합리적이지 못하면, '목적전도'와 같은 문제가 나타난다.

　목적전도(goal displacement)란 목적과 수단이 뒤바뀌는 현상을 말한다. 사회복지조직은 사회적 목적을 추구하기 위한 수단으로 만들어진 것이다. 그럼에도 수단인 조직이 그러한 목적을 잊어버리거나 등한시하고, 조직 자체의 생존이나 스스로의 논리(규칙 등)를 우선시할 수도 있다. 수단이 목적을 대체해 버리는 것이다.

노숙인의 사회재활을 돕기 위한 목적으로 무료급식센터라는 조직(수단)이 만들어졌다 하자. 센터가 오래 운영되다 보면 무료급식 자체가 이 조직의 목적이 되어 버릴 수 있다. 심하게는 무료급식이라는 방법으로는 노숙인의 사회재활(본래의 사회적 목적)에 부정적인 영향을 미친다는 것이 감지되더라도, 예를 들어 무료급식이 가능한데 굳이 '밥벌이'를 하려고 할까?와 같은 의문이 제기되더라도, 무료급식 사업으로 유지되는 센터 조직은 그와 무관하게 직원들의 고용 안정 등과 같은 힘을 빌려 지속될 수 있다.

사회복지행정의 영역은 목적과 수단에 관한 통합적인 관점에서 파악될 필요가 있다. 그래야만 사회복지행정이 바람직한 기능을 수행해 나갈 수 있다. 또한 정책과 기획, 지역사회조직과의 통합적 매크로실천을 위해서라도, 사회복지행정의 방법을 적절히 이해하는 것이 중요하다.

2) 기능과 조직 구성

사회복지행정은 조직을 다루는 일을 한다. 조직을 적절하게 행동하도록 만들어서 사회복지의 목적이 달성되게 하는 것이다. 이는 사회복지정책이 사람들의 의사를 결집하는 일이고, 직접 실천은 사람들 간 대인적 관계의 일인 것과 대비된다. 현대사회는 조직화된 사회의 특성을 띠므로, 사회복지의 기능이 그 안에서 실행되기 위해서는 조직을 다루는 행정의 기능이 중요하다.

일반적으로 조직적 행정의 기능은 '제도적 리더십'과 '관리'라는 두 영역으로 나누어진다.[11] 조직의 목적을 확인하고 목적 실행에 적합한 구조를 개발하는 것을 제도적 리더십이라 하고, 조직 내부의 하위 체계들을 조정, 통합하여 일관성 있는 기제로 만드는 일을 관리라고 한다. 사회복지행정의 기능은 사회복지조직의 제도적 리더십과 관리를 함께 수행하는 것이다. 사회복지조직의 내부를 관리하는 활동뿐만 아니라, 조직의 목적을 설정하거나 외부 환경과 관계를 맺는 활동들도 포함한다는 뜻이다.

[그림 1-1]은 사회복지행정의 역할과 조직 구성을 나타내는 것이다. 여기에서 보듯이, 사회복지행정은 사회복지의 이념 및 정책을 현장에서의 서비스와 실천으로 이어 주는 가교 기능의 역할을 한다. 이 역할은 공공이나 민간 부문의 공식적 조직 차원을

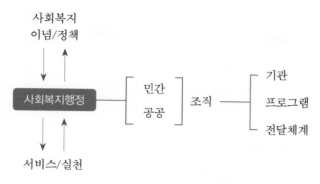

[그림 1-1] 사회복지행정의 역할과 조직 구성

통해 수행된다. 기관이나 프로그램, 전달체계는 조직의 다양한 표현 양상을 말한다.

'전달체계'는 분화된 기능을 수행하는 기관이나 프로그램 등의 개별 조직 단위들이 연결된 양상으로서, 넓은 의미의 조직에 해당한다. 하나의 기관이나 프로그램 내에서도 세분화된 하위 조직 단위들을 서비스 전달의 목적에서 연결시켜 볼 때 전달체계의 조직 개념이 적용된다. 사회복지행정의 기능이 세분화될수록, 개별 조직 단위들이 연결되어 서비스를 전달하는 양상으로서의 전달체계 조직이 중요하게 다루어진다.

사회복지 실천 현장에서는 일반적으로 조직을 '기관'이나 '시설'의 개념에 보다 가까운 것으로 보는 경향이 있다. 조직의 개념을 '사람들의 구성'이라는 인적 구조화의 측면으로 간주하자면 그렇게 되기 쉽다. 사회복지조직을 그와 같은 협의의 개념으로 볼 때는, 프로그램은 기관이나 시설과 분리된 것처럼 여겨지기 쉽다. 그러나 현실적으로 이들은 분리되어 있기 힘들다.

사회복지 기관 혹은 시설을 지칭하는 명칭(예: △△시사회복지공동모금회, ○○구종합사회복지관, ◇◇요양원, □□지역공부방 등)에는 실제로 '프로그램' 개념이 동시에 포함되어 있다. 예를 들어, 공동모금회, 사회복지관 등은 각기 다른 목적과 사업 수행의 프로세스를 가지고 있는 각기 다른 '프로그램'이다. 기관 혹은 시설의 개념은 그러한 프로그램의 성격과 협의의 조직(인적 구조화)을 묶어서 말하는 것이다. 모두 넓은 의미의 조직 개념에 속한다.

'프로그램' 역시 사회복지행정이 수행하는 조직 활동의 일환이며, 사회복지정책을 실천으로 옮기는 운반체의 역할을 한다. 컴퓨터에 비유하자면, 기관은 하드웨어, 프로그램은 소프트웨어라고 할 수 있는 것이다. 컴퓨터가 작동되기 위해서는 이러한 두 가지 양상의 조직 차원이 함께 필요하다. 사회복지행정의 조직 역시 이와 마찬가지다. 사회복지 프로그램이 기획과 실행, 평가, 연계 등의 소프트웨어적 조직 활동을 수행하기 위해서는, 이를 담는 하드웨어로서 기관 차원의 조직이 함께 필요하다.

[그림 1-1]에서 정책과 실천을 잇는 양방향의 화살표는 사회복지행정의 기능이 단순히 정책을 실천 현장에 일방적으로 전달하는 것이 아니라는 뜻이다. 실천 현장의 실태와 요구를 파악하여 정책에 반영하는 상향 과정도 사회복지행정의 중요한 기능에 포함된다. 특히 현장으로부터 사람들이 필요로 하는 바가 중요하게 반영되어야 하는 대인적 휴먼서비스의 경우에는, 사회복지행정에서 양방적 체계가 중요하다.[12]

4. 사회복지행정의 특성

사회복지행정은 일반 행정과 차별되는 고유한 특성을 가진다. 큰 틀에서 조직 과정을 다룬다는 점에서는 행정의 기본 성격을 공유하지만, '휴먼서비스'의 속성을 구현해야 한다는 점에서 사회복지행정만의 고유한 방법적 특성들이 나타난다.

1) 휴먼서비스 속성의 행정

휴먼서비스(human service)란 인간에 대한 직접 서비스들을 포괄하는 개념이다.[13] 보건, 교육, 복지 부문 등에서 이루어지는 대인적 서비스들이 모두 이에 해당한다. 휴먼서비스의 핵심적 본질은 서비스의 대상이 '인간 존재' 자체라는 점에 있다. 인간을 대상으로 하는 서비스들은 많지만, '사람과 함께 사람에 대해 직접적으로(directly with and on people)' 일을 한다는 점에서 휴먼서비스는 다른 서비스들과 다르다.[14]

단순히 사람을 '위하는' 서비스라 해서 그것을 휴먼서비스 혹은 사회(복지)서비스라 하지 않는다. 도로나 공원을 만들고, 거리를 청소하는 등의 여타 행정 서비스들도 사람들의 복리를 위하는 것이기는 하지만, 사람들을 대상으로 '직접' 서비스가 이루어지지 않는다는 점에서 휴먼서비스라 하지 않는다.

모든 사회복지의 제도적 활동들이 휴먼서비스로만 구성되는 것은 아니다. 넓은 의미에서 사회복지 서비스라고 할 때는 단순 현금-이전 급여 등의 성격도 포함된다. 예를 들어, 연금이나 실업수당, 생계비 등을 현금으로 지급하는 것이다. 이들은 전달되는 급여의 내용 형식으로만 보자면, 휴먼서비스와는 무관하게 여겨질 수 있다. 그럼에도 이들 급여도 조성 과정이나 의도된 목적에서는 사람들의 상태를 '직접적'으로 변화시키려는 것이므로, 휴먼서비스적 속성이 고려될 부분이 있다.

휴먼서비스 속성의 사회복지에서는 그에 부합되는 고유한 가치를 실행에 옮길 수 있는 행정의 원리가 요구된다. 휴먼서비스는 서비스의 대상이자 생산 결과물이 '인간'이라는 독특함을 가진다. 그러므로 휴먼서비스의 속성을 실천하는 사회복지행정의 원리 역시 인간에 대한 고유한 가치와 특성을 기반으로 성립된다.[15] 휴먼서비스 속성의 사회복지행정에서는 인간에 대한 보편적인 가치를 '휴머니즘'에 둔다.

휴머니즘(humanism, 인본주의)이란 다음과 같은 가치를 믿는 것이다.[16]

· 존재지향적 인간관 : 인간의 가치를 '사물'이나 '외형'으로서가 아니라 '존재' 그 자체에 있는 것이라 믿는다.
· 성장 잠재성과 인간 존재의 고귀함 : 인간 존재는 지속적인 성장이 가능하다고 믿는다.
· 인간 개성(個性)의 독특함에 대한 추구 : 모든 인간 존재는 개별 인간으로서의 독특한 내면적 자아를 추구하는 데 있다고 믿는다.
· 삶의 의미에 대한 추구 : 모든 인간 존재는 삶의 의미를 찾는 일이 중요하다고 믿는다.
· 인간 존재의 창조적 잠재성 : 모든 인간은 각자의 잠재력을 배양하고 이를 창의적으로 활용할 수 있음을 믿는다.

인간과 사회에 대한 가치는 시대에 따라 달라질 수 있다. 동시대에서도 지역이나 집단, 개인적 지향에 따라 가치 관점들이 각기 상이할 수 있다. 그러나 어떤 시대, 어떤 사회에서도 사회복지의 가치만큼은 휴머니즘에 근원할 수밖에 없다. 따라서 사회복지행정 역시 그 중심 원리를 휴머니즘의 가치에 당연히 바탕해야 한다.[17] 사회복지행정이 일반 기업이나 공공행정과 차별되는 고유성이 있다는 근거는 대부분 이로부터 비롯된다.[18]

사회복지행정의 고유한 원리는 일차적으로 휴먼서비스의 생산 특성과 결부되어 나타난다. 휴머니즘 가치의 휴먼서비스에서는 서비스의 대상이 되는 인간 존재를 각자 개별적이면서 하나의 통합된 상태로서 다룰 것을 강조한다. 그래야만 서비스가 효과적일 수 있다는 것이다. 이를 휴먼서비스 생산에서의 개별화와 전일성 원리라고 한다.

· 개별화 (individualization, 개성화) : 사람은 각기 다른 고유한 문제와 특성을 가진 개성(個性)적인 존재로서 다루어져야 한다. 이를 위해 휴먼서비스에서는 '표준화'에 반하는 '맞춤형' 생산 양식의 접근이 중요하다.
· 전일성 (holism, 全一性) : 사람이 가지는 문제들(예: 질병, 실업, 빈곤, 정신건강, 가족관계)은 서로 밀접히 연관되어 있다. 비록 나누어 볼 수는 있지만, 하나의 문제도 다른 문제들과 연관시켜 보는 등과 같이 전체적으로 접근하는 것이 중요하다.

사회복지의 실천에서 인간을 개별화와 전일성 관점으로 접근한다는 것은 새로운 일이 아니다. 이는 이미 사회복지전문직의 본원적인 가치로서 제반 실천방법론들의 근간을 형성해 왔다. 다만, 이전까지는 그 실천이 현실적인 여건이나 지식, 기술 측면의 한계들로 인해 제약을 받아 왔다.[19] 특히 사회복지의 현실적 제도 운영이 관료제적 분업 방식의 일반 사회 구조하에서 이루어진다는 점이 휴먼서비스 속성의 사회복지 실천이 이루어지는 것을 크게 제약해 왔다.

현실적으로 사회복지행정의 고유한 원리를 구현하는 일은, 조직 체계를 구성하는 것에서부터 서비스의 관리, 실행에 이르기까지 일반 사회를 지배하는 관료제적 행정의 원리, 예를 들어 몰가치성이나 효율성, 표준화 등과 부합되지 않는 측면이 많다. 그럼에도 현실적으로 사회복지행정은 일반 사회의 테두리 안에서 작동해야 하기 때문에 그것들을 부인하고 말 수만은 없다. 오히려 일반 행정 원리를 보다 적절히 파악하고, 그 안에서라도 휴먼서비스 속성을 가능한 최대로 구현할 수 있는 조직 방법을 찾아내는 것이 현실적인 사회복지행정의 과제다.

2) 전문적 행정

휴먼서비스 속성의 사회복지행정에는 확정성의 원리가 적용되기 어렵다. 인간은 무한한 개별성을 갖는 존재이며, 이들의 문제 역시 천차만별로서 사전에 유형화해 두기가 어렵다. 예를 들어, 휴먼서비스의 상담자는 내담자와의 상담에서 목표나 과정, 결과를 미리 확정해 두고 진행하기 어렵다. 왜냐하면 실천이 진행되는 동안에 매번 새로운 형태의 과제가 등장하고, 이에 따라 목표나 과정, 결과들에 대한 예상도 계속 변화되고 진전되어 가기 때문이다. 이를 휴먼서비스 생산 기술의 불확정성이라 한다.[20]

사회복지행정은 이러한 불확정성을 가진 휴먼서비스의 대인적 생산 관계를 다룰 수 있는 조직 체계를 구축해야 한다. 그러므로 일반 사회를 지배하는 조직 체계의 구축 원리, 대표적으로 관료제적 원리는 이에 부합되기 어렵다. 전형적인 관료제 조직의 방식은 명확한 역할 분담과 규칙에 의거한 통제를 기본적인 원리로 삼는다. 문제는 휴먼서비스 생산 기술의 불확정성으로 인해 사회복지행정에서는 이와 같은 관료제의 엄격한 기계적 조직 방식을 적용하기 힘들다는 것이다.

이런 이유에서 휴먼서비스를 조직하는 방법으로는 대개 '전문직'을 활용하는 경향이 나타난다.[21] 전문직의 원리를 통해 기계적 관료제의 특성을 완화시키려는 의도다. 전문직이란 사회적으로 필요한 특정한 가치와 지식, 기술을 행사할 수 있도록 일정한 권한을 위임받은 집단이다. 전문가란 이러한 전문직에 소속되어 있으면서, 전문직의 가치와 교육을 이수받은 사람을 말한다. 이런 전문직과 전문가의 활동 영역을 관료제 조직에다 일정 부분 허용함으로써 휴먼서비스의 불확정성에 대응하게 한다.

전문직(profession)은 확정적인 지식과 기술을 보유한 기술자나 엔지니어 집단과 다르다. 의사를 기술자나 엔지니어라고 하지 않고 전문가(professional)라 부르는 이유는, 개별 환자마다 상태와 치료하는 방법이 사전에 확정되어 있기 힘들기 때문이다. 확정적이지 않다는 것이 지식의 열악함을 의미하는 것은 아니다. 오히려 전문직과 전문가는 인간 문제의 개별성과 전일성, 비확정성 등에 대처하기 위해 보다 폭넓은 지식과 깊이 있는 숙련을 필요로 한다. 사회복지사, 교사, 간호사, 각종 상담 및 치료사 등이 모두 그런 경우다.

휴먼서비스 속성을 다루는 사회복지조직에서는 대개 서비스의 구성이나 질, 효과성 등에 관련한 업무들의 조직화를 전문가에게 의존하기 쉽다. 휴먼서비스 기술의 불확정성, 예를 들어 개별 사례에 대한 실천 결과를 미리 결정해서 관리하기 어려운 것 등으로 인해 이러한 성격의 서비스 조직 체계를 구축하고 관리하는 데는 전문적 방식 혹은 전문적 관료제 방식이 선호된다. 그러므로 사회복지행정의 과업은 이러한 전문적 조직의 특성을 구현하는 것에도 있다.

3) 다원적 환경 관리의 행정

사회복지는 사회적 방식으로 사람들의 복지 필요를 충족시키는 것이다. 이때 사회적(社會的)이란 개인이나 가족과 같은 사적(私的) 방식이 아니라 국가나 지역사회, 회사, 연대, 종교, 여타 공적(公的) 방식의 사람들 간 관계를 뜻한다. 그러므로 사회복지를 관리하는 사회복지행정에는 그러한 사회적 관계의 맥락을 파악하고 조성하는 역할이 강조된다.[22]

국가들마다 사회복지 제도에서 '사회'가 의미하는 바는 상당한 차이를 보인다. 북유럽의 복지국가들에서는 아직도 이를 정부 조직을 통한 '공공'으로 간주하는 바가 크고, 미국이나 일본 등의 경우에는 '민간'의 영리나 비영리 조직 방식의 사회적 관계를 중요하게 포함한다. 사회보험이나 공공부조보다는 특히 사회서비스에서의 사회적 관계에 대한 범주는 나라들마다 입장들이 사뭇 다르다.

우리나라의 경우에는 사회서비스에서 '사회'가 의미하는 바가 미국이나 일본의 경우와 유사하다. 여기에 제도 발달의 독특한 역사적 배경까지가 더해져서 우리나라에서는 사회서비스를 조성하고 공급하는 사회적 관계가 한층 다원화되어 있다. 이것이 현실적으로는 사회서비스 공급 조직들을 다양하고 복잡한 환경하에서 작동하게 만든다.

장애인 돌봄 서비스를 제공하는 민간 비영리 조직이 있다. 이 조직이 서비스를 제공하려면, 인건비나 시설운영비, 프로그램 비용 등이 필요하다. 이를 확보하려면 여러 층의 정부 조직들과 보조금이나 서비스구매계약, 바우처 등의 관계를 가져야 하고, 공동모금회나 기업재단, 여타 후원단체 등과의 후원 관계, 그리고 서비스 이용자 집단과 이용료 계약으로서의 관계도 가진다. 이런 온갖 조직들과의 관계 체계는 큰 틀에서는 법제도에 의해 규율되지만, 그 안에서도 개별 조직 단위들마다 당면하는 환경 요소들은 각기 다양하고 복잡하게 구성된다.

다원적 환경하에 사회서비스가 놓이게 됨에 따라, 사회서비스의 생산과 전달의 과정에는 다양한 가치들이 혼재하게 된다. 특정 서비스를 두고 서비스 제공자와 대상자뿐만 아니라, 외부 평가자, 후원자, 정부, 시민사회 등까지도 각자 다양한 요구와 평가를 할 수 있다. 그로 인해 사회서비스를 수행하는 사회복지조직들로서는 늘 가치 갈등이나 대립의 문제에 처하게 되기 쉽다.

사회서비스에서의 대표적인 가치 갈등은 혼합재(mixed goods) 생산과 밀접하게 관련된다. 사회서비스는 '사유재'와 '공공재'의 성격을 동시에 내포한다. 사유재(private goods)란 서비스의 효용이 소비자 개인에게 귀속되는 부분이고, 공공재(public goods)란 그 개인의 소비를 통해 특정 혹은 불특정 다수의 타인들이 효용을 얻는 부분이다.[23] 문제는 이들 두 가치 관점이 서로 상충되기 쉽다는 점에 있다.

역 주변에 노숙인들이 있다. 이들을 위한 서비스를 만든다 하자. 어떤 목적과 내용의 서비스이어야 할까. 노숙인의 숙식에 대한 편의를 제공할 수도, 노숙인의 탈노숙을 위한 사회재활과 치료를 강조할 수도 있다. 대부분 이 두 가지 내용이 섞인 서비스가 만들어지겠지만, 그 안에서도 어디에 비중을 두는지에 따라 가치의 상충이 나타난다. 극단적으로는 사회재활의 가치(공적 편익)를 극대화하려면, 숙식에 대한 편의 제공(사적 편익)을 중단해야 할 수도 있다.

사회복지행정은 다원적 환경으로부터 사회복지조직이나 전달체계에 요구되는 상이한 가치들을 적절히 관리하는 책임을 가진다. 이것은 일반 행정의 원리로서 다루어지기 어렵고, 다원적 사회적 관계를 통한 서비스 생산의 특성을 감안할 수 있는 사회복지행정의 원리가 필요하다. 특히 휴먼서비스 속성의 사회서비스를 조직화하고 기획과 실행, 평가에까지 이르는 모든 과정에는 다원적 환경의 가치들을 다룰 수 있는 사회복지행정의 고유한 기술이 한층 더 요구된다.

1) 최근 국가 간 이주민(결혼이주민, 국제노동자 등)이나 난민(탈북자, 전쟁 난민 등) 등의 인구 이동이 늘어나면서 사회복지가 초국가적 공동체에 대응해야 할 필요성도 커지고 있다.

2) 조직이란 개념에는 공식 조직과 비공식 조직이 모두 포함된다. 공식(formal) 조직이란 공식적인 절차나 거래, 계약 등에 의한 관계로 사람들이 짜여진 상태를 나타낸다. 비공식(informal) 조직이란 개인적인 친밀관계라든지 소집단 등으로 사람들 간의 관계가 짜여진 상태를 나타낸다. 5장에서 자세히 설명한다.

3) 김영종(2014). "사회서비스와 사회복지사업법: 규제 관계의 분석". 사회보장연구, 30(4), pp. 57-83.

4) Gates, B. (1980). *Social Program Administration: The Implementation of Social Policy*. Englewood Cliffs, NJ: Prentice-Hall, p. 2.

5) 참고: Friedlander, W., & Apte, R. (1980). *Introduction to Social Welfare* (5th ed.). Englewood Cliffs, NJ: Prentice-Hall, pp. 3-5; Turner, J. (1974). *Development and Participation: Operational Implications for Social Welfare*. NY: UN Committee, International Council on Social Welfare, p. 19.

6) Wilensky, H., & Lebeaux, C. (1965). *Industrial Society and Social Welfare*. NY: Free Press.

7) Titmuss, R. (1963). 'Social administration in a changing society'. In R. Titmuss (Ed.), *Essays on the Welfare State*. Boston: Beacon Press, pp. 13-33.

8) 행정(administration)과 관리(management)라는 용어는 유사한 성격의 개념이다. 다만, 행정은 공공의 사무를 지칭하는 것으로 많이 쓰여 왔고, 관리는 보다 일반적인 용어로 쓰이는 경향이 있다. 우리나라에서 '경영'이라는 용어는 보다 상급 차원의 관리를 의미하는 것처럼 쓰인다. 이 책에서는 행정, 관리, 경영의 의미를 포괄해서 '행정'으로 쓰고, 행정가, 관리자, 경영자를 '관리자'로 통일한다.

9) Titmuss, R. (1974). *Social Policy. London*: George Allen and Unwin, pp. 47-59.

10) Kirst-Ashman, K., & Hull, G. (2001). *Generalist Practice with Organizations and Communities*. Belmont, CA: Wadsworth/Thompson Learning.

11) Selznick, P. (1957). *Leadership in Administration: A Sociological Interpretation*. NY: Harper & Row.

12) 휴먼서비스(human service)로 인한 사회복지행정의 특성은 이 장 뒷부분에서 구체적으로 설명한다.

13) 휴먼서비스라는 용어는 미국에서 1970~1980년대에 사회서비스, 교육, 의료 및 정신보건 등의 행정 관리에서 유사한 성격을 규정하기 위해 사용되기 시작했다. Austin, D. (1995). 'Management overview'. In *Encyclopaedia of Social Work* (19th ed.). Washington, DC: NASW, pp. 1642-1658.

14) Hasenfeld, Y. (1983). *Human Service Organizations*. Englewood Cliffs, NJ: Prentice-Hall, p. 1.

15) Schmid, H. (2004). 'The role of nonprofit human service organizations in providing social services: a prefatory essay'. *Administration in Social Work, 28*(3), pp. 1-21.

16) Weiner, M. (1990). *Human Services Management: Analysis and Applications* (2nd ed.). Belmont, CA: Wadsworth Publishing Co, pp. 3-25.

17) 사회복지의 실천 원리가 '다양한 클라이언트 집단의 가치를 존중하는 데 있다'는 것이 '휴머니즘이라는 통일된 가치를 추구한다'는 것과 상반되는 것이 아니다. 오히려 휴머니즘의 가치 기반에서부터 그러한 '독특하고 상이한 가치들을 인정해야 한다'는 가치가 나올 수 있다.

18) Austin, D. (1985). 'Administrative practice in human services: future directions for curriculum development'. In S. Slavin (Ed.), *Social Administration: The Management of the Social Services* (2nd ed.), Vol. 1, pp. 14-27.

19) 근래에는 인간에 관한 여러 다른 학문과 실천 분야들에서도 이 문제를 극복하기 위해 통섭적 경향이 강화되는 추세가 나타나고는 있다. 참고: Weiner, *Human Services Management*, pp. 10-15.

20) Austin, 'Management overview', pp. 1642-1658.

21) 김영종(2014). "한국 사회복지전문직의 제도적 전문성 경로와 대안적 정향". **사회복지정책**. 41(4), pp. 377-404.

22) Schmid, H. (1992). 'Executive leadership in human service organizations'. In Y. Hasenfeld (Ed.), *Human Services As Complex Organizations*. Newbury Park, CA: Sage.

23) 참고: Austin, D. (1988). *The Political Economy of Human Services Programs*. Greenwich, CT: JAI Press.

제**2**장
사회복지행정의 역사

현재와 미래는 과거와 연관되어 있다. 현재 사회복지행정의 실태나 가치, 지식도 과거의 경험에 대한 작용이나 반작용의 결과로 나타난 것이다. 이 장에서는 사회복지행정을 앞서 경험했던 영국과 미국, 일본의 역사를 간략히 기술한다. 이들은 우리나라 사회복지행정의 역사적 전개에 상당한 영향을 미쳤다.

1. 영국의 사회복지행정

영국은 자본주의와 사회복지 제도를 선행했던 나라다. 영국은 1940년대에 현대적 사회보장 제도를 확립하고, 복지국가를 구현했다. 영국에서의 사회복지행정은 '사회행정'으로 불리며, 사회서비스와 복지국가를 수행하기 위한 조직과 전달체계의 분야를 포괄적으로 다룬다.[1] 영국 사회복지행정의 역사적 경험은 다른 많은 나라에 폭넓은 영향을 미쳤다.

1) 엘리자베스 「구빈법」의 성립

영국에서 근대적 의미의 사회복지 제도가 발생한 시기는 절대왕정이 도래하던 시기와 일치한다.[2] 고대에는 복지 문제(상호부조)가 주로 가족이나 지역공동체의 몫이었고, 중세 장원(莊園) 체제에서는 영주와 교회가 이를 일부 담당했다. 이와 같은 중세까지의 빈민을 구제하는 구빈(救貧) 제도는 절대왕정 시대(15세기 말~17세기)에 들어서면서 와해된다.[3]

당시 영국 사회는 이중적인 문제에 봉착했다. 장원제의 폐지로 대량의 빈민과 유민(流民)이 발생하는데도 불구하고, 전통적으로 구빈 기능을 수행해 왔던 수도원 제도는 힘을 잃었던 것이다.[4] 그 결과, 봉건 영주와 종교 제도를 근간으로 했던 중세적 복지 제도는 사라지게 된다. 국가의 개입을 전제로 하는 근대적 복지제도가 이러한 맥락에서 등장할 수밖에 없었다. 노동 능력이 있는 빈민을 수용해서 노동을 시키는 '교정원' 시설, 노동 능력이 없는 사람들을 수용 보호하는 '구빈원' 시설이 생겨났다.

1601년의 엘리자베스 「구빈법(Poor Law)」은 종래의 구빈 관련 법령들을 집대성해서 체계화한 것이다. 이 법은 빈곤자에 대한 일차적인 부양 의무를 가족의 책임으로 두었다.[5] 가족의 부양이 불가능한 사람들은 교구(敎區)에서 이차적인 책임을 지게 했다.[6] 단, 교구에서 태어나 최근 3년간 거주한 사람들에게만 교구가 도움을 준다는 '영주권'의 개념을 두었다. 빈민은 세 유형으로 분류해서 각기 다른 구제 방식을 적용했다.

· 일할 능력이 있는 빈민 : 작업장이나 교정원 시설에 강제 수용하고, 이들에 대한 일반인들의 구호 행위를 금지한다.
· 무능력 빈민(노약자, 신체/정신 장애자, 질환자, 모자) : 원내구호(indoor relief)와 원외구호(outdoor relief)를 적용한다. 원내구호는 시설에 수용 보호하는 것이고, 원외구호는 재가 보호의 형태로서 음식이나 옷, 연료 등을 제공하는 것이다.
· 요보호 아동(고아, 기아, 방치 아동) : 가정 위탁을 일차적으로 하고, 도제(徒弟, 일종의 직업훈련) 수습 등의 기회를 제공한다.

「구빈법」 행정에 필요한 재원은 주로 교구 주민들에게 '구빈세(稅)'를 부과해서 마련되었다.[7] 행정의 실행 기관으로서의 '빈민감독관'은 구빈세를 거두고 빈민 대상자를 선별해서 구제를 적용하는 역할을 수행했다.

엘리자베스 「구빈법」은 이후 이러저러한 변화를 거치지만, 1900년대까지 향후 약 300년간 영국 사회복지 제도의 기본 골격으로 유지되었다. 이것은 당시 식민지였던 미국에도 계승되었고, 현재까지도 많은 나라에서의 공공부조 행정에 상당한 영향을 남겼다.[8]

2) 구빈 제도의 변천 (1601년 이후~19세기 전반)

엘리자베스 「구빈법」은 중앙집권에 의한 빈민 통제를 가능하게 만들었다. 그러다 1650년대 전후 영국 사회의 변화에 따라,[9] 구빈 제도가 분권화되어 지역의 교구들에게 전적으로 위임된다. 그러자 각 지역의 교구들이 재정 부담 등의 이유로 다른 교구로부터 이주해 오는 빈민을 거부하는 현상이 나타났다. 한편, 농장을 가진 귀족들은 자기 지역의 농민들이 다른 곳으로 이주하는 것을 막으려 했다. 1662년의 「정주법(定住法, Settlement Act)」은 그런 배경에서 제정되었다.[10]

1696년에는 「작업장법(Workhouse Act)」이 제정되었다. 이 법은 1722년에 「작업장테스트법」으로 개정되었는데, 빈민이 구호를 받으려면 작업장에 의무적으로 수용되어야 한다는 것이 주된 내용이었다.[11] 영국에서의 작업장 제도는 열악한 작업장 환경으로 인해 생산의 효율성과 경쟁력이 떨어졌고, 다만 빈민을 혹사시키고 노동력을 착취하는 데만 유용했다는 비난을 받았다.[12]

18세기 후반에 들어서는 산업혁명이 본격화되면서, 영국에서는 이제까지의 농업사회가 산업사회적 성격으로 빠르게 바뀐다. 이 시기에 거침없이 진행되었던 자본주의 사회로의 전환에 따라, 공장제 임금노동자들이 대규모 빈민 계층으로 전락하는 현상이 나타났다. 종래와 같은 구빈 제도(「구빈법」, 「작업장법」 등)로는 이처럼 새롭게 출현한 대규모 산업노동자들의 빈곤 문제에 대응하기 어렵게 되었다. 그 결과 새로운 형태의 구빈 제도들이 모색되었는데, 「길버트법」과 「스핀햄랜드법」이 대표적이다.

1782년 「길버트법(Gilbert Act)」은 노동력을 가진 빈민에 대한 원외구호를 허용하고,

임금 소득만으로는 생활 유지가 불가능한 사람들에게 부족한 소득 금액만큼을 보충해 주는 것이었다.[13] 1795년에는 「스핀햄랜드법(Speenhamland Act)」을 추가하는데, 보충 금액을 결정하는 기준을 '가족의 최저생계 유지에 필요한 항목들을 구입하는 데 드는 비용'으로 구체화했다. 이 두 법은 노동계층 빈민에 대해서도 최저생계비 보장과 원외 구호 방식을 인정했다는 취지에서 긍정적인 평가가 있다. 그러나 한편으로는 고용주 가 부담해야 할 비용(적정 임금)을 시민의 세금인 구빈세로 전가시켰고, 그로 인해 노 동자 계층을 포함한 시민들이 고용주의 부담을 대신 짊어지게 만들었다는 점에서 부 정적인 평가들도 만만치 않다.[14]

18세기 후반 영국의 자본주의는 자유주의 사상들로 뒷받침되었다. 애덤 스미스(A. Smith)의 자유방임 경제 사상, 벤담(J. Bentham)과 밀(J. S. Mill)의 공리주의 윤리로 대 표되는 이 시대의 자유주의 사상에서는 국가에 의한 구빈 제도는 잘못된 것으로 간주 되었다.[15] 이와 함께 타운젠드(J. Townsend)를 비롯한 상당 수 목사들은 '구걸이 영혼 을 갉아먹기 때문'이라는 도덕적 이유로 구빈 제도의 폐지를 요구하기도 했다. 당시 칼머스(T. Chalmers) 목사의 견해는 자유방임 사상이 구빈 행정을 어떻게 간주했는지 를 잘 나타낸다.[16]

'공공 기관이나 교회가 시행하는 구빈 행정은 막대한 재정 낭비와 비효율성을 조장한다. 구빈 제도는 빈민을 비도덕적으로 만들고, 스스로를 돕고 책임지려는 자기 부양의 의지를 파괴한 다. 구빈 행정은 친척이나 친구, 이웃들이 자발적으로 서로를 돕고자 하는 의지를 파괴하고, 개 인들의 박애 정신과 자선 동기를 억제하는 데 기여한다.'

이러한 사상적 흐름에 따라 1834년에 「신구빈법」이 제정되었다. 이 법은 빈민감독 관들의 연합체를 구성해서 구빈 행정을 엄격하게 집행하고, 구호대상자의 자격과 조 건을 축소하며, 스티그마를 부여하는 등으로 근로 동기를 높인다는 내용을 담았다.[17] 「신구빈법」은 구빈 행정의 효율성을 높이는 데 기여했다. 구빈세 재정 부담이 대폭 축 소될 수 있었기 때문이다. 그러나 구빈 행정이 추구하는 빈곤 문제의 완화라는 목적은 후퇴했으며, 그로 인해 장기적으로는 빈곤의 악순환을 유발할 수밖에 없었다.

「신구빈법」 역시 「구빈법」과 마찬가지로 빈곤의 원인을 개인에게서 찾는 설명을 벗어나지 못했다. 경제적 사이클에 의한 대규모 비자발적 실업, 노동 임금의 착취, 주거 환경의 열악함과 질병, 영양실조로 인한 노동 능력의 상실과 빈곤의 악순환 등과 같은 빈곤의 사회적 유발 원인은 고려되지 못했다. 이 같은 영국에서의 빈곤에 대한 개인적 원인론은 1900년대 초까지도 변함없이 지속되었다.

3) 사회개혁과 탈구빈법 (19세기 후반~20세기 초)

19세기 후반 영국은 자유방임 자본주의 경제 체제가 심화되었고, 그로 인한 폐해가 심각하게 나타나기 시작했다. 자유주의 경제란 자본가와 노동자 모두가 자유롭게 활동하는 것이다. 여기에는 자본가가 노동자를 착취할 수 있는 자유도 포함되어 있다. 그 결과 이 시기 대다수의 임금노동자는 저임금으로 인해 빈곤의 경계로까지 내몰리는 현상이 나타났던 것이다.

영국은 1900년대를 전후로 여러 차례 경제 공황을 겪게 된다. 자본주의 경제가 심화되면서 나타나는 현상이었다. 경제 공황으로 인해 발생하는 대규모 실업과 그로 인한 대중의 경제적 어려움 등으로 인해, 빈곤의 원인을 더 이상 개인적인 나태나 무능으로 설명하기 어려워졌다. 대신에 자유방임적 경제 체제와 사상이 가지는 근원적 한계에 대한 인식이 나타나기 시작했다.

이런 영향으로 19세기 말 영국에서는 구빈 행정에 관한 새로운 사회철학적 사조가 나타났다.[18] 빈곤에 대한 사회적 원인론이 강조되기 시작했던 것이다. 대표적으로는 1886년 찰스 부스(C. Booth)가 수행한 사회조사가 큰 반향을 일으켰다.

이 조사는 런던 인구의 1/3이 빈곤선(poverty line) 이하에서 생활하고 있다는 것을 밝혔다. 불충분한 임금과 열악한 거주환경, 불결한 위생시설 등이 빈곤과 관련이 있다는 경험적 자료도 제시했다. 대량의 인구가 빈곤선 이하에 있다는 사실 자체가 빈곤의 원인이 개인에게 귀속되지 않음을 반증하는 것이다. 이는 1901년 라운트리(S. Rowntree)가 요크(York) 市를 조사한 결과에서도 유사하게 검증되었다.[19]

노동자와 시민사회에서도 사회개혁의 바람이 일어났다. 1884년에 페비안협회

(Fabian Society)가 결성되고, 1890년 노동당이 설립된 것 등이 그 일환이다.[20] 이들은 정부가 자유시장 제도의 미비점을 수정, 보완하는 역할을 보다 강력하게 수행해야 한다고 보았다. 영국의 노동당이 추구하는 '복지국가주의' 이념도 이때 나타났다.[21] 자유방임에서 국가 개입으로 옮겨 가며 복지국가가 태동하기 시작했던 것이다.

일차적인 변화는 사회보험의 설립으로 나타났는데, 「근로자보상법」(1987)과 「노령연금법」(1908), 의료와 실업에 대한 「국민보험법」(1911)이 제정되었다. 이 시기 영국의 사회보험은 독일식 제도의 영향을 받기는 했지만, 독일 비스마르크식 사회입법이 의도했던 노동 통제의 목적보다는 비교적 노동자 보호의 목적에 더 충실했었다고 평가된다.[22]

이 시기에는 민간 차원의 박애주의적 접근들도 활발하게 나타났다. 공공이 설치한 구호소의 열악함을 비판하면서, 많은 자선기관이 생겨났다. 1860년대에는 런던의 모든 교회와 100여 개의 자선기관이 현금이나 식량 등의 현물을 지원했다.[23] 물론 이에 대한 우려와 비판도 많았다. 자유주의자들은 민간의 자선 활동이 사람들을 오히려 구걸자로 만든다고 비난했다. 사회주의자들은 민간 자선은 빈곤을 개인적 결함이나 불행으로 다루기 때문에 사회의 구조적인 문제를 희석시킨다고 비판했다.

민간 자선단체들의 수가 늘어나면서 혼란도 발생했다. 사람들의 동정심을 쉽게 유발하는 분야(예: 고아)에서는 자선 활동이 중복·난립되는가 하면, 그렇지 못한 분야(예: 부랑인)는 자선 활동이 회피되는 불균형도 나타났다. 이러한 혼란을 틈타 일부에서는 '전문 구걸꾼'이 나타나기도 했다. 이와 같은 민간 자선활동의 난맥상과 혼란을 정리하기 위한 목적으로, 1869년 런던에서는 자선조직협회(COS, Charity Organization Society)가 결성되었다.

COS는 이념의 초점을 빈민이 자선에 의존하지 않게 하고, 자선을 효율적으로 관리하는 것에 두었다. 빈민은 정신적 감화나 능력 부여가 필요하고, 그래서 단순 구호가 아닌 빈민들의 삶의 방식을 변화시키는 노력이 중요하다고 보았다. 런던 COS의 경우에는 자선기관들 간 연계와 조정, 공동 조사사업 등을 실시하고, 구호 신청자들의 정보를 파악해서 이를 빈민감독관이나 자선기관, 자선사업가들에게 제공하는 역할을 수행했다.

COS는 정부 지출(세금)로 구빈 제도를 확대하는 것을 반대하고, 민간 부문의 자선을 합리적으로 성장시킬 것을 주장했다. COS는 독일의 엘버펠트(Elberfeld) 방식처럼 도시를 소규모 구역으로 쪼개고, 각각의 구역에서 자원자 시민 집단이 구호 배분을 집행하도록 했다. 이들 자원봉사자는 구호 대상자들과의 관계에서 개인적인 동기와 관심을 가질 것이므로, 구호의 효과성과 효율성을 보다 높일 것으로 기대되었다.

COS 자원봉사자들은 빈곤 가족에게 경제적 도움도 주었지만, 도덕적 영향력을 행사하는 것에 강조점을 두었다. 이는 뒤에 개별적 원조로서의 케이스워크(casework) 혹은 개별사회사업의 시초를 형성했다. 당시에도 이미 규모가 큰 지역에서는 활동가들을 더 이상 자원봉사자만으로 충당하기 힘들었으므로, COS가 유급 직원을 채용하여 케이스워크를 수행하는 경우들이 있었다. 뒤에 가면 이것이 더욱 발전하여, 전문 사회사업가(social worker) 집단을 탄생하게 만든다.

런던 COS의 모형은 영국뿐만 아니라 미국의 도시들에까지도 전파되어, 공공의 구빈 행정과 민간의 자선 활동 사이에서 협력 관계를 구축하는 데 기여했다. 자선과 관련된 사취나 중복 지원 등을 방지해서 자선의 효율성을 높였고, 빈곤을 단순한 구호에서 재활의 대상 개념으로 발전시켰다는 평가를 받는다.[24] 개별사회사업(casework)과 기관들 간 연계 중심의 지역사회조직(CO)의 개념과 지식 형성에도 도움을 주었다.

이 시기 민간 복지 활동의 또 다른 유형으로는 세틀먼트(settlement) 운동이 있었다. COS가 자선 사업의 체계화 혹은 조직화를 의도했다면, 세틀먼트 운동은 집단적 사회 참여를 통해 빈곤 문제를 해결하려는 시도였다. 세틀먼트 운동은 대학생 등의 자원봉사자가 빈민 지역에 이주해 들어가 살면서, 빈민들의 삶을 연구하고, 그들을 돕거나 교육시키는 등의 역할을 하는 활동이다. 운동 참여자들은 단순히 구호 물자 배포만으로 빈곤 문제가 해결되지 않으며, 빈민의 정신적 변화와 함께 환경 개선이 필요하다고 믿었다.

1884년 런던에서는 토인비홀(Toynbee Hall)이라는 이름의 대학 인보관 건물이 건립되었다. 세틀먼트 운동을 전담하는 세계 최초의 인보관(settlement house)이었다.[25] 인보관은 교육받은 사람들이 가난한 사람들 사이에 들어와 살면서, 상호교류의 과정을 통해 문화적 영향을 끼칠 수 있도록 하는 목적을 가졌다. 인보관 사업은 오늘날의 집단사회사업(group work)에 대한 이론적 기초가 되었으며, COS 접근과는 대비되는 지역주민의 참여를 중심으로 하는 지역사회조직(CO) 개념의 뿌리를 형성했다.

4) 복지국가의 성립 (20세기 초~후반)

영국은 1930년대에 세계 경제의 대불황을 경험한다. 이 과정에서 1900년대 초에 도입한 몇 가지 한정된 사회보험 제도만으로는 자유방임적 자본주의 경제 체제의 근본적인 위험성에 대처하는 것이 불가능함을 깨닫게 된다. 케인지언(Keynesian) 경제 이론도 이때 등장하는데, '경기 불황은 공급이 수요를 초과하기 때문에 발생하므로, 불황을 극복하고 실업을 없애려면 공공 지출을 늘리고 사회보장을 확충하여 수요를 늘려야 한다'는 것이었다. 자유 시장의 폐해를 막기 위해 국가의 개입 역할이 경제적 측면에서도 불가피하다는 인식이었다.

영국에서 국가의 역할을 강조하는 '복지국가(welfare state)'라는 용어가 널리 사용되었던 것은 제2차 세계대전 때부터였다.[26] 전쟁 중인 국가는 인적 및 물적 자원을 국가를 위해 동원하도록 호소해야 하는데, 이를 위해서는 국가 단위의 공동체 의식을 불러일으킬 필요가 있다. 그것이 국민적 차원에서의 사회복지(상호부조) 시스템에 대한 정치적 합의를 쉽게 만들어 내는 환경도 조성했다.[27]

영국의 처칠 정부는 제2차 세계대전 중 전후 부흥계획의 일환으로 사회보장 제도를 실시하기로 결정했다. 1942년 의회에 '베버리지 보고서(Beverage report)'를 제출했는데,[28] 여기에서 '사회보장'이란 국민이 실업이나 질병, 재해로 인해 소득이 중단되었을 때, 노령으로 은퇴할 때, 세대주 사망으로 부양 결손이 발생한 때, 출생이나 사망, 결혼 등으로 예외적인 지출이 필요한 때에 국가가 개입해서 최소한의 생활이 가능한 소득을 보장해 준다는 것이다.

베버리지 보고서의 사회보장 체계는 다섯 가지 프로그램에 기초했다.

① '사회보험' 프로그램
② '공공부조' 프로그램

③ '아동수당(가족수당)' 프로그램

④ '건강 및 재활서비스' 프로그램

⑤ '공공사업' 프로그램 : 경제 위기 시 공공이 실시하는 근로 사업

베버리지 보고서는 영국의 현대적 사회입법을 이끌었고, 이후 다른 나라들에서도 복지국가 구축을 위한 전형(典型)이 되었다. 영국 정부는 베버리지 보고서에 기초하여 1944년 사회보장청을 설치했고, 「구빈법」을 공식적으로 폐지했다. 오랜 역사의 영국 구빈법의 시대가 이때 비로소 종언되었다. 제2차 세계대전 직후 새롭게 들어선 노동당 정부는 사회입법 제정을 본격화했다. 「가족수당법」(1945), 「산업재해법」(1946), 「국민보건서비스법」(1946), 「아동법」(1948), 「국민부조법」(1948) 등이 차례로 제정되었다.[29]

5) 복지국가의 위기와 대응 (1970년대 후반~현재)

영국의 복지국가 모형은 안정적인 경제 성장에 힘입어 성공적으로 유지되다가,[30] 1970년대 초 두 차례 석유파동을 겪으면서 위기를 맞이한다. 유가 상승으로 인해 물가가 뛰면서, 경제 성장은 한계에 부딪치게 되었다. 저성장 경제는 고용을 무너뜨리고, 대량 실업을 발생시켰다. 이를 사회보장 제도(정부지출 확대)로 막으려다 보니, 국가 재정에 막대한 적자가 발생했다. 재정 적자는 다시 경제를 위축시키고, 실업을 더욱 악화시킨다. 이른바 복지국가의 '경제 악순환' 사이클에 사로잡히게 되었던 것이다.

1970년대 후반에는 복지국가 위기론의 확산과 함께 대처(M. Thatcher) 수상의 보수당 정부가 집권하게 되었다. 대처 정부는 신자유주의 혹은 신보수주의 이념에 기초해서 복지국가의 개혁에 착수했다. 신자유주의란 자유주의 사상으로 새롭게 회귀한다는 뜻에서 그렇게 불렀다. 케인지언 경제 이론과 베버리지식 복지국가는 신자유주의 대처리즘의 등장으로 위기를 맞게 된다.

대처리즘은 경제에서 수요보다 공급 측면을 강조한다. 기업이나 생산자(공급자)들의 자유로운 활동을 보장해서 경제의 활력을 초래해야, 고용과 소비력의 증대도 나타난다는 것이다. 그

래서 공급자의 시장 활동을 장려하기 위해, 공공 지출을 감축하고, 민영화와 규제 완화, 감세 등의 조치가 필요하다고 보았다. 이런 기조에서 영국의 보수당 정부는 국영 기업의 주식 매각, 국유 산업의 민영화 등을 전개해 왔다. 경제 전반을 탈사회화하고, 시장화를 촉진시키려는 것이다.

대처리즘의 영향은 복지 제도에도 광범위한 영향을 미쳤다. 전 국민 대상의 보편주의 원칙이 후퇴하고, 선별주의 정책이 강화되었다. 복지재정의 지출이 통제되면서 국가에 의한 각종 연금이나 수당이 축소되어 왔다. 대인적 사회서비스 부문에서는 지역사회보호(community care)를 강조하여, 지방정부의 조직과 운영을 변화시켜 왔다. 사회복지 전달체계에서는 공공 부문을 축소하면서 민간 부문의 역할을 강화하고, 보건의료와 주택 부문에서는 시장 방식을 확대하는 경향도 나타났다.[31] 이와 함께 국민의 복지에 대한 의존 의식을 변화시키는 도덕적 재무장이 시도되었다.

보수당 정부의 20여 년간에 걸친 장기적인 복지국가 개혁은 1997년 토니 블레어(T. Blair)의 노동당 집권으로 새로운 국면을 맞이한다. 블레어 정부가 내건 슬로건은 이른바 '제3의 길'로서 기든스(A. Giddens)가 이론적으로 체계화한 것이다. 제3의 길(the third way)이란, '고복지-고부담-저효율'로 요약되는 사민주의적 복지국가 노선도 아니고, '고효율-저부담-불평등'으로 나타나는 신자유주의적 시장경제 노선도 아닌 새로운 노선(제3)이라는 뜻이다. 제3의 길에서 내세우는 적극적 복지전략은 다음처럼 요약된다.[32]

· 사회투자국가 : 국민들에게 경제적 급여를 직접 제공하기보다는 인적자원에 투자한다. 사회투자 국가의 전략은 노동 참여를 강조한다.
· 복지다원주의(welfare pluralism) : 기존의 중앙정부 중심의 복지 공급을 지양하고, 지방정부, 비영리부문(제3부문), 기업 등으로 복지공급의 주체를 다원화한다.
· 의식 전환 : 일을 통해 개인들의 독립성과 진취성을 강화하고, 도덕적 해이와 국가에 대한 경제적 의존 의식을 줄인다.

영국은 현재까지도 복지국가의 축소를 기본 기조로 삼고 있다. 비록 1990년대 후반과 2000년대 초에 노동당의 새로운 길에 대한 모색조차도, 신자유주의적 대세를 역행할 수 있는 것은 아니었다. 영국의 사회서비스 행정에서 현재 중요하게 논의되고 있는 것은 지방정부와 지역사회의 위상과 역할에 관한 것이다. 영국의 정부시스템은 전반적으로 중앙집중식이었다.[33] 대부분 행정 영역들에서 지방정부의 권한은 그다지 크지 않았다.[34] 그럼에도 현재 건강과 사회복지서비스 분야에서 지방정부와 지역사회의 기능 강화에 대한 논의와 시도가 계속되고 있다.[35]

2. 미국의 사회복지행정

미국 사회복지 제도의 발달은 영국과 상당한 차이를 보인다. 국가 발전의 역사적 맥락에서 미국은 영국과 다르기 때문이다. 미국은 1776년에야 독립 국가를 만들었다. 국가의 기조는 자유주의와 개척주의 정신에 두었으며, 그로 인해 사회복지에서도 국가보다는 지역사회나 민간 등에 의한 '자발적 접근'을 선호했다.[36]

사회복지행정의 측면에서 미국의 역사는 한마디로 '현실적 요구에 대한 지체된 발달' 과정으로 규정된다.[37] 사회복지행정에 대한 본격적인 관심은 1970~1980년대에 이후에 등장했다. 미국 사회복지행정의 역사는 특히 사회복지전문직의 발달과 행정과의 관계를 이해하는 데 좋은 시사점을 준다.

1) 사회복지전문직의 발달 (19세기 중반~1930년대 전후)

미국에서 근대적 의미의 사회복지가 등장한 시기는 남북전쟁(1861~1865) 이후부터다.[38] 북동부 지역을 중심으로 공업·도시화가 가속되었으며, 그로 인해 산업사회적 복지 수요가 급속히 나타나기 시작했다. 구대륙으로부터 노동 이민자가 밀려들면서 이들의 사회 적응이 문제가 되고, 경기 변동에 따른 대량의 실업과 빈곤자 발생도 빈번해졌다. 여기에다 도시의 슬럼화와 열악한 공중위생, 범죄 증가, 정신질환 등과 같은 문제는 가족이나 지역사회와 같은 전통적인 사회 안전망으로 감당될 수 없는 것들이었다.

이러한 문제들에 대응하기 위해 각종 사회복지서비스 기관들이 출현하는데, 대부분 민간의 자발적인 노력에 바탕을 두었다. 당시의 영국과 비슷한 경향으로, 각종 구호 기관이나 고아원 등이 종교단체나 박애주의자, 기업가들에 의해 다수 설립되었다. 영국의 1884년 토인비홀의 모형을 따라, 1889년 시카고에 헐하우스(Hull House)라는 인보관이 세워졌다. 한편, 주(州) 정부가 운영하는 각종 수용시설도 이 시기에 본격적으로 등장하는데, 보호나 재활보다는 사회적 일탈에 대한 통제가 일차적인 목적이었다.[39]

사회복지서비스가 확대되면서 이를 운영하는 사회복지조직들의 수도 늘어났다.[40] 당연히 이들 조직을 어떻게 운영해야 할지에 대한 관심도 증가되었다. 초기 사회복지 관련 기관들의 리더십은 대부분 자원 동원의 핵심 역할을 맡은 기업가나 그 가족들로 구성된 이사회가 좌우했다. 이는 공공이 설립한 기관들에서도 마찬가지였다. 많은 도시에 세워진 자선조직협회(COS)의 경우에도, 주요 구성원 대부분은 개인 기업가들이었다.[41] 미국의 초기 사회복지행정은 자원봉사 성격의 기업가들에 의해 주도되었던 것이다.

20세기 초에는 사회사업(social work)의 전문화가 본격적으로 진행된다. 비록 19세기에 다양한 사회사업 활동가들이 등장했지만, 대개 자원봉사자, 시민지도자, 사회개혁가, 직장인, COS, 인보관, 아동시설의 관리자 등과 같이 공유점 없는 느슨한 집합으로 있었다.[42] 그러다 20세기 초에 이르러 병원, 법원, 학교, 정신병원 등에 전문 사회사업가 제도가 도입되고, 이들을 교육시키기 위한 사회사업대학들이 설립되기 시작했다. 또한 사회사업전문직협회도 구성되면서 사회사업의 전문직화가 이루어졌다.

이 시기에 미국의 사회사업이 전문직 수준으로 인정받게 된 것은 의료 및 정신치료 분야에서 활동했던 실천가들의 영향이 크다. 전문직이란 특정 영역에서 고유한 지식과 가치, 실천방법을 소유한다고 인정받아야 하는데,[43] 당시 의료와 정신치료 분야에서 일했던 사회사업가들의 활동이 그에 유리하게 작용했다. 한편, 이로 인해 초기 사회사업 전문직을 지배했던 가치와 방법론은 개인적 원인론과 서비스에 치중될 수밖에 없었다. 이는 이후에 사회 구조와 시스템에 대한 개입을 통해 사회복지의 목적을 추구하려는 거시적 실천방법(정책, 행정)의 도입을 지체시키는 영향으로도 작용한다.

2) 사회복지의 팽창 (1930~1970년대)

1930년대 이전까지도 미국의 사회복지 제도는 민간이나 지방자치, 사회사업 전문직에 의한 사회복지서비스를 중심으로 구축되었다. 국가 혹은 중앙정부의 제도적 개입은 거부되었다. 그러다 1930년대 대공황을 겪으면서 국가적 개입이 불가피하다는 인식이 일어났다.[44] 그 결과, 1935년에 연방정부의 「사회보장법」이 제정되고, 비로소 공공 사회복지행정의 토대가 구축되었다.

「사회보장법」에 따라 지방 정부들이 빈민이나 노인, 장애인 대상의 공공부조 프로그램을 집행하게 되면서,[45] 공공 부문 사회복지조직들의 규모가 급격히 증가했다.[46] 새롭게 설치되는 공공 복지기관들은 관료제적 정부 조직의 방식에 따라 보다 위계적인 유형으로 조직되었다. 한편, 빈민 구호의 주된 책임이 공공 부문으로 넘어가면서, 민간 사회복지조직들에서는 단순 구호에서 벗어나 보다 전문화된 서비스 역할들로 이행하려는 움직임이 나타났다.

공공 사회복지서비스 프로그램과 조직들이 대규모로 확대되면서, 이를 수행하기 위한 전문 인력의 수요도 막대해졌다. 초기에는 전문 사회사업가들이 이들 프로그램의 기획과 실행, 감독을 위해 투입되었는데, 이들은 새로운 공공 조직의 행정 방식(대규모 조직과 관료제 규칙)을 이해하고, 실천할 필요가 있었다. 그래서 이 시기에 사회사업 전문직 내에서도 전통적인 대인적 케이스 실천과는 다른 새로운 행정적 실천 방법론에 대한 관심이 생겨났다.

1950~1960년대 미국의 민간 사회복지조직들은 대체로 좋은 재정 여건(공동모금, 이용료 등)하에 있었고, 그에 따라 수와 규모도 크게 늘어났다.[47] 1960년대에는 연방정부가 '빈곤과의 전쟁(War on Poverty)'을 선포하면서 각종 시범 사업들이 다양하게 지원되었다. 주나 지방 정부의 후원으로 도시 중심에 지역사회행동기관(CAA)과 같은 대안적 형태의 비전통적 서비스 조직들도 나타나게 되었다.[48] 이들 지역사회 기관들은 관료제적인 구조를 최소화하고, 서비스 대상 지역 주민들의 참여를 필수 전제로 했다. 이런 프로그램의 특성으로 인해 사회사업 전문직이 이들 기관의 관리 역할을 맡게 되었다.

지역사회정신보건센터(CMHC)도 이 시기에 시작되었다.[49] 이 기관은 정신보건 대상 자들이 시설이 아닌 지역사회에서 생활하도록 하자는 목적에서 설치되었으므로, 지역 의 다양한 인적, 물적 자원을 활용하고 연계하는 노력이 중요했다. 이러한 조직을 운영 하는 데는 기업가적이며, 정치적으로 활발한 리더십 유형이 요청되었다. 이는 전통적 인 사회사업 전문직의 케이스 실천 방법론으로는 다루어지기 어려운 영역이었다. 이런 이유들에서, 과연 행정이 사회사업 전문직의 고유한 실천 영역일지에 대한 논란도 일 어났다.

1960년대 미국의 사회복지 현장은 사회복지행정의 이론과 실천이 발전하는 데 좋은 토양을 제공했다. 급속하게 증가하는 사회서비스 프로그램들로 인해, 전문가들이 새 로운 프로그램을 기획, 관리, 평가할 수 있는 기회가 많았던 것이다. 그럼에도 전문직 내에서 행정 지식에 대한 관심은 그만큼 높아지지 못했다. 그보다는 전통적인 사회사 업 전문적 가치에 더욱 충실해야 한다는 주장도 굳건히 남아 있었다.

3) 사회복지행정의 본격적 등장 (1970~1990년대)

1970년대 이후 미국의 사회사업 전문직은 위기를 겪는데, 사회복지행정에 대한 본 격적인 관심은 오히려 이 과정에서 나타난다.[50] 1960년대에 사회복지서비스 프로그 램들이 팽창되고 비중이 커지면서, 이들이 과연 사회문제의 해결에 어떻게 기여하고 있는지에 대한 사회적인 관심도 덩달아 커졌다.[51] 사회복지조직들에서는 자기 기관의 효과성이나 효율성 등과 같은 사회적 책임성을 입증할 필요성이 생겼고, 이를 다룰 수 있는 행정 관련 지식과 기술이 크게 필요해졌다.

이런 맥락에서 1970년대 초 전문직 내에서 사회사업가들도 행정 훈련이 필요하다 는 공감대가 형성되었다. 이에 따라 1970년대 후반에 이르기까지 사회사업대학들에 서 사회사업행정에 대한 교과과정을 갖추는 경향이 급격히 늘어났다. 1976년에는 『Administration in Social Work』라는 교과서도 출판되었다. 각종 사회사업 대학협의 회나 전문직협회 등에서도 사회복지행정에 대한 관심이 증가하였다.[52]

1980년대에 들어서는 레이건(R. Reagan) 행정부가 연방(중앙)정부의 사회복지 역할을 축소하려는 시도를 본격화했고, 그 결과 사회복지행정에도 중대한 변화가 초래되었다. 그중 하나가 '민영화' 시도와 관련된 사회서비스 전달체계의 변화다. 사회서비스 공급을 민영화(privatization)한다는 것은, 공공 부문의 조직들이 수행해왔던 서비스 생산의 기능을 민간 조직들에 이양하는 것을 뜻했다. 민간 부문을 보조금이나 서비스구매계약(POSC) 등의 방식으로 활용하면, 보다 효율적인 사회서비스 공급이 가능할 것이라는 취지였다.[53]

이런 맥락에서 많은 수의 민간 사회서비스 기관들이 만들어졌다. 전통적인 비영리 민간 부문만이 아니라, 이윤 추구 목적의 영리 기업들까지 아동과 노인을 대상으로 하는 사회서비스 제공에 가담할 수 있게 되었다. 요양시설, 재가 돌봄, 약물중독 치료 등의 서비스 분야에서는 영리 목적의 조직이 실질적으로 팽창했다. 전달체계를 구성하는 조직 부문들이 다원화되면서 재정자원의 유형과 경로 환경도 따라서 복잡해졌다. 이러한 전달체계의 복잡성이 한편으로는 이를 다룰 수 있는 행정적 지식과 역량의 필요성을 더욱 크게 만들었다.

이러한 환경적 현실은 미국의 사회사업가 전문직이 행정 관리자로서의 영역과 역할을 지속적으로 확충해야 할 당위성을 제시했다. 그 결과, 1970년대 말 이후 미국의 사회사업 교육과 실천 현장에서는 사회복지행정이 실질적인 전문적 실천방법으로 자리 잡게 된다.

4) 현재 (1990년대~)

1980년대에 미국 사회에도 보수적 경향이 등장했으며, 사회복지 제도 전반에서 긴축이 추진되기 시작했다. 공공부조 프로그램의 긴축으로는 클린턴(B. Clinton) 민주당 정부하에서 1996년 제정된 「개인책임및노동기회조정법(PRWORA)」이 대표적이다. 이 법은 복지 의존의 감소, 개인적 책임과 근로 자립을 주된 내용으로 했다.

「PRWORA」의 제정으로 근 60년의 역사를 가진 미국의 공공부조 제도인 '의존아동가정부조(AFDC)' 프로그램이 폐지되고, 대신에 '빈곤가정일시부조(TANF)' 프로그램이 등장했다.[54] TANF의 주요 특징은 빈곤 가정의 취업이나 결혼을 장려하는 등으로 빈곤층의 행동 변화와 복지 의존을 감소시키는 것을 주요 목적으로 한다는 점이다. 이 프로그램은 실행의 주된 권한과 책임도 주 정부 조직들에게 이양되었다.

1990년대에는 사회사업가들의 영역 이동이 활발하게 나타난다. 의료와 건강 서비스 부문에서 영리 목적의 매니지드케어 조직(MCO)들이 출현하여,[55] 사회사업가들이 일반 혹은 정신 건강케어 부문으로 이동하는 현상이 나타난다. 또한 사회사업 행정관리자들이 연방이나 지방 정부처럼 정부 부문에서 사회복지 관련 고위직에 임명되는 사례도 증가했다.

미국에서는 현재도 공공 사회서비스를 지방화, 민영화, 시장화(영리화)하려는 신자유주의적 기조가 유지되고 있다.[56] 이로 인해 미국의 사회복지 전달체계는 더욱 다원화되는 추세를 보인다. 사회서비스 공급의 주체가 지방정부, 민간 비영리 조직, 영리조직 등으로 다양해지면서, 이들 간의 정보와 서비스 연계, 관리의 필요성이 증가하고 있다.

그와 함께 새로운 형태의 사회복지조직들도 활발하게 등장하고 있다. 민간과 공공, 영리와 비영리 부문 조직의 구분이 모호해지는, 조직 부문 간 구조와 기능의 혼합 현상이 나타나기 시작했다. 예를 들어, 사회서비스 제공을 위해 정부 조직이 개인사업자나 비영리 조직, 영리기업들과 조직 기능이나 자원, 정보를 공유하는 프로그램을 만드는 것이다. 제도적인 환경도 전통적인 조직 부문들 간 엄격한 경계를 완화하는 추세로 바뀌고 있다.

이와 같이 진행되는 사회복지의 환경 변화로 인해, 미국의 사회복지행정도 상당한 변화를 겪고 있다. 사회복지조직 관리자들의 역할이 과거와 같은 전형적인 개별 사회복지기관의 관리자로서의 기능과는 상당한 차이를 보이고 있다. 현재는 사회복지행정 관리자들의 주요 역할이 조직 내부 관리에서부터 전략적 및 환경적 관리의 차원으로 옮겨 가고 있다고 보고된다.[57]

3. 일본의 사회복지행정

일본은 현대적 의미의 사회복지를 제2차 세계대전 후부터 시작했다. 일본은 근래까지도 낮은 수준의 국가 복지를 유지해 왔는데,[58] 그것이 일본 사회복지행정의 방식에도 영향을 주어 왔다. 일본은 한국과 유사한 제도적 환경과 발달 맥락을 보여 주며, 한국의 사회복지행정 전개에 중요한 준거가 되어 왔다. 일본 사회복지의 시기 구분에 따른 사회복지행정의 역사는 다음과 같다.[59]

1) 사회복지의 토대 형성기 (1945~1950년대)

1945년 8월 전쟁에서 패배한 일본은 미국 등 연합국의 점령하에 놓이게 된다. 전쟁 후 국민 생활이 곤궁(困窮)해졌고, 1945년에 일어난 쌀의 대흉작 등으로 식량난이 가중되었다. 이런 와중에 빈민 구제와 같은 사회복지 활동은 연합군총사령부(GHQ)를 위시한 해외 민간단체들의 원조에 상당 부분 의존할 수밖에 없었다.[60]

이런 상황하에서 전후 일본의 근대적 사회복지 제도의 틀이 만들어졌다. 1946년에 GHQ는 일본 정부에 대해 「사회구제(SCAPIN775)」 각서를 발효했는데, 이에 근거해서 이른바 복지3법이라는 「생활보호법」(1946), 「아동복지법」(1947), 「신체장애자복지법」(1949)이 제정되었다. 1951년에는 사회복지조직과 운영 관리에 관한 사항들을 규정한 「사회복지사업법」이 추가되어, 복지3법과 함께 이후 근 50년간 계승되는 일본 사회복지 제도의 근간이 구축되었다.[61]

이 시기 일본 사회복지행정의 특징은 '선별주의'와 '행정 서비스'로 대변된다. 전쟁과 경제 파탄 등으로 빈민이나 아동, 장애인 구제에 필요한 절대 재원이 부족한 상태였으므로, 선별주의를 불가피하게 채택할 수밖에 없었다. 정부 차원에서 선별주의 사회복지행정은 '조치 사무' 방식으로 수행되었다.[62] 복지3법의 행정 조치 사무는 중앙정부가 지방자치단체에게 위임해서 수행되었다.[63]

1945년에서 1950년대까지 일본 사회복지에서 지역의 자발적인 역할은 전반적으로 미미했다. 비록 대부분의 사회복지 활동이 지역에서 실행되었지만, 지역 주체적인 사업은 많지 않았다. 지역 주민 중에서 한 사람을 임명해서 저소득 계층을 돌보도록 하는 '민생위원(民生委員)' 제도, '사회복지협의회'의 주민활동 지원, '보건복지지구(地區)' 조직 등이 일부 지역복지의 성격을 일부 띠는 것이었다.[64] 그럼에도, 이들은 국가

의 복지 정책에 의거해서 이끌어졌다는 점에서 순수 지역복지 활동으로 간주되기는
힘들다.[65]

2) 사회복지의 확대기 (1960~1973년)

일본은 1950년대에 경제가 부흥되고, 외국의 원조를 벗어나 자립을 시작한다. 1960년
대에 이르러서 일본은 이미 고도 경제성장기를 맞이했다. 이에 따라 전반적인 국민 생
활의 수준은 향상되었으나, 모자 세대나 장애인 등은 열악한 생활 여건이 지속되어 사
회복지의 대응이 필요했다.[66] 또한 1970년에 이미 고령화 사회에 접어든 인구 구조적
변화로 인해서, 노인 인구의 케어 문제도 심각한 관심사로 등장했다.

이러한 문제들에 대한 대응으로 일본은 「모자복지법」(1964), 「정신박약복지법」
(1960), 「노인복지법」(1963)을 추가로 제정했다. 앞서 시기에 제정되었던 「생활보호
법」「아동복지법」「신체장애자복지법」과 함께 이제 복지6법 체제가 되었다. 이와 함
께 국민연금과 국민건강보험과 같은 기본적인 사회보험 제도도 창설되었다. 1963년
'사회복지시설정비긴급(緊急)5개년계획'에 의거해서 '특별양호(養護)노인홈' 형태의
시설과 직원 확보가 계획되는 등 사회복지서비스도 양적으로 확대되었다.[67] 이에 따
라 일본 정부의 사회복지 예산도 급속히 증가했다.[68]

이 시기 일본 경제는 2, 3차 산업으로 구조가 전환되면서, 농촌으로부터 도시 지역
으로의 인구 이동이 현저하게 나타났다. 도시 지역의 과밀화, 농촌 지역의 과소화는
'커뮤니티 약체화'에 대한 우려를 불러일으켰다.[69] 1971년에는 일본 정부의 중앙사회
복지심의회가 '커뮤니티 형성과 사회복지'를 발표하는 등으로 국가가 지역사회 공동
체 형성에 관심을 갖고 개입하는 정황도 나타났다.

사회복지행정 사무의 기본 골격에는 큰 변화가 없었다. 국가와 지방의 관계는 여전
히 기관위임 사무의 성격을 유지했다. 한편, 지방(지자체)이 자체적으로 사회복지 대책
을 마련하는 노력이 일부 나타나기 시작했다. 노인복지 부문에서는 지자체들이 경쟁
적으로 사업을 도입하는 것과 같은 쏠림 현상도 일어났다. 아동복지에서의 보육료 경
감 조치, 장애인에 대한 다양한 복지대책 마련 등도 이와 유사했다. 1969년부터는 법

적으로도 지자체 차원에서 사회복지에 관한 기본 계획을 책정하고 추진할 수 있게 되었다.

3) 사회복지의 전환기 (1974~1990년)

이 시기 일본의 사회복지행정에서 일종의 패러다임 변화가 나타난다. 국가 차원에서 복지재정의 부담이 급증하게 되고, 고령화에 따른 휴먼서비스로의 욕구 전이가 그러한 변화를 초래했다. 앞서 사회복지 확대기에서 일본의 사회복지정책은 '파이 논리'를 근간으로 했었는데,[70] 이러한 논리가 1973년과 1979년의 1, 2차 오일쇼크를 계기로 전면적 재검토되는 상황에 이르렀다.[71]

일본 경제는 오일쇼크를 경험하면서 급속히 저성장 시대로 돌입하게 되고, 확대된 사회복지정책들을 재정적으로 뒷받침하는 것이 가능할지에 대한 비판이 일어난다. 한편, 인구의 고령화는 이전보다 한층 더 진행되어, 와상(臥床)노인과 같이 개호(介護, care, 돌봄)가 필요한 고령자들에 대한 사회복지 수요는 더욱 확대되었다. 이런 상황에서, 일본의 사회복지는 양적 확대보다 공급 방식의 전환을 모색하는 것이 필요하게 되었다.[72] '복지 재평가'라는 명칭의 작업이 이런 배경에서 나타났다.

재평가의 대상은 특히 고령화로 인해 국가 재정의 부담이 급증하게 될 연금이나 의료보장 분야가 되었고, 재정 투입의 비중을 낮추는 방법으로의 전환이 주로 다루어졌다. 사회복지서비스 분야에서는 고령자 케어를 거주생활시설 중심에서부터 재택복지서비스로 이행하는 방안이 검토되었다. '노인홈'과 같은 생활시설을 지역사회에 개방하여, 재택복지 서비스의 거점으로 활용하는 방향이 제시되었다. 1982년 「사회복지사업법」 개정에서는 시정촌(市町村) 단위의 사회복지협의회를 법제화하고,[73] 지역 차원에서 재택복지 서비스를 추진하는 중심 기제가 되도록 했다.

1979년 제시된 '신경제사회7개년계획'에서 일본은 아예 독자적인 복지국가의 노선을 천명한다. 소위 '일본형 복지사회론'이다. 사회보장을 확충하는 데 따르는 재정적 부담과 경직성 유발의 문제를 회피하기 위해, 일본형 복지사회(福祉社會)는 '개인의 자조 노력과 함께, 가족과 근린(이웃), 지역사회 등의 연대를 토대로, 정부는 효율에 의거

한 적정 수준의 공적 복지를 중점적으로 보장한다'는 것이다.[74]

이 시기 복지 재평가는 국민 생활과 의식의 변화, 사회적 욕구의 고도화라는 배경에 의해서도 영향을 받았다. 절대 빈곤이 문제였던 시절에는 현금이전 위주의 화폐적 급여가 중요했지만, 고령화와 돌봄이 주요 문제인 시기에 이르면 휴먼서비스와 같은 비화폐적 급여의 가치 비중이 커진다. 사회복지가 휴먼서비스의 속성 중심으로 재편되면서, 생활 지역에 가까운(근린, 近隣) 곳에서 탄력적으로 서비스를 구성하는 방식이 더 유용할 것이라는 점도 재평가에서 다루어졌다.

이러한 복지 욕구의 성격 변화에 기초해서, 커뮤니티 케어를 강조하는 지역복지, 재가서비스를 위한 재택복지, 공사(公私)의 역할 분담 등과 같은 정책적 방향이 설정되었다. 그에 따라 단기보호(short stay), 식사배달서비스, 재활(rehabilitation), 목욕서비스, 가정봉사원서비스와 같은 다양한 형태의 복지서비스들이 활발하게 전개되었다. 재가(在家)를 전제로 하는 커뮤니티 케어의 사업 방향은 노인뿐만 아니라 장애인과 아동 복지 분야들에도 폭넓게 적용되었다.[75] 이러한 지역복지 시책들의 추진은 시정촌 차원의 지자체와 사회복지협의회가 주체적인 역할을 수행했다.

1990년에 사회복지관계 8법에 대한 개정이 이루어지면서,[76] 지역복지 중심의 추진 방향은 한층 더 강화되었다. 1987년부터는 정부의 사회복지 관련 사무가 기관위임에서부터 단체위임으로 변경되었으며,[77] 국가 사회복지행정의 권한 일부도 지방으로 이전되었다. 전후 1945년에 구축되어 40년 이상 유지되어 왔던 중앙집권적 사회복지행정 제도의 틀이 지방분권적으로 전환되는 일차적 계기가 이때 마련된다.

이 시기 사회복지행정의 변화는 시정촌 등이 지역 차원에서 사회복지의 실행력을 갖추도록 하는 데 초점을 두었다. 중앙정부의 행정과 재정 권한을 지방으로 이전하고, 지역자치적 복지활동의 활성화 구조를 마련하는 방안 등이 주로 모색되었다. 그러나 이 과정에서 지역이 사회복지 수행에 따른 재정 부담을 국가 대신에 떠안게 되었다는 점, 국가와 지방 간에 역할과 책임, 재원 이전에 따른 합의가 어렵다는 점,[78] 지역들 간 경제적 여건 차이로 인해 사회복지의 수행 역량도 지역 간 격차가 심해졌다는 점 등은 아직까지도 해결 과제로 남아 있다.

4) '지역복지형 사회복지' 전개기 (1991년 이후)

1990년대에 들어서 일본은 거품 경제의 붕괴에 의한 '경제의 저미(低迷)' 현상에 들어간다.[79] 그에 더해 외국 사례에서는 볼 수 없을 만큼 빠른 속도로 진행되는 고령화와 '소자화(少子化, 저출산)'가 거대 사회 문제로 등장했다. 이런 배경에서 사회복지시스템의 기능과 구조에 대한 본격적인 개혁이 착수되었다.[80]

기능의 개혁은 1990년에 행해진 사회복지관계 8법 개정에 수반된 것이다. 이 개정에 의해 재택복지서비스의 법제화, 복지서비스 권한의 시정촌 이양, 시정촌 단위 '노인보건복지계획' 수립의 의무화 등이 이루어졌다. 지자체에 대해서는 계획적인 복지행정을 실시할 것이 요구되었다. 이 시기 사회복지시스템의 기능 개혁에서 핵심 키워드는 '재택복지화' '분권화' '계획화'였던 것이다.[81]

구조의 개혁은 앞서 개혁들의 집대성으로 2000년에 기존 「사회복지사업법」을 폐지하고, 이를 「사회복지법」으로 대체하는 것으로 정점을 이룬다. 「사회복지법」에서는 '지역복지의 추진'이라는 장이 신설되고, '지역에서 필요한 복지서비스의 총합적인 제공'과 '지역주민 등의 이해와 협력으로 복지를 추진'이라는 조문 내용이 추가되었다. 지역복지형 사회복지로의 실질적인 전개를 명시한 것이다.

이러한 개혁의 결과, 사회복지서비스의 이용 방식이 '조치 제도'에서 '계약 제도'로 크게 변화하게 된다.[82] 조치 제도에서는 행정기관이 대상자를 특정 시설에 의뢰하고, 시설은 대상자에게 서비스를 제공하면서 그에 따른 비용을 행정기관으로부터 지원받는다. 반면, 계약 제도에서는 행정이 대상자에게 서비스 이용의 권리(이용권)만 부여하고, 서비스는 이용자가 시설을 선택하고 계약하는 방식을 통해 이루어진다. 일본에서는 2000년 시행 「개호보험법」,[83] 2003년 개정 「신체장애자복지법」, 2006년 시행 「장애자자립지원법」에서 모두 이용자 지원 방식의 계약 제도를 도입했다.

사회복지서비스 부문에서 이러한 이용자 본위 방식으로의 변화는 현재까지도 계속되고 있다. 이는 2000년대 구조 개혁으로 영리 조직이 사회서비스 시장에 진입하는 것과 결부되어 더 큰 반향을 일으켜 왔다. 보육 시설(어린이집)의 설치와 운영을 비롯한 사회복지서비스의 많은 분야에 민간 기업이 참여할 수 있게 되었다. 이전까지 조치 제도에서는 사회복지서비스 제공 기관들이 모두 공적 성격의 비영리나 공공 조직이었지만, 계약 제도에서는 영리 조직의 참여와 시장 기제의 영향력이 한층 강화되었다.

일본에서 영리 조직과 시장화 정책은 사회복지에 대한 국가 재정의 부담 완화라는 목적에 기여하고, 사회서비스의 확대로 일자리 창출 효과도 가능하다는 점에서 강조되어 왔다. 그럼에도, 그런 일자리의 대부분이 열악한 비정규직으로만 채워지고, 사회서비스에 효율성을 앞세운 영리와 상품화 이념이 침투되면서, 공동체나 참여와 같은 사회복지의 본질적 가치가 훼손된다는 부정적인 평가들도 만만치 않게 제기되어 왔다.

근래 일본은 사회복지(특히 노인복지)에서 지역사회(community)를 강조하는 제도적 변화를 지속적으로 추구해 오고 있다. 2000년 시행된 「개호보험법」이 현재까지 개정되어 오는 과정에서도 이러한 방향성이 여실히 드러난다. '지역포괄케어시스템'을 강화하는 예에서와 같이 지역을 기반으로 서비스를 구축하고, 지역이 주체가 되어 예방 측면의 사업들을 다양하게 전개하는 노력을 강화하고 있다.[84]

1) 참고: Spicker, P. (2008). http://www2.rgu.ac.uk/publicpolicy/introduction/socpolf.htm, 2008-04-07.

2) 영국 역사에서 중세는 앵글로색슨족이 로마제국의 지배에서 벗어난 450년경부터 튜더(Tudor)왕조가 들어서 왕권 강화의 계기가 마련된 1485년경 전까지의 약 1,000년의 기간으로 보는 견해가 일반적이다. 그 전을 고대라 하고, 그 후를 절대왕정의 시기라 본다.

3) 절대왕정의 등장이란 권력이 지방에서 국가로 옮겨지는 것을 뜻한다. 이때 중상주의(重商主義)가 등장하는데, 절대왕정은 국가의 부를 축적하기 위해 상업 장려 정책이 필요했다. 그로 인해 양모(羊毛) 산업과 무역 등을 중심으로 하는 산업 구조의 변화가 나타난다. 장원제의 농토를 양 먹이를 위한 풀밭으로 바꾸면서 말뚝을 둘러치는 움직임(enclosure movement)이 일어난다. 그 결과, 많은 수의 농민이 토지에서 내쫓기어 빈민과 부랑인으로 전락한다. 농경을 중심으로 하는 지역 공동체가 더 이상 기능하기 어렵게 된 것이다.

4) 절대왕권이 교회를 지배하는 과정에서 수도원을 해산한다. 1536년 영국왕 헨리8세에 의해 수도원 해산법이 만들어져, 수도원의 막대한 토지 재산 등이 국가에 귀속된다. 수도원이 전통적으로 수행해 왔던 빈민 구제 사업들도 폐지된다.

5) 이것은 400년 후 한국의 공공부조에서 가족을 일차적 부양의무자로 책임지게 하는 제도와도 뿌리가 맞닿아 있다.

6) 당시 영국의 지역별 행정 단위는 교회의 구역을 나타내는 교구(parish, 패리시)가 중심이었다.

7) 당시 구빈세는 주로 재산세나 주민세 등의 방식으로 염출되었으며, 사적 기부금 등으로 보충되기도 했다. 현재와 같은 소득세, 소비세 방식은 시장경제가 진행되어서야 가능해진다.

8) Friedlander, W., & Apte, R. (1974). *Introduction to Social Welfare*. Englewood Cliffs, NJ: Prentice Hall, p. 17.

9) 이 시기에 절대왕정이 폐지되고, 크롬웰(O. Cromwell)에 의한 부르주아 공화정이 들어선다.

10) 정주법(定住法)이란 떠돌아다니지 않고 정착해서 살게 만드는 취지의 법이다. 이 법의 주된 내용은 교구에 이주해 오는 사람이 장차 구빈 대상자가 될 것으로 판단되면, 이들을 40일 이내에 추방할 수 있다는 것이다.

11) 우리나라 기초생활보호 제도에서 자활 노동에 참여를 전제 조건으로 수급 자격을 부여하는 '조건부 수급'도 이러한 일종으로 볼 수 있다.

12) 남기민(2005). **현대사회복지학**. 양서원, p. 51.

13) 근로능력자에 대한 원외(outdoor)구호의 공식적 허용은 상당한 이념적 변화를 의미했다. 근로능력자는 처벌적 성격이 강한 작업장 등과 같은 강제수용소에 입소(indoor)를 제도의 근간이 되는 원칙으로 해 왔었기 때문이다. 참고: 김동국(1994). **서양사회복지사론**. 유풍출판사, p. 121.

14) 노동자들의 최저생계 유지의 책임을 고용주가 아니라 구빈 제도가 떠맡게 된 것이다. 고용주가 저임금을 지불할수록, 구호 대상자들의 수는 늘어나고, 이를 감당하기 위해 시민들의 구빈세 부담도 계속 증가하게 되었다. 결과적으로 고용주의 임금 착취를 복지제도가 도와주는 꼴이 되었던 것이다. 구빈을 교구별로 책임지는 제도였으므로, 교구 지역들 간 부익부 빈익빈 현상과 같은 불균형 문제도 심각하게 나타났다. 복지 제도의 책임 소재를 둘러싼 이 같은 논란은 우리나라에서도 현재까지 계속되고 있다.

15) 자유방임 경제주의란 경제는 수요와 공급의 자연적인 질서에 따라 최적으로 움직이므로, 인위적인 개입을 위한 제도(예: 구빈 제도)가 해롭다는 입장이다. 공리주의(utilitarianism)는 '최대 다수의 최대 행복'의 입장에서는 소수의 희생을 감수할 수 있다는 사상이므로, 소수의 빈민을 구제하기 위해 다수의 행복 감소를 요구하는 것은 옳지 않다고 본다.

16) Friedlander & Apte, *Introduction to Social Welfare*, p. 17.

17) 1834년의 「신구빈법」 제정은 1601년 「구빈법」의 억압적인 요소들이 부활했음을 의미했다.

18) 남기민, **현대사회복지학**, pp. 53-58.

19) Friedlander & Apte, *Introduction to Social Welfare*, pp. 36-37.

20) 페비안협회는 버나드쇼(G. B. Shaw), 웹 부부(B. Webb & S. Webb) 등의 지식인 중심으로 만들었다. 참고: 안병영(1984). "복지국가의 태동과정의 비교연구". 한국행정학보, 18(2), pp. 423-444.

21) 안병영, "복지국가의 태동과정의 비교연구", pp. 423-444.

22) 독일은 재상 비스마르크가 사회주의 탄압법을 제정하면서 노동 안정을 꾀하기 위해 사회보험 제도를 최초로 도입했다. 1908년 독일을 방문한 영국의 조지(L. George) 수상 등이 여기에 감명받아 영국에의 도입을 추진했다. 참고: 남기민, **현대사회복지학**, p. 56.

23) 참고: Friedlander & Apte, *Introduction to Social Welfare*, pp. 30-32.

24) 상게서, pp. 33-35.

25) 토인비는 교구 목사였던 바넷(Barnett)의 요청으로 교구에 이주해와 활동을 하다 1883년에 폐렴으로 사망했던 아놀드 토인비(Arnold Toynbee)라는 옥스퍼드 대학 졸업생 이름이다. 그를 추모하기 위해 친구들이 기금을 모아 건물을 세워 그의 이름을 붙인 것이 '토인비홀'이다. 인보관은 현재 우리나라의 지역 사회복지관과 비슷한 기능을 했으므로, 이를 사회복지관으로 칭하는 경우도 있다.

26) 김상균(1986). **각국의 사회보장**. 유풍출판사, p. 81.

27) 전쟁에서의 부상이나 사망, 물적 손실 등의 위험에 대해 국가 공동체가 그 개인이나 가족의 안녕을 보장한다는 보훈 차원의 복지제도뿐만 아니라, 그러한 의식이 확산되어 일반 사회보장 제도로의 발전까지도 이끌어 간다.

28) 보고서의 명칭은 'Social Insurance and Allied Services, Report by Sir William Beveridge, Presented to Parliament by Command of His Majesty, November 1942, HMSO, CMND 6404'이다. 원본 보고서는 300쪽에 이르는데, 사회보험과 관련 서비스들에 대한 가정, 방법, 원칙 등이 상세하게 보고되어 있다. 참고: http://www.sochealth.co.uk/history/beveridge.htm.

29) Friedlander & Apte, *Introduction to Social Welfare*, pp. 39-40.

30) 장인협·이혜경·오정수(1999). **사회복지학**. 서울대학교출판부, p. 45.

31) 상게서, p. 45.

32) 원석조(2001). **사회복지정책학원론**. 양서원, pp. 160-164.

33) 중앙정부는 지방정부의 법제정 권한에 대한 제한, 각종 지침의 시달, 감사 제도의 동원, 각종 교부금이나 보조금에 대한 통제 등을 통해 지방정부의 활동을 다양하게 제어할 수 있다.

34) 영국의 지방정부는 과거 「구빈법」의 집행을 통해 성장했다. 19세기에 지역 단위별로 보건, 공공부조, 교육 서비스 등이 성립되었을 때부터, 그러한 서비스들의 전달 책임을 맡은 지방정부의 기능과 권한도 커져 왔다. 그러다 영국의 지방정부는 제1, 2차 세계대전을 거치면서 중앙집중식 복지국가의 등장과 함께 건강, 사회보장, 공공서비스 등에서 많은 권한을 상실했다. 그리고 그 이후 점차 영향력이 감소되어 왔었다.

35) 중앙정부가 지방정부에 대해 지방교부세나 보조금 등을 지급하고, 이를 직접 통제하고 관리하기보다는 성과관리 방식의 수행성과 측정으로 전환하는 것도 그러한 노력의 일환이다. 수행성과 측정(performance measurement)은 성과관리의 방법인데, 지방정부와 구체적인 성과지표와 그것을 수행하는 데 필요한 재원 이전을 요청하면, 중앙정부가 적절하게 합의될 수 있는 선에서 적절한 재원을 교부금으로 이전하고, 후에 중앙정부는 지방정부의 업무 수행을 성과 측정 방식으로 관리를 한다는 것이다.

36) 이것은 프랑스 사회학자 알렉시스 토크빌(Alexis de Tocqueville)에 의해 강조되었다. 1830년대 초 미국을 방문했던 토크빌은 자발적 참여를 통한 자유 민주주의의 활발함을 보고 이것이 미국의 힘이라고 했다.

37) Sarri, R. (1987). 'Administration in social welfare'. In *Encyclopedia of Social Work* (18th ed.). Vol. 1, pp. 27-40.

38) Austin, D. (1995). 'Management overview'. In *Encyclopedia of Social Work* (19th ed.). Vol. 2, pp. 1642-1658.

39) 제인 애덤스(Jane Adams)가 영국 런던의 토인비 홀을 방문하고 그에 감명을 받아 시카고 지역에 설립한 것이다. 처음에는 유치원으로 문을 열었으나, 곧 다양한 빈민 교육이나 옹호 활동 등을 전개했다.

40) Austin, 'Management overview', pp. 1642-1658.

41) COS도 영국의 경험을 도입한 것이다. 상게서, pp. 1642-1658.

42) Patti, R. (1983). *Social Welfare Administration: Managing Social Programs in a Developmental Context.* Englewood Cliffs, NJ: Prentice-Hall, pp. 1-5.

43) 참고: 김영종(2014). "한국 사회복지전문직의 제도적 전문성 경로와 대안적 정향". **사회복지정책.** 41(4), pp. 377-404.

44) Austin, 'Management overview', pp. 1642-1658.

45) 미국의 정부 제도는 연방(federal)-주(state)-지방(local) 정부로 구성된다. 우리나라의 중앙정부-광역지자체-기초지자체와 대응한다. 정부 운영의 방식은 우리나라와 많이 다르다.

46) 대표적인 프로그램들로는 ADC(Aid to Dependent Children), OAA(Old Age Assistance), AB(Aid to the Blind) 등이 있었다. ADC는 빈곤 가족에 대한 지원인데, AFDC(Aid to Families with Dependent Children)로 바뀌었다가, 현재는 한시적 지원 제도인 TANF로 운영되고 있다. OAA는 노인들의 빈곤 억제를 위한 노령수당과 같은 것이며, AA는 시각장애인들에 대한 지원이다.

47) 지역사회의 모금 운동의 창구를 일원화하기 위한 노력들이 연합기금의 형태로 조직화되었는데, 처음에는 'Community Chest'에서 'United Fund'로 바뀌었다가 현재 'United Way'가 이를 대표한다.

48) 이전까지는 서비스 조직이란 전통적으로 공공 조직이나 박애나 자선을 사명으로 하는 이사회 주도의 민간 조직이 대부분이었다. CAA(Community Action Agencies)는 지역사회행동 프로그램 수행을 목적으로 저소득 지역사회에 설치되는 민간/공공에 의한 비영리 사회서비스 기관이다. '빈곤과의 전쟁'의 일환으로 1964년에 시작되어, 현재에도 미국 전역에 약 1,000개가량의 기관이 설치되어 있다. 이들은 저소득 지역사회의 자립성 증진과 주민 참여를 강조하면서, 각종 정부보조 사업들도 수행한다. CAA는 법에 의거해서, 운영위원회의 구성을 저소득 지역주민(1/3), 공무원(1/3), 민간전문인(1/3)로 하게 되어 있다.

49) CMHC는 지역사회정신보건센터(Community Mental Health Center)다. 정신보건에서 탈시설화가 강조되면서, 지역사회 기반의 서비스 제공 역할을 수행하도록 설치된 것이다. 공공이나 민간에서 기관을 설치할 수 있으며, CMHC의 취지와 성격상 이 기관을 운영하는 데는 지역사회의 제반 서비스 자원들 간 연계와 네트워크 등이 필수적이다.

50) Austin, 'Management overview', pp. 1642-1658.

51) 상게서, pp. 1642-1658.

52) Patti, Social Welfare Administration, pp. 1-23.

53) POSC는 Purchase Of Service Contract의 약자다. POSC는 특정 대상자에게 특정 서비스를 제공할 책임을 가진 쪽(예: 정부)이 이를 직접 수행하지 않고, 민간 기관들로부터 그 서비스를 구매해서 해당 대상자에게 제공하는 방식이다. 보조금(Subsidy) 방식은 정부가 민간 기관들에 시설운영비 등을 지원하면, 기관이 특

정 서비스를 기획하고 그에 해당하는 대상자를 찾아 제공하는 방식이다. 참고: Bendick, M. Privatizing the delivery of social welfare services [Working Paper No. 6-Privatization]. Project on the Federal Social Role. Washington D.C.: NCSW; 〈Austin, Management overview, pp. 1642-1658〉에서 재참고. 또한 참고: 조정아·이혜은(2005). "미국의 복지개혁 이후 사회복지조직의 적응양상에 대한 연구: 서비스구매계약제도를 중심으로". 사회보장연구, 21(4), pp. 137-160.

54) AFDC(Aids to Families with Dependent Children) vs. PRWORA(Personal Responsibility and Work Opportunity Reconciliation) & TANF(Temporary Aids to Needy Families). 이들의 명칭만 비교해 보아도 두 가지 접근의 차이를 쉽게 확인할 수 있다.

55) MCO는 Managed Care Organization의 약자다. 의료의 사(私)보험 형태로 보험가입자와 서비스제공자(의사 등) 간의 관계를 관리하는 조직이다. MCO가 재가케어나 예방 등을 목적으로 사회사업가 활동을 채택하는 경우가 많아졌다.

56) 민영화(privatization)는 공공 조직이 수행하던 역할을 민간 조직으로 이전하는 것을 말하고, 이를 위해 서비스구매계약(POSC) 등의 방식을 주로 쓴다. 지방화는 주로 연방정부의 기능을 지방정부로 이전하는 것을 뜻하는데, 지방정부는 이를 민영화나 시장화와 결합해서 사회복지서비스를 공급하는 경향을 띤다. 시장화(영리화)는 영리 조직의 사회복지서비스 분야에의 참여를 개방하는 형태로 나타난다. 사회복지 서비스구매계약의 당사자로 영리 조직도 허용된다는 것이다. 이에 대해 2, 3장을 참고.

57) 사회복지행정 관리자들은 이전에 비해 서비스 전달체계적 맥락에 보다 많은 관심을 두며, 외부 환경과 조직 내부 사이의 경계를 모니터링하고 관리하는 '경계잇기(boundary-spanning)' 역할의 비중을 높이고 있다고 보고된다. 참고: Menefee, D., & Thompson, J. (1994). 'Identifying and comparing competencies for social work management: a practice driven approach'. *Administration in Social Work, 18*(3), pp. 12-25. 경계잇기 역할에 대해서는 참고: Schmid, H. (1992). 'Executive leadership in human service organizations'. In Y. Hasenfeld (Ed.), *Human Services as Complex Organizations*. Newbury Park, CA: Sage, pp. 98-117; Austin, Management overview, pp. 1642-1658.

58) 일본은 기업 중심의 복지체제가 상대적으로 발달해서 낮은 수준의 국가복지를 보충했다고 보는 견해가 있다. 참고: 조영훈(2006). **일본 복지국가의 어제와 오늘**. 한울.

59) 〈후루가와 코준(古川孝順) (2002). **사회복지학**. 誠信書房, pp. 185-214〉의 시기 구분을 따랐으며, 시기별 요약 설명은 〈고마츠 리사코(小松理佐子) (2006). '일본 사회복지제도·정책의 전개과정.' 복지국가의 형성·재편과 사회복지정책. 中央法規, pp. 172-174〉를 주로 참고.

60) 고마츠, '일본 사회복지제도·정책의 전개과정', p. 172. GHQ는 General HeadQuarters의 약자로 연합군총사령부를 뜻한다.

61) 상게서, p. 172.

62) 조치 사무란 행정 관청이 대상자 실태를 파악해서, 그에 따라 구호 물자를 제공하거나 특정 시설에 입소시키는 등의 조치를 취하는 것이다. 일반 행정직 공무원들이 이러한 조치 사무를 수행했다.

63) 일본의 지방자치단체(지자체)가 하는 일(사무)은 '고유 사무'와 '위임 사무'로 나뉜다. 고유 사무란 지자체의 본래적 사무를 말하는데, 이를 '자치 사무'라고도 한다. 위임 사무란 중앙정부나 상급 지자체의 일이지만, 법령에 따라 이를 하급 지자체에 위임해서 수행토록 하는 것을 말한다. 우리나라도 이와 유사한 방식으로 되어 있다.

64) '보건복지지구 조직'이란 보건과 복지에 관계되는 활동들을 수행할 목적으로 지역을 일정한 단위로 묶어 주민참여를 유도하고, 지원하는 것이었다. 주민참여를 용이케 할 목적으로 대개 초등이나 중등 학군(學群)을 활

용했다.

65) 참고: 함세남 외(2001). **사회복지 역사와 철학**. 학지사.

66) 고마츠, '일본 사회복지제도·정책의 전개과정', p. 173.

67) '특별양호노인홈'은 상시 케어가 필요해서 집에서 생활하기 곤란한 사람들이 일상 생활상의 보살핌과 기능 훈련, 간호 등의 서비스를 받으면서 생활하는 시설이다. 우리나라의 양로원과 요양원 성격이 섞여 있는 형태다.

68) 이 시기를 '확대기'로 부르는 이유도 이처럼 비중 있는 제도와 예산이 급증했기 때문이다.

69) 고마츠, '일본 사회복지제도·정책의 전개과정', p. 173.

70) 파이(pie) 논리란 일단 경제 성장의 과실(파이)를 키운 다음에 이를 나누어야 분배의 몫도 더 커진다는 것이다. 경제성장 우선주의를 뒷받침하는 논리였다. 일본에서는 1950년대에 키운 파이의 분배를 실행했던 시기가 이른바 일본의 사회복지 확대기(1960~1973년)에 해당한다. 우리나라에서도 1960~1970년대 경제성장 우선주의를 위한 근거로 파이 논리를 사용했는데, 트리클다운(trickle down) 혹은 낙수 효과라고도 했다.

71) 1973년 10월 일어난 제4차 중동전쟁으로 인해, 전쟁 전 배럴당 2달러대였던 국제유가가 1년 만에 4배인 10달러대로 폭등했다. 이를 제1차 오일쇼크라 하고, 세계경제에 엄청난 충격을 주었다. 제2차 오일쇼크는 1979년 2월에 이란의 회교 혁명을 계기로 초래되었는데, 이란을 비롯한 중동 산유국들이 석유생산을 감축하면서 발생했다.

72) 참고: 고마츠, '일본 사회복지제도·정책의 전개과정', p. 173.

73) 시정촌(市町村)은 우리나라의 시군구(市郡區)와 같은 기초자치단체다. 규모는 우리나라의 시군구보다 작아서 생활공동체에 보다 가깝다. 우리나라의 시도(市道)와 같은 광역자치단체는 일본에서 도도부현(都道府縣)에 해당한다.

74) 고마츠, '일본 사회복지제도·정책의 전개과정', p. 173.

75) 함세남 외, **사회복지 역사와 철학**, p. 405.

76) 기존의 복지 6법에 더해 「노인보건법」(1982)과 「사회복지·의료사업단법」(1984) 제정으로 8법 체제가 된다.

77) 단체위임 사무 방식은 지자체에 사무 처리의 자기책임과 의무를 부담시키는 것이고, 기관위임 사무 방식은 지자체가 상급기관의 하위기관으로서의 대리 역할을 수행하는 것에 가깝다. 단체위임이 기관위임 사무에 비해 지자체의 독자적인 역할이 더 크다.

78) 국가가 지방으로 이전하는 재원인 '지방교부세'와 '특례보조금'의 비중과 규모를 어떻게 할지 등에 관련된 이슈다. 특례보조금은 용도가 구체적으로 지정된 것이고, 지방교부세는 포괄적으로 규정한다.

79) 저미(低迷)는 '밑바닥에서 헤매인다'는 뜻이다.

80) 고마츠, '일본 사회복지제도·정책의 전개과정', p. 173.

81) 상게서, p. 173.

82) 상게서, p. 174.

83) 2000년 4월 시행된 일본의 「개호보험법」은 공적 개호보험 제도를 출범시켰는데, 이는 일종의 공적 장기간병 보험이다. 과거 일본의 장기간병 관련 사회보장 제도로는 사회복지 분야에 속하는 고령자복지 제도와 의료 분야에 속하는 노인보건 제도가 있었다. 두 제도 모두 이용자 본인부담이 매우 적으며, 저소득층의 경우 거의 무료로 이용할 수 있었다. 새롭게 도입된 공적 개호보험은 두 제도를 융합하되, 대상자를 장기간병의 욕구가 있는 모든 노인들에게 확대한 것이 특징이다. 이른바 '개호의 사회화'다. 참고: 조영훈, **일본 복지국가의 어제와 오늘**, p. 222.

84) 2016년 기준 일본의 지역포괄케어시스템의 방향은 다음과 같이 제시되어 있다. 첫째, 전국 일률적인 예방급여(방문개호, 통원개호)를 시정촌 주도의 '지역지원사업'으로 이관한다. 지역지원사업에는 기존의 개호사업

소 조직뿐만 아니라 NPO, 민간기업, 주민자원봉사자, 협동조합 등도 다양한 조직 형태로 참여하게 한다. 둘째, 사업은 노인 세대에 대한 생활지원 및 개호예방 서비스의 충실을 기도하고, 고령자의 사회참여를 촉진시키는 방향으로 추진한다. 셋째, 이를 위해 시정촌은 '지역만들기'를 제도적으로 지원해야 하고, 생활지원코디네이터 배치와 협의체 등을 설치한다. 참고: 히라노 타카유키(平野隆之) 교수 인터뷰(2016. 10. 18.).

제**3**장
한국의 사회복지행정

한국 사회복지행정의 역사는 사회복지가 제도적으로 발달하는 과정과 함께 전개해왔다. 우리나라 사회복지 제도는 큰 틀에서 볼 때 서구 사회와 마찬가지로 도시산업화의 영향에 대응하는 과정에서 발달해 왔다. 다만 한국전쟁과 남북분단, 급속한 산업화이행 등과 같은 특수한 역사적 환경하에서 우리나라만의 고유한 사회복지 제도와 행정의 역사가 나타났다.[1]

1. 사회복지행정의 형성기 (1950~1970년대)

우리나라에서 근대적 성격의 사회복지 제도는 1950년 한국전쟁을 기점으로 본격적으로 성립된다.[2] 그 이전에도 조선말 개화기부터 일제강점기에 이르기까지 빈민구제활동이나 인보관, 고아원 설치 등과 같은 사회복지 관련 활동들이 다수 있어 왔지만,[3] 그럼에도 이들은 선교나 자선, 시혜가 일차 목적이었으며 활동의 규모나 범주도 제한적이었다. 이를 제도적 차원의 사회복지 성립이라고 보기는 어렵다. 그런 상황이 한국 전쟁을 기점으로 획기적으로 변화하게 된다.

1950년의 한국전쟁은 대량의 난민과 빈민을 발생시켰다. 1953년 전쟁이 끝날 즈음에는 요구호 대상자 수가 당시 전체 인구의 절반에 가까운 1,000만 명에 육박했다.[4] 이들 대량의 요구호 인구에 대한 의식주, 의료와 교육, 생업 지원 등은 이제껏 한국 사회가 경험해 보지 못했던 막대한 사회문제였다.[5] 삶의 기반 자체가 파괴되어 발생한 대규모 빈곤의 문제는 가족이나 지역공동체와 같은 전통적 기제들로 해결될 수 없는 것이었다. 새로운 제도적 사회복지 접근에 대한 필요성은 이런 맥락에서 비롯되었다.

당시 한국 사회는 정치경제적으로 취약해서 국가 차원의 공동체 기능을 수행하기 어려웠다. 막대한 구호 욕구를 자체적으로 해결할 능력이 없었으므로, 미국 등 외국 정부와 원조단체들로부터의 지원에 대부분 의존했다.[6] 정부의 역할은 'UN구호계획'에 의한 구호 물품이나 미국 정부의 잉여농산물 처리에 관한 공법 「PL 480-Ⅲ」에 따라 지원받은 양곡 등을 배분하는 정도에 그쳤다. 정부 부문의 역할 미비로 인해 당시 구호 욕구의 상당 부분은 민간 부문이 감당하게 된다.

초기에 민간 구호 활동은 외원단체(외국민간원조단체)가 주도적인 역할을 담당했다. 1950년 즈음부터 수많은 외원단체들이 공식적으로나 비공식적으로 우리나라에서 활동했는데, 1970년 기준으로는 외원단체연합회에 공식적으로 등록된 단체만 해도 111개에 달했다.[7] 이들 외원단체는 단순히 구호 물품만 지원한 것이 아니라, 구호 활동과 관련한 각종 조직 체계나 기술 등도 함께 가지고 들어 왔다.[8] 서구식 전문직 사회사업(social work)도 이때 우리나라의 사회복지 실천 현장에 들어왔으며,[9] 이런 영향으로 당시에는 사회사업이 곧 사회복지라고도 인식되었다.

외원단체들은 비정부 방식의 공식적 조직 기구(NGO)를 통한 구호 실천을 선호했다. 그에 따라 민간 차원에서 많은 수의 사회복지 시설들이 설치되었다. 이들 시설 조직은 설치뿐만 아니라 각기 운영에 필요한 자금들도 상당 부분 외원단체로부터 제공받았는데, 그에 따라 조직의 운영 방식 등과 관련된 영향도 함께 받게 된다.[10] 사회사업가(social worker)가 전문직으로 교육되고 배출되어 사회복지 시설들에 배치되기 시작한 것도 그런 영향의 일환이다.

1980년대 이전까지는 사회복지 분야에 대한 정부의 정책적 노력이 여전히 미약했다. 1960년대 초부터 시작된 경제성장 우선(성장 후 분배) 정책에 따라 분배에 해당하는 사회복지에 대한 국가적 우선순위는 매우 낮았다. 이러한 국가의 기조하에서 절대빈곤자에 대한 보호는 1950년대 이래 성립되었던 민간 사회복지서비스 기관들에 주로 맡겨졌다. 이 시기 사회복지서비스의 성격은 대부분 빈곤자들에게 생활(수용)시설을 제공하는 것이었다. 아동, 장애인, 노인, 부랑인을 수용해서 보호하는 시설들이 당시 사회복지서비스의 중추를 이루고 있었다.

당시 사회복지에서 정부 부문이 수행했던 역할은 1961년 제정된 「생활보호법」에 따라, 생계보호의 대상자를 확인하고 특정 시설을 지정해서 보호 '조치(措置)'하는 것이었다. 이때 해당 시설에는 대상자의 생계비와 함께 일부 보호 비용이 제공된다. 그럼에도 인건비와 같은 기본적인 시설 운영비는 정부가 지원하지 않았으므로, 시설들은 외원단체나 민간 후원 등으로부터 이를 충당해야 했다. 비록 정부가 재정적인 역할이 미비했지만, 공공부조의 기능을 수행하는 시설들에 대한 규제자의 역할은 수행했다.

1970년대를 전후해서 정부 차원에서 사회복지 시설들에 대한 제도적인 규제가 구체화된다. 이때쯤은 외국 원조가 이미 많이 줄어들고, 종래에는 종식될 것이라는 예상도 본격화되고 있었다. 그러므로 이제껏 외국 원조에 의존해 왔던 사회복지를 어떻게 운용해야 할지에 대한 제도적인 방안도 함께 강구된다. 그 결과가 1970년에 「사회복지사업법」 제정으로 나타난다. 여기에서 정부는 민간이 설치해서 운영하는 사회복지 시설들에 대한 법제도적인 근거와 이들을 지원, 규제하는 방법을 공식화했다.

「사회복지사업법」에서는 사회복지 시설을 운영하는 민간 주체는 사회복지법인의 자격을 갖추어야 할 것과, 그 법인과 운영 시설에 대해 국가는 어떻게 관리(설립 및 해산, 보조금 지원 및 감독 등)할지를 규정한다.[11] 이 법의 명칭과 내용에서도 알 수 있듯이, 당시의 사회복지는 민간 주체가 운영하는 사회복지 시설(주로 수용시설)의 서비스들을 사업 차원에서 관리하는 것에 초점이 맞추어져 있었다. 이러한 성격의 「사회복지사업법」은 1983년 개정에 이르러서야 국가의 책임이 적극 확대된 성격으로 바뀐다.

1950년에서 1970년대 말에 이르기까지 근 30년간 한국 사회복지의 제도적 틀은 큰 변함이 없었다.[12] 사회복지의 대부분 기능은 공공부조(생활보호)와 사회복지서비스의 협소한 영역에 머물러 있었다. 그래서 당시에는 '사회복지'가 '사회보장'과는 별개의 제도인 것처럼 인식되는 경향도 있었다.[13] 절대빈곤 계층이 아닌 산업 노동자들에 대한 재해나 건강 관련 사회보장 입법들은 당시까지는 사회복지 명칭의 제도로 간주되지 못했다.

1963년에 「산업재해보상보험법」이 제정되면서 1964년부터 산재보험 제도가 실시되었다. 이 제도는 초기에는 상시고용근로자가 500인 이상인 광업이나 제조업 분야에만 적용되었으나, 이후 점차 소규모 작업장들과 다양한 업종들로 확대 적용된다.[14] 노동자들을 위한 「의료보험법」도 1963년 제정되었으나 명목적인 제도에 그쳤고, 1976년에 전면 개정이 되어서야 1977년부터 최초로 실효성 있는 의료보험 제도가 실시되었다. 이 제도 역시 초기의 한정된 적용 대상에서부터 점차 확대해 가는 경로를 밟는다. 당시 의료보험 제도는 개별 조합 방식을 따랐는데, 지역의료보험조합, 공무원교직원의료보험조합, 직장의료보험조합이 각기 분리되어 운영되었다. 이러한 의료보험 제도의 분리된 조합 운영 방식은 1990년대 후반까지도 이어졌다.[15]

이 같은 시기에 전문적 사회복지행정의 필요성은 인식되기 힘들었다. 사회복지 실천 활동의 대부분이 외원의 구호 물자를 배분하거나, 단순 의식주 제공을 목적으로 하는 수용시설의 조직 운영에 치중되었기 때문이다.[16] 당시 시설 조직들로서는 생존에 필요한 절대적 자원의 확보가 보다 절실한 현안이었으므로, 여기에 고차원적 욕구와 관련된 휴먼서비스 운영의 전문적 조직 방법과 기술들은 크게 소용될 여지가 없었다. 다만 대학 등에서의 교육 과정에는 사회복지행정이 진작에 도입되고 있었다.

우리나라에서 사회복지행정에 대한 교육은 사회복지학(당시 사회사업학)의 한 분야로 일찍부터 시작되었다. 1959년 서울대학교에 사회사업학과가 설치되면서부터 교육 과정에 '사회사업행정' 과목이 개설되었고, 이후로 사회사업학과를 설치한 대부분의 대학들에서 관련 교육이 시작되었다.[17] 그럼에도 현장의 실질적인 수요가 크지 않았던 관계로, 행정 교육을 특별히 강조하지는 않았던 것으로 여겨진다.[18] 이 시기 사회사업행정 교육의 내용은 주로 개별 시설 차원의 운영관리론으로 구성되었다.

이 시기는 한국 사회복지행정의 역사에서 중요한 의미가 있다. 비록 규모와 체계 면에서 외형적 성장은 제한적이었으나, 이 시기에 한국적 사회복지조직의 원형이 형성되었기 때문이다. 사회복지 제도에서 공공 부문은 규제자의 역할에 충실하고, 실천은 민간 주체의 사회복지조직 차원에서 수행한다는 대강이 이때 형성되었다.[19]

한국 사회복지조직의 초기 형성기에서 배태된 이와 같은 원형적 특성들은 조직 문화나 제도화 등의 다양한 경로를 통해 현재까지도 이어지고 있다. 오늘날 우리나라에서 사회서비스는 운영 주체가 민간(개인이나 법인)인 경우가 거의 대부분(95% 이상)을 차지한다. 이는 사회서비스의 민영화를 적극 추진해 왔던 일본의 현재 상황과 비교해보아도 지나치게 높은 수준이다.[20] 우리나라의 사회복지는 왜 이처럼 과도하게 민간 주체에 의존하는지, 그로 인해 사회복지행정이 어떤 고유한 특성과 과제를 안게 되었는지는 초기 형성기의 역사적 맥락을 통해서만 알 수 있다.[21]

2. 사회복지행정의 성장기 (1980~1990년대)

1980년대에 들어서면 한국 사회복지의 현실은 이전과는 다른 방향으로 전개된다. 이전까지 경제성장을 위해 분배와 복지를 의도적으로 억압했던 독재 정권은 1980년대의 정치경제적 상황에서 한계에 부딪친다. 경제개발 우선주의 정책 기조로서는 더 이상 국민들의 변화된 복지 의식에 대응할 수 없게 된다. 이에 국가 정책의 기조가 사회개발을 도입해서 경제개발과 병행하는 방향으로 바뀐다. 정부 정책에서 사회복지정책이 차지하는 위상이 높아지기 시작한 것이다.

> 1980년대는 한국 근현대사에서 가장 주목할 만한 정치사회적 변혁이 나타났던 시기다. 비록 경제성장 우선주의의 정책 기조는 유지되었지만, 민주화를 지향한 정치질서의 재편은 사회복지 확대의 필요성과 정당성 또한 강화시켰다. 사회 정의 실현, 빈부격차 해소, 생존권 보장 등과 같은 사회적 슬로건들은 이를 담을 수 있는 정책적 변화를 요구했고, 이 과정에서 사회복지 정책이 확대될 수 있었다.

이 시기에 사회복지는 개념적으로 사회보장 제도와 결부된다. 비록 사회복지 명칭의 주된 활동 범주는 사회복지 사업(서비스)의 공급에 치중되어 있었지만, 공공부조의 영역 확장과 더불어 제도로서의 사회복지는 사회보장 제도의 일환으로 간주되기 시작한다. 그 결과 1995년 「사회보장기본법」을 제정하면서 사회복지서비스가 기존의 사회보험과 공공부조에 더해 사회보장 제도의 일환으로 공식적으로 인정된다.[22] 사회보장이란 국가의 책임을 규정하는 것이므로, 이때에야 법제도적으로도 사회복지 개념의 서비스들이 국가의 책임에 들어간다. 그러면서 사회복지 제도는 사회보험 등과 같은 사회보장 제도와 결부된 개념으로 확대된다.[23]

노령연금 사회보험 제도를 위해 1986년에 「국민연금법」이 제정되고,[24] 2년여의 준비기간을 거쳐 1988년부터 국민연금 제도가 본격적으로 시행된다. 제도 시행 초기에는 상시근로자가 10인 이상인 사업장의 근로자로 적용 대상이 한정되었지만 이후 대상 범위를 점차 넓혀 나간다. 1995년에는 농어민이 포함되고, 이후 도시의 지역가입자까지 범위를 확장하면서 1999년에는 전 국민 연금가입 시대를 열었다.[25]

4대 사회보험 중 가장 마지막으로 법제화된 제도는 고용보험 제도이다. 「고용보험법」은 1993년에 제정되고 이후 1995년부터 제도가 시행되었다. 우리나라뿐만 아니라 대부분의 국가에서 사회보험 제도 중 가장 늦게 제도화되는 것이 고용보험이다.[26] '실업'에 대한 사회보장책이 자칫 근로 동기를 약화시킬 수 있다고 보기 때문이다.[27] 그러다 1997년 IMF 구제금융 사태가 발발하면서, 고용보험 제도가 급속하게 확장되기 시작했으며 가장 짧은 기간 안에 적용 대상의 범위를 전 국민으로 확장시켰다.[28]

임금고용 노동자 계층을 주된 대상으로 하는 사회보험 제도들과는 달리, 이 시기에도 사회복지의 중심 대상 인구는 주로 비노동 빈곤 취약계층이었다. 1980년대가 되면 이들을 대상으로 하는 각종 사회복지 관련법들이 정비되기 시작한다. 1982년에는 「생활보호법」이 1961년 제정 이래 처음으로 개정되는데, 이때에서야 비로소 빈곤자들에 대한 생활보호의 내용과 방법이 구체적으로 정리되었다. 생활보호 제도에 자활보호 급여가 명시된 것도 이때였다.[29] 사회복지서비스와 관련된 여러 법들도 제정되거나 정비되었다. 1961년 제정된 「아동복리법」이 전면 개정되어 「아동복지법」으로 바뀌었고, 「노인복지법」과 「심신장애자복지법」이 처음으로 제정되었다.

'사회복지'에 대한 국가의 책임도 직접적인 것으로 변화한다. 이전에는 사회복지에서 공공 부문의 역할은 민간 부문의 활동을 규제하는 간접적인 역할에 치중해 왔다.

그러다가 1983년에 「사회복지사업법」이 전면 개정되면서, '국가와 지방자치단체는 사회복지를 증진할 책임을 진다'라는 복지증진의 책임 조항이 법에 처음으로 등장한다. 이때서야 지금과 같은 사회복지 개념의 제도가 공공 부문의 책임을 명문화하는 형태로 자리 잡게 된다.

1980년대 이후 이 같은 환경 변화들로 인해, 사회복지의 대상 인구가 확대되고 서비스 내용들도 실질적으로 확충되기 시작한다. 공공 부문에서는 공공부조의 확대에 따라 이를 수행할 인력으로 1987년에 사회복지전담공무원 제도를 도입한다. 이는 사회복지사를 공무원으로 채용해서 읍면동 일선에서 공공부조(생활보호 등) 업무를 전담하도록 한 것이다.[30] 초기에 시범적으로 시행되었던 이 제도는 그 후 일련의 변화를 거쳐 현재는 공공 사회복지행정 전달체계의 중추를 이루고 있다.[31]

이 시기 공공 사회복지의 확충을 위한 노력은 1999년 「국민기초생활보장법」 제정으로 귀결된다. 이 법은 기존의 「생활보호법」을 대체하는 것으로, 법 명칭에서도 드러나듯 국가가 국민의 생활에 대한 책임을 '보호'에서부터 '보장'의 개념으로 강화한 것이다.[32]

민간 부문은 여전히 확대된 개념의 사회복지서비스 공급에서도 주된 주체가 되었다. 이 시기에는 새로운 유형의 사회복지서비스가 공급되기 시작했는데, 이전까지 수용시설(생활시설) 위주로 제공되던 사회복지서비스가 지역 종합사회복지관과 같은 이용시설을 포함해서 전문 상담이나 치료, 여가, 문화 등의 다양한 서비스들까지 제공하는 것으로 확대된다.[33] 서비스의 대상자들도 과거 절대빈곤자 계층에서부터 '영세민' 등과 같이 지역사회 거주 저소득층으로까지 대거 확대된다. 이와 함께 서비스의 성격도 변화하는데, 과거 의식주 제공 위주의 단순 수용보호와는 달리 보다 고차원적인 심리사회적 욕구까지를 다루게 되었다.

이 시기에 새롭게 설치되는 사회복지서비스들은 대부분 지역 주민들에 대한 이용시설의 형태를 띠었다. 이들 시설은 대부분 정부나 지자체, 주택공사 등과 같은 공공 부문이 자본을 투자해서 설치했고, 그 운영은 민간 주체에게 보조금을 지불하면서 위탁 형태로 맡기는 구조가 대부분이었다. 이런 구조하에서는 민간 부문의 조직 주체들은 공공이 설치한 시설을 위탁받기 위해 서로 간에 경쟁을 할 수밖에 없게 된다. 이 과정

에서 민간 주체의 역량은 재산의 크기보다는 운영의 전문성으로 평가된다.[34]

이런 이유들로 인해 이 시기에 사회복지사 등의 전문직 인력에 대한 현장 수요가 크게 확대되었다. 1983년 개정된 「사회복지사업법」에서는 사회복지사의 전문직 교육과 자격 검증의 방법을 법제화해서 이를 뒷받침한다.[35] 그 결과 사회복지사에 대한 대학 교육의 수요와 공급도 크게 증가했다. 1980년대에만 전국적으로 30개 대학에서 사회복지(사업)학과가 신설되었다. 이러한 추세는 1990년대에 들어서도 계속되었으며, 1997년 기준으로 한국사회복지(사회사업)대학협의회에 등록된 대학만 해도 50개가 넘어섰다.[36] 이 시기에 사회복지전문직 인력의 초과 공급 현상에 대한 우려까지도 이미 등장할 정도였다.

1980년대에 이르러 민간 사회복지 시설들에 대한 외국 원조는 대부분 끝난다. 그로 인해 여태껏 이에 의존해 왔던 민간 사회복지조직들로서는 외원을 대체하는 새로운 자원이 필요하게 되었다. 정부보조금 등의 공적 자원이 우선적으로 그 대체 역할을 떠맡게 되었는데, 이러한 재원 변화는 필연적으로 이들 조직의 운영 방식에도 영향을 미치게 된다. 즉, 민간 사회복지 시설들에 대한 사회적 책임성과 투명성 요구가 확대된다.

공적 자원이 투입되면서 민간 부문의 사회복지조직들이 공적 통제와 관리 체계에 본격적으로 편입된다. 이로 인해 외국 원조 시기에 가능했던 사유화되고 폐쇄적 조직 운영이 시정되어야 했고, 사회복지 시설들의 지역사회 개방에 대한 사회적 압력도 한층 가중되었다. 1997년 「사회복지사업법」 개정에서는 모든 사회복지 시설들이 3년에 1회 이상 정부의 평가를 받도록 의무화되었다.

한편 1990년대에는 우리나라의 사회복지에도 세계적 신자유주의 조류의 영향이 미친다. 이에 따라 사회복지 분야에 대한 개방화 혹은 시장화의 시도가 나타난다.[37] 1997년 「사회복지사업법」을 개정하면서, 과거 사회복지법인과 같은 특수 법인들에게만 허용되었던 사회복지 시설의 설치나 운영을 일부 예외 시설을 제외하고는 개인들도 가능하도록 했다. 또한 사회복지 시설의 설치 요건도 기존의 허가제에서 신고제로 바꾸었다.[38] 이러한 조치들은 모두 급속히 확대되는 사회복지 수요에 효과적으로 대처하기 위해서였다. 보다 많은 서비스 생산 주체들이 사회복지 공급에 참여토록 하려는 것이었다.

　사회복지 분야에 대한 정부의 역할과 책임이 강화되면서, 공공과 민간 부문 조직들이 다양하게 얽히는 현상도 나타난다. 공공 부문이 사회복지 전반에 개입을 확대하면서, 전통적으로 민간 부문의 조직과 프로그램들 위주로 구축된 사회복지서비스 전달체계가 공공 부문의 체계와 불가피하게 얽히는 현상이 나타난다. 여기에다 1990년대 중반 지방자치제가 복원되면서 정부 구조도 변화하는데, 이에 따라 사회복지 전달체계도 기존의 중앙정부 중심의 획일적 구조에서부터 벗어나 다층적 연결 양상으로 변화한다.

　이와 같은 사회복지 공급과 관련한 전반적인 환경 변화에 따라, 사회복지조직들에서는 전문적이고 합리적인 행정 지식과 기술을 확보해야 할 필요성이 널리 인식된다. 공공 부문뿐만 아니라 민간 조직 주체들로서도 이에 대응해야 할 필요가 커졌다. 민간 사회복지서비스 조직들은 정부보조금뿐만 아니라, 이용료나 후원금 등과 같은 다원화된 재원 확보의 전략을 구사하는 것도 중요해졌다. 사회복지공동모금회나 기업재단 등과 같은 다수 민간 재단이 정부와 맞먹는 상당한 자원 제공자로 등장하면서,[39] 민간 사회복지조직들은 다양한 성격의 프로그램 자원 전략들에 관한 방법과 기술도 갖추어야 했다.

　이런 환경하에서 사회복지 분야 전반에서 사회복지행정에 대한 관심과 비중이 크게 높아졌다. 제한된 자원을 두고 사회복지조직들 간 경쟁이 심화되고, 한편으로는 전달체계의 양상도 다원화되고 복잡해짐에 따라, 사회복지 실천 현장에서는 이전과는 다른 차원의 지식과 방법에 대한 요구가 증가한다. 여기에 사회복지학의 제반 분야들 중에서도 사회복지행정이 가장 부합되었다.[40] 그 결과 조직 차원의 전략적 기획과 관리, 프로그램 개발과 평가, 자원개발과 전달체계, 서비스 활용 전략 등을 다루는 사회복지행정이 사회복지전문직의 교육 과정에서 차지하는 비중이 높아진다.[41]

3. 사회복지행정의 패러다임 전환기 (2000년대~현재)

2000년대를 전후한 시기에 한국의 사회복지 환경은 또 다시 급격히 변화한다. 1997년

외환위기를 겪으면서 우리나라에서는 정치, 경제, 사회 영역 전반의 구조적 취약성이 드러나고, 인구사회의 구조 변화와 신경제에 따른 새로운 성격의 사회문제들에 대한 우려도 높아졌다. 이에 따라 2000년대에 들어서는 복지국가의 기능을 강화하자는 주장이 힘을 얻는다.[42] 그럼에도 한편으로는 신자유주의 사조의 영향하에 놓여 있던 탓에, 복지국가의 확장 방식을 둘러싼 사회적 논쟁이 격화되었다.[43]

신사회적 위험   우리나라에서는 2000년대 들어 인구·사회 구조의 파괴적 위험성이 본격적으로 드러나기 시작한다. 급속하게 진행되는 저출산·고령화로 인해 인구 구조가 위축, 왜곡되는 현상이 나타난다. 이는 일차적으로 가족의 공동체 기능을 약화시키고, 사회복지 제도가 국가 공동체 등의 기능으로 대체할 필요를 가속화한다. 문제는 향후 소수의 근로 세대가 다수의 피근로 세대를 부양할 것으로 예상되는 국가 공동체를 어떤 방식으로 구축할 것인지였다.

저출산과 고령화는 인구 구조 자체로도 위협적이지만, 여성 인구의 성격 변화로 인한 가족 기능의 축소와 맞물리면서 문제가 증폭된다. 우리나라에서는 여성의 사회·경제 활동에의 참여가 지속적으로 증가해 왔는데, 여성 고용률은 2000년에 이미 50%에 육박했다.[44] 우리나라에서는 아동이나 노인, 장애인 등의 가족 의존인구에 대한 돌봄은 대개 여성이 수행해 왔었다. 여성의 취업률 증가는 곧바로 이들 인구에 대한 돌봄 공백의 문제를 야기한다. 사회적 돌봄 체계의 구축이 시급해진 것이다.

이 외에도 2000년대에 들어서면 신경제 체제로의 이행에 따른 사회적 변화와 관련된 문제들도 본격적으로 제기된다. 고도의 지식−서비스 산업 경제로 접어들수록 경제와 복지의 선순환의 논리가 작동하지 않게 된다.[45] 이는 소수의 지식 자본을 소유한 집단과 다수의 일반 노동집단 간의 빈부 격차를 확대시켜 사회적 양극화와 같은 문제를 초래한다. 신자유주의적 신경제는 또한 국가 간 경계를 옅어지게 하는데, 그에 따라 이주노동자나 결혼이주민 등이 증가하면서 이들에 대한 사회적 차별이나 배제와 같은 문제도 함께 증폭된다.[46]

신경제로 인한 빈부격차의 확대나 양극화, 이주민이나 소수자에 대한 사회적 배제나 차별 등의 문제는 모두 사회통합을 저해한다. 한 사회에서 사회통합이 깨지면 사회적 불안정이 초래되고, 그 결과 범죄를 비롯한 사회적 일탈들이 증가하기 쉽다. 이로 인해 그 사회는 막대한 사회적 비용을 치러야 하고, 이 과정에서 공동체 사회 자체가 붕괴될 수도 있다. 사회통합의 문제는 단순히 사회적 양심이나 도덕적 차원을 넘어서서 국가 공동체 자체의 지속 가능성에 관한 문제가 된다.

2000년대 들어 새롭게 인식되었던 이와 같은 사회문제들은, 기존의 산업사회적 위험(고용 중단에 따른 소득 상실)과 구분하는 차원에서 '신사회적 위험'이라 했다.[47] 신사회적 위험(new social risks)의 사회문제들은 산업사회적 빈곤 문제들과도 연결되어 있다. 그럼에도 문제의 본질에서 차이가 있는데, 물질적 차원의 절대 빈곤보다는 불평등, 기회 박탈, 소외 등과 같은 상대적 빈곤의 성격이 강하다. 상대적 빈곤의 사회문제는 심리사회, 정치경제적 여러 측면들이 혼재되어 있는 것으로, 단순히 '경제성장으로 복지 해결'이라는 개발주의 접근으로는 다루기 어렵다.

이에 따라 우리나라에서는 2000년대에 들어 신사회적 위험의 사회문제들에 대응하려는 새로운 패러다임의 사회정책적 개입에 대한 논의와 시도가 나타난다.[48] 기존 사후지원(빈곤 '후' 지원) 위주의 사회보장 제도로는 신사회적 위험의 복합적 문제들에 대응하기 어려우므로, 예방적, 선제적, 사회투자 성격의 사회정책적 접근의 확대가 필요하다는 입장이 부각되었다. 이런 배경에서 보편적 사회서비스 정책이 도입되고 급속히 확장된다. 아동과 노인, 장애인에 대한 사회적 돌봄을 비롯해서 출산장려나 청년 고용지원 등이 이러한 사회서비스들에 해당한다.

보편적 사회복지의 확대   2000년대 이후 우리나라의 사회복지는 제도적 차원에서 중요한 개념 전환을 이룬다. 이제까지의 사회복지가 '빈곤에 관한 선별적 지원'으로 인식되어 왔던 것에서 '일반에 대한 보편적 지원'으로 전환하는 것이다. 비록 현실적으로는 빈곤 등의 취약계층에 대한 보호가 다른 사회 제도들이 감당하지 않는 사회복지 제도만의 고유 영역으로 강조되지만, 일반 인구의 취약성을 예방하는 목적의 보편적 사회서비스도 사회복지 제도의 정당한 영역으로 자리매김한다.

2007년 「노인장기요양보험법」이 제정되면서 이전에 저소득 취약 노인 인구에 한정된 사회적 돌봄이 일반 노인 대상으로 전환된다.[49] 기초연금도 보편적으로 확대된다.[50] 2011년부터 장애인에 대한 활동지원서비스가 소득 수준과 관련 없이 보편적으로 제공되었다. 또 2013년부터는 모든 소득계층의 아동들에게 보육서비스(어린이집 등)가 실시되었으며, 2019년에는 보편적 수당 급여로서의 아동수당 제도가 전면 도입되었다.

한편 우리나라에서는 2000년대 진보주의 성향의 보편적 복지 확장에도 불구하고, 복지 공급의 방식과 관련해서는 신자유주의적 기조를 탈피하지 못했다. 이런 점에서 비록 '복지국가'의 영역은 확대되었지만, 이를 실행하는 방식은 오히려 '탈복지국가'의 추세를 따랐다고 평가된다.[51] 특히 보편적 사회서비스가 도입되던 2000년대 중반은 국가 재정관리에서 신자유주의적 '신공공관리론'이 지배하던 때였으므로, 비록 진보적 목적의 사회복지정책 기조라 해도 이를 벗어나기는 힘들었다.[52]

바우처 제도의 등장   이런 결과로 사회복지 공급 방식에서 대대적인 변화가 나타나는데, 2000년대 중반 이후 보편적 사회서비스 공급의 대부분에 적용되는 이른바 바우처(voucher, 이용권) 제도다. 이 제도는 사회서비스에 시장화 기제를 도입한 것으로, 사회서비스 제공자들이 영리를 목적으로 하는 시장 사업자로서 참여할 수 있도록 한 것이다. 이를 통해 막대한 수요의 사회서비스를 국가 기제, 즉 공공 서비스 시설들을 확대 설치하지 않고도 효율적으로 공급하려는 의도였다.[53]

바우처 제도에서 국가의 역할은 특정 사회서비스가 필요한 대상을 지정하고, 바우처 발행에 소요되는 비용을 충당하는 정도로 최소화될 수 있다. 국가가 일일이 나서서 수많은 사회서비스 제공자들을 평가하고 관리하려면 막대한 행정 비용이 드는데, 바우처 제도는 그런 비용 부담에서 벗어날 수 있게 해 준다. 시장 방식에서 서비스 품질 관리는 기본적으로 서비스 제공자들 간 경쟁, 이용자의 합리적 선택이 대신한다고 본다. 시장에서 이루어지는 이용자의 구매 혹은 재구매 자체가 서비스에 대한 품질 평가가 되기 때문이다.[54]

정부가 2007년부터 시행한 지역사회서비스투자사업, 2011년부터 실시한 장애인활동지원서비스, 2013년에 전면 보편화한 보육서비스 등이 모두 바우처 공급 방식을 따른다. 여기에서 서비스 제공자들, 예를 들어 어린이집, 요양병원, 방문요양보호사, 장애인활동보조인 등은 바우처를 보유한 잠재적 고객들을 확보하기 위해 제공자들 간 경쟁을 하게 되는데, 이론적으로는 이러한 경쟁이 이용자들에 대한 서비스 질을 높일

것으로 기대되었다.[55]

2020년대 현재는 바우처 제도를 비롯해 2000년대 이후 보편적 사회서비스 영역에서 확대되었던 신자유주의적 사회복지 공급 방식에 대한 반성적 논의가 나타나고 있다. 시장 방식의 바우처 제도가 이론적 기대와는 달리 서비스 질의 제고에 기여하지 못한다는 비판도 제기되는데, 이는 대인적 휴먼서비스로서의 사회서비스 특성과 시장 기제가 적절히 결합되기 어렵다는 점과도 관련된다. 사회서비스 공급에서 공공성을 보다 강화해야 한다는 주장이나 시도들도 이런 맥락에서 나타난다. 광역 지방자치단체들에서 설치하는 '사회서비스원'도 원래는 이런 의도에서 비롯되었으나,[56] 현재는 그 성격이 민간이 공급하는 사회서비스의 안정된 관리에 초점을 두는 방향으로 진행되고 있다.

지역사회복지의 강조   우리나라에서는 2000년대에 들어서면서 사회복지에서 지역사회 혹은 커뮤니티를 강조하는 기조가 나타난다. 기존의 시장이나 국가 일변도의 사회서비스 공급 패러다임 자체를 바꾸어야 한다는 주장도 등장한다.[57] 커뮤니티 케어 혹은 지역사회 통합 돌봄과 같은 정책들이 이런 기조하에서 시도된다. 이들은 사회복지 공급의 주체를 정부(제1의 길)나 혹은 시장(제2의 길)에 한정하지 않고, 지역사회 등을 비롯해 다양한 방식의 공동체 사회를 포괄하는 '제3의 길'로 불린다.

사회복지 공급에서 커뮤니티의 성격이 강조됨에 따라 사회복지 전달체계에서도 지방화에 대한 논의와 시도도 활발하게 전개된다. 사회복지 공급의 지방화는 중앙정부 위주의 국가가 수행하던 사회복지 업무에 대한 책임과 권한을 지방으로 이양하는 것을 의미한다. 우리나라에서는 2003년 사회복지 재정분권 정책을 시도한 이후로 이 같은 지역복지 중심의 행정 체계로의 전환을 지속적으로 추진해 오고 있다.[58]

지역사회복지는 정부 간 관계에서 지방정부의 역할과 책임을 강조한다. 지방정부는 지방자치단체로서 지역 자치의 기능을 가지는데, 이를 통해 커뮤니티 속성의 능동적이고 참여적 성향의 공동체 기능을 구현하는 데 유리하다. 이런 이유로 2003년 「사회복지사업법」 개정에서는 지방자치단체의 '지역사회복지계획' 수립과 '지역사회복지협의체' 설치를 의무화한다. 그 후 2014년 제정된 「사회보장급여법(약칭)」에 따라 '지역사회보장계획'과 '지역사회보장협의체'로 그 명칭과 성격이 일부 변화되었다. 이와 함께 현재는 공공 사회복지 전달체계에서 읍면동 조직을 통합적 사례관리와 서비스 접근성 향상, 지역사회의 참여와 민관협력의 주요 기제로 삼으려는 시도들도 활발하게 나타나고 있다.[59]

4. 우리나라의 현행 사회복지 제도

사회복지란 공동체 사회의 범위에서 상호부조의 사회적 기능이 수행되는 것과 관련된 모든 활동을 의미한다. 여기에는 공식적 활동(예: 공공이나 민간 서비스)뿐만 아니라, 비공식적 활동(예: 자조 모임)들까지가 모두 포함된다. 그러므로 사회복지 제도라고 하면 한 사회에서 이러한 모든 기능과 활동들이 안정적으로 수행되는 양상을 말한다. 우리나라에서 국가 차원의 공식적 사회복지 제도는 '사회보장' 제도가 대변한다.[60]

1) 사회보장 제도

현재 우리나라의 사회보장 제도는 「사회보장기본법」에 그 대강이 제시되어 있다. 이 법은 "사회보장에 관한 국민의 권리와 국가 및 지방자치단체의 책임을 정하고, 사회보장정책의 수립·추진과 관련 제도에 관한 기본적인 사항을 규정함으로써 국민의 복지증진에 이바지하는 것"을 목적으로 한다. 이러한 목적의 사회보장을 실현하는 수단으로 법에서는 3가지 유형의 하위 제도를 제시하고 있는데, 사회보험과 공공부조, 사회서비스가 그와 같다.[61]

사회보험(social insurance)   기본적으로는 산업사회의 위험들(실업, 산업재해, 고령, 질병)에 대비하기 위해 국가가 근로 소득자들을 대상으로 보험 가입을 강제하는 것이었다. 취업이나 사업체를 통해 소득이 발생하는 사람들은 의무적으로 사회보험에 가입해서 보험료를 납입하고, 위험 사유가 발생할 시에 급여를 지급받는 것이다. 근래에는 건강보험이나 국민연금 등의 경우에서처럼 사업장 취업이 아닌 국민 자격만으로도 사회보험의 가입이 가능하다. 현재는 국민연금, 국민건강보험, 산업재해보험, 고용보험으로 4대 사회보험이 운용되고 있으며, 2008년부터 노인장기요양보험 제도가 건강 보험에 덧붙어 시행되면서 이를 따로 하면 5대 사회보험이라고도 한다.[62]

공공부조(public assistance)   국가가 국민의 기초생활 수준을 보장해 주는 제도이다. 공공부조는 사회보험에서와 같이 보험료 납입자가 아니라, 국민의 자격만으로 잠재적 수급 권리가 부여되는 방식이다. 공공부조의 대상자는 장애나 질병, 연소자 등으로 소득 활동이 어려워서 사회보험에 가입되지 못하는 경우가 대부분이다. 우리나라에서는 국민기초생활보장 제도가 대표적인 공공부조인데, 국민이면 누구든 최소한의 기본생활에 필요한 수단(소득이나 돌봄, 교육, 치료 등)이 부재한 경우에 국가가 이를 보장하는 것이다.

현재 국민기초생활보장 제도에는 7가지의 급여가 있다. 생계급여, 의료급여, 주거급여, 교육급여, 해산급여, 장제급여, 자활급여가 이에 해당한다. 2015년부터는 기존에 시행되던 통합 급여 방식을 개별 급여 방식(일명 '맞춤형')으로 바꾼다. 통합 급여 방식이란 생활보호 대상자로 책정이 되면 모든 급여들이 함께 적용되는 것이고, 개별 급여 방식이란 각 급여들마다 수급자격 기준을 별도로 두고, 대상자의 상황에 맞추어서 각각의 급여들을 별도로 적용하는 것이다.

국민기초생활보장의 급여 양식은 생계급여만 현금으로 이전되고, 다른 급여들은 현물로서 제공된다. 현물(in-kind) 급여 양식이란 특정한 필요에 해당하는 물품이나 서비스를 지정해서 제공하는 것이다. 비록 그 과정에서 현금 형태가 전달되더라도 특정 필요가 발생한 경우에 한해 지급되는 것이므로, 여전히 현물 급여에 해당된다. 자활급여는 현물 가운데서도 대인적 서비스 양식의 급여에 해당한다. 대인적 서비스란 사람들의 상태를 직접 변화시키는 것을 목적으로 대인적 관계를 통해 서비스가 이루어지는 것이다. 자활급여에는 자활 의지를 고취시키는 교육과 상담, 취업 기술 교육, 일자리 알선 및 창출 등이 포함된다.

공공부조 제도를 운용하는 데 필요한 재원의 대부분은 일반 조세 방식으로 염출된다. 그러므로 세금 납부의 의무를 가진 국민이 공공부조 제도의 원천적인 재정 공급자가 된다. 공공부조 급여의 대상자는 모든 국민 중 소득 부재의 위험 확률에 포함된 경우가 해당된다. 부양자를 잃은 아동, 노동이 불가능한 질환자나 장애인, 노인 중에서 일정한 보유 재산이나 여타 소득이 없는 사람들이다. 이제껏 공공부조 급여에 대한 신청은 해당자나 가족의 신청주의를 원칙으로 해왔으나, 복지 사각지대의 발생 등의 이유로 사회복지전담공무원 등이 직권으로 신청하는 것도 가능해졌다.

사회서비스(social service)　사회적 돌봄과 같은 대인적 서비스를 보장해 주는 제도이다. 사회서비스는 사회보장 제도에서 차지하는 성격이 사회보험과 공공부조를 구분할 때와 같이 급여의 대상이나 책임 주체, 재정 방식의 차이로 규정되지 않는다.[63] 사회서비스가 독자적인 영역으로 간주되는 특성은 '대인적 서비스'라는 급여 양식에 있다.

> 사회보험이 '보험의 방식', 공공부조를 '국가와 지방자치단체의 책임' 방식 등으로 명확히 분간하는 것에 비해 사회서비스는 그렇지 못하다. 「사회보장기본법」에서는 사회서비스란 '국가·지방자치단체의 및 민간 부문의 도움이 필요한 모든 국민에게 … 상담, 재활, 돌봄, 정보의 제공, 관련 시설의 이용, 역량 개발, 사회참여 지원 등을 통하여 … 지원하는 제도'라고 규정한다. 그래서 사회서비스는 다만 상담이나 돌봄 등과 같은 급여의 내용적 특성으로서 대인적 서비스를 사회적으로 보장하는 것으로 분간된다.

사회보험이나 공공부조는 주로 소득상실의 위험에 대한 대응 성격이 강하므로, 주로 현금−이전과 같은 급여 전략을 중심으로 한다. 반면 사회서비스는 돌봄이나 교육, 건강, 자활 등과 같이 대인적 변화 목적에 직접 개입하는 서비스 전략을 강조한다.[64]

사회서비스 생산을 위한 재원의 원천은 다양하다. 공공 부문으로부터의 시설이나 서비스 운영에 따른 보조금, 건강보험 등으로부터 이전받는 서비스 단가, 이용자로부터 염출되는 서비스 이용료, 기타 민간 재단이나 개인 등으로부터의 후원금 등과 같이 여러 재원이 혼재된다. 그러므로 사회보험이나 공공부조와 비교해서 사회서비스 급여의 공급에는 다양한 이해집단이 다원적으로 작용한다는 특성이 나타난다. 그러므로 이러한 특성을 가진 사회서비스 급여를 공급하고 전달하는 행정 체계는 다른 사회보장 급여의 체계에 비해 복잡해지는 특성을 띤다.

2) 사회보장의 공급 체계

사회보장 공급 방식으로서의 사회보험과 공공부조, 사회서비스는 각각이 다루는 사회문제의 성격에서부터 급여의 내용이나 양식, 집행 조직 등이 차이 난다. 〈표 3-1〉은 현재 우리나라 사회보장 급여의 구성 차이를 나타낸다.

표 3-1 사회보장 급여의 구성

급여	내용	주 양식	집행 조직
사회 보험	국민연금/건강보험/산재보험/ 고용보험/노인장기요양보험	현금	중앙정부 / 공단
공공 부조	기초생활보장(생계/교육/해산/ 장제/주거/자활 급여), 기초연금 등	현금/ 현물	중앙정부 / 지방자치단체
사회 서비스	생활시설/이용시설/아동보육/ 노인돌봄/장애인활동지원 등	대인적 서비스	공공 (공단/중앙정부/지자체) + 민간 (영리/비영리/사회적경제 조직)

[그림 3-1]은 사회보장의 급여들이 공급되는 전체 과정을 하나의 체계 형태로 나타낸 것이다. 그림에서 네모는 각 사회보장 급여를 조성하고 관리하는 집행 조직 부문을 뜻하고, 화살표는 각 부문으로 유입되는 자원과 각 부문으로부터 이전되어 나가는 자원이나 생산된 급여를 뜻한다.[65] 여기에서 보듯이, 우리나라의 사회보장 공급 체계는 개인이나 기업으로부터 기여금이나 세금, 구매와 후원, 혹은 회비 등의 방식으로 염출되는 재원을 근간으로 작동한다. 각 사회보장 급여의 공급 부문은 다수의 조직들이 역할 체계를 이루는데, 부문마다 생산하는 급여의 내용이나 성격이 다르므로 체계의 구성이나 작동 방식도 차이 난다.[66]

각 공급 부문은 조직 체계를 작동해서 자원을 관리하고, 급여를 직접해서 전달하기도 하고, 혹은 다른 부문으로 자원을 이전하기도 한다. 그 결과 사회보장 부문에 유입된 현금 등의 각종 자원은 재분배의 성격을 감안한 복지 급여의 형태로 바뀌어 다시 가입자나 대상자, 이용자 등에게 공급된다. 급여의 양식으로는 현금이나 현물, 대인적 서비스 등을 각기 달리 채택하는데, 이에 따라서도 부문별 체계의 구성이나 작동 방식

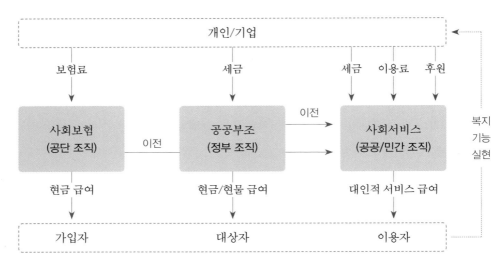

[그림 3-1] 사회보장 급여의 공급 체계

이 현저한 차이를 보인다. 현금 급여를 생산하는 조직 체계와 대인적 서비스를 생산하는 조직 체계는 다를 수밖에 없다.

모든 체계는 지속가능하려면 기능의 선순환이 이루어져야 한다. 이는 사회보장 급여의 공급 체계에서도 마찬가지다. 개인이나 기업은 각종 사회보장 급여를 가입자나 대상자, 이용자, 회원 등의 자격으로 수급하는데, 이는 인적자원의 돌봄이나 기능 향상, 사회적 생산성의 제고에 기여한다. 사회보장 급여는 직접 수급자뿐만 아니라, 국가 사회 차원도 수혜자로 만든다. 수급자에게 제공된 급여들은 그렇지 않았을 경우 발생할 수 있는 빈곤이나 사회적 배제와 같은 사회문제를 예방함으로써, 국가 사회 구성원 전체의 부정적 외형을 감소시킨다.[67] 이것 역시 궁극적으로는 사회적 생산성의 제고에 기여한다.

사회보장 급여의 공급을 통해 의도하는 공동체 사회의 복지기능이 실현되면, 개인이나 기업은 증가된 사회적 생산성으로 경제 활동을 지속할 수 있게 된다. 그리고 다시 사회보장을 위한 재원을 보험료나 세금, 이용료, 후원 등의 재원으로 공급 체계에 계속해서 제공할 수 있다. 그로 인해 사회보장 공급 체계는 복지 기능 공동체로서의 과정을 순환하고 지속할 수 있게 된다.[68]

1) 사회복지의 역사적 시기 구분은 관점에 따라 다양할 수 있다. 정책과 행정, 실천의 관점 차이에 따라 중요한 변화의 기점들을 각기 다르게 설정할 수 있다. 우리나라 사회복지의 역사를 제도적 발달의 관점에서 보자면, 제도가 형성되는 시기부터, 확대의 과정을 거쳐, 현재와 같은 제도적 변화가 모색되는 시기로 구분될 수 있다. 각 시기는 각기 다른 사회적 과제와 사회복지의 접근을 나타낸다. 그에 따라 이를 집행하는 사회복지행정의 성격 또한 변용되어 왔는데, 이를 토대로 한국 사회복지행정의 역사를 시기로 나누자면 행정의 토대가 형성되는 제1기, 행정 수요가 본격화되는 제2기, 현재 진행되는 제3기로 구분해 볼 수 있다.

2) 1945년 해방을 기점으로 할 수도 있는데, 이 시기에 강제징용자들이 귀국하면서 이들의 국내 재정착 등에 대한 욕구가 발생하고, 한편으로 해방 후의 정치적 혼란기에 경제적 궁핍도 나타났기 때문이다. 비록 그 어려움의 크기는 막대했으나, 그럼에도 이것은 이전까지의 패턴에서 벗어나지는 않는다. 적어도 상호부조의 기본 기제로서의 가족이나 지역 공동체가 붕괴되는 것이 함께 나타나지는 않았다. 참고: 김영종·김은정(2022). 사회복지개론. 학지사.

3) 구한말에 시작된 기독교사회관 운동을 비롯해서 일제강점기 시기 「조선구호령」 제정, 고아원의 설치, 인보관 사업 전개 등이 대표적인 예다.

4) 하상락(1989). 한국사회복지사론. 박영사, p. 89.

5) 대규모 자연 재해나 전쟁과 같은 사건들은 이전에도 있어 왔고, 1945년 해방 이후 몇 년간도 많은 수의 귀환전재민에 대한 구호 문제가 있었다. 그러나 한국전쟁은 전통적인 공동체 사회 기반 자체에 대한 파괴가 발생했다는 점에서 이전 문제들의 성격과 구분된다. 참고: 김영종(2003). "한국 사회복지조직의 형성 과정에 관한 역사적 연구". 한국사회복지행정학, 10, pp. 31-62.

6) '외국민간원조단체'란 본부가 소재하고 있는 본국 정부의 직접 통제를 받지 않고 외국에서 원조 활동을 전개하는 비영리 민간 조직체를 지칭한다. 참고: 최원규(1996). 외국 민간원조단체의 활동과 한국 사회사업발전에 미친 영향 [서울대학교대학원 박사학위논문].

7) 이들은 미국 국적의 외원단체가 다수를 차지했고, 아동청소년과 부녀가정에 대한 구호나 선교 사업 등에 치중했다. 참고: 한국사회복지연구소(1972). 한국사회복지연감. 농원문화사, p. 679.; 보건복지부(1971). 보건사회행정백서. p. 281.

8) 사회사업과 사회복지의 개념은 우리나라에서 1980년대에 들어서야 본격적으로 구분된다. 현재 우리나라에서 일반화된 사회복지의 개념은 전문 실천 방법으로서의 사회사업과 뚜렷하게 차이난다.

9) 대다수의 연구자들과 문헌에서 외원단체를 서구의 전문 사회사업 개념과 실천방법을 한국에 소개한 주체로 간주하고 있다. 참고: 하상락 편(1997). 한국사회복지사론. 박영사.

10) 재원의 통제는 곧 조직의 지배력을 의미한다. 김영종, "한국 사회복지조직의 형성 과정", pp. 31-62.

11) 「사회복지사업법」 제정 당시에는 사회복지조직에 대한 규정의 대부분을 법인 규정으로 할양했다. 현재는 '시설' 규정의 비중이 증가했지만, 여전히 사회복지조직(시설, 법인)에 대한 규정이 중심이다. 참고: 김영종(2014). "한국 사회복지전문직의 제도적 전문성 경로와 대안적 정향", 사회복지정책, 41(4), pp. 377-404.

12) 1980년대에 이르기 전까지 우리나라는 절대적 빈곤의 문제가 있었다. 절대빈곤이란 의식주와 같은 기초적 생계를 위협하는 물질적 결핍의 상태를 말하는데, 이는 빈부격차나 불평등과 같은 문제에 주목하는 상대적 빈곤의 개념과는 성격이 차이 난다. 그로 인해 1970년대 말에 이르기까지도 국가의 일관된 정책 기조는 경제성장을 통한 빈곤 극복이었다. 경제성장을 우선하기 위해 국가는 기업의 성장과 축재를 지원했고, 부의 분배를 요구하는 노동운동이나 사회복지의 제도화는 최대한 억제했다.

13) 1963년에 이미 「사회보장에 관한 법률」이 제정되어 있었지만, 실효성이 없이 사문화되어 있었다. 그럼에도 이 법에서 알 수 있듯이, "사회보장"은 '사회보험에 의한 제급여와 무상으로 행하는 공적부조를 말한다'로 못 박고 있다. 그러므로 공식 법제도 차원에서 사회복지서비스는 1995년 「사회보장기본법」이 제정되기 이전까지 사회보장 제도의 영역 바깥에 있었다.

14) 김영종·김은정, 사회복지개론, pp. 135-149.

15) 상게서, p. 213.

16) 최성재·남기민(1993). 사회복지행정론. 나남, pp. 49-50.

17) 1954년에 미국 미네소타 대학의 사회사업대학원 원장인 키드나이(Kidneigh) 박사가 내한해서 미국식 사회사업 전문교육이 필요함을 역설하면서 교과과정으로 제안한 내용에도 사회사업행정이 포함되어 있었다. 참고: 상게서, pp. 49-50.

18) 김영종(2010). "사회복지행정학의 역사적 평가와 과제". 한국사회복지행정학, 12(1), pp. 177-203.

19) 김영종, "한국 사회복지조직의 형성 과정", pp. 31-62.

20) 김영종(2019). 한국의 사회서비스: 정책 및 실천. 학지사.

21) 김영종, "한국 사회복지조직의 형성 과정", pp. 31-62.

22) 이 법에서는 "사회보장"을 '질병·장애·노령·실업·사망 등의 사회적 위험으로부터 모든 국민을 보호하고 빈곤을 해소하며 국민생활의 질을 향상시키기 위하여 제공되는 사회보험·공공부조·사회복지서비스 및 관련복지제도'로 규정한다.

23) 김영종·김은정, 사회복지개론, pp. 135-149.

24) 1973년에 「국민복지연금법」이 제정된 사실이 있다. 그러나 이 법은 제정만 되었을 뿐 사문화되어 그 내용이 실행되지 못하였다. 1986년 「국민연금법」이 제정되면서 이 법은 폐지되었다.

25) 김기원(2016). 사회보장론. 정민사, p. 311.

26) 김영종·김은정, 사회복지개론, pp. 135-149.

27) 우리나라에서도 고용보험의 필요성과 문제점에 대한 논쟁은 오랜 기간 이어졌으며, 결과적으로 1990년대 중반이 되어서야 실행될 수 있었다. 참고: 상게서, pp. 135-149.

28) 김태성·김진수(2013). 사회보장론(4판). 청목, p. 351.

29) 기존의 물품이나 현금 위주의 급여에서부터, 대인적 서비스 양식의 급여를 공공 부문에서 도입하였다는 의미가 있다.

30) 공공부조가 이전까지 절대빈곤층에서부터 '영세민' 대상으로까지 확대되고 자활이나 상담서비스 등의 업무가 추가되면서, 대상자의 선정과 관리에 사회복지의 전문성을 가진 공무원이 필요하게 되었기 때문이다. 1986년 정부합동으로 발표된 [국민복지증진대책]에서는, '영세민 선정에서 부당하게 누락된 자를 위한 신청 보호제도의 도입 등으로 영세민 선정 절차상의 불만소지를 해소하기 위해, 영세민 밀집지역(96개소)의 동사무소에 복지전문요원을 배치'가 제시되었다. 참고: 김영종, "우리나라 사회복지 전달체계", pp. 175-197; 김이배(2014). "사회복지전담공무원 직렬통합 논의의 쟁점과 향후 과제". 한국사회복지행정학, 16(3), pp. 147-179.

31) 2021. 1월 기준 통계청의 사회복지전담공무원 현황 기준으로 전국 2만6천명 가량(2019년 말)이 배치되어 있다.

32) 김영종·김은정, 사회복지개론, pp. 135-149.

33) 대표적으로, 1980년대 초반 20여 개소에 불과했던 종합사회복지관의 설치 수가 1990년대 후반에 들어서면 300개소를 훨씬 넘어섰다. 단종복지관으로서의 노인복지관과 장애인복지관, 건강가정지원센터, 각종 청소년 및 여성관련 상담소 등도 1990년대에 설치가 본격화되었다. 참고: 김영종, "한국 사회복지조직", pp. 31-62.

34) 과거 정부가 사회복지 시설을 설치하지 않았을 때는 민간 주체의 역량이 그런 시설을 설치할 수 있는 땅이나 건물과 같은 재산을 보유하는 것에서 나왔다. 그러나 이제 시설 설치를 정부가 나서서 하고 단지 운영을 민간에게 위탁으로 맡기는 구조에서는 민간 주체에게 요구되는 역량이 운영의 방법과 기술의 탁월성으로 바뀐다. 그로 인해 민간 사회복지조직들에서는 사회복지사 등과 같은 휴먼서비스 생산에 관한 전문직 인력들에 대한 수요가 크게 증가했다.

35) 이전까지는 사회복지 시설에서 일하는 사람들을 통칭해서 사회복지 '종사자'로만 규정했었다.

36) 한국사회복지(사회사업)대학협의회 (1997). 회원명단.

37) 개방화의 이유는 이 시기에 급속히 나타났던 사회복지서비스의 수요 증가를 '작은 정부'의 기조 하에서도 대처하기 위함이었다.

38) 허가제는 주무 관청이 시설 설치를 허가해 주는(혹은 허가해주지 않는) 판단 권한을 가지고 있지만, 신고제는 일정한 요건만 갖추어서 신고하면 시설 설치가 되도록 하는 것이다.

39) 사회복지공동모금회 조직은 1997년 제정된 「사회복지공동모금회법」에 근거해서 설치된다.

40) 김영종, "사회복지행정학의 역사적 평가와 과제", pp. 177-203.

41) 이를 반영하듯 1990년대 중반 이후에 다수의 사회복지행정 교과서들이 불과 몇 년 사이에 쏟아져 나왔으며, 사회복지 학술지에서 행정관련 논문들이 차지하는 비중도 높아졌다. '한국사회복지학회지'에서는 1980년대 초까지만 해도 행정 관련 논문들이 약 6% 정도에 머물던 것이, 1990년대에 들어서는 3배에 해당하는 18% 정도로 비중이 커지는 것으로 나타난다. 1999년에는 사회복지행정 전공 학자들과 기관 관리자들이 모여 '한국사회복지행정학회'를 창립한다. 참고: 김영종(1999). "한국 사회복지행정의 환경 변화와 영역 과제". 한국사회복지행정학, 1, pp. 13-36.

42) 이 시기에 대한민국 헌정 사상 최초로 진보 정권이 들어서게 된 것도 이와 무관하지 않다.

43) 신자유주의는 시장경제를 강조하는 과정에서 국가의 적극적 개입 역할을 축소하려는 지향을 보인다. 반면 복지국가는 기본적으로 국가 혹은 정부의 기능 확대를 필연적으로 수반하므로, 이를 둘러싼 보수와 진보 진영 간의 의견 대립은 불가피하다.

44) 고용률이란 15세 이상 인구 중 취업자가 차지하는 비율을 나타낸다. 참고: 통계청. 경제활동인구조사.

45) 기업의 성장이 고용의 증가와 연동되지 못하는 이른바 경제와 복지의 디커플링(de-coupling) 현상이 나타난다.

46) 우리나라의 경우에는 탈북민 등의 특수한 인구 집단도 이런 성격에 포함된다.

47) 이는 구사회적 위험이 없어졌다는 것을 의미하는 것이 아니라, 이에 더해 새로운 사회적 위험들이 중첩된 것이라는 의미다. 그럼에도 전체 사회적으로는 복지 문제의 성격과 대응 방향은 달라져야 하는 것이다.

48) 김영종·김은정, 사회복지개론, pp. 135-149.

49) 사회보험과 조세 방식을 혼합해서 사회보험료와 세금을 재원으로 하는 보편적 형태의 장기요양서비스 지원 방식이 채택된 것이다. 2008년부터 노인장기요양서비스는 건강보험 제도의 틀에서 시행되고 있다. 건강보험공단이 이를 관리한다.

50) 2007년 「기초노령연금법」으로 실시되기 시작한 노인 인구에 대한 기초연금은 대상인구의 범주를 점차 확대해오고 있는데, 현재는 소득기준 하위 80%에 이르고 있다.

51) 김영종·김은정, 사회복지개론, pp. 135-149.

52) 신공공관리론(new public management)이란 정부조직 등의 공공 부문은 가급적 직접 서비스 공급을 피하고, 이를 민간 부문이 대행케 하는 것이 바람직하다는 것이다. 공공이 민간을 관리하는 방식도 과정을 일일이 통제하려면 막대한 관리 비용이 발생하므로, 성과를 위주로 공공과 민간이 계약하는 방식을 강조한다.

53) 김영종·김은정, 사회복지개론, pp. 135-149.

54) 바우처 방식의 사회서비스 공급 기제에 대한 자세한 설명은 4장을 참고한다.

55) 김영종·김은정, **사회복지개론**, pp. 135-149.

56) 문재인정부에서 사회서비스공단(안) 혹은 사회서비스원이 추진되었을 때의 원래 명분은 사회서비스 공급에서의 공공성 강화였다. 막대한 수의 사회서비스 종사자들이 시장화로 인해 저임금이나 고용 불안정 등에 취약하다는 점을 공공 부문이 직접 고용을 강화해서 해결해 보자는 취지였다.

57) 김영종·김은정, **사회복지개론**, pp. 135-149.

58) 이에 대해서는 5장에서 자세히 설명한다.

59) 2010년대 이후 서울시를 중심으로 추진되어 온 '찾아가는 동주민센터(일명 찾동)', 보건복지부의 '읍면동 기능강화 사업' 등이 이에 해당한다.

60) 김영종·김은정, **사회복지개론**, pp. 135-149.

61) 이 법 제3조에 "사회보장"이란 '출산, 양육, 실업, 노령, 장애, 질병, 빈곤 및 사망 등의 사회적 위험으로부터 모든 국민을 보호하고 국민 삶의 질을 향상시키는 데 필요한 소득·서비스를 보장하는 사회보험, 공공부조, 사회서비스를 말한다'로 명시되어 있다.

62) 김영종·김은정, **사회복지개론**, pp. 135-149.

63) 사회보험이나 공공부조의 경우는 각 제도의 목적이나 작동 방식, 조직 체계 등에서 비교적 분명히 구분되지만, 사회서비스의 경우는 그 성격 규정이 뚜렷하게 차별적이지는 못하다. '사회서비스'가 때로는 휴먼서비스 급여의 특성을 말하기도 하고, 때로는 사회보장 관련 서비스들을 통칭하는 것으로도 쓰이기 때문이다. 우리나라의 사회보장 제도 안에서 규정되고 있는 사회서비스의 핵심적 특성은 현재로서는 그것이 '소득보장'을 목적으로 하는 것이 아니라 '서비스 보장'을 목적으로 하는 것이라는 데 있다. 이에 대해 4장에서 자세히 설명한다.

64) 현금과 현물, 대인적 서비스 등과 같은 급여 양식은 각각의 공급 특성이 뚜렷이 구분된다. 이에 대해 4장에서 자세히 설명한다.

65) 참고: 김영종, **한국의 사회서비스**.

66) 4장에서 이를 자세하게 설명한다.

67) 부정적 외형(negative externality)이란 한 개인에게 주변 환경이 자신의 삶에 긍정적이지 못한 측면으로 형성된 것을 뜻한다. 예를 들어, 자신이 사는 동네에 범죄율이 높게 나타난다면 그 개인은 그만큼의 부정적인 외형을 가지는 것이다.

68) 김영종·김은정, **사회복지개론**, pp. 135-149.

제 2 부

전달체계

제4장 ··· 사회복지 전달체계

제5장 ··· 지역사회복지 행정과 전달체계

현대 조직사회에서 사회복지 제도의 급여는 전달체계를 통해 공급된다. 제2부에서 설명하는 전달체계란 급여가 생산, 전달되는 과정에 속해 있는 조직과 부문들의 연결망을 말한다. 급여마다의 내용이나 양식에 따라 각기 고유한 성격의 전달체계가 구성된다. 제4장에서는 사회복지 전달체계를 분석하는 틀과 제도 유형별 전달체계들을 설명한다. 제5장은 지역사회복지 접근을 수행하는 행정과 전달체계의 특성을 설명한다.

제**4**장
사회복지 전달체계

사회복지 전달체계는 사회복지의 급여가 공급되는 경로에 위치한 다수의 조직이나 프로그램 단위들이 연결되어 있는 상태를 뜻한다. 이를 체계(system, 體系)라고 하는 것은 분화된 역할을 수행하는 구성 조직 단위들이 급여 전달이라는 목적을 중심으로 짜여져 있기 때문이다.[1) 사회복지 급여의 내용이나 양식에 따라 전달체계의 조직 구성이나 작동 방식은 다르게 나타난다.

1. 사회복지 전달체계란

사회복지 전달체계의 범주는 사회복지 제도의 성격에 의해 결정된다. 과거에는 우리나라의 사회복지 제도가 협의적 성격을 띠었는데, 그에 따라 사회복지 급여들은 대개 빈곤 대상자를 지원하는 것이었다. 이때는 사회복지 전달체계의 범주가 공공부조와 사회복지서비스 급여들을 생산하고 전달하는 데 관여된 조직들을 중심으로 구성되

었다.[2]

협의적 사회복지 제도에서는 '빈곤'을 기준으로 급여 수급자들을 선정하는 과정이 중시된다. 그로 인해 전달체계를 구성하는 조직들은 상당 부분 이러한 선별 과정의 과업을 수행한다. 비록 급여의 내용물은 공공부조와 사회복지서비스가 각기 다르지만, 그럼에도 수급 대상자의 자격 기준(빈곤)은 대부분 일치하거나 공유한다.

공공부조는 정부 조직 체계를 통해 수급자를 선정하고 급여를 제공하는데, 이들 수급자에게 민간 조직 체계가 보충 급여의 성격으로 사회복지서비스를 제공한다. 민간 조직들이 공공부조의 보충적인 급여를 제공하는 이유는 자체적인 사명도 있겠지만, 주로 공공부조의 정부 조직으로부터 서비스 제공을 위탁받기 때문이다.[3] 이 과정에서 공공부조와 사회복지서비스의 전달체계는 상당 부분 연동된다. 그래서 협의적 개념의 사회복지 제도에서는 대체로 이들을 하나의 사회복지 전달체계로 간주한다.

이와 같은 협의적 개념의 사회복지 전달체계는 2000년대 이후 보편적 사회서비스의 등장과 함께 의미가 퇴색된다. 보편적 사회서비스는 특정 인구 대상이 아닌 보편 인구가 가지는 돌봄의 사회화에 대한 필요에 대응하려는 것이다. 아동이나 노인, 장애인 등을 비롯해서 사회적 돌봄이 필요한 모든 인구 대상에 대해 신체·정서적 돌봄이나 교육, 건강, 주거 등에 관한 서비스를 제공한다. 여기에서도 대상자는 선별되지만, 그 기준은 연령이나 장애 등과 같은 인구학적 보편 필요에 따른다.[4]

보편적 사회서비스의 도입으로 사회복지 제도는 실질적으로 확장된다. 어떤 사회에서든 사회복지의 기능은 상호부조의 공동체에 있고, 이를 구현하는 방법으로 사회복지 제도의 틀을 갖춘다. 보편적 인구에 대한 사회적 돌봄까지가 사회복지 제도의 기능으로 확대되면서, 이를 수행하는 공동체의 기제, 즉 전달체계의 범주도 확대된다.[5]

사회복지 급여의 유형과 내용들이 사회보장 급여 전반으로 다양화되고 확대되면서, 급여들의 유형과 수가 늘어날 뿐만 아니라 이들 간의 연결도 복잡해진다. 급여의 생산과 전달을 담당하는 제공자 조직들이 민간 영리 및 비영리 조직, 사회적 경제 조직, 지역 조직, 공공의 지방자치단체 등으로 다원화되면, 이들을 연결하는 기제와 방식이 복잡해진다. 그로 인해 확대된 개념의 사회복지 전달체계를 적절히 파악하고 관리하는 일이 보다 중요해진다.

노인장기요양 보험 급여는 대인적 서비스 급여의 양식으로 사회서비스 전달체계의 조직 부문에서 공급된다. 예를 들어, 노인요양시설이나 각종 재가돌봄서비스 센터나 이용시설 등의 조직에서 서비스를 생산하고 전달한다. 이들 조직은 사회보험 전달체계와 연결되어 작동한다. 공공부조 제도도 과거처럼 법정 급여를 수급자에게 이전하는 역할에만 한정되지 않고, 지역사회의 여러 사회서비스 급여 자원들과 연계해서 통합사례관리 등을 수행하는 역할로 확대되고 있다. 이런 과정에서 여러 사회보장 급여들 간 연결 양상이 증가한다.

사회복지담당공무원이 활용하는 사회보장정보시스템(일명 '행복e음')이 과거에는 공공부조 대상자의 선정이나 자격관리에만 주로 쓰였지만,[6] 현재는 사회복지 관련 여타 120여 개의 복지(급여)사업들을 통합적으로 관리하는 정보시스템으로 확대된 것도 이런 까닭이다.

사회복지 급여가 확대되고 이를 다루는 조직 체계가 복잡해질수록, 사회복지 제도의 유효성은 전달체계에 의해 결정되는 바가 커진다. 체계 내 다양하게 분화된 사회복지 급여들을 통합적으로 구성하고 관리하는 것은 사회적으로는 상호부조의 공동체 기제를 효과적으로 작동하게 만든다는 점에서 중요하다. 한편 체계를 구성하는 개별 급여 생산 조직들의 차원에서도 사회복지 전달체계는 각기 자기 조직의 사명뿐만 아니라, 유지존속의 목적을 위해서도 중요하게 된다.

2. 전달체계의 분석틀

전달체계(delivery system)란 급여가 생성되고 전달되는 과정에 걸쳐 있는 수요와 공급 조직 요소들 간의 연결을 뜻한다. 전달체계를 구성하는 개별 조직 단위들은 체계 내에서 각기 수행하는 역할의 성격에 따라 부문(sector)별로 묶인다. 각 부문들에 대한 역할 기대는 전달체계마다 다루는 급여의 성격에 따라 달라진다.

1) 조직 요소

사회복지 전달체계를 구성하는 조직 요소들은 크게 공공과 민간으로 구분될 수 있다. 공공(public) 조직이란 정부나 공공기관을 말하고, 민간(private) 조직은 영리나 비영리, 사회적 경제 조직 등을 말한다. 공공 조직과 민간 조직은 제도적인 규율이나 작동 방식에서 차이를 보이는데, 그에 따라 사회복지 급여 공급에서 차지하는 역할이나 위상이 차이가 난다.

(1) 공공 조직

공공 조직이란 정부나 공공기관을 의미한다. 정부란 「정부조직법」에 의해 설치되는 중앙행정기관(예: 노동부)이나 특별지방행정기관(예: 지방노동청), 「지방자치법」에 의해 설치되는 광역지방자치단체(시·도)와 기초지방자치단체(시·군·구) 등의 조직을 말한다. 공공기관이란 정부의 출자나 재정 지원으로 설립, 운영되는 공기업이나 준정부기관 조직 등을 말한다.[7]

정부와 공공기관으로 구성된 공공 조직 체계는 대부분 관료제적 방식으로 작동한다. 관료제(bureaucracy)란 사전에 통일된 규칙을 설정해 두고, 그에 의거해서 조직 활동이 이루어지게 하는 특성을 말한다.[8] 대규모의 조직을 효과적으로 작동시키기 위해서는 개별 조직 단위 요소들과 각 조직 단위 내 구성원들마다의 개별적이고 인위적인 활동 요소를 최소화해야 할 필요가 크다. 이런 점에서 현대사회에서 대규모 조직을 행정하는 기본 원리는 합리적 규칙을 따르는 관료제에 바탕을 둔다.

정부   사회복지 전달체계의 정부 조직은 중앙정부 차원에서는 보건복지부를 비롯한 행정안전부, 고용노동부 등의 부처들과 지방정부에서는 광역 및 기초 지방자치단체들이 있다. 중앙정부 조직들은 자체적인 지방청을 가지고 있는 고용노동부를 제외하고는 급여의 생산과 전달을 지방자치단체(광역 및 기초)를 통해 수행한다. 중앙정부의 부처들이 업무를 지방자치단체에서 수행토록 하는 방법으로는 행정권한의 대행이나 위임, 위탁, 이양 등이 있다.[9]

　　2000년대 초까지는 사회보험을 제외한 대다수 사회복지 급여의 행정은 보건복지부 등이 지방자치단체를 통해 대행 혹은 위임하는 형태로 진행되어 왔다. 현재까지도 공공부조의 업무는 여전히 보건복지부가 지방자치단체에 대행토록 하는 형태를 주로 띠고 있다. 그러다 2000년대 중반 이후 사회복지 재정분권이 시도된 후로는 사회복지서비스에 관한 행정 사무는 상당 부분 지방자치단체로 권한 자체가 이양된다.

　　지방자치단체는 다시 사회복지서비스의 행정 사무 중 시설의 운영이나 대인적 서비스 제공 등을 주로 민간 부문의 조직들에 위탁해서 집행한다. 이를 민간 위탁이라고 하는데, 이때는 시설이나 서비스 운영에 드는 비용의 대부분을 위탁인 지방자치단체가 보조금 등의 형태로 수탁자인 민간 기관에 제공한다. 이런 이유로 인해 사회복지서비스에서는 정부 조직과 민간 조직이 긴밀하게 연결되는 체계가 형성된다.

　　공공기관　　공공기관이란 국가나 지방자치단체가 아니면서도 설립이나 재정, 운영에서 정부가 실질적인 지배력을 행사하며, 「공공기관의 운영에 관한 법률」에 따라 지정되고 관리되는 기관을 말한다. 우리나라에서는 사회보험과 같은 사회복지 급여들에 대한 행정 체계는 준정부기관으로서의 공단이라는 공공기관의 조직 형태로 구성되어 있다. 현재는 국민연금공단, 국민건강보험공단, 근로복지공단이 사회보험의 제반 행정 업무를 수행하고 있다. 모든 공단은 공통적으로 조직 체계를 본부와 지역본부, 지사의 형태로 구성한다.

　　이들 사회보험 공단은 정부 부처들이 설치하는 정책심의·의결기구에서 결정된 바를 집행하는 기능을 한다. 예를 들어, 국민건강보험의 경우, 국회에서 제정된 「국민건강보험법」에 의거해서 보건복지부 장관이 주관하는 '건강보험정책심의위원회'에서 심의·의결한 국민 건강 관련 계획이나 급여에 관한 사항들을 위탁받아 시행한다. 이 경우 정부는 정책적 기능, 공단은 행정적 기능으로 역할을 분담해서 수행하는 공공 조직의 체계가 형성된다.

　　사회복지 급여 가운데서도 사회보험이나 공공부조와 같은 경우에는 전체 국민을 수급 대상자로 삼아야 하므로, 대규모 조직으로서의 공공 조직 체계가 관료제 방식을 근간으로 작동된다. 비록 대규모 조직의 행정 체계를 관리하는 데 관료제는 필수불가결한 측면이 있지만, 한편으로는 그로 인해 발생하는 규칙 지상주의,[10] 변화에 대한 둔감성 등이 폐해로 나타날 수 있다. 이 때문에 특히 개별화되고 융통적인 원리에 기반하는 대인적 서비스의 급여 공급에서는 공공 조직 체계만으로는 한계가 있다.

과거에는 공공 조직 체계의 관료제 특성이 사회복지 전달체계 내 민간 조직들의 활동에 미치는 영향이 제한적이었다. 비록 공공 조직 부문이 전달체계 내 민간 조직들의 재정을 지원했지만, 서비스 제공의 책임은 위임의 형태로 진행되었기 때문이다. 그러다 사회복지 제도의 확장과 함께 사회보장의 여러 급여들 간 상호 연결성이 심화되면서, 공공과 민간 조직 간 행정 체계가 연동되는 바가 커지게 된다. 그로인해 공공 조직의 관료제적 특성이 민간 조직들에 침투되는 경향도 증가한다.

(2) 민간 조직

민간 조직이란 공공 조직의 범주에 속하지 않은 모든 조직이 해당한다. 유형으로는 비영리 조직(NPO, NGO)과 영리 조직, 사회적 경제 조직 등이 있다.[11] 민간 조직은 대개 소규모의 독립된 단위로서, 각자가 다양한 사명이나 목적, 운영 주체의 특성들을 갖추고 있다. 이들은 공통적으로 대규모 공공 조직 체계가 불가피하게 가지는 관료제로부터 상대적으로 자유롭다는 특성을 띤다. 우리나라에서는 전통적으로 사회복지 전달체계에서 민간 조직들이 차지하는 역할과 비중이 중요하게 여겨져 왔다.

영리 조직   일반 회사나 기업, 상공업 조직 등과 같이 이윤 획득과 분배를 주된 목적으로 하는 조직이다. 사회서비스 분야에서는 개인 사업자 주체들도 일종의 영리 조직으로 간주한다. 이들 영리 조직은 이윤 추구를 목적으로 하는 상행위를 한다. 그래서 법제도적으로는 기본적으로 「민법」을 근간으로 상관습법을 따르고, 조직 운영에 관한 특정 행위들에 대해서는 「상법」의 적용을 받는다. 전형적인 사회복지서비스 공급에서는 영리 조직의 참여가 제한되었지만, 근래 보편적 사회서비스들에서 바우처 등을 활용한 유사시장 방식의 서비스 공급이 증가하면서 비중이 증가하고 있다.

비영리 조직   비영리 조직은 자금이나 이윤을 소유자들에게 분배하지 않고, 설립 목적에 쓰도록 되어 있는 것이다.[12] 병원이나 학교, 사회복지기관 등과 같은 시설, 그리고 이들을 운영하는 주체로서의 재단법인이나 사단법인, 사회복지법인,[13] 각종 결사체로서의 협회나 단체 등이 모두 비영리 조직에 해당한다. 법제도적으로는 설립에서부터 활동에 관한 기본 규범을 「민법」에 근거하지만, 개별 조직 단위들의 운영은 해당 활동 부문을 규제하는 구체적인 법제들에서 규율한다.

예를 들어, 사회복지 전달체계에서 대표적인 비영리 조직 유형은 사회복지법인을 비롯해 여타 법인이나 단체들에 의해 운영되는 '사회복지시설'의 경우다.[14] 사회복지시설은 설치와 운영에 관한 기본 규범인 「사회복지사업법」을 근간으로 해서, 해당 시설마다의 활동 영역에 관한 각각의 규범들에 의거해서 작동된다. 예를 들어, '노인복지관'은 「사회복지사업법」에서 규정하는 사회복지시설로서, 「노인복지법」상 경로당, 노인교실과 함께 노인여가복지시설로 분류되고, 이에 따른 시설 설치와 운영에 대한 상세한 규정을 적용받는다.

　　사회적 경제 조직　　　영리 조직과 비영리 조직의 성격을 일정 정도로 함께 갖추고 있는 조직 유형이다. 사회적 기업이나 사회적 협동조합 등이 이러한 조직에 속한다. 법제도적으로는 사회적 기업(social enterprise)이란 사회적 목적을 추구하면서 상행위 활동을 수행할 수 있는 기업을 말한다. 「민법」에 의한 법인·조합, 「상법」에 의한 회사, 혹은 비영리민간단체 등의 조직 형태를 갖추고, 「사회적기업 육성법」에 근거해서 노동부장관의 인증을 받은 조직이 이에 해당한다.

　　사회적 협동조합(social cooperative)이란 「협동조합 기본법」에서 규정하는 협동조합들 가운데 지역주민들의 권익·복지 증진과 관련된 사업을 수행하거나, 취약계층에게 사회서비스 또는 일자리를 제공하는 등 비영리 목적을 가지는 협동조합을 따로 지칭하는 것이다. 조합의 설립에서부터 관리, 해산에 이르기까지 조직체의 행위도 별도의 규정을 따른다. 사회적 협동조합은 사회적 기업으로 인증될 수 있는 여러 조직 유형(예: 사단법인이나 비영리단체 등) 중 하나에 해당한다.

　　사회적 경제 조직들은 사회복지 급여의 공급자이면서 동시에 수급자가 되기도 한다. 자활대상자들이 설립해서 운영하는 자활공동체 조직이나 마을기업 등과 같은 지역공동체의 성격에 근간하는 조직 등이 대표적인 예다. 사회적 경제 조직들은 사회적 목적을 추구하거나 혹은 공동체적 협력과 상호도움을 증진할 수 있다는 점에서 사회복지 급여의 제공자로서 일정한 우대를 보장받기도 한다. 사회적 기업이나 사회적 협동조합이 노인요양시설의 운영 주체로서 인정받거나, 장애인 자립공동체가 생산한 것을 공공 조직 등에서 우선 구매토록 하거나, 각종 세제 혜택이나 장려금, 시설투자금 등을 지원받을 수 있는 등이다.

영리와 비영리, 사회적 경제 조직을 포함한 민간 조직은 모두 제도적 사회복지 급여의 전달체계에 포함되는 이상 다양한 법제도적 규제와 절차를 적용받는다. 그 결과 전달체계 내에서 민간 조직으로서의 자율성이나 융통성 등의 특성은 상당 부분 제한받는다. 그럼에도 적어도 공공 조직과 같이 하나의 거대 구조 안에서 작동하지는 않는다는 점에서, 개별 조직 단위들마다의 탄력적인 조직 운영의 폭은 그만큼 커진다. 그로 인해 대인적 서비스와 같은 개별화되고 융통적인 사회복지 급여의 공급에서는 민간 조직 체계가 유용한 점이 있다.

2) 급여 양식

사회복지 급여(provision)란 한 사회가 상호부조의 사회적 기능을 위해 구축한 사회복지 제도를 통해 생성되는 공급물을 말한다. 예를 들어, 실업 등으로 소득이 중단되고 생활이 어려운 국민은 고용보험 제도에서의 실업 급여, 공공부조 제도에서의 생계 급여, 사회서비스 제도에서의 위기가정 지원서비스 급여 등이 제공된다. 현실적으로 다양한 내용의 급여들이 존재하지만, 이들은 공급 양식에 따라 크게 현금과 현물, 대인적 서비스로 구분된다.[15]

현금 이전   현금 이전(cash transfer)이란 급여가 현금의 성격으로 수급자에게 이전되는 양식이다. 이때 현금이란 수급자가 온전히 자신에게 최대한의 효용(utility) 가치를 주는 재화나 서비스를 선택할 수 있는 자유를 뜻한다. 그로 인해 '개인들의 최대 선을 합하면, 사회의 최대 선'이 된다고 하는 공리주의 관점에서는 현금 이전 양식의 급여를 선호한다.

현대 산업사회의 사람들에게 일차적인 위험은 소득(주로 임금)의 중단이나 상실로 인한 문제다. 생계에 직접적인 영향을 미치기 때문인데, 그래서 대부분 산업사회들은 그런 위험 확률을 가진 모든 구성원을 대상으로 소득을 사회적으로 보전해 주는 제도를 마련한다. 각종 사회보험금이나 아동이나 장애인, 노인 등에 대한 수당, 공공부조 급여 등이 이에 해당한다. 이들은 대부분 임금 소득과 가장 유사한 화폐 형태의 현금으로 제공된다. 생계에 필요한 교환 가치를 수급자의 관점에서 최대한의 효용을 추구할 수 있도록 하려는 것이다.

현금 이전 양식의 급여는 수급자에 의한 효용 선택의 자유가 장점이지만, 한편으로는 이것이 공급자의 관점에서는 단점으로 작용하기 쉽다. 현금은 일단 수급자에게 이전되고 나면, 용도를 공급자가 의도하는 바와 같이 쓰이도록 통제하기 어렵다. 사회복지 급여는 사회적으로 의도하는 바를 보장하기 위해 개인들에게 공급되는 것인데, 그 의도하는 바가 단순히 개인들의 만족도를 높이는 것은 아니다.

사회가 아동 보육료를 현금 형태로 부모에게 지급한다 하자. 이때 사회가 현금 이전을 통해 의도하는 바는 아동에게 가장 바람직한 보육 활동이 이루어지는 것이다. 그럼에도 부모에게 현금으로 이전된 이상 그런 의도에 적합한 지출(예: 건강 식단)이 이루어질지는 알 수도 없고, 통제할 방법도 없다. 부모와 아동이 건강하지 못한 음식(예: 비만 식품)을 소비하고, 심지어 부모가 반사회적 용도(예: 술이나 약물 남용)에 사용하더라도 마찬가지다. 현금으로 이전된 이상 수급자는 자신의 관점에서 최대한의 소비 효용을 자유롭게 선택하기 때문이다. 그렇다면 문제는 사회적으로 유익함을 보장할 수 없는 개인이 만족하는 소비를 위해 왜 세금 등으로 조성된 사회적 급여를 제공해야 하는지다.

이런 이유로 사회복지 제도에서 현금 이전 양식의 급여는 대개 수급자가 정당한 권리로서 혹은 사회적 기여에 대한 대가(merit-base)로서 인정되는 경우에 채택되는 경향이 있다. 사회보험의 수급권이 대표적인 경우다. 사회보험의 급여는 개인이 정당하게 보험료를 기여한 대가로 받은 것이므로 현금으로 이전되어 그 개인이 최대한의 효용 추구를 하게 한다. 공공부조의 현금 급여도 국민으로서 기초생활을 영위할 정당한 권리에 의거하므로 가능하다.

현물 제공   현물(in kind) 제공이란 특정 물품이나 서비스를 지정해서 전달하는 급여 양식이다. 급여 수급자의 복지를 위해 무엇이 얼마만큼 필요한지를 급여 공급자로서의 사회가 결정한다. 교환의 자유가 보장되는 현금 이전의 경우에는 수급자의 원함(wants)이 곧 필요(needs)가 되지만, 현물 제공의 급여 양식에서는 수급자의 필요는 원함과 상관없이 공급자가 결정한다. 이처럼 공급자의 관점에서 대상자에 대한 필요를 판단하는 것을 욕구사정(needs assessment) 혹은 필요사정 방식이라고 한다.

현물 제공 양식의 급여는, 예를 들어 스스로 생계유지가 어려운 사람에게 필요한 음식을 제공하는 것이다. 이때 급여의 공급자는 수급자가 다른 많은 필요한 것들 중에서도 왜 음식이 제일 필요한지를 판단하고('욕구사정'), 수급자가 음식을 제공받는 데 필요한 전달체계를 구성한다. 누가 어떤 방식과 과정으로 음식을 조달해서 수급자에게 전달할지를 계획한다. 흔히 이러한 욕구사정과 서비스 수급 계획을 세우는 것 자체만으로도 하나의 현물 급여가 되기도 한다.

현물 제공 양식의 급여는 사회적 편익의 측면에서 장점이 있다. 사회적 편익(social benefits)이란 사회적으로 최대한의 효용을 가지는 것인데, 이를 위해서는 때로 개인의 원함과 불일치하는 재화나 서비스 급여를 개인들에게 강제할 필요도 있다.

전염병 예방 주사를 개인들이 맞게 하는 경우가 예다. 개인들이 이런 서비스를 소비하지 않으면, 전염병이 확산되어 사회 구성원 전체가 피해를 보는 대규모 사회적 비용을 발생시킨다. 이를 막기 위해 개인들이 원하지 않더라도 예방주사라는 현물 급여를 강제하는 것은 사회적 편익의 측면에서는 타당한 것으로 간주한다.

현물 급여는 일반적으로 ① 물품이나 서비스를 수급자에게 직접 제공하는 것으로 규정되지만, 기술적으로는 ② 이용권(voucher)을 제공하거나 조세지출 등을 통해 간접적으로 물품이나 서비스가 제공되도록 하는 방법도 가능하다. 이용권이란 물품이나 서비스를 제공받을 수 있는 권리 증서를 말한다. 조세 지출(tax expenditure)이란 특정 물품을 구매하거나 서비스를 이용한 것에 대해 세금 감면의 혜택을 주는 것이다.[16] 현물 급여의 형태에는 ③ 수급자의 환경을 개선해서 부정적 외형을 감소시켜 주는 활동도 포함된다.[17]

어떤 형태로든 현물 제공 양식의 급여는 공급자 관점에서의 효용성을 구현하는 데 유리한 장점이 있지만, 한편으로는 이를 위해 높은 행정 비용을 감수해야 한다는 단점도 있다. 공급자 관점에서 수급자의 욕구를 사정하고, 적합한 급여의 내용을 결정하고, 급여를 생산하고 전달하는 과정의 여러 활동들을 관리하고, 급여 전달을 통해 의도된 결과가 초래되었는지도 확인해야 한다. 이 과정에서 단순히 대상자 선정과 현금 지급만으로 끝나는 현금 이전 급여 양식에서는 불필요했던 높은 행정 비용이 발생한다.[18]

현물 급여가 가지는 이 같은 단점에도 불구하고, 공급자가 수급자에게 강제해야 할 효용(예: 교정이나 치료)이 사회적으로 합의된다면, 사회복지 제도가 채택하는 급여의 양식은 현물 제공이 될 수밖에 없다. 추가적인 행정 비용을 부담하고, 심지어는 수급자 관점의 효용성 저하를 무릅쓰고서라도, 사회적 의도가 급여를 통해 직접적으로 구현되게 하려면 현물 제공의 급여 양식이 불가피하다.

대인적 서비스　　대인적 서비스는 현물 제공 급여의 일종이다. 급여의 내용과 효용성 선택의 주체가 수급자가 아니라 공급자이기 때문이다. 현물 급여 중에서도 물품 제공 급여와는 다르게, 대인적 서비스 양식의 급여는 사람에게 직접 의도된 변화를 발생시키는 대인적 활동을 수행하는 것이다. 굳이 현물과 서비스를 분리된 급여의 유형으로 간주한다면, 이때의 서비스란 '대인적 서비스'의 특성을 의미하고, 현물이란 그 외의 물품 제공 등을 지칭하는 것이 된다.

대인적 서비스 급여는 사람들의 상태를 직접 변화시키는 활동을 수행한다는 점에서 단순히 변화의 의도만으로 현금이나 물품을 제공하는 등의 급여 양식과는 본질적으로 다르다. 사람들의 정신적, 신체적 상태를 직접 변화시키는 활동이란, 예를 들어 교육, 훈련, 치료, 상담, 케어 등을 말한다. 이러한 활동을 직접 수행하는 서비스를 흔히 휴먼서비스(human service)라고도 부른다. 사람들이 인간으로서 가지는 내재적인 속성을 직접 다룬다는 점에서 그렇게 부른다. 사람들이 가지는 외형적인 조건이나 물질적인 상태를 변화시키는 여타 서비스들과도 그 점에서 구분된다.

대인적 서비스 급여 양식의 장단점은 기본적으로 현금 급여에 대비되는 현물 급여 양식의 특성에서 동일하다. 그러나 현물 급여 내에서도 대인적 서비스 급여는 생산과 전달에 따르는 비용이 단순 물품 제공 급여에 비해 현저히 크다. 이러한 고비용의 단점은 그럼에도 사회적 편익의 의도를 직접 담보할 수 있다는 장점으로 상쇄될 수 있다. 우리나라에서는 현재 사회서비스 급여의 대부분을 대인적 서비스 양식으로 채택한다.

3) 역할 부문

전달체계의 부문(sector)이란 특정한 역할이나 성격을 공유하는 구성 단위들의 집합을 말한다. 각 부문은 제각기의 역할 수행과 관련한 제도적 특성들을 부문 내 조직 단위들 간에 공유한다.[19] 사회복지 전달체계에서의 역할 부문은 크게 규제자와 공급자, 수요자 부문으로 나눈다. 여기에서 공급자 부문은 재정자와 서비스 제공자 부문으로, 수요자 부문은 수급자와 수혜자 부문으로 역할이 세분화된다.

(1) 규제자 부문

재화나 서비스를 생산하는 데 필요한 제도적인 규칙을 만들고 관리하는 조직 단위들, 예를 들어 법적 근거를 마련하는 데 관련된 정부 조직들을 규제자 부문이라 한다. 사회복지 급여는 특히 사회적 의도를 실현하기 위해 조성되고 공급되므로, 그러한 의도를 수행하는 전달체계의 양상이나 그 안에서 공급자와 수요자 부문에 대한 역할 기대 등을 규제로서 갖춘다.

우리나라에서는 사회복지 전달체계의 규제자 역할은 일차적으로 정부 등의 공공 조직이 수행한다. 입법부나 행정부, 사법부의 정부 조직들이 법이나 여타 규칙의 근거를 마련하거나 혹은 해석하는 등의 행위를 통해 규제가 형성된다.

> 예를 들어, 사회복지시설의 설치 및 운영에 관한 기본 규제로서 입법부가 「사회복지사업법」을 제정하거나 개정하면, 그 안에서 행정부가 시행령이나 시행규칙, 조례, 명령, 지침 등을 만들거나 바꾸는 등의 활동을 하는데 이로 인해 특정 급여의 전달체계에서 활동하는 조직 단위들의 행태가 영향을 받는다. 특정 분쟁 사안에 대해 사법부가 내리는 판단도 일종의 규제자 역할에 해당한다.

사회복지 전달체계의 규제자 역할을 반드시 정부 조직에서만 수행하는 것은 아니다. 특히 사회서비스 전달체계에서는 민간 조직 부문도 규제자의 역할을 상당 부분 가진다. 비영리나 영리 차원의 서비스 생산 조직들 간 네트워크나 협회 등이 마련하는 자율적인 규칙, 휴먼서비스 전문직들이 자체적으로 준수하는 협약이나 윤리 규정,[20]

사회복지공동모금회나 기업재단 등이 후원금에 대해 부과하는 사용 규정 등이 사회서비스 전달체계에서는 중요한 규제를 형성한다.

(2) 공급자 부문

공급자 부문은 급여가 최종 수급자에게 전달되기까지에 관여된 모든 조직 단위들을 포괄하는 것이다. 공급에 관여하는 역할의 차이에 따라 공급자 부문은 재정자와 서비스 제공자로 나누어진다.

재정자(financier)   급여의 생산과 전달에 필요한 재원을 공급해 주는 역할을 하는 조직 부문이다. 규제자 부문과 마찬가지로 공적 조직 체계를 통해 조성되는 사회복지 급여의 특성상 재정자의 역할도 대부분 정부나 공공기관 조직들이 담당하는 경우가 많다. 공공부조의 경우에는 규제자와 재정자 역할이 대부분 정부 조직 내에서 중첩된다. 사회서비스의 전달체계에서는 개인이나 단체, 기업들도 서비스 이용료의 지불이나 기부, 후원 등을 통해 재정자의 역할 부문에 포함될 수 있다. 특정 사회복지 급여들마다 재정자 부문의 구성이나 역할이 각기 다르게 나타날 수 있는데, 그로 인해 서비스 제공자와 수요자 부문과의 연결 양상에도 영향을 미친다.

서비스 제공자(provider)   급여를 생산해서 전달하는 역할을 하는 조직 부문이다. 공공부조의 현금 급여 전달체계에서는 정부 조직이 서비스 제공자의 역할을 규제자와 재정자로서의 역할과 함께 일관된 체계로 수행한다. 반면 사회서비스 급여의 전달체계에서는 서비스의 생산과 전달을 담당하는 제공자의 역할은 대개 민간 조직 부문이 맡는다. 우리나라에서는 특히 사회서비스의 제공자 부문은 민간 비영리 및 영리 조직 단위들로 대부분 구성된다. 이들은 공공 부문의 조직과는 달리 일관된 체계를 따르지 않는다. 비록 제도화된 사회복지 전달체계의 특성상 이들 민간 조직도 법제도나 재정자 등이 부과하는 규제의 범위에서 작동하지만, 그럼에도 그 안에서 각자 최대한의 자율을 추구한다. 이로 인해 우리나라 사회서비스 전달체계의 다원화되고 복잡한 특성이 나타난다.

(3) 수요자 부문

수요자란 서비스를 필요로 하거나 이용하는 역할자 부문을 말한다. 사회복지 급여 중에서도 현금 형태의 급여에서는 대개 급여를 받는 사람이 곧 혜택을 받는 사람으로 많은 부분 일치하지만, 현물 유형의 사회서비스 급여와 같은 경우에는 수요자 부문의 성격이 수급자와 수혜자로 분리되기가 쉽다.

수급자(recipient)   급여를 직접 수령하는 대상이 되는 개인이나 집단이다. 현금 급여에서는 현금이 은행 통장 등으로 이전되는 당사자이고, 현물 급여의 경우에는 개인뿐만 아니라 가구 단위가 수급자로 될 수도 있다. 사회서비스의 경우에는 대인적 서비스의 직접 대상자가 수급자에 해당한다. 예를 들어, 어린이집에서 보육서비스를 직접 받는 아이들이나 노인요양원에서 돌봄 서비스를 받는 노인들이 수급자가 된다. 공공부조로서 기초생활보장제도의 주거급여 중에서 주택개량을 지원하는 수선급여와 같은 경우에는, 가구원 전체가 수급자에 해당된다.

수혜자(beneficiary)   수급자가 서비스를 받음으로써 혜택을 보는 개인이나 집단을 말한다. 이들도 급여를 소비한다는 점에서 수요자 부문을 이룬다. 예를 들어, 어린이집에서 아이들이 보육서비스를 수급함으로써 직장에서 일할 수 있는 부모들, 그로 인해 생계를 이어 갈 수 있는 가족 구성원 전체가 보육 사회서비스 전달체계에서 수혜자로서의 수요자 부문에 해당한다. 아이와 가족이 서비스를 수급하고 수혜를 받으므로 인해 전체 사회가 생산성을 향상하고 지속가능성이 높아진다는 점에서는, 국민 모두가 수혜자 부문에 들어갈 수 있다.

사회보험이나 공공부조의 급여는 대개 수급자와 수혜자가 일치한다. 대부분 현금 급여에서는 급여를 수령받는 사람이 곧 수혜자이기 쉽다. 자신이 급여의 수령에 따른 혜택의 효용을 스스로 결정할 수 있기 때문이다. 그러나 현물 급여 양식의 사회서비스에서는 수요자 부문이 상당 부분 분리된다. 현물 급여는 공급자가 의도하는 효용의 내용이 수급자에게 전달되는 양식인데, 그것이 수급자의 효용과 일치하지 않는 정도에 따라 수혜자와의 분리가 일어난다.

수급자와 수혜자가 극단적으로 분리되는 경우는, 예를 들어 교도소의 재소자나 정신병원에 강제로 입원 조치된 환자의 경우다. 이들이 서비스를 수급함으로 인해 수혜를 입는 사람들은 별도로 있다. 가족이나 주민, 시민, 국민들이 모두 이러한 간접적 수요자로서의 수혜자 부문에 포함될 수 있다. 어린이집이나 노인요양원 등의 경우도 수급자와 분리된 수혜자가 일정 부분 나타날 수 있는데, 예를 들어 어린이집에 다니기 싫은 아이(수급자)와 그래도 아이가 어린이집에 가야만 하는 부모의 입장(수혜자)이 그와 같다.

모든 사회복지 급여는 수요자의 성격을 수급자와 수혜자로 구분해서 파악해 볼 수 있다. 보통은 수급자가 수혜자가 되지만, 그럼에도 수급자만이 수혜자 부문을 구성하는 것은 아니다. 수급자와 분리된 외부 수혜자가 사회적 맥락에서 존재한다. 만약 수급자만이 수혜자가 되는 경우라면, 엄격한 의미에서 사회복지 급여는 성립되지 않는다. 사회복지 급여는 사회적 방식으로 조성되는 것으로, 이것의 의미는 사회가 궁극적으로 수혜자가 된다는 것이다. 이때 '사회'의 성격은 급여들마다 차이가 있는데, 그에 따라 전달체계의 성격에서도 차이가 난다.

3. 사회보험 전달체계

사회보험 급여는 연금 등의 현금 유형과 노인장기요양보험 등의 현물 유형을 모두 포함한다. 공통적인 전달체계의 모형은 [그림 4-1]과 같다. 규제자로서의 공공 조직(주로 정부)을 통해 결정된 보험료 수급에 관한 정책과 규칙을 집행하는 역할을 공단 조직 체계에서 수행한다. 공단은 수혜자에 해당하는 가입자로부터 보험료를 납부받아서(징수), 이를 토대로 재정자의 역할을 하고 이를 이전해서 공단이 급여의 제공자로서의 역할을 수행하게 한다. 공단은 급여를 지급 사유가 발생하는 가입자 개인이나 직장에 전달한다.

사회보험 급여 중 일부는 대인적 서비스의 유형으로 수요자에게 최종 전달되는 경우가 있다. 국민건강보험과 노인장기요양보험과 같이 대인적 서비스가 제공되는 경우에는, 공단 조직이 재원을 민간 부문(비영리나 영리 조직)으로 이전한다. 예를 들어, 건

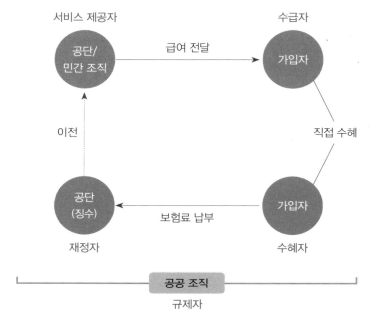

[그림 4-1] 사회보험 급여의 전달체계

강보험 공단에서 노인장기요양서비스 사업자들(요양원이나 노인재가서비스센터 등)에게 이용자들에 대한 서비스 제공에 따른 비용을 정산해 주는 등이다. 이런 경우에 공단 조직 중심의 사회보험 전달체계는 민간 서비스 제공자 중심의 사회서비스 전달체계와 연결된다.

사회보험 전달체계에서는 수급자와 수혜자 부문이 가입자로서 대부분 일치한다. 사회적 보험 방식이라는 측면에서 가입자 이외의 수혜 효과가 발생할 수 있지만, 그것도 가입자들 간의 급여 조정의 관계에서 발생한다는 측면에서 외부 효과는 제한적이다. 모든 전달체계들에서 공통적이지만 수급자가 아닌 수혜자 부문에서 재정자 부문에게로 재정을 공급한다. 사회보험 전달체계에서는 수급자와 수혜자 부문이 가입자로서 일치하므로, 가입자들이 보험료를 납부해서 급여가 생산, 전달되는 공급 체계가 작동되도록 한다.

우리나라에서 사회보험의 공급을 위한 재정자와 서비스 제공자로서의 역할은 공단 조직의 체계에서 일괄적으로 수행한다. 공단 조직은 대규모 대상 인구에 대한 급여 처리를 위해 규모 면에서는 방대하지만, 공급 체계를 관리하는 데 따르는 복잡성은 크지 않다.[21] 우리나라의 4대 사회보험의 집행 기능은 다음 3개의 공단 체계를 통해 수행된다.[22]

· 국민연금공단 : 국민연금을 운영하기 위하여 설립된 보건복지부 산하 기관이다. 1986년 개정된 「국민연금법」에 의거해서 설립되었다. 보건복지부 장관으로부터 업무 위탁을 받아 가입자에 대한 기록 관리 및 유지에서부터 연금보험료 부과, 급여 결정 및 지급, 여타 관련된 업무를 수행한다.[23]
· 국민건강보험공단 : 건강보험과 관련해서 보건복지부 장관이 위탁하는 업무를 수행하기 위해 설립된 기관이다. 「국민건강보험법」에서 규정하는 바에 따라 가입자 및 피부양자의 자격관리에서부터 보험료 등의 징수, 급여 관리 등의 업무를 수행한다. 2007년에 제도가 성립된 「노인장기요양보험법」의 행정 업무도 함께 맡는다.[24]
· 근로복지공단 : 산업재해보상보험과 고용보험의 업무를 수행하기 위해 설립된 기관이다. 「산업재해보상보험법」과 「고용보험법」에 근거해서 역할을 수행한다. 1995년에 설립되어 산업재해보상보험에 관한 업무를 이전의 근로복지공사로부터 포괄적으로 승계했으며, 1999년부터는 고용보험의 업무도 수탁받아 수행하고 있다.[25]

4. 공공부조 전달체계

공공부조의 급여는 기초연금이나 각종 국민기초생활보장 급여들(생계, 주거, 의료, 교육, 해산, 자활)이 해당하고, 현금을 위주로 하지만 현물 급여의 유형도 포함된다. 생계급여는 현금 유형이지만, 주거급여나 자활급여 등은 현물과 대인적 서비스 유형으로 제공된다. 그러므로 후자에 해당하는 급여들에서는 사회보험 전달체계에서와 마찬가지로 사회서비스 전달체계와 재원 이전 등을 통해 연동된다. 공공부조의 핵심적인 생계급여를 중심으로 보자면, 전달체계의 구성은 [그림 4-2]와 같다.

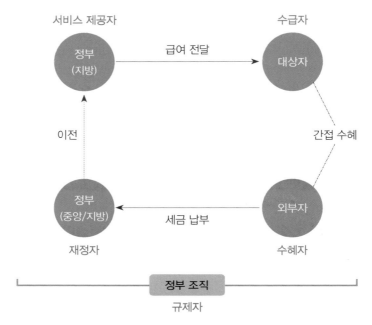

[그림 4-2] 공공부조 급여의 전달체계

우리나라의 사회보장 제도에서 공공부조는 보장기관으로서의 국가 또는 지방자치단체의 역할로 규정된다. 그로 인해 [그림 4-2]에서처럼 전달체계의 규제자 역할은 대부분 정부 조직이 담당한다. 간접 수혜자로서의 국민이나 주민으로부터 세금을 납부받아 중앙정부와 지방정부는 재정자의 역할을 하는데, 재원을 이전받아 급여를 생산해서 수급자에게 전달하는 역할을 수행하는 서비스 제공자는 대개 지방정부로서의 지방자치단체가 담당한다.

공공부조 수급자의 범주와 자격 등에 관한 규정은 해마다 보건복지부와 중앙생활보장심의위원회를 통해 결정된다. 이에 근거해서 수급자를 책정하고 급여를 지급하는 업무는 대부분 기초자치단체가 수행한다. 다만 급여로서의 현금이 최종적으로 수급자에게 이전되는 기술적인 과정은 금융기관이 수행한다. 국민기초생활보장에서는 생계나 해산 급여를 제외하고는 현물의 형태로 지급되는 경우도 있는데, 이때는 해당 현물을 제공하는 민간 사업자 조직이 체계에 연결될 수 있다.

공공부조 급여의 전달체계에서는 특정 시점을 놓고 보면, 수급자와 수혜자가 일치하지 않는다. 공공부조의 급여를 직접 수급하는 사람들은 수혜자이기도 하지만, 이들은 세금을 납부하는 국민으로서의 수혜자는 아니다. 납세자 국민은 간접적인 혜택을 입는 수혜자인데, 수급자들이 제공된 급여를 통해 사회문제를 예방하거나 생산성을 높이면, 그로 인해 자신들의 부정적 외형이 감소하는 혜택을 보는 것이다.

우리나라에서는 공공부조 행정의 전달체계에서 사회복지직이라는 전문직을 둔다. 1987년에 사회복지전문요원이라는 명칭의 사회복지직 공무원을 최초로 채용해서, 현재는 전국적으로 2만 명가량의 사회복지전담공무원이 배치되어 있다. 이들은 주로 전달체계의 하위 과정에 배치되어 현장에서 대인적 업무를 수행한다. 공공부조의 전달체계에 전문직을 개입시킨 이유는 대인적 서비스의 특성 때문이다. 이런 특성의 서비스가 유효하게 공급되려면 현장에서의 재량성이 일정 정도 확보될 필요가 있다.[26]

재량이란 규칙 적용의 자유도를 말한다. 일반 관료제 행정에서는 가급적 재량권을 사전에 설정된 규칙으로 제한하려고 하지만, 대인적 성격의 사회복지 급여의 공급에서는 현장 실천에서의 전문적 재량이 오히려 장려될 필요가 있다. 사회복지사를 사회복지전담공무원으로 채용해서 사회복지 급여 제공의 업무를 맡기는 제도가 성립된 것도 이러한 이유에서였다. 문제는 이들 전문직 공무원이 지방정부로서의 지방자치단체와 같은 일반 관료제 행정 조직 체계 안에서 작동해야 한다는 점이다.

> 우리나라 공공 부문의 사회복지 전달체계는 일반 행정 조직 구조에 '안치된' 사회복지전문직 공무원이라는 특성을 띤다.[27] 전문직을 전달체계에 두는 이유는 개별화된 대인적 서비스에서 필요한 재량적 접근의 필요성 때문인데, 그럼에도 이들 전문직이 소속된 조직 체계는 표준화와 사전규칙을 전제로 재량권을 억제하는 특성을 가진 관료제를 기반으로 한다. 그 결과 '전형적인 관료제 구조 속에서 전문적인 휴먼서비스를 제공한다는 것은 이질적인 두 질서의 공존이며, 이로 인해 필연적으로 충돌과 갈등이 발생'하기 쉽다.[28]

이러한 이슈를 안고 있지만, 여태까지도 우리나라의 공공부조 전달체계에서 관료제와 사회복지전문직의 결합 형태는 유지되고 있다. 현재는 사회복지전담공무원의 업무가 수급자 책정과 관리에만 한정되지 않고, 확대된 성격의 공공부조 급여 전반에 미치고 있다.

근래 우리나라에서는 공공부조의 범주가 확대되고 있다. 2014년 개정된 「국민기초생활보장법」으로 인해 국민기초생활보장 제도가 개별급여 방식(일명 '맞춤형' 급여)으로 전환되고, 같은 해 동시에 이루어진 「긴급복지지원법」 개정 등으로 공공부조의 대상이 확대되었다. 공공부조의 대상 업무도 '희망복지지원단' 등과 같은 통합적 사례관리가 추가되는데, 이는 이전까지 급여 대상자 선정과 관리, 현금-이전 등에 한정되었던 업무 성격과는 차이가 난다. 읍면동 복지허브화 사업을 통해 공공부조의 전달체계에서 아웃리치 전략이 적극적으로 구사되도록 하거나, 지역복지 접근을 강조하는 등으로의 성격 변화도 나타나고 있다.[29]

5. 사회서비스 전달체계

사회서비스 전달체계는 공공 조직을 중심으로 이루어진 공공부조나 사회보험 전달체계들과는 상당히 다른 특성을 가진다. 이는 일차적으로 대인적 서비스로서의 사회서비스 급여를 공급하는 데 따르는 특성에서 비롯된다. 우리나라에서는 사회서비스 제도가 형성되는 역사적 특수성도 작용하는데, 그에 따라 사회서비스 전달체계는 공공 조직과 민간 조직 부문이 위탁 등의 다양한 방식으로 연결된 양상을 띤다.

1) 사회서비스 급여의 특성

사회서비스의 대인적 서비스 특성은 주로 '휴먼서비스'의 속성을 의미한다. 휴먼서비스란 사람들의 행동이나 의식, 환경 상태를 직접 변화시키려는 목적을 가진 것이다. 휴먼서비스는 대개 서비스 제공자와 수급자 간의 긴밀한 대인적 상호작용의 관계를 통해 수행된다. 사회복지서비스를 비롯해서 의료와 교육, 보육, 케어, 정신보건, 개인 및 가족 문제 상담 등이 대부분 이러한 휴먼서비스 속성의 사회서비스에 포함된다.[30]

사회서비스 급여는 이러한 속성의 대인적 서비스를 사회적 방식으로 조성해서 공급

하는 것이다. 이때 사회적이란 '사적(私的)'과 구분되는 것으로,[31] '공적(公的)'이라는
의미에 가깝다. 이때 공적이란 개인들 간의 사사로운 관계가 아닌 공식적으로 의도된
관계를 말한다. 사회서비스를 공적으로 조성하는 역할은 정부 등의 공공 조직만이 아
니라 다양한 성격의 민간단체나 조직, 집단 등도 수행할 수 있다. 사회서비스 급여는
이처럼 휴먼서비스 속성을 공적 방식으로 조성하는 과정에서 몇 가지 독특성을 띤다.

공적 기능과 사적 영역의 충돌   현대 조직 사회에서 대부분의 일은 공식적인 조직
과정을 통해 수행된다. 사회서비스는 이러한 과정으로 조성되는 공적 영역의 서비스
이면서, 한편으로는 휴먼서비스인 까닭에 개인들의 사적 영역과 접촉되어 있다. 그 결
과 사회서비스의 생산은 두 영역을 주관하는 가치나 원리 등의 차이로 인해 충돌이 발
생하기 쉽다.

환경의 복잡성과 책임성   사회서비스는 사회적 방식으로 조성되는 과정에서 다양
한 성격의 수혜자들을 고려한다. 급여의 직접 수급자뿐만 아니라, 서비스 관계에 직접
포함되지는 않지만 사회서비스가 소비됨으로써 불특정 다수가 부정적 외형의 감소를
통해 수혜자가 될 수 있다.[32] 이러한 다양한 성격의 수혜자들이 사회서비스의 공급에
필요한 재원을 제공한다. 사회서비스의 재원은 공공 및 민간 부문을 통해 염출되는 세
금, 후원금, 이용료 등이 혼재되어 있다. 문제는 이들이 각기 다른 기대와 가치를 가지
면서, 상이하고 복잡한 책임성 기준들을 제시하기 쉽다는 점이다.[33]

가치지향성   휴먼서비스는 본질적으로 인간의 외형이 아니라 존재 자체를 다룬다.
인간 존재는 개별화된 가치와 윤리의 적용이 불가피한데, 사회적 방식을 통해 공급되
는 휴먼서비스로서는 공공이든 민간이든 관료제적 조직 과정이 불가피하게 된다. 관
료제는 표준화와 몰가치성을 지향한다. 그에 따라 가치지향성의 사회서비스를 관료제
적 구조에서 생산하는 데 따르는 갈등이 발생하기 쉽다.

공동생산   휴먼서비스는 공동생산의 특성을 띤다. 휴먼서비스의 생산은 서비스
제공자와 수급자 간 대인적 상호작용 관계로 이루어진다. 이 관계를 통해 의도된 변화
(수급자의 상태나 조건)의 목적을 효과적으로 달성하려면, 서비스 제공자 못지않게 수
급자가 서비스 과정에 능동적으로 참여하는 역할이 중요하다. 이를 휴먼서비스의 '공
동생산(co-production)'의 원리라고 한다. 이로 인해 사회서비스는 일방적인 서비스 생

산에 효과적인 공장제 등의 시스템이 적용되기 어렵다.

무형의 장기적 성과   휴먼서비스 생산의 성과는 무형이고, 장기적으로 드러나는 경향이 많다. 상품 생산과는 달리 대인적 서비스는 형체가 생산 과정 중에 생산과 동시에 소멸되는 것이 많다. 사람들의 내면적 변화는 객관적인 식별과 측정도 쉽지 않다. 또한 서비스의 궁극적 성과는 대개 장기적으로 나타나므로, 서비스 제공과 성과 발생 간의 시차 간격도 길어진다. 이로 인해 사회서비스의 생산자는 전반적으로 외부로부터의 책임성 요구에 취약해지기 쉽다.

전문적 과정   휴먼서비스의 생산에는 대개 전문직의 방식이 요구된다. 학교나 병원, 사회복지기관 등의 휴먼서비스 현장에서는 교사나 의사, 사회복지사 등의 서비스 제공자들이 현장의 불확정적인 지식 체계 속에서도 클라이언트에 관한 치명적인 판단을 내려야 하는 경우가 많다. 이런 경우에 적용되는 방식이 '기술직(engineer)'이 아닌 '전문직(professional)'이다. 전문직 방식은 서비스 생산의 과정을 전문가의 재량이나 판단이 중시되도록 하는 것이다. 그럼에도 사회서비스가 사회적 방식으로 조성되는 과정은 일반 사회의 관료제적인 조직 체계 안에서 이루어진다. 그래서 사회서비스의 공급에서는 전문직과 관료제 조직 간의 갈등이 일어나기 쉽다.[34]

2) 공급 방식

대인적 서비스 양식의 사회서비스 급여를 생산하고 전달하는 방식은 현금 이전 방식의 급여와는 많은 점에서 차이 난다. 여기서는 명확한 사전 규칙과 위계적 명령 방식과 같은 관료제적 특성의 조직 체계가 작동되기 어렵다. 그래서 전문직의 성격을 일정 부분 부과하거나, 관료제의 특성이 완화될 수 있는 소규모 민간 조직이나 공동체 조직 등을 사회서비스의 공급자로서 동원하는 경향이 있다.

우리나라 사회서비스 전달체계의 역할자 부문의 구성은 [그림 4-3]에 제시된 바와 같다. 사회서비스의 제공자는 수급자 개인들에게 대인적 서비스를 제공하는데, 자유 시장 체계에서와는 달리 서비스 생산에 필요한 재원이 수급자로부터 나오지 않고 분리된 재정자들로부터 나온다. 사회서비스의 재정자에는 보험료나 세금을 염출하는 공

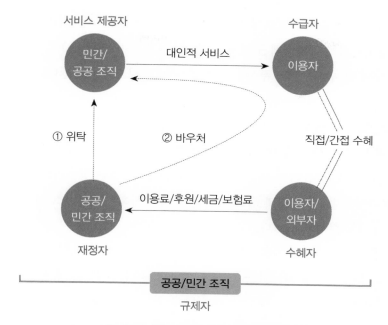

[그림 4-3] 사회서비스 급여의 전달체계

공 조직뿐만 아니라, 이용료를 제공하는 수급자 부문이나 사회복지공동모금회나 기업 복지재단 등과 같은 민간 후원 조직 부문의 비중도 크다. 이처럼 다양한 재정자 원천 을 가지게 되는 이유는 사회서비스의 수요자가 직접 수급자뿐만 아니라 다양한 성격 의 간접 수혜자들을 함께 가지기 때문이다.

　우리나라에서는 사회서비스 전달체계의 역사적 발달 과정에서 형성된 제도적 경로 의 영향으로 말미암아, 사회서비스 제공자 부문은 다양한 성격의 소규모 민간 조직들 (영리, 비영리, 사회적 경제 조직 등)이 대부분을 차지하고 있다. 이들은 각기 정부보조 금, 후원금, 이용료, 사업수익 등으로부터 각양각색의 독자적인 재정자 구성을 갖춘 다. 그로 인해 이들 서비스 제공자 부문을 지원하고 규제하는 방식도 하나의 통일된 체계로 형성되지 않는다.

　우리나라 사회서비스 전달체계에서는 서비스 제공자에 대한 재정 방식이 크게 두 가 지가 있다. [그림 4-3]에서 점선 화살표의 두 가지 방향이 이를 나타낸다. 재정자가 서비스 제공자를 정부보조금이나 후원 등의 방식으로 직접 지원하는 위탁 방식(①), 재정자가 수요자로서의 수급자에게 구매력을 지원하는 바우처 방식(②)이 있다. 이에 따라 서비스 공급에 관여하는 조직 부문들 간 역할 체계도 다르게 나타난다.

(1) 위탁 : 생산자 지원 방식

생산자 지원 방식은 사회서비스의 공급을 위해 재정자 부문이 서비스 제공자 부문으로 하여금 서비스를 생산해서 수급자에게 전달하도록 만드는 방식이다. 우리나라에서는 「사회복지사업법」이 여태껏 생산자 지원 방식의 사회복지서비스 전달체계에 대한 기본적인 규제를 형성해 왔었다.

재정자가 서비스 생산자를 지원하는 방식은 포괄적 의미에서 위탁이 되는데, 재정자가 서비스를 수급자에게 제공하는 책임과 역할을 서비스 생산자에게 맡기는 것이다. 재정을 지원하는 이유도 그 때문이다. 위탁을 위한 재정 방식에는 크게 보조금과 서비스구매계약이 있다. 보조금(grant)이란 재정자가 서비스 생산자 조직(시설이나 프로그램)의 포괄적인 운영에 필요한 비용을 지원하는 것이다. 서비스구매계약(POSC)이란 수급자에게 전달될 구체적인 서비스(분량, 내용)를 재정자가 파악하고, 이를 서비스 제공자가 생산해서 전달토록 하는 구매 계약의 형식이다.[35]

이 같은 위탁 방식의 전달체계에서는 수급자 부문의 체계 내 역할이 수동적이 된다. 서비스 제공자 혹은 재정자 부문이 잠재적 수요자 대상에 대해 문제 분석과 필요사정을 하고, 그에 부합되는 표적인구를 확인해서, 서비스를 제공할 표적 대상으로 삼는다. 여기에서 수급자는 '선정'된다. 우리나라에서는 흔히 사회서비스 1, 2세대에 해당하는 사회복지서비스의 생활시설(예: 부랑인거주시설)과 이용시설(예: 사회복지관) 등이 대표적으로 생산자 지원 방식의 전달체계에 해당하는데, 이 방식은 현재까지도 작동하고 있다.

1세대 사회서비스는 생활(수용)시설이 중심이었는데, 사회복지법인 등이 재산권을 가지고 설치해서 운영하는 시설에 대해 재정자가 서비스를 위탁하면서 재정을 지원하는 방식이다. 1950년대에서부터 1970년대까지는 이 같은 1세대 사회서비스에 대한 재정자로서 외국원조단체의 역할 비중이 컸다. 1980년대 이후에는 사회복지서비스에 대한 재정자의 역할을 정부 부문이 주로 맡게 된다. 정부가 수급자를 서비스 제공자 시설에게 조치하고,[36] 그에 따른 비용을 시설에 보조금이나 수용비 형태로 지급한다. 현재도 조치 제도가 이용 제도의 성격으로 바뀐 것을 제외하고는 장애인이나 노인 거주시설, 일시보호시설 등에서 1세대 사회서비스의 전달체계 방식이 작동되고 있다.[37]

  2세대 사회서비스는 이용시설 서비스로서 1980년대 중반 이후 본격화되었다. 정부 보조금 위주의 생산자 지원 방식이라는 점에서 1세대 사회서비스와 같지만, 재정자로서 정부 부문의 역할 수행이 달라진다. 대부분의 경우 재정자(예: 지자체)가 스스로 서비스 시설을 설치하고, 다만 그에 대한 운영을 민간 조직 주체 등에 위탁하면서 보조금을 지급하는 방식이다. 수급자를 찾아 서비스를 생산하고 전달하는 역할은 민간 조직들의 역할과 책임하에 이루어진다. 현재에도 종합사회복지관을 비롯해서 노인/장애인 복지관, 다문화가정센터, 각종 사회복지 상담이나 지역 소재 이용시설 등이 2세대 사회서비스 전달체계 방식으로 작동된다.

(2) 바우처 : 이용자 지원 방식

  이용자 지원 방식은 사회서비스 전달체계에 시장 기제를 도입하는 것이다. 생산자 지원 방식이 가지는 문제는 재정자가 수많은 서비스 제공자들이 생산하는 개별적인 서비스들을 일일이 점검하고 통제하기 어려울 뿐만 아니라, 가능하더라도 막대한 행정 비용이 든다는 것이다. 시장 기제에서는 이용자로서의 수급자가 서비스 제공자를 선택하게 함으로써, 서비스 제공자들이 이용자의 선택을 받기 위해 저절로 최적의 행동을 할 것이라고 본다. 이로 인해 재정자는 서비스 제공자들을 직접 통제하는데 따르는 행정 비용이 최소화된다.

  사회서비스에서 이용자 지원 방식은 보통 바우처 지급을 원칙으로 한다. 바우처 (voucher, 이용권)는 교환할 수 있는 서비스 내용이 미리 지정된다는 점에서 현물 방식 이지만, 해당 서비스 내에서는 이용자가 생산자를 선택할 수 있는 자유가 주어진 것이다. 바우처를 통해 사회서비스의 전달체계에 인위적으로 시장 방식을 조성한다. 정부가 특정 계층의 국민이나 주민이 필요하다고 판단되는 특정한 서비스의 내용을 바우처의 형태로 발급하면, 바우처의 수급자가 특정 서비스 제공자를 선택해서 서비스를 제공받고 그에 따른 비용을 바우처로 지불한다. 서비스 제공자인 사업자는 이 바우처를 재정자로부터 현금으로 상환받는다.

바우처 방식의 전달체계에서는 규제자의 역할 초점이 달라진다. 규제의 초점이 재정자와 서비스 제공자 간 관계에서부터 재정자와 수급자, 수급자와 생산자 간 관계로 옮아간다. 바우처의 종류를 기획하거나 그에 따른 지급 대상자를 선정하는 방식, 바우처 발행과 상환 기제의 기술적 조건 등이 규제의 중심을 이룬다. 우리나라에서는 「사회서비스이용권법」(2011년 제정)이 「사회복지사업법」에서 분리되어 나오면서 이용자 지원 방식의 사회서비스 전달체계에 대한 규제의 토대를 형성하고 있다.

우리나라에서는 2000년대 중반이후 등장한 3세대 사회서비스에서 바우처를 활용한 이용자 지원 방식을 본격적으로 채택해 왔다. 2000년대 중반 이후 보육과 돌봄을 위한 보편적 사회서비스를 확장하는 과정에서 막대한 수의 서비스 생산자 조직들이 필요했는데, 이를 정부가 직접 설치해서 운영하기는 어려웠다. 그래서 시장을 통해 서비스 생산자들이 참여하는 방식이 도입되었고, 시장이 작동될 수 있도록 수요자들에게 이용권(바우처)을 제공했다. 현재 아동 보육이나 노인 장기요양, 장애인활동지원과 같은 대규모 사회서비스들을 비롯해서, 지역사회투자사업에 포함된 다양한 사회서비스들이 모두 3세대 방식의 사회서비스 전달체계로 작동되고 있다.

현재 우리나라 사회서비스의 전달체계는 3가지 세대 방식이 공존하며 적층(積層)되어 있다.[38] 시기별로 새로운 사회서비스 유형이 도입되면서, 그때마다 새로운 재정자와 서비스 제공자, 수요자 관계가 추가적으로 형성되어 왔다. 그 결과 우리나라 사회서비스 전달체계는 구조가 복잡해졌다. 공공과 민간 부문의 역할 관계뿐만 아니라, 공공 부문 안에서도 사회서비스 공급을 둘러싸고 정부 부처 간, 중앙정부와 지자체 조직들 간 역할과 기능 분담에서 혼잡성이 증가해 왔다.

우리나라에서는 사회(복지)서비스의 생산자들이 대부분 민간 조직의 외형을 띠는 경우가 많다.[39] 그럼에도 전형적으로 정부보조 방식의 사회복지서비스 조직들(생활시설, 이용시설 등)의 경우에는, 단순히 이들을 민간 조직의 특성만으로 규정하기 어렵다. 최종 서비스 전달 단위의 운영 주체로 보자면 민간 조직의 성격을 대부분 가지지만,

제도화된 사회복지 공급에서 이들이 수행하는 서비스를 재정적으로 지원하고, 서비스의 내용과 절차를 규제하거나 관리하는 역할은 공공 조직이 수행한다. 이로 인해 우리나라에서 사회서비스 공급의 효과성은 전달체계의 민관협력(PPP) 기제에 좌우되는 바가 크다.[40)]

미주

1) 체계란 '낱낱의 부분들이 짜임새 있게 조직되어 통일된 전체'를 뜻한다.

2) 1980년대 이전까지는 국가에 의한 공공부조의 급여가 민간이 공급하는 사회복지서비스 급여, 예를 들어 빈곤 대상자를 생활시설에 수용해서 보호하는 방식의 서비스들과 상당 부분 연결되어 있었다. 이후로는 공공부조 가 대상자의 범주를 영세민이나 차상위 계층으로 넓히고, 급여의 내용이나 방식도 단순 생계보호에서부터 의 료, 주거, 교육비 지원 등으로 확장해 왔다. 그에 따라 사회복지서비스 급여도 생활시설뿐만 아니라, 재가서비 스와 이용시설 등으로 확대된다.

3) 예를 들어, 아동이나 장애인, 노인 생활시설들에 입소하기 위해서는 여전히 공공부조 수급자의 자격 기준이 필수적이거나 우선시된다. 종합사회복지관과 같은 이용시설에서도 이러한 기준이 일부 남아 있다. 이 시설 들은 모두 정부 조직으로부터 운영비를 보조받는데, 이것이 일종의 서비스 위탁 계약과도 같다. 참고: 김영종 (2017). "우리나라 사회서비스와 민간위탁 제도 연구". 보건사회연구, 37(2), pp. 406-442.

4) 그래서 이를 선별적 복지라고 하지 않고, 보편적 복지라고 한다. 여기에서 '빈곤' 기준은 서비스 비용을 차등적 으로 부과하는 데 필요한 부수적인 조건 정도로 쓰인다.

5) 과거에 협의적 사회복지 제도에서는 생계나 주거 보호 등과 같이 급여의 유형이 한정되어 있었고, 대상 또한 한정되어 있었으므로 전달체계는 비교적 단순했다. 단순 기능들로 역할이 분화된 조직이나 프로그램 단위들 이 단선적으로 연결되어 있었다.

6) 사회보장정보시스템이란 각종 사회복지 급여·서비스 지원 대상자의 자격 및 이력에 관한 정보를 통합 관리하 고 지방자치단체의 복지업무 처리를 지원하는 것이다. 생계급여, 기초연금, 보육 등 보건복지부와 여성가족부 의 120여 개 복지사업을 지원하는 정보관리시스템으로, 사회복지시설들의 정보시스템(일명 '희망e음')과 함 께 국가 차원에서의 대표적인 사회복지 정보시스템이다. (http://www.mw.go.kr/front/temp/smile_e.html)

7) 「공공기관의 운영에 관한 법률」에서 이를 규정하고 있다.

8) 이 책의 6장 조직 이론에서 관료제의 특성에 대해 자세히 설명한다.

9) 권한의 대행이란 권한을 이관하지 않은 채로 업무를 대리해서 처리토록 하는 것이다. 권한의 위임이란 행정 청이 그 권한의 일부를 하급행정청이나 지방자치단체의 장에게 이전하여, 수임자의 권한과 명의, 책임으로 행 사하도록 하는 것이다. 권한의 위탁이란 행정청이 그 권한의 일부를 그의 보조기관이나 하급행정청이 아닌 다 른 행정기관의 장에게 이전하여 수탁자의 권한으로 행사하도록 하는 것이다. 권한의 이양이란 위임과 위탁과 는 달리, 수임·수탁자가 비용부담과 최종적인 책임까지를 가지게 되는 것을 말한다.

10) 규칙은 특정 목적을 달성하기 위해 선택된 수단이었음에도, 관료제에서는 그 규칙을 준수하는 것 자체가 스 스로 목적처럼 되어 버리기 쉽다는 것이다.

11) NGO는 비정부기구(Non Governmental Organization), NPO는 비영리 조직(Non Profit Organization)을 말 한다. 두 용어는 개념적으로는 구분되기 힘들며, 공통적으로 비정부, 비영리 방식을 취하는 조직을 의미한다. 우리나라에서는 시민사회단체 등은 NGO, 자선이나 사회복지사업 등의 민간 조직들은 NPO라는 용어를 선호 하는 경향이 있다.

12) Grobman, G. (2008). *The Nonprofit Handbook: Everything You Need to Know to Start and Run Your Nonprofit Organization* (2nd ed.). Harrisburg, PA: White Hat Communications.

13) 사회복지법인은 기본적으로 「민법」이 규정하는 재단법인의 일종으로, '사회복지사업을 영위할 목적'으로 주 무관청으로부터 허가를 받아 설립되고, 감독을 받는 것을 따로 지칭하는 것이다.

14) 사회복지시설은 「사회복지사업법」의 규정에 따라 규정된 시설에 한정하는 명칭이다. 사회복지시설은 지방

자치단체 등의 공공 조직이 설치해서 직접 운영할 수도 있지만, 우리나라에서는 대부분 민간 비영리 조직들에 위탁해서 운영토록 하고 있다.

15) 현실적으로 마련되는 특정 급여는 이들 유형이 혼재되어 있는 경우도 있다. 예를 들어, 사용처가 제한된 현금 카드를 지급하는 경우다. 그럼에도 최종적으로 소비자에게 전달되는 급여의 성격이 특정될 수 있는지의 여부에 따라 현금과 현물 급여는 뚜렷이 구분된다.

16) 조세 지출도 특정 대상에게 특정 물품이나 서비스가 제공되게 한다는 점에서 현물 급여의 일종이 된다. 예를 들어, 연말세금정산에서 특정 교육을 이수하는데 지불했던 비용은 세금을 감면하거나 면제해 주는 등을 말한다. 정부가 세금을 일단 거두어서 직접 현금이나 현물로 지출하는 정부지출(government expenditure)과 다르다는 의미에서 조세지출이라 한다.

17) 예를 들어, 어떤 사람이 거주하는 지역의 치안이나 위생 환경이 열악한 부정적 외형이 있는 경우, 마을 환경 개선 사업이 실시되어 그 사람의 부정적 외형이 감소될 수 있다면, 그에게 혜택을 초래하는 일종의 현물 급여가 제공된 것과 같다.

18) 현물 급여의 방식 중에서도 그나마 조세 지출은 행정 비용이 적게 든다는 장점이 있다. 현물 급여를 시행하기 위해 세금을 걷고 욕구사정을 통해 필요를 찾아서, 급여를 만들어서 제공하는 데 따르는 숱한 과정과 절차에 드는 비용이 들지 않기 때문이다. 그럼에도 조세 지출 방식의 단점은 이것이 세금을 내는 사람들에게만 적용될 수 있는 수단이라는 것이다. 사회복지 급여의 대상자 상당수는 납세 과정이 적용될 만큼의 소득이나 소비 지출이 어려운 저소득자 계층이므로, 이러한 수단을 적용하기 어렵다.

19) (신)제도이론에서 부문 내 조직들의 제도적 동형화가 설명하는 바가 이와 같다. 이는 6장에서 설명한다.

20) 마치 우리나라에서 변호사협회가 민간 조직이면서도 상당한 정도의 규제자의 역할을 행사하는 경우와 같다. 사회복지서비스 분야에서는 사회복지사협회나 사회복지협의회, 분야별 시설협회 등에서 일정 정도의 규제자의 역할을 수행하거나 혹은 정부의 역할을 대행하는 경우도 있다.

21) 국민연금공단 등의 '기금관리형' 준정부기관과 같은 경우에는 막대한 규모로 조성되는 보험 기금을 운용하는 복잡한 업무도 포함되어 있지만, 급여의 공급 체계와는 별도로 작동한다.

22) 여기에 직역연금과 관리조직은 제외되어 있다. 사회보장 성격의 사회보험으로서의 국민연금과 직종별 부조 기능으로서의 직역연금은 성격에서 차이난다. 직역연금에는 공무원연금, 사립학교교직원연금, 군인연금, 별정우체국연금이 있고, 각기 공단이나 관리단 등의 조직체계에서 별도 관리되고 있다.

23) 국민연금공단은 2022년 현재 전주에 본부 조직을 두고, 전국적으로 7개소의 지역본부, 112개의 지사 조직을 두고 있으며, 7,300명가량의 직원 정원을 가지고 있다.

24) 국민건강보험공단은 2022년 현재 본부를 강원도 원주시에 두고 있으며, 서울강원지역본부를 비롯한 6개소의 지역본부 산하에 178개 지사 조직을 두고 있으며, 약 13,000명 정도의 직원을 두고 있다.

25) 2005년부터 산재·고용보험을 통합징수하는 형태로 업무를 수행하고 있다. 근로복지공단은 2022년 현재 본부가 울산광역시에 소재하고 있으며, 전국적으로 7개소의 지역본부와 56개소의 지사를 두고 있다. 전체 직원 수는 1만 명가량이다.

26) 심지어는 엄격한 사전 규칙에 따라야 하는 수급자 자격심사 과정에서도 일정한 정도의 전문적 재량권이 요구되는 경우가 있다.

27) 조직에 '안치된(nested)' 전문직이란 전통적인 전문직을 구성하는 요건인 '전문 기술에 근거한 자율적 규제'의 논리가 조직적 통제의 논리에 일정 부분 구속될 수밖에 없는 상황을 나타내는 것이다. 참고: Noordegraff, M. (2007). 'From pure to hybrid professionalism: present-day professionalism in ambiguous public domains'. *Administration and Society, 39*(6), pp.761, 785.

28) 이철주·한승주(2014). "관료제 구조와 사회복지업무 속성의 충돌, 그리고 재량행위의 왜곡". 정부학연구, 20(1), pp. 75-118.

29) 서울시 찾동(찾아가는 동주민센터)의 예에서 보듯이, 주력 사업은 보건복지 방문 서비스와 복지마을 만들기로 구성되어 있다. 여기에서 대인적 서비스의 속성이 일정 정도 구현될 수 있는 공공부조 전달체계의 개편이 필요한데, 이때도 여전히 관료제적 조직 속성과 전문직 인력의 재량 속성에 대한 고려가 중요한 관건이 된다. 참고: 김은정(2019). 읍면동 중심 복지행정 개편의 한계와 정책과제: 서울시 찾동 사례를 중심으로 [미발간 보고서].

30) Cimmino, p. (2004). 'Basic concepts and definitions of human services', In H. Harris (Ed.), *Human Services: Contemporary Issues and Trends*. Boston, MA: Allyn & Bacon.

31) 만약 개인이 자선적 동기에서 다른 개인에게 직접 서비스를 제공하거나, 자신에게 필요한 서비스를 시장에서 구매한다면 이는 '사적'에 해당한다.

32) 부정적 외형의 감소와 같은 급여 유형은 불특정 다수에게 공급되는 것이지만, 결과적인 혜택은 개인별 차원에서 확인될 수 있다.

33) 참고: Austin, D. (1988). *The Political Economy of Human Services Programs*. Greenwich, CT: JAI Press.

34) 전문가는 조직의 일원으로서뿐만 아니라, 소속 '전문직'의 일원이라는 이중적 책임을 동시에 갖는다. 그러므로 전문직으로 구성된 서비스 조직들은 일반 조직과는 다른 행정적 과제를 가진다. 김영종(2014). "한국 사회복지전문직의 제도적 전문성 경로와 대안적 정향". 사회복지정책, 41(4), pp. 377-404.

35) POSC는 Purchase Of Service Contract의 약자다.

36) 조치(措置)란 공공 행정에서 생활보호 대상자로 책정된 수급자를 특정한 시설을 지정해서 수용 보호하도록 위탁하는 것을 지칭하는 용어로 쓰였다.

37) 이용 제도는 수급자에게 시설 선택의 자유를 허용하는 것인데, 선택할 수 있는 서비스 시설이 제한되어 있을 경우에는 조치 제도와 큰 차이가 없다.

38) 김은정·김영종(2013). 사회서비스 공급체계 통합적 재설계 [제5차 사회서비스 발전포럼 발표문 2013. 11. 22.].

39) 현재에도 운영 주체로서의 1, 2, 3세대 사회서비스의 생산자 단위는 95% 이상이 민간 조직이다. 일부 지방자치단체에서 직영하거나 공공 방식으로 운영하는 서비스들을 제외하고는 거의 대부분이 민간이 설치하거나 공공으로부터 위탁을 받은 민간 조직들이 운영하고 있다. 참고: 김영종(2019). 한국의 사회서비스: 정책 및 실천. 학지사.

40) PPP는 Private-Public Partnership의 약자다. 근래 지역사회복지에서는 여기에 시민이나 주민 참여로서 사회 부문을 추가해서, PSPP(Private-Social-Public Partnership)를 강조하는 경향도 나타난다. 참고: 김영종(2020). 사회서비스 민간투자 기반 연구 [KDI 보고서 2020].

제5장
지역사회복지 행정과 전달체계

지역사회복지란 지역사회를 상호부조의 공동체로서 기능하게 하는 것이다. 근래 우리나라만이 아니라 다른 복지국가들에서도 지역사회복지가 중요한 현안이 되고 있다. 기존 복지국가 접근만으로는 사회복지 제도를 운용하는 데 한계가 있기 때문이다. 지역사회복지 행정은 커뮤니티의 속성을 활용하고, 네트워크 방식의 전달체계 조직을 강조한다.

1. 지역사회복지 행정이란

지역사회복지 행정은 지역사회 혹은 커뮤니티를 사회복지 기능의 공동체 기제로서 조성하고 관리하는 것이다. 국가사회를 복지 공동체의 범주로 삼는 복지국가의 행정과 차별된다. 근래 복지국가의 관료제 접근만으로는 해결할 수 없는 사회문제들이 등장하면서, 커뮤니티 접근의 지역사회복지에 대한 행정이 강조되고 있다.

1) 복지국가의 한계와 지역사회복지

복지국가의 한계는 이념이 아니라, 운용 방식의 문제에서 비롯된다. 복지국가를 제도적으로 운용하는 방식은 국가들마다 다양하게 차이나지만, 전형적인 복지국가의 방식이란 강력한 정부 구조를 통해 국민들의 소득 보장에 치중하는 것이다. 이는 20세기 산업사회를 살아가는 사람들이 당면했던 공통적인 필요(소득 보장)에 기인한다. 문제는 이러한 방식이 21세기 후기산업사회가 새롭게 당면한 복지 욕구에 대응하는 데 한계가 있다는 점이다.

> 아동의 양육이나 청소년 육성, 노인, 장애인의 돌봄 등을 비롯해서, 사회적 배제나 차별의 시정, 사회적 약자 인구에 대한 사회적 지지와 옹호 등과 같은 일들은 사람들 간의 관계에 의해서 이루어지는 휴먼서비스적 욕구의 속성을 가진다. 이는 단순히 현금 소득이 이전됨으로써 복지 급여가 완수되는 일들과는 현격한 차이를 가진다.[1]

후기산업사회의 새로운 사회적 문제와 필요들, 예를 들어 저출산과 고령화로 인한 공동체 사회의 붕괴 위기, 막대한 수요의 보편적 사회적 돌봄 등의 문제에 대응하기 위해서는, 기존의 소득 이전과 분배에 유효했던 복지국가의 생산 방식으로는 한계를 나타낸다. 예를 들어, 개인들에게 소득 급여의 현금−이전을 확대한다고 해서 아이가 더 건강하게 자라거나 노인들이 덜 외롭게 될 것으로 기대하기 어렵다는 점이다.[2]

전형적인 복지국가의 방식은 재정적 지속가능성의 문제와 함께, 관료제적 정부 방식으로 복지 급여를 생산하는 데 따르는 문제도 안고 있다.[3] 이러한 문제들에서부터 지역사회복지가 대안으로 강조되는 맥락이 나타나는데, 이는 다음과 같이 정리된다.

첫째, 복지국가의 방식은 휴먼서비스 성격의 복지 공급에서 한계를 가진다. 복지국가는 국가 전체를 공동체 단위로 삼는데, 이를 위해 거대 사회를 움직이는 제도화가 필요하다. 헌법을 위시한 국가의 법체계에 의거해서 작동하는 관료제적 정부 구조를 갖춘다. 이로 인해 복지국가의 기능 수행에는 관료제의 경직된 규칙성이 필히 수반된다. 문제는 사회적 돌봄 등과 같은 새롭게 확대되는 휴먼서비스를 효과적으로 생산하기 위해서는 유연하고도 참여적인 방식의 공급 구조가 필요하다는 것이다. 여기에서 커뮤니티 속성의 지역사회복지 접근이 대안으로 강조된다.

둘째, 관료제적 복지국가는 일명 '제도주의적 함정'을 유발하기 쉽다. 사회복지 급여를 공급하는 과정에서 설정하는 엄격한 제도적 규칙들이 사람들을 소외시키고, 일방적인 의존에 빠지게 할 수 있다. 예를 들어, 공공부조 제도의 목적은 사람들을 빈곤상태에서 벗어나게 하는 것이지만, 수급자격에 관한 규칙이 '생계수단(소득)이 없음'으로 설정되어 있다. 이 때문에 사람들은 소득을 추구하지 않고 빈곤의 영속화에 머물게 된다. 이는 복지국가의 재정적 지속가능성의 문제와도 결부되는데, 이 점에서 '사회투자국가' 접근이나 지역사회복지 접근 등이 복지국가의 대안으로 제시된다.[4]

셋째, 복지국가는 제도의 운용을 공식적 조직에 의존하는데, 사람들의 심리정서적 욕구 충족을 위한 사회적 기제의 필요에는 대응하기 어렵다. 어떤 경우에도 사람들을 돌보는 일은 대인적 사회 관계로써 수행되는데, 그런 관계를 통해 사람들은 신체적 욕구뿐만 아니라 소속감이나 안정감, 정체성(identity) 확인 등과 같은 심리정서적인 욕구들을 충족한다. 문제는 이러한 사회 관계가 관료제적 공식 조직으로 성립되지 않는다는 점이다. 그래서 현대사회의 치명적인 문제가 되는 사람들의 소외나 '외로움'은 복지국가 접근으로 다루기 어렵다. 이런 이유로 커뮤니티 속성의 사회적 관계를 강조하는 지역사회복지 접근이 강조된다.[5]

넷째, 보다 근본적인 이유로 복지국가의 이념적 한계가 있다. 정치적으로는 근래 신자유주의적 이념의 확산과 함께, 소득의 재분배를 위해 구축된 강력한 중앙정부 위주의 복지국가 체제를 약화시키려는 힘이 작용한다. 또한 사회복지 분야에서 사회적 돌봄의 패러다임 변화를 추구하는 정상화(normalization)나 탈시설화의 이념도 복지국가의 한계를 지적한다. 이들 이념은 사람들의 일상적인 삶과 돌보는 일에 공식적인 조직보다는 지역사회 혹은 커뮤니티가 중요함을 강조한다. 그로 인해 복지국가의 대안 혹은 보완으로서 지역사회복지 접근이 강조된다.

우리나라에서는 역사적 이유로 인해 지역사회복지에 대한 강조가 복지국가의 기틀을 강화하는 노력과 함께 이루어지고 있다. 우리나라는 복지국가 체제의 조성이 선진 복지국가들에 비해 뒤늦은 까닭으로, 여전히 산업사회적 욕구에 대응해서 소득 재분배 기능을 강화해야 할 필요도 남아 있다. 그럼에도 한편으로는 보편적 사회적 돌봄에서와 같이 새롭게 확대되는 심리사회적 복지 욕구의 측면에 대해서도 함께 대응할 필요를 동시에 가진다. 그 결과 현재로서는 마치 복지국가가 주도하는 지역사회복지 행정과 같은 양상이 전개되고 있다.

2) 지역사회 기반의 복지행정

지역사회란 지역 차원에서 커뮤니티 속성을 띠는 사회적 단위다. 커뮤니티(community)란 기본적으로 공동체 방식으로 결합된 사람들의 집단을 뜻한다. 엄격한 의미에서 공동체(commune, 코뮌)란 개인이나 가족, 이웃들이 자신의 소유물과 책임을 서로 공유하면서 함께 일하고 살아가는 집단을 말한다.[6] 오늘날에는 현실적으로 이와 같은 완전한 의미의 공동체는 존재하기 어렵다. 그럼에도 국가나 시장과 같은 공식적 계약과 거래 방식으로 이루어진 사회에 비해 상대적으로나마 이러한 공동체적 방식이 강조되는 사회를 커뮤니티라고 한다.[7]

커뮤니티를 흔히 지역사회라고도 부르는데, 과거에는 대개 촌락이나 마을 단위의 지역만이 그런 공동체 사회였기 때문이다. 오늘날의 도시산업사회에서는 지역성(locality)에 기반한 사회가 커뮤니티와 동일시되기는 어렵다. 지역사회 삶의 많은 측면들은 상당 부분 '지역 외부로부터, 국가적 조직들의 정책이나 집행 과정, 정부의 법제, 국가 경제에 관한 결정 등에 의해 지배받기' 때문이다.[8] 그래서 오늘날 커뮤니티는 지역성 기반의 공동체 범위에 국한된 지역사회만을 의미하지 않는다.

모든 사람들의 삶에서는 어떤 형태로든 공동체로서의 커뮤니티가 일정 정도 필요하다. 사람들은 그 안에서 자신의 정체성을 확인할 수 있고, 귀속감이나 애정, 관계에 대한 욕구도 충족할 수 있기 때문이다. 그럼에도 지역성에 기반한 전통적인 지역사회의 공동체가 퇴조하므로, 이를 대체할 새로운 양상의 커뮤니티가 모색된다. 학교나 일터, 종교집단, 자조집단, 동호회, 사회적 결사체 등과 같은 다양한 사회 형태들이 공동체 기능을 하는 커뮤니티로서 인식되는 경향이 나타난다.[9]

우리나라에서는 지역사회 커뮤니티가 급격하게 쇠퇴하게 된 이유에는 특수한 역사적 경험도 작용했다. 1950년대를 전후한 시기에 극심한 이념적 대립과 전쟁을 겪으면

서 경제사회적으로 큰 혼란이 있었고, 이 와중에 전통적인 지역사회들이 물리적으로
도 대거 파괴된다. 곧 이어 1960년대부터 시작된 급격한 산업화는 인구의 이동성을 높
였고, 소비 또한 거대 상품 시장에 의존하게 된 까닭에, 적어도 경제적으로는 지역에
기반한 공동체 사회가 그 기능을 대부분 잃게 되었다.

우리나라의 독특한 지리적 특성과 교통·통신의 발달도 지역사회의 쇠퇴를 가속화한
다. 좁은 국토에 높은 인구 밀도를 유지하고 있는 상태에서 교통과 통신의 발달은 지역
내에서의 공동체적 삶의 기반을 더욱 약화시킨다. 전국이 일일생활권으로 합쳐지는 상
황에서 지리적 경계에 의한 지역사회들이 독자적인 생활 공동체로 작동하기는 어렵다.
근래에는 이-커머스(e-commerce, 전자상거래)가 국가적 경계조차도 뛰어넘는 상황에
서, 지역사회가 생산과 소비의 생활 공동체로서 기능하기는 더욱 어려워진다.[10]

이러한 이유들로 인해 그간 우리나라에서는 지역사회를 상호부조의 공동체로 하는
지역사회복지가 강조되지 못했다. 그러나 사회복지의 기능 수행이 복지국가의 행정만
으로는 한계에 봉착하게 되면서, 다른 나라들에서와 마찬가지로 우리나라에서도 지역
사회복지의 행정이 새롭게 강조되고 있다. 현재 우리나라에서는 지역사회가 경제적으
로는 지역 기반의 공동체로서 기능하기는 어렵지만, 그럼에도 사람들의 일상적 삶에
필요한 심리사회적 기능의 커뮤니티로서는 지역사회 이외의 대안을 찾기 어렵다.

이런 점을 감안해서, 지역사회복지 행정에서는 '지역사회'를 지리적 경계의 지역성
을 전제로 하지만, 그러한 지역적 범주 내에서 이루어지는 커뮤니티적 기능을 강조하
는 의미로 쓴다.[11] 그러므로 지역사회 기반의 복지 혹은 지역사회복지 행정이란 '지역
을 중심으로 커뮤니티적 복지 기능을 수행하는 여러 사회 단위와 체계들의 집합을 조
성하고 관리하는 것'으로 정의된다.

2. 우리나라의 지역사회복지 행정

우리나라에서는 여태껏 지역사회복지 행정이 사회서비스 영역에 치중되어 왔다. 사
회보험이나 공공부조 제도는 국가를 공동체의 기반으로 작동되는 부분이 크기 때문

에, 이를 제외한 사회서비스 제도의 영역이 지역사회복지 행정의 주된 대상으로 간주되어 왔다. 그나마 공공부조에서는 근래 지역사회복지 행정을 강화하려는 추세가 나타나고 있다. 사회보험은 대부분의 급여 행정이 국가 공단 체제를 통해 집행되는 까닭에 여전히 지역사회복지의 행정과 이격되는 바가 크다.

우리나라에서 지역사회복지가 실질적인 정책 이슈로 등장한 것은 2005년 '분권교부세' 제도가 도입되면서부터였다. 복지재정의 지방분권을 목적으로 했던 분권교부세는 사회복지서비스 관련 국고보조 사업들을 대부분 지방으로 이양하려는 것이었다. 이전까지는 우리나라에서 사회복지서비스가 대부분 중앙정부로부터 국고보조금을 지원받아 운영되는 형태였다. 이때 국고보조금은 대개 지역에서 사회복지서비스를 제공하는 민간 조직의 사회복지시설들을 지원하는 것이었다. 지역의 사회복지시설들을 지방정부가 지원하지 못했던 것은 자체적인 재원이 없었기 때문이었고, 그래서 분권교부세는 지방정부로 재원을 이양해서 지역이 사회복지서비스 공급의 주체가 되도록 하자는 것이었다.

분권교부세 제도의 도입을 통해 적어도 사회복지서비스 분야에서는 '중앙에서 지방으로'라는 전환이 실질적으로 전개된다. 한시적으로 도입되었던 분권교부세 제도는 2014년 「지방교부세법」 개정을 통해 '보통교부세'로 최종 전환된다. 보통교부세는 지방자치단체가 이전 받은 재원을 폭넓게 활용할 수 있는 재량을 가지는 것이다. 그에 따라 적어도 사회복지서비스의 행정에서는 지역의 역할과 책임이 커지게 된다. 2015년부터는 장애인거주시설, 노인양로시설, 정신요양시설과 같이 국가사업으로 환원된 3개 사업을 제외한 나머지 대부분의 사회복지서비스들은 지방정부 사업이 된다.

지방자치 정치 체제의 성숙이 지역사회복지 행정을 강화하는 동기로도 작용해 왔다. 우리나라에서 지방자치 제도의 도입은 이미 1990년대 전후에 이루어졌지만, 사회복지 관련 업무를 중심으로 하지는 않았다. 그러다 근래에는 주민의 정치 의식이 성숙되면서 주민에 의해 선출된 지방 정부가 주민의 복지 증진을 우선적으로 수행해야 한다는 요구가 확대되고 있다.[12] 이를 반영해서 국가 차원에서도 지방자치단체를 이제까지의 중앙정부 복지 전달체계의 하위 집행기구에서부터 탈피시켜, 지역사회복지를 실질적으로 주도할 수 있는 체제와 역량을 갖추도록 하고 있다.

　2014년 제정된 「사회보장급여법」에서는 지방자치단체를 국가와 함께 사회보장급여의 제공 기관으로 규정한다. 여기에서 지방자치단체는 지역 주민들에 대해 중앙정부로부터 전달되는 급여의 단순 전달자(예: 중앙부처 공공부조 관련 지원조직의 업무)에서부터, 지역 소재 서비스 생산 기관들에 대한 협력자(예: 사회보험 공단 조직의 업무 협조), 지역 사회서비스 조직의 설치 및 운영자(예: 종합사회복지관의 설치와 위탁), 지역주민에 대한 서비스 조성 및 지원자(예: 사회서비스 바우처 발행) 등의 역할에 이르기까지 지역에서 다양한 사회복지 관련 업무를 수행하도록 되어 있다.

　복지행정의 주체로서 지방자치단체는 국가 복지의 위임 사무를 수행해야 하고, 다른 한편으로는 자치의 이념에 입각한 지역사회복지를 추구해야 하는 이중적인 역할을 안고 있다. 국가사무로서의 복지 서비스와 자치사무로서의 복지 서비스를 실행하는데 필요한 행정 방법은 차이가 있다. 전자는 관료제적 기제에 충실한 작동 방법이라면, 후자는 커뮤니티적 기제를 활용하는 작동 방법에 해당한다. 이에 따라 지방자치단체의 사회복지 행정에서는 각기 다른 기제의 특성 원리들이 하나의 조직 체계 내에 혼재된 상태로 작동이 이루어진다.

> 대표적으로 국가 복지는 탈지역성의 원리에 입각하지만, 지역 복지는 지역성의 원리를 강조해야 한다는 차이가 있다. 탈지역성의 원리는 지역의 복지서비스 공급이 다른 지역들에서의 수준과 형평성 있게 이루어질 것을 강조하고, 지역성의 원리는 지역의 특성을 반영한 독자적인 복지서비스의 공급을 강조한다. 이로 인해 지방자치단체의 사회복지 업무는 흔히 중앙정부와의 관계에서 긴장이나 갈등의 소지를 안고 있다.[13]

　지역사회복지 행정이란 단순히 중앙정부의 행정사무가 지방정부로서의 지방자치단체로 이관되는 것을 의미하지 않는다. 국가복지와 지역사회복지의 근본적인 차이점은 공동체 기반의 성격 차이에서 비롯된다. 국가 공동체의 장단점과 대비되는 지역사회 공동체적 성격을 구현하는 것은 지방자치단체의 측면과 결부된다. 지역사회의 자치와 참여를 통해 커뮤니티적 속성의 복지행정을 수행하는 것이 그와 같다. 현재 지역사회 복지 행정에 주어진 일차적인 과제는 자치와 참여를 기반으로 하는 커뮤니티적 복지 공동체를 구축하는 데 있다.[14]

3. 커뮤니티 케어

커뮤니티 케어(community care)란 사회적 돌봄의 한 방식으로서, '커뮤니티'를 중요한 주체나 수단으로 활용하는 접근을 말한다. 사회적 돌봄(social care)이란 과거 가족이 돌봐 왔던 아동이나 노인, 장애인, 질환자 등의 인구를 가족 이외의 '사회'가 돌본다는 것이다.[15] 사회적 돌봄을 수행하는 데는 다양한 제도적 방식들이 가능한데, 커뮤니티 케어 혹은 지역사회 돌봄도 그중 하나에 해당한다. '사회적'을 커뮤니티 혹은 지역사회로 간주하는 것이다.[16]

1) 커뮤니티 케어의 본질

커뮤니티를 주체로 하는 사회적 돌봄이라는 의미에서 커뮤니티 케어는 두 가지의 의미를 함께 내포한다. 하나는 '누가' 돌볼 것인가의 의미다. 이때 커뮤니티 케어는 국가나 시장이 아니라, 지역사회를 중심 기제로 한다는 뜻이다. 또 다른 하나는 '어떻게' 돌볼 것인지의 의미다. 이때 커뮤니티 케어는 산업주의 방식이 아니라, '사람들 간의 공동체적 관계'로서의 커뮤니티 방식으로 사람들을 돌본다는 뜻이다.[17]

예를 들어, 노인들의 소외나 외로움의 문제에 대응하기 위해 지역사회의 자원봉사자나 이웃, 친구, 가족, 전문 인력 등을 연결하거나, 지역사회에 사람들 간 교류의 장을 조성하는 등이 커뮤니티 속성을 활용한 사회적 돌봄의 방식에 해당한다.

사회적 돌봄은 국가나 시장이 주체가 되어 산업주의 방식의 서비스로써 공급할 수도 있다. 이러한 방식은, 예를 들어 중증 장애인에 대한 의료적 돌봄 서비스 제공을 위해 전문 인력과 기술을 갖춘 조직체(예: 전문요양시설)를 제공하는 것이다. 흔히 이 같은 전문적 산업생산 방식이 보다 유효하거나 불가피한 영역들도 많다. 그럼에도 사회적 돌봄의 전반적인 영역에서는 신뢰할 수 있는 '사람들 간 관계'로 구성된 사회가 일정 부분 이상으로 필요하다.

노인장기요양에 관한 공식적인 절차와 제도가 구비되어 있다고 해도, 누군가가 그것을 필요로 하는 노인에게 알려 주고, 이 서비스를 연결해 줄 수 있어만 이 제도가 작동한다. 이때 '누군가'는 최소한 노인이 대인적 관계를 통해 신뢰할 수 있는 존재여야만 한다. 그러므로 노인에게는 공식적인 서비스 제도나 조직도 필요하지만, 이를 연결해 줄 수 있는 신뢰할 수 있는 사람도 똑같이 필요한 것이다.[18)]

사회적 돌봄에는 공동체 속성의 커뮤니티 기능을 수행하는 기제가 필요하다. 이 점에서 국가와 시장은 사회적 돌봄의 중심 기제로서의 한계를 가진다. 그런 까닭에서 공식적 제도와 개인을 연결해 주는 사회적 관계의 장(場)이자 매개자 집단의 역할을 수행할 수 있는 커뮤니티로서의 지역사회가 사회적 돌봄에서 중요하게 간주된다.[19)]

2) 우리나라의 커뮤니티 케어 행정

우리나라에서 커뮤니티 케어에 대한 정책적 관심이 본격적으로 등장한 것은 2010년대 중후반부터이다. 이전부터도 지역사회복지에 대한 관심은 지속적으로 있어 왔다. 지역을 중심으로 사회복지를 기획하고 실행하는 것이 중요하다는 점은 적어도 명시적으로는 2000년대 이후로 지속적으로 강조되어 왔다. 그럼에도 사회적 돌봄을 커뮤니티 기반으로 전환해 보려는 실질적인 정책적 시도는 근래에야 본격화되고 있다.[20)]

모든 사회에서 커뮤니티 케어에 대한 관심은 일차적으로 탈시설화 혹은 정상화의 이념에서 비롯된다.[21)] 1960년대 영미권 국가를 중심으로 등장했던 장애인에 대한 탈시설화와 정상화 목적의 커뮤니티 케어 정책에서는, 커뮤니티가 인위적인 시설 환경과 대조되는 자연스런 생활의 장이라는 측면에서 중요시되었다. 노인이나 장애인 등 사회적 돌봄이 필요한 인구 누구든 시설에서 돌봄을 받는 것은 정상적이지 못하다는 인식이 등장한 것이다.

우리나라에서는 커뮤니티 케어의 이념이 새롭게 강조되는 배경에 복지 욕구의 대대적인 성격 변화도 작용했다. 절대 빈곤의 시대를 지나면서 사람들의 문제가 배고픔에서 외로움으로, 사회적 필요가 물질적 차원에서부터 관계적 차원으로 이동하는 것이다. 사람들은 함께 살아가는 관계에서 소속감이나 애정, 자기 인정이나 존엄 등과 같은 사회적 감성을 충족하는 것을 보다 중요한 욕구로 가진다. 이러한 사회적 관계의 욕구를 충족시키는 돌봄을 위해서는 커뮤니티 기반이 필요하다.

> 우리나라는 이미 고령사회에 진입했다. 노인들은 가급적이면 자신이 살던 지역에서 여생을 보내고 싶어 한다. 그럼에도 불구하고 현재로서는 이들 노인에 대한 사회적 돌봄의 제도가 요양병원 등의 시설에 입소하는 방법 위주로 되어 있다. 이러한 수요와 공급 간의 불일치를 해결하기 위해서는 커뮤니티 케어로의 정책 전환이 대대적으로 요청된다.

근래 커뮤니티 케어 정책에 대한 또 다른 관심 배경에는 복지국가 방식의 사회적 돌봄이 재정적으로 지속가능한지의 의문도 있다. 현재와 같은 영리산업 방식의 돌봄 서비스 공급이 계속해서 확장되면, 국가 재정이 이를 더 이상 감당하지 못하게 될 수 있다는 것이다. 이는 일본 사회에서 이미 경험된 바 있다. 일본은 1970~1980년대 인구 고령화에 따른 노인 돌봄의 수요가 급격히 증가하면서, 국가와 시장을 통한 산업생산 방식의 복지 공급(요양 시설 등)이 재정적으로 지속가능할 수 없음을 확인했다. 일본형 지역복지 중심의 커뮤니티 케어가 그런 연유로 등장한다.[22]

커뮤니티 케어의 행정은 초점의 방향에 따라 크게 두 가지 접근으로 구분된다. 하나는 돌봄의 장소에 초점을 맞춘 것으로, '시설이 아닌 커뮤니티'에서 사람들이 생활하는 것을 강조한다. 이를 커뮤니티 내(in the community) 케어 접근이라고도 한다. 탈시설화나 정상화의 기본 조건은 지역사회 안에서 거주하는 것인데, 우리나라에서는 이미 장애인복지 분야에서 자립생활(IL) 등이 이러한 접근을 따라왔다.

다른 하나의 접근은 돌봄의 방법에 초점을 맞추는 것으로, '산업 방식이 아닌 커뮤니티 방식'으로 사람들을 돌보는 것을 강조한다. 커뮤니티를 단순히 돌봄 장소로서가 아니라, 돌봄을 제공하는 주체이자 방법으로 간주하는 것이다. 이를 커뮤니티에 의한 (by the community) 케어 접근이라고도 한다. 이때 커뮤니티란 지역 주민들을 비롯해서 정책 수립과 행정, 실천을 주도하는 특정 주민 주체, 혹은 다양한 지역사회 서비스 조직 등을 모두 포함하는 의미다.[23]

이제까지 우리나라에서 지역사회복지 행정은 주로 정부 간 거버넌스 차원에서 중앙과 지방 정부 간 권한 이양 등의 이슈를 다루어 왔다. 그러다 근래 2020년대를 전후한 시기에 커뮤니티 케어에 대한 구체적인 정책(일명 '지역사회통합돌봄')이 등장하면서, 커뮤니티 속성에 기반한 지역사회복지 행정의 실질적인 의미도 부각되기 시작한다.

> 보건복지부에서는 지역사회통합돌봄 정책의 시범사업을 '살던 곳에서, 건강한 노후'라는 표제로 제시하면서 다음처럼 정의한다. '돌봄(케어)이 필요한 주민(어르신, 장애인 등)이 자기 자신이 살던 곳(자기 집이나 그룹홈 등)에서 개개인의 욕구에 맞는 서비스를 누리고, 지역사회와 함께 어울려 살아갈 수 있도록 주거, 보건의료, 요양, 돌봄, 독립생활 등을 통합적으로 지원하는 지역주도형 사회서비스 정책'[24]

현재로서는 우리나라 지역사회통합돌봄 정책은 커뮤니티 케어의 한정된 측면만을 반영한다. 비록 초기 과정이기는 하지만, 주요 정책 사업들의 초점이 돌봄의 탈시설화와 지역사회 거주에 한정되는 경향이 있다.[25] 그로 인해 자치와 참여 속성의 공동체 방식을 통한 커뮤니티에 의한 케어 접근은 상대적으로 미약하다. 향후에도 커뮤니티 케어 정책이 지역사회복지 행정의 본질에 다가서려면, 두 가지 접근에 대한 균형 있는 강조가 요구된다.

4. 지역사회복지의 전달체계

사회복지의 목적 수행에 지역 차원의 전달체계가 중요해지고 있다. 지역사회복지의 영역에서는 다양한 분야의 다양한 주체 특성을 가진 사회복지조직들이 저마다의 전달체계들을 형성한 채로 복잡하게 얽혀 있다. 그로 인해 지역사회복지를 행정하기 위해서는 지역 차원에서 전달체계를 구성하고 평가하는 노력이 한층 더 중요해진다. 이를 통해서만 체계 내 조직 간 협력이나 조정, 통합 시도가 가능하기 때문이다.

1) 네트워크 전달체계

지역 차원에서 사회복지 전달체계를 구성하는 조직들은 하나의 관료제적 구조에 속해 있지 않다. 대부분의 조직들은 국가사회 차원의 각기 다른 서비스 부문의 전달체계에 소속된 조직 일원으로, 단지 지역이라는 활동의 장을 공동으로 점유하고 있을 뿐인 경우가 많다. 예를 들어, 지역에 소재하는 사회복지 기관들이 소속되어 있는 분야별 전달체계는 다음처럼 갈라져 있다.

> 공공 부문: 시·군·구/읍·면·동 복지사무조직(정부조직 복지 전달체계), 보건소(정부조직 보건 전달체계), 고용노동지청(정부조직 고용 전달체계), 국민연금 지역사무소(사회보험 국민연금 전달체계), 건강보험 지역사무소(사회보험 건강보험 전달체계), 고용센터(사회보험 고용보험 전달체계) …
>
> 민간 부문: 아동양육시설(사회서비스 아동복지 1세대 전달체계), 장애인생활시설(사회서비스 장애인복지 1세대 전달체계), 미혼모시설(사회서비스 여성가족복지 2세대 전달체계), 사회복지관(사회서비스 지역복지 2세대 전달체계), 노인복지관(사회서비스 노인복지 2세대 전달체계), 장애인복지관(사회서비스 장애인복지 2세대 전달체계), 지역아동센터(사회서비스 아동복지 2세대 전달체계), 다문화가정지원센터(사회서비스 여성가족복지 2세대 전달체계), 어린이집(사회서비스 아동복지 3세대 전달체계), 노인장기요양기관(사회서비스 노인장기요양 3세대 전달체계) …

지역의 사회복지조직들은 각자 소속된 서비스 전달체계가 제시하는 규제의 틀 하에서 재정자와 수요자 간의 관계를 가진다. 예를 들어, 노인복지관은 「노인복지법」, 노인장기요양기관은 「노인장기요양보험법」이라는 각기 다른 성격의 규제를 가진다. 이러한 규제들은 대개 지역보다 상위 차원에서 결정되는 것으로, 지역이 이를 제도적, 관료제적 방식으로 조정하거나 통합하기는 어렵다. 그러므로 지역 차원에서는 그와는 다른 관점에서의 전달체계에 대한 고려가 필요하다.

이런 이유들에서 지역의 사회복지 전달체계를 구조화하는 데는 네트워크 조직 방식이 유용하다. [그림 5-1]은 관료제 조직과 네트워크 조직 체계 간의 차이를 보여 준

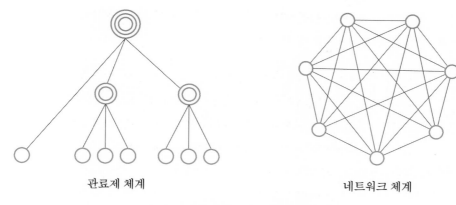

관료제 체계   네트워크 체계

[그림 5-1] 관료제와 네트워크 조직 체계

다. 관료제 체계가 조직 단위들을 수직적으로 위계화한 구조라면, 네트워크 체계는 조직 단위들 간 수평적 상호연결의 구조를 나타낸다. 그림의 각 조직 단위(○)들이 지역사회 내 사회복지기관이나 프로그램이라면, 앞서 제시된 이유들로 인해 이들을 하나의 관료제 구조로 묶기는 어렵다. 그보다는 네트워크 체계 방식이 더욱 현실적인 대안이 되기 쉽다.

네트워크 방식은 체계의 작동을 엄격한 형식 구조와 명령 관계가 아닌, 자발적 공유와 협력 관계의 기제에 의거하는 것이다. 이는 지역사회복지 전달체계를 네트워크 방식으로 묶어야 하는 중요한 이유가 된다. 네트워크 방식이 '사회적 자본'의 증진에 기여할 수 있기 때문이다.[26] 사회적 자본(social capital)이란 개인이나 집단 간에 이로운 협력 행위를 촉진하는 신뢰, 규범, 네트워크 등을 통칭하는 것이다. 네트워크 방식의 지역사회복지 전달체계는 사회적 자본의 증대와 함께 사회의 효율성을 높이는 데도 기여한다. 협력과 공유의 기제는 사회적 교환 행위의 상호 신뢰성을 높여 사회적 '거래 비용'을 줄여 주기 때문이다.

우리나라에서는, 예를 들어 시·군·구/읍·면·동 차원에서 구성하고 있는 '지역사회보장협의체'가 지역사회복지 전달체계의 네트워크 모형에 대한 의도를 가진 것이다.[27]

지역사회보장협의체   2014년 제정된 「사회보장급여법」의 '시장·군수·구청장은 지역의 사회보장을 증진하고, 사회보장과 관련된 서비스를 제공하는 관계 기관·법인·단체·시설과 연계·협력을 강화하기 위하여 해당 시·군·구에 지역사회보장협의체를 둔다'에 근거해서 설치되는 것이다. 현재 지역사회보장협의체는 실무협의체와 읍·면·동 단위 지역사회보장협의체를 구성하고, 지역사회보장계획의 수립과 시행, 평가를 비롯한 제반 사항들을 다루는 역할을 하도록 되어 있다.

2) 서비스별 네트워크

지역의 사회복지 전달체계는 서비스의 종류와 성격에 의해 구성해 볼 수도 있다.[28] 전달체계를 서비스 유형에 기준해서 구성한다는 것은 곧 수요자의 관점으로 서비스 제공자 조직들의 체계를 구축한다는 것과 같다. 지역사회 차원에서는 이 같은 서비스별 전달체계를 네트워크 방식으로 구축하기 용이하다. 예를 들어, 지역사회 내 각 서비스 수요 유형에 대응하는 서비스 제공자 조직들의 네트워크를 〈표 5-1〉과 같이 구축해 볼 수 있다.

〈표 5-1〉은 서비스별 분류에 의해 지역사회의 각종 기관과 프로그램들을 연계한 상태를 나타내는 행렬 구성이다. 예를 들어, 한 지역사회에서 노인복지 관련 서비스는 어느 한 기관이나 프로그램이 전적으로 담당할 수 없다. 한 노인이 지역사회에 살면서 가지게 되는 욕구의 성격은 다양하다. 단일 기관이나 프로그램의 서비스가 이를 전적으로 충족시킨다는 것은 불가능하다. 설령 물리적으로 가능하다 해도 그러한 조직 체계가 더 효율적이라는 보장이 없다. 현실적으로도 지역사회는 이미 다양한 기관이나 프로그램들로 분화되어 있다.

공통된 서비스 목적으로 전달체계를 구성하는 것은 서비스의 조정이나 연계, 통합 때문이다. 다수의 독립 조직들이 각자의 목적을 추구할 때, 비록 각자는 효과적이고 효율적이라고 해도, 그것이 지역사회 전체의 관점에서 통합된 서비스 목적에 효과·효율적이 된다는 보장은 없다. 체계의 관점에서는 부분들의 단순 합이 곧 전체는 아니기 때문이다. 부분들의 합이 조화를 이룰 때 비로소 전체가 효과적으로 기능한다.

표 5-1   지역사회 서비스별 네트워크 전달체계의 예

참여 조직 전달체계	공공 기관	공동 모금회	정신보건 가족협회	장애인 재활협회	사회 복지관	경로당	직업재활 프로그램	보육 시설	특수 학교	…
아동서비스 전달체계	●	●			●			●	●	…
노인서비스 전달체계	●	●		●	●	●	●			…
정신보건 전달체계	●	●	●		●		●		●	…
기초생활보장 전달체계	●				●		●	●		…
⋮					⋮					

한 지역사회의 아동복지서비스 전달체계가 양육시설, 아동상담소, 종합사회복지관이라는 세 조직으로만 구성되어 있고, 개별 조직들은 각기 책임성을 극대화하고 있다고 하자. 양육시설의 아동들은 충분히 서비스에 대해 만족하고 있으며, 아동상담소는 대상 아동들의 심리사회적 욕구들을 최대한 충족시키고 있으며, 종합사회복지관은 아동들의 지역사회 보호 욕구들을 주어진 자원의 한도 안에서 최대한 충족시키고 있다.

그렇다면 이 지역사회의 아동복지서비스 전달체계는 주어진 자원 한도 내에서 그 책임성을 다하고 있다고 평가할 수 있겠는가? 만약 아동의 신체/정신적인 의료 욕구들이 지역사회에 크게 존재하는데도 그에 대한 서비스들은 부재하다면, 그럼에도 기존의 서비스들은 각자의 책임 완수만을 앞세워 체계의 효과성을 주장할 수 있을까?

지역의 사회복지 전달체계를 서비스별 네트워크 체계로 구성하고, 평가해 보려는 노력은 중요하다. 이는 특정 문제나 서비스 욕구를 중심으로 지역사회의 각종 기관이나 프로그램들이 각자 어떤 역할과 연계를 이루어야 할지를 현실적인 과업으로 제시해 주기 때문이다.

문제는 서비스별 네트워크의 전달체계를 분석하거나, 형상화하는 것이 쉽지는 않다는 점이다. 지역에 있는 개별 기관이나 프로그램들은 각자의 전문적 서비스 전달체계

에 익숙해져 있어서, 지역이라는 통합된 서비스 관점과 네트워크 협력에 대한 상상력을 가지기 어렵다. 그러므로 지역 차원의 서비스 네트워크 방식 전달체계를 구축하려는 노력에는 구성원들의 의식적인 변화와 이를 통한 자발적인 참여가 강조된다.

5. 전달체계의 사정과 통합

지역사회복지의 전달체계는 다양한 서비스 조직들로써 구성된다. 이들은 각기 다양한 제도 분야들에 소속되어 그에 따른 별도의 규제들을 받고, 민간 서비스 조직들의 경우에는 각자 독립된 주체로서 활동하기까지 한다. 지역 차원에서 이들은 일관된 관료제적 방식으로 통일되기 어렵다. 그에 따라 지역사회복지에서는 전달체계를 수요자 관점에서 네트워크 방식으로 사정하고 통합할 필요가 있다.

1) 전달체계의 사정

지역사회복지 전달체계가 적절히 작동하는지는 지역사회 주민의 관점에서 파악한다. 전달체계의 개별 조직들을 각기 평가해 보아서는, 그것으로 주민들의 복지가 충족되는지를 알려 주지 못한다. 주민들의 관점에서는 지역사회가 주민들이 필요로 하는 복지 서비스들을 골고루 갖추고 있는지, 적절히 연결되어서 통합적으로 기능하고 있는지 등이 중요하다. 이런 관점에서 지역사회복지의 네트워크 전달체계는 다음과 같은 기준으로 사정한다.[29]

충분성(comprehensiveness)   지역사회의 문제 해결을 위해 충분한 양과 질의 서비스가 제공되고 있는지를 평가하는 기준이다. 지역의 서비스 전달체계가 충분성을 갖추려면 재정 및 인적 자원의 투입이 충분해야 하는데, 이는 지역사회가 문제 해결을 위한 강력한 의지를 갖출 때 가능한 것이다. 한편, 지역사회 외부로부터의 자금 지원을 통해 지역 내 전달체계의 충분성이 변화될 수도 있다.

접근성(accessibility)   서비스를 필요로 하는 주민이 서비스 활용에 따른 장애를 가지지 않는지를 평가하는 기준이다. 접근성을 저해하는 장애 요인은 서비스 기관의 물리적 위치 불편, 이용자의 비용 부담이나 심리적 거부감 등으로 다양하게 나타난다. 또한 이들 장애 요인은 사람이나 계층들 간에도 차이가 난다. 예를 들어, 하나의 지역사회 서비스에 대해서도 일반 노인과 소외 노인 집단들은 서비스에 대한 인지와 이동 능력, 서비스 이용에 따르는 경제적 부담 등에서 각기 다를 수 있다.

연속성(continuity)　　지역 서비스 전달체계 내의 모든 기관과 프로그램이 서로 간에 얼마나 근접해 있는지를 평가하는 기준이다. 개인의 문제는 전달체계 내의 다양한 조직들에 의해 욕구가 분할되고 서비스가 제공된다. 그럼에도 조직들이 개인의 특정 시점의 특정 욕구 부분만을 각기 다루면서 다른 조직들과 연결되지 않는다면, 그 서비스 전달체계는 비연속성의 문제를 가진다. 예를 들어, 지역사회의 실업 문제와 관련된 서비스 전달체계의 경우, 직업훈련 프로그램만 있고 취업알선 프로그램은 부재하다거나, 비록 존재하더라도 두 프로그램 간에 연계가 이루어져 있지 않다면, 이 서비스 전달체계는 비연속성의 문제를 안고 있는 것이다.

비파편성(defragmentation)　　연속성과 일부 연관된 것이지만, 전달체계 내에서 서비스 편중이나 누락이 없는지를 강조해서 평가하는 기준이다. 전달체계의 파편화 문제는 비록 서비스 프로그램들이 전달체계 내에 존재하고는 있으나 이들이 각자의 대상 인구나 특정 지역 등으로 쪼개져 세분화되어 있을 경우에 증가해서 나타난다. 그 결과 지역사회 내 유사한 서비스 영역 간에도 중복된 프로그램들이 서로 연결되지 않은 채로 있게 되어, 지역사회의 특정 문제나 욕구에만 서비스들이 치중되거나 혹은 어떤 문제에 대해서는 아예 서비스가 부재하게 될 수도 있다.

책임성(accountability)　　전달체계에 주어진 사회적 위임과 기대들을 체계 내 조직과 프로그램들이 적절히 소화시키고 있는지를 평가하는 기준이다. 이는 전달체계의 효과성이나 효율성과 주로 관련되어 있는데, 사회서비스의 특성상 다양한 관점이 개입되는 것이 보통이다. 예를 들어, 클라이언트와 재정자원 공급자, 서비스 제공자의 관점에서 전달체계의 책임성을 바라보는 관점은 각기 다를 수 있다. 클라이언트 관점에서의 책임성은 전달체계가 서비스 이용자의 문제와 욕구에 적절히 반응하고 있는지를 주로 의미한다면, 재정자원 공급자는 서비스 제공자에게 위임된 사회적 자원이 정당한 규제와 절차에 근거해서 효율적으로 집행되었는지에 주된 관심을 두는 것처럼 차이 날 수 있다.

전달체계의 평가 기준들은 각기 독립적이기보다는, 서로 밀접하게 관련되어 있다. 이들 모든 기준을 완벽하게 반영하는 지역사회의 서비스 전달체계를 만든다는 것은 현실적으로 불가능하다. 대부분의 사회 체계들이 그렇지만, 하나의 체계가 무한정의 시간과 자원들을 소유할 수는 없기 때문이다. 한정된 지역사회 자원 내에서 효과적인 전달체계를 구성하기 위해서는, 여러 기준들에 대한 손익비교 계산 등을 통해 어떤 기준을 우선적으로 강조할지를 결정하는 것이 중요하다. 주어진 시간과 자원의 한도 내에서 어느 한 기준이 지나치게 강조되면 다른 기준들이 실현되는 것을 저해할 수도 있다.

접근성을 높이기 위해 현지 출장소를 늘리거나 대상 인구별로 특화된 서비스들을 개발하다 보면, 체계 내에 파편화되거나 비연속적인 서비스들이 증가하게 되는 결과를 초래할 수 있다. 반대로, 비연속성과 파편성을 줄이기 위해 서비스 통합성을 강조하다 보면, 특정 인구집단이나 문제들에 대한 접근성을 약화시키는 결과를 초래할 수 있다.

충분성의 경우에는 같은 기준 내에서도 서로 상반되는 효과들이 발생할 수 있다. 한정된 자원으로 서비스의 질을 강조하다 보면 서비스의 양이 희생되는 것을 감수할 수밖에 없다. 반대로 서비스의 양에 대해 강조하면, 서비스 질이 떨어지기 쉽다.

책임성의 경우에는 클라이언트의 욕구를 강조하다 보면 자원 공급자의 관점이 소홀히 되기 쉽고, 자원 공급자의 요구에만 충실하다 보면 클라이언트가 선호하는 문제 규정이나 해결 방안들에서부터 멀어지는 서비스 결과를 산출하게 되기 쉽다.

지역사회복지 전달체계의 사정 기준들은 지역사회가 효과적인 전달체계를 구축하기 위해 어떤 노력이 필요한지를 제시해 준다. 비록 현실적으로는 가용 자원의 한계가 늘 있지만, 그 안에서도 이들 기준 간 최적 균형을 찾아 통합 조정하는 노력은 필요하다.

2) 서비스 통합

일반적으로 지역사회복지 전달체계가 처하는 다양한 문제들 중에서 가장 두드러지게 나타나는 것이 서비스의 비연속성과 파편성의 문제다. 특히 사회서비스 관련 전달체계 내에 위치한 기관이나 프로그램들 간에 다양한 형태의 교류를 위한 연결이 느슨하게 이루어져 있을 때 이러한 문제들이 발생한다. 이에 대한 해결책으로 가장 빈번하게 제안되는 것이 '서비스 통합'의 개념이다.

서비스 통합의 광범위한 정의는 '클라이언트들의 욕구를 보다 종합적으로 다루기 위해서 둘 이상의 서비스 공급자들을 함께 묶는 것'이다.[30] 서비스 통합의 구체적인 방법은 크게 두 가지 유형으로 나누어 볼 수 있다.[31]

· 완전 통합(integration)의 방법 : 각각의 조직들에 의해 제공되던 서비스들을 통합하기 위해, 이들 조직을 묶어서 완전히 새로운 단일 서비스 조직 구조를 만들어 내는 것이다.
· 단순 조정(coordination)의 방법 : 각 조직이 자신들의 인적·물적 자원 및 구조 등은 계속해서 독립적으로 유지하면서, 서로 간의 관계를 보다 밀접하게 개선하고자 하는 것이다.

대부분의 경우, 서비스 통합을 말할 때는 완전 통합의 방법보다는 단순 조정의 방법을 의미한다. 이미 분리되어 발달해 왔던 조직들을 하나의 구조로 묶는다는 것이 쉬운 일은 아니기 때문이다. 또한 획일적인 구조가 보다 더 효과적인 서비스 전달을 보장한다는 것도 지나치게 단순한 논리다. 획일적인 구조의 전달체계는 접근성을 약화시키고, 다양성과 창의성이 강조되는 휴먼서비스의 발전에 오히려 역효과를 초래할 수도 있다.[32]

서비스 통합에는 이처럼 완전 통합과 단순 조정의 방법들 간에 상반되는 견해들이 존재한다. 그럼에도 한 가지 분명한 사실은, 각각의 전달체계는 그 성격에 따라 선호되는 방법들이 달리 나타날 수 있다는 점이다. 일상적인 활동을 수행하는 서비스 조직들 간의 통합 방법과 새롭고 창의적인 서비스들이 개척되어 나가는 분야의 조직들 간

통합 방법이 굳이 일치해야 할 필요도 없다. 사회복지 전달체계의 통합과 관련해서 일반적으로 시도되는 방법들은 다음과 같다.[33]

종합서비스센터 하나의 서비스 분야를 두고서 그와 관련된 다수의 서비스들을 모두 한 곳에 모아 제공될 수 있게 하는 것이다. 예를 들어, 한 지역사회의 장애인 관련 서비스들을 모두 모아서 종합적으로 제공하는 장애인종합복지센터를 설치하는 것이다. 생활이나 이용, 교육, 상담, 재활 등의 모든 서비스들을 하나의 조직 구조하에 통합한다는 것인데, 현실적이 되기는 어렵다.

단일화된 인테이크 전달체계 내의 조직들이 인테이크(intake)를 전담하는 공동 창구를 개발하는 방법이다. 이 창구는 클라이언트의 다양한 욕구들을 종합적으로 평가하며, 그에 따른 적절한 서비스 계획을 개발하는 역할을 수행한다. 전달체계 내의 모든 서비스 실천 기관들은 이러한 공동 인테이크 창구를 통해 클라이언트를 공급받는다. 비록 부분적이지만 이것 역시 조직들 간에 일정한 정도의 구조적인 통합을 요구하므로, 이것은 종합서비스센터 다음으로 집중화의 강도가 높은 서비스 통합 전략이다.

종합적인 정보와 의뢰(I&R, Information & Referral) 시스템 조직들 간의 구조적인 통합을 시도하지는 않으며, 조직들은 각자의 독립성을 유지한 상태에서 단지 클라이언트의 교환이나 서비스들 간의 연결을 목적으로 정보와 의뢰 시스템을 강화하는 방법이다. 이것은 단순 조정의 방법에 속하는 것이면서도 비교적 강력한 통합의 효과를 갖는 것이다.

사례관리(case management) 조직들 간에는 느슨한 네트워크를 구성하면서도 개별 사례들을 중심으로 서비스들 간의 조정 효과를 나타낼 수 있는 단순 조정의 한 방법이다. 이것은 조직들 간의 구조적인 연계를 시도하는 것이 아니라, 사례관리자가 중심이 되어 개별 조직들에 분산되어 있는 서비스들을 클라이언트의 욕구에 맞추어서 연결하고 관리해 주는 것이다. 조직들 간의 구조적인 통합이나 조정이 현실적으로 어렵다는 점을 감안한다면, 전달체계의 통합이나 조정을 위해 현실적으로 가장 유력한 대안이 될 수 있다.[34]

기타 방법들 위의 대표적인 통합 방법들 외에도 트래킹(tracking, 클라이언트 경로 파악)이나 서비스들 간 조정(예: 부모교육 프로그램을 실시하기 위해 보육서비스를 조정하는 것) 등과 같은 방법들이 있다. 이러한 것들은 단순 조정의 방법 중에서도 비교적 느슨한 네트워크의 구성에 해당한다.

지역사회복지 전달체계에서 서비스를 통합하기 위한 노력은 매우 중요하다. 이는 사회복지 실천 전반의 사회적 책임성과도 긴밀히 연관되어 있다. 그럼에도 서비스 통합을 위한 실행은 여러 이유로 인해 어려움을 겪기 쉽다.[35]

첫째, 개별 기관들의 자원 동원이 각기 독자적으로 이루어지고 책임성도 개별적으로 요구받으므로, 기관들의 전달체계 내에서의 통합에 대한 정치·경제적 필요성이 크지 않다. 둘째, 조직들의 '자기 영역(turf)'이 주요 장애가 된다. 조직들은 생존을 위해 독자적인 영역을 강화하려 하고, 그로 인해 전달체계 전체적으로는 접근성이나 연속성이 저해되는 문제를 낳는다. 셋째, 조정과 통합을 위해서는 많은 시간과 비용이 필요하다. 그로 인해 비용이 자칫 통합으로 인한 효과를 상쇄하거나 혹은 뛰어 넘는 경우도 있다.

우리나라의 경우, 지역사회복지 전달체계의 통합에 대한 논의는 꾸준히 이루어져 왔다. 여태까지는 논의의 초점이 공공과 민간 기관들 간의 기능이나 역할 조정, 행정체계의 통합, 혹은 중앙과 지방 정부들 간의 역할 분담 등과 같은 공급자 중심의 효율성 문제에 주어져 왔다. 현재는 서비스 수요자에 대한 책임성을 우선하는 관점에서 전달체계를 개선하려는 노력이 증가하고 있다. 지역사회를 중심으로 수요자 욕구별 서비스 네트워크를 통한 조정이나 통합 시도가 활발해지는 것도 같은 이유에서다.

미주

1) 김영종·구인회(2011), "새로운 사회복지 행·재정 패러다임: 중앙에서 지방으로" 서상목·양옥경 편, 그들이 아닌 우리를 위한 복지. 학지사, pp. 409-464.

2) 김영종(2019). 한국의 사회서비스: 정책 및 실천. 학지사, pp. 435-461.

3) 이로 인해 '탈복지국가'의 추세가 나타난다고 보지만, 이것이 현대 산업사회의 특성상 국가 차원의 공동체 기능 자체를 부인하는 것은 결코 아니다.

4) 사회투자국가(social investment state)는 복지국가(welfare state)와 대비해서 '복지' 급여(현금-이전) 대신 '사회투자' 급여(교육이나 자활 등의 대인적 서비스)를 강조하는 것이다.

5) 비록 공식적 관료조직들의 불가피성을 인정하더라도, 적어도 커뮤니티는 그들 공식 조직과 사람들의 삶을 중재하는 집단(intermediary group)으로서라도 필요하다. 참고: Berger, M., Neuhaus, R., Novak, M. (Eds., 1996), *To Empower People: From State to Civil Society* (2nd ed.), American Enterprise Institute for Public Policy Research. 또한 참고: 김영종, 한국의 사회서비스, pp. 435-461.

6) Cambridge Dictionary Online.

7) 김영종·김은정(2022). 사회복지개론. 학지사, pp. 319-336.

8) Warren, R. (1956). 'Toward a typology of extra-community controls limiting local community autonomy'. *Social Forces, 34*, pp. 338-341.

9) Gardner, J. (1991). *Building Community*. Washington, D.C.: Independent Sector.

10) 김영종·김은정, 사회복지개론, pp. 319-336.

11) 커뮤니티의 기능이란 생산-분배-소비, 사회화, 사회통제, 사회참여, 상호부조 등의 공동체 사회적 기능을 모두 포괄한다. 참고: Warren, R. (1983). 'A community model'. In R. Kramer & H. Specht (Eds.), *Readings in Community Organization Practice* (3rd ed.). NJ: Prentice-Hall, p. 28.

12) 김영종, 한국의 사회서비스, pp. 435-461.

13) 상게서, pp. 435-461.

14) 이 같은 지역사회복지 체제로의 전환은 논리적 당위성에도 불구하고, 현실적으로는 많은 문제들에 가로막혀 왔었다. 지방재정의 불충분성, 지자체들 간 복지수준의 불균형 증가, 정치적 선심성 사업으로의 변질 우려 등이 대표적이다. 이러한 문제들이 지역사회복지 행정에서 선결되어야 할 과제로 제시되어 있다. 참고: 김영종, 한국의 사회서비스, pp. 435-461.

15) 사회(social)의 의미를 탈가족화와 탈상품화에 두는 것이다. 가족이 자체적이나 시장을 통해 스스로 감당하기 어려운 서비스들을 공적(公的)인 방식으로 공급한다는 것이다. 이때 공적이란 의미는 공공 조직의 주체만이 아니라 비영리 민간 조직 주체들을 모두 포괄한다.

16) 전형적인 복지국가들에서는 '사회적'의 의미를 국가 혹은 공공으로 간주한다.

17) 이는 똑같이 사람들을 돌보는 서비스라고 하더라도, 사회서비스를 보건의료서비스 등과 구분하는 근거가 된다. 참고: 김영종·김은정, 사회복지개론, pp. 319-336.

18) 상게서, pp. 319-336.

19) Berger, M., Neuhaus, R., & Novak, M. (Eds., 1996), *To Empower People: From State to Civil Society* (2nd ed.). American Enterprise Institute for Public Policy Research.

20) 김영종·김은정, 사회복지개론, pp. 319-336.

21) 정상화(normalization) 이념이란 사람들이 자신들이 살던 곳, 곧 지역사회 안에 통합되어서 일상적 삶을 지속

적으로 유지할 수 있도록 하는 것을 의미한다. 사회적 돌봄이 필요한 사람이라 해도, 이들을 지역사회와 격리된 시설 환경에서 거주하게 하는 것은 옳지 않다고 믿는다. 그래서 커뮤니티 케어는 기존에 시설에서 돌봄을 받는 사람들을 탈시설화해서 지역사회에 살아가도록 지원하거나, 혹은 지역사회의 거주 환경을 개선해서 시설에 입소하지 않고도 지역사회에서 살아갈 수 있도록 한다는 점에서 정상화의 이념을 추구한다.

22) 일본에서는 커뮤니티 기반의 사회복지를 아예 지역복지(地域福祉)라는 새로운 접근 방법론으로까지 본격화시키는데, 이때 커뮤니티의 개념에는 관료제적 국가를 대신하는 지역사회의 개발과 주민 자조 및 참여를 위한 장이라는 측면이 중시된다.

23) 이때 커뮤니티를 조직하는 기구의 형태는 단일 통합 케어 조직을 비롯해서, 네트워크 방식의 케어 연합이나 조정 기구 등의 설치 등으로 다양할 수 있다. 참고: 김영종·김은정, **사회복지개론**, pp. 319-336.

24) 정부는 2018년 '지역사회 통합 돌봄 기본계획(1단계: 노인 커뮤니티 케어)'을 발표하면서, 통합돌봄 제공 기반을 구축하기 위한 추진 로드맵과 4대 중점과제(주거, 건강·의료, 요양·돌봄, 서비스 통합 제공)를 제시했다. 참고: 대한민국 정책브리핑/정책위키. '지역사회 통합 돌봄(커뮤니티 케어)' https://www.korea.kr/special/policyCurationView.do?newsId=148866645. 2020.03.06.

25) 김영종·김은정, **사회복지개론**, pp. 319-336.

26) 김영종 외(2007). **사회복지 네트워킹의 이해와 적용**. 학지사, pp. 9-22.

27) 이전에는 「사회복지사업법」 하에서 '지역사회복지협의체'로 불렸던 것이다. 협의체라는 명칭은 곧 네트워크 조직체를 뜻하는 것이다.

28) Austin, D. (1991). 'Understanding the service delivery system'. In R. Edwards and J. Yankey (Eds.), *Skills for Effective Human Services Management*. Silver Spring, MD: NASW Press, pp. 27-43.

29) 서비스 전달체계의 구조를 분석하는 틀의 구성 요소들에 대해서는 많은 견해들이 있다. Austin(1991)은 이를 접근성, 통합성(integration), 책임성으로 크게 나눈다. 참고: Austin, 'Understanding the service delivery system', pp. 27-43; Gilbert & Specht (1986)는 파편성, 연속성, 책임성, 접근성을 분석 기준으로 삼았다. 참고: Gilbert, N., & Specht, H. (1986). *Dimensions of Social Policy*. Englewood Cliffs, NJ: Prentice-Hall. pp. 118-122. 이 외에도 전문적인 서비스들은 전문가들에 의해 수행되어야 한다는 전문성(professionalization)의 기준, 지위 및 신분에 구애받지 않고 평등하게 서비스가 전달되어야 한다는 평등성(equity)의 원칙 등이 학자들에 따라 추가되기도 한다. 여기서는 기준 개념들 간 구분이 가장 분명한 〈Gates, B. (1980). *Social Program Administration: The Implementation of Social Policy*. Englewood Cliffs, NJ: Prentice-Hall, pp. 52-54.〉의 틀을 주로 참고했다.

30) Agranoff, R., & Pattakos, A. (1979). *Dimensions of Services Integration*. Washington, D.C.: Project Share – Human Service Monograph Series. p. 166.

31) Morris, R., & Lescohier, I. (1978). 'Solutions to welfare dilemmas'. In R. Sarri and Y. Hasenfeld (Eds.). *The Management of Human Services*. NY: Columbia University Press. pp. 22-23.

32) Gates, *Social Program Administration*, pp. 54-58.

33) Agranoff & Pattakos, *Dimensions of Services Integration*, p. 166.

34) 참고: 김정우·이주열·엄명용(1998). "보건복지서비스 전달체계의 효율적 운영방안에 관한 연구Ⅰ: 모델 개발을 위한 사례관리 적용". 한국사회복지학. 35, pp. 107-131.

35) Gates, *Social Program Administration*, pp. 54-58.

제3부

조직의 이해

제6장 ⋯ 조직 이론

제7장 ⋯ 조직 환경과 구조

조직이란 사람들이 모여서, 각자의 역할을 나누고 조정하면서 일을 해 가는 것이다. 현대의 사회복지 제도는 이러한 조직을 근간으로 작동한다. 사회복지를 행정, 관리한다는 것은 곧 조직을 다룬다는 것과 같다. 제3부에서는 이를 구체적으로 설명한다. 제6장 조직 이론에서는 조직의 구성과 관리에 관한 주요 설명들을 제시한다. 제7장 조직 환경과 구조는 사회복지조직의 환경과 구조에 대해 설명한다.

제**6**장

조직 이론

사회복지행정은 사회복지정책을 실천 현장에 전달하는 구조와 과정에 관한 것으로, 이를 수행하는 핵심 기제는 '조직'에 있다. 이 장에서는 조직이 무엇인지를 설명하고, 사회복지조직을 이해하는 데 유용한 대표적 이론들을 제시해 본다.

1. 조직이란

조직이란 사람들이 모여 형성된 사회적 단위로서, 집합적 목적이나 욕구를 충족시키기 위해 구조화되고 관리되는 것으로 정의된다.[1] 조직(organization)은 '기능'과 밀접한 관련이 있고, 그 점에서 단순히 사람들이 모여 관계하는 상태를 의미하는 집단(group)과 구분된다. 조직은 기능하는 것이고, 집단은 관계하는 것이다.[2]

현대사회는 조직 사회다. 사회적으로 수행되는 대부분의 기능은 조직을 통해서 수행된다는 뜻이다. 의식주 해결을 비롯해서 교육과 정치, 경제, 문화 생활에 이르기까지 현대인들이 살아가는 데 필요한 기능의 대부분은 조직 혹은 조직화된 방식을 통해 구현된다.

> 아침에 눈을 뜨고, 침대에서 일어나며 하루가 시작된다. 나를 깨워 준 알람시계(혹은 스마트폰)는 어떤 공장 조직에서 만들어지고, 여러 유통 조직을 거쳐 최종 판매 조직에서 내가 구입한 것이다. 그것을 구입하는 데 지불한 비용은 공장 조직에서 임금으로 받은 것이었다. 내가 방금 일어났던 침대와 이불, 베개, 입고 잤던 잠옷, 벗어 놓았던 안경, 슬리퍼, …, 이들을 담고 있는 집(아파트)까지 모두가 알람시계와 같은 조직 방식으로 만들어지고, 유통되고, 구입한 것이다. 아침 식탁에 놓인 모든 것(식탁도 포함해서 쌀, 반찬, 조미료, 식기, 냉장고…) 역시 같은 조직 방식으로 조달된 것이다. 세면도구를 사용하고, 구매한 옷을 입고, 세금으로 정부 조직이 만든 도로를 따라 걷고, 교통공단 조직이 운행하는 지하철을 타고, 회사 조직에서 사람들과 일하고, 영화관, 커피집, 당구장 가게 조직에도 가고, 다시 밤에 집으로 돌아온다. 이 모든 과정의 기능들은 각각의 조직 단위 기관(organ)들이 저마다 맡은 일을 하면서 전체적으로 수행된다. 현대 사회는 분명히 조직 사회다.

조직 사회에서는 사회복지의 목적이 추구되는 방식 또한 조직을 근간으로 한다. 우리나라에서 상호부조의 사회적 기능은 사회보험 관련 각종 공단 조직, 공공부조를 위한 정부 조직, 기타 사회서비스와 관련된 정부, 지자체, 공단, 재단, 법인, 시설, 개인사업체 조직 등을 통해 수행되고 있다. 사회복지행정은 이들 조직을 움직여서 역할을 수행하므로, 조직의 작동 원리에 대한 이해가 무엇보다 중요하다.

조직 이론이란 조직에 대해 설명해 주는 것이다. 이론(theory)은 현실을 포착하는 창이다. 조직 이론은 조직을 실체로서 파악할 수 있게 해 주는 설명이다. 사회복지의 목적을 수행하는 조직들을 적절히 구성하고 관리할 수 있으려면, 먼저 조직을 볼 수 있는 창으로서의 조직 이론들을 갖추어야 한다.

일반적으로 조직 이론은 두 가지 유형으로 분류될 수 있다. 조직을 설명하면서 외부 환경의 영향을 고려하는지, 하지 않는지에 따라 크게 두 유형의 이론으로 나뉜다.[3] 조직 내부의 구조나 관계에 초점을 두는 것을 폐쇄체계(closed systems) 이론, 외부 환경을 고려해서 조직을 설명하는 것을 개방체계(open systems) 유형의 이론이라 한다. 이에 따라 여기서 소개하는 조직 이론들은 〈표 6-1〉과 같이 구분된다.

| 표 6-1 | 조직 이론의 유형 구분 |

폐쇄체계 이론			개방체계 이론	
관료제 이론	과학적 관리론	행정적 관리론	개연성(상황적합) 이론	정치경제 이론
인간관계론	인적자원론		제도 이론	

2. 합리 · 합법성 이론

조직은 다양한 관점에서 설명될 수 있다. 합리·합법성 이론이란 조직을 합리성과 합법성이라는 관점에서 바라보는 것이다. 합리성(合理性)이란 조직이 추구하는 목적과 그를 성취하기 위한 수단 간에 적합성이 있는지를 뜻하고, 합법성(合法性)이란 조직이 보편타당한 규정을 설정해 두고 이를 따르는지를 말한다. 합리·합법성 관점에서 조직은 '특정한 목적을 성취하기 위해 정형화된 구조를 갖춘 사회 집단'으로 설명된다.[4] 다음 조직 이론들이 합리·합법성 관점을 대표한다.

1) 관료제 이론

관료제 이론은 막스 베버(M. Weber)에서 비롯되었다. 베버는 현대 산업사회의 규모와 복잡성이 증가하게 되면서 관료제가 필요하게 되었다고 본다. 어떤 사회나 조직에서든 사람들 간에는 '지시와 따름' 혹은 '지배−피지배'의 관계가 존재한다. 그래야만 사회든 조직이든 유지될 수 있기 때문이다. 그러한 지시와 따름의 관계는 권위(authority)에 의해 만들어진다. 과거에는 '전통' 혹은 '카리스마'가 그러한 권위를 부여했다면, 현대사회에서는 '합리·합법성'이 권위의 원천이 된다는 것이다.[5]

현대사회에서는 산업 생산 조직들의 규모와 수가 폭발적으로 증가했는데, 그에 따라 그 안에서의 사람들 간 지시−따름의 관계도 무수히 복잡하고 불확실하게 될 수밖에 없었다. 전통이나 카리스마에 기반한 권위로는 이러한 대규모 관계의 문제를 해결할 수 없게 되었다. 그 결과, 새로운 권위의 원천으로 합리·합법성이 등장하게 되었다

고 본다.[6]

　현대사회를 지배하는 관료제 조직은 바로 이와 같은 합리·합법성의 권위에 기반해서 대규모 사람들 간 관계를 구조화하는 데 성공한 것이다. 관료제 조직이 가지는 주요 특성은 다음과 같다.[7]

· 전문성에 근거한 분업
· 명백하게 규정된 권력(power)과 권한(authority)
· 집중식 위계 구조의 권한과 책임
· 사사롭지 않은(impersonal), 보편적인 규칙
· 사전(事前)에 결정되어 문서화된 규칙(성문법)

　관료제는 보편적이고 엄정한 규칙으로 움직인다. 관료제 조직의 구성원은 '미리 결정되어 쓰여져 있는' 규칙에 따라 일하고, 조직에서의 자신의 미래(이동, 승진, 보상, 처벌 등)도 이로써 예측할 수 있다. 이러한 규칙이 합리·합법적이라는 믿음을 구성원들이 가지면, 그것이 권위가 되어 조직의 지시-따름 관계에 대한 복종과 헌신을 유발한다.

　모든 조직은 목적 성취를 위해 분업(division of labor)을 한다. 일을 쪼개서 사람들이 세분화된 역할을 맡아 하는 것이다. 분업은 효율성을 목적으로 하지만, 분업 자체만으로 그렇게 되지는 않는다. 쪼개진 일의 조각들이 각자 효율적이 되더라도 일 전체가 효율적이 되는 것과는 무관할 수 있기 때문이다. 그래서 조직의 분업에는 필히 조정이나 통제의 기능이 수반되어야 한다.

　조정과 통제를 위해서는 분화된 조직 단위(사람)들에 권력과 권한을 어떤 방식으로든 배정해야 하는데, 이에 따라 각기 다른 조직 양식이 나타난다. 관료제 조직에서는 조정과 통제를 위한 권력과 권한의 배정을 위계적 방식으로 한다. 위계적(hierarchical)이란 권력과 권한이 피라미드처럼 윗부분으로 갈수록 소수에게 집중된다는 뜻이다.

　관료제는 합리·합법성 원리를 엄정한 규칙과 위계적 구조로서 구현한다. 이에 근거해 현대사회에서 대규모 사람들 간의 지시-따름 관계를 가능케 하는 권위를 창출할 수 있었다. 이는 특히 20세기 대규모 공장 제도의 산업사회에서 필요로 했던 대규모 분업과 막대한 효율성을 이끌어 내는 조직 논리로서 훌륭하게 기능해 왔다.

　이러한 장점에도 불구하고, 관료제 조직이 야기하는 폐해들도 결코 만만치 않다. 휴먼서비스 사회복지조직들의 경우에는 특히 관료제 조직 성향과의 불일치로 인해 다음과 같은 문제를 경험해 왔다.[8]

· 보편적 규칙 : 비일상적 특성을 가진 휴먼서비스를 수행하기에 부적합
· 표준화 규칙 : 휴먼서비스의 전일성과 개별화 원리를 실현하는 것을 저해
· 복잡하고 경직된 규칙 : 창의성을 억압
· 비민주성 : 권력의 집중으로 구성원들 간 자발적 협업을 억제
· 목적전도 : 규칙(수단)을 준수하는 것 자체가 중요한 목적이 되어 버려, 조직 본연의 목적을 압도

　관료제 조직의 폐해는 이 외에도 무수히 제시될 수 있다. 그럼에도 불구하고, 복잡한 현대 산업사회를 조직하는 데 관료제 이외의 뚜렷한 대안이 현실적으로 존재하기는 어렵다. 그에 따라 사회복지 체계와 조직들도 이와 같은 관료제적 조직 사회의 근간에서 존립하고 작동할 수밖에 없다. 그러나 이러한 상황이 사회복지조직의 과도한 관료제화를 정당화하지는 않는다. 그와 반대로, 휴먼서비스와 관료제 조직 간의 괴리를 극복하려는 노력이 사회복지행정에서는 늘 중요한 과제가 되어 왔다.

2) 과학적 관리론

　과학적 관리론은 테일러(F. Taylor)가 창시한 것으로, 효율성과 생산성의 극대화에 가치를 둔 규범적 조직 이론이다.[9] 테일러는 어떤 일에든 그 일을 하기 위한 '최선의 방법'이 존재한다고 보았다. 공장에서의 일은 과학적으로 분석 가능하고, 이를 통해 얻은 과학적 지식 즉 최선의 방법을 일에다 적용하면 생산성이 높아지며, 그 결과 일을 시킨 사람(경영자)이나 일을 하는 사람(노동자) 모두에게 이익이 돌아간다는 것이다.

　테일러는 일을 '시간과 동작(time and motion)'으로 연구해서 과학적 관리에 대한 원리들을 찾아내고 발전시켰다.[10] 그가 제시한 원리는 현대 조직의 생산성 가치와 기법들의 기초가 되었는데, 오늘날 '품질 운동'이나 '보상 체계' 등의 개념도 이로부터 유

래했다.[11] 과학적 관리론의 주요 내용은 다음과 같다.[12]

　　과학적 업무 분석　　　작업자들이 가진 장인(craftsman) 지식을 과학적 지식으로 대체하기 위해, 과학적인 업무 분석이 필요하다. 설문조사나 관찰 등의 경험적 방법으로 기술자들이 작업 중에 행하는 근육 운동이나 신체 활동 등을 세밀히 기록하고, 이를 분석해서 법칙이나 규칙을 찾아내며, 수학 공식으로까지 만들어 낸다. 과학적 업무 분석의 결과, 일에 대한 지식이 장인(사람)들에 내재된 상태에서부터 객관화된 문서나 매뉴얼 등으로 옮겨진다.

　　과학적 인력 선발과 개발　　　과학적 업무 분석에서 도출한 지식을 토대로 일을 새롭게 짜고(업무 분장이나 작업장 배치 등), 그에 맞추어 필요한 작업자들을 선발하고 교육시켜 일에 투입한다. 이를 위해 작업 수행을 표준화한 직무기술서(job description)가 필요하다. 여기에는 어떤 구체적인 작업들이 수행되어야 할지, 해당 작업에는 어떤 조건과 기술을 갖춘 사람이 배치되어야 할지가 규정되어 있다.

　　관리와 실제 작업의 분리　　　관리자와 작업자 간의 책임을 구분한다. 작업자는 일을 수행하고, 관리자는 그 일을 계획·조직·통제한다. 즉, '일을 하는 것(doing the job)'과 '일에 대해 생각하는 것(thinking about the job)'을 분리하는 것이다. 과학적 관리를 위해서는 작업자의 일을 객관적으로 분석하고 조직하는 관리자의 역할이 작업자 역할에 못지않게 중요하다.

　　관리자와 작업자 간의 긴밀한 협조　　　과학적 관리 방식을 적용해서 생산물의 양과 질이 향상된다면, 그러한 생산성 증가의 결과는 관리자(혹은 경영자)와 작업자 모두에게 금전적 이익으로 돌아간다. 그러므로 관리자와 작업자는 긴밀히 협조할 필요가 있다.

　　과학적 관리론은 체계적 지식을 적용해서 효율성과 생산성을 극대화하려는 규범적 관리론의 효시가 되었다. 이것은 20세기 초 등장했던 대규모 산업조직들의 생산성 향상에 크게 기여했고, 현재까지도 다양한 산업 분야들에서 그 유효성이 상당 부분 확인되고 있다. 그럼에도 불구하고, 사회복지조직에 과학적 관리론을 일반적으로 적용하기에는 적지 않은 문제가 있다.[13] 대표적으로는 다음과 같다.

　　첫째, 과학적 관리론은 외부환경 요소들에 의한 영향을 고려하지 않는 폐쇄체계 이론이므로, 외부와 긴밀한 영향 관계에 있는 사회복지조직을 설명하는 데는 뚜렷한 한계가 있다. 둘째, 휴먼서비스 사회복지조직은 대개 전일성과 개별화의 가치 특성을 가진 인간 문제를 대인적 상호작용(공동 생산)으로 다루는 일을 한다. 이런 특성을 가진 일들은 과학적 분석도 힘들고, 표준화와 매뉴얼화도 어렵다. 셋째, 비영리 사회복지조직의 작업자들은 금전적인 보상만으로 협력을 기대하기란 어렵다.

3) 행정적 관리론

과학적 관리론은 특정 조직에서 사람들이 일하는 방법과 과정을 분석해 보면 그에 가장 합당한 조직 구조가 어떤 것인지를 찾아낼 수 있다고 본다. 이에 반해 행정적 관리론은 모든 조직에 일반적으로 적용될 수 있는 '일을 쪼개고, 구조화하는 최적의 방법'이 있다고 본다. 이러한 일반 원리를 찾아내서 이를 근거로 개별 조직들의 일과 구조를 설계하는 것이 합리적이라는 것이다.[14]

행정적 관리론은 조직의 구조화에서 지켜져야 할 이상적, 전형적인 원칙을 제시한다. 조직을 구조화한다는 것은 조직구성원들을 '짜고' 그 짜임새가 지속되도록 하려는 것이다. 이를 넓은 의미에서 조직 관리(경영)라 한다. 행정적 관리론은 이러한 조직 관리에 보편적으로 필요한 전형적 기능들을 분류, 제시한다. 각 기능에는 그것을 수

표 6-2 관리자의 7가지 필수 기능: POSDCORB

기능	내용
Planning (기획)	기관(프로그램)의 목적 실행을 관리할 방법을 계획
Organizing (조직화)	한 기관 내에 분화된 하위 부서들을 만들고 짜기
Staffing (인력 배치)	각각의 일자리에 적합한 사람들을 채용하고 배치
Directing (지휘)	업무수행의 시점과 기준에 의거한 명령 수행
COordinating (조정)	개별 업무자들의 노력을 효율적으로 상호 연계
Reporting (보고)	상급자(부서)에 대한 보고 체계의 구성과 이행
Budgeting (예산 수행)	예산을 마련하고 집행

행하는 원칙들이 있고, 그 원칙에 따라 관리자의 행동 규범들도 결정되어야 한다고 본다. 굴릭과 어윅(Gulick & Urwick)은 조직의 최고관리자가 수행해야 할 7가지 기능과 역할을 POSDCORB로 나타냈는데, 이는 〈표 6-2〉와 같다. [15]

POSDCORB 가운데서도 조직을 적절하게 디자인하는 역할에 관한 조직화(O) 기능은 행정적 관리론에서 특히 중요하게 다루어져 왔다. 파욜(H. Fayol)은 관리자가 조직화 역할을 수행하는 데 지켜야 할 원칙들을 제시했는데, 이는 오늘날까지도 보편적으로 받아들여지고 있다. [16]

· 분업의 원칙 : 일을 세분화된 업무들로 나누고, 사람들이 세부 업무별로 전담하게 만든다(specialization). 그래야 전담 업무에 대한 깊이 있는 경험 축적과 기술 숙련이 가능해지고, 궁극적으로 생산성이 높아진다.
· 권한과 책임 원칙 : 권한을 가진 사람이 지휘의 권리도 가지고, 업무자들을 따르게 만드는 데 필요한 힘(power)을 가져야 한다. 권한은 책임과 직접 연관되어, 권한을 가진 사람은 그에 상응하는 책임도 져야 한다.
· 지휘의 단일화 원칙 : 조직 내에서 어떤 사람도 한 사람 이상의 보스(boss, 두목)를 가지지 않게 해야 한다. 그래야 지휘 체계가 헷갈리지 않는다.
· 스케일러 체인(scalar chain, 권한의 선) 원칙 : 지휘 단위들은 위계를 설정해 두어야 한다. 최상위에서부터 최하위 위계에까지 이르는 지휘 단위들 간 권한의 연결선이 분명해야 한다.
· 보상 원칙 : 급여는 관리자나 작업자를 포함한 구성원 모두에게 공정하고 만족스러워야 한다. 동일한 노동 조건이면 누구도 낮거나 높게 보상받아서는 안 된다.
· 단결심(esprit de corps, 에스프리 드 코어) 원칙 : 조직구성원들이 조직에 대한 충성심, 열정, 헌신을 가지게 해야 한다. 이를 위해 효과적인 대면적 의사소통과 집단적 결속이 조직화에서 강조되어야 한다.

행정적 관리이론은 보편적으로 타당한 조직 구조와 그에 수반되는 원칙들을 제시해 줌으로써 조직 운영을 합리적으로 설계하거나 평가하는 데 도움을 준다. 이는 사사롭게 조직을 운영하는 것에 대한 명백한 비판의 틀을 제공한다는 점에서 근대 행정의 발

달에 큰 기여를 해 왔다.[17]

　그럼에도 행정적 관리이론은 몇 가지 측면에서 비판도 받아 왔다.[18] 첫째, 조직들마다 각기 다른 상황에 처할 수 있음에도, 이를 고려하지 않는 보편화된 원칙의 틀을 기계적으로 제시한다. 둘째, 휴먼서비스의 전문직 작업자들로 구성된 사회복지조직에서는 지휘의 단일화나 분업 등과 같은 일부 원칙들은 적절히 작동하기 어렵다. 셋째, 합리적 규칙들만으로 조직 관리의 모든 측면이 제어될 수는 없다. 특히 인간적 요소가 조직 관리에서 중요하다는 점을 간과한 것은 문제다.

3. 인간관계론과 인적자원론

　인간관계(human relations) 이론은 조직을 구성 요소인 사람들의 인간적 측면에 주목해서 설명한다. 앞서 합리·합법성 관점의 조직 이론들은 조직의 공식적 구조나 기능, 원칙을 주로 다루고, 조직 내 인간 존재와 그들이 만들어 내는 비공식적 사회 구조와 과정에 대해서는 설명하지 못했다. 이에 반해, 인간관계론은 조직을 이해하는 데 비공식적 측면이 공식적 측면만큼이나 중요하다고 본다.

　모든 조직은 공식적 및 비공식적 조직의 성격을 모두 내포하고 있다.

　공식적(formal) 조직　　공식적 조직이란 사람들이 분업화된 기능이나 구조, 과정 등으로 짜여진 상태를 나타내는 것이다. 조직도(organizational chart)나 업무분장표 등이 공식적 조직의 이미지다. 합리·합법성 관점의 조직 이론들은 주로 공식적 조직을 다룬다.

　비공식적(informal) 조직　　비공식적 조직은 조직 내에서 사람들끼리의 개인적 친밀 관계나 네트워크, 소집단 등으로 짜여진 상태를 나타낸다. 일종의 조직 내 비공식적 사회 구조로서, 이는 공식적 측면 못지않게 조직을 움직이는 중요한 기능을 가지고 있다. 조직의 효과성이나 생산성도 상당 부분 이를 통해 설명될 수 있다.

　인간관계 이론은 앞서 과학적 관리론이나 행정적 관리론과 마찬가지로 규범적 조직

이론이다. 규범적(normative)이란 자연적이 아닌 의도적이라는 뜻이다. 규범적 조직 이론은 어떻게 하면 조직의 생산성이나 효과성을 높일 것인지에 대한 의도를 가진 설명이다. 비록 다 같이 규범적이기는 하지만, 인간관계론은 그러한 의도를 비공식 조직의 측면에 초점을 두어 추구한다는 점에서 앞서 이론들과는 뚜렷이 구분된다.

인간관계론은 조직을 구성하는 것이 '인간'이라는 사실에 주목한다. 모든 조직은 인간들 간의 관계로 짜여진다. 합리적 조직 이론에서는 그런 인간을 과학적 분석과 합리적 보상의 대상인 '기계적' 존재로 간주하는 것에 반해, 인간관계론은 조직구성원을 사회심리적 욕구에 의해 자발적으로 움직이는 '인간적' 존재로 간주한다.

인간관계 접근이 누구로부터 비롯되었는가에 대해서는 다양한 견해가 있으나, 일반적으로는 하버드 경영대학원의 메이요(E. Mayo) 교수 등이 1927~1932년 사이에 미국 웨스턴일렉트릭(Western Electric) 회사의 호손(Hawthorne) 공장에서 실시한 한 실험 결과로부터 주목받게 되었다고 본다. 이 실험은 애초에 과학적 관리론에 입각하여 어떤 물리적 작업조건(조명도, 피로, 생산할당량, 임금인센티브 등)이 업무수행에 영향을 미치는지를 조사하기 위한 것이었다. 연구자들은 실험디자인을 통해 작업 조건의 다양한 변화를 주어 가면서, 그것이 생산성에 어떤 영향을 주는지를 관찰했다. 결과는 긍정적인 물리적 환경 변화들(예: 휴식 시간 길이의 변화)이 일정 수준까지의 생산량 증가를 가져왔지만, 어느 수준에서는 원상태로 돌아가거나 영향을 받지 않게 되는 것으로 나타났다. 과학적 관리론에 입각한 가설이 검증될 수 없었던 것이다. 그 원인을 조사하던 중, 연구자들은 실험대상인 일부 공장노동자들이 연구 결과(생산량)를 의도적으로 조절하기 위해 '담합'을 했고 대부분이 동조 참여했던 것을 밝혀냈다. 연구자들은 이들을 '업무 방해'로 비난하는 대신에, 오히려 이를 통해 조직구성원을 수동적이고 기계적 존재로 가정하는 과학적 관리론이 명백한 한계가 있다는 것을 깨닫게 되었다. 조직 내에서 작업자들은 고립되어 있는 '개인'이 아니라, 다른 사람들과 사회적 관계를 맺고 있는 '집단 속의 개인들'임을 알게 되었다. 이들의 '사회심리적 욕구(집단의 지지, 승인, 인정, 지위, 교우 관계, 자아실현의 욕구 등)'가 조직의 생산성에 중대한 영향을 미친다는 것도 발견했다. 사람은 양계장의 닭들처럼 조명의 밝기나 먹이에 일률적으로 반응해서 알(생산성)을 더 낳거나 적게 낳거나 하는 기계적 존재가 아니라, 사회적 관계에 의해 자발적으로 행위하는 인간 존재라는 것을 알게 된 것이다. 비록 군집(群集)해서 일을 하는 것은 사람이나 닭이나 마찬가지이지만, 닭은 다른 닭들의 지지를 얻기 위해 담합에 동의해서 먹이를 버리거나 하지는 못한다.

인간관계론 접근에서는 조직에 대한 설명에서 비공식 집단의 존재와 이들이 미치는 영향력을 강조한다. 사람들은 일터에서도 특정한 사람들과 친밀한 관계를 형성하고, 특정 집단 속에 포함되거나 지지를 얻고 싶은 욕구를 가진다. 자신이 소속감을 느끼는 집단에서의 승인이나 인정, 지위의 획득, 자아실현의 욕구 등을 갈구한다. 이러한 조직 내 인간적 사회관계는 공식적으로 규정된 구조나 지위와 무관하게 작동하지만, 그럼에도 조직의 성과에 중대한 영향을 미친다. 이를 흔히 '호손 효과(Hawthorne effect)'라고 부른다.[19]

〈표 6-3〉은 인간관계론 관점이 조직을 어떻게 인식하는지를 전형적으로 나타낸다.[20] 인간관계론에서 조직의 효과성은 조직 목적과 구성원 목적들 간 상호보상을 통해 추구된다고 본다.[21] 조직이 목적을 효과적으로 달성하려면, 합리적 조직 설계 못지않게 직원들의 사회심리적 욕구 충족이 중요하다는 것이다. 이 이론에서 직원들의 직무 수행력이나 만족도, 조직에 대한 헌신을 유발하는 조건들에 많은 관심을 가지는 것도 그로부터 나온다. 사회복지조직에서는 '참여적 리더십'을 강조하는 경향이 많은데, 그것이 인간관계론 접근과 밀접히 연관되어 있다.[22]

메이요 등에 의해 구체화된 인간관계론은 후에 폴렛(M. Follett) 등에 의해 인적자원 (human resources) 이론으로 발전하게 된다. 인적자원 이론은 조직의 구성원들이 성장이나 독립 등과 같은 비물질적 요소로부터 동기부여를 받는 점에 주목해서,[23] 직원들의 강점과 동기부여에 기초한 조직 관리의 방식을 개발하는 것에 목적을 두었다.

표 6-3 　인간관계론 관점의 조직에 대한 인식

관점	·조직은 개인과 집단들 간 사회심리적 관계로 구성된 측면이 중요하다.
조직 구조	·비공식적 조직 구조는 공식적 구조만큼이나 중요하다.
직원	·직원 만족도는 조직의 생산성을 위해 결정적으로 중요하다. ·물질적 인센티브만으로 직원들에 대한 동기부여에는 한계가 있다. ·직원들의 사회심리적 욕구가 고려되어야 한다.
관리자	·관리자는 사회적 기술이 전문적 기술만큼 중요하다. ·민주적, 참여적 리더십 스타일이 조직의 효과성에 기여한다.

표 6-4 맥그레거의 X-Y 이론

(X 이론의 관리자)	← →	(Y 이론의 관리자)
사람들은 일하기 싫어함	전제	사람들은 일하기 좋아함
업무자들의 개인적 욕구를 통제해야 함: 감독, 보상과 처벌, 설득	관리자의 자세	업무자들의 창의성과 자발성을 장려해야 함: 자기-통제, 참여, 동기부여
고도의 세분화, 뚜렷한 명령체계, 촘촘한 통제, 집권식 의사결정	조직 설계	느슨한 세분화, 느슨한 명령체계, 의사결정과 책임의 위임 확대, 분권화

인적자원 이론은 맥그레거(D. McGregor)의 Y 이론 유형에 가깝다. 맥그레거는 조직의 관리자들이 가지는 접근을 〈표 6-4〉에서와 같이 X, Y 이론으로 대조해서 설명한다. X 이론 지향의 관리자들은 대개 합리적 조직 설계를 중요시하고, Y 이론 관리자들은 인적자원 기반의 동기부여를 강조하는 조직 양식을 따르기가 쉽다고 본다.

인적자원 이론에서는 조직의 수월성(excellence)을 높이려면 직원들의 의사결정 참여를 증진하고, 자기 책임과 자율성을 부여하는 것이 중요하다고 본다. 이런 관점은 특히 휴먼서비스 전문직의 조직들에 유용하게 적용된다. 전문직의 일은 서비스 제공자와 클라이언트 간 긴밀한 대면적 관계와 '공동생산'의 특성을 가지므로, 명확히 구조화하거나 외형적 통제를 부과하기 어렵다. 이런 조직들에서는 직원들의 자율적인 참여와 통제 방식이 보다 효과적으로 작동할 수 있다.

비록 인적자원 이론은 이론적 우수성을 갖추었지만, 현실적인 유용성은 환경적인 조건이 뒷받침될 때만 가능하다. 자율성과 신뢰에 기반한 조직 구조를 만드는 것은 통제와 합리성에 기초한 기계적 조직의 설계보다 훨씬 더 어렵고 복잡하다. 많은 사람들이 X 이론이 지배하는 환경에서 교육받고 성장해 왔다고 보면, 이들에게 Y 이론을 지향하는 조직화를 기대한다는 것은 결코 쉽지 않은 일이다.[24]

인적자원 이론을 포함한 인간관계론은 폐쇄체계적 관점에서 조직을 설명한다. 조직의 목적을 효과적으로 추구하기 위한 전략들도 조직 내부 요소들, 주로 구성원 참여나 동기부여 등의 사회심리적 변수들에 국한하여 찾는다. 그로 인해 조직 외부 환경 요소들로 부터의 영향을 크게 받는 사회복지조직을 설명하기에는 일정한 한계가 있다.

사회복지서비스 프로그램이나 기관에서 일하는 사람들은 대체로 낮은 임금과 열악한 업무 조건, 과중한 업무 부담의 문제를 안고 있으며, 사회복지조직의 낮은 효과성은 이로부터 유발되는 측면이 크다. 그럼에도 이런 문제들은 인적자원 이론에 기초한 참여적 리더십이나 동기부여 관련 요인들로 설명, 해결되기 어렵다. 그런 문제들은 대개 조직 외부(예: 이용자, 보조금 정책)의 영향으로 설명될 부분이 많다.

사회복지조직의 존립에 필요한 다양한 자원과 기회들은 주로 외부 환경에 존재한다. 그로 인해 조직의 목적 형성에서부터 구조와 과정에 대한 제반 설명들은 외부 환경의 영향으로부터 도출될 부분이 크다. 그럼에도 인간관계론 접근은 조직을 내부 체계의 속성들만으로 설명하므로, 사회복지조직을 설명하는 데는 그만큼의 한계가 있다.

4. 개연성 이론

폐쇄체계 관점의 이론적 한계를 극복하기 위해 20세기 후반에 개방체계 관점의 이론들이 등장한다.[25] 개방체계 이론들은 조직을 환경과의 작용으로써 설명한다. 조직의 합리성이나 효과성을 설명하려면, 직원들의 성격과 같은 내부 요인들뿐만 아니라 각종 인적 및 물적 자원 등과 같은 외부 환경에 존재하는 영향 요인들도 감안해야 한다는 것이다.

개연성 이론(contingency theory)은 개방체계의 관점에서 조직의 효과적인 구조와 과정을 보편적이 아니라 '상황적(situational)'이라고 본다. 폐쇄체계 이론들이 제시하는 바와 같은 모든 조직에 효과적인 보편타당한 조직 구성의 원칙은 없으며, 조직의 효과성은 외부 조건(상황)들의 개연성에 적합하게 반응할 때 나타난다고 본다.[26] 개연성 이론에서는 특히 조직의 '클라이언트 속성' 환경과 '기술' 조건의 특성이 조직을 구조화하는 데 중요하게 고려되어야 한다고 본다.

사회복지조직을 포함하는 휴먼서비스 조직들에서 가장 중요한 환경은 클라이언트 속성이다. 클라이언트 속성(attributes)이란 조직이 목적으로 하는 특정한 클라이언트 집단이 가지는 성격을 뜻한다. 클라이언트 집단의 성별이나 연령, 소득, 가족 관계, 문제의 본질, 표적 행동 등이 모두 그에 해당한다. 예를 들어, '빈곤 가구의 소득 보장' 문제를 다루는 조직과 '일반인 건강 증진'을 목적으로 하는 조직은 분명히 다른 클라이언트 속성의 환경적 특성을 가진다. 효과적인 조직 구성의 방식은 이러한 환경 특성에 따라 달라진다.

조직은 기술적 조건의 상황에서도 차이를 가진다. 해당하는 클라이언트 속성의 문제를 다루는 데 요구되는 명확한 지식이나 개입 기술이 사회적에서 어느 정도로 존재하는지, 조직 차원에서 얼마나 확보 가능한지에 따라 차이가 난다. 그에 따라 조직을 구성하는 방식도 영향을 받을 수밖에 없다. 개입 지식이 충분할수록 일은 사람들의 규칙적인 관계 구조를 두는 것이 좋고, 그런 지식이 불충분하게 주어지는 상황이라면 사람들의 숙련에 의존해서 유연하게 대처할 수 있는 구조가 필요하게 된다.

개연성 이론 접근은 조직 관리에 있어서 '상황'을 강조한다. 조직 양식이나 리더십, 의사결정 스타일 등에 있어서 상황적 요소들이 미치는 영향을 중요하게 다룬다. 어떤 조직에서는 기계적 조직 양식과 지시적 리더십이 적절할 수 있고, 반대로 어떤 조직에서는 고도의 유기적인 조직 양식과 위임적 리더십이 효과적일 수도 있다.[27] 이것은 조직이 처한 상황에 따라 개별 조직의 설계와 관리 방식이 각기 달라져야 한다는 것을 의미한다.

개연성 이론은 폐쇄체계의 조직 관점에서 벗어나는 의미가 있지만, 그럼에도 제한된 외부 환경과 상황 요소들만을 다루었다는 한계가 있다. 조직의 구조를 클라이언트와 지식 상황에만 한정해서 설명하므로, 이 밖에도 조직 내·외의 다양한 이해집단들의 성격이나 보다 거시적 환경 요소들의 영향을 다루지 못한다는 것이 단점이다.[28] 이런 한계에도 불구하고, 개연성 이론은 조직에 대한 이해와 관리의 특성을 단순화해 주기 때문에 사회복지행정에서 유용한 지식 기반으로 삼을 수 있다.

5. 정치경제 이론

정치경제(political economy) 이론은 보다 폭넓은 환경 요소들을 포함해 조직을 설명하는 개방체계 관점의 일종이다.[29] 정치경제 이론은 앞서 언급된 이론들과는 달리 규범적이기보다는 분석적이다. 조직은 어떠해야 효과적인지를 제시하기보다는, 왜 어떤 조직 현상이 나타나는지를 설명하려 한다. 이 설명은 개연성 이론과 마찬가지로 환경 요소들이 조직에 미치는 영향에 초점을 두지만, 조직의 내·외부 환경 요소들 간 상호작용을 중시한다는 점에서 일방적인 상황 결정주의와는 다르다.

정치경제 이론은 조직과 환경 간의 상호작용이 조직의 내부 역학관계에 미치는 영향을 주로 본다.[30] 조직은 '자기 생존'과 '서비스 생산'이라는 목적을 달성하기 위해 두 가지 형태의 필수 자원을 확보해야 한다. 정치적 자원(힘)과 경제적 자원(돈)이 그것이다. 조직은 생존을 위해 사회로부터 합법성(정당성)을 부여받고 조직 내에서 권한과 영향력을 배분하는 데 정치적 힘이 뒷받침되어야 한다. 경제적 자원은 조직이 서비스 생산과 전달, 구성원 유지를 위한 인센티브 시스템에 필수적이다.

정치경제적 관점의 이론들은 조직의 서비스 전달에서 특히 업무환경을 중요하게 간주한다.[31] 업무환경(task environment)이란 조직 외부에 존재하는 다른 조직들이나 클라이언트와 같은 이해집단으로 구성된다. 그러한 업무환경 요소들은 조직을 통해 자신들의 이해(이익, interests)를 실현하려 하는데, 이는 조직이 필요로 하는 자원을 통제할 수 있는 만큼 가능하다. 예를 들어, 클라이언트 집단은 조직이 자신들에게 적절한 서비스를 제공하도록 하기 위해, 이용료(경제적)나 집단적 압력(정치적) 등의 자원을 활용할 수 있다.

정치경제적 관점은 '자원의존 이론'을 통해 보다 단순하고 명료하게 정리된다.[32] 자원의존(resource dependence) 이론은 조직과 환경 단위들 간 관계를 자원 교환이라는 단순 수식의 형태로 나타낸다. 어떤 조직(a)이 어떤 외부환경 요소(b)가 통제하는 자원에 의존하는 정도(D_{ab})가 크면 클수록, 그 요소(b)가 조직(a)에 대해 갖는 영향력의 크기(P_{ab})도 그만큼 커진다고 본다. 즉, $D_{ab} = P_{ab}$라는 것이다. 조직이 특정 환경 요소에 의존하는 만큼, 그 요소가 조직에 미치는 영향력도 비례해서 커진다는 것을 뜻한다.

이런 관점에서 보면, 환경이 조직의 전략이나 구조 형성에 어떻게 영향을 행사하는지가 분명해진다. 조직은 외부 자원을 안정적으로 확보하면서 한편으로는 독자성을 유지하려는 목적을 가진다. 조직은 이러한 목적을 추구하기 위한 전략을 가지는데, 그러한 전략의 수립 과정에서 외부 환경 요소들로부터의 영향력이 들어온다. 특정 조직이 선택한 특정 전략은 그러한 환경과의 관계가 반영된 결과로 볼 수 있다.[33]

조직이 특정한 환경 요소와 대등한 파워 관계를 형성하는 경우에, 조직은 그 요소와 '경쟁(competition)' 혹은 '협력(collaboration)' 관계의 전략 중 하나를 선택할 수 있다. 반면, 특정 외부 환경의 요소가 조직이 절대적으로 필요로 하는 자원을 독점하는 경우처럼 조직이 그 환경 요소에 대해 지나치게 열세한 상황에 처하면, '갈등(conflict)' 관계의 전략을 쓸 수도 있다. 이는 '문제를 시끄럽게 만들어서 관심을 끌어내는' 것이지만, 자칫 역효과를 초래하기 쉬우므로 대개는 협상의 여지가 더 이상 없을 경우에만 선택된다.

이 밖에도 '계약'이나 '포섭' 관계의 전략 등도 주어진 정치경제적 환경 여건에 적합성을 고려해 선택될 수 있다. 계약(contract) 전략은 명확한 계산에 의거해서 자원이나 서비스를 주고받는 형태다. 포섭(cooptation) 전략은 까탈스러운 환경 요소를 조직 내부로 끌어들여 잠잠하게 만드는 것과 같다. 예를 들어, 지역사회에서 사회복지관에 적대적인 입장을 취하는 사람들(환경 요소)을 기관의 자문위원회 등에 끼워넣어 주면 (포섭) 오히려 적극적인 우호 세력으로 변할 수도 있다.

조직이 환경과의 관계에서 어떤 전략을 채택하는지에 따라 조직 내부의 서비스 구성과 운용 방식이 영향을 받는다. 서비스를 수행하는 조직에서의 가장 큰 결정은 어떤 서비스를 어떻게 전달할 것인지다. 서비스의 대상으로는 어떤 클라이언트 집단을 선호할지, 여러 서비스 간에 우선순위는 어떻게 둘지, 서비스의 수요와 공급, 서비스 특성과 강도는 어떻게 할지 등을 결정해야 한다. 이와 같은 조직적 의사결정은 대개 환경 요소들과의 관계에서 조직이 안정적 자원 확보를 위해 선택하는 전략의 결과라고도 볼 수 있다.

정치경제적 관점은 한 조직 내의 단위들 간 관계에도 적용될 수 있다. 조직 내에서 이루어지는 정치적·경제적 관계를 통해 개별 조직 단위들이 어떤 선택이나 실행의 권한을 나누어 가질지가 결정된다.[34] 그런데도 전체 조직이 환경과의 밀접한 영향력하에서 작동된다는 점을 감안하면, 개별 조직 단위가 보유하는 정치경제적 자원의 상대적 힘과 통제력은 대개 그 단위가 전체 조직이 외부 환경을 관리하는 데 필요한 중요도와 높은 상관관계를 가지고 있다.

예를 들어, 일반 병원 조직에서는 의사 단위에게 서비스 기술과 의사결정 권한, 급여까지도 가장 크게 배분된다. 이는 병원 조직의 운영에 필요한 기술과 환자 유치에서 의사 단위의 중요도가 가장 크기 때문이다. 같은 의사 단위라도, 예를 들어 일반 병원과 요양병원 조직에서의 권한 배분의 크기는 차이가 난다. 요양병원에서 중요하게 간주하는 외부환경 요소에 대한 기술(예: 마케팅)로 보자면, 여기에서 의사 단위가 보유하는 치료적 기술의 정치경제적 파워는 일반 병원에서보다 클 수 없다.

정치경제 이론의 관점은 조직의 내·외부 정치경제적 역학 관계가 조직 내 서비스 전달체계에 어떻게 영향을 미치는지를 파악하게 해 준다. 사회복지조직과 같이 외부 환경에 특히 의존적인 조직들의 경우에 이 관점은 중요한 의미를 가진다. 여기에서 클라이언트는 단순히 서비스 대상이 아니라, 중요한 자원이나 잠재적 이해집단으로 간주된다. 따라서 사회복지조직의 행태를 적절히 이해하기 위해서 클라이언트 집단이 보유하는 정치경제적 힘과 자원에 대한 분석이 필요함을 강조한다.

정치경제 이론은 환경의 영향을 크게 받는 사회복지조직을 설명하는 데 매우 유용하지만, 현실적 활용에 따르는 제약도 적지는 않다.[35] 첫째, 이 이론은 설명에 동원되는 변수들이 복잡하고, 경험적으로 제시되기가 힘든 부분이 있다. 그래서 조직의 행태를 질적으로 묘사하기에는 적합하지만, 현실적 예측에 필요한 계량적 모델로 쓰기는 어렵다. 둘째, 조직의 행태를 설명하는 데 힘이나 돈과 같은 정치경제적 변수들만을 주로 다루므로, 사회복지조직과 같이 무형의 가치와 이념에 대한 중요도가 상대적으로 높은 조직들을 설명하는 데는 일정한 한계가 있다.

6. 제도 이론

제도 이론(institutional theory)은 신(neo-)제도 이론이라고도 하는데, 제도들이 상호 작용하면서 사회나 조직에 영향을 주는 방식을 설명하는 것이다.[36] 이 이론은 기존의 조직 이론들과는 달리 경제적 합리성의 관점으로 조직을 설명하지 않는다. 즉, 조직 구조란 필요에 대해 합리적으로 반응해서 나타나는 결과라고 보지 않는다는 것이다. 그 이유는 각기 다른 목적이나 서비스 방식을 추구하는 조직들이 동형화(isomorphism, 같은 모양)된 조직 구조를 가지는 경우가 많다는 점 때문이다.

제도 이론은 개연성이나 정치경제 이론과 마찬가지로 개방체계 관점에서 조직에 대한 환경의 영향력을 강조한다. 그럼에도 보다 거시적인 제도적 환경 요소들에 초점을 둔다는 점에서, 미시적이나 직접적인 업무환경 요소들을 중시하는 다른 이론들과 차별된다. 제도 이론은 조직이 소속된 체계의 환경을 중요시하고, 그 환경이 가지는 가치나 이념, 제도적 관행 등으로 조직의 행태를 설명한다.[37]

특정 조직이 어떤 조직 구조나 방식, 정책, 프로그램 등을 갖출지는 사회적 여론이나 시대적 흐름, 교육 체계를 통해 전수된 지식, 제정되어 있는 법규나 법원의 판단 등과 같은 제도적 측면의 환경 요소들을 통해 설명되는 바가 크다.[38] 특히 외부 환경으로부터의 자원에 의존적인 사회복지조직의 경우에 이러한 설명력은 더욱 커진다. 조직의 구조가 내부의 기술적 합리성보다는 외부의 '제도적 환경의 규칙들(rules)'에 의해 결정되는 부분이 더 커진다는 것이다. 이러한 규칙들은 대개 국가나 전문직, 여론 등을 통해 도출된다.[39]

한 지역의 사회복지관이 어떤 사업을 어떤 조직 구조를 갖추어서 할지를 결정하는 것은 상당 부분 외부 제도의 규칙들이다. 「사회복지사업법」과 시행규칙, 이에 근거한 「사회복지관 운영 관련 업무처리 안내」(보건복지부) 등에는 사회복지관의 설치와 운영에서부터, 사업의 내용, 경비의 부담과 지출, 종사자 채용과 처우, 평가와 보고, 장부처리와 감사 방법에 이르기까지가 상세히 규정되어 있다. 이 외에도 「근로기준법」 「산업안전보건법」 「사회복지법인 및 사회복지 시설 재무·회계규칙」, 기타 관련법이나 지방자치단체의 조례 등 수많은 제도적 규칙들을 사회복지관은 따라야 한다. 사회복지사를 채용해야 하는 것이나 전문직의 행동 강령 등도 조직 외부로부터 부과되는 제도적인 규칙들에 의거한다. 대중매체 등을 통해 도출되는 여론도 일정한 영향력을 획득하게 되면, 지역 사회복지관으로서는 일종의 외부 제도로부터 주어지는 규칙이나 마찬가지가 된다.

제도적 규칙은 또한 동일한 산업(industry) 혹은 부문(sector)에 속한 조직들의 네트워크에서도 나타난다.[40] 그러한 산업계에는 조직들 간의 자연스러운 위계와 지배 구조가 있으며, 개별 조직들은 대개 해당 산업계에서 가장 강력하고 권위 있는 조직(들)의 실천 관행을 모방한다.[41] 따라서 이들 조직이 새로운 실천 관행이나 구조를 성공적으로 창출했을 경우에는 스스로 제도화의 중요한 원천이 되기도 한다.[42]

조직은 생존을 위해 제도적 규칙을 받아들인다. 그러한 규칙이 곧 합법성의 원천이자 자원 획득을 위한 통로가 되기 때문이다. 제도적 규칙이 받아들여지는 과정에서 조직들 사이에 제도적 동형화가 나타난다.[43] 즉, 서로 다른 조직들임에도 유사한 모습과 행태를 띠게 된다는 것이다. 조직이 제도적 규칙을 받아들여 동형화되는 과정은 세 가지 방식으로 진행된다.

강요적(coercive)   국가와 법적 제재를 통해 제도적 규칙들이 수용된다. 예를 들어, 「사회복지사업법」을 비롯해서 '○○시설운영지침(보건복지부)' 등에 제시된 규칙들은 해당 사회복지시설들에 강제적으로 수용된다.

모방적(imitative)   다른 조직이나 프로그램의 모범 사례를 따라 하는 과정에서 그에 포함된 규칙들이 받아들여진다. 예를 들어, 어떤 노인복지관이 다른 기관에서 성공적으로 실행하는 '주민참여형 노인돌봄 프로그램'을 따라 하고 싶다면, 그 프로그램 실행에 필요한 조직 구성이나 의사결정 방식에 관한 규칙이나 관행도 자연스레 받아들인다.

규범적(normative)   전문직의 규범에 의거한 규칙들이 조직이나 프로그램에 받아들여지게 되는 경우다. 예를 들어, 정신보건 관련 조직들에서 'DSM-5'를 공통적으로 채택하면, 이에 수반된 서비스 운영의 규칙들이 그들 조직에 공통적으로 전이된다.[44]

제도 혹은 신제도 이론은 조직을 하나의 독립 체계로 간주하지 않는다. 그래서 개별 조직의 행태도 조직들 간 네트워크나 산업, 부문 등에서 제도적 규칙이 전이되는 과정으로써 설명한다.[45] 이 이론은 휴먼서비스를 수행하는 사회복지조직을 설명하는 데 특히 유용하다. 이들 조직은 존립의 정당성이 자체의 확정적 기술보다는 일반사회 제도의 이념이나 가치에 의해 결정되는 부분이 크기 때문이다.

제도 이론의 한계는 이론의 핵심이 되는 '제도화' 과정 자체에 대한 설명이 부족하다는 점에 있다. 제도적 규칙들이 조직에 내재화되어 가는 제도화의 구체적인 맥락과 과정은 뚜렷하게 설명되지 않는다. 이로 인해 제도 이론은 사회복지행정의 실천에 직접적으로 적용된다기보다, 제도적 측면의 환경 요소들에 대한 영향력을 중요하게 감안하게 해 주는 이론적 틀로서의 가치가 높다.

7. 조직 이론의 동향

앞서 제시된 고전적인 조직 이론들 외에도 근래에 다양한 조직 이론이 등장했다. 21세기를 전후해서는 새로운 조직 관리의 실천 모델과 운동들이 활발하게 나타났다. 산업 생산 부문에서는 '품질 운동'이나 '성과관리주의' 등과 같은 다양한 관리 이론들이 제시되어 왔다. 이들은 휴먼서비스 조직의 관리에도 일정한 영향을 미치고 있다.

1) 전문적 관료제

전문적 관료제란 조직의 핵심 인력이 전문직으로 구성된 조직의 운영 원리에 관한 것이다. 전문적 관료제는 합리적 분업과 위계적 통제를 원리로 삼는 기계적 관료제의 운영 원리와는 차별된다. 전문적 관료제라는 개념은 민츠버크(H. Mintzberg)의 조직 유형 구분에서 비롯된 것으로,[46] 휴먼서비스 전문직 인력에 의존하는 사회복지조직에 중요한 함의를 가진다.

일반적으로 관료제는 집권화와 정형화의 원리에 의존한다.[47] 집권화란 의사결정의 권한이 중앙 혹은 상부에 집중되는 경향이고, 정형화란 업무가 표준화되어 명확히 분별되는 정도를 말한다. 이들 원리는 표준화가 가능한 일상적인 일을 수행하는 조직들에서는 효과적일 수 있다. 그러나 휴먼서비스 조직의 경우에는 일의 성격이 표준화되기 어렵고, 비일상적인 경우가 많다. 사람들의 개별성 욕구를 다루는 일은 숙련된 기술을 가진 사람들(전문가)에게 맡겨지는 것이 효과적이다. 전문가들은 관료적인 규칙보다 전문직이 표방하는 기술과 규범을 중시해서 행동하고, 일에 대한 숙련성(expertise)도 조직보다는 소속 전문직으로부터의 표준(standards)과 훈련을 통해 전수받는다.

이러한 전문직 직원들이 모여 일하는 조직에서는 의사결정이 탈집권화되고, 정형적 규칙들이 완화될 필요가 있다. 전문직의 업무 수행에서는 자율성 확보가 효과성과 밀접한 관계가 있기 때문이다. 비록 전문직만의 일 특성에 따른 효과적인 조직 구조의 논리는 그와 같지만, 현대 조직사회 전반을 구성하는 관료제 조직(규칙성과 표준화, 위계질서)의 불가피성도 인정할 수밖에 없다. 이런 과정에서 이른바 전문직과 관료제 특성을 결합하는 전문적 관료제 조직의 개념이 나타났던 것이다.[48]

전문적 관료조직은 일의 핵심에 전문직을 배치하고 상당한 통제권도 부여한다. 전문직 직원은 비교적 독자적 권한을 가지고, 클라이언트와 밀착되어 일한다. 전문직 직원에 대한 자격 규정이나 교육 내용, 일의 내용과 평가 등은 대개 해당 전문직의 기준을 차용해서 들여온다. 기계적 관료조직이 그러한 기준을 조직 자체의 합리적 설계에 의존하는 것과 대조적이다. 이러한 조직의 관리자 역시 해당 전문직에서 채용되어야 할 필요성이 크다. 일을 통제하려면 그 일을 이해할 수 있는 사람이 해야 하기 때문이다.

사회복지조직에 전문적 관료제의 개념은 유용하게 활용된다. 이 개념은 휴먼서비스 조직의 구조나 통제, 조정 방법 등을 일반 기계적 관료제 원리의 구속에서 벗어나게 해 준다.[49] 그럼에도, 전문적 관료제 개념은 복수의 전문직들이 한 조직 내에서 작동하는 경우(예: 장애인종합복지관)나 전문직과 조직 간 목적이 불일치할 경우와 같은 갈등 상황에 대해서는 명확하게 설명하지 못한다.

2) 품질관리 이론(QC, TQM)

조직 관리의 핵심은 조직의 구성원들을 어떻게 관리할 것인가에 있다. 1980년대에 들어 조직 관리에서 품질을 중심으로 하는 이론적 접근들이 시도되었다. QC 운동이 대표적이다. QC(Quality Circles)란 작업자들이 자발적으로 형성한 집단을 뜻하고, QC 운동이란 이들 집단을 조직에 적극적으로 만들어 내자는 것이다. 그렇게 만들어진 QC들은 생산과 관련된 제반 문제(안전, 제품디자인, 생산과정 등)의 해결책을 함께 찾아간다.

QC의 이론적 근거는, 개별 작업자들이 엄격한 분업 구조하에서 격리된 로봇처럼 행동하는 것에서 탈피하여, 팀 참여를 통해 소속감을 갖게 되면 작업 의욕의 향상과 생산력 증진이 가능해진다는 것에 있다. 원래 이 이론은 데밍(W. Deming) 등이 제2차 세계대전 직후 일본 산업계에 도입한 훈련 방법에서 유래했다.[50] 그것이 일본의 소집단 중심 조직 문화에 접합되어 독특한 품질관리 접근을 배양해 낸 것이다.

근래에는 품질관리의 조직 이론이 TQM으로 포괄되고 있다. TQM(Total Quality Management, 총괄품질관리) 역시 생산물(서비스)에 대한 품질을 강조하는 방식의 조직 관리 이론이다. 조직의 모든 기능(마케팅, 재정, 디자인, 엔지니어링, 생산, 고객 서비스 등)을 통합해서 소비자 욕구의 충족에 매진하는 것이 조직의 목적(자기 생존과 사명 실현) 달성에 최선이 된다는 논리에 근거한다. 소비자 욕구와 만족도는 품질과 밀접히 관련되어 있으므로, 조직구성원들이 참여를 통해 품질 인식과 개선에 매진하게 되면, 그 조직의 성공뿐만 아니라 조직구성원들과 사회 전체도 혜택을 받게 된다고 본다.

TQM의 주요 기조는 다음처럼 요약된다.[51]

· 소비자 초점 : 품질의 결정자는 궁극적으로 소비자다.
· 일관성 : 변이성(variability)을 예방하는 것이 고품질 생산의 핵심이다.
· 시스템 : 품질은 작업자 개인이 아닌 팀 노력으로부터 도출된다.
· 지속적 개선 : 품질은 투입과 과정에 대한 지속적 개선을 필요로 한다.
· 사실 기반의 의사결정 : 업무 과정에 대한 체계적 자료수집과 분석에 근거해 의사결정을 내리는 것이 중요하다.

· 직원 임파워먼트 : 품질 개선의 노력에는 작업자들의 참여를 통한 임파워먼트가 결정적으로 중요하다.
· 전체 조직의 헌신 : 품질은 관리직을 포함한 전체 조직의 헌신을 필요로 한다.

TQM의 본질적 구성요소이자 핵심 도구는 '팀'이다.[52] 팀을 통해 참여적 방식의 품질개선 활동을 한다. 업무 흐름에 대한 정확한 이해를 위한 자료수집과 분석을 위한 도구로는 각종 통계분석이나 흐름도(flowchart) 등의 기법도 적극적으로 활용한다. '벤치마킹' 기법도 과정 개선의 목적에 쓰이는데,[53] 벤치마킹(benchmarking)이란 조직 수행의 과정이나 내용(생산에 드는 시간이나 비용, 생산성, 품질 등)을 일반적인 '표준선'에 비추어 보거나, '업계 최고'로 간주되는 조직을 찾아 그에 대비해 보는 방법이다.

사회서비스의 공급 방식이 근래 급격히 변화하고 있다.[54] 특히 사회서비스 제공기관들에 대한 재정 지원의 방식이 포괄보조금에서 POSC나 바우처 등으로 바뀌는 것은,[55] 기관들 간 경쟁을 통해 저비용·고품질 서비스를 창출한다는 정책 의도 때문이다. 비록 이러한 의도가 제한된 수의 경쟁자 현실에서 실행 가능한지에 대한 비판을 받지만, 사회복지조직이 TQM과 같은 품질기반의 조직 관리 기법들에 관심을 강화할 수밖에 없다는 사실에는 변함이 없다.[56] 다만, 일반 산업 분야에서 발달된 제반 TQM 기법들이 사회서비스 분야에 어떻게 접목될지에 대해서는 여전히 많은 검토가 필요하다.

3) BPR

BPR(Business Process Reengineering, 비즈니스프로세스혁신)은 TQM과 마찬가지로 품질에 대한 개선 과정을 조직 전체 차원에 적용하려는 것이다. BPR은 '비즈니스 과정의 근원적 재사고와 급격한 재디자인을 의도하는 것으로, 비용이나 고품질 서비스, 속도 등과 같은 핵심적 업무수행 측정치를 극적으로 개선하고자 하는 것'으로 규정된다.[57]

BPR 접근은 현대 산업 조직들이 물품 생산에서부터 지식과 서비스 생산으로 옮겨가면서 그 중요성이 더욱 커진다. 지식과 서비스를 생산하는 조직은 사업이 수행되는 '과정(프로세스)'이 생산성과 품질 향상에 있어서의 초점이 되기 때문이다.[58] 이는

TQM 등이 결과적 품질의 향상에 초점을 두는 것과 차별된다.

BPR은 사업수행 과정의 문제로 '격납고 심성'이라 불리는 조직의 역기능을 제거하기 위한 노력을 강조한다. 격납고 심성(silo mentality)이란 각각의 조직부서 기능들이 서로 간에 의사소통 없이 분리된 격납고에 들어앉아 있듯이 따로 작동되는 것을 말한다.[59] BPR에서는 이와 함께 서비스에서 부가가치를 발생시키지 않는 모든 조직적 프로세스를 제거하기 위해서도 노력한다. 조직 단위의 규모를 감축하는 다운사이징(downsizing)이나 아웃소싱(outsourcing) 등과 같은 제반 비용 절감 시도들도 이와 연관된다.[60]

사회복지조직에 대한 BPR 접근의 함의는 사업수행의 프로세스 자체를 효과적인 관리의 대상으로 삼아야 함을 제시한다는 점에 있다. 그 외에도 비용 절감을 위한 프로세스 혁신의 방법들을 제공한다는 의의도 있다. 사회복지 분야에서 BPR 접근을 시도하는 대표적인 예는 한국 정부가 사회보장급여 처리의 대규모 사업 프로세스에 해당하는 '사회보장정보시스템'을 혁신하는 데 이를 적용하고 있는 것이다.

BPR 접근의 한계는 지식과 서비스 산업의 혁신을 위해 과학적 관리론에 지나치게 의존했다는 점에 있다. 조직의 기술적·합리적 측면에 지나치게 초점을 맞추어, 인적자원 접근의 중요성을 소홀히 했다. '기업거식증'이 대표적인 문제로 거론되는데, 기업거식증(corporate anorexia, 企業拒食症)이란 조직이 프로세스 혁신을 위해 너무 많은 직원들을 잘라 내서, 사람들을 통해 이어져 올 수밖에 없는 조직의 기억력과 역량이 더 이상 존재하지 않게 되어 나타나는 증상이다. 이 증상이 발생하면, 조직은 연쇄적 환경 변화에 효과적으로 대응하기 어렵게 된다.[61] 인적자원에 크게 의존하는 사회복지조직으로서는 이러한 BPR의 역기능은 심각하게 다루어져야 할 문제다.

4) 학습 조직

BPR 접근이 조직의 재구조화를 하드웨어적 관점에서 보았다면, 학습 조직은 소프트웨어적 관점에서 사람들의 변화 문제를 다룬다. '학습 조직'에 관해서는 다양한 정의들이 있지만, 핵심 개념만큼은 명확하게 규정된다. 학습 조직(learning organizations)

이란 '조직구성원들의 학습을 용이하게 만들고, 스스로를 변환해 가는 조직'으로 정의된다.[62] 생게(P. Senge)는 학습 조직이 가지는 특성을 다음처럼 제시한다.[63]

· 시스템 사고 (systems thinking) : 조직에서 일이란 서로 묶여서 이루어진다는 생각을 구성원들이 배운다.
· 개인적 숙련 (personal mastery) : 구성원들이 개인적 성장과 배움을 추구하고, 개인 차원에서 학습 과정에 헌신한다.
· 정신적 모형 (mental models) : 구성원 개인들과 조직의 내면에 뿌리박힌 '세상이 어떻게 돌아가는지'에 관한 이미지가 지속적으로 성찰된다.
· 공유된 비전 (shared vision) : 개인적 비전들을 공유하여 조직 공통의 정체성을 추구한다. 이는 구성원의 학습 의지 형성에 필요한 에너지와 집중력 향상에 도움을 준다.
· 팀 학습 (team learning) : 업무자 개인별 학습들을 함께 축적하고 공유한다. 이를 통해 업무자의 빠른 성장과 조직의 문제 해결 역량을 강화한다. 힘든 이슈들을 드러내 놓고 논의하는 대화 방식의 조직 구조가 정착될 필요가 있다.

생게가 묘사하는 학습 조직화는 상당한 시간이 소모되는 과정이다. 물리적이고 구조적인 변화와는 달리 조직 구성의 주체인 사람들의 생각과 행태가 변화해야 하기 때문이다. 그럼에도 만약 조직이 학습조직화를 꾸준히 추구한다면 그로 인한 보상은 상당히 큰 것으로 간주된다. 무엇보다 조직의 구성 주체인 전체 업무자들의 문화가 변화하므로, 성과의 지속가능성은 대단히 높을 수 있다.

사회복지 분야에서 학습조직의 적용에 관한 함의는 아직 검토 중이지만,[64] 대체로 긍정적인 평가가 이루어지고 있다.[65] 학습조직 이론에서 사용되는 '팀'이나 '대화 사용' 같은 개념들은 휴먼서비스의 원리와도 상당 부분 일치하는 바가 크다. 인적자원에 의존하는 비중이 높은 휴먼서비스 사회복지조직의 환경에서 인적자원의 학습 문화를 강조하는 이론은 현실적 측면에서도 함의가 크다.[66]

5) 관리주의와 성과관리

관리주의란 신자유주의 방식의 공공행정, 이른바 신공공행정이 내세우는 대표적 방편이다. 관리주의(managerialism)는 조직 간 관계를 성과관리의 방식으로 구성하는 것을 골자로 한다.[67] 성과관리란 조직 간 관계를 과정적으로 직접 통제하기보다는 계약을 통한 결과적 성과를 관리의 기제로 삼는 것이다.

우리나라의 경우 성과관리는 정부의 예산회계에 2000년대 중반부터 이미 공식적으로 도입된 상태에 있다. 정부 부문의 제도 도입은 결과적으로 정부 예산에 영향을 받는 대부분의 민간 사회서비스 조직들에게도 영향을 미치게 된다. 2000년대 이후 도입된 신규 사회서비스들에서는 성과관리 방식을 자연스레 장착시켜 놓고 있다. 사회서비스 바우처 사업이나 노인장기요양보험 서비스 등에서 서비스 제공자들에 대한 통제 방식은 이미 특정 성과에 대한 상환(reimbursement)제 형태로 관리되고 있다. 이는 공공 부문이 서비스 제공자(기관)들에게 포괄적으로 재원을 보조해 주면서 예산 과정을 직접 통제해 왔던 방식과 구별되는 것이다.[68]

비록 성과관리 방식이 조직 간 관계의 효율성 증진을 목적으로 하지만, 휴먼서비스 분야에서 그것이 가능한지에 대해서는 많은 논란이 있다. 휴먼서비스 조직 관계를 성과관리 방식으로 구성하는 것은 관리(표준화) 가능한 '가시적 성과' 분야에서 작동되기 쉽다. 문제는 사회 전반이 성과관리 방식을 전제로 하다 보면, 장기적이면서도 비가시적인 그럼에도 중요한 사회적 목적을 띤 서비스들은 배제되거나 가치 축소되기 쉽다는 것이다.[69] 단지 성과관리라는 조직 방식에 적합하지 않기 때문이라는 이유에서다.

성과관리 방식의 또 다른 위험성은 영리 부문과 비영리 부문이 시장에서 경쟁적으로 활동할 때 나타난다. 이 경우 영리 부문이 '크리밍(creaming)' 효과를 통해 비영리 부문의 성과를 쉽사리 착취할 수 있는 가능성이 커진다.[70] 또한 파편적인 성과 단위들을 사전-표준화된 방식으로 다루는 성과관리의 방식은 사회복지의 휴머니즘 가치가 지향하는 인간 존재의 전일성 및 개별화 특성을 훼손시킬 여지가 크다는 문제도 있다.[71]

⑥ 신공공관리론과 신공공서비스

20세기 후반부터 시작되어 현재에 이르기까지도 '작은 정부론'은 지속되고 있다. 이는 정부 부문을 기업적 효율성 관점에서 민영화나 시장화의 논리로 재구성하려는 노력을 만들어 내 왔다. '정부재창조(reinventing government)'라고도 부르는 이러한 접근을 '신공공관리론'이라 한다. 한편, 이러한 행정적 사상의 흐름에 반하는 주장과 접근들도 근래에 등장하고 있다. 이들을 '신공공서비스' 접근이라 한다.[72]

신공공관리론(new public management)   공공 행정이란 가급적 낮은 비용으로 시민들에게 서비스의 선택권을 제공하는 것이라고 규정한다.[73] 그래서 정부 조직은 기업지향적 고객 서비스 모델을 적용하는 것이 바람직하다고 본다. 시민들은 고객으로 간주되고, 행정의 역할은 정책 대안들을 시장 선택으로 전환해서 효율화하는 것에 있다는 주장이다. 신공공관리론에 입각한 정부 조직의 개혁 방안에 대한 요지는 다음과 같다.[74]

· 시장주의 : 정부는 공적 의도를 성취하기 위해 시장을 어떻게 사용할 것인지를 창의적으로 생각해야 한다.
· 기업주의 : 돈을 버는 것이 단순히 돈을 쓰는 것보다 칭찬받아야 한다.
· 촉매주의 : 노를 젓기(rowing)보다는 조정(steering)에 초점을 둔다. 정부는 무엇이 이루어져야 할지를 결정하지만, 스스로 하지는 말아야 한다.
· 지역사회-소유 : 지역사회가 소유하면서 참여를 통해 임파워먼트된 프로그램들이, 관료제를 통해 클라이언트에게 직접 전달되는 것들보다 낫다.
· 경쟁주의 : 서비스 공급에서 독점보다는 경쟁을 선호한다. 그것이 보다 높은 질의 서비스를 보다 혁신적이고 저렴한 비용으로 도출해 내기 때문이다.
· 사명 지향 : 정부는 규정들에 의존하기보다는 미션과 비전에 의해 살아 움직이는 것이 되어야 한다.
· 결과 지향 : 자금 지원의 방식은 투입이 아닌 성과 측면에 근거해야 한다.
· 고객 지향 : 정부는 관료제의 욕구가 아닌 고객과 시민의 욕구를 충족시켜야 한다.
· 예방화 : 문제를 치유하는 것보다는 예방에 초점을 두어야 한다.
· 분권화 : 위계보다는 참여와 팀워크가 더욱 강조되어야 한다.

신공공관리론 접근에 입각한 행정 방식은 결과적 성과에 초점을 맞추어 정부 조직 단위와 민간 조직들과의 관계를 설정한다. 그것이 과정을 직접 관리하는 것보다 효율적이라고 보기 때문이다. 이를 보통 성과관리 혹은 수행성과관리 접근이라 한다. 문제는 휴먼서비스 사회복지 분야에서 이러한 성과관리 방식을 적용하기가 쉽지 않다는 점이다. 무엇보다 성과에 대한 합의와 측정이 어렵기 때문이다. 그럼에도 이러한 성과관리 방식을 강제하는 데 따르는 문제들이 숱하게 노출되어 왔다.

신공공서비스(new public service) 관점   신공공관리론에 반대되는 입장이다.[75] 여기에서 공공 행정은 정부 조직의 효율적 운영뿐만 아니라 공평성, 책임성, 시민적 권리 등과 같은 공적 가치들을 보존해야 하는 것으로 간주된다. 이를 위해 정부의 사명과 집합적 공공의 이익을 어떻게 결정할 것인지에 초점을 둔다. 정부 조직의 의사결정 활동에서 '시민 참여'의 가치 등은 비용이나 효율성 가치들보다 우선시되어야 한다고 본다. 행정조직 관리자의 역할은 시민이나 이해집단, 선출직 등에 의해 대표되는 제반 욕구들을 합성하는 데 있다. 그래서 그 역할 수행이 복잡하게 되는 것은 당연한 특징으로 간주된다.

신공공서비스 접근은 '사회 자본'과 '시민 임파워먼트' 개념에 밀접하게 연관되어 있다.[76] 사회 자본(social capital) 이론은 사회적, 정치적, 경제적 관계에서 신뢰와 네트워크 등을 중시하는 것인데, 성과관리와 관료제적 조직 방식에서는 이를 적용하기 어렵다. 신공공서비스 접근에서는 시민 참여와 임파워먼트가 사회적 신뢰를 증진시키고 사회 자본의 확충에 기여할 수 있다는 점을 강조한다. 이러한 논리는 단기적 효율성을 강조하는 신공공관리론과 대비되어, 지속가능한 사회와 공공적 가치를 수호하는 공공 행정의 사명과 역할을 분명히 한다.

휴먼서비스를 사회복지적 가치 목적에 비추어서 보자면, 휴먼서비스를 실행하는 사회복지행정은 신공공관리론보다는 신공공서비스 접근에 더욱 부합한다. '상호부조'의 목적은 사회 자본의 형성과 밀접하게 연관되어 있고, 그러한 목적을 위해 생산되는 휴먼서비스들은 공공의 가치를 반영하는 행정 원리에 입각할 필요가 있다. 비록 일반 사회에서 현재는 신공공관리론이 우세한 경향하에 있지만, 적어도 사회복지행정에서 만큼은 신공공서비스 접근의 이상이 더욱 활발히 추구될 필요가 있다.

미주

1) 참고: http://www.businessdictionary.com/definition/organization.html#ixzz3rnPQwwn3

2) Weisbord, M. (1987). *Productive Work Places*. SF: Jossey-Bass, p. 70.

3) Hasenfeld, Y. (1992). 'Theoretical approaches to perspectives in human service organizations'. In Y. Hasenfeld (Ed.), *Human Services as Complex Organizations*. Newbury Park, CA: Sage, pp. 24-25.

4) 상게서, p. 25.

5) 전통(tradition)적 권위란 사람들 간의 지시—따름 혹은 지배—복종의 권력 관계가 옛날부터 그렇게 되어 왔기(전통적이기) 때문에 그것을 믿으면서 발생하는 것이다. 카리스마(charisma)적 권위란 특정 인물이 가지는 카리스마(사람을 휘어잡는 매력)에 의해 권력 관계가 받아들여지는 것이다.

6) Lewis, J., Lewis, M., Packard, T., & Souflee, F. Jr. (2001). *Management of Human Service Programs* (3rd ed.). Belmont, CA: Brooks/Cole.

7) Shafritz, J., & Hyde, A. (1978). *Classics of Public Administration* (2nd ed.). Chicago: Dorsey Press, pp. 50-55.

8) 참고: Robertson, I. (1981). *Sociology* (2nd ed.). NY: Worth Publishers, pp. 169-172.

9) 규범적(normative) 접근이란 구체적인 기준을 정해 놓고, 이에 비추어 조직의 특성들이 얼마나 부합하는지를 판단하는 것이다. 목적과 수단 간의 정합성을 특정한 가치에 비추어 판단해 보는 방법이다.

10) 테일러는 노동자들이 일에서 취하는 동작과 시간 등을 연구해서 낭비 요소를 찾고, 훈련 등을 통해 없애면 생산성을 향상시킬 수 있다고 보았다. 노동자들은 미처 자신의 작업 과정에 대한 효율성을 연구할 수 없으니, 관리자가 그것을 해야 한다. 이를 근거로 작업 과정을 재정비하면 능률이 오르고, 그로 인해 조직은 이윤이 증가하며, 증가된 이윤이 노동자들에게 환원되면 노동자들도 오히려 도움이 된다는 생각이었다. 참고: Taylor, F. (1912). Testimony Before the U.S. House of Representatives. 〈Schafritz & Hyde, *Classics of Public Administration*, pp. 29-33〉에서 인용.

11) Lewis et al., *Management of Human Service Programs*, pp. 72-95.

12) 참고: Taylor, Testimony Before the U.S. House of Representatives.

13) Hasenfeld, Y. (1983). *Human Service Organizations*. Englewood Cliffs, NJ: Prentice-Hall, p. 21.

14) 굴릭(L. Gulick)과 어윅(L. Urwick), 파욜(H. Fayol) 등이 행정적 관리론의 대표적인 초기 이론가들이다.

15) 참고: Gulick, L., & Urwick, L. (1966). *Papers on the Science of Administration*. NY: John Wiley. 표는 〈Weiner, M. (1990). *Human Services Management: Analysis and Applications* (2nd ed.). Belmont, CA: Wadsworth Publishing, p. 82〉에서 따옴.

16) 참고: Fayol, H. (1984). *General and Industrial Management*. Belmont, CA: Lake Publishing.

17) 카리스마적 독재주의나 엽관(獵官)주의 등에 대한 비판도 이에 근거한다. 카리스마적 독재주의란 카리스마적 리더의 독자적 판단에 기대어 조직을 구성하고, 운영하는 방식을 말한다. 엽관주의란 공직을 사냥한다는 뜻이다. 공직을 사사로운 친소 관계나 금전적 관계 등으로 거래한다는 뜻이다.

18) Moorhead, G., & Griffin, R. (1992). *Organizational Behavior: Managing People and Organizations* (3rd ed.). Boston: Houghton Mifflin, pp. 590-591.

19) Perrow, C. (1986). *Complex Organizations: A Critical Essay* (3rd ed.). NY: Random House.

20) 표는 참고: Weiner, *Human Services Management*, p. 90.

21) Argyris, C. (1964). *Integrating the Individual and the Organization*. NY: John Wiley.

22) 참고: Bargal, D., & Schmid, H. (1989). 'Recent themes in theory and research on leadership and their implications for management of the human services'. *Administration in Social Work, 13*(3), pp. 37-54; Glisson, C. (1990). 'The effect of leadership on workers in human service organizations'. *Administration in Social Work, 13*, pp. 99-116.

23) Child, J. (1995). 'Follett: constructive conflict'. In P. Graham (Ed.), *Mary Parker Follett: Prophet of Management*. Boston: Harvard Business School Press, pp. 87-95.

24) Lewis et al., *Management of Human Service Programs*, pp. 72-95.

25) Hasenfeld, 'Theoretical approaches to perspectives in human service organizations', pp. 28-29.

26) 상게서, pp. 28-29.

27) 번스와 스토커(Burns & Stalker, 1994)는 조직 양식을 '기계적(mechanic)'과 '유기적(organic)'인 것으로 구분한다. 기계적 조직 양식은 고전적 조직 이론의 구조 유형과 유사한 것으로, 공식적 권한과 세분화(specialization), 구조화된 의사소통의 채널 등에 의존한다. 유기적 양식은 유연하고 비공식적이며, 위계적 명령 체인이 아니라 필요한 정보를 가진 사람들에게 자문해서 당면한 문제를 해결하는 데 효과적이라고 본다.

28) 조직 외부 환경의 영향력에 대해서는 참고: Pfeffer, J., & Salancik, G. (1978). *The External Control of Organizations*. NY: Harper & Row.

29) 정치경제학적 관점은 원래 18~19세기에 국가의 정치체계와 시장 자본주의의 경제적 역동성 간의 관계를 조사하기 위한 준거틀로 개발되었던 것인데, 현재는 후기 산업사회의 혼합경제의 구조하에 있는 휴먼서비스 산업과 조직들에 대한 이해에도 많은 도움을 주고 있다. 참고: Austin, D. (1988). *The Political Economy of Human Service Programs*. Greenwich, CT: JAI Press, pp. 19-21.

30) 참고: Wamsley, G., & Zald, M. (1976). *The Political Economy of Public Organizations*. Bloomington: Indiana University Press.

31) Hasenfeld, 'Theoretical approaches to perspectives in human service organizations', pp. 31-33.

32) 자원의존 이론은 참고: Pfeffer & Salancik, *The External Control of Organizations*.

33) Benson, J. (1975). 'The interorganizational network as a political economy'. *Administrative Science Quarterly, 20*(2), pp. 229-249.

34) Hasenfeld, 'Theoretical approaches to perspectives in human service organizations', pp. 31-33.

35) 상게서, pp. 31-33.

36) 신제도 이론이라는 명칭은 기존 제도 이론과의 관계를 구분하기 위한 것이다. 1970~1980년대에 새롭게 주목을 받은 사회학적 관점의 제도적 설명들을 '신'제도 이론이라 한다. 과거 1950년 이전의 제도 이론 혹은 '구' 제도 이론들은 주로 정부나 국가와 같은 거대 공식 제도들을 정치학적 비교 대상으로 삼았다.

37) Hasenfeld, 'Theoretical approaches to perspectives in human service organizations', pp. 31-33.

38) Meyer, J., & Rowan, B. (1977). 'Organizations: Formal structure as myth and ceremony'. *American Journal of Sociology, 83*, pp. 340-363.

39) Hasenfeld, Y. (1992). 'The nature of human service organizations'. In Y. Hasenfeld (Ed.), *Human Services as Complex Organizations*. Newbury Park, CA: Sage, pp. 9-12.

40) 산업 혹은 부문이란 연관된 조직군(서비스공급자, 재정지원자, 규제자 등)을 포함해서 특정 유형의 생산물이나 서비스를 제공하는 사회 내의 모든 조직을 의미하는 것이다. 예를 들어, 정신보건산업이라 하면 정신병원이나 요양시설들을 비롯해서 관련 정부 기관, 의료보험 기관 및 각종 관련 조직들이 그 안에 포함된다.

41) DiMaggio, P., & Powell, W. (1983). 'The iron cage revisited: institutional isomorphism and collective

rationality in organizational fields'. *American Sociological Review, 48*, pp. 147–160.

42) Zurker, L. (1988). 'Where do institutional patterns come from? Organizations as actors in social systems'. In L. Zurker (Ed.), *Institutional Patterns and Organizations*. Cambridge, MA: Ballinger, pp. 23–52.

43) DiMaggio & Powell, 'The iron cage revisited', pp. 147–160.

44) DSM(Diagnostic and Statistical Manual, '정신질환진단 및 통계편람')은 정신질환을 측정하는 도구의 한 유형이다.

45) Hasenfeld, '*Theoretical approaches to perspectives in human service organizations*', p. 36.

46) Mintzberg, H. (1989). *Mintzberg on Management: Inside Our Strange World of Organizations*. NY: Free Press.

47) Bowditch, J., & Buono, A. (1997). *A Primer on Organizational Behavior*. NY: Wiley, p. 262.

48) Mintzberg, H. (1979). *The Structuring of Organizations*. Upper Saddle River, NJ: Prentice Hall.

49) Lewis et al., *Management of Human Service Programs*, pp. 72–95.

50) Schmidt, W., & Finnegan, J. (1992). *The Race Without a Finish Line: America's Quest for Total Quality*. SF: Jossey-Bass.

51) 참고: Hashmi, K. (2016). *Introduction and Implementation of Total Quality Management(TQM)*. https://www.isixsigma.com/methodology/total-quality-management-tgm/introduction-and-implementation-total-quality-management-tgm/

52) Key, *Quality management*, p. 2021. 〈Lewis et al., *Management of Human Service Programs*, p. 89〉에서 재인용.

53) 참고: Ammons, D. (1998). 'Benchmarking performance'. In S. Condrey (Ed.), *Handbook of Human Resource Management in Government*. SF: Jossey-Bass, pp. 391–409.

54) 김영종(2009). "휴먼서비스 산업체계 모형에 의한 사회복지서비스 동향 분석". 한국사회복지행정학, 11(2), pp. 35–73.

55) POSC(서비스구매계약) 방식, 보조금(subsidy) 방식, 바우처(voucher) 방식의 차이에 대해서는 이 책 4장에서 설명한다.

56) TQM 기법들은 참고: Hawkins, F., & Gunther, J. (1998). 'Managing for quality'. In R. Edwards, J. Yankey & M. Altpeter (Eds.), *Skills for Effective Management of Nonprofit Organizations*. Washington, DC: NASW Press, pp. 525–554; Gummer, B., & McCallion, P. (Eds.). (1995). *Total Quality Management*. Albany, NY: Rockefeller College.

57) Hammer, M., & Champy, J. (1993). *Reengineering the Corporation*. NY: Harper Business, p. 32.

58) 이 운동은 1990년대에 기업들의 거시적 환경 변화에서 기인되었다. 이 시기 기업 환경의 주축이 제조업 생산에서부터 정보나 지식 생산을 위한 서비스 조직으로 전이되는 경향과 결부되었다. 참고: Hershey, N. (2005). *Business Process Improvement Through E-Collaboration*. PA: Idea Group Pub.

59) 일종의 '칸막이 현상'이라 불리는 것이다. 예를 들어, 어떤 조직의 부서들이 서로 간에 교류 없이 각자 일을 함으로써 일의 중복, 누락 등의 비효율이 나타난다.

60) 아웃소싱(outsourcing)이란 한 조직이 자체 부서에서 감당하던 일을 조직 외부에 맡겨서 수행되도록 하는 것이다. 일반적으로 '외주를 준다'는 말이다.

61) 이러한 이유들로 인해 1990년대 중반에 이미 BPR을 적용한 기업들의 70~85%가 혁신 효과에서 실패를 본 것으로 보고되었다. 참고: Zell, D. (1997). *Changing by Design: Organizational Innovation at Hewlett-*

Packard. Ithaca, NY: ILR Press, p. 23.

62) Pedler, M., Burgoyne, J., & Boydell, T. (1997). *The Learning Company: A Strategy for Sustainable Development* (2nd ed.). London: McGraw-Hill.

63) Senge, P. (1990). *The Fifth Discipline.* London: Century Business.

64) 예를 들자면, 서울시의 일명 '찾동' 사업에서 이러한 학습 조직의 개념을 강조하는 노력들이 이루어지고 있다.

65) 참고: 권순애(2009). 사회복지조직의 조직학습에 영향을 미치는 요인에 관한 연구. 경성대학교 대학원 박사학위논문.

66) Lewis et al., *Management of Human Service Programs,* p. 94.

67) 김영종, "휴먼서비스 수요·공급의 산업체계적 모형 분석", pp. 3-45.

68) Lewis et al., *Management of Human Service Programs,* pp. 141-164.

69) 사회복지서비스에 내포된 '사회 자본(social capital)' 증진의 목적 등은 쉽사리 가시화된 성과지표로 드러내기 어렵고, 이를 성과로 하는 서비스 공급 계약의 관계는 상상조차 하기 어렵다. 그로 인해 성과관리라는 수단적 목적이 본질적 목적인 복지나 사회 자본의 확대를 오히려 저해하는 현상을 초래할 수 있다. 목적전도(goal displacement) 현상이 나타나는 것이다.

70) 크리밍 효과란 마치 케이크에 크림을 발라서 먹음직스럽게 보이도록 한다는 것에서 유래된 말이다. 영리 부문의 조직들은 얼핏 보면 높은 성과를 내는 것 같이 보이지만, 실제로는 서비스가 수월하거나 비용을 많이 지불할 수 있는 클라이언트를 의도적으로 선별해서 했기 때문에 성과 수치가 높아진 것일 수 있다. 그래서 크리밍 현상이라 한다. 비영리 부문의 조직들은 서비스가 어렵고 비용도 많이 지불할 수 없는 클라이언트를 오히려 조직의 사명 등에 비추어 선호하다 보면, 성과관리에서 중시하는 가시적 성과의 수치에서는 떨어질 수밖에 없게 된다. 이에 대해서는 이 책 16장에서 다시 설명한다.

71) Lewis et al., *Management of Human Service Programs,* pp. 141-164.

72) 참고: http://government.cce.cornell.edu/doc/viewpage_r.asp?ID=Reinventing_Government. 2009. 10.

73) 오스본과 개블러(Osborne & Gaebler)가 제시한 개념이다. 참고: Osborne, D., & Gaebler, T. (1992). *Reinventing Government: How the Entrepreneurial Spirit is Transforming the Public Sector.* Reading, MA: Addison-Wesley.

74) 〈Bryson, J. (1995). *Strategic Planning for Public and Nonprofit Organizations.* SF: Jossey-Bass〉에서 요약.

75) 참고: Janet, D., & Robert, D. (2015). *The New Public Service: Serving, Not Steering.* NY: Routledge.

76) 푸트남(Putnam)은 대인적 관계에 초점을 두어 사회적 자본을 설명했다. 참고: Putnam, R. (1993). 'The Prosperous community: social capital and public life'. *The American Prospect, 13,* pp. 35-42. 반면, 스카치폴(Skocpol)은 사회적 자본의 개발을 장려하기 위한 정부의 역할을 강조했다. 참고: Skocpol, T. (1996). 'Unravelling from above'. *The American Prospect, 25,* pp. 20-24.

제7장
조직 환경과 구조

사회복지서비스는 대개 비영리 조직의 형태를 띤다. 이들 조직의 구조와 작동 방식은 영리 목적의 조직들과는 상당히 다르다. 특히 휴먼서비스를 수행하는 비영리 사회복지조직은 구조나 과정의 설계에서 환경 요소들의 독특한 측면을 감안하는 것이 중요하다.

1. 사회복지조직과 환경

모든 조직에서 환경은 중요하다. 이는 물고기와 물, 개인과 사회의 관계와도 같다. 조직들 가운데서도 공공이나 비영리 조직은 영리 조직에 비해 환경적 맥락으로부터의 영향력을 크게 받는다. 휴먼서비스 사회복지조직에서는 그러한 영향이 더욱 증가되어 나타난다. 그러므로 사회복지조직의 기획이나 활동 과정에서 환경적 맥락과 흐름을 지속적으로 평가, 감안하는 것은 중요한 일이다.[1]

환경이란 조직 외부에 위치하면서 조직의 기능 수행에 영향을 미치는 모든 조건을 뜻한다.[2] 개인이나 집단, 조직, 지역사회, 국가, 제도 등이 모두 이에 해당될 수 있다. 한 조직이 제반 환경 요소들로부터 자신의 존재와 활동 영역을 인정받는 과정을 영역 합의(domain consensus)라 한다.[3] 사회복지조직과 같이 환경의 영향력을 특히 강하게 받는 조직으로서는, 환경에서의 정당성 획득은 내부 자본이나 기술력 등에 못지않은 핵심 자산이 된다.

조직의 환경은 일반환경과 업무환경으로 구분될 수 있다.[4] 일반환경(general environment)이란 조직의 거시적 외부 조건으로, 조직이 속한 일반 사회의 정치/법, 경제, 문화, 인구, 기술적 상황을 말한다. 일반환경은 특정 조직과 직접 관계를 맺지는 않는다.[5] 그럼에도 조직의 업무환경을 변화시켜서 비록 간접적이기는 하지만 막대한 영향력을 행사한다. 업무환경(task environment)이란 조직이 직접 관계하는 외부 기관이나 집단 등의 환경 요소들을 말한다.[6] 모든 조직은 환경에서의 자기 위치에 따라 각기 특유의 업무환경 조건을 갖추고 있다.

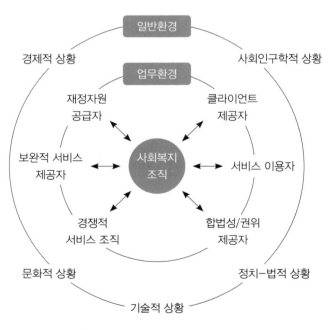

[그림 7-1] 사회복지조직의 환경

[그림 7-1]은 사회복지조직의 대표적인 환경 요소들과 그 관계의 구성을 나타낸 것이다. 여기에서 업무환경 요소들은 사회복지조직과 직접적인 상호작용 관계(↔)에 있는 것이고, 일반환경은 일종의 거시적 사회 상황으로서 업무환경 요소들과 조직의 관계를 둘러싸고 영향을 미친다는 것을 볼 수 있다.

1) 일반환경

일반환경은 개별 사회복지조직에게는 일종의 주어진 환경 조건이다. 비록 이러한 조건이 개별 조직에 직접 관계하지는 않지만, 그럼에도 잠재적 영향력의 크기 측면에서는 보다 광대하다.

인구사회학적 상황   인구 사회적 구조나 성격 변화와 관계된 환경 조건이다. 예를 들어, 우리나라는 현재 저출산·고령화, 결혼이주여성 및 이주노동자의 증가, 여성과 가족의 성격 변화 등과 같은 인구사회학적 상황에 처해 있다. 고령화와 가족 기능 축소 문제가 결부되어 노인 인구에 대한 사회적 돌봄의 욕구가 확대되고, 이주민의 증가로 사회통합 정책의 필요성이 증대된다. 저출산의 상황은 국가사회 전체의 지속가능성 문제를 제기하고 대응책을 자극한다.

정치/법적 상황   사회적으로 자원 흐름의 큰 틀을 형성하는 환경 조건이다. 정치적 과정을 통해 정책이나 법이 만들어지면, 그것은 다양한 경로를 통해 사회복지서비스 수급자(클라이언트)의 자격 조건, 서비스 내용, 전달체계, 재정 환경 방식 등에 광범위한 영향을 미친다. 우리나라에서는 근래 신자유주의적 정치 상황에 따른 다양한 정책 및 법적 요소들의 변화가 사회복지 분야에 지속적으로 영향을 주어 왔다.[7] 사회복지 재정의 지방 이양, 사회서비스 바우처 전략화를 포함해서 휴먼서비스 제반 분야에 대한 시장화와 영리화 정책, 신공공관리론에 의거한 성과관리 방식의 통제 정책 등이 그러한 예다.[8]

경제적 상황   일반 사회의 경기 활황이나 침체, 금융 위기 등과 같은 환경 조건이다. 이는 사회복지조직의 전반적인 재정 형편에 간접적이지만 막대한 영향을 미친다. 경제적 상황에 따라 기업이나 정부, 가계의 투자나 지출이 달라지므로, 사회복지조직에 유입되는 보조금이나 지원금, 후원금의 규모에 영향을 미친다. 또한 잠재적 서비스 이용자들의 서비스 구매력에도 영향을 미치므로, 시장 환경에서 활동하는 사회복지조직으로서는 서비스 공급에 관한 결정이 아예 경제적 상황의 환경 조건에 좌우될 수도 있다.[9]

문화적 상황　　일반 사회의 구성원들이 가지는 가치나 규범 등과 같은 문화적 환경 조건이다. 가치(values)란 '옳거나 그름에 대한 믿음'이고, 규범(norms)이란 '행동의 기준'이다. 휴먼서비스를 수행하는 사회복지조직은 특히 일반 사회의 문화적 상황에 영향을 많이 받는다.[10] 휴먼서비스란 인간 존재의 가치와 규범을 다루고, 그것은 일반 사회의 문화로부터 도출되는 것이기 때문이다. 예를 들어, 노인서비스를 제공하는 어떤 직원이 남성 노인과 여성 노인에 대한 가치 인식과 배려 행동이 다른 이유 혹은 다르다고 인식조차 하지 못하는 이유는 상당 부분 문화적 영향의 지배에서 설명될 수 있다.

기술적 상황　　일반 사회의 지식이나 기술 수준에 관한 환경 조건이다. 사회복지조직이 사용하는 지식과 기술(technology)도 그 범위 안에 있다. 휴먼서비스의 기술이란 인간과 사회에 대한 이해와 개입방법뿐만 아니라, 이를 프로그램화하고 전달하는 조직 체계의 구축에 관한 제반 정보 처리와 도구적 기법까지를 포괄한다.[11] 예를 들어, 정보통신기술(ICT)의 확산이 사회복지조직의 제반 작동에 이미 광범위한 영향을 미쳐 왔다. 사회적 경제 방식으로 조직을 구축하는 사회적 기업이나 협동조합 제도,[12] BSC와 같은 새로운 조직 성과관리 기법의 등장도 사회복지조직에게는 새로운 기술적 상황이 되는 것들이다.[13]

2) 업무환경

업무환경이란 개별 사회복지조직이 직접 관계를 맺고 있는 외부의 개인이나 집단, 조직들을 말한다. 이들은 사회복지조직이 어떻게 작동하는지에 따라 자신들의 이해관계가 걸려 있으므로, 가능한 최대로 영향력을 행사하려 한다.

재정자원 공급자　　사회복지조직에 재정자원을 제공해 주는 외부환경 요소다. 정부나 지자체, 공단과 같은 공공 조직은 보조금이나 사업비, 바우처 등으로 재정자원을 공급해 주고, 민간 조직 차원의 공익재단(예: 사회복지공동모금회)이나 기업재단, 개인이나 단체들도 각종 후원을 통해 재정자원의 공급자 환경 요소가 된다. 시장 방식의 사회서비스를 제공하는 사회복지조직에서는 서비스 이용자가 곧 재정자원의 주요 공급자 요소가 된다. 현재 사회복지조직에 대한 재정자원 공급자 환경은 더욱 다원화되는 추세에 있다.[14]

합법성/권위 제공자   조직이 사회적으로 인정받고 활동할 수 있는 권위 기반을 제공하는 환경 요소다. 사회복지조직에게 법적 요건이나 사회적 인증을 제공하는 조직이나 집단이 이에 해당한다. 예를 들어, 정부나 지자체 조직이 「사회복지사업법」 등에 근거해 특정 사회복지시설의 설치를 허가하거나, 평가나 인증을 해 주는 것은 해당 사회복지조직에게 합법적 권위를 제공하는 것이다. 이러한 역할은 민간 차원의 인증이나 규제 기구들에서 수행될 수도 있다.[15] 이 외에도 시설을 운영하는 법인이 지역사회에서 차지하는 명성, 조직에서 활동하는 전문직(예: 사회복지사)들에 대한 사회적 평판, 클라이언트나 옹호집단의 서비스 조직에 대한 평가 같은 것들이 사회복지조직에게 중요한 합법성과 권위의 원천으로 작용한다.

클라이언트 공급자   사회복지조직에 클라이언트를 공급해 주는 외부환경 요소를 말한다. 아동복지서비스 기관을 예로 들면, 아동의 부모, 지자체의 아동복지담당자, 다른 기관의 전문가(의뢰자) 등이 사회복지조직에 대한 클라이언트 공급자가 된다. 노인복지 기관에서는 노인 당사자나 그 가족, 지자체나 지역사회 기관 담당자, 이웃들이 모두 클라이언트 공급자가 될 수 있다. 클라이언트 공급자 환경은 대개 재정자원의 공급자 환경과 긴밀하게 맞물려 있다. 예를 들어, 클라이언트가 자발적 이용자인 경우와 지자체에서 의뢰되는 경우는 재정자원의 내용이나 성격(예: 이용료와 보조금)도 다르게 된다. 그것은 사회복지조직의 서비스 전달이나 관리 방법까지도 달라지게 만든다. 사회복지서비스 조직들로서는 특히 이 업무환경이 중요하게 간주된다.

서비스 소비자   사회복지조직이 생산하는 서비스를 소비하는 사람이나 집단을 뜻하는 환경 요소다. 여기에는 서비스를 직접 받는 소비자들뿐만 아니라, 그로 인해 간접적으로 혜택을 받는 소비자들도 포함된다. 예를 들어, 노인복지시설 서비스는 돌봄을 받는 노인뿐만 아니라, 부양부담이 감소되는 가족구성원들과 이들의 사회적 생산

력 증진으로 혜택을 보는 국가사회 전체가 비록 간접적이지만 막대한 소비자다. 사회
복지서비스의 경우에는 대개 이러한 간접 혜택의 소비자가 재정자원의 공급자 업무환
경과 일치한다. 사회복지조직은 이처럼 소비자 업무환경의 분리로 인해 조직의 구성
부터 운영에 이르기까지 복잡성 혹은 딜레마를 경험하기 쉽다.[16]

　　　보완서비스 제공자　　　사회복지조직이 하는 일을 거들거나 대행해 주는 외부자들을
말한다. 이들은 클라이언트나 물자뿐만 아니라 합법성과 권위, 신뢰와 같은 요소들까
지도 교환한다. 예를 들어, 지역의 사회복지관이 특정 클라이언트에게 필요한 의료서
비스를 지역사회 병원으로부터 지원받거나 구매할 수 있다. 이 경우 병원은 사회복지
관 조직에 대한 보완서비스 제공자가 된다. 사회복지조직은 서비스 연계와 통합 차원
에서 보완서비스 제공자 업무환경과의 관계가 더욱 중요해진다.

　　　경쟁 조직　　　클라이언트나 재정자원 등을 두고 경쟁하는 관계에 있는 외부 조직들
을 말한다. 사회복지조직의 환경이 과거처럼 선별적 대상자와 정부보조금을 중심으로
구성되었을 때는, 경쟁 조직이라는 업무환경 요소가 큰 의미가 없었다. 특히 클라이언
트가 외부로부터 선별 조치되는 경우에는,[17] 경쟁 자체가 성립되지 않는 것이었다. 그
러나 현재처럼 이용자의 선택권을 강조하는 서비스 환경(예: 바우처 제도)하에서는, 개
별 사회복지조직은 클라이언트나 재정자원을 두고 경쟁하는 조직들을 전략적 분석과
고려가 요구되는 중요한 업무환경의 요소로 간주할 필요가 크다.

2. 조직 구조

　　　조직의 구조란 조직을 구성하는 각 단위들 간 관계의 형태를 말한다. 이는 조직 단
위들에 기능과 권한, 책임 등이 어떻게 나뉘어 있고, 이들이 어떤 위계로 조정되는지
를 나타낸다.[18] 대부분은 공식적 조직의 차원에서 이와 같은 조직 단위들 간 '분화'
와 '조정' 관계에 대한 구조가 제시된다. 일반적으로 [그림 7-2]의 예와 같은 조직표
(organizational chart)가 공식적 조직의 구조를 나타내는 데 사용된다.

　　　단순한 예이기는 하지만, [그림 7-2]의 조직표는 총 42명의 조직구성원들이 사업이

구분	계	A 종합사회복지관 (분관 B복지관 포함) – 26명								부설센터 – 4명			어린이집 – 12명		
		관장	부장	과장	대리	사회복지사	전담인력	서무경리	조리사	기사	아동센터	노인주간	원장	보육교사	취사원
인원	42	1	1	3	4	4	10	1	1	1	2	2	1	10	1

[그림 7-2] 조직표 – 종합사회복지관의 예

나 팀 단위로 어떻게 나뉘어 있는지, 팀 단위들 간 조정의 책임은 누구에게 있는지, 위원회 단위와의 관계는 어떻게 설정되어 있는지 등을 한눈에 보여 준다. 여기에서는 42명이 개인적으로 어떤 친소 관계에 있거나 소집단을 구성하고 있는지와 같은 비공식적인 관계 구조는 나타나지 않는다. 비록 공식적으로 드러내지 않지만, 어떤 조직에서도 비공식적 조직 구조는 실제로 존재한다. 이는 조직구성원들의 사기나 태도, 행동의 상당 부분을 결정하고, 그로 인해 조직의 생산성에도 영향력을 미치는 만큼 중요하게 간주되는 것이다.[19]

그럼에도 조직의 합리적 기능 수행을 설계하거나, 외부 환경 요소들과의 관계에서 조직을 대변할 때 필요한 구조는 공식적인 측면을 따른다. 비공식적 조직 구조로서는 그러한 필요성을 충족시킬 수 없기 때문이다. 공식적 조직 구조는 크게 세 가지 차원을 다루고, 이를 통해 나타낸다. 조직의 업무와 기능에 대한 세분화, 분화된 단위들 간 조정에 관한 위계화, 규정과 절차의 엄격성에 관한 정형화가 그것들이다.

1) 업무 세분화

업무 세분화란 한 조직 내에서 분업(分業), 즉 업무들이 나뉜 정도를 뜻한다. 어느 조직에서든 분업은 기본적인 속성이다. 업무 세분화란 단지 어느 정도로 할 것인지의 문제이지, 할지 말지의 문제는 아니다. 동일한 크기의 조직이라면, 직무 단위나 직위의 수가 많은 조직일수록 업무 세분화의 정도가 높다고 말한다.[20]

조직이 업무를 세분화하게 되면, 그에 따른 장·단점은 〈표 7-1〉과 같이 나타난다.

표 7-1 업무 세분화의 장 · 단점 비교

장점	단점
· 업무와 기술의 단순화 · 특화된 기술 개발과 숙련의 용이 · 효율성 증대 · 관리와 감독의 용이	· 업무자의 매너리즘 · 클라이언트의 혼란 · 업무들 간 조정의 어려움과 비용 증가

세분화된 조직 구조에서는 각 세부 단위들의 일과 기술이 단순화되어 업무자들의 숙련성이 높아지고, 그에 따라 조직의 효율성이 높아질 수 있다. 관리자의 입장에서는 관리와 감독이 한층 수월해진다.

업무와 기술의 단순화   업무 단위들이 세분화되면, 각 업무 단위를 맡은 직원이 수행하는 일의 성격은 단순하게 된다. 담당 직원이 수행해야 할 역할에 대한 규정도 단순해지고, 일을 하는 데 필요한 기술의 범위도 좁아지게 된다.

특화된 기술 개발과 숙련의 용이   업무들이 단순화되고 적용할 기술 또한 분명하게 쪼개지게 되면, 각각을 담당하는 직원은 자신에게 주어진 한정된 역할과 기술에만 집중할 수 있게 된다. 그에 따라 각 업무에 대한 특화된(specialized) 기술을 개발하거나 깊이 있게 숙련하는 것이 용이해진다.[21]

관리와 감독의 용이   일을 쪼개어서 단순하게 만들면, 각각의 업무를 처리하는 데 걸리는 시간은 줄어들어 각자의 효율성은 증가할 수 있다. 그러나 이로 인해 전체 일 처리가 효율적이 될지는 알 수 없다. 일을 나누게 되면, 나눈 일들을 서로 연결해야 하는데, 이에 따른 비용과 노력도 들기 때문이다. 그러므로 업무 세분화로 인한 효율성 증대의 효과는 상황에 따라 달라질 수 있다.

관리와 감독의 용이   세분되어 단순화된 업무 단위들에 대해서는 구체적인 업무 규정을 두기가 쉽고, 그로 인해 관리자가 각 업무의 담당자들을 관리하고 통제하기가 수월해진다. 또한 해당 업무의 특성을 고려해서 그에 적합한 조건을 갖춘 직원을 찾아 배치하는 등의 합리적 인력 운용이 용이해진다.

일반 조직 이론에서 제시하는 이와 같은 업무 세분화의 장점은 사회복지조직에는 그대로 적용되기 힘든 부분도 많다. 전문직 성향이 강한 일을 수행하는 사회복지조직에서는 업무 세분화가 오히려 문제의 소지로 작용할 수도 있다. 개별화된 사례에 대한 통합적 서비스 접근을 지향하는 데 있어서, 세분화된 조직 구조의 틀은 오히려 불리한 측면이 있기 때문이다.

또한 모든 조직에서 업무 세분화는 그 자체로 단점을 가질 수 있다. 또는 세분화로 인한 장점을 뛰어넘는 만큼의 부정적인 결과를 초래할 수도 있다. 조직 구조의 업무 세분화로 인한 단점은 대표적으로 다음과 같다.[22]

업무자의 매너리즘   단조로운 역할과 활동이 반복되면, 업무자가 싫증과 나태를 느끼기 쉽다. 일상적인 일을 기계적으로 되풀이하다 보면 업무자는 매너리즘에 빠지기 쉽다. 업무에 대해 고정 관념이 생겨나고, 기존의 일 처리 방식에 안주하려 한다. 휴먼 서비스 조직에서 분업화로 인한 업무자들의 매너리즘은 클라이언트 문제와 욕구에 대한 '전일성'과 '개별화' 원칙을 저해하는 문제를 유발한다.[23]

클라이언트의 혼란   서비스나 프로그램 구조의 세분화가 클라이언트에게 문제로 작용할 수 있다. 하나의 서비스가 세부 업무 단위들로 쪼개진다는 것은 그만큼 클라이언트 문제와 욕구들도 세분화되어 처리된다는 것을 뜻한다. 세분화된 일 처리의 과정에서 각 업무 단위가 서로 일관성 없는 기준을 사용하거나 협조가 되지 않으면, 클라이언트는 서비스 활용에서 어려움과 혼란이 발생한다.

　　업무 조정에 따른 비용　　업무 세분화의 원래 목적은 조직 전체의 일을 보다 효율적으로 수행하기 위함이다. 그런데 이 같은 세분화의 효율성 목적이 단지 분화된 업무 단위들 각자에서만 나타날 수도 있다. 사람의 신체로 비유하자면, 팔과 다리가 각기 아무리 튼튼하더라도 '팔, 다리가 따로 놀면 안 되는' 것이다. 조직에서 업무들이 세분화되면 그들을 조정해야 할 필요성도 그만큼 높아진다. 업무를 조정(coordination)한다는 것은 분화된 기능을 수행하는 업무 단위들이 전체 조직의 목적에 기여하도록 상호 연계하고 통제(control)한다는 것이다. 문제는 이러한 조정에도 에너지와 비용이 든다는 점이다. 그로 인해 분화된 단위 업무들에서 발생하는 효율성으로 조정에 따른 비용조차 상쇄하지 못할 수도 있다.

　　어떤 조직에서든 업무 분장(세분화)은 필요하다. 다만, 그 정도와 방법을 어떻게 할지에 따라 조직 구조의 유형은 달라진다. 대체로 휴먼서비스 사회복지조직들에서는 업무 세분화를 통한 효율성의 장점은 살리면서도, 그에 따른 부정적인 영향은 억제할 수 있는 조직 구조의 대안적 방안들을 모색하는 경향이 있다. 다음이 그 대표적인 것들이다.[24]

　　사례관리(case management)　　서비스의 세부 업무 단위들을 개별 클라이언트 사례의 전일적 욕구 위주로 통합 재구성하기 위한 접근이다. 사례관리는 개별 사례에 대한 사정, 연결, 옹호의 역할을 주된 활동으로 구성한다. 사례관리자의 책임하에 개별 사례의 복합적 문제들이 조직 내·외의 업무 분장 서비스 단위들과 연결되고, 모니터링 관리와 옹호의 과정을 통해 조직 구조의 조정과 통합 기능이 이루어지는 방식이다. 사회복지 분야에서는 서비스 업무가 이미 세분화된 조직 구조의 상태에 있다는 점을 인정하면서도, 그로 인한 단점(업무 단위들 간 칸막이 문제 등)을 보완하기 위해 사례관리를 현실적인 대안으로 많이 사용한다.

　　사례옹호(case advocacy)　　클라이언트 사례를 주로 옹호자의 관점에서 다루는 것으로, 사례관리의 기능 중 한 부분으로 간주되기도 한다. 사례 혹은 클라이언트 옹호자는 클라이언트의 욕구와 권익을 대변하는 기능과 역할을 주로 수행한다. 이 과정에서 사례관리의 경우와 마찬가지로, 클라이언트의 욕구를 세분해서 다루는 업무 단위별 조직 구조의 상황이 클라이언트의 통합적 욕구를 중심으로 대변되도록 하는 업무 조정의 효과가 가능해진다.

　　치료팀(treatment team)　　팀을 활용해서 클라이언트의 문제 해결을 통합적으로 시도하는 접근 방안이다. 치료팀의 방안도 역시 조직의 세분화 업무 구조는 인정하면서, 한편으로는 개별 클라이언트의 문제를 통합적 관점으로 다루려는 대안적 노력이다. 다만 사례관리나 사례옹호의 접근이 관리자의 개별적인 노력이나 역할을 위주로 하는 것이라면, 치료팀 접근은 서비스 단위들의 공동 참여를 서비스의 조정과 통합의 기제로 한다는 점이 차이다.

　사례관리나 옹호, 치료팀 등은 모두 조직 구조의 업무 세분화로 인한 단점을 보완하려는 목적에서 시도되는 것이다. 그러나 이들 또한 장점만 있는 것은 아니다. 여기에도 비용의 문제는 반드시 수반된다. 사례관리자나 옹호자를 유지하는 데 드는 비용, 개별 업무자들이 치료팀의 모임과 일을 추가적으로 해야 하는 데 따르는 노력과 시간, 비용들도 만만치 않을 수 있다.

　비교적 낮은 비용으로 업무 세분화의 단점을 보완하는 방안들도 제시되어 왔다. 조직이나 업무 구조 자체를 조정하기보다는, 개별 업무자들의 동기나 역량을 강화시키는 노력이 이에 해당한다. 개별 업무자들이 담당하는 직무의 초점과 범주를 넓혀 주는 것(직무 확대, job enlargement)이라든지, 업무자들을 가급적이면 다양한 성격의 이질적인 직무들에 순환 배치시키는 전략(직무 순환, job rotation)이 대표적인 예다.[25] 그러나 이들 역시 업무 세분화의 장점을 동시에 훼손할 가능성을 내포하는 한계를 가진다.

　사회복지조직의 구조에 대한 설계는 일차적으로 업무 세분화의 방식과 정도를 다루는데, 그로 인한 단점을 보완할 수 있는 방안을 모색하는 것까지도 포함한다. 대체로 사회복지조직에서는 지나친 업무 세분화로 인해 발생하는 단점과 비용이 일반 조직들에 비해 크게 나타나기 쉽다. 전일성과 개별화를 추구하는 휴먼서비스의 특성이 강조

되기 때문이다. 그럼에도 서비스 분야들마다 다양한 성격 차이가 있으므로, 개별 사회
복지조직의 업무 세분화 구조에 대한 선택과 판단은 그에 의거해서 합당하게 이루어
져야 한다.

2) 위계화

조직의 구조에서 업무 세분화가 조직 단위들의 분화 상태를 나타낸다면, 위계화란
그러한 단위들이 연결되는 방식을 말하는 것이다. 위계(hierarchy)라는 용어는 일반적
으로 계층 혹은 서열을 뜻한다. 조직 구조의 위계화는 분화된 업무 단위나 업무자들을
권력과 권한의 배분을 통해 서열화해서 지휘-따름과 의사결정의 계통이 성립되게 하
는 것이다. 이는 조직의 통제와 조정 기능을 위해 필수적이다.

권한(authority)이란 조직이 목표 수행에 필요한 결정을 내리거나, 직원 행동을 지휘
하고, 자원을 할당하고, 상벌을 실시하는 등에 사용하는 합법적 권리를 말한다.[26] 어
떤 조직에서든 업무를 조정하고 직원들이 순응하게 하려면 누구에게 어떤 권한이 주
어져 있는지가 분명하게 규정되어야 한다. 권한이란 곧 의사결정의 권리를 의미하고,
거기에는 책임도 함께 부과된다.

의사결정(decision making)이란 업무 수행 중 나타나는 대안 선택의 행위를 말한다.
사회복지조직은 조직의 사명이나 목표를 설정하는 것에서부터 특정 서비스 기술의 채
택, 인적자원의 구성, 환경 요소들의 선택과 관리 등에 이르기까지 무수히 많은 의사
결정이 필요하다. 조직에서 의사결정이 이루어지고 지켜지려면 그에 관한 권한과 책
임이 각각의 업무 단위들에로 배정된 구조가 필요하다. 위계화란 곧 조직에서의 그 같
은 의사결정의 권한과 책임 구조를 짜는 것과도 같다.

모든 조직에서 위계 구조는 필요하다. 다만, 세분화와 마찬가지로 위계 구조 역시
조직에 따라 어느 정도로 할지에 따른 차이가 있다. 조직 내 권한의 배분, 의사결정 방
법 등에서의 차이를 기준으로 조직의 위계 구조는 크게 '집권식'과 '분권식' 유형으
로 나뉜다. 조직 내에서 의사결정의 권한이 상층 소수에게 집중되어 있을수록 집권식
(centralized)이라 하고, 전층 다수에게 분산되어 있을수록 분권식(decentralized)이라 한다.

하나의 조직이 반드시 한 가지 유형의 위계 구조만을 가지는 것은 아니다. 한 조직 내에서도 다양한 의사결정의 영역들이 존재할 수 있다. 그래서 한 조직이 어떤 영역에서는 집권식 위계 구조를, 다른 영역에서는 분권식 위계 구조를 가질 수도 있다. 많은 사회복지조직에서 예산이나 인사 영역은 집권식으로, 프로그램이나 서비스 실행의 영역은 분권식으로 위계 구조를 설정하는 경향이 있다.

3) 정형화

조직 구조의 정형화는 위계화와 대부분 밀접히 관련되어 있다. 조직의 정형화 (formalization)는 의사소통이나 의사결정의 방법, 절차와 관련된 것으로, 업무 수행의 신뢰성과 일관성을 높이기 위해 개별 업무자들의 재량이나 임의적 행동의 반경을 제한하고, 의사결정 과정을 일상적인 절차로 처리하는 것을 뜻한다.[27] 모든 공식 조직은 정형화된 구조를 가진다. 다만, 세분화나 위계화와 마찬가지로 조직 구조가 어떤 정도의 정형화를 필요로 하는지는 조직들마다 다를 수 있다.

한 조직의 정형화 정도는 사전에 설정된 규칙이나 절차에 업무자들이 얼마나 의존하는지를 보면 파악될 수 있다. 업무자들의 행동이 각종 행정 규제나 절차에 세세하게 규정되어 있을수록, 업무 처리가 문서화 등의 명시적 수단을 수반하는 경향이 많을수록, 그 조직의 구조는 정형화의 정도가 높다고 한다.

업무 과정을 정형화하면 할수록, 업무 처리의 일관성은 확대될 수 있다. 조직 내 업무와 업무자들의 역할이 사전에 명확히 제시되어 있으면, 조직구성원들이 서로에 대한 역할 기대를 분명히 할 수 있으므로 혼란을 방지할 수 있다. 또한 개별 업무자들이 자신의 직위에 수반된 권한을 임의로 사용하는 것을 막을 수도 있다. 관료제 조직의 많은 순기능은 대개 이러한 정형화 조직 구조의 장점에 관한 논리로써 뒷받침된다.

한편, 조직 구조의 정형화로 인한 단점도 만만치 않다. 이는 관료제 조직의 역기능이나 폐해와도 결부되어 있다. 일을 정형화하게 되면 의사소통의 과정이 미리 정해진 규칙이나 절차들에 따라야 한다. 그로 인해 일처리의 과정이 내부적으로 경직성을 띠게 되고, 외부 환경의 요구나 변화에 조직이 역동적으로 대응하는 것을 어렵게 한다.

또한 그러한 경직성이 조직 내 업무자들의 창의력과 자발성을 저해시켜 업무 수행의 효과성을 떨어뜨릴 수도 있다. 이는 특히 유연하고 불확정적인 서비스 기술을 사용해야 하는 휴먼서비스 조직들에는 심각한 문제로서 작용한다.

위계화의 경우와 마찬가지로, 조직 구조의 정형화는 어느 정도가 적절할지에 관한 결정이 중요하다. 조직들마다 각기 처한 상황이 다르다고 본다면, 조직마다 그에 가장 부합되는 정도의 정형화를 채택하는 것이 중요하다. 한편, 한 조직 내에서도 각기 다른 업무 영역들마다 정형화의 필요성 강도가 각기 다른 양상으로 나타날 수 있다. 예를 들어, 정부보조금에 대한 경리 업무는 전문적 상담이나 수퍼비전 업무의 영역에 비해 업무의 정형화 강도가 높아야 할 것이다.

조직 구조에서 위계화와 정형화는 일정한 상관관계가 있다고 본다.[28] 대체로 조직 구조의 위계가 집권식일수록 정형화의 정도는 높고, 분권식일수록 낮게 된다. 그러나 이러한 관계가 반드시 획일적이지는 않다. 경우에 따라서는 조직이 다루는 업무의 속성이 단순해서 정형화는 용이하지만, 서비스 기술이 명확하게 정의되지 않아서 집권식 위계가 적절치 않을 수도 있다. 그러므로 조직 구조의 정형화 역시 개별 조직마다의 독특한 상황에 적합한 판단이 요구된다.

3. 행렬조직

행렬조직(matrix organization)은 조직 구조의 독특한 방법 중 하나다. 일반적인 조직 구조는 보통 기능별로 업무 단위들을 나누고, 그들을 집권식 위계의 구조로 연결시켜 체계화하는 방법을 택한다. 전형적인 관료조직의 구조가 보통 이와 같다. 행렬조직은 거기에 하나의 구조, 즉 팀 구조를 더 추가하는 형태다.[29] 이는 조직에서의 업무 세분화와 집권식 위계 구조의 필요성을 인정하면서도, 한편으로 그에 수반되는 문제들(예: 업무들 간 수평적인 협력 관계의 어려움)에 대처하려는 시도다.

[그림 7-3]의 예에서 보는 것처럼, 행렬조직의 구조에서는 권한이 두 개의 라인으로 구성된다. 하나는 부/과의 업무 분장과 집권식 위계 구조에 의한 라인(세로의 네모 실

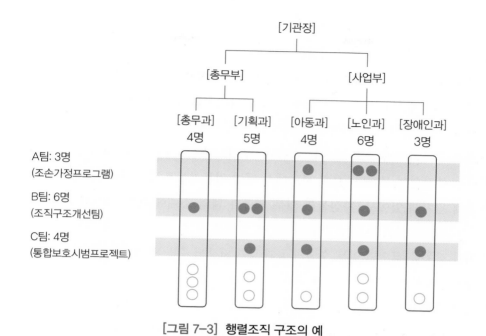

[그림 7-3] 행렬조직 구조의 예

선)이고, 다른 하나는 팀 단위의 분권식 위계 구조의 라인(가로의 음영 박스)이다. 세로의 업무 구조 바탕에다 가로의 팀 구조를 겹쳐서 설치하는 까닭에 행렬(매트릭스) 구조라고 하는 것이다.

[그림 7-3]에서는 관리자를 제외한 모든 직원(○, ●)이 일차적으로는 기능별 업무 분과에 소속되어 위계적 라인의 지휘를 받는다. 이것만으로는 일반 조직들과 차이가 없다. 행렬조직이 되려면 여기에다 팀 구조를 걸쳐야 하는데, 직원들을 한시적으로 운영되는 특정 프로그램이나 프로젝트에 겸직시키는 것이다. 팀에 속한 직원들(●)은 해당 팀 구조에서 부과하는 의무와 책임도 따라야 한다.

팀은 보통 한시적 임무를 수행하기 위해 설치된다. 일반적으로 행렬 구조는 상시적 기능 수행을 위한 업무 분과와 임시적 프로젝트 수행을 위한 팀이라는 이중적인 목적을 동시에 교차 수행하는 데 유용하다. 하나의 조직 구조로써 업무 분화의 필요성과 업무들 간 조정 기능을 동시에 추구할 수 있다는 것이 대표적인 장점이다.[30]

이러한 행렬 구조의 장점은 조직이 불확실하고 역동적인 환경에 처해 있을 경우에 특히 유용하다.[31] 일상적 기능들은 수직적 구조를 통해 안정적으로 수행되면서, 프로젝트 등과 같이 외부환경에 영향을 받는 불안정한 기능들은 조직의 수평적 팀 구조를 통해 탄력적으로 조정해 나갈 수 있게 해 주기 때문이다.[32] 즉, 집권적이고 정형화된 조직 구조의 장점인 안정성과 함께 분권적 비정형화 구조의 장점인 탄력성을 동시에 갖출 수 있게 해 준다는 것이다.

행렬 구조의 단점들도 적지는 않은데, 무엇보다 두 개의 권위 라인을 유지하는 데 따르는 복잡성이 문제다. 행렬 구조에서 개별 업무자들은 수평적·수직적 기능들의 교차점에 위치해 있어서, 자신들의 업무 역할과 책임 소재에 대한 인식이 혼동될 수 있다. 한 개인이 분과와 팀에서의 이중적인 역할을 갖게 됨에 따라, 업무자들이 역할 긴장이나 갈등을 겪으면 업무 수행의 효과성도 저감될 수밖에 없다.

행렬조직에서 이중적 역할의 부과는 한편으로 업무자들의 업무 수행에 따른 평가도 어렵게 한다. 평가에 필요한 책임 기준과 자료들까지도 이중적으로 분산되기 때문이다. 이 외에도 프로젝트 팀들 간 관계가 수평적으로 분화되어 있어서, 이들 간 업무 조정에 대한 권한이 규정되지 않는다는 점도 문제로 나타난다. 이는 팀들 간 갈등을 유발시켜, 애초 행렬 구조를 통해 기대했던 조직 전체의 기능적인 협력을 오히려 저해할 수도 있다.

대부분 사회서비스 조직들에서는 이러한 행렬 조직의 구조를 일정 정도 갖추고 있다. 직원들은 기능별 업무 분과에 배속되어 있으면서, 일시적으로 부과되는 프로젝트를 수행하기 위해 팀 단위로 할당되는 경우가 많다. 대개의 경우 이들 조직에서는 행렬조직 구조의 팀제가 큰 거부감 없이 받아들여지는 경향이 있다. 그만큼 외부환경의 유동적인 요구들을 한시적으로 처리할 필요가 많기 때문이다. 그럼에도 행렬 구조를 어느 정도로 활용할지에 대한 결정은 여전히 필요하며, 그것은 개별 조직의 상황에서 순기능과 함께 역기능에 대한 가능성까지도 고려되는 것이어야 한다.

4. 사회복지조직의 구조 선택

조직의 구조를 어떻게 해야 좋을지에 대한 획일적인 답은 없다. 구조의 세분화와 위계, 정형화를 어느 정도로 할지, 행렬조직과 같은 대안 구조를 도입할지 등에 대한 판단은 개별 조직의 상황에 따르는 것이 바람직하다. 이때 상황이란 개별 조직들의 사명이나 서비스에 따른 특성일 수도 있고, 외부환경과의 관계에서 요구되는 것일 수도 있다. 외부환경의 영향을 강하게 받는 대부분의 사회복지조직은 특히 외부적 상황에 적합하게 대응할 수 있는 조직 구조를 갖추는 것이 중요하다.

개연성 혹은 상황적합 이론에 따르면, 한 조직의 구조적 특성은 그 조직이 처한 환경과 사용하는 기술에 따라 다양한 형태로 결정될 수 있다고 본다.[33] 조직이 안정적이고 예측 가능한 환경에 처해 있을 때는 집권식-정형화된 조직 구조가, 불안정하고 변화가 심한 환경에서는 분권식-비정형화 구조가 대체로 더 효과적일 것이라고 본다. 조직이 사용하는 서비스 기술이 일상적이고 표준화가 가능하다면, 조직의 의사결정과 권한 행사는 집권식-정형화를 따르기 쉽다. 반면, 기술이 비일상적이고 불확정적인 경우에는 분권식-비정형화 구조를 통해 개별 업무자들의 재량권을 확대하고 유연하

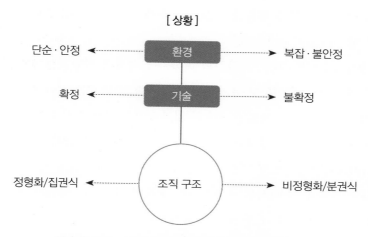

[그림 7-4] 환경/기술 상황에 적합한 조직 구조화

게 대처할 수 있게 하는 것이 효과적일 수 있다. 이를 간단히 요약해서 나타내면 [그림 7-4]와 같다.

사회복지조직은 대개 휴먼서비스의 특성에 따른 불확정적 기술을 보유하고, 복잡하고 불안정한 환경이라는 상황하에 처해 있다. 휴먼서비스는 서비스 제공자와 이용자 간의 강도 높은 대면적 상호작용을 통해 이루어진다. 이러한 성격의 서비스는 과정(process) 속에서 효과가 발생하고, 변화해 간다. 그래서 미리 만들어진 표준화되고 고정된 규칙이나 절차를 통해 통제하기 힘들다. 굳이 그렇게 통제할 수는 있더라도, 이는 상황에 부적합한 조직 구조가 만들어 내는 비효과성의 문제를 야기하기 쉽다.

이 외에도 사회복지조직에서의 과도한 집권식과 정형화 구조는 전문직 업무자들의 재량권 활용을 억제하여 서비스 효과성을 저해하고, 직무만족도나 사기를 떨어뜨리는 원인으로 작용한다는 연구 결과들도 많다.[34] 그러나 이러한 문제점들에도 불구하고, 어떤 사회복지조직에서도 업무들 간 조정과 책임성 구현을 위해서는 어느 정도의 위계와 정형화는 필요하다. 문제는 정도의 적절성이다. 사회복지 현장에서 분권식-비정형화보다는 집권식-정형화 위계 구조에 대한 논란이 많은 것은, 그만큼 휴먼서비스 상황에 적합지 않은 과도한 집권식-정형화가 현실적으로 존재하고 있음을 나타내는 것이다.

휴먼서비스 사회복지조직의 상황은 일반적인 관료제 조직과는 다르므로, 그에 따른 대안적 조직 구조의 방향에 대한 논의들도 계속해서 이루어지고 있다. 대표적으로는 다음과 같은 방향이 제시된다.

위계적 구조에서 유기적 구조   환경의 변화가 급속하게 진행되는 경우에 조직은 그에 적응하기 위해 보다 유연하고 유기적인 조직 구조를 갖추는 것이 필요하다.[35] 집권식 위계의 정형화된 조직 구조로는 급속한 외부환경의 변화에 신축적으로 대응하기가 어렵기 때문이다. 외부환경 변화에 따른 대응 논의들이 전체 조직구성원들 간에 활발하게 이루어지게 하려면, 조직 구조는 일종의 느슨한 결합(loosely coupling)을 통한 유기적 구조가 적절하다.[36] 이러한 구조에서는 조직의 각 부서 단위들이 비교적 자율적으로 움직이고, 조정을 위한 권한 행사도 최소한의 수준에서 이루어진다.

관료제 구조에서 소규모 임무중심(task force) 구조   전형적인 관료제 구조의 규칙성과 고정성은 안정된 환경에서는 효율성을 발휘할 수 있지만, 변화가 심한 환경에서는 오히려 그로 인한 둔감성이 문제가 된다. 따라서 변화하는 환경에 적응하기 위해서는 조직의 구조를 소규모 테스크포스(task force) 단위에 근거하는 것이 적합할 수 있다.[37] 이러한 테스크포스 팀과 같은 임기응변적(ad hoc) 구조는 운영의 유연성, 변화에 대한 적응력, 자원 제공자와 클라이언트의 직접 대응 등을 용이하게 한다.[38]

　　전문직 중심의 구조　　　휴먼서비스 조직에서는 인력 중 전문직이 차지하는 비중이 높다. 전문직은 일반직에 비해 일에서 보다 많은 자율성을 필요로 하고, 그래서 조직의 의사결정에 참여와 권한을 더 많이 요구할 수밖에 없다.[39] 정형화되고 집권식 위계 구조의 조직에서는 이 같은 전문직의 성향이 적절히 발휘되기 힘들다. 전문직 중심의 조직 구조로 만든다는 것은 관료제의 특징인 조직 자체에 대한 충성(loyalty)을 전문직에 대한 충성으로 상당 부분 대체한다는 것을 뜻한다.[40] 기계적 관료제 조직이 휴먼서비스 원리와 부조화되는 부분은 전문적 관료제의 조직 구조를 통해 보완될 수 있다고 본다.[41]

미주

1) Garner, L. (1989). *Leadership in Human Services*. SF: Jossey-Bass, p. 7.

2) Hawley, A. (1968). 'Human ecology'. In D. Silles (Ed.), *International Encyclopedia of Social Sciences*. NY: Macmillan, pp. 328-337; Schmid, H. (2009). 'Agency-environment relations: understanding external and natural environments'. In R. Patti (Ed.), *The Handbook of Human Services Management* (2nd ed.). Thousand Oaks, CA: Sage Pub, pp. 411-434.

3) Thompson, J. (1967). *Organization in Action*. NY: McGraw-Hill, p. 26.

4) 참고: Hall, R. (1977). *Organization: Structure and Process* (2nd ed.). Englewood Cliffs, NJ: Prenctice Hall.

5) Hasenfeld, Y. (1983). *Human Service Organizations*. Englewood Cliffs, NJ: Prentice Hall, p. 51.

6) Schmid(2009)는 이를 자연적 환경(natural environment)이라 하는데, 조직이 다른 조직이나 집단들과 함께하면서 그 안에서 생존하고 활동하는 환경이란 의미에서다. 참고: Schmid, 'Agency-environment relations', pp. 411-434.

7) 이 같은 정치적/법적 현상은 다른 나라들에서도 거의 유사하게 나타난다. 미국은 1996년의 복지 개혁을 통해 개인적 책임을 강조하는 사조가 본격화되었다. 1930년대 케인즈주의에 의한 뉴딜(New Deal) 정책 이후의 정부 책임의 철학과 정치적 사조는 퇴조하고 있다. 민영화와 시장화, 효율적 정부가 행정 관리론의 요체가 되고 있다. 참고: Bryson, J. (1995). *Strategic Planning for Public and Nonprofit Organizations*. SF: Jossey-Bass, p. 89; Lewis, J., Lewis, M., Packard, T., & Souflee, F. (2001). *Management of Human Service Programs* (3rd ed.). Belmont, CA: Brooks/Cole, pp. 23-41.

8) 상당수 사회복지서비스 분야에 대한 예산이 2005년의 '분권교부세' 형태로 중앙정부에서부터 지방정부로 이양되었으며, 2015년부터는 이를 보통교부세로 통합해서 지방교부세에 포함시켰다. 신공공관리(new public management) 방식의 핵심은 중앙정부 부서들 간, 중앙정부와 지방정부 간, 정부 조직과 민간 조직들 간의 관계를 투입(input)과 같은 과정 통제가 아닌 산출(output)이나 성과(outcome)와 같은 수행결과를 갖고서 효율적으로 관리한다는 것이다. 참고: 박경돈·이재원(2009). 사회복지정책과 성과관리 [2009년 한국사회서비스학회 추계세미나 발표문], pp. 31-67.

9) 한편, 전형적인 사회복지서비스 조직들의 경우에는 경제적 환경 조건이 딜레마의 근원으로 될 수도 있다. 일반사회의 경제가 불황이면 서비스 수요는 늘어나는 반면 환경으로부터 유입되는 재정 자원은 부족해진다. 경제가 호황이면, 그 반대가 된다.

10) *Hasenfeld, Human Service Organizations*, p. 55.

11) Taylor, J., & Felten, D. (1993). *Performance by Design*. Upper Saddle River, NJ: Prentice Hall, p. 54; Hasenfeld, *Human Service Organizations*, pp. 110-147; Lewis et al., *Management of Human Service Programs*, pp. 23-41.

12) '사회적 기업'이란 공익의 목적과 이윤추구의 목적이 결합된 형태다. '사회적 협동조합'이란 대개 사회서비스를 중심으로 조합원이 활동하는 협동조합을 말한다. 전형적인 시장 경제와 대조해서 이들을 사회적 경제 방식이라 한다.

13) BSC는 Balanced Score Cards의 약자다. 기존의 조직 성과에 대한 평가 방식이 결과적 성과(예: 이윤 등의 재무성과)에만 치우쳐 있다는 문제를 제기하고, 과정이나 구조적 성과를 포함한 보다 다양한 점수표(scorecards)를 균형적으로 포함하는 평가 기술이다.

14) 다원화란 하나의 조직이 재정자원을 확보하는 원천들의 유형이 다양하게 된다는 것을 의미한다. 각기 다른

유형의 재정자원 요소들은 각기 다른 요구와 수행 방식을 제시하는 경향이 있다. 이에 따라 사회복지조직은 이들이 각기 제시하는 다양한 이해관계(interests)에 부합하거나 조정하려는 노력이 보다 중요해진다.

15) 예를 들어, 사회복지공동모금회는 프로그램 공모사업에 선정된 사회복지기관들에게 '사랑의 열매' 현판을 붙여 줌으로써 사회복지공동모금회가 가지는 합법성/권위의 이미지를 제공해 준다.

16) 딜레마는 서비스 수급자와 혜택자의 욕구가 대립적 양상을 띨 경우에 발생한다. 정신질환자와 가족 혹은 지역사회 간에 욕구 대립(퇴원과 입원)이 나타나는 소비자 환경에서 정신병원 조직은 딜레마가 초래된다.

17) 조치(措置)란 보조금을 주는 기관(정부, 지자체)에서 클라이언트를 특정 사회복지기관에 가서 서비스를 받도록 하는 것이다. 1990년대까지 생활시설에 입소는 조치 제도로 이루어져 왔다.

18) Kast, F., & Rosenweig, J. (1970). *Organization and Management: A Systems Approach*. NY: McGraw-Hill, p. 207.

19) Patti, R. (1983). *Social Welfare Administration: Managing Social Programs in a Developmental Context*. Englewood Cliffs, NJ: Prentice-Hall, p. 127.

20) 직무(job)란 조직 내 직책에서 책임을 가지고 '맡는 일'의 뜻과 같다. 직위(position)란 특정 업무와 관련해서 한 사람이 맡는 일자리의 유형을 말한다. 직위란 흔히 직무와 혼용되기도 하는데, 보통 직무를 가진 사람의 조직 내 위상을 중심으로 나타내는 말이다. 이에 대해 이 책 9장에서 설명한다.

21) 여기서 특화된(specialized)이란 전문적(professional)과는 구분해야 한다. 전자는 나뉜 일에 대한 특별한 기술이 증가되는 것을 말하고, 후자는 보다 포괄적인 의미에서 전문가와 전문직(profession) 방식으로 일을 하는 것을 뜻한다. 예를 들어, 사회복지사는 특화된 기술을 갖추었기 때문만이 아니라, 사회제도적인 규제와 재가(sanction)를 통해서 전문직으로 인정되는 것이다. 참고: 김영종(2014). "한국 사회복지전문직의 제도적 전문성 경로와 대안적 정향". 사회복지정책, 41(4), pp. 377-404.

22) Patti, *Social Welfare Administration*, p. 128-133.

23) 전일성은 분업의 논리와 대치되고, 개별화는 표준성의 논리와 대치된다. 휴먼서비스의 전일성과 개별화 특성에 대해서는 이 책 1장 및 4장을 참조한다.

24) Patti, *Social Welfare Administration*, pp. 129-130.

25) 이에 대해 이 책 9장에서 설명한다.

26) Robbins, S. (1980). *The Administrative Process* (2nd ed.). Englewood Cliffs, NJ: Prentice-Hall, pp. 223-229.

27) Patti, *Social Welfare Administration*, p. 135.

28) 상게서, pp. 134-135.

29) 원래 팀(team)제는 행렬조직의 직제를 나타내는 것이지만, 현재는 팀이라는 용어가 단순히 위계 구조의 한 단위를 나타내는 경우(예: 공공조직에서의 국장-과장-팀장)도 많다.

30) Patti, *Social Welfare Administration*, pp. 131-133.

31) Gates, B. (1980). *Social Program Administration: The Implementation of Social Policy*. Englewood Cliffs, NJ: Prentice-Hall, pp. 196-198.

32) 직원들의 기본적인 소속감은 분과에 의해 이루어지므로, 팀의 자유로운 형성과 해산 등이 조직을 동요하게 만드는 영향으로는 크지 않을 것이라는 점이다.

33) 환경과 조직 구조의 개연성에 관해서는 참고: Lawrence, P., & Lorsch, J. (1967). *Organization and Environment*. Boston: Harvard Business School. 조직 기술과 조직 구조의 개연성에 관해서는 참고: Perrow, C. (1967). 'A framework for the comparative analysis of organizations'. *American Sociological Review, 32*,

pp. 194-208; Thompson, J. (1967). *Organizations in Action*. NY: McGraw-Hill.

34) Finch, W. (1976). 'Social workers versus bureaucracy'. *Social Work, 21*(5), pp. 370-375; Aiken, M., & Hage, J. (1970). 'Organizational alienation: a comparative analysis'. In O. Grusky & G. Miller (Eds.), *The Sociology of Organizations*. NY: Free Press, pp. 517-526.

35) Schmid, H. (1992). 'Executive leadership in human service organizations'. In Y. Hasenfeld (Ed.), *Human Services as Complex Organizations*. Newbury Park, CA: Sage, pp. 98-117.

36) Orton, D., & Weick, K. (1990). 'Loosely coupled systems: A reconceptualization'. *Academy of Management Review, 15*(2), pp. 203-223.

37) Schmid, 'Executive leadership in human service organizations', pp. 98-117.

38) 상게서, pp. 98-117.

39) Austin, D. (1989). 'The human service executive'. *Administration in Social Work, 13*, pp. 13-36; Hasenfeld, *Human Service Organizations*, pp. 162-165.

40) Schmid, 'Executive leadership in human service organizations', pp. 98-117.

41) 전문적 관료제는 이 책 6장에서 설명한다.

제4부

조직 관리

제8장 ··· 리더십과 수퍼비전

제9장 ··· 인사 관리

제10장 ··· 재정 관리

제11장 ··· 정보 관리

제4부는 조직을 관리하는 방법에 대해 설명한다. 제8장 리더십과 수퍼비전은 조직을 구성하는 사람들을 이끌어 가는 방법에 대한 설명이다. 제9장 인사 관리는 공식적으로 인력을 관리하는 방법을 설명한다. 제10장 재정 관리는 조직 운영에 필요한 재정 자원을 확보하고 관리하는 방법을 설명한다. 제11장 정보 관리에서는 현대 사회의 조직에서 중요한 정보 자체를 관리하는 방법을 다룬다.

제8장

리더십과 수퍼비전

리더십이란 사람들을 이끄는 것이다. 휴먼서비스를 수행하는 사회복지조직에서 리더십은 조직의 물리적 구조만큼이나 중요하다. 앞 장에서 설명했던 조직 구조가 사람들의 기능(부서, 직무 등)적 관계라면, 리더십은 사람들의 인간적 측면의 관계에 대한 것이다. 수퍼비전도 리더십의 일종이며, 전문직 인력들로 구성된 조직에서 특별한 중요성을 가진다.

1. 리더십이란

일반적으로 리더십(leadership)이란 리더가 가지는 성향이나 행동, 역량을 포괄적으로 뜻하는 것이다. 조직의 관점에서 리더십은 리더의 지위에 부과된 역할을 수행하는 능력, 혹은 리더가 영향력을 행사하는 과정의 속성으로 규정될 수 있다.[1] 어떤 측면에서 리더십을 다루더라도, 리더십이란 '리더가 사람들에게 영향을 끼치는 것'을 목적으로 한다는 점은 공통적이다.

조직에서 리더십의 대상은 구성원으로서의 사람들이다. 사람은 이성과 함께 감성을 가진 존재이며, 전적으로 합리적이거나 예측 가능하지는 않다. 조직을 이끈다는 것은 그런 사람들을 움직이는 것이다. 조직을 아무리 정교하게 구조화하더라도, 사람들은 그에 따라 기계적으로 생각하거나 행동하지 않는다. 그와 같은 인간적 존재들을 움직이는 것은 상당 부분 리더십에 의존할 수밖에 없다.

리더가 발휘하는 리더십은 조직의 효과성에 큰 영향을 미친다. 이는 휴먼서비스 사회복지조직에서 각별한 중요성을 띠는데, 일 자체가 사람들 사이의 긴밀한 인간적 상호관계로 이루어져 있기 때문이다. 또한 외부환경에 의존적이기 쉬운 사회복지조직에서도 리더십만큼은 내부적으로 가용할 수 있는 자원이므로 더욱 중요한 의미가 있다.

2. 리더십 이론

조직에서 리더십은 구성원들을 이끌어 가는 목적을 가진다. 다양한 리더십 이론들은 대개 이러한 목적을 효과적으로 달성하기 위해 리더가 어떤 역할과 행동, 기술이 필요한지를 설명한다. 무엇이 효과적인 리더와 리더십인지에 대해서는 크게 세 가지 부류의 설명이 있다.[2] 리더의 개인적 형질을 중시하는 이론, 행동을 다루는 이론, 환경과의 관련성을 강조하는 이론이 그것이다.

1) 성향 이론

성향 이론(trait theory, 형질 이론)은 리더십에 관한 초기 이론으로, 20세기 전반부에 유행했다. 훌륭한 리더십을 발휘하는 리더들은 독특한 개인적 형질을 가지고 있다는 설명이다. 이 이론의 연구자들은 효과적인 리더들을 찾아내 그들이 공통적으로 가지는 형질이 무엇인지를 규명하는 작업을 했다. 그 결과, 리더십을 효과적으로 구사하는 리더들의 성향은 주로 개인의 지능, 지배력, 자기 확신, 열정, 활동력, 업무관련 지식 등과 관련되어 있다고 밝혔다.

성향 이론은 엄격한 과학적 설명은 되지 못한다. 인과 관계를 명확히 검증하기 어렵기 때문이다. 예를 들어, 리더들이 대부분 활동력이 뛰어나다는 것이 관찰되었다 해도, 활동력 때문에 리더가 된 것인지 아니면 리더가 되었기 때문에 활동력이 높아진 것인지를 분간하기 어렵다. '자리가 사람을 만든다'는 속담은 성향 이론과 반대되는 설명이다.

만약 성향 이론이 옳다고 입증된다 해도, 실용적 측면에서의 쓸모는 한계가 뚜렷하다. 효과적 리더십의 원인을 본질적으로 리더 개인에게 귀속된 형질에서 찾기 때문이다. 예를 들어, 지능이나 열정적 태도가 효과적 리더십의 원인임을 밝힌다하더라도, 효과적인 리더를 만들기 위해 사람을 그렇게 바꾸기는 힘들다. 그런 형질은 대개 타고나는 것이기 때문이다. 이런 이유에서 성향 이론은 사회복지행정에서의 함의가 크지 않다.

2) 행동 이론

행동 이론(behavioral theory)은 성향 이론의 접근으로부터 탈피하려는 시도에서 비롯된 것이다. 행동 이론은 리더십을 개인에 귀속된 형질이 아니라, 개인이 나타내는 행동의 특성으로 설명한다. 이 이론은 리더십을 관찰 가능한 과정이나 활동으로 보고, 어떤 행동이 효과적인 리더십과 연관되어 있는지를 설명하려는 것이다. 효과적인 리더들은 효과적이지 않은 리더들에 비해 분명히 다른 어떤 행동 유형들을 가질 것이라고 보았다.

행동 이론 접근을 따르는 리더십 연구들은 대개 리더십 행동을 유형화하고, 그 가운데 어느 것이 효과적인지를 찾아보려는 노력을 해 왔다.[3] [그림 8-1]의 리더십 격자 모형과 같은 것이 그 대표적인 예다.[4] 리더십 격자(leadership grid)는 두 가지 축을 기준으로 리더십 행동을 구분한다. 하나의 축은 리더가 가지는 '사람에 대한 관심'이고, 다른 하나는 '생산/성과에 대한 관심'이다. 이를 조합해서 리더십 행동의 유형화를 시도한다. 이를 리더십 스타일(style)이라 한다.

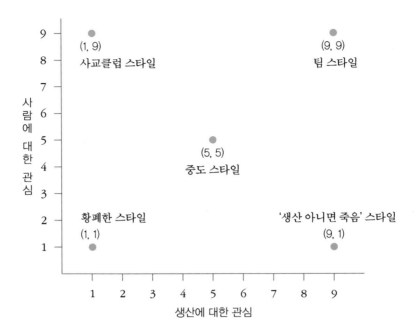

황폐한 스타일	리더십 기능이 망실된 상태로서, 리더는 사람이나 생산에 대한 관심이 모두 없다.
'생산 아니면 죽음' 스타일	생산 관심 일변도의 과업 몰입형으로, 리더는 강력한 권위(권한)에 의존해서 리더십을 발휘한다.
사교클럽 스타일	리더는 사람에만 높은 관심을 보이는 호인형으로, 과업을 희생하고서도 직원의 사기진작 등에 전념한다.
중도 스타일	리더는 생산과 사람에 대한 관심을 상호배타적으로 인식하고, 균형 유지에 노력한다.
팀 스타일	리더는 생산과 사람에 대한 관심을 상호보충적으로 인식한다. 사람들의 생산성 잠재력을 인정하고, 이들의 헌신과 책임성을 유발해서 생산성 강화를 꾀한다.

[그림 8-1] 리더십 격자에 의한 리더십 스타일 유형

리더십 격자는 리더가 자신의 리더십 유형을 파악하게 하는 데 도움을 준다. 먼저, 리더가 설문지를 통해 자신의 '생산/성과에 대한 관심(X)' 정도, '사람에 대한 관심(Y)' 정도를 확인해 본다. 각 관심의 정도는 1점(가장 낮음)에서 9점(가장 높음) 사이의 점수로 매겨진다. 이 점수를 리더십 격자 모형의 축(X, Y)에다 넣어 보면, 예를 들어 생산과 사람에 대한 관심이 모두 최고 점수를 받은 리더의 경우(9,9)는 '팀 스타일'에 해당하고, 반대의 경우(1,1)는 '황폐한 스타일'이 된다. 만약 (3,7)의 점수를 받은 리더가 있다면, 그는 '사교클럽 스타일'에 가까운 리더십 행동 유형에 속한다고 본다.

리더십 격자 이론에서는 팀 스타일을 이상적인 리더십 행동 유형으로 본다. 비록 현실적으로는 '생산 아니면 죽음' 스타일에 가까운 리더들이 많지만, 조직의 관리자는 팀 스타일로 행동하는 것이 이상적이라고 제안한다. 비록 더 많은 연구가 필요하지만, 이와 같은 리더십 격자 이론은 리더십의 근원적 원리를 직관적으로 보여 준다.[5] 조직을 관리하는 어떤 리더 혹은 수퍼바이저도 '사람'과 '생산(일)' 모두에 대해 높은 관심을 가져야 한다는 것이다. 하나에 관심이 치우친 조직은 효과적이지 못하게 된다는 이유에서다.

행동 이론의 리더십 접근은 사회복지행정에서 현실적 유용성이 있다. 여기서는 리더십을 개인에게 귀속된 형질이 아니라, 행동으로 파악한다. 사람의 행동은 만들어지거나 수정 가능한 것이므로, 효과적인 리더나 리더십 또한 의도적인 개발이 가능한 것이 된다. 휴먼서비스 조직의 특성상 리더십에 의한 효과성 영향이 작지 않다는 점을 감안하면, 사회복지조직은 적어도 리더십 행동의 변화를 통해서라도 스스로를 개척해야 할 책임이 강조된다.[6]

3) 개연성 이론

개연성 이론(contingency theory) 혹은 상황적합 이론은 효과적인 리더십의 원인을 외부 상황과의 연관성에서 찾으려고 한다. 이 점에서 리더 개인이 가지는 형질이나 행동에 초점을 두는 리더십 이론들과는 다르다. 개연성 이론에서는 효과적인 리더십 성향이나 행동이 미리 결정되어 있지 않고, 상황에 따라 달라지는 것으로 본다. 특정 상황에서는 효과적이라고 판명된 리더십 스타일이 다른 상황에서는 효과적이지 못할 수도 있다는 것이다. 즉, 리더십의 효과성은 리더의 특성만으로 설명되지 않고, 상황을 감안해야 한다는 것이다.

개연성 이론의 접근은 리더와 상황 간 적합성과 관련해서 다양한 설명을 제시해 오고 있다. 이론들의 차이는 주로 상황에 대한 규정 차이에서 나타난다. 예를 들어, 피들러(F. Fiedler)는 상황을 리더와 팔로어(follower) 간 관계나 업무구조, 직위에 부여된 파워 등으로 보았다.[7] 조직들마다 리더의 매력과 팔로어들의 충성심 정도가 다르면(상황), 각자의 상황에 적합하게 리더십 스타일도 달라야 한다는 것이다.[8]

개연성 리더십 이론을 대표하는 것은 허시와 블랜차드(Hersey & Blanchard)의 상황적 리더십 모형이다.[9] 여기서도 상황을 팔로어의 측면에서 고려하지만, 고정된 것(예: 팔로어의 성별)이 아닌 변화하는 것에서 찾는다. 팔로어들이 팔로어십을 얼마나 갖추었는지, 즉 성숙 정도를 중요한 상황 요인으로 본다. 리더십 스타일이란 리더가 팔로어에게 제공하는 행동 유형이므로, 효과적인 리더는 팔로어의 변화되는 상황에 따라 리더십 스타일도 바꿔 가야 한다는 것이다.

상황적 리더십 모형에서는 리더의 행동을 '과업'과 '관계' 측면에서 네 가지 스타일로 유형화한다. 이는 〈표 8-1〉에 제시된 바와 같다.

상황적 리더십 모형에서는 네 가지 행동 유형(S1-S4) 가운데 어떤 것이 절대적으로 효과적인지를 말하지 않는다. 효과성은 상황에 의존해서 상대적으로 달라진다고 보기

표 8-1 상황적 리더십 모형에서 제시하는 리더십 스타일의 네 가지 유형

S1	지시형	리더가 일방적 의사소통을 한다. 팔로어 개인이나 집단의 역할을 규정해 주고, 무엇을 언제 어디서 어떻게 할지를 말해 준다.
S2	설득형	리더가 방향을 제시하지만, 양방적 의사소통을 한다. 사회적, 정서적 지원을 해서 팔로어 개인이나 집단이 과정에 참여하게 한다.
S3	참여형	과업 성취의 방법에 관한 의사결정을 팔로어와 공유한다. 리더는 과업보다 관계지향적 행동으로 이동해 간다.
S4	위임형	리더가 의사결정에 참여하지만, 그 과정과 책임을 팔로어 개인이나 집단에 넘긴다. 리더는 진행 경과를 모니터링한다.

표 8-2	상황적 리더십 모형에서 제시하는 팔로어의 성숙도 단계
M1	팔로어는 구체적인 기술을 갖추지 못하고, 직무 수행의 능력과 의욕도 없다.
M2	팔로어가 직무를 책임지지는 못할 수준이지만, 과업 수행의 의지는 있다.
M3	팔로어가 직무의 경륜과 수행력을 갖추었지만, 확실하게 책임질 만큼은 아니다.
M4	팔로어가 직무에 관한 경륜과 자신감을 갖추고, 수행 능력과 의욕도 충분하다.

때문이다. 이때 상황이란 개인이나 집단이 팔로어로서 준비된 정도를 의미한다. 〈표 8-2〉와 같이 팔로어의 성숙 정도는 4단계로 전개된다고 본다.

　팔로어의 성숙도는 부여된 과업의 성격에 따라 같은 과업에서도 시간의 흐름에 따라 달라질 수 있다. 그러므로 리더는 개인이나 집단으로서의 팔로어가 특정 과업에 대

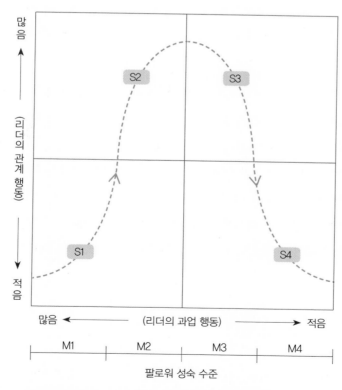

[그림 8-2] 팔로어의 성숙 수준에 따른 리더십 스타일의 변화

해 특정 시점에서 나타내는 성숙도 수준에 따라, 그에 적합한 리더십 스타일로 변화해 가는 것이 효과적이다. 그래서 상황적 리더십 이론에서는 리더의 적응적 변화를 위한 '유연성'을 중요한 덕목으로 본다.

[그림 8-2]는 팔로어의 성숙도라는 상황이 변화함에 따라(M1 → M4), 그에 적합한 리더십 스타일의 적응적 변화가 어떠해야 하는지를 점선 화살표 방향(S1 → S4)으로 보여 준다. 여기에서 리더십 스타일은 리더가 팔로어에게 제시하는 행동 유형으로서, 과업과 관계라는 두 가지 측면의 관심에 따른 행동으로 배합된 것이다.

팔로어가 M1 성숙도의 단계에 있다면, 리더는 S1 스타일을 채택해서 과업지향적 행동을 많이 하고 관계지향적 행동은 적게 하는 것이 효과적이다. 팔로어의 상황이 계속해서 M2, M3, M4 단계로 이동해 가면, 리더십 스타일도 S2, S3, S4로 바뀌어 가야 한다. 최종적으로 팔로어가 충분히 성숙한 M4 단계에 다다르면, 리더는 과업과 관계 행동을 모두 최소화하는 S4 리더십 스타일을 취하는 것이 효과적이다. 만약 팔로어는 성숙해 가는데도 불구하고 리더가 고정된 리더십 스타일(한 때는 효과적일 수도 있었던)을 고수한다면, 조직은 비효과적인 리더십으로 고통받게 된다.

상황적 리더십 이론은 휴먼서비스 사회복지조직에 특히 유용하다. 이들 조직에서는 수퍼비전을 포함한 다양한 리더십 역할이 존재하고, 그것이 조직의 효과성에 미치는 영향력 또한 다른 조직들에서보다 크다. 그래서 사회복지조직의 관리자들은 구조적 시스템의 기술자보다는 리더나 수퍼바이저로서의 자세와 역할을 적절히 갖추는 것이 일차적으로 중요하다. 상황적 리더십 이론의 모형은 그런 자세와 역할, 행동의 스타일을 어떻게 결정해야 할지를 제시해 준다. 훌륭한 리더는 팔로어의 상황에 따라 자신의 행동을 적절히 변화시켜 감으로써 팔로어가 성숙해 갈 수 있는 기회를 주는 사람이라는 것이다.

4) 경쟁-가치 리더십 접근

앞서 리더십 이론들은 어떤 리더 혹은 리더십 스타일이 효과적인지에 대해 의문을

가지고, 개인의 형질이나 행동 혹은 상황을 가지고 답하려 했다. 그러나 퀸(R. Quinn)
이 대표하는 경쟁-가치 리더십 접근은 그런 목적에서 훌쩍 벗어난다.[10] 이 접근은 실
제 조직 관리의 상황에서는 모든 리더십 스타일들이 다 필요하고, 이들은 각기 '대등
한 정도의 가치', 즉 경쟁가치(competing value)를 가진다고 본다. 그러므로 조직의 효
과적인 리더십에 대한 평가는 그러한 리더십 스타일들이 균형적으로 구비되어 있는지
를 판단하는 것이 된다.[11]

[그림 8-3]은 퀸의 경쟁-가치 모형에 기반해서 조직의 리더십 균형을 도형화한 것
이다.[12] 먼저, 조직 관리의 맥락에서 두 가지의 대등한 가치를 교차 축으로 삼는다. 세
로축은 통제에 대한 가치 지향으로 '유연↔통제'로 나타낸다. 이는 조직의 리더가 의

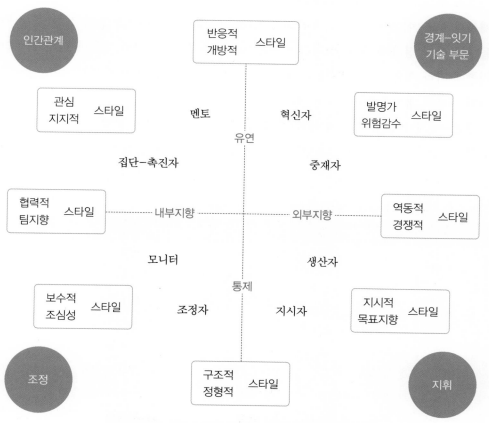

[그림 8-3] 퀸(R. Quinn)의 경쟁-가치 리더십 모형

사결정 과정에 팔로어를 포함시키는 정도로써 파악된다. 가로축은 관리 시각의 가치 지향으로 '내부 ↔ 외부'로 나타낸다. 이것은 리더의 조직의 내부 과정과 외부 환경에 대한 관심의 치우침 정도로 파악된다.

두 가지 차원을 기준으로 해서 보면, 조직 활동은 2×2=4 부문으로 나뉜다. 지휘, 조정, 인간관계, 경계-잇기의 부문인데, 이들은 효과적인 조직이 갖추어야 할 리더십 기술을 제시한다. 조직은 외부 환경에 관심을 두면서 구성원들을 통제하는 지휘 (directing)의 리더십 기술이 필요하다. 한편, 내부 과정에 관심을 두면서 구성원들에게 유연성을 허용하는 데 필요한 인간관계 기술도 동등한 가치로서 요구된다. 조정 부문 과 경계-잇기(boundary-spanning)의 리더십 기술도 각기 그와 같다.

퀸의 경쟁-가치 리더십 모형은 조직 관리에 필요한 제반 리더십 기술과 스타일을 제시해 주고, 이에 따라 조직 내 관리자(리더)들이 갖추어야 하는 역할과 성향, 활동 등을 명료하게 정리해 준다. 리더십 스타일은 유연과 통제, 내부와 외부에 대한 관심의 지향에 따라 여덟 가지 유형으로 제시된다. 각 리더십 기술 부문에 포함되어 있는 리더의 역할에 대한 설명은 〈표 8-3〉과 같다.

경쟁-가치 리더십 접근에 의하면, 조직 관리가 효과적이기 위해서는 모든 리더십 유형이 고루 나타나게 하는 것이 중요하다. 조직은 내부 구조를 다지고, 외부의 변화

표 8-3 퀸의 경쟁-가치 리더십 모형: 역할자의 성향과 활동

기술 부문	리더의 역할	리더의 성향	리더의 활동
경계-잇기	혁신자	창조, 현명	변화의 비전을 제시
	중재자	자원 지향, 정치적 민감	자원을 획득
지휘	생산자	과업 지향, 일 집중	행위를 시도
	지시자	결정, 지시	구조를 제공
조정	조정자	의존, 신뢰	구조를 유지
	모니터	기술적 능숙	정보를 수집
인간관계	집단-촉진자	과정 지향	상호작용을 촉진
	멘토	케어, 동정	관심을 보여 줌

에 반응해야 한다. 엄격한 통제의 필요성도 있고, 창의적이기 위한 유연성도 갖추어야 한다. 조직의 유지와 발전이라는 측면에서 보자면, 조직의 건강성은 제반 리더십 부문이 함께 적절히 작동해야만 가능한 것이다. 어떤 조직이 리더십의 기술과 역할을 특정 부문에 편중되게 가진다면, 그것은 조직의 유효성을 해치는 문제가 된다.

경쟁-가치 리더십 접근은 조직 안에서 특정 리더십 역할과 행동의 우월성을 강조하지는 않는다. 다만, 그들 안에는 각기 정합되는 관계의 구조가 있고, 그에 의거해서 리더십 행동이 이루어지는 것이 중요하다고 본다. 예를 들어, 조직에서 조정(예: 부서들 간 연계) 기술을 발휘해야 할 관리자가 혁신자 역할의 성향과 활동, 발명가-위험감수 스타일로 행동한다면, 그것은 조직 관리의 효과성을 저해하는 것으로 평가된다.

조직에서 관리자 개개인이 어떤 리더십 역할을 맡게 될 것인지는 조직의 규모에 따라 달라질 수 있다. 소규모 조직에서는 관리자의 수가 적으므로, 한 명의 관리자가 거의 모든 부문의 리더십 기술과 역할들을 도맡아 수행해야 할 수도 있다. 이런 경우, 조직 내 리더십 역할들 간 경쟁과 갈등은 한 개인의 내부에서 일어난다. 대규모 조직의 경우에는 리더십 역할들을 다수의 관리자가 나누어 가지므로, 조직 내의 리더십 역할 갈등은 흔히 관리자들 사이에서의 대인적 갈등 형태로 나타나기도 한다.[13]

5) 기타 리더십 이론들

이 밖에도 다양한 리더십 이론이 계속해서 제시되어 왔다. 각각의 이론들은 옳고 그름의 문제가 아니라, 리더십에 관한 제각기 다른 측면들을 다루어 설명하는 것이다. 예를 들어, 리더의 행위를 상징적 본질(symbolic nature)의 측면에서 파악하려는 이론도 있고,[14] 리더가 지향하는 과업의 성격 측면에서 리더십 스타일을 구분하는 거래적/변형적 리더십 이론도 있다.[15] 리더와 팔로어 간 1:1 관계의 중요성과 그에 따른 가변성의 측면에서 리더십을 다루는 이론들도 있다.[16] 이 외에도 카리스마 리더십, 서번트 리더십 등 다양한 리더십 이론 혹은 주장이 계속 등장하고 있다.[17]

3. 참여적 리더십과 의사결정

리더십과 의사결정은 밀접히 관련되어 있다. 조직 관리에서 리더십이란 리더가 직원들에게 영향력을 행사하는 능력으로, 조직에 바람직한 변화나 행동을 유도하려는 목적으로 쓰이는 것이다. 여기에서 의사결정 스타일이 리더십의 핵심 요소로 작용한다. 의사결정 스타일이란 한 조직에서의 의사결정이 어떤 방식으로 이루어지는지를 나타내는 것이다. 특정 조직의 리더십 유형은 의사결정이 이루어지는 구조와 과정에서 가장 잘 파악될 수 있다.

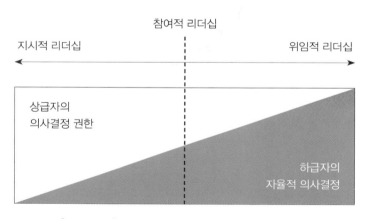

[그림 8-4] 의사결정 스타일에 따른 리더십 유형

[그림 8-4]는 조직들의 리더십 유형을 조직 내 의사결정이 어떤 스타일(지시 ↔ 위임)로 이루어지는지를 기준으로 구분하는 것이다.[18] 지시적 리더십이란 의사결정을 상급자의 권한으로 하는 것이고, 위임적 리더십은 하급자들의 자율을 통해 의사결정이 이루어지는 것이다. 어떤 조직도 현실적으로 완벽히 지시적 혹은 위임적 리더십 유형의 양극단에 위치하기는 힘들다. 대부분은 그 사이의 어느 지점에 위치한다.

참여적 리더십이란 [그림 8-4]에서 보듯이, 지시적과 위임적 리더십의 중간에 위치하는 것이다. 여기에서 의사결정 스타일은 상급자의 권한과 하급자의 자율이 조화롭

표 8-4 │ 리더십 조직 유형의 차이

	지시적 리더십	참여적 리더십	위임적 리더십
초점	리더 중심	집단 중심	개인 중심
의사결정	상급자가 결정	하급자가 결정에 참여	하급자가 결정
하급자 자주성	행동 자유의 최소화	일정 정도의 독자성 부여	거의 완전한 자주성
의사소통	일방적 의사소통	양방향 의사소통	자유, 개방 의사소통
파워	파워와 규율을 사용	강압이 아닌, 설득 노력	자기 통제
하급자 기분	고려하지 않음	고려함	매우 중요하게 고려
지향	과업 중심	사람 및 집단 중심	개인적 성취 중심
리더의 역할	지시 제공	집단 참여	지지 자원의 제공
심리적 결과	복종과 의존	협력과 참여	독립과 개인적 수행

게 배분되어 있는 상태로 나타난다. 이로부터 참여적 리더십 조직의 성격과 특징이 나타나는데, 다른 리더십 조직 유형들과 비교해서 보자면 〈표 8-4〉와 같다.[19]

사회복지행정에서는 참여적 조직 관리와 민주적 의사결정 스타일을 오랫동안 강조해 왔다. 사회복지조직은 사회복지의 '클라이언트 자기-결정' 가치에 입각해서 '공동생산' 특성의 휴먼서비스를 수행한다. 이러한 성격의 조직을 운영하는 사회복지행정이 참여와 민주적 접근에 의한 의사결정 스타일의 조직 관리를 강조하는 것은 당연한 일이다.

사회복지행정에서 참여적 리더십을 강조하는 또 다른 이유로는, 현실이 과도하게 지시적 리더십 스타일로 치우쳐 있기 때문이라는 점도 있다. 그래서 참여적 리더십의 강조가 현실적으로는 지시적 리더십의 완화를 주장하는 것과도 같이 여겨진다. 그럼에도 이것이 위임적 리더십을 무작정 선호한다는 것과는 다르다. 참여적 리더십에서는 하급자들의 의사결정에 대한 자율성이 확대되지만, 상급 관리자의 권한과 책임이 포기되는 것은 아니다. 많은 경우에 하급자들의 결정을 무효화하거나 수정할 수 있는 궁극적인 권한은 상급 관리자가 가진다. 또한 의사결정의 종류, 직원의 능력, 외부의 정치적 상황 등에 따라 위임의 허용 여부나 정도도 다양하게 선택될 수 있다.

표 8-5 참여적 리더십의 장·단점 비교

장점	단점
· 조직 목표에 대한 참여 동기의 증대	· 참여에 따르는 시간 소모
· 집단의 지식과 기술 활용이 용이	· 타협에 의한 어중간한 결정에 도달
· 조직 활동에 더욱 헌신하게 만듦	· 책임 분산으로 인해 무기력하게 됨
· 개인적 가치, 신념 등을 고취	· 혁신적이고 선견지명의 지도자를 찾기 힘듦
· 참여를 통해 경영 차원의 사고와 기술 익힘	· 참여적 스타일을 배우기가 쉽지 않음
· 자유로운 의사소통을 장려할 수 있음	· 비슷한 수준의 구성원일 때만 효과가 있음

　조직 관리에서 참여적 리더십의 활용은 다양한 장점을 주지만, 동시에 그에 따른 단점들도 제기될 수 있다. 〈표 8-5〉가 그러한 장·단점을 비교해서 보여 준다.[20]

　참여적 리더십의 주된 장점은 직원들을 의사결정 과정에 참여시켜 일에 대한 적극적인 동기를 부여한다는 것이다. 휴먼서비스 조직에서는 참여적 의사결정이 조직의 효과성을 높인다는 연구 결과가 많다.[21] 업무자들이 의사결정에 참여하게 되면 조직의 목표를 스스로에게 내재화하는 경향을 보인다. 그러면 직무만족도와 업무수행력이 높아지고, 이를 직원 임파워먼트 전략과 결부시키면 생산성이나 효과성과 같은 조직의 목적 달성도를 높일 수 있다고 본다.

　참여적 의사결정(PDM)이란 참여적 리더십의 핵심을 이루는 것으로, 조직의 의사결정에 일선 업무자들이 참여하도록 조장하는 가치나 행동을 말한다.[22] PDM이 휴먼서비스 조직의 유효성을 높이는 과정은 직원의 임파워먼트 전략과 밀접하게 연결되어 있다. 직원 임파워먼트(empowerment)란 직원에게 파워를 부여하는 것이다. 파워가 충전된 직원은 자신의 일과 조직에 대한 만족감이 커지고, 주인 의식의 발로를 통해 업무 성과와 조직 전체의 유효성을 높이게 된다.[23] 이러한 참여적 의사결정 스타일의 리더십은 기술 수준과 동기부여의 정도가 높은 업무자들로 구성된 조직에서 특히 효과적이라고 보고된다.[24]

　비록 참여적 리더십의 유효성에 대한 수많은 설명이 있지만, 이 접근에도 적지 않은 제한점이 있다. 참여적 리더십 접근의 대표적인 단점은 시간과 책임성에 관련된 문제에 있다. 참여적 의사결정 스타일은 지시적 스타일에 비해 의사소통에 필요한 시간적 소모가 많다. 또한 집단적 참여를 통해 내려진 결정에 대해서는 책임성 소재가 모호해지기 쉽다. 이 외에도 참여적 방식이 좋더라도 그런 스타일을 익히기가 쉽지 않다는 것, 구성원들의 수준이 비슷한 상황에서만 제한적으로 효과를 볼 수 있다는 것 등이 현실적 적용을 어렵게 하는 점들이다.

이러한 제한점들에도 불구하고, 사회복지조직에서는 참여적 리더십 방식이 사회복지의 고유한 가치에 보다 부합하고, 직원들이 비슷한 수준의 휴먼서비스 전문직들로 이를 적용하기에 유리하다는 점에서 우호적으로 받아들여지고 있다. 여기에다 휴먼서비스에서의 대면적 상호작용을 통한 공동생산 특성까지를 감안한다면, 사회복지조직에서 참여적 리더십과 의사결정 스타일의 도입은 불가피한 선택이 되기 쉽다.[25]

4. 관리자의 리더십 기술

조직의 업무는 구성원들에게 분할되어 수행된다. 업무를 분할하고(dividing), 그렇게 분화된 업무 단위들을 조정하는(coordinating) 것이 관리자의 역할이다. 이 역할은 조직의 위계에 따라 세 가지로 구분된다.[26]

최고관리자   제도적 영역의 관리자로서, 보통 최고경영자 혹은 CEO 라고 불린다. 사회로부터 조직에 위임된 사항들이 조직 내에서 수행되도록 하는 역할과 책임을 가지며, 조직 구조의 분할과 조정에 대한 큰 틀을 제시한다. 주요 활동은 외부 환경과 관계(협조적, 경쟁적, 갈등적, 혹은 무관계)를 선택해서 맺고, 조직의 경계를 설정하는 것이다. 이를 통해 조직이 생산할 서비스의 성격을 규정하고, 필요한 자원을 획득한다.

중간관리자   프로그램 영역의 관리자다. 최고관리자와 서비스 업무부서 간의 중재(mediating)가 주요 역할이다. 프로그램 구조의 디자인, 서비스의 조달과 할당, 부서들 간 조정, 직원들의 지휘 및 개발(모집, 선발, 훈련, 감독) 등의 활동을 한다. 프로그램 계획을 실행으로 옮기는 기술적, 전문적 과정이 중간관리자의 영역에 속해 있다.

일선관리자   실천 기술 영역의 관리자다. 일선 업무자들과의 관계가 주된 활동 영역으로, 수퍼바이저의 역할과 유사하다. 업무의 표준 절차에 관한 구조를 수립하는 데 관심을 두고, 업무자들을 주기적으로 사정, 평가하는 활동을 한다. 현장 업무에 대한 컨설팅이나 교육 등의 역할도 수행하며, 사례관리와 의뢰, 서비스 모니터링 등과 같은 일부 직접서비스 전달까지도 이 영역의 관리자 활동으로 본다.

사회복지조직에서 관리자의 영역 구분은 조직의 성격에 따라 다르게 나타난다. 대체로 규모가 큰 조직일수록 관리자들 사이에 영역 구분이 크게 나타난다. 중간관리자와 일선관리자, 최고관리자의 역할이 조직 내에서 확연히 구분된다. 반면에, 예를 들어 직원 규모가 5명 내외의 소규모 사회서비스 기관의 경우에는 한 명의 관리자가 최고관리자에서부터 중간관리자, 일선관리자까지의 역할들을 모두 소화해야 할 수도 있다.

조직의 관리자는 다양한 리더십 기술을 갖추어야 한다. 조직은 다양한 상황의 사람들로 구성되고, 이들을 다루는 관리자는 그에 따른 다양한 리더십 기술이 필요한 것이다. 한편 조직은 시간에 따라 변화하는 존재로서, 조직도 인간처럼 다양한 단계의 삶의 사이클을 가진다. 조직뿐만 아니라 관리자 개인의 조직 내 위치도 일생에서 변화해 간다. 그래서 조직의 모든 관리자는 이러한 상황과 시간 변화들에 대응할 수 있는 다양한 리더십 기술을 구비해 둘 필요가 있는 것이다.[27]

카츠(R. Katz)는 관리자로서의 리더가 갖추어야 할 리더십 기술을 크게 인간관계 기술, 의사결정 기술, 전문적 기술로 구분한다.[28]

인간관계 기술   기술 관리자가 대인 관계를 행하는 기술이다. 조직 관리란 '홀로 수행하는 일(solo performance)'이 아니다. 어떤 조직에서도 관리자는 다른 개인이나 집단들과 효과적으로 일할 수 있어야 한다. 모든 조직 관계의 근원은 곧 사람들 간 관계이므로, 효과적인 관리자의 일차적인 조건은 세련된 인간관계(human relations) 기술을 갖추는 것에 있다.[29]

리더십이란 다른 사람들을 움직여서 일이 되도록 하는 것으로, 이를 위해 관리자는 사람들에게 동기를 부여하고, 역량을 강화시켜 주고, 지원해 주는 역할을 한다. 이 역할을 수행하는 데 '적극적 청취' '피드백 주고받기' '집단 역학의 이해와 장려' '개인의 강점에 기반한 의사소통' 등과 같은 인간관계 기술이 유용하다. 대부분의 휴먼서비스 전문직은 교육이나 경험을 통해 인간관계 기술의 중요성을 강조해 왔다.

의사결정(개념) 기술   의사결정에 필요한 기술을 말한다. 의사결정(decision making)이란 대안들 중에서의 선택을 뜻하는데, 일반적으로는 합리성을 중요시한다. 합리성(rationality)이란 합목적성(合目的)을 의미하는 것이다.[30] 특정 목적에 가장 부합하는 수단이 선택되었을 때, 이를 합리적 의사결정이라 한다. 휴먼서비스의 다원화된 목적과 가치, 불확정적 개입수단 등을 고려할 때, 사회복지조직의 의사결정에서는 단순한 기계적 합리성을 기대하기란 어렵다.

예를 들어, '로켓을 어떻게 만들지'보다는 '아동을 어떻게 키울지'와 관련된 의사결정 과정이 훨씬 더 복잡하고 어렵다. 여기에는 다양한 이해관계자들의 다양한 목적과 수단, 가치들이 존중되고 어우러져야 하기 때문이다. 이런 복잡한 상황에서 리더가 갖추어야 하는 의사결정의 기술은 우선 '개념을 잡아 주는' 것이며, 그 방법으로는 단순한 '공학적' 합리성보다 '참여적' 합리성의 측면이 강조된다. 사람들 간 다양한 이해와 가치에 대해 '민감성'으로 접근하는 것이 참여적 의사결정 기술의 핵심이다.[31]

전문적 기술   휴먼서비스 조직에서 전문적 기술(technical skills)은 개별 업무자가 소지하는 특정 담당 분야에 대한 기술이다. 인간관계 기술과 의사결정 기술을 제외한 나머지 업무 관련 기술이 이에 해당한다. 사회복지사의 상담 기술이나 연계 기술, 물리치료사의 서비스 기술이라든지, 전산업무 담당자의 컴퓨터 다루는 기술 등이 전문적 기술의 예다. 이것 역시 리더십 기술의 한 부분이 되는 것은, 전문적 기술을 통해 사람들을 이끌고 가는 영향력이 생길 수 있기 때문이다. 예를 들어, 사회복지사가 서비스 연계 기술을 사용하는 과정에서 관련된 사람이나 집단들과의 리더십 관계가 나타날 수 있다.

모든 관리자는 인간관계와 의사결정, 전문적 기술을 나름대로 갖추어야 한다. 다만, 관리자 개인의 조직 내 위계에 따라 각 기술이 차지하는 상대적 중요도는 달라진다. [그림 8-5]가 이를 나타낸다.[32] 여기에서 인간관계 기술의 중요도는 일정한 너비로 나타난다. 이는 조직 위계의 상부나 하부 관리자 모두에게서 인간관계 기술의 중요성만큼은 한결같다는 뜻이다.[33]

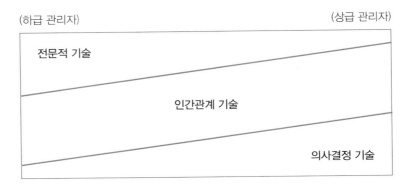

[그림 8-5] 관리자 위계에 따른 리더십 기술의 상대적 중요도

조직의 관리자는 위계를 따라 이동한다. 하급관리자 시절에는 전문적 기술이 리더십에서 큰 비중을 차지한다. 그러다가 승진 등을 통해 조직 위계의 상부로 이동하면, 리더십을 발휘하는 데 전문적 기술보다는 의사결정(개념) 기술이 상대적으로 더 중요시된다. 그만큼 조직 상부에서의 의사결정과 관련된 사람들 간 관계 범주가 확대되고 복잡해지기 때문이다. 이는 조직 위계의 하부에서는 그리 중요시되지 않던 것이다.

대부분 조직에서 관리자의 위계와 리더십 기술의 이동에는 한 가지 극복되어야 할 딜레마가 있다. 하급관리자는 리더십 능력을 서비스 관련 전문 기술로부터 인정받고, 이를 토대로 승진하여 조직의 상부 위계로 올라간다. 그런데 막상 거기에서 필요한 관리자 기술은 개념 설정과 의사결정에 관련된 것으로, 하급관리자로서 자신의 유능함을 인정받게 한 리더십 기술과는 무관할 수도 있다는 것이다. 이를 극복하려면 모든 조직 관리자는 조직 내 위계 변화에 따른 리더십 기술의 동향을 적절히 예측하고 선제적으로 갖추려는 노력을 할 필요가 있다.

5. 휴먼서비스 리더십과 수퍼비전

사회복지조직에서 리더십은 수퍼비전(supervision)과 밀접하게 관련되어 있다. 사회복지조직의 휴먼서비스 전문직 직원들은 조직과 전문직에 대해 이중적인 정체성을 가진다. 이들을 이끌고 가는 리더십은 일반 조직에서와는 달리 전문직 관계에 대한 독특한 고려가 추가되어야 한다. 사회복지조직에서는 이러한 전문직 직원들의 리더십 관계가 보통 수퍼비전이라는 수단을 통해 구현된다.

1) 휴먼서비스 조직의 수퍼비전

수퍼비전은 '특정한 목적 성취를 위해 인간 행동에 영향을 미치는 과정'으로 규정되는데,[34] 수퍼바이저와 수퍼바이지의 관계로 구성된다. 수퍼바이저(supervisor)는 전문직과 조직 모두에서 리더이며, 직위와 경력에 수반되는 합법적 권한까지도 부여받는 사람이다. 이를 통해 수퍼바이지(supervisee)들이 조직과 전문직의 목적 성취에 부합하는 활동을 하도록 동기부여하고, 지휘한다.

휴먼서비스 조직에서 수퍼비전은 리더십의 독특한 역할 관계로 나타낼 수 있다. [그림 8-6]의 모형이 이를 보여 준다.[35] 여기에서 수퍼비전은 일차적으로 수퍼바이저가 리더의 역할을 수행하는 것인데, 여기에는 관리자와 중재자, 멘토의 역할 기능들이 상호 연결되어 있으면서 역동적으로 작용하는 것으로 규정된다.

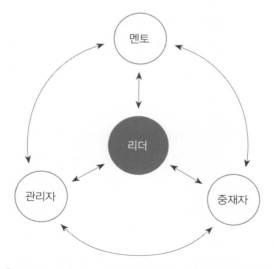

[그림 8-6] 휴먼서비스 조직의 수퍼비전 역할 모형

　　관리자(manager) 역할　　기획과 예산, 조직, 인적자원 개발, 프로그램 평가 등의 기능을 수행하는 역할이다. 조직 차원의 책임성 요구가 증가되는 현실에서는 휴먼서비스 사회복지조직의 수퍼비전에도 관리자 역할의 비중이 확대된다. 관리자 역할에 의거하면, 수퍼바이저는 수퍼바이지의 업무수행의 결과에 따른 책임도 가진다. 수퍼바이저가 수퍼바이지의 업무 부서를 직접 맡고 있는 경우에는 특히 그렇다.

　　중재자(mediator) 역할　　수퍼바이지가 조직 내·외의 각종 다른 실천 분야나 부서, 사람들과 적절히 연계되도록 돕는 역할이다. 모든 조직 활동은 분업과 조정 과정의 연속이다. 휴먼서비스 조직에서도 이는 마찬가지로 서비스 목적이 각 부서별 서비스 실천 목표들로 세분화되어 실행되는데, 이들은 한편으로 연계와 조정으로 관리되어야만 전체 조직의 목적이 달성될 수 있다. 다양한 종류의 전문직들로 구성된 휴먼서비스 조직에서는 특히 수퍼비전의 중재자 역할이 전문직들(예: 사회복지직과 간호직) 사이를 연계시키는 고리(link)로서의 중요성을 가진다.

　　멘토(mentor) 역할　　수퍼바이지의 전문직으로서의 성장을 돕는 역할이다. 일반적인 전문직 수퍼비전에서 가장 강조되는 역할이다. 멘토는 수퍼바이지에게 전문직 가치나 윤리를 전수하고 행동 규범을 사회화한다.[36] 그들의 전문 지식과 기술이 성장되도록 돕고, 실천이나 조직 생활에서의 어려움에 대한 정서적 및 심리적 지지나 대응 방법을 제공하는 기능도 수행한다. 휴먼서비스 조직의 수퍼비전에서 멘토 역할은 대개 전문직 수퍼비전의 교육적 기능과 밀접하게 결부되어 있다. 그러므로 이 역할 수행을 위해서는 무엇보다 수퍼바이저가 수퍼바이지의 전문직 기술 분야에 대한 탁월성을 앞서 가지고 있어야 한다.

　　수퍼비전은 수퍼바이저의 역할 기능을 통해 주로 수행된다. 그래서 수퍼비전의 효과성도 대개 수퍼바이저 기능의 적절성과 직결되어 있다고 본다. 카두신(A. Kadushin)에 따르면, 사회복지조직에서 수퍼바이저는 행정적 상급자, 교육자, 상담자로서의 역할에 따른 기능을 통합적으로 수행한다.[37] 이때 행정적 상급자는 하급자들의 규정 준수와 통제, 교육자는 서비스 관련 지식과 기술의 전수, 상담자는 업무자에 대한 사회적 및 정서적 지지 제공이라는 기능을 수행하는 역할이다.

　　카두신의 수퍼바이저 역할론은 하나의 전문직 내 리더와 팔로어 관계에 한정된 폐
쇄체계적 이론의 성향을 띤다. 만약 수퍼바이저의 역할이 전문직 내부 관계의 범주를
벗어나 조직 관리자로서 여타 전문직이나 외부 환경과의 관계를 중재하는 기능까지를
포괄하려면, 그러한 이론적 접근으로서는 한계가 있다. 현재와 같이 사회복지조직의
기능 수행에서 여타 조직이나 전문직들과의 연계와 통합을 강조하는 추세에서는, 앞
서 [그림 8-6]에서 제시된 중재자의 역할과 기능을 포함하는 수퍼비전 모형이 보다 적
절하다.

2) 수퍼비전의 구조

　　수퍼비전은 기본적으로 수퍼바이저와 수퍼바이지 간 관계 구조로 이루어진다. 그러
한 관계가 어떻게 구성되는지에 따라 수퍼비전의 유형도 차이가 난다. 사회복지조직
들은 각기 다양한 성격의 서비스를 실행한다. 그에 따라 조직들마다 수퍼비전의 관계
구조를 각기 달리할 수 있다. 한 조직 내에서도 업무의 성격에 따라 다양한 유형의 구
조들이 나타날 수 있다. 수퍼비전의 구조 모형에 대한 예는 다음과 같다.[38]

- 개인교습 모델 : 수퍼바이저와 수퍼바이지가 마치 개인교사와 학생 간 관계처럼 일
  대일(1 : 1)의 관계를 통해 수퍼비전을 주고받는다.
- 케이스 상담 : 업무자 수퍼바이지와 상담자 수퍼바이저 간의 관계로 형성된다. 케이
  스에 대해 개인적 혹은 집단적으로 상담을 해 주는 관계다.
- 수퍼비전 집단 : 한 명의 수퍼바이저와 한 집단의 수퍼바이지들로 구성된다. 개인교
  습 모델의 확대된 형태다.
- 동료집단 수퍼비전 : 특정한 수퍼바이저가 지정되지 않으며, 모든 집단 구성원이 서
  로 수퍼바이저와 수퍼바이지가 되는 상호 관계로 참여한다.
- 직렬 수퍼비전 : 일종의 동료집단 수퍼비전으로, 두 명의 업무자가 동등한 자격으로
  서로에게 상호 수퍼비전을 제공한다.
- 팀 : 최대한 다양한 성격을 가진 구성원들이 팀을 이루어서, 구성원들 간 활발한 상
  호작용의 역동을 통해 수퍼비전의 기능이 수행된다.

수퍼비전의 효과성은 기본적으로 이러한 구조적 관계가 조직이나 서비스의 성격에 적합한지에 달려 있다. 수퍼바이저가 수퍼바이지에게 상황에 적절한 리더십 영향력을 발휘할 수 있는 관계 구조가 필요한 것이다. 일반적으로 휴먼서비스 사회복지조직들에서는 수퍼비전 구조의 효과성이 수퍼바이저가 얼마만큼의 융통성과 자율성을 수퍼바이지에게 허용하는지에 따라 차이 나는 것으로 본다. 수퍼바이지들은 수퍼바이저가 지시적, 통제적이어서 자신들의 창의성과 자율성을 제한한다고 생각하면 대부분 수퍼비전에 불만족하는 경향이 있다.[39] 이러한 불만족은 업무자의 직접적인 직무 수행뿐만 아니라, 다른 측면들에까지도 연장되어 일에 부정적인 영향을 미칠 수 있다고 보고된다.[40]

그럼에도 이것이 결코 일선 업무자들이 느슨한 수퍼비전 관계를 좋아한다는 의미는 아니다. 사회복지 현장에서는 오히려 수퍼바이지들이 전문적 지식이나 기술, 자세 등과 관련해서 보다 철저한 수퍼비전을 받고 싶어 하는 욕구가 많다고 보고된다. 수퍼바이저의 숙달된 경험과 지식에 바탕을 둔 지도, 후원, 교정적인 피드백과 같은 수퍼비전 역할과 활동들은 오히려 강화되기를 바란다.[41] 그러므로 사회복지조직의 수퍼바이저들은 지시와 통제가 아니라, 바람직한 리더의 역할에 기초한 수퍼비전의 관계 구조를 확대해 나갈 책임이 크다.

3) 수퍼바이저의 역할과 자질

휴먼서비스 사회복지조직에서 실천 현장의 직원들이 경험하는 업무환경의 대부분은 수퍼비전이 차지한다. 휴먼서비스의 전문적 조직 구성의 성격에 따라, 전문직 업무자들의 활동에 대한 도움이나 통제는 대개 전문적 관계 리더십으로서의 수퍼비전 맥락에서 상당 부분 이루어진다. 그러므로 사회복지조직에서 수퍼바이저의 역할은 곧 사회복지서비스의 책임성과 직결되는 중요성을 가진다.

수퍼바이저가 효과적으로 역할을 수행하려면, 그에 필요한 자질을 적절히 갖추어야 한다. 수퍼바이저로서의 핵심 자질은 대체로 다음과 같이 제시된다.[42]

- 풍부한 지식 : 해당 서비스 분야에 대한 전문 지식과 가치뿐만 아니라, 조직적 맥락에 대한 이해와 관리 지식도 함께 갖추어야 한다.
- 실천 기술 : 사회복지 실천 기술에 대한 전반적인 이해와 함께, 특정 전문 분야에 대한 고유의 실천 기술도 심도 있게 소유해야 한다.
- 접근의 용이성 : 수퍼바이저는 다양한 문제 상황과 의문에 처한 수퍼바이지(수련생이나 하급자)들이 자신에게 쉽게 다가올 수 있도록 해야 한다.
- 진지한 자세 : 자신의 수퍼비전 활동에 대해 깊은 관심과 진지한 자세를 가져야 한다. 이는 수퍼바이지들이 업무를 습득하는 데 있어서 긍정적 동인(motive)으로 작용한다.
- 솔직성 : 자신의 지식이 불완전할 수도 있음을 솔직히 드러내야 한다. 때로는 실수도 할 수 있음을 인정한다. 수퍼바이지들에게는 이런 수퍼바이저가 보다 진솔하게 느껴지고, 그를 통한 수퍼비전도 쉽사리 받아들이는 자세로 바뀐다.
- 긍정적 보상 : 칭찬과 인정을 아끼지 않아야 한다. 긍정적 보상은 업무자들의 동기를 유발하고, 전문성 개발을 위해 노력하도록 돕는다.

수퍼바이저는 다양한 역할과 기능들을 폭넓게 수행할 것이 요구된다. 수퍼바이저의 효과적인 역할 수행은 개인적인 자세와 자질만으로는 부족하다. 수퍼비전 활동들 간의 균형을 유지하기 위한 의도적인 노력이 필요하다. 이를 위해 특히 수퍼비전 관계의 핵심 요소인 수퍼바이지의 욕구와 발달 단계의 상황을 중시할 필요가 있다. 상황적 리더십 이론에 의거해서, 수퍼바이저 역시 수퍼바이지의 성향이나 역량, 태도, 혹은 시간 흐름에 따른 변화에 따라 자신의 역할과 활동을 새롭게 규정해 갈 책임이 있다.[43]

미주

1) Moorhead, G., & Griffin, R. (1992). *Organizational Behavior: Managing People and Organizations* (3rd ed.). Boston: Houghton Mifflin, pp. 253-279.

2) Fulmer, R. (1998). *The New Management* (4th ed.). NY: MacMillan.

3) 대표적인 연구들로는, '미시간 연구'와 '오하이오주(州) 연구' '관리격자 이론' 등이 있다. 미시간 연구(Michigan Studies)에서는 리더의 행동 유형을 '직무-중심(job-centered)'과 '직원-중심(employee-centered)'이라는 양 극단으로 나누어서 설명했다. 참고: Likert, R. (1961). *New Patterns of Management*. NY: McGraw-Hill. 오하이오 주(Ohio State Studies) 연구에서는 두 가지 차원의 행동 유형을 각기 분리된 것으로 나누었는데, 팔로어들의 기분에 대한 '고려(consideration)'와 리더와 팔로어 간의 역할을 명백히 하는 '구조제시(initiating structure)'의 정도를 다루었다. 브레이크와 모튼(Blake & Mouton)의 관리격자 이론은 리더의 행동을 '사람에 대한 관심'과 '생산성에 대한 관심'이라는 두 가지 요인을 교차시켜 만든 관리격자(managerial grid)를 통해 유형화하여 설명한다. 참고: Blake, R., & Mouton, J. (1964). *The Managerial Grid: The Key to Excellence*. Houston: Gulf Publishing Co.

4) 리더십 격자 모형은 브레이크와 모튼(Blake & Mouton, 1964)의 관리격자 모형을 근거로 해서, 브레이크와 맥켄즈(Blake & McCanse)가 제시한 것이다. 참고: Blake, R., & McCanse, A. (1991). *Leadership Dilemmas-Grid Solutions*. Houston: Gulf Publishing Co.

5) Bowditch, J., & Buono, A. (1997). *A Primer on Organizational Behavior*. NY: Wiley, p. 199.

6) Lewis, J., Lewis, M., Packard, T., & Souflee, F. (2001). *Management of Human Service Programs* (3rd ed.). Belmont, CA: Brooks/Cole, p. 19.

7) Fiedler, F. (1967). *A Theory of Leadership Effectiveness*. NY: McGraw-Hill.

8) 팔로어(follower)는 리더를 따르는 사람이다. 종자(從者) 혹은 추종자 등으로 번역되기도 한다. 리더가 발휘하는 역량을 리더십이라고 한다면, 팔로어가 발휘하는 것을 팔로어십(followership)이라 한다. 최근 연구들에서는 리더십 못지않게 팔로어십도 조직의 관리와 성장에 중요한 요인으로 이해되고 있다. 리더와 팔로어의 관계는 수퍼비전의 장면에서는 수퍼바이저와 수퍼바이지 관계로 대치된다.

9) Hersey, P., & Blanchard, K. (1977). *Management of Organizational Behavior: Utilizing Human Resources* (3rd ed.). NJ: Prentice Hall. 〈Lewis et al., *Management of Human Service Programs*, pp. 172-174〉에서 재참고.

10) Quinn, R. (1984). 'Applying the competing values approach to leadership: Toward an integrative framework'. In J. Hunt, D. Hosking, C. Schreisheim, & R. Stewart (Eds.), *Leaders and Managers: International Perspectives on Managerial Behavior and Leadership*. Elmsford, NY: Pergamon Press; Quinn, R. (1988). *Beyond Rational Management: Mastering the Paradoxes and Competing Demands of High Performance*. SF: Jossey-Bass.

11) 조직의 리더는 다양한 역할과 리더십 스타일을 요구받으므로, 어느 것이 더 효과적인지를 따지는 것은 별 의미가 없다는 것이다.

12) 참고: Quinn, *Beyond Rational Management*. 그림은 〈Edwards, R., & Austin, D. (1991). 'Managing effectively in an environment of competing values'. In R. Edward & J. Yankey (Eds.), *Skills for Effective Human Services Management*. Silver Spring, MD: NASW Press, p. 10〉에서 따옴. 이 모델에 의한 리더 역할의 설명은 〈김형식·이영철·신준섭(2001). **사회복지행정론**. 동인, pp. 308-315〉를 참고.

13) Edwards & Austin, 'Managing effectively in an environment of competing values', pp. 6-8.

14) 상징적 행위라는 것은 실질적인 권한을 행사한다는 것과 상반되는 뜻이다. 예를 들어, 영국의 지방자치단체의 장(시장)은 의례복을 입고 행사에 나타나는 등과 같은 상징적 리더로서의 행위 비중이 더 크다. 실질적인 리더십의 행위는 시의회 지도부가 가지고 있기 때문이다. 상징적 본질이 반드시 가치 없음을 의미하는 것은 아니다. 현재 일본의 '천황'도 일종의 상징적 본질로서의 리더의 의미가 크다. 참고: Pfeffer, J. (1982). 'Management as symbolic action: The creation and maintenance of organizational paradigms'. In L. Cummings & B. Staw (Eds.), *Research in Organizational Behavior*, Vol. 3. Greenwich, CT: JAI Press.

15) 리더가 일상적이고 안정된 과업 처리를 지향하는 거래적(transactional) 리더십 스타일, 조직의 내·외부 환경 구조를 변화시키는 비전을 제시하고 혁신 과업에 지향하는 변형적(transformational) 리더십 스타일로 구분한다. 참고: Kuhnert, K., & Lewis, P. (1987). 'Transactional and transformational leadership: a constructive/developmental analysis'. *Academy of Management Review, 12*(4), pp. 648-657.

16) 수직-양자 연계(vertical-dyad linkage) 모델의 리더십 이론이 대표적이다. 참고: Graen, G., & Cashman, J. (1975). 'A role making model of leadership in formal organizations: a developmental approach'. In J. Hunt & L. Larson (Eds.), *Leadership Frontiers*. Kent, Ohio: Kent State University Press, pp. 143-165.

17) 카리스마 리더십(charismatic leadership)은 리더의 '카리스마'를 리더십의 핵심으로 보는데, 이를 리더의 신비한 자질이 아니라 팔로어의 인식 현상에서 설명한다. 서번트 리더십(servant leadership)은 리더가 팔로어에 대해 봉사, 신뢰, 참여, 윤리 등의 개념에서 자세를 갖출 것을 강조하고, 이를 통해 조직의 목적 달성이 수월해진다고 보는 것이다.

18) 그림은 참고: Tannenbaum, R., & Schmidt, W. (1958). 'How to choose a leadership pattern'. *Harvard Business Review, 36*(2), pp. 95-101.

19) 표는 참고: Carlisle, H. (1987). *Management Essentials: Concepts for Productivity and Innovation* (2nd ed.). Chicago: Science Research Associates, p. 475.

20) 표는 참고: 상게서, p. 475.

21) 참고: Packard, T. (1989). 'Participation in decision making, performance, and job satisfaction in a social work bureaucracy'. *Administration in Social Work, 13*(1), pp. 59-73.

22) PDM은 Participatory Decision Making의 약자다.

23) Bowditch & Buono, *A Primer on Organizational Behavior*, p. 216.

24) Bowditch & Buono, *A Primer on Organizational Behavior*, p. 216; Pine, B., Warsh, R., & Maluccio, A. (1998). 'Participatory management in a public child welfare agency: A key to effective change'. *Administration in Social Work, 22*(1), pp. 19-32.

25) Hasenfeld, Y. (1983). *Human Service Organizations*. Englewood Cliffs, NJ: Prentice-Hall, pp. 22-29.

26) Patti, *Social Welfare Administration*, pp. 24-48.

27) Quinn, R., & Cameron, K. (1983). 'Organizational life cycles and shifting criteria of effectiveness: Some preliminary evidence'. *Management Science, 29*, pp. 33-51.

28) Katz, R. (1974). 'Skills of an effective administrator'. *Harvard Business Review, 51*, pp. 90-102.

29) Lewis et al., *Management of Human Service Programs*, pp. 2-22.

30) 예를 들어, 등산은 어떤 방법으로 하는 것이 합리적일까? ① 빠른 걸음 ② 느린 걸음. 답은 '알 수 없음'이다. 등산의 목적이 제시되지 않았기 때문이다. 만약 등산의 목적이 '최단 시간에 정상 도달하기'로 주어졌다면, ①이 정답이다. 빠른 걸음이라는 수단이 그 목적에는 합리적이기 때문이다. 등산의 목적을 '자연 경관 최대

한 즐기기'에 두었다면, ②가 정답이 된다.

31) Lewis et al., *Management of Human Service Programs*, pp. 2-22.

32) 그림은 참고: Whetten, D., & Cameron, K. (1993). *Developing Management Skills: Applied Communication Skills*, NY: HarperCollins College Pub. Edwards & Austin, 'Managing effectively in an environment of competing values', p. 8.

33) Katz, 'Skills of an effective administrator', pp. 90-102.

34) Lewis et al., *Management of Human Service Programs*, pp. 154-183.

35) 그림은 참고: 상게서, p. 156.

36) 사회복지전문직에서는 클라이언트의 자기결정 존중, 비심판적 태도와 객관적 자세를 유지, 사례 정보의 기밀성(機密, 외부에 드러내서는 안 될 중요한 비밀) 보호 등이 전문적 규범으로 중요시된다. 기밀성은 사생활보호(privacy)를 뜻하는 것과는 다르다.

37) Kadushin, A. (1992). *Supervision in Social Work*, 조휘일 역(2000), **사회복지실천과 수퍼비전**. 학지사, pp. 19-20.

38) 왓슨(K. Watson)이 수퍼비전의 구조 모형을 수퍼바이저와 수퍼바이지 간의 상호관계에 의거해서 여섯 가지로 제시한다. 참고: Watson, K. (1973). 'Differential supervision'. *Social Work, 18*, pp. 83-86.

39) Kadushin, A. (1974). 'Supervisor-supervisee: A survey'. *Social Work, 19*(3), p. 291.

40) 참고: Ullman, A., Gross, M., Davis, M., & Mushinski, M. (1971). 'Activities, satisfaction, and problems of social workers in hospital settings: A comparative study'. *Social Service Review, 45*(1), pp. 22-26.

41) Kadushin, 'Supervisor-supervisee', p. 291.

42) Skidmore, R. (1995). *Social Work Administration: Dynamic Management and Human Relations* (3rd ed.). Needham Heights, MA: Allyn & Bacon, pp. 250-252.

43) 고도로 준비된 수퍼바이지가 가지는 수퍼비전에 대한 욕구는 보다 적극적 도움이 필요한 의존적인 상태의 수퍼바이지의 욕구와는 다르다. 수퍼바이저의 목적은 업무자인 수퍼바이지가 성숙도를 높여 가서 자율성을 키우도록 하는 것이므로, 지지적 수퍼비전 관계를 통해 수퍼바이지의 상황 변화를 감안해서 의존성 자세에서 독립적인 자세로 이동하는 기초를 형성해야 한다고 본다. 참고: Hersey, P., Blanchard, K., & Johnson, D. (1996). *Management of Organizational Behavior: Utilizing Human Resources* (7th ed.). Upper Saddle River, NJ: Prenctice Hall.

제**9**장

인사 관리

인사 관리란 사람에 관한 일(人事)을 관리하는 것이다. 사람 중심의 휴먼서비스 사회복지조직에서는 특히 인사 관리가 중요하다. 사회복지조직의 성패나 효과성 정도는 대개 서비스 제공자로서의 조직구성원들에 의해 결정되는 바가 크다.

1. 인사 관리란

조직은 사람들로 구성된다. 조직은 목적을 가지고, 구성원인 사람들도 목적을 가진다. 조직을 관리한다는 것은 이들 두 목적이 조화롭게 이루어지도록 하는 것이고, 인사 관리가 주로 그 역할을 한다.

조직은 특정 가치나 사명을 실현하기 위해 존재한다. 이를 존재 이유(raison d'être)라 하는데,[1] 조직들은 각기 저마다 다른 존재 이유의 목적을 달성하기 위해 일한다. 한편, 조직이 일을 하는 과정에서는 '수행 목적'도 나타난다. 생산성과 효과성을 높이고,

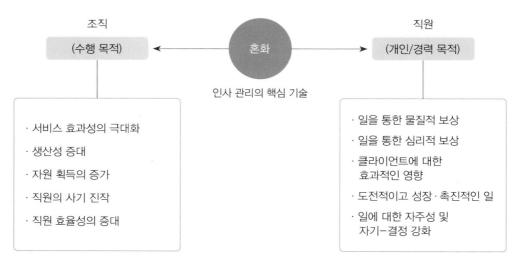

[그림 9-1] 인사 관리의 핵심 기술 - 혼화(blending)

자원을 획득하고, 직원들의 사기와 효율성을 높이려는 이 같은 수행 목적들은 어느 조직에서나 공통적으로 나타난다. 조직이 수행 목적을 공통적으로 가지는 이유는 존재 이유의 목적을 실현하는 데 필요하기 때문이다.

조직을 구성하는 사람들도 목적을 가진다. 사람들이 조직에서 일을 하는 이유는 임금과 같은 물질적 보상의 목적이 있지만, 일에 대한 전문적 지식이나 기술을 축적해서 자신의 직업경력(커리어, career)을 높이고, 그로 인해 장래 노동시장에서의 자신의 가치를 높이려는 목적도 들어 있다. 또한 일을 통해 얻어지는 성취감이나 만족감과 같은 심리적 보상의 목적도 사람들을 조직에서 일하게 만드는 중요한 이유가 된다.

[그림 9-1]은 휴먼서비스에서 조직과 직원의 목적이 각기 어떤 기준과 내용들로 구성되어 있는지를 보여 준다.[2] 비록 서로 다른 내용들을 가지지만, 이들 두 목적군(群)은 접합점을 찾아야 한다. 그것 없이 조직과 직원이 제각기의 목적만을 추구하게 되면, 결국은 서로가 모두 존립할 수 없게 된다. 그래서 이들 목적군은 동일한 지향에서 접목될 필요가 있는데, 이를 '혼화'라고 한다. 혼화(混和, blending)란 '서로가 각자의 성질을 지니면서, 조화롭게 섞인다'는 뜻이다.

조직의 인사 관리에서 혼화를 지향하는 관점은 유인-기여 이론에 근거한다. 이 이론에서는 사람과 조직의 연계를 공식적, 비공식적 계약에 기초하는 것으로 본다.[3] 계약은 교환 관계를 뜻하는데, 피고용인으로서의 직원이 조직에 기여하는 만큼 조직은 그에 대해 유인책을 제공한다는 것이다. 사회복지조직의 인사 관리에서도 이러한 관점과 설명은 유효하다. 이에 의거하면, 인사 관리의 핵심적인 과업과 기술은 구성원들의 개인·전문적 목적과 조직의 목적을 동일한 지향으로 연계해서 조화롭게 만들 수 있는 혼화의 방법에 달려 있다.

2. 인사 관리의 과업

인사 관리의 일차적인 과업은 직원들의 능력을 향상하는 것에 있다.[4] 휴먼서비스조직은 인적자원에 의한 노동 비중과 강도가 높고, 예산의 상당 부분도 인적자원의 유지와 개발에 쓰인다. 인사 관리를 '인적자원 개발'과 동일시하는 경향도 이러한 이유 때문이다. 인적자원 개발이란 직원의 기술과 능력, 판단, 숙련도 등을 조직의 목적 달성에 부합하도록 계획적으로 성장시키려는 노력이다.[5]

인사 관리의 과정은 대체로 다음과 같은 과업들로 구성된다. 먼저 직위를 분류하고, 이에 따라 직원을 선발하며, 적절한 보상 계획을 수립·집행하고, 직원의 능력 개발 및 훈련을 실시하며, 직무 수행에 대한 평가를 한다.

1) 직위 분류

인사 관리는 일을 사람들에게 나누는 것에서 출발한다. 조직(프로그램)의 목적 수행에 필요한 활동들을 분류하고, 이를 구성원들에게 할당하는 것이다. 여기에서 '직위'와 '직무'가 만들어진다.[6] 직위(position)란 한 명의 직원이 맡아야 할 일의 책임과 의무의 몫을 말한다. 직무(job)란 유사한 직위들이 가지는 일의 특성을 말하는 것이다.

한 사회복지기관의 재가복지 담당자가 A, B로 두 명이 있을 때, A가 맡은 직위와 B가 맡는 직위는 하나의 공통된 직무로 간주될 수 있다. 이것은 같은 기관의 경리 담당자나 재가복지 팀장, 부장 등의 직위가 가지는 직무와 구분될 수 있다.

직무가 구분된다는 것은 각기 다른 성격의 과업이나 기능, 책임을 의미하는 것이다. 직무에 따라 보고의 방식과 대상, 요구되는 지식과 기술, 급여의 수준 등이 다르게 규정된다. 조직 내 모든 직무는 직위로 분류될 필요가 있다. 직위란 한 사람이 맡게 되는 '일자리'와도 같은 것이다. 조직에서 각 직원에 대한 필요성이나 평가 등은 직위를 기준으로 한다. 조직에서 직위 분류의 틀은 다음 단계를 거쳐 개발된다.[7]

Ⅰ 직무분석   직무분석(job analysis)이란 의도적이고 체계적인 방법으로 조직 내 직무들을 구분하는 것이다.[8] 이 분석은 기존 조직을 대상으로 하거나 새롭게 조직되어야 할 서비스 체계를 대상으로 할 수도 있다. 직무 분석을 통해, 한 직무에서 수행되어야 할 활동의 내용, 활동에 필요한 수단, 수행의 기준과 시간, 직무와 관련된 맥락(물리적 환경 등), 해당 직무를 수행할 사람이 갖추어야 할 조건(지식과 기술, 훈련, 업무 경험, 소질) 등에 관한 정보가 도출된다.[9]

Ⅱ 직급화   직급화(classification)란 직위들 중 어떤 것들이 유사한 직급(class)으로 묶일 수 있는지를 파악하는 것이다. 각 직급의 직위들은 일의 종류나 난이도, 책임의 수준이 유사하다. 또한 급여 수준이나 보고 체계, 수퍼비전, 평가 등에서 동등한 처우를 받는다.

Ⅲ 직무기술   직무기술(job description)이란 각 직위의 사람이 수행해야 할 일(직무)의 내용과 수행 기준을 작성해서 기술하는 것이다. 여기에는 직무 수행에 필요한 KSA(지식과 기술, 역량)가 반드시 포함되어 있어야 한다.[10] 직무기술서에는 다음 항목들이 포함된다. ① 직위명 ② 계층 ③ 의무 ④ 최저 학위 요건 ⑤ 자격 요건 ⑥ 최저 경력 년수 ⑦ 업무 시간과 배치, 특별 요구조건(예: 운전면허, 자가용 이용 등) ⑧ 급여 수준과 보너스, 기타 처우 관련 ⑨ 채용 절차.[11]

Ⅳ 범주화   범주화(categorization)란 개별 직위들을 특정 직급에 할당하는 것이다. 직무분석과 직급화를 통해 새롭게 구성된 분류체계에 의거해서 직위들을 배치하는 것이다. 모든 공식적 조직은 직위분류표를 직무기술서와 함께 기본적으로 갖추고

있어야 한다.

기계나 설비가 아닌 사람이 중심이 되어 일을 하는 휴먼서비스 조직에서 직원들의 직무와 직위를 적절히 디자인하는 것은 무엇보다 중요하다. 이는 일차적으로 조직이 목적 수행을 효과적으로 해 나가는 데 필요하지만, 대외적으로도 조직이 공식적인 존재로서 인식되거나 다른 환경 요소들과 관계를 할 때 필수적이다. 만약 외부인이 직위가 명시되지 않은 직원과 관계한다면, 그가 조직에서 무엇을 공식적으로 대표하고 책임을 가지는지를 알 수가 없을 것이다.

한 기관이 직위와 직무에 관한 공식적인 체계를 갖추고자 할 때, 앞서 제시된 전 과정을 모두 스스로 해야 하는 것은 아니다. 이미 유사한 환경에서 직무분석을 통해 개발된 표준 분류들이 존재할 수도 있으므로, 그에 준해서 기관은 자체적인 노력을 약소화, 효율화할 수 있다.[12] 벤치마킹이나 전문가를 활용하는 방법을 통해 기관의 부담을 줄일 수도 있다.

2) 직원 채용

직위와 직무의 디자인이 이루어지고 나면, 이에 기초해서 직원 채용을 한다. 직원 채용은 모집과 선발로 이루어진다. 모집은 자격을 갖춘 지원자들을 끌어오는 것이고, 선발은 그러한 지원자들을 검토, 사정해서 누가 해당 직위에 적합한지를 결정하는 것이다. 조직의 인적자원 역량을 증진시키려면 직무 능력이 탁월하거나, 잠재력을 갖춘 사람들을 선발하는 것이 무엇보다 중요하다. 이 과정은 다음의 단계로 구성된다.

I 지원자 모집   필요한 직위에 대해서 모집 광고를 한다. 광고나 정보를 배포하는 수단으로는 신문이나 방송과 같은 대중매체를 활용하거나, 전문잡지나 전문가 집단, 동료 집단, 대학 등을 통해 공고하는 방법도 있다. 일반적인 기술이 요구되는 직위의 모집은 보다 폭넓은 지원자군을 끌어들이기 위해 대중매체를 활용하는 것이 유리하다. 전문적 기술을 요구하는 직위의 경우에는 대중매체보다 전문가 집단을 직접 접촉해서 모집하는 것이 유리하다. 주변 동료나 대학 등에 공고를 의뢰하는 것도 효과적이다.

Ⅱ 지원자에 대한 정보 획득과 선발   일단의 지원자를 확보한 후에는 이들에 관한 정보를 다양한 방법으로 획득한다. 조직이 필요로 하는 직위의 자격 요건에 누가 더 잘 합치되는지를 적절히 판단할 수 있는 정보의 획득이 중요하다. 정보의 성격에 따라 다음의 방법들이 효과적이다.

- 이력서 : 지원자의 교육적 배경이나 자격, 직업 경력과 근무 연한, 기타 인적 사항을 파악하는 데 유용하다.
- 추천서 : 지원자의 성격이나 태도, 능력, 과거 활동 사항들에 대한 제3자의 평가 정보를 구하는 데 유용하다. 대부분 추천 가능인의 범위는 미리 정해 둔다.
- 시험 실시 : 지원자가 해당 직무에 요구되는 소질이나 기술을 소유하는지에 대해 직접 정보를 획득해 볼 수 있는 방법이다. 어떤 내용과 방식의 시험이 적합할지에 대해서는 기술적인 유용성 검토가 필요하다.
- 자격(증) : 일종의 시험 방법이지만, 조직이 직접 시험을 실시하기보다는 공인 기관의 테스트 결과를 인정하는 것이다. 예를 들어, 선발 직위의 직무 수행능력에 대한 판단을 '사회복지사 1급' 자격의 소지 여부로 보는 것이다.
- 면접 : 면접(interview)은 종합적인 정보 획득의 방법이다. 인성이나 가치, 태도에 대한 정보뿐만 아니라, 경력이나 자격 등에 대한 추가 정보도 얻을 수 있다.

이 가운데 면접은 종합적인 정보를 얻기에 유용하지만, 한편으로 편견도 많이 개입될 수 있는 방법이다. 면접관이나 면접 환경의 차이에 따라 주관성이 개입되거나 정보의 편향과 왜곡이 나타나기 쉽다. 이런 문제를 방지하려면 면접은 가급적 사전 구조화하는 것이 필요하다. 질문 항목에 대한 예상 응답들을 어떤 평가 체계로 점수화할 것인지를 면접 전에 미리 정해 놓는 것이다. 면접관과 심사자를 분리하는 것도 편향을 줄이는 한 방법이다.

Ⅲ 선발자에 대한 오리엔테이션과 정보 제공   최종적으로 선발된 사람들에게는 직무의 성격, 급여 수준, 인사 정책과 절차 등에 대한 정보를 충분히 제공한다. 조직에서의 직원 선발은 선발된 사람과 조직 간에 일련의 합의적 계약 관계가 체결되는 것과 같다. 이러한 계약은 피선발자에게 명확하게 전달되어야 한다. 그래야 피선발자가 자

2. 인사 관리의 과업

신의 일자리(직위)에 대해 과다 혹은 과소한 기대를 하지 않게 되고, 이는 그 자신과 조직 모두에게 도움이 된다.

기관 오리엔테이션에는 기존 및 신입 직원 간 소개, 신입 직원이 숙지해야 할 관련 문건들(예: 프로그램 계획서, 업무 추진표)의 제시, 기관의 업적평가 시스템과 운영 방식을 알려 주는 것들이 포함된다. 조직 문화에 익숙하게 만드는 것도 중요하다. 오리엔테이션 기간에 조직의 그간 '이야기'들을 들려주는 것은 신입자들의 문화 적응을 앞당기게 만드는 효과가 있다.[13]

IV 승진   승진(promotion)도 인력 채용의 과정에 준한다. 비록 모집과 선발의 구체적인 과정은 신입 직원의 경우와 다르지만, 해당 직위에 대해 적절한 인력을 선발한다는 점에서 승진도 일종의 채용 과정이라 볼 수 있다. 승진은 인사 관리에서 기존 직원에 대한 유인책으로 중요하게 활용된다. 내부 승진에 대한 기대감으로 직원들이 조직에 대해 충성하도록 만드는 것이다.

대규모 조직들에서와는 달리, 소규모 비영리 사회복지조직의 경우에는 승진을 유인책으로 활용하기가 쉽지 않다. 한정된 직위 풀(pool) 안에서 승진을 과도하게 활용하면, 내부 경쟁을 심화시켜 직원들 간 관계를 악화시킬 수도 있다. 또한 소규모 조직에서 내부 승진이 계속된다면, 새로운 시각과 지식이 조직으로 영입될 수 있는 기회를 차단하는 문제가 생긴다. 그로 인해 소규모 사회복지조직들에서는 내부 승진보다는 외부 영입으로 승진의 직위를 충당하는 경우도 많다. 이는 정체된 조직을 변화시키는 효과가 있지만, 기존의 정돈된 조직 질서를 흩트릴 위험성도 함께 가지고 있다.

3) 보상 체계

유인-기여 계약 이론이 제시하는 것처럼, 직원들은 조직 목적의 성취를 위해 자신들이 기여한 에너지와 노력에 대해 보상과 인센티브를 기대한다. 이러한 보상에는 물질적, 심리적인 것들이 모두 포함된다. 조직의 보상과 인센티브 시스템은 일반적으로 다음과 같은 기준을 따른다.[14]

- 충분 보상 : 직원들의 기본 욕구를 충족시키기에 충분한 수준의 보상을 한다.
- 공평 배분 : 외부적으로는 다른 기관들에서의 보상 수준과 같거나 높아야 하고, 내부적으로는 직원들 간에 공평한 배분이 이루어지도록 한다.
- 개별성 고려 : 개인들의 욕구에 적합한 보상이 이루어지도록 한다.
- 수행성 연계 : 보상은 개인적 및 집단적 수행 실적과 연계해서 한다.
- 구조 적합 : 경영 스타일과 조직 위계에 적합한 방식으로 보상을 나눈다.

직원들에 대한 보상 체계에는 기본 급여와 함께, 초과시간에 따른 수당, 근속 수당, 인센티브 시스템, 연금이나 유급휴가 등의 부가급여들도 포함된다.[15]

기본 급여   직위분류 틀에 입각해서 기본 급여의 수준이 적용된다. 평등성 개념의 기준에 따라 각 직급에 포함된 유사한 지식과 기술, 책임을 가지는 직위들이 유사한 급여를 받도록 한다. 각 직위에 대한 최저와 최고 급여액이 규정된다.

초과근무 수당   규정된 근무시간을 초과한 부분에 대해 보상하는 것으로, 야간이나 주말, 혹은 공휴일의 근무에 대해 수당이 지급되는 것이다. 휴먼서비스 조직의 직원들에게는 이를 적용하기가 쉽지 않은데, 일의 성격상 생산직 공장노동자들과는 달리 근무시간에 따른 보상액을 명확히 규정하기 어렵기 때문이다. 그래서 이들 조직에서는 '근무면제 보상 시간(comp time)' 제도와 같이 초과근무에 대해 수당 대신에 일반근무 시간을 면제해 주는 보상 방식을 취하는 경우가 많다.

근속(勤續) 수당   한 기관에 일정 기간 동안 계속 근무한 사람들에게 지급하는 보상 급여다. 조직이 유능한 직원을 계속 붙잡아 두기 위한 목적에 쓰인다. 원래의 취지로 보자면, 근속 기한이 늘어날수록 근속 수당의 지급액은 늘어나는 것이 맞다.

인센티브제   직원들의 업무 기여에 대한 유인책으로 추가 급여를 사용하는 방식이다. 근래에는 비영리 휴먼서비스 조직들에서도 이를 활용하는 추세에 있다. 인센티브제는 수행성과를 연동시키는지의 여부와 관련해서 방식이 나뉜다. 수행성과 인센티브제는 개인이나 집단별 성과에 따라 차등적 추가급여를 제공하는 방식인데, 이를 보통 성과급이라 한다. 성과와 무관한 인센티브제는 부가급여(fringe benefits)라고도 불리는데, 유급휴가, 병가, 육아휴가, 연가, 보험 및 퇴직금, 보육서비스 등과 같은 부차적인 급여를 말한다. 일보다는 일반 후생 차원의 폭넓은 인센티브 보상체계에 가까운 것이다.

4) 인력 개발 및 훈련

직무 수행 능력이 뛰어난 직원을 채용하고 적절한 보상체계를 구비하더라도, 그것 만으로 조직과 직원의 목적이 혼화되지는 않는다. 신입 직원들은 새로운 직무 환경에, 기존의 직원들은 변화되는 업무환경에 적응하는 것이 필요하다. 새로운 서비스가 개발되거나 기관의 정책과 절차가 변화하고, 업무자들의 직위가 이동되는 것들은 조직 내에서 늘 일어나는 일이다. 외부환경으로부터의 요구들도 계속해서 변화한다. 이로 인해 직원들은 인력 개발과 훈련이 지속적으로 필요하게 된다.

인력 개발이란 조직이 목적을 달성하기 위해 직원들의 직무 수행력을 증진시키려는 의도적 활동을 말한다. 과거에는 이를 직원들의 직무 관련 지식이나 기술력 향상에다 초점을 두었지만, 근래에는 그 범주가 확대되는 경향이 있다. 인력 개발에 직원들의 직무 환경을 개선하는 것까지도 포함시킨다. 이를 통해 직원들의 직무 수행력 향상이 보다 더 효과적으로 이루어질 수 있다고 보기 때문이다.

인력 개발을 위한 프로그램은 사정, 전략 실행, 평가라는 세 단계로 진행된다. 사정 은 무엇이 변화될 필요가 있는지를 진단하는 것이다. 사정을 통해 도출된 필요(needs) 는 적절한 전략을 마련해서 실행한다. 실행의 결과는 평가해서 피드백된다.

I 사정   사정(assessment)을 통해 업무자의 직무 수행에서 발전되어야 할 필요 부분을 감지해 낸다. 사정은 현재 수준과 바람직한 수준과의 격차를 찾아내는 작업으로,[16] 다음 활동들로 이루어진다. 첫째, 일선 업무자들이 현재 기준에서 직무 요구를 어느 정도 충족시키고 있는지를 파악한다. 이를 위해 주기적인 내부 모니터링이나 외부 평가, 결과 등과 같은 다양한 기준 자료들을 활용한다. 둘째, 해당 직무에 대한 이상적인 수행 기준이나 향후의 변화 요구 등을 고려하여, 어떤 내용의 지식이나 기술 수준이 갖추어져야 할지를 파악해 낸다. 셋째, 업무자별로 현재의 직무 수행 능력과 요구되는 수준과의 격차를 산출하고, 격차 극복을 위해 각 업무자마다 향상시켜야 할 지식과 기술의 정도, 환경적 변화의 필요 부분을 결정한다. 즉, 사정을 통해 인력 개발

프로그램이 추구할 변화 목표를 결정하는 것이다.

II 전략과 실행　사정을 통해 드러난 변화 목표를 실행에 옮기는 최적의 전략을 수립하고 실행한다. 먼저 행동 목표들을 구체화한다. 예를 들어, '업무자가 사례관리의 특정 기법을 운용하는 능력을 향상시킨다' '부서들 간 대인적 의사소통이 증진된다' '모든 직원이 SNS 등의 온라인 플랫폼의 활용 능력을 향상시킨다' 등으로 구체적인 행동 목표를 설정한다. 다음은 그에 가장 효과적이면서도 실천 가능한 실행 전략을 찾는다. 공식 오리엔테이션, 보충 교육, 업무자들 간의 모임, 케이스 컨퍼런스, 수퍼비전, 서비스 참관, 조직 개발 등이 대표적이다. 각 전략의 효과성은 구체적인 교육 내용이나 방법, 교육 대상자의 특성 등에 따라 다를 수 있으므로, 신중한 선택이 필요하다. 행정적 실천 가능성에 대한 검토도 반드시 함께 이루어져야 한다. 전략이 실행될 조직적 여건(예: 교육 인력, 비용)이 가능한 범위 내에서 최대한 효과적인 전략을 선택해야 하는 것이다.

III 평가　인력 개발 프로그램의 결과를 평가하는 이유는 피드백 정보를 얻기 위함이다. 직무 수행력의 향상에 교육 훈련이 얼마나 효과적이었는지, 추가로 필요한 부분들은 무엇인지, 어떤 전략과 방법이 유용한지에 관한 정보들이 평가에서 도출된다. 평가 정보는 몇 가지 차원으로 나뉜다.[17] ① 반응(피훈련생이 프로그램에 대해 어떻게 생각하는지), ② 학습(피훈련생이 어떤 원칙이나 사실, 기법, 태도를 습득하게 되었는지), ③ 행동(직무 수행에서 행동 변화가 나타나는지), ④ 결과(직원의 사기 진작이나 클라이언트의 서비스 만족도 향상 등의 변화 목표가 달성되었는지) 차원의 정보들이 있다. 비록 행동이나 결과 차원의 정보가 실질적으로 중요하지만, 이들은 측정이 여의치 않을 수 있다. 반응이나 학습 차원의 정보들은 설문지나 사전-사후 검사 등을 통해 비교적 수월하게 측정될 수 있다.[18]

인력 개발에서 직무 환경에 대한 개선 노력은 자칫 간과되기 쉽다. 직원들의 업무수행력이 떨어지는 것은 직원들의 개인적 역량 부족의 문제도 있지만, 업무환경이 받쳐 주지 못하는 탓도 있다. 그런데도 조직과 행정 차원의 문제를 고려하지 않고, 개별 업무자의 능력 향상에만 인력 개발의 초점을 맞추는 것은 문제다.

조직의 특정 서비스에 대해 이용자들의 만족도 평가가 낮게 나온다 하자. 이용자들에게 물어보니, 직원들이 서비스를 건성으로 하기 때문이라고 한다. 직원들이 건성으로 서비스를 하는 것을 막아야(수준의 격차를 메꾸어야) 만족도를 높일 수 있다. 그러면 어떻게 해야 할까? 과거의 인력 개발은 직원들을 모아 두고, '건성으로 서비스를 하지 않아야 하는 이유와 방법'을 가르치는 교육을 할 가능성이 높다. 그런데 막상 교육을 받는 직원들은 '다른 업무들도 산더미처럼 쌓여 있는데, 그나마 건성으로 해 주는 것도 내가 할 수 있는 최대한'이라는 생각을 속으로 하고 있을 수 있다. 그런 교육이 효과가 있겠는가?

직무 환경을 개선해서 업무자들의 직무 수행력을 향상시킬 수 있다면, 그것도 인력 개발의 중요한 방법이 된다. 부적절한 급여 체계, 리더의 불명확하고 혼란스러운 지침 전달, 프로그램 자원의 축소, 과중한 행정 업무 부담 등은 업무자들의 직무 태도와 행동에 크게 영향을 미친다. 따라서 관리자는 전형적인 인력 개발의 프로그램을 계획하기에 앞서, 조직 환경적 요인이 업무자들에게 어떤 영향을 주고 있는지, 직원 교육에 투자될 비용을 오히려 그런 환경 개선에 투자한다면 어떤 효과를 얻게 될지를 우선 검토해 볼 필요가 있다.

3. 인력의 평가와 개선

조직이나 프로그램 관리를 위해서는 어떤 식으로든 직원들의 직무 수행이 평가되어야 한다. 조직의 목적 성취에 어떤 직원이 얼마만큼 기여했는지가 파악될 필요가 있다는 것이다. 이는 관리자 입장에서 급여나 인센티브, 승진 등과 같은 직원 보상(유인)의 기준을 확보하는 데 필요하지만, 직원 개개인도 이를 통해 자신의 활동에 대한 피드백 정보를 얻는 효과가 있다. 자신의 직무 수행이 조직이나 프로그램이 요구하는 방향이나 기준에 얼마나 부합되고 있는지를 파악하게 해 주는 것이다.

1) 수행성과의 평가 기준

직무의 수행성과(performance)란 직원의 개인별, 집단별 직무 행동을 파악하는 것이다. 수행성과를 측정하는 기준들은 다양하게 있지만, 일반적으로 생산성(혹은 산출물)이나 효과성, 효율성, 서비스 질 기준이 많이 쓰인다.

생산성(혹은 산출)　　직원의 수행성과를 주로 서비스의 산출량과 같은 생산성을 기준으로 판단하는 것이다. 생산성을 나타내는 지표는 '서비스 제공 건수' '상담 시간' '의뢰 건수' 등이 해당된다. 업무자에 대한 생산성 기준의 평가는 서비스 제공의 산출 측면만을 반영한다. 그러한 산출이 어떤 결과적 성과를 초래했는지를 가리켜 주지는 않는다. 얼마나 많은 양의 서비스 제공을 했다는 것만으로는 얼마나 많은 효과가 클라이언트에게 나타났다는 것을 알려 줄 수 없다. 일정한 조건하에서 생산성만 높아지면, 효과성은 오히려 감소되는 결과가 나타날 수도 있다.

효과성　　직원이 수행한 서비스가 '결과 목적을 성취했는지'를 보는 것이다. 서비스의 결과 목적이란 궁극적으로 클라이언트 혹은 대상의 상태 변화를 말한다. 효과성 기준은 그래서 서비스의 결과 상태를 어떻게 설정하고, 측정할 것인지가 중요하다. 효과성을 기준으로 직원의 수행성과를 평가하려면, 두 가지 성격의 정보가 필요하다. 의도된 서비스 목적이 클라이언트에게 어느 정도 성취되었는지와 그것이 업무자의 활동에서 기인한 것인지를 확인할 수 있는 정보다.

효율성　　직원의 수행성과를 비용의 기준에서 파악하는 것이다. 직원이 일을 하는 데 걸리는 '시간이나 노력의 양'을 비용이라 한다. 효율성이란 생산성이나 효과성을 비용과 대비해서 보는 것이다. 즉, 직원의 수행성과를 효율성 기준으로 평가한다면, $\frac{생산성}{비용}$ 혹은 $\frac{효과성}{비용}$이 된다. 전문직 직원의 효율성 평가 기준으로는 후자가 바람직하지만, 효과성 측정에 따르는 어려움으로 인해 보통 전자가 많이 쓰인다.

서비스 질　　서비스 질(quality of service)이란 업무자가 제공하는 서비스의 질이 얼마나 높은지를 보는 것이다. 서비스 질은 개념적으로는 쉬우나, 경험적으로 명확한 기준을 설정하기가 쉽지 않다. 서비스 질을 나타내는 지표로는, 예를 들어 '업무자가 서비스의 목적 성취에 바람직한 기법이나 절차를 얼마나 활용했는지'를 쓸 수 있다. 이때 '바람직한'에 대한 객관적이고 명확한 기준을 찾기는 쉽지 않다. 이런 경우 대부분 이전의 경험적 근거나 전문가적 판단의 방법을 적용한다. 서비스 질에 대한 평가를 이용자의 만족도로 대체하는 경우도 있다.

사회복지조직에서는 직원의 수행성과를 평가하는 기준으로 효과성이나 서비스 질이 특히 중요하다. 그럼에도 이들을 직접 측정하는 것은 방법적으로나 비용적으로도 어려움이 적지 않다. 그래서 현실적으로는 대부분 생산성이나 효율성 기준을 사용하게 되는 경우가 많다. 비록 그렇다 해도, 각각의 기준들은 서로 대체될 수 없는 평가의 내용을 다룬다는 것만은 분명하다.

2) 평가 시스템

모든 조직은 어떤 형태로든 직원을 평가하는 시스템을 갖추고 있다. 직원들의 수행성과를 평가하는 것을 일반적으로 업적평가(performance appraisal, 수행평가) 시스템이라 한다. 조직들마다 다양한 방식으로 업적평가 시스템을 구성할 수 있다. 그런 시스템은 공식적 혹은 비공식적으로도 둘 수 있고, 객관적 혹은 주관적 측정 기준을 많이 쓸 수도 있다. 대체로 공식적이고 객관적인 시스템을 지향하지만, 현실적으로는 그렇지 못한 경우가 많다.

나름대로 객관적 기준의 평가표를 갖춘 업적평가 시스템이 있다 하자. 상급자는 다음 항목의 채점표에 체크하게 되어 있다. "해당 직원은 직무 수행의 과정에서, 동료 및 상하 직원들과의 원활한 업무 협조를 위해 어느 정도 노력했는가?" ① 매우 잘했음 ② 대체로 잘한 편 ③ 보통 정도 ④ 대체로 잘하지 못한 편 ⑤ 매우 잘못했음. 여기에서 어떤 숫자(마치 객관적인 것처럼 여겨지는)가 도출되더라도, 이는 객관적이라기 보다는 평가자의 주관성을 점수 기호로 바꾸어 나타내는 것에 가깝다.

사회복지조직들에서 직원의 업적평가는 많은 개선의 여지가 있다. 평가에서 임의성이나 편향성을 줄이고, 평가 기법의 신뢰성을 높여야 할 필요성은 여전히 크다. 이를 위해 기존에 개발된 업적평가 시스템의 모형들이 참고가 된다. BARS와 MBO, CIT가

대표적인 예다.[19]

BARS 시스템 　BARS는 업무자의 '행동'에 초점을 두고, 업적평가의 점수를 매기는 도구 방식이다.[20] 평가자(상급자)가 업무자를 평가할 때 그 업무자의 생각이나 가치 등을 평점(rating, 점수를 매김)하려 들면, 평가자의 주관적인 생각이 강하게 작용할 수밖에 없다. 예를 들어, '그 직원은 동료들과 친하게 지내야 한다는 것을 중요하게 생각하는지'를 객관적 기준에서 평점하기는 힘들다. 이런 문제를 극복하기 위해, BARS 업적평가 시스템은 객관적으로 관찰 가능한 행동 기준을 평가의 근거로 한다. BARS 시스템은 다음 단계로 구축한다.

[I] 　직무에 관한 모든 차원에서 수행성과가 효과적인지 아닌지를 예시해 줄 수 있는 구체적인 행동의 사안들(incidents)을 발굴한다.

[II] 　발굴된 사안들을 업적 차원별로 묶는다.

[III] 　각 업적 차원마다 행동 기준의 평점 스케일(잣대)을 만든다. 대개 5점에서 7점까지를 최고점으로 둔다. 보통은 기본 수준을 중간 점수로 둔다.

이러한 단계를 거쳐 사안, 업적 차원, 평점 스케일이 갖추어진 최종 BARS 도구가 만들어진다. 그러면 업적평가는 보다 명확하고, 행동 귀착적이고, 경험적 측정이 가능한 방식으로 이루어질 수 있다. 개발된 BARS 업적평가 시스템의 예는 〈표 9-1〉과 같다.[21]

BARS 접근의 단점은 도구 개발에 시간이 많이 소요된다는 것이다. 시간은 곧 비용과 직결되는 문제다. 비록 초기 비용 부담은 있으나, 일단 개발되고 나면 이 시스템이 장기적으로는 업적평가에 수반되는 시간과 노력을 줄여 줄 수 있다. 또한 시스템의 개발 과정에 상당한 직원 참여가 이루어지므로, 이 시스템으로 평가를 받을 직원들이 평가 체계를 신뢰하게 만드는 효과도 있다.

표 9-1 BARS의 예

[업적 차원 – '클라이언트 문제의 확인과 사정']	
"피평가자(업무자)는 클라이언트에 관한 정보를 수집해서, 현안 문제가 무엇인지를 가려 낼 수 있습니까? 이러한 문제들이 어떻게 클라이언트의 기능 수행을 방해하는지를 볼 수 있습니까?"	
7점 ( )	자료 수집과 클라이언트 핵심 문제의 확인에 최상의 능력을 가진다. 문제들이 클라이언트의 기능수행을 어떻게 방해하는지를 노련하게 볼 수 있다.
6점 ( )	자료 수집과 클라이언트 핵심 문제의 확인에 탁월한 능력을 가진다. 문제들이 클라이언트의 기능수행을 어떻게 방해하는지를 기술적으로 볼 수 있다.
5점 ( )	자료 수집과 클라이언트 핵심 문제의 확인에 앞선 능력을 가진다. 문제들이 클라이언트의 기능수행을 어떻게 방해하는지를 준비된 자세로 볼 수 있다.
4점 ( )	이 사람은 자료를 수집하고 클라이언트의 중요한 문제를 확인해 낼 수 있는 능력을 가진다. 문제들이 클라이언트의 기능수행을 어떻게 방해하는지를 볼 수 있다.
3점 ( )	자료 수집과 클라이언트 핵심 문제의 확인에 약간의 능력을 가진다. 문제들이 클라이언트 기능수행을 어떻게 방해하는지를 일정 정도로 볼 수 있다.
2점 ( )	자료 수집과 클라이언트 핵심 문제의 확인에 능력이 부족하다. 문제들이 클라이언트의 기능수행을 어떻게 방해하는지를 보는 데 어려움이 있다.
1점 ( )	자료 수집과 클라이언트 핵심 문제의 확인이 불가능하다. 문제들이 클라이언트의 기능수행을 어떻게 방해하는지를 볼 수 없다.

MBO 시스템   MBO는 목표(objective)를 중심으로 기관이나 프로그램을 관리하는 것으로,[22] 직원 업적평가 시스템에 이를 반영할 수 있다. 사명이나 열정, 일상적 기준으로 직원을 평가하는 것과, 구체적이고 합의된 '목표'를 기준으로 평가하는 것은 큰 차이가 있다.[23] 경험적으로 측정이 가능한 행동 측면의 목표를 사용하게 되면, 평가자 (상급자)들의 주관적인 편향성 개입을 억제할 수 있다. 또한 목표를 설정하는 과정에서부터 평가 대상자인 직원이 참여하게 되면, 평가 시스템에 대한 신뢰가 높아질 수도 있다.

MBO 업적평가 시스템을 운용하는 데는 목표 설정의 과정이 중요하다. 이 시스템에서는 직원들마다 자기 직무에 수반된 과업들에 대한 수행 목표를 가진다. 업무자와 상급자가 만나 보통 4~5개의 주요 성과 책임(직원이 해당 평가 연도에 책임져야 할)에 대해 합의하는데, 이것이 해당 업무자 직원의 업적평가에 쓰이는 목표가 된다. 목표의 합의는 직원과 상급자(평가자) 간 활발한 의사소통으로 이루어져야 한다는 점이 강조된다.[24]

MBO 시스템에서 사용하는 목표들은 측정 가능해야 하고, 시간 프레임(시작과 종료 시점)이 있어야 한다. 이상적으로 목표는 결과적 성과(outcome)를 말해야 한다. 직원이 '얼마나 활동을 하겠다'는 것보다는, 클라이언트나 조직에 '어떤 이득이 발생한다'를 제시하는 것이 좋다. 예를 들어, 아동보호 업무자가 내년도 자신의 업적평가 목표들 중 하나를 '몇 명의 아동이 보호를 종결한다'로 두는 것이다.

현실적으로는 모든 목표를 결과적 성과 위주로 만들기 어렵다. 이런 때는 과정적 목표를 쓸 수도 있다. 이는 성과에 도달하기 위해 업무자가 하는 활동을 중심으로 목표를 설정하는 것이다. 보통 투입(input)이나 산출(output) 목표들이 이에 해당한다. 예를 들어, 아동보호 업무자가 '서비스의 질을 높인다'는 성과를 달성하기 위해 '교육이나 훈련에 몇 회 참가하겠다'고 하는 것이다.

목표의 기준 수치(몇 건, 몇 % 등)는 지난 연도들의 기록에 근거할 수도 있고, 계약이나 보조금 등에서 명시된 바를 따를 수도 있다. 기준은 도전적이어야 하고, 실제적이어야 한다. 너무 안이하게 성취될 수 있는 정도로 낮아서는 안 되고, 그러면서도 성취가 아예 불가능한 정도로 높게 설정되어서도 안 된다는 뜻이다. 목표는 참여적, 합의적 방식으로 검토되어야 하고, 조직이 처한 상황과 자원의 가용성, 직원의 역량 수준을 함께 고려해서 결정되어야 한다.[25]

CIT 시스템   CIT는 핵심사안기법이라 한다.[26] CIT를 활용한 업적평가 시스템은 일종의 질적 평가 기법에 해당한다. 상급자(수퍼바이저)가 직원의 강점 혹은 약점을 꼬집어 보여줄 수 있는 특정의 결정적 사안을 기록했다가, 이를 직원 피드백에 활용하는 방식의 기법이다. 핵심사안(CI)은 반드시 직무와 관련된 것이어야 하고, 구체적으로 묘사되어야 한다. 이 기법을 쓰려면 관리자가 CI를 객관적으로 선정하고 기록하기 위한 훈련을 받아야 한다. 그렇지 않으면 '후광효과(halo effect)'와 같은 주관성 개입의 위험이 나타난다.[27] 예를 들어, 관리자가 특정 직원에 대한 자신의 선입견에 근거해서 그에 부합하는 사안을 찾아내는 것이다. 이렇게 되면 특정 과업의 특정 활동에 대한

객관적인 평가가 이루어질 수 없다. 이런 우려 때문에 업적평가 시스템에서 CIT 방식
은 가급적이면 BARS나 MBO와 같은 보다 '냉정한' 시스템들과 함께 사용할 것이 권장
된다.

3) 직무만족도

직무만족도(job satisfaction)란 업무자들이 일과 직무환경에 대해 갖는 인지나 태도를
말한다. 직무의 수행성과 평가가 업무자의 행동과 결과 측면을 주로 다룬다면, 직무만
족도는 업무자의 직무 수행에 따른 주관적 측면의 느낌을 나타낸다. 직무만족도를 측
정하는 항목들은 급여나 승진 기회, 동료와의 관계, 슈퍼비전, 의사결정에의 참여, 조
직에 대한 소속감 등에 대해 업무자들이 가지는 생각이나 기분을 대부분 묻는다.

휴먼서비스 분야에서는 업무자들의 직무 수행 효과성이 직무만족도와 밀접하게 연
결되어 있다는 인식이 보편화되어 있다. 업무자들이 직장에서 가지는 높은 사기가 서
비스 질이나 효율성과 같은 직무수행력을 향상시키는 데 기여할 것으로 믿기 때문이
다. 그럼에도 직무만족도와 수행성과 변수들의 관계가 무조건적으로 성립한다고 볼
수는 없다. 성립하더라도 다양한 매개나 조절 변수들이 개입되어 가능한 것으로 여겨
지기도 한다.[28]

그럼에도 불구하고, 사회복지 실천 현장이나 연구에서는 직원의 직무만족도는 계속
해서 중요한 관심사가 되고 있다. 그 이유는 다음과 같다.[29] 첫째, 관리자는 하급자들
의 정서적 측면에 관심을 가져야만 하는데, 직무만족도는 그에 대한 중요한 지표가 된
다. 둘째, 보다 실질적인 이유로서, 직무만족도는 이직률에 영향을 준다. 빈번한 이직
은 서비스 중단이나 단절과 같은 부정적인 결과를 조직에 초래한다. 직무만족도를 개
선하면 이러한 문제를 감소시킬 수 있다. 셋째, 직원들의 직무만족도는 조직 내 사기
와 직결된다. 사기가 저하되어 있으면 조직 내에서 직원들 간 의사소통이나 문제 해결
노력, 협력 활동이 저하되고, 갈등이나 불만, 업무 정체가 늘어난다.

4) 소진증후군

휴먼서비스 조직의 업무자들은 감정적인 고갈이나 일로부터의 소외, 관심 상실 등과 같은 부정적인 경험을 겪을 가능성이 많다. 업무의 요구가 자신의 인내와 능력으로 감내할 수 있는 정도를 초월할 때, 그리고 직장으로부터의 압박감과 스트레스에 압도당한다고 느낄 때, 이런 느낌들이 한계점에 도달하여 신체 및 정서적인 고갈 상태라든지 자신과 자신의 환경을 부정하는 등과 같은 일련의 증상을 나타나게 하는데, 이를 소진증후군(burnout syndrome)이라 한다.[30]

소진증후군은 처음에 간호나 정신보건 분야 등과 같은 인간 문제에 관한 감정적 소모를 많이 요구하는 상황에서 일하는 일부 사람들에서만 확인되었지만, 나중에는 인간 문제를 다루는 휴먼서비스 분야의 제반 직무 상황에 널리 존재하는 것으로 인정되고 있다.[31] 업무자의 소진 상태를 나타내는 대표적 요소로는 ① 감정적 고갈, ② 개인적 성취감 저하, ③ 비인격화 감각이 제시된다. 이 가운데 비인격화(depersonalization) 감각이란 클라이언트를 인간으로서 간주하지 않거나 돌보지 못하는 상태를 뜻한다.

사회복지사와 관련한 명언 한마디…
[사회복지사는 죽지 않는다. 다만, 죽을 지경이다.]

[그림 9-2] 사회복지사의 절규 (출처 미상)

소진을 일으킨 업무자는 자율성 상실을 경험한다. '자신이 원하는 것처럼 할 수 있다는 느낌'이 상실된 업무자는 휴먼서비스 과정에서 이상적인 상태를 추구한다거나 클라이언트를 인격적으로 대하려는 관심 등을 뒤로 하고, 보다 기계적으로 행동하려는 경향을 나타낸다.[32] 인간 문제에 대한 개별화와 전일성, 휴머니즘의 가치에 입각한 서비스 접근은 휴먼서비스 업무자의 클라이언트에 대한 인간적 관심과 열의, 자발성을 기초로 한다. 그럼에도 소진으로 인해 고통받는 업무자는 그러한 접근을 회피하게 된다. 감각이 비인격화 혹은 몰인격화되는 것이다.

소진을 경험하는 업무자는 클라이언트를 한 개별 인간으로 보지 않고, 문제의 객체로서 보게 된다. 그래서 자신의 눈앞에 있는 클라이언트가 고통을 겪고 있는 인간이 아니라, 단지 서비스의 객관적인 대상으로 여겨지는 것이다. 클라이언트와의 대면적인 상호작용은 더 이상 인간과 인간의 관계가 아니라, 봉급생활자와 케이스번호 ○○○번의 관계가 되고 마는 것이다.

이러한 비인격화는 클라이언트에 대해서만 발생하는 것이 아니다. 나아가서는 업무자 자신조차 비인격화시키는 결과를 초래한다. 소진된 업무자는 신체적 쇠잔과 절망감, 무력감에 휩싸여서 자신과 일, 클라이언트에 대해 부정적인 태도를 취하게 된다. 휴먼서비스 업무는 클라이언트와의 인격적인 감정적 개입이나 교류를 본질적으로 수반한다. 소진된 업무자는 클라이언트와 스스로를 비인격화시키기 때문에, 그러한 휴먼서비스의 본질을 감당할 수 없도록 만든다.[33]

휴먼서비스 업무자에게 감정 노동에 따르는 막중한 스트레스는 본원적인 것이나 마찬가지다. 이는 업무자의 소진이 조직 효과성을 위협하는 문제로 늘 잠재되어 있음을 뜻한다. 휴먼서비스 사회복지조직에서는 소진의 발생을 최소화하기 위한 노력으로 대개 참여적 관리 철학을 강조하는 경향이 있다. 이는 조직 과정에의 참여를 통해 직원들의 감정적 지지나 일에 대한 성취감이 높아져서 소진이 예방이나 완화될 수 있다는 입장이다.[34] 다음이 그와 연관된 전략들이다.

첫째, 참여와 자기 계발을 허용하는 직무 방식의 변화를 통해 소진에 대처한다. 휴먼서비스 업무자들은 자신의 일에 대한 피드백을 받지 못하거나 동료 간 상호작용이 없는 상태에서 기계적인 일들에 과중하게 매달리게 되면 상당한 스트레스를 받는다. 이런 경우에는 케이스 부담을 낮추어 주거나, 다양한 성격의 클라이언트나 업무를 할당해서 흥미나 의욕을 잃지 않도록 할 수 있다. 자기 계발을 위한 유연근무제나 파트타임 근무, 직무 공유 등을 허용하는 방법도 있다.

둘째, 수퍼비전 관계를 활용해서 소진에 대처할 수 있다. 전문직 업무자들의 직무 수행에서 수퍼비전은 매우 중요하다. 수퍼바이저의 지지적 역할은 직무의 객관적 수행성과뿐만 아니라, 직무 만족도나 소진 예방 등과 같은 정서적 측면에까지도 업무자들에게 미치는 영향이 막대하다. 수퍼바이저의 지식이나 경험을 통해서 얻은 소진에 대한 적절한 대응 자세나 방법이 수퍼바이지 업무자들에게 이전될 수도 있다. 수퍼바이저도 이 과정에서 도움을 받을 수 있다. 수퍼바이지와의 관계에서 발생하는 역동적 에너지는 수퍼바이저가 자신의 소진을 다루는 데 힘이 될 수 있다.

셋째, 조직의 분위기를 전환시켜 소진에 대처한다. 직원들이 즐겁게 일할 수 있고, 조직의 사명과 목적을 널리 공유하고 있는 환경에서는, 외부로부터의 스트레스적인 업무 조건들도 다르게 받아들여질 수 있다. 휴먼서비스 분야에서 일하는 전문직이나 자원봉사자들은 '사명'에 많은 가치를 두는 성향이 있다. 자신의 일이 그러한 사명 추구에 부합된다고 여기면, 업무로 인한 심적 과중함은 감소될 수도 있다. 사명을 중시하는 휴먼서비스 조직의 관리에서는 특히 이러한 전략이 소진에 대응하는 데 유용한 것으로 평가된다.

4. 인사 관리의 실천 동향

20세기 후반에 조직 관리의 새로운 패러다임이 등장했다. 기존의 통제 중심 관리 방식에서 벗어나, 인력 개발과 우호적 업무환경 조성 등을 강조하는 것이었다. 인사관리에서는 이를 보통 '인적자원 개발(HRD)' 접근이라고 부른다.[35] 이 접근에서는 조직의 핵심 자원이 인력이라 보고, 이를 효과적으로 개발하려면 업무자들의 직업경력 개발과 업무환경의 질을 개선시키는 노력이 중요함을 강조한다.

1) 직업경력 개발

사회복지조직에서 관리자는 업무자 직원이 전문적으로 성장하는 것을 적극적으로 도울 필요가 있다. 이는 직원을 위한 목적만이 아니라, 오히려 조직의 목적에 기여하는 바가 크기 때문이다. 대규모 영리 조직들에서와는 달리 소규모 비영리 사회복지조직에서는 승진이나 급여 등을 유인책으로 삼기에는 한계가 있다. 그보다는 대부분의 직원이 전문직의 일원이라는 속성을 감안한다면, 직원 개개인의 개별적이고도 전문적인 역량을 키워 주는 '직업경력(커리어, career) 개발'을 유인책으로 확대하는 것이 바람직하다.

직원의 전문적 커리어 개발을 돕기 위해서는 일차적으로 조직의 환경이 그에 적합하도록 만들어져야 한다. 직원들은 저마다 자기 전문직에 대한 가치와 이상, 개인적 열정 등을 가진다. 비록 직원으로 일을 한다는 것은 조직의 목적에 기여하기 위함이지만, 이것이 전문직으로서의 자기 성장과 결부되는 조직 환경에서 적절히 발휘될 수 있다. 참여적 조직 구조와 의사결정, 리더십 변화 등이 그러한 노력에 해당한다.

이 외에 각종 교육이나 사업 참관의 기회를 확대하는 것도 직원의 직업경력 개발에 도움을 준다. 직원의 개인이나 가족 문제들에 관심을 가지는 것도 필요하다. 한 개인이 직업경력의 성장을 도모하려면 전문적 역량의 계발도 중요하지만, 이를 뒷받침하는 것은 개인 생활의 안정이기 때문이다. 이처럼 직업경력 개발의 접근은 단순히 전문직 기능의 개발 차원에서 그치는 것이 아니라, 인적자원의 통합적 개발과 결부되어 있다.

2) QWL 향상

어떤 조직에서든 인사관리의 주된 관심사는 생산성에 있다. 조직의 생산성 문제를 야기하는 것들로는, 직원들의 '권태와 소외' '높은 이직률' '낮은 질의 생산물과 서비스' '업무관련 스트레스' '일에 대한 관심이나 긍지, 흥미 상실' '알코올이나 약물 중독' 등을 예로 들 수 있다. 조직이 생산성을 제고하려면 이러한 문제들을 다루어야 하는데, 인적자원 개발 접근에서는 업무자의 자질이나 태도보다는 그들의 업무환경 측면에 초점을 둔다.

QWL(업무생활의 질)은 인적자원 개발 접근의 대표적인 전략이다. QWL이란 '조직의 구성원이 조직에서의 경험을 통해 중요한 개인적 욕구들을 충족시킬 수 있었는지의 정도'를 의미한다.[36] 이것은 특정한 기법이라기보다는 일종의 운동 차원의 방법이기도 하다. 핵심 내용은 직원들의 조직 전반에 대한 적극적인 참여에 있고, 이를 통해 조직은 생산성을 제고하고 직원들은 업무환경의 질을 향상시킨다는 것이다.[37]

QWL 운동은 크게 다섯 가지 활동에 중점을 둔다. 〈표 9-2〉에는 각 활동에 따른 관

표 9-2 QWL의 활동과 관리 방법

활동	관리 방법
참여적 자기-관리	QC, 팀제, 자기-관리 업무집단
업무의 재구조화	업무의 재구성, 직무의 확충/확대/순환/공유, 업무시간의 유연성
대안적 보상체계	유연 급여, 이득 공유 등
업무 장소의 개선	물리적 업무환경(사무실, 집기, 사무용품 등)의 개선
직원 및 가족 지원	직원지원프로그램(EAP) 등

리 방법의 예가 제시되어 있다.[38]

참여적 자기-관리   조직을 효율적으로 관리하기 위해 '자기-관리' 업무집단이 유용하다.[39] 직원들은 자신이 어떻게 관리되어야 할지를 스스로가 가장 잘 알 것이기 때문이다. 직원들이 조직의 방향 설정이나 실행(업무 분담 등)에 관한 결정에 참여하게 되면, '자기가 해야 할 것'에 관한 동기와 지식이 보다 효과적으로 갖추어질 수 있다. QC나 팀제 등이 그러한 기법의 예다.[40] 이들은 일선 업무자들로 구성된 문제 해결 목적의 소집단으로서, 업무 진행과 관리에서 개선이 필요한 사항을 스스로 찾아내 목표로 설정하고 이를 달성하려는 노력을 한다.

업무의 재구조화   사람과 업무 간 최적화를 위해 업무를 사람에 맞도록 재구조화한다. 이는 사람을 업무에 적응토록 하는 직원교육의 방식과 다르다. 직무에 대한 정신적이나 물리적인 업무 강도를 변화시키거나, 직원들이 업무에 흥미를 유지하게 만드는 방식으로 업무를 재구조화해서 업무생활의 질(QWL)을 높이려는 전략이다.

· 직무 확충 : 직무 확충(job enrichment)은 업무자가 직무에 흥미를 놓치지 않도록, 한 직무에 수반된 과업들의 목표 수준을 높이는 것이다. 업무자에게 자율 재량권을 늘려 주고, 대신에 보다 도전적인 목표들을 추구하도록 한다. 직무를 더 깊이 있게 추구하도록 만드는, 업무의 수직적 강도를 증가시키는 방안이다.

· 직무 확대 : 직무 확대(job enlargement)는 한 직무에 수반된 과업들의 종류나 개수를 늘리는 것이다. 직무 확충과 마찬가지로 업무자의 직무에 대한 흥미를 유지하려는 것이 목적이다. 이는 업무의 수평적 영역을 확대시키는 것이다.

- 직무 순환 : 직무 순환(job rotation)이란 업무자가 조직 내 다양한 영역의 직무들을 순환해서 근무토록 하는 것이다. 이를 통해 업무자는 매너리즘에 빠지지 않고 일에 대한 흥미를 새롭게 유지할 수 있다. 또한 조직 전체의 맥락과 흐름에 대한 통찰을 직원들이 가지게 되는 효과도 있다.
- 직무 공유 : 직무 공유(job sharing)는 특별한 형태의 시간제 근무로서, 하나의 전일제 직무를 두 명 이상의 시간제 업무자들이 수행하도록 하는 것이다. 예를 들어, 하나의 직무를 두 명의 담당자가 시간이나 요일별로 나누어 책임 근무하게 하는 것이다.[41]
- 유연근무제 : 유연근무제(flexible work hour)란 조직 내 모든 직원의 업무시간을 9:00~18:00처럼 고정해 두지 않고, 각자에게 편리하면서도 조직의 업무 흐름에 최적인 시간대를 선택해서 계약된 총 근로 시간을 근무토록 하는 것이다. 전문직 중심의 자기-관리 업무집단의 성격을 띠는 직무들에서는 충분히 활용 가능한 방안이다.

　　대안적 보상급여 체계　　기존의 보상급여 체계는 직위나 직급, 성과 등과 같은 직무 관련성 기준을 엄격하게 합리적 근거로 삼아 왔다. 직무 기준과 무관한 개인별 선호가 개입되면 급여체계가 비효율적이 될 것이라 여겼기 때문이다. QWL의 일환인 혁신적 보상급여 체계에서는 이를 달리 본다. 보상급여의 과정에 개인별 선호의 차이를 존중해서 반영하면, 효율성은 오히려 높아진다는 것이다. '유연급여'와 '이득공유' 시스템이 대표적이다.

- 유연급여 시스템 : 유연급여(flexible benefits) 시스템이란 일종의 카페테리아 스타일 방식으로, 급여 항목들을 늘어놓고 개인별 한도의 총액 내에서 직원들이 자신의 필요에 따라 스스로 선택할 수 있게 하는 것이다.[42] 조직으로서는 한정된 급여 총액의 한도 내에서 직원 각자가 효용성을 극대화할 수 있게 하고, 그렇게 극대화된 개별 직원들의 효용성 총합에 의해 조직 전체의 자원 활용에 대한 효율성도 극대화될 수 있다.
- 이득공유 시스템 : 이득공유(gain sharing) 시스템이란 업무자들이 팀을 형성해서 업무 수행을 증진시키거나 비용을 절감하는 노력을 하고, 이로 인해 발생하는 조직의 추가적인 이득은 팀 업무자들과 나누어 가지도록 하는 시스템이다. 일종의 참여적 관리 전략에 해당한다.

업무 장소의 개선   QWL 접근에서는 직원의 업무적 삶의 질에 물리적 근무 장소와 환경이 미치는 영향을 중요하게 간주한다. 사무실의 구조를 인체공학적인 설계를 통해 배치하거나, 가구나 집기 등도 색상이나 기능면에서 매력적인 것들로 갖출 필요가 있다. 직원들의 건강관리를 위한 시설을 갖추는 것도 포함된다. 한 기관이 자체적으로 이런 시설들을 갖추기 어렵다면, 근린 시설과의 협력 계약 등의 관계로 이를 시행할 수도 있다.

직원지원프로그램(EAP)   EAP(Employee Assistance Program)란 직원과 가족에 대한 비업무적, 인간적 이슈와 관련된 서비스를 제공하는 것이다. 예를 들어, 직원들의 알코올/약물이나 정신건강, 대인관계, 결혼이나 자녀 등의 가족 관련 문제에 대한 서비스들이 이에 해당한다. 이것을 조직 내에서 자체적으로 실시하기 어려우면, 외부 대행 기관에 위탁할 수도 있다. EAP의 유형은 상시적 상담·의뢰 창구의 설치에서부터 일시적 위기관리 서비스, 직원 문제 해결 TF, 웰빙 관련 주제 강의나 워크숍 등에 이르기까지 다양하다.[43] EAP는 시혜가 아닌 조직 효과성에 관련된 전략의 일종이다. EAP를 통해 직원들의 삶의 질이 향상되면, 이들이 클라이언트에게 제공하는 서비스의 질의 향상되고, 결국 조직의 성과를 높일 수 있기 때문이다.[44] 휴먼서비스 조직처럼 인적자원의 중요성이 강조되는 분야에서는 그만큼 EAP의 효과성이 더 크다.

5. 자원봉사자 개발과 관리

사회복지조직이 자원봉사자 인력을 적절히 관리하는 것은 중요하다. 사회복지조직은 비영리 조직의 성격을 근간으로 하는데, 이는 대의(cause)를 목적으로 자발적으로 참여하는 사람들의 결사체(voluntary association)를 뜻하는 것이다.[45] 원론적으로는 이런 조직에서 유급 직원이란 일종의 조력자이며, 자원봉사 참여자들의 가치나 목적이 실현되도록 돕는 일을 하는 존재다.[46] 자원봉사의 사회적 가치를 높게 인정하는 미국의 경우, 비영리 사회복지기관의 자원봉사자들은 현장 실무에서부터 이사회 운영에 이르기까지 폭넓게 참여해서 활동하고 있다.

우리나라 사회복지조직의 형성은 그 같은 미국 사회의 맥락과 다르고,[47] 그로 인해 조직과 자원봉사자들 간의 관계 양상도 다른 점이 많다. 그러나 근래에는 공통된 경향도 보인다. 사회서비스 분야에 대한 외부의 후원이나 국가의 개입이 지속되면서, 사회 전반에서 자원봉사의 동인이 강화되지 못하는 경향이 나타났다. 또한 휴먼서비스가 전문직화되면서 사회복지조직의 인적 구성에서 자원봉사 인력의 상대적 중요도는 낮아지는 현상도 나타났다. 이러한 점들은 미국이나 다른 나라들에서도 유사하게 나타난다.

그럼에도 모든 사회복지조직에서 자원봉사자의 본원적인 역할과 기능은 변함없는 중요성을 가지고 있다. 자원봉사자들은 기관의 정책 형성에 참여하거나, 모금 활동에 도움을 주고, 서비스나 행정 업무를 보조하거나, 지역사회에 영향력을 행사하는 등에 이르기까지 다양한 기능을 수행할 수도 있다. 기관의 입장에서 자원봉사 인력은 부족한 인적자원을 보충해 주는 역할을 해 줌으로써 궁극적으로 기관의 재정 상태에도 기여한다. 실제로 사회복지서비스 프로그램들에서는 자원봉사자가 유급 인력의 비용을 대체해 주는 효과가 매우 크다.

사회복지조직에서는 자원봉사자들의 참여 의지와 활동을 진작시키는 일을 인사 관리 혹은 인적자원 개발에서의 중요 부분으로 간주해 왔다. 자원봉사자의 관리도 일반 직원의 경우와 마찬가지로 혼화의 원리와 기술이 동일하게 적용된다. 자원봉사자는 자신들의 대의와 가치를 사회복지조직을 통해 실현하려는 목적을 가지고, 조직은 수행 목적을 가진다. 자원봉사자를 관리하는 기술은 이 두 가지 목적이 동일한 지향에서 섞여 조화롭게 되도록 만드는 혼화에 초점을 둔다.

혼화의 방법적 측면에서는 자원봉사자 관리와 직원 관리가 차이점이 있다. 직원 관리에서 혼화의 유인책은 급여나 직업경력이 주가 되지만, 자원봉사자 관리에서는 가치나 참여 자체를 보다 중요한 유인으로 쓴다. 자원봉사자는 '동기'로 움직이는 사람들이므로 '책임' 방식으로 통제되기 어렵다. 일반적으로 사회복지조직에서 자원봉사자의 관리는 동기부여에 초점이 맞추어진다. 이를 위해 자원봉사자들의 참여에 따른 만족도를 최대한 보장하는 것을 중요시한다.

그럼에도 이 과정에서 사회복지조직의 본원적 목적이 전도될 수 있는 경우에 대해서는 주의가 필요하다. 전문적 휴먼서비스는 공동생산이라는 특성을 중요한 실천의 기제로 삼는데,[48] 이때 한 주체가 되는 클라이언트의 목적이 중요시될 필요가 있다. 만약 자원봉사자의 동기 목적과 클라이언트의 목적이 대립적인 상황에 있게 된다면, 전문적 휴먼서비스 사회복지조직에서는 서비스 이용자로서의 클라이언트 욕구 실현의 목적을 일차적으로 두어야 한다.

휴먼서비스를 수행하는 사회복지조직이 자원봉사자를 서비스 과정의 인력으로 활용하는 것에는 신중한 고려가 필요하다. 휴먼서비스의 과정은 서비스 이용자로서의 클라이언트의 인권과 개인적 욕구가 다루어지는 것이므로, 서비스 제공자의 일원으로 자원봉사자를 투입하는 결정에 앞서서 다음 사항들이 먼저 검토되어야 한다.[49]

· 일의 성격 : 자원봉사자를 투입해서 하려는 일이 무엇인지를 파악한다.
· 필요성 : 이 일을 하는 데 왜 자원봉사자 인력을 필요로 하는지를 설명해 본다.
· 재가 (裁可) : 기관 내 공식적인 승인이 가능할지를 고려한다.
· 책임성 : 서비스의 규정이 자원봉사자로 가능한 업무로 되어 있는지를 확인한다.

이 외에도 현실적인 문제들이 고려되어야 한다. 적절한 자질이나 자격을 갖춘 자원봉사자들을 충분한 수로 구할 수 있겠는지, 이들의 교육과 수퍼비전을 위한 비용은 감당할 수 있을 것인지, 직원들의 업무 수행에 과연 도움을 줄 것인지, 서비스 프로그램의 대상자들은 좋아할 것인지 등을 적절히 검토해야 한다. 여기에서 긍정적인 판단이 나왔다면, 그때서야 인적자원 개발의 기본 단계(채용에서부터 평가까지)에 준해서 자원봉사자 관리가 진행된다.[50]

[I] 자원봉사자 직무기술서의 개발
[II] 자원봉사자 모집 및 채용
[III] 오리엔테이션 제공
[IV] 훈련과 수퍼비전
[V] 평가
[VI] 보상과 인정

비록 과정과 절차는 유사하게 진행되지만, 관리의 내용과 방식에 있어서는 유급 직원과 자원봉사자의 관리는 분명히 다르게 이루어져야 한다. 앞서 설명되었던 바와 같이 두 인력의 유인책 작동 기제가 다르기 때문이다. 자원봉사자의 관리란 곧 그들의 '동기'를 적절히 관리하는 것이라는 근본 원리는 반드시 지켜져야 한다.

미주

1) 존재 이유가 영리 조직에서는 이윤 추구의 극대화로서 단순하다. 그러나 비영리 조직들의 경우에는 제각기의 가치나 사명에 따라 존재 이유가 저마다 다를 수 있다. 비영리 조직들의 존재 이유에서 공통점은 영리 추구가 일차적인 이유가 아니라는 점 밖에는 없다.

2) 그림은 참고: Weiner, M. (1990). *Human Services Management: Analysis and Applications* (2nd ed.). Belmont, CA: Wadsworth Pub, p. 328.

3) 유인-기여 이론(inducements-contributions theory)이란 직원들이 조직 목적의 달성을 위해 노력(기여)하게 하려면, 조직이 직원 개인적 목적을 충족시켜 주는 것을 통해 이끌어 내야(유인)한다는 것이다. 참고: Thompson, J. (1967). *Organizations in Action*. NY: McGraw-Hill.

4) Patti, R. (1983). *Social Welfare Administration: Managing Social Programs in a Developmental Context*. Englewood Cliffs, NJ: Prentice-Hall, p. 138.

5) Craft, J. (1979). 'Managing human resources'. In G. Zaltman (Ed.), *Management Principles for Nonprofit Agencies and Organizations*. NY: AMACOM, pp. 71-119; Weiner, *Human Services Management*, pp. 326-355.

6) 직위는 개인의 관점에서 역할을 말하는 것이고, 직무란 그러한 역할의 성격을 통칭하는 것이다. 일반적으로는 직위와 직무를 섞어 쓰는 경우도 많다.

7) Weiner, *Human Services Management*, pp. 329-330.

8) Foster, M. (1998). 'Effective job analysis methods'. In S. Condrey (Ed.), *Handbook of Human Resource Management in Government*. SF: Jossey-Bass, pp. 322-348.

9) 상게서, pp. 322-348.

10) KSA란 Knowledge Skills Abilities의 약자다.

11) Lewis, J., Lewis, M., Packard, T., & Souflee, F. (2001). *Management of Human Service Programs* (3rd ed.). Belmont, CA: Brooks/Cole.

12) 미국의 경우에 'National Health, Education, and Welfare Task Bank' 'Standards for Social Service Manpower' 등이 직무들의 성격과 직무 수행에 요구되는 자격 요건들을 적시하는 표준이다.

13) Lewis et al., *Management of Human Service Programs*, pp. 123-152.

14) Weiner, *Human Services Management*, p. 337.

15) 상게서, pp. 337-339.

16) 참고: Van Wart, M. (1998). 'Organizational investment in employee development'. In S. Condrey (Ed.), *Handbook of Human Resource Management in Government*. SF: Jossey-Bass, p. 279; Lewis et al., *Management of Human Service Programs*, pp. 123-152.

17) Goldstein, I. (1993). *Training in Organizations*. Pacific Grove, CA: Brooks/Cole.

18) MIS란 경영정보시스템(Management Information System)으로, 개별 업무자들의 업무 수행에 관한 기록이 정보시스템으로 누적되어 있으면서, 평가에 필요한 정보를 일상적으로 도출할 수 있도록 하는 것이다. 이 책 11장과 15장에서 설명한다.

19) Lewis et al., *Management of Human Service Programs*, pp. 123-152.

20) BARS는 Behaviorally Anchored Rating Scales의 약자다.

21) 표는 참고: NASW (1998). *Skills for Effective Management of Nonprofit Organizations*. Washington, DC:

NASW Press, p. 226.

22) MBO는 Management By Objectives의 약자다. 이에 대해서는 이 책 14장에서 다시 설명한다.

23) Daly, A. (Ed.). (1998). *Workplace Diversity Issues and Perspectives*. Washington, DC: NASW Press.

24) 참고: Bowditch, J., & Buono, A. (1997). *A Primer on Organizational Behavior*. NY: Wiley.

25) 목표 성취에 따르는 평점 시스템을 위해 BARS 방식을 함께 사용할 수 있다.

26) CIT는 Critical Incident Techniques의 약자다. 이를 결정적사건기법 혹은 중요사건기법이라고도 번역한다.

27) 후광효과(後光效果)란 어떤 대상이나 사람에 대해 가지는 일반적인 견해(예: 긍정적 혹은 부정적)가 그 대상
    이나 사람의 구체적인 특성들에 대한 평가에 작용해서, 비객관적인 판단을 유발하게 되는 심리적 특성을 나
    타내는 것이다.

28) Howell, C., & Dipboye, L. (1986). *Essentials of Industrial and Organizational Psychology* (3rd ed.).
    Chicago: Dorsey Press, pp. 62–63.

29) Patti, *Social Welfare Adminstration*, pp. 165–166.

30) Pines, A., & Kafry, D. (1978). 'Occupational tedium in the social services'. *Social Work*, 23(6), p. 499.

31) Maslach, C., & Leiter, M. (1997). *The Truth about Burnout: How Organizations Cause Personal Stress and
    How to Get Put of It*. SF: Jossey-Bass.

32) Burisch, M. (1993). 'In search of theory: some ruminations on the nature and etiology of burnout'. In
    W. Schaufeli, C. Maslach, & T. Marek (Eds.), *Professional Burnout: Recent Developments in Theory and
    Research*. Washington, DC: Taylor & Francis, pp. 75–93.

33) 윤혜미(1993). "소진: 그 다면적 이해와 대응방안". 한국사회복지학, 22, p. 125.

34) 참고: Lewis et al., *Management of Human Service Programs*, pp. 123–152.

35) HRD는 Human Resources Development의 약자다. 참고: Weiner, *Human Services Management*, p. 342.

36) QWL은 Quality of Work Life의 약자다. J. Richard & J. Loy가 QWL의 정의를 시작했다고 본다. 참고: http://
    www.whatishumanresource.com/ quality-of-work-life. 2016.10.02.

37) Weiner, *Human Services Management*, p. 352.

38) 참고: Milkovich, G., & Glueck, W. (1985). *Personnel/Human Resource Management: A Diagnositc
    Approach* (4th ed.). Plano, TX: Business Pub.

39) 참고: Peters, T. (1987). *Thriving on Chaos: Handbook for a Management Revolution*. NY: Alfred A. Knopf.

40) QC는 Quality Circle의 약자다. 생산 조직들에서 품질관리의 목적으로 소집단을 활용하는 기법의 일환이다.
    참고: 박경일(2000). "사회복지서비스의 질적 향상을 위한 관리기법으로서 복지QC 활동에 관한 사례 연구".
    한국사회복지학, 40, pp. 97–130.

41) 이는 전체 업무자당 근무시간을 일괄적으로 줄여서 조직 전체의 일자리 수를 늘리려는 목적의 '일자리 공유'
    의 개념과는 다르다.

42) 카페테리아는 여러 종류의 먹을 것을 진열해 놓고, 손님이 스스로 식단을 조합하고 그에 맞추어 가격을 지불
    하게 하는 방식이다. 급여 시스템을 이와 같이 한다면, 예를 들어 휴가 일수, 현금, 보육서비스라는 급여들 가
    운데 직원이 자신에게 가장 필요한 항목들을 스스로 조합해서 선택하게 한다.

43) Lewis et al., *Management of Human Service Programs*, pp. 123–152.

44) Van Den Bergh, N. (1995). 'Employee assistance programs'. In R. Edwards (Ed.), *The Encyclopedia of
    Social Work* (19th ed.). Washington, DC: NASW Press, pp. 842–849.

45) 비영리 조직의 이사회는 이익을 분배해 가는 투자자의 개념이 아니고, 특정한 대의와 가치가 실현되기를 의

도하는 자원봉사 참여 집단이다.

46) 전문직 직원의 경우에는 여기에 전문직의 대의 실현도 포함되므로 단순한 조력자에 그치지 않는다.

47) 우리나라의 '사회복지법인'은 출발부터 재단법인의 성격을 띠었으므로, 개인 독지가와 재산의 결합이 중심이 되었다. 참고: 김영종(2014). "한국의 사회서비스와 사회복지사업법: 규제 관계의 분석". 사회보장연구, 30(4), pp. 57-83.

48) 공동생산(co-production)의 특성에 대해서는 이 책 1장, 3장에서 설명한다.

49) Dunn, P. (1995). 'Volunteer management'. In R. Edwards (Ed.), *The Encyclopedia of Social Work* (19th ed.). Washington, DC: NASW Press, pp. 2483-2490.

50) 상게서, pp. 2483-2490.

제**10**장
재정 관리

재정 관리란 조직의 목표 달성에 필요한 재정 자원을 합리적인 계획을 통해 확보하고, 배분하고, 효율적으로 관리하는 제반 과정이다.[1] 재정 관리는 그 자체로서 한 조직이 추구하는 목표나 실행 방식에 관한 대부분의 의사결정을 대변하는 것이나 마찬가지다. 사회복지조직에서도 재정 관리의 중요성이 이와 같지만, 다만 그 실행 방식에는 비영리 사회서비스 환경의 독특성이 반영된다. 재정 관리의 일반적인 과정은 예산 편성과 책정, 집행, 감사로 진행된다.

1. 예산이란

예산(budget)이란 '특정 기간 동안에 특정 목표를 성취하는 데 수반되는 수입과 지출에 관한 예상 계획'이다.[2] 사회복지기관에서 예산은 조직이나 프로그램 운영에 관한 계획의 청사진으로 활용된다. 예산은 정책 실행을 위한 지침이면서, 조직의 재무 건전성을 판단하는 기준이 된다. 예산은 또한 자원 획득과 활용의 방향을 제시해 주고, 수입과 지출에 대한 예상을 가능케 하며, 비용과 지출을 통제하는 방식을 제공해 주는 것이다.[3] 조직 전반의 전략이나 계획안 속에 예산과 재무는 필수적인 부분이다.

예산은 의사결정의 도구이기도 하다. 조직의 목적을 현실적 서비스로 전환하는 데는 수많은 의사결정이 수반된다. 예산을 확보하는 것에서부터 재정 관리의 제반 측면들에 이르기까지 중요한 의사결정들은 대개 예산 과정 속에서 이루어진다. 그래서 조직의 관리자는 예산이라는 도구를 적절히 이해하고 사용할 수 있어야 한다. 예산은 관리자의 '하인'이어야 하는데, 관리자가 이에 무지하면 예산이 '상전'이 되어 버릴 위험성도 다분하다.[4]

예산이란 단순하게는 자원을 어떻게 활용할지에 대한 계획에 불과하지만, 사용하기에 따라 조직 수행의 강력한 도구로 쓰일 수 있다. 비영리 휴먼서비스 조직은 사명을 중심으로 하므로, 사명의 성취에 도움이 되는 재정 관리가 필요하다. 그렇지 못하고 자칫 재정 관리 자체가 맹목적인 관심이 되어 버리면, 이는 조직의 미션 상실뿐만 아니라 그것을 통해 실현하고자 했던 사회적 대의마저 저해하는 결과를 초래한다.

1) 예산과정

조직이나 프로그램에 필요한 예산을 편성하고 책정되는 과정을 예산과정(budgeting)이라 한다. 특정 목적을 실현하는 데 어떤 비용과 수입이 필요할지를 결정하는 과정이다. 기관이나 프로그램의 예산 확보를 위해서는 자원을 할당해 주는 내·외부 기관과 의사소통을 해야 한다. 자원 기관은 조직 내부의 예산권을 가진 부서일 수도 있고, 조직 외부의 자원 출처일 수도 있다. 비록 절차는 다를 수 있지만, 어떤 경우에도 예산이 편성, 책정되는 과정은 의사소통과 의사결정의 성격을 띤다.

예산과정에서 의사소통의 주된 도구는 예산 양식이다. 조직이나 프로그램은 자원을 할당해 주는 기관과 합의된 예산 양식을 사용해야만 의사소통 과정의 정보 교류가 원활히 진행될 수 있다. 예산 양식에 기재된 정보를 가지고 자원 할당의 근거가 평가되고 수정되는 식으로 예산 편성과 책정의 과정이 이루어진다. 휴먼서비스 사회복지조직의 예산안은 대개 서비스 프로그램들에 대한 비용과 수입의 정보들로 구성되는데, 다음 사항들이 기본적으로 포함된다.[5]

· 프로그램 목적에 대한 개요
· 서비스에 대한 정의
· 대상 인구의 규모와 서비스 활용 수준에 관한 추정
· 프로그램 실행 비용의 예상과 자금 요청의 액수

프로그램의 예산안이 작성되려면 먼저 프로그램의 목적부터 서비스 욕구 추산에 이르기까지 프로그램 기획의 제반 과정들이 선행되어야만 한다.[6] 그렇지 않으면 프로그램에 비용(돈)이 얼마나 들지, 수입은 어디에서 얼마나 들어올지를 예상할 수 없다.

2) 사회복지조직의 예산과정

사회복지조직에 자원을 제공하려는 외부 기관은 자신들의 의도나 목적이 이 조직의 프로그램을 통해 실현될 수 있을지를 파악하는 데 정보가 필요하다. 정보란 조직이 믿을 만한지(예: 시설 구비, 서비스 경험, 지역사회 신뢰), 실행 과정이 적절히 모니터링 되겠는지(예: 예산 지출), 실행 결과는 평가 가능할지(예: 산출 지표)를 주로 알려고 하는 것인데, 대개 예산 양식을 통해 이러한 정보를 제시하도록 한다.

비영리 사회복지조직은 그 특성상 다수의 수입원을 가지고 있다. 상품을 생산하고 판매하는 일반기업 조직의 경우에는, 소비자의 구매 수입이 곧 주된 수입원으로 일원화되지만, 사회복지 기관이나 프로그램은 대부분 복수의 수입원들로부터 자원을 확보하는 경우가 많다. 예를 들어, 하나의 프로그램에서도 정부보조금과 각종 후원금, 사업비 지원금 등이 함께 투입될 수 있다. 이런 경우에 각각의 수입원들은 기관이나 프로그램에 대해 자신들만의 예산 양식과 소통 절차를 요구하는 경우가 많다. 그렇게 해야만 자신들에게 필요한 정보가 파악될 수 있기 때문이다.[7]

사회복지 기관이나 프로그램의 입장에서 각각의 수입원 혹은 자원제공자는 일종의 '클라이언트'와도 같다. 그들은 사회복지조직을 통해 자신들의 욕구가 충족되기를 원한다. 사회복지조직은 이에 대해 책임성을 가지고, 각 수입원에 대해 개별적인 의사소통을 진행할 필요가 있다. 휴먼서비스 실천의 개별성 원칙은 여기에도 적용된다. 문제는 이들 기관이 각자의 소통 방식(예산 양식과 과정)을 달리 부과할 수 있다는 점이다. 그에 따라 사회복지조직의 관리자들은 다양한 예산 양식들을 이해하고 다룰 수 있는 능력이 요구된다.

2. 예산 양식

예산 양식(budget form)이란 예산에 관한 의사소통의 방식을 규정한 것이다. 예산 과정에서는 다양한 형태의 예산 양식이 사용될 수 있다. 예산의 유형을 흔히 '품목 예산'이나 '프로그램 예산' 등으로 구분하는 것은 주로 이러한 예산 양식의 차이를 의미한다.[8] 각기 다른 예산 양식은 조직이나 프로그램 계획의 과정에서 지출 혹은 비용에 관해 어떤 방식으로 의사소통할지가 다르다.

프로그램 수행에 드는 비용은 프로그램의 목표와 개입모형에 근거해서 추산된다.[9] 프로그램의 목표는 서비스의 기대 성과와 클라이언트의 유형 및 수, 서비스 활동의 단위 등으로 나타낸다. 개입모형은 서비스의 내용, 업무자 수와 자격, 필요한 시설이나 장비 등으로 나타낸다. 프로그램이 무엇을(목표) 어떻게(개입모형) 할지에 대한 계획이 세워지면, 비로소 비용 추산이 가능해진다.

기관이나 프로그램은 이와 같은 비용 추산을 근거로 해서, 조직의 내부나 외부의 자원제공처에 예산을 요청한다. 이때 각 자원제공처가 요구하는 예산안 양식 혹은 의사소통의 방식을 사용해야 한다. 각기 다른 예산안 양식의 본질적 차이는 비용 추산의 근거를 어떤 방식으로 제시(의사소통)할 것을 요구하는지에 달려 있다.[10]

예산 양식은 크게 품목 예산, 기능(수행) 예산, 프로그램 예산으로 구분한다. 각각의 예산 양식들은 단순히 예산(지출) 항목의 산정 방법만 다른 것이 아니다. 그에 따라 프로그램의 효과성이나 효율성 중 무엇이 더 강조될지가 달라지고, 관리 통제의 방식도 차이를 보이게 된다.[11] 전통적으로는 품목 예산 양식이 많이 사용되었으나, 점차 프로그램 예산 양식이 강조되는 추세에 있다.

1) 품목 예산

일반적으로 널리 쓰이는 예산 양식은 품목 예산 혹은 항목분류 예산으로 불리는 것이다.[12] 품목 예산(line-item budget)은 무엇보다 사용하기 간편하다는 점에 그 유용성이 있다. 이 예산 양식은 전체 지출예상 항목들을 분류해서 나열하는데, 일반적으로 지출 기능별로 분류한 것을 '품목'이라 한다. 인건비(급여와 부가급여), 여비, 장소 및 장비 사용료, 컨설팅 비용, 사무용품비 등이 품목의 예다.[13]

품목 예산은 단순히 품목별로 해당 지출 비용을 각기 나열해 제시하는 것에 그친다. 그로 인해 프로그램이 특정 목표를 어떤 방식으로 개입해서 성취할 것인지에 대한 정보를 제시하지는 못한다.[14] 단지 기관이나 프로그램 전체적으로 어떤 품목에 얼마의 예산 지출이 필요하다는 정보만을 제시한다. 각 품목은 집합 단위로나 혹은 세부 항목들로 쪼개어 제시될 수 있다.

만약 〈표 10-1〉의 맨 왼쪽 열의 품목 리스트와 맨 오른쪽에서부터 두번째 열의 전체 총액 부분만 제시된 예산안이 있다면, 그것이 전형적인 품목 예산의 양식이다. 품목 예산에서는 수입원(보조금, 후원금, 이용료 등)과 프로그램 실행에 투입되어야 할 지출 항목들(급여 등)을 수직으로 나열한다. 흔히 전년도의 예산 금액을 비교 목적으로 함께 제시하기도 한다(표에서 가장 오른쪽).

한 기관이 다수의 프로그램이나 서비스를 수행하는 경우에, 기관 전체의 품목 예산은 사업 수행에 관한 정보를 거의 주지 못한다. 품목 예산은 기관이나 프로그램의 투입(input) 측면에 관심이 집중되기 때문이다. 그래서 어디에 돈이 얼마나 들어갔는지를 손쉽게 파악하는 데는 편리하다. 그러나 프로그램이나 정책, 활동의 우선순위 등에 대해서는 이를 통해 의사소통될 수 있는 정보가 거의 없다.[15]

품목 예산의 평가에는 대개 점증식(incremental) 기준이 사용된다. 즉, 지난 회계연도 예산과의 비교를 통해 품목별 지출의 타당성이 평가되는 식이다. 예를 들어, '올해

표 10-1 예산 양식의 예[16]   (단위: 천 원)

품목	프로그램 서비스				지원 서비스			전체 총액	전년도 예산
	상담	입양	가정 위탁	총액	일반 관리	모금 활동	총액		
1. 급여	86,068	33,776	72,306	192,150	32,517	7,503	40,020	232,170	223,086
2. 부가급여	16,625	6,846	15,453	38,924	6,591	1,520	8,111	47,035	44,360
3. 소득세 등	4,283	1,657	3,497	9,437	1,595	368	1,963	11,400	10,768
급여 총액	106,976	42,279	91,256	240,511	40,703	9,391	50,094	290,605	278,214
4. 전문가비용	29,105	9,905	12,090	51,100	3,500	0	3,500	54,600	50,459
5. 비품	3,391	1,281	2,864	7,536	758	206	964	8,500	8,006
6. 전화	3,965	1,498	3,349	8,812	565	233	798	9,610	9,065
7. 우편	2,701	1,020	2,282	6,003	583	164	747	6,750	7,350
8. 숙소	9,658	3,649	8,155	21,462	2,540	598	3,138	24,600	23,192
9. 장비사용료	3,937	1,488	3,325	8,750	0	0	0	8,750	9,237
10. 출판간행	2,563	1,245	1,291	5,099	850	1,251	2,101	7,200	6,903
11. 출장	11,301	2,015	10,504	23,820	180	0	180	24,000	22,640
12. 회의비	7,447	755	5,178	13,380	320	0	320	13,700	12,930
13. 특별경비	9,371	1,000	18,129	28,500	0	0	0	28,500	21,573
14. 연회비	300	202	100	602	75	0	75	677	677
15. 찬조비	0	5,000	0	5,000	0	0	0	5,000	5,000
16. 기타	2,285	863	1,931	5,079	121	0	121	5,200	4,923
총액	193,000	72,200	160,454	425,654	50,195	11,843	62,038	487,692	460,169
17. 감가상각	1,630	620	1,410	3,660	420	120	540	4,200	3,400
전체 총액	194,630	72,820	161,864	429,314	50,615	11,963	62,578	491,892	463,569

왜 인건비를 이만큼 써야 하는지'에 대한 타당성은 '작년에 얼마만큼 쓰여졌기 때문'에 근거하는 것이다. 이는 지출의 정당성을 합리적 근거(목적과의 정합성)로 평가하는 것과 거리가 멀다. 그로 인해 자원제공처가 의사결정(지원 여부 판단)에 필요한 정보를 충분히 얻으려면, 단순한 품목 예산의 양식으로는 힘들다.

사회복지 현장에서는 주로 편의성 때문에 이 예산 양식을 광범위하게 사용해 왔다. 근래에는 품목 예산이 갖는 근본적인 취약점, 즉 프로그램 수행에 대한 정보 부재의 문제 등이 부각되면서, 대안적 예산 양식을 사용할 것에 대한 요구가 늘어나고 있다.[17]

2) 기능(수행) 예산

기능 예산(functional budget) 혹은 수행 예산(performance budget)은 크게 보자면 프로그램 예산의 양식에 속하는 것이다.[18] 기능 예산은 지출 항목들을 단순히 품목별로 나열하지 않고, 기능이나 수행 활동별로 지출을 나누어 제시하는 것이다.[19] 여기에서 기능이란 일반 조직들에서는 부서나 과정 단위를 뜻하는 것이 보통이지만, 휴먼서비스 조직은 대개 서비스 단위로 구분한다.[20]

어떤 청소년상담 기관은 인테이크, 상담, 의뢰, 행정 등으로 기능을 구분한다. 이 기관이 기능 예산을 사용한다는 것은 그러한 각 기능별 혹은 프로그램별로 지출 비용을 산정한다는 것이다.[21] 기능별 비용 지출에 대한 정보가 구해지면 각 기능별로 예산의 통제와 책임 소재가 분명하게 되는 장점이 있다.[22]

기능 예산의 특징은 개별 지출 항목들을 조직의 활동과 연결한다는 데 있다. 품목 예산이 투입(input) 위주인 데 반해, 기능 예산은 다양한 산출(output)을 다룰 수 있다. 예를 들어, 어떤 아동복지 프로그램이 양육과 입양, 상담의 기능들을 수행하고 있다면, 각 기능별 산출 목표(예: 100건의 상담)에 대비해서 예산 지출이 얼마나 이루어질 것인지 등을 파악하고 평가해 볼 수 있다.

기능 예산에서는 평가의 기준을 '작년 대비'와 같은 점증 방식에 의존하지 않아도 되는데, 효율성의 합리적 근거가 확보될 수 있기 때문이다. 단위당 산출에 대한 비용 추산이 가능하므로(예: 상담 1건당 비용), 예산 할당의 적절성이 합리적 근거에서 평가될 수 있다. 문제는 예산을 작성하는 쪽과 평가하는 쪽 모두에서 산출물과 비용의 관계를 명확히 이해하고 있어야만 한다는 점이다.[23] 그렇지 못하면, 이 예산 양식이 의도하는 합리적 의사소통이 적절히 이루어질 수 없다.

사회복지 부문에서 기능 예산에 대한 관심은 1970년대 중반 이후 미국을 중심으로 본격화되었다. 이 시기 사회복지조직의 업무수행에 대한 책임성 요구가 커지면서, 예산 배정 과정에서도 합리적인 근거 제시에 대한 요청들이 강화되었다. 이로 인해 기능 예산의 양식에 대한 중요성이 높아지게 되었다. 비록 생산과 비용 함수의 개발이 그리 간단하지는 않으나,[24] 특정 서비스(내용과 양)를 산출하는 데 어느 정도의 비용 지출이 필요한지를 파악하는 것은 사회복지조직들에서도 피할 수 없는 책무가 되어 버렸다.

기능 예산의 일종으로 수행 예산이 있는데, 이것 역시 넓은 의미에서 프로그램 예산에 포함된다.[25] 수행 예산은 기관이나 프로그램의 수행 활동에 초점을 두는 예산 양식이다. 여기서는 지출 비용을 산출물(예: 사례 종결 건수)이나 노력(예: 상담 시간), 혹은 성과(예: 취업 건수)에 기준해서 산정한다. 그러므로 기관이나 프로그램의 활동 단위당 비용에 대한 정보가 이를 통해 드러날 수 있다. 수행 예산은 기능 예산과 마찬가지로 서비스나 프로그램 활동에 대한 효율성의 합리적 근거를 가능하게 만든다는 것이 장점이다.[26]

〈표 10-2〉는 수행 예산의 성격을 간단하게 보여 주는 예다.

표 10-2 아동기관(가상)의 수행 예산에 관한 간단 예

프로그램 활동 (수행 기준)	예산 (천 원)
· 300건의 아동 학대 신고를 조사	30,000
· 18,000일의 양육 케어서비스 제공	450,000
· 500곳의 신규 양육 가정을 발굴	25,000
· 750명의 양육 부모를 훈련	2,500
· 500명의 양육 케어 배치를 예방	17,500
· 300명의 아동을 입양 완료	42,000

실제로는 수행(기능) 예산의 양식은 보통 품목별 수입과 지출에 대한 비용 정보를 함께 포함해 제시된다. 앞서 〈표 10-1〉에서와 같이 한 기관의 예산 지출이 서비스와 수행 활동별로 구분되고, 각각은 품목별로 지출의 내용과 금액이 산정되는 방식으로 제시된다. 이러한 예산 양식을 사용하면 각 서비스나 활동별 비용 지출에 대한 상대적인 평가나 통제가 수월해진다. 다만 〈표 10-1〉에서는 활동의 내용이나 산출이 표시되지 않아서, 그것만으로는 예를 들어 입양서비스를 수행하는 데 전문가 비용으로 왜 9,905천 원이 필요하다고 예산 요청을 하는지를 파악할 수 없다. 적어도 〈표 10-2〉의 예산 양식을 구체화하면 할수록, 그런 의문에 대한 해답도 보다 구체적으로 제시될 수 있다.

3) 프로그램 예산

프로그램 예산(program budget)이란 넓은 의미에서는 기능(수행) 예산의 개념을 포괄하는 것인데,[27] 품목 예산과 구분되는 의미에서 비용 지출을 투입이 아닌 결과 측면과 결부시키기 때문이다. 좁은 의미에서 기능(수행) 예산과 구분되는 프로그램 예산이라 할 때는, 결과를 활동이나 산출 목표가 아니라 성과 목표로 한정하는 것이다. 프로그램 예산 양식에서는 프로그램을 통해 기대하는 '결과적 성과(outcome)'와 결부시켜 지출을 산정한다.

프로그램 예산은 궁극적으로는 다양한 조직 목표에 대해 가격을 매길 수 있게 한다는 것이 가장 큰 장점이다. 이 예산은 관심의 초점을 내부 비용(품목별 예산)과 효율성(기능 예산)에서 벗어나, 조직 활동의 '결과 목표'와 '효과성'에 둔다. 이를 프로그램 예산이라고 부르는 이유는 휴먼서비스 조직이 추구하는 목표들은 대개 조직의 부서나 기능, 활동에서보다는 프로그램 단위에서 담고 있기 때문이다. 그래서 프로그램의 결과 목표에 기준한 성과로서 예산 지출의 합당성을 평가하는 것은 곧 조직의 효과성에 대한 평가 정보를 제시하는 것과도 같다.

가능하다면 프로그램 예산 양식을 사용하는 것이 자원제공자들에게는 의사결정에 가장 유용한 정보를 획득하는 방법이 된다. 즉, '저 기관이나 프로그램에 예산을 지원해 주면, 우리가 추구하는 목적이 달성될 수 있겠는지'를 가늠하는 데 필요한 핵심 정보는 성과 목표별 지출 비용에 관한 것이고, 프로그램 예산 양식이 그것을 가장 적절히 제시할 수 있다.

어떤 커뮤니티 돌봄 서비스 프로그램이 있다 하자. 이 프로그램은 성과 목표를 '10명의 클라이언트가 시설에 입소하지 않고, 가정에서 생활한다'로 두었다. 이 목표에 대한 지출 비용을 이러저러한 근거를 들어 총 5천만 원으로 산정했다고 하자. 그러면, 이 예산을 통해 한 명의 클라이언트 성과 단위당 비용은 약 500만 원이 든다는 정보들도 생성될 수 있다. 이런 정보는 여러 가지로 유용하다. 예산을 늘리거나 줄이게 되면 클라이언트에 대해 어떤 영향이 초래될지와 같은 판단을 보다 합리적인 기준에서 하도록 만든다.

앞서 〈표 10-2〉와 같은 수행 예산의 활동 내역이 클라이언트에 대한 결과적 성과 중심으로 바뀐다면, 그것은 프로그램 예산과 같다. 프로그램 예산 양식은 예산의 증감이 클라이언트 삶에 미치는 영향을 보다 직접적으로 표현해 낼 수 있다는 장점이 있다. '무엇을 하는지'가 아니라 '어떤 변화가 클라이언트에게 초래되는지'라는 성과를 직접 예산과 결부시키기 때문이다.

프로그램 예산 양식은 비록 이상적이기는 하지만, 널리 사용되기에는 현실적인 어려움이 있다. 사회복지 프로그램들에서는 성과 목표를 양적으로 나타낼 수 없는 경우가 많고, 여기에 사용할 개입기술들도 구체화되기가 쉽지 않기 때문이다. 휴먼서비스의 속성상 목표가 고정된 결과가 아니라 과정 지향적이라는 점도 예산 계획 수립의 어려움으로 작용한다. 비록 이러한 문제들이 극복 가능하다 해도 프로그램 예산 양식을 작성하는 데만 많은 시간과 노력이 요구된다는 것도 실질적인 한계로 작용한다.

그럼에도 불구하고, 프로그램 예산의 이념적인 지향은 사회복지조직이 추구하는 방향과 일치한다. 기관이나 프로그램에 투입되는 사회적 자원들이 어떤 결과적인 성과를 도출하는지를 아는 것은 매우 중요하다. 이는 사회복지조직에게 사회적 책임성에 관한 정보이고, 자원제공자에게는 자원 활용의 적절성에 대한 정보가 된다. 그러므로 사회복지 분야에서는 가능한 한 프로그램 예산을 적극 활용하려는 노력이 필요하다.

4) 예산 시스템

예산 시스템이란 예산을 필요로 하는 쪽과 예산을 배정하고 통제하는 쪽 간의 의사소통 체계를 뜻한다. 다양한 유형의 예산 시스템이 사용되어져 왔는데, 이들은 각기 품목 예산이나 기능(수행) 예산, 프로그램 예산의 원리들을 다양하게 적용한 것이다.

PPBS PPBS는 기획프로그램 예산 시스템으로,[28] 프로그램 예산의 이념을 현실적으로 확대시킨 것이다. 가장 큰 특징은 목표와 성과를 양적 측정으로 구체화하고, 이를 화폐적인 가치로 환산해서 편익(benefits)으로 계산하게 하는 것이다. 이를 프로그램 수행에 필요한 비용 지출과 대비하면 편익-비용 분석이 된다.[29] 예산을 배정하는 쪽에서는, 예산을 요구하는 모든 프로그램이 이런 편익-비용에 관한 정보를 제시해 준다면 프로그램들 간 상대적 가치를 비교 판단하기가 좋다. 문제는 사회복지 분야의 프로그램들에서 편익을 계산하는 것이 어렵다는 것이고, 그로 인해 PPBS의 적용은 뚜렷한 제한이 있다.[30]

ZBB 영기준 예산 시스템이다.[31] 점증식 예산 방식에 대한 대안으로 개발된 것이다. 점증식이란 예산 할당의 근거 기준을 '전년도'에 두고, '그렇다면 올해는 얼마'라는 식으로 판단하는 것이다. 이는 프로그램의 목적과 수단(예산)에 대한 합리적 판단을 방해한다. 그래서 ZBB는 영기준, 즉 전년도의 기준을 제로베이스(Zero Based)로 두겠다는 것이다. 모든 예산 신청 기관(프로그램)은 전년도와 무관하게 적어도 세 가지 이상의 예산요청안을 제출하고, 예산을 배정하는 쪽에서는 그 가운데 가장 합리적이라고 판단되는 예산안을 선택한다.[32] ZBB는 PPBS와 마찬가지로 예산 할당에서 합리성과 우선순위 결정의 근거 기준을 가질 수 있게 해 주는 장점이 있다. 차이점은 ZBB는 편익 계산이 없으므로 PPBS의 어려움에서 벗어나지만, 대신에 합리성의 근거가 그만큼 강력하지는 못하다는 단점을 가진다. 현실적으로는 ZBB가 점증식과 크게 다를 바 없이 실행된다는 문제들도 보고된다.[33]

PPB 수행프로그램 예산 시스템이다.[34] 수행 예산과 프로그램 예산의 원리를 합한 것으로, 효율성과 효과성에 대한 이중적인 강조를 한다. 이 점에서 PPBS와 유사하지만, 편익 계산을 요구하지 않는다는 점이 차이다. 그에 따라 의사결정의 중앙집중도가 완화될 수 있다. 예를 들어, 청소년 프로그램과 노인 프로그램이 있는데, '청소년 1명의 비행을 예방한 것'과 '노인 1명을 1년간 돌본 것'의 상대적 가치를 비교해 보려면 편익 계산이 필요하다. 그런데 PPB는 편익을 다루지 않으므로, 두 이질적인 프로그램을 하나의 잣대로 판단하여 의사결정이 어렵게 된다. 그에 따라 PPB 시스템에서는 예산의 신청과 배정에 관한 의사소통이 유사한 가치를 다루는 각 영역들 안에서 분산적으로 이루어지게 된다.

BFR은   성과예산제라 한다.[35] 최근에 등장한 예산 제도의 혁신 중 하나다. BFR은 성과(혹은 결과)를 중심으로 예산을 통제하려는 제도로, 특정한 유형의 예산 시스템이라기보다는 예산 운용의 큰 흐름을 지칭하는 것에 가깝다. 이 제도는 기관이나 프로그램의 미션과 목적, 목표를 중심으로 해서, 세입과 지출에 관한 예산의 상세한 추산을 그것들에 직접 연결시킬 것을 강조한다. 이전과 다른 혁신이라는 것은, 이전에는 결과보다 과정(투입, 활동)을 통제하는 과정예산 제도였기 때문이다. BFR은 원리적으로는 넓은 의미에서의 프로그램 예산에 속한다. BFR이 적절히 작동하려면, 프로그램 디자인이 명확하고 수행결과에 대한 측정도 가능해야 한다.[36] 측정 가능한 명확한 목표들에 대한 수행 책임이 작업 단위나 업무자들에게 명확히 할당되는 상황이면, BFR의 유용성은 커진다.

3. 비용 분석

비용 분석(cost analysis)이란 단순하게는 '서비스나 프로그램에 투입되는 비용을 산정하는 것'이다. 프로그램 차원에서 비용 분석은 프로그램 운영이나 성과 달성에 쓰인 비용을 계산해 내는 것이다. 이를 클라이언트 1인당 비용으로도 나타낼 수 있다.

$$\text{클라이언트 1인당 서비스 비용} = \frac{\text{프로그램 총 비용}}{\text{클라이언트 총수}}$$

사회복지조직의 재정 관리에서 비용 분석이 더욱 중요해지고 있다. 사회서비스의 공급 환경이 준시장화되어 감에 따라 서비스 생산에서 합리적인 비용 산출과 회계의 필요성이 커지기 때문이다. 시장 공급에서 이용자의 적정 '이용료'를 결정한다든지, 서비스구매계약 방식에서 합리적인 '가격' 산출이 필요하게 되는 등에서 서비스와 프로그램에 대한 비용 분석은 필수 사항이 되고 있다.

1) 비용의 종류

비용(cost)은 프로그램이나 서비스에 관련된 활동에 쓰이는 금액을 말한다. 비용을 활동의 생산량과 관련해서 구분하자면 다음과 같다.

· 가변 비용 : 생산량의 증감에 정비례해서 움직이는 비용
· 반가변 비용 : 생산량의 증감에 단계적으로 비례해서 움직이는 비용
· 고정 비용 : 생산량의 증감과 무관하고 일정하게 드는 비용

비용은 또한 프로그램이나 서비스의 직접적인 목적과 관련된 것인지, 아니면 간접적으로 관련된 것인지를 기준으로 구분해 볼 수도 있다.

· 직접 비용 : 하나의 프로그램 운영에 직접 투입되는 비용(예: 서비스 인력에 대한 인건비, 장비, 시설, 물품, 프로그램 홍보비)
· 간접 비용 : 프로그램 운영의 부분 혹은 간접 활동에 쓰이는 비용으로, 대개 여러 프로그램에서 공유하는 비용(예: 사무실 임대료, 전기세, 공과금)

간접 비용은 '공유 비용' 혹은 '오버헤드(overhead) 비용'으로도 불린다. 비교적 단순하거나 업무가 잘 규정된 프로그램들에서는 직접 비용과 간접 비용의 할당이 쉽다. 그러나 상당수 휴먼서비스 프로그램에서는 이것이 합리적으로 이루어지기 힘든 경우가 많다. 예를 들어, 여러 프로그램에 관여하는 직원의 인건비를 직접과 간접 비용에 어느 정도로 할당할지다. 이런 경우에는 관리자가 임의적으로 나누기도 한다.

2) 비용 분석의 실행

비용 분석이란 서비스 활동에 쓰이는 자원을 파악하고 금액으로 계산해 내는 것이다. 여기에서 서비스 활동이란 서비스의 결과를 초래하는 데 기여한 모든 직·간접 활동을 포함한다.

어떤 미혼모시설 프로그램이 모자상담 서비스에 얼마만큼의 비용이 드는지를 알려고 한다. 이를 위해 먼저 어떤 서비스 결과(예: 모자의 정서적 안정감 변화)를 위해 어떤 활동, 즉 상담 유형과 시간, 상담 시설과 집기 등의 유형과 수, 참여 인력의 유형과 투입 시간 등이 쓰이는지 파악하고, 이들을 금액으로 환산해서 집계한다.

비용 분석을 위해서는 먼저 생산을 위해 어떤 자원이 얼마만큼 투입되어야 하는지를 파악한다. 그것을 기초로 해서 생산을 늘리거나 줄이게 되면 비용이 어떻게 변화하는지에 대한 분석도 해 볼 수 있다. 〈표 10-3〉은 가상 보육시설 프로그램에 대한 단순 비용 분석의 예다. 여기에서 생산의 단위는 연생활인원으로 한다. 보육시설에서 숙식과 상담 서비스를 1년간 받는 생활자 1인을 기준으로 생산의 1단위를 설정하는 것이다.

〈표 10-3〉에는 생활인원 한 단위를 생산하는 데 필요한 서비스들과 각각에 대한 비용이 가변, 반가변, 고정으로 구분 제시되어 있다. 하루 세끼 식사를 제공하는 서비스(M)는 하루 9,000원에 1년이면 3,285천 원이 든다. 이것은 가변 비용인데, 생산 단위(생

표 10-3 보육시설 프로그램(가상)의 서비스 내용과 비용, 수입

서비스		내용	비용 (천 원)		
M	식사	1일 3식: 9천 원	1인×365일×3 = 연 3,285		가변
C	상담	1인당 1일 1시간 개별 상담 상담가 1인 – 하루 8시간 상담 (상담가 연봉: 30,000천 원)	생활인원 8인 이하 = 연 30,000 9인 이상 16인 이하 = 연 60,000 17인 이상 25인 이하 = 연 90,000		반가변
L	숙소	숙박 시설 (30명 정원) 이용	시설 유지 = 연 60,000		고정
A	행정	행정과 간접경비	= 연 30,000		고정

※ 수입 예상: 보조금 수입은 1인당 연 15,000천 원으로 책정

활 인원)가 2, 3 … 으로 늘어나면 M의 비용도 3,285천 원×2, 3 … 으로 늘어난다. 상담 서비스(C)는 반가변 비용이다. 생활 인원이 1~8명까지는 연 30,000천 원이 든다. 한 명의 상담가에 대한 연봉이다. 상담가가 하루 8시간 근무하므로, 생활인원이 8명이 될 때까지는 C의 비용이 30,000천 원으로 고정된다. 만약 9명이 되면 그때부터는 한 명의 상담가가 더 필요하게 된다. 이때부터 다시 16명 생산 단위까지는 60,000천 원의 C 비용이 든다. 이런 식으로 반가변 비용은 생산 단위에 대해 계단식 변화를 보인다. 숙소 (L)와 행정(A) 비용은 30명까지는 생활인원의 증감에 따라 변화하지 않는 고정 비용으로 둔다.

[그림 10-1]은 이러한 각각의 비용들이 변화하는 형태를 그래프로 보여 준다. 모든 비용을 합치면 총비용이 되는데, 생활인원의 변화에 따른 프로그램 전체의 비용 변화

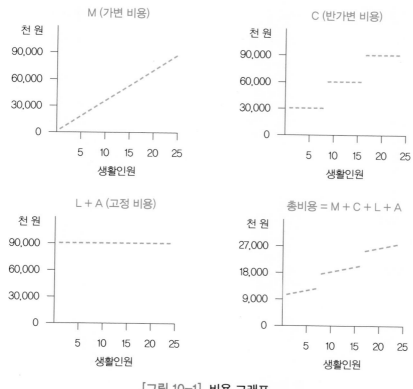

[그림 10-1] **비용 그래프**

를 나타낸다. 비용 그래프들은 각각의 비용이 어떤 성격으로 변화할지에 대한 중요한 정보를 제공한다. 이것은 생산에 대한 합리적인 결정, 예를 들어 생활인원을 어느 수만큼 받아야 경제적일지에 대한 판단에 필요하다.

[그림 10-2]는 총비용에다 수입을 대비해서 보는 것이다. 지자체로부터 생활인원 한 사람당 연 15,000천 원을 지원받는다고 하면, 이 프로그램의 수입은 생산 단위의 증가에 따라 그림에서의 점선(-)처럼 직선적으로 증가해 간다. 총비용과 수입 그래프를 함께 고려해서 보면, 한계 비용과 손익분기점이라는 비용 분석의 두 가지 중요한 정보가 도출될 수 있다.

한계 비용   한계 비용(marginal cost)이란 한 생산 단위가 추가될 때 증가하는 비용의 차이를 뜻한다. 앞서 [그림 10-1]에서처럼, 생활 인원이 1명에서 8명이 될 때까지는 프로그램의 한계 비용은 3,285천 원으로 일정하게 나타난다. 반가변 비용인 C가 일정하기 때문에, 가변 비용 M이 곧 한계 비용이 된다. 그러다가 생활 인원이 9명으로 되는 때부터 한계 비용은 3,285천 원에 상담가 1인 추가 비용에 해당하는 30,000천 원

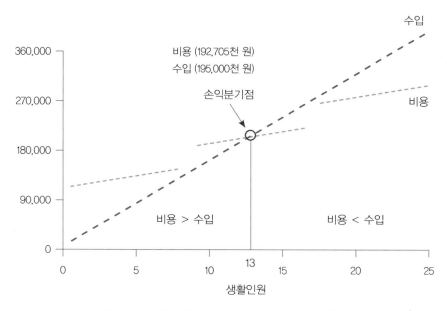

[그림 10-2] 비용과 수입 그래프, 손익분기점

이 덧붙여져서 33,285천 원이 된다. 그러고는 다시 10~16명까지는 한계 비용 3,285천 원으로 일정하게 된다. 그러다 17명째에 한계 비용이 또 33,285천 원으로 뛰는 식이다. 휴먼서비스 조직의 재정 관리에서 한계 비용에 대한 정보는 특히 중요하다. 휴먼서비스의 주된 재정 지출은 인력 비용에서 발생하므로, 생산과 관련된 어떤 결정에서도 한계 비용의 특성은 필수적으로 감안되어야 한다.

손익분기점   손익분기점(breakeven point)이란 생산에 따른 비용과 수입이 일치되는 지점을 말한다. [그림 10-2]의 경우에는 생활인원이 13명일 때가 손익분기점에 해당된다. 생산 단위가 그 이하일 때는 '비용 > 수입'의 적자를 보고, 14명 이상일 경우에는 '비용 < 수입'으로 흑자가 된다. 이 프로그램에서는 13단위를 생산할 때가 막 적자에서 흑자로 전환되는 손익분기점이 된다. 손익분기점이 어디인지에 대한 정보 역시 조직으로서는 매우 중요하다. 주어진 여건(수입)에서 서비스 활동(생산)을 어느 수준으로 디자인해야 재정적 건전성을 유지할 수 있을지는 최소한 파악하고 있어야 하기 때문이다.

이론적으로 비용 분석의 정보는 매우 유용하다. 영리 조직의 경우에는 생산을 비용의 관점에서 파악하는 '이윤(profit)' 관련 정보가 조직의 의사결정에서 결정적으로 중요하다. 그러나 사회복지조직의 경우에는 휴먼서비스의 특성과 비영리 목적으로 인해 반드시 그와 같지는 않다.

3) 사회복지조직과 비용 분석

비용 분석은 생산물에 대한 명확하고 고정된 규정이 필요하다. 그래야 그것에 얼마만큼의 비용이 들지에 대한 분석이 가능해진다. 공산품을 생산하는 조직의 경우에 이러한 비용은 대개 명확히 파악될 수 있다. 그러나 휴먼서비스를 생산하는 사회복지조직의 경우에는 생산물과 비용의 규정이 그리 단순하지 않다.

칫솔을 만들어 파는 기업에서는 특정 재질과 규격, 무게, 형태, 색깔 등으로 규격화된 생산물 단위로서의 칫솔에 대한 규정이 가능하다. 그러므로 이를 생산하는 데 어떤 비용 요소들(예:

설비, 인력, 기술료 …)이 필요한지, 각 비용의 특성(예: 고정, 가변 …)은 어떤지 등을 기술적으로 파악하는 것이 가능하다.

반면에, 노인복지관의 생산물과 생산 단위는 무엇인지를 단순하게 규정하기란 어렵다. '서비스를 받는 노인'이라 하더라도, 그 서비스와 노인의 상태가 모두 다양하고, 고정적이지도 않다. 규격화가 가능하더라도 노인들의 심리·정서 상태는 매시간 변화한다. 생산물에 대한 안정된 규정이 힘들므로, 그에 대한 비용 분석을 하기가 쉽지 않게 된다. '칫솔'의 경우와는 분명히 다른 것이다.

이러한 어려움은 물품이 아닌 서비스를 생산하는 조직들이 공통적으로 가지는 것이다. 휴먼서비스 생산에서는 더욱 생산과 소비가 시간적, 형태적으로 딱히 구분되기 어렵다. 예를 들어, 상담 서비스의 생산에서 '대화를 주고-받음'은 동시에 상호작용적으로 이루어진다. 이는 유형이 아닌 무형으로서, 저장되지 않고 실체가 평가되기도 쉽지 않다. 이런 서비스를 수행하는 사회복지조직에서 엄격한 수준의 비용 분석은 이미 한계를 안고 있다.

사회복지조직은 또한 비영리 조직의 특성을 띤다. 비록 활동 과정에서는 이윤이 발생할 수도 있지만, 그것을 목적으로 추구하지는 않는다. 사회복지조직이 추구하는 비영리적 목적은 명료하게 계산되기가 어렵다. 비영리적 목적이란 대부분 추상적이거나, 공공재와 같이 생산의 목적과 결과가 불특정 다수에게 산재되는 경향이 있다.

어떤 사회복지조직에서 100명의 지역주민들이 참여해서 '복지마을 만들기' 사업 활동을 1년에 걸쳐 수행했다 하자. 이 조직의 생산 결과물은 무엇이며, 누구에게 나타나는 것일까. 참여를 통해 삶의 만족도를 확대할 수 있게 된 사업 활동 주민? 마을이 만들어져서 삶의 질이 향상된 지역주민 전체? 마을이 돌봄 역할을 해 줘서 부양 부담이 줄어든 외지에 사는 주민 가족들? 사회적 자본의 확대로 혜택을 얻는 지역과 국가, 국민 전체?

비영리 목적을 가진 사회복지조직에서는 비용 분석의 논리가 무작정 적용될 수 없다.[37] 영리 조직에서는 영리의 극대화라는 정당한 목적이 있고, '영리＝수입－비용'이므로 비용 분석은 비용을 최대한 통제하려는 목적에 합리적으로 기여할 수 있다. 그러나 그 같은 단순 영리함수로 움직이지 않는 비영리 조직에서는 비용과 비용 분석은 단지 이차적인 중요성을 가질 뿐이다. 비영리 조직에서의 비용 분석은 일차적으로 비영리 목적이 추구하는 가치와 이념의 실현을 돕기 위한 수단적 효용성으로 고려되어야 한다.

4. 예산 집행

예산을 신청하는 쪽과 주는 쪽이 의사소통의 과정을 거쳐 예산안이 최종적으로 확정되고 나면, 이때부터 예산의 기능은 조직의 업무수행을 통제하는 도구로 바뀐다. 이제까지는 예산이 계획의 합리성(비용과 지출, 성과의 관계에 대한 타당성)을 검토하는 용도로 쓰였다면, 이제부터는 계획을 실질적으로 집행하는 지침과 같은 것이 된다.

사회복지 기관이나 프로그램은 예산을 다양한 출처로부터 획득하는 경우가 많다. 이것이 예산의 집행 과정을 복잡하게 만들 수 있는데, 하나의 기관이나 프로그램이 다수의 예산 집행에 관한 지침들을 가지는 것이 되기 때문이다. 그래서 사회복지조직에서의 예산 집행은 단순한 지침 준수나 감독에 관한 것만으로 치부되지 않는다. 그보다 자원 출처별로 책임성을 각기 어떻게 확보할지, 상이한 예산 지침들 간 갈등을 어떻게 관리해야 할지와 같은 보다 심각한 과제 해결의 과정으로 여겨지기도 한다.

1) 자금

예산 집행이란 할당된 예산 자원과 함께 위임된 사항을 실행하는 것이다. 공공이나 비영리 조직들에서는 이러한 예산 집행이 '자금'이라는 형식으로 수행되는 경우가 많다. 자금(fund)이란 일정량의 돈이나 자원이 특정 용도에 쓰이도록 지정 할당된 것을 말한다. 일반적으로 자금의 개념에서는 두 가지 속성이 강조된다.[38]

· 독립된 재정 실체 : 하나의 자금은 하나의 독립된 재정적 실체다. 각각의 자금은 자기 실체에 대한 규정을 각기 따로 보유한다.

- 자기—균형 : 각 자금은 스스로 수지의 균형을 맞추어야 한다. 지출은 자금 금액의 한도 내에서 이루어져야 한다. 특별한 허락 없이는 책정된 예산보다 더 많이 쓸 수가 없다는 것이다.

사회복지 기관이나 프로그램이 활용하는 재정 자원의 상당 부분은 대개 이와 같은 용도가 지정된 자금의 성격을 띤다. 시장에서 활동하는 영리 조직들과는 달리, 비영리 사회복지조직에서는 다수의 자원 출처별 자금들을 가진다. 각 자금들은 각기 독립된 재정 실체로 간주되므로, 이들 자금을 받은 기관이나 프로그램은 각각의 자금에 대한 '청지기(steward)' 역할을 각기 따로 수행해야 한다.[39]

2016년 9월 어느 날, 대도시 지역 A 종합사회복지관의 L 부장은 자신이 관리하는 통장은 모두 46개라 한다. 그중에서 후원금 수입의 편의를 위해 복수로 개설한 7개 통장을 하나의 수입처(후원금)로 치더라도, 39개의 외부 자원제공자가 각기 따로 존재한다는 것을 의미한다. 정부(지자체)의 운영비 지원 통장만 해도 복지관운영비 통장, 경로식당사업 통장, 식사배달서비스사업 통장, 노인대학사업 통장, 노인돌봄서비스 통장, 아이돌봄서비스 통장, 노인사회활동지원사업 통장 … 등으로 총 25개가 된다. 이외에도 보건소 사업 통장 1개, 사회복지공동모금회 통장 1개, 노인주간보호센터 운영 통장 2개, 지역아동센터 운영 통장 2개, 어린이집 운영비 통장 1개, 발달재활서비스 통장 1개, 자체수입 통장 2개가 있다. 연간 예산 규모로는 200만 원짜리 통장도 있고, 8억 내외 규모가 되는 통장도 있다. 예산 규모와는 크게 상관없이, 모든 통장의 각기 다른 자원제공처들은 예산안 과정, 집행, 감사 등에서 자신들만의 의사소통 방식을 원하는 경향이 있다. 이것은 같은 정부지원금 25개 통장이라 해도 예외가 아니다. 그래서 L 부장을 비롯한 거의 모든 복지관 직원들은 저마다 조금씩 다른 통장 관리와 관련된 일들이 마치 주된 업무인 것처럼 여겨지기도 한다고 말한다.

한 기관이나 프로그램이 운영을 위해 복수의 자금들을 얻어서 집행한다는 것은, 각기 다른 독립적으로 움직이는 재정 실체들을 각기 관리하면서 그럼에도 전체 조직의 목적에 조화롭게 기여하도록 만들어야 한다는 것을 의미한다. 현실적으로는 이것이 사회복지조직에 다양한 어려움을 초래하고 있다.

첫째, 각 자금제공자는 기관이나 프로그램에 자신이 유일한 재정 지원자인 것으로 간주한다. 기관이나 프로그램으로서는 복수의 자금제공자들이 모두 이와 같다. 그러면 각 자금들이 요구하는 각기 다른 보고 양식과 절차, 평가방법, 집행기간 등에 각기 맞추어야 한다. 하나의 프로그램에 대한 예산 집행이 다수의 보고와 양식, 절차들로 각기 진행되어야 한다는 것이다. 이는 추가 자금을 활용하는 데 따르는 이익을 넘어서는 과중한 행정 부담을 초래하기 쉽다.

둘째, '자금 전용성' 제한과 관련된 문제가 있다. 자금 전용성(fungibility)이란 관리자가 어떤 자금의 용도를 바꾸거나 다른 자금과 대체할 수 있는 자유도를 말한다.[40] 사회복지조직 환경에서는 대부분 이러한 자금 전용성이 극히 제한되어 있다. 주로 자금제공자 쪽의 입장들을 반영하기 때문인데, 자원제공자로서는 자금이 원래 의도대로만 쓰이기를 원한다. 그러나 서비스 기관이나 프로그램 입장에서는 이것이 문제로 작용할 수 있다. 휴먼서비스는 유동적인 서비스 경로를 가지며, 상황의 변화에 민감하게 반영해 나가야 하는 특성을 띤다. 예산 집행에서 자금 전용성의 엄격한 제한은 예산 통제의 수단이 목적으로서의 휴먼서비스의 효과성을 저해하게 만드는 문제를 초래할 수도 있다.

2) 생산 비용의 할당

사회복지 기관은 보통 다수의 서비스 프로그램을 운용한다. 이들은 기관 차원의 조직 기능을 공유한다. 시설 유지와 행정 지원, 재정 자원 확보, 대외관계와 홍보 등의 조직 기능들은 같은 기관에 몸담은 프로그램들에게는 대개 공유적인 방식으로 수행된다. 기관 차원의 예산 집행에서는 이 같은 공유 기능들에 소요되는 비용을 각 프로그램 단위별로 '할당'해야 한다. 비용의 할당에는 두 가지 방법이 쓰인다.

기술적(engineered) 비용 할당　　각 프로그램이나 부서 단위에게 부과해야 할 비용을 합리적 방법으로 계산해 낼 수 있을 때 기술적으로 비용을 할당하는 것이다. 기관 전체의 공유 비용 가운데 각 부서 단위가 각기 얼마만큼의 몫을 부담해야 할지를 계산 가능한 근거에서 결정한다. 공간이나 물품 사용에 따른 비용은 각 프로그램 단위마다 얼마나 썼는지가 계산 가능하므로, 쓴 만큼 내도록 하는 것이 합리적이다. 복수의 프로그램을 한 명의 관리자가 담당한다면, 관리자의 프로그램별 근무 시간을 계산해서 그에 따라 급여를 분담시키는 것도 기술적 비용 할당의 방법이다.

임의적(discretionary) 비용 할당   공유 비용을 각 프로그램 단위별로 쪼갤 수 있는 합리적 근거가 없을 경우, 기관 관리자의 재량을 통해 임의적으로 단위마다 비용을 할당하는 것이다. 대개 고정 비용이나 반가변 비용 요소들은 임의적으로 처리될 수밖에 없는 경우가 많다. 예를 들어, 시설유지에 드는 비용을 단위별 시설 사용량을 기준으로 할당하고 싶어도 그것을 측정할 기술이나 여건이 안 되면, 관리자가 임의적으로 단위마다 예산의 몇 % 식으로 할당한다.

개별 부서나 프로그램에서 직접 쓰이는 비용이 아닌 간접적인 공유 비용들의 경우에는 대개 기술적인 할당이 이루어지기 어렵다. 가능하더라도 계산 자체만을 위해서도 많은 노력이 필요하다. 사회복지조직은 인건비를 프로그램들 사이에 공유하고 이를 불가피하게 임의적 비용 할당으로 처리하는 경우가 많지만, 적어도 임의적이 '무작정'을 의미하는 것은 아니어야 한다. 그 안에서도 최대한의 설득력 있는 근거를 갖출 필요가 있다.

3) 행정 비용

사회복지 기관의 비용 할당에서 가장 어려운 부분은 행정 비용이다. 한 기관에 속하는 모든 프로그램이나 부서 단위들은 기관의 행정 관리자나 업무 처리에 드는 비용을 공유하고 있다.

행렬 조직으로 운영되는 한 종합사회복지관에서 한 명의 과장이 3개의 부서를 관할하면서 2개의 프로그램에 대해 책임을 지고 있다고 하자. 이 경우에 그의 시간과 활동이 곧 행정 비용이 되는데, 이를 각 부서와 프로그램 단위별로 할당하려면 어떤 원칙과 기준이 필요하다.

한 기관이 3개의 외부 프로젝트를 수행하는데, 각 프로젝트는 독립적인 자금에 의해서 운영되고 있다 하자. 이 기관에서는 한 대의 복사기를 공유해서 사용하고 있는데, 어느 날 이 복사기가 고장이 났다. 수리에 필요한 비용은 어느 프로젝트에서 얼마를 내야 할지가 할당되어야 한다.

행정 비용은 대부분 임의적으로 처리되기 쉽다. 그것이 우선 쉽고 간편하기 때문이다. 또한 관리자 입장에서는 예산에 대한 통제권한이 강화된다는 느낌을 가질 수도 있다. 그러나 임의적 방식이라 해도 이를 기준조차 없이 하게 되면 조직 내에서 비합리적 행정에 대한 불신이 나타난다. 관리자의 권위가 오히려 손상되고, 리더십에도 부정적 영향을 초래할 수 있다. 사회복지 기관이 투명성과 합리성을 확보하기 위해서도 행정 비용은 가급적 기술적 근거의 기준을 찾아 다룰 수 있어야 한다.

5. 사정과 회계

사정(assessment)은 예산 집행이 종료된 후 목표가 달성되었는지, 자금은 적절히 사용되었는지를 평가하는 것이다. 예산 결과의 사정은 다양한 감사 방법을 필요로 한다.[41] 감사(audit)란 사회적으로 할당된 자원에 대한 청지기로서의 기관이나 프로그램이 그 역할을 적합하게 수행했는지 확인하는 작업이다. 일반적으로 두 가지 형태의 감사로 구분된다.

1) 규정순응 감사

규정순응 감사(compliance audit)는 재무(재정) 감사라고도 한다. 기관의 재무 운영이 적절한 회계 절차에 따라 시행되는지, 재무 관련 보고서들이 제대로 구비되었는지, 각종 규칙과 규제들을 기관이 준수하고 있는지 등을 주로 확인하는 것이다. 복수의 자금 출처를 가진 기관이나 프로그램들의 경우에는 각 자금출처별로 따로 감사를 받는데, 요구되는 정보의 종류나 절차, 양식 등이 각기 달리 제시되기 쉽다.

규정순응 감사는 전통적인 품목 예산과 잘 맞아떨어진다. 규정된 품목의 예산액들이 정확하고 정직하게 쓰였는지를 주로 확인한다. 본래 규정순응 감사는 단순히 예산 집행자의 '사리사욕'을 감시하는 목적이었다.[42] 그러다 예산의 기능과 절차가 점차 복잡해짐에 따라, 규정순응에 대한 개념도 확대되어 왔다. 의도된 프로그램 목표 추구의 방식을 준수하는지, 그것이 효율성 있게 집행되는지도 규정순응 감사에 포함되는 경향이 있다.

규정순응 감사의 적절성은 다음의 가정에 기반한다. 기관이나 프로그램이 미리 설정된 규정들을 잘 따르기만 하면, 경제적이고 효율적인 서비스 생산을 할 수 있을 것이라는 가정이다. 실제로는 이와 반대의 경우, 즉 규칙은 잘 순응했지만 생산은 효율적이 되지 않을 수가 있다. 혹은 규칙에만 충실하다 보면 오히려 탄력성을 잃어 생산의 효과성이나 효율성 모두를 저해할 수도 있다.

예산 집행의 결과를 단지 규정의 순응 여부만으로 따지는 감사로는 기관이나 프로그램의 사회적 책임성을 부분적으로 밖에 다룰 수 없다. 사회복지 분야에서는 부적절한 규정순응 감사의 적용이 형식적이고 책임 회피적인 현장 문화를 키울 위험성조차 적지 않다. 비록 예산을 주고받는 관계에서 규정순응 감사는 필수 사항이지만, 그 실행이 예산의 목적 수행을 방해하는 차원이 되어서는 안 된다.

2) 운영 감사

예산 결과에 대한 사정에서 운영 감사의 방식에 대한 중요성이 커지고 있다. 운영 감사(operational audit)는 규정의 준수 여부만을 따지는 방식과 달리, 바람직한 목표 결과가 성취되었는지, 성취의 효율성은 어떤지와 같은 질문들을 예산과 결부시켜 평가해 볼 수 있도록 하기 때문이다.

운영 감사를 위해서는 적어도 넓은 의미의 프로그램 예산 양식이 갖추어져야 한다. 그래야 목표가 무엇이었는지, 얼마만큼 달성되었는지, 목표 생산이 비용 항목과 액수에 대한 예상과 일치되면서 이루어졌는지 등이 평가될 수 있다. 운영 감사에서는 프로그램 결과나 효율성 등이 중점적으로 점검된다.

프로그램 결과를 점검하는 운영 감사는 의도된 결과나 편익이 성취되었는지, 프로그램의 활동이 그에 미치는 관계는 어떠한지, 동일한 성과를 더 적은 비용으로 산출할 수 있는 대안들은 적절히 고려되었는지 등을 판단한다. 효율성을 보는 운영 감사는 기관이나 프로그램이 각종 자원(인력, 돈, 공간 등)을 경제적으로 운용하는지를 판단한다.

MIS나 행정 절차, 조직 구조 등에서 무엇이 비효율성을 초래하는 원인인지를 밝혀내는 일도 한다.[43]

　운영 감사는 규정순응 감사에 비해 보다 폭넓은 지식과 기술 수준을 요구한다. 사회복지 분야의 운영 감사가 적절히 수행되려면, 사회복지전문직이 이 과정에 필히 포함되어야 한다. 사회복지 프로그램의 예산 집행의 적절성 여부를 판단하는 핵심은 프로그램의 성격과 목표와 활동의 관계, 즉 개입기술의 구성과 비용에 대한 적절성 판단에 기초한다. 이는 상당 부분 사회복지전문직의 지식 영역에 속하는 것들이다.

3) 회계 방식

　사회복지 기관이나 프로그램은 합리적이고 체계적인 예산 집행뿐만 아니라, 투명성과 책임성도 제시할 수 있어야 한다. 여기에 사용되는 주요 수단이 '회계' 방식이다. 회계(accounting)란 재무 관련 정보를 확인, 기록, 측정, 분류, 검증, 요약, 해석, 의사소통하는 체계적인 과정을 말한다. 모든 조직에서 어떤 식으로든 회계의 기능은 공통적으로 필요하지만, 방식 측면에서는 각기 다를 수 있다.

　독자적 재원으로 운영되는 조직에서는 회계 방식을 스스로가 편리한 것으로 선택하면 된다. 그러나 사회복지조직은 그렇게 할 수 없는데, 대부분 다양한 외부 환경 요소들과의 교류를 통해 재정 자원을 확보하기 때문이다. 우리나라에서는 정부 제도로부터 재정 자원을 받는 사회복지 기관이나 프로그램은 기본적으로 「사회복지법인 및 사회복지시설 재무·회계 규칙」이 규정하는 회계 방식을 따라야 한다. 그 주요 내용은 다음과 같다.[44]

· 회계연도 : 정부의 회계연도(매년 1월 1일에 시작하여 12월 31일에 종료)를 따른다.
· 회계연도의 소속 구분 : 수입과 지출의 발생, 자산과 부채의 변동은 그 원인이 되는 사실이 발생한 날을 기준으로 하여 연도 소속을 구분한다. 이는 현금주의를 채택한 것이다.
· 회계의 구분 : 회계는 법인의 업무 전반에 관한 '법인회계', 시설의 운영에 관한 '시

설회계', 법인 수익사업에 관한 '수익사업회계'로 구분한다.

· 회계의 방법 : 회계는 단식부기를 기본으로 한다.

· 재무·회계의 처리 : 사회복지 법인과 시설은 컴퓨터 회계프로그램과 정부의 정보시스템으로 재무·회계를 처리할 것이 권장된다.[45]

근래 회계의 근원적인 접근 방식과 관련해서 변화가 나타나고 있다. 이때까지는 일반적으로 민간 기업은 발생주의, 국가와 지자체는 현금주의를 채택해 왔다. 최근에는 우리나라도 정부가 발생주의에 근거한 복식부기 회계 방식을 추구하는 경향으로 가고 있다. 지방자치단체는 2007년부터 이를 이미 시행하고 있다. 그로 인해 사회복지조직들에서의 회계 방식도 현금주의와 단식부기의 한계를 벗어나야 할 필요가 커지고 있다.

현금주의 vs. 발생주의   회계의 두 가지 원리다. 현금주의 회계(cash accounting)는 현금이 들어오거나 나가는 시점을 기준으로 거래가 기록된다. 발생주의 회계(accrual accounting)는 현금을 받는 것과 관계없이 수익(채권)이나 비용(채무)이 발생되는 시점을 기준으로 한다. 발생주의 회계는 보다 완전한 재무 상황을 보여 줄 수 있다는 점에서 현금주의 회계보다 우월하지만, 관리나 평가가 복잡하고 자의적 판단의 요소가 많아진다는 단점이 있다.

단식부기 vs. 복식부기   부기란 장부에다 거래를 기록하는 것이다. 단식부기의 방식은 현금성 재무 자원의 증감을 기록의 대상으로 하므로, 이중성을 띤 거래에서 단순히 한쪽 측면만을 기록한다. 예를 들어, 기관이 자동차를 구입하는 데 5천만 원을 지급했다면 단식부기에서는 기관의 재무 현황이 5천만 원 감소로 나타난다. 복식부기의 방식에서는 자산과 부채, 자본의 증감이나 수익/비용의 변화를 초래하는 재무 사건이 발생할 때 이를 차변(借邊)과 대변(貸邊)이라는 두 군데에 이중적으로 기입한다. 자동차 구매 시 현금을 지급한 시점에 기관은 자동차의 자산 가치 5천만 원을 획득한 것이 되므로, 이를 다른 편에 함께 기록하는 식이다. 복식부기는 대차평균의 원리에 입각해서 회계상의 오류를 스스로 검증해 볼 수 있게 하고, 회계처리의 투명성을 높일 수 있다는 것이 장점이다. 그러나 회계처리가 복잡해지고 자의성 요소가 많아질 수 있다는 것은 단점이다.

미주

1) 최성재·남기민(1993). *사회복지행정론*. 나남, p. 226.

2) Brody, R. (2005). *Effectively Managing Human Service Organizations* (3rd ed.). CA: Sage publication, pp. 225–253.

3) 상게서, pp. 225–253.

4) Lewis, J., Lewis, M., Packard, T., & Souflee, F. (2001). *Management of Human Service Programs* (3rd ed.). Belmont, CA: Brooks/Cole, pp. 185–204.

5) Gates, B. (1980). *Social Program Administration: The Implementation of Social Policy*. Englewood Cliffs, NJ: Prentice-Hall, pp. 192–199.

6) Flynn, M. (1995). 'Budgeting in community organizations: Principles for the '90s'. In J. Tropman, J. Erlich, & J. Rothman (Eds.), *Tactics and Techniques of Community Practice* (3rd ed.). Itasca, IL: Peacock, pp. 450–466.

7) Patti, R. (1983). *Social Welfare Adminstration: Managing Social Programs in a Developmental Context*. Englewood Cliffs, NJ: Prentice Hall, pp. 190–207.

8) Brody, *Effectively Managing Human Service Organizations*, pp. 225–253.

9) Lewis et al., *Management of Human Service Programs*, pp. 185–204.

10) Anthony, R., & Herzlinger, R. (1984). *Management Control in Nonprofit Organizations*. Homewood, IL: Richard D. Irwin, pp. 363–364.

11) 참고: Stretch, J. (1980). 'What human services managers need to know about basic budgeting strategies'. *Administration in Social Work*, 4(1), pp. 87–98; 성규탁(1996). *사회복지행정론*(2판). 법문사, pp. 287–298.

12) Granof, M. (1998). *Government and Nonprofit Accounting: Concepts and Practices*. NY: John Wiley.

13) Lewis et al., *Management of Human Service Programs*, pp. 185–204.

14) 상게서, pp. 185–204.

15) Ezell, M. (2000). 'Financial management'. In R. Patti (Ed.), *The Handbook of Social Welfare Management*. CA: Sage Publication, pp. 382–386.

16) 표는 참고: Stretch, 'What human services managers need to know about basic budgeting strategies', p. 89.

17) Brody, *Effectively Managing Human Service Organizations*, pp. 225–253.

18) Lewis et al., *Management of Human Service Programs*, pp. 185–204.

19) Vinter, R., & Kish, R. (1984). *Budgeting for Nonprofit Organizations*. NY: Free Press.

20) 울프(Wolf, 1990)는 기능 예산을 'project budgeting'이라 부른다. 〈Lewis et al., *Management of Human Service Programs*, pp. 185–204〉에서 재인용.

21) 이 경우 프로그램별로 쪼개기 어려운 일부 지원서비스(행정과 모금 기능)의 비용은 품목별로 남겨 둘 수 있다.

22) Lewis et al., *Management of Human Service Programs*, pp. 185–204.

23) 그래야 예산 양식의 본질적 목적인 의사소통이 수행될 수 있기 때문이다. 품목 예산에 비해 기능(수행) 예산 양식의 어려운 점은 이와 관련되어 있다.

24) 생산과 비용 함수란 어떤 기능(서비스)의 생산에 각기 얼마만큼의 비용이 드는지를 계산식으로 나타낸다는 의미다.

25) 한 기관이나 프로그램의 예산을 기능별로 제시한다는 점에서 기능 예산이라고 한다면, 수행하는 활동 유형별

로 구분해서 제시한다는 뜻에서 수행 예산이라고도 한다. 사회복지조직에서는 기능들이 서비스 수행 단위의 기준으로 분류되는 경우가 많으므로, 기능 예산과 수행 예산은 동일한 의미로 간주되기 쉽다.

26) Brody, *Effectively Managing Human Service Organizations*, pp. 225-253.

27) 그래서 이들을 굳이 구분하지 않는 경우들도 많다. 참고: 최성재·남기민, **사회복지행정론**, p. 231.

28) PPBS는 Planning and Programming Budgeting System의 약자다.

29) 편익-비용 분석에 대해서는 이 책 15장에서 구체적으로 설명한다.

30) 예를 들어, '독거노인 점심도시락 방문배달'의 목표와 성과는 무엇이며, 그 가치가 돈으로 따지자면 얼마나 될지(편익)를 파악하기 어렵다. 설령 가능한 부분(예: 건강상 지표 개선의 가치)이 있더라도, 그것들은 오히려 본질적 측면의 성과(예: 사회적 자본의 확대)에서 벗어날 가능성이 크다. 편익 계산이 힘들면, PPBS는 작동하지 못한다.

31) ZBB는 Zero-Based Budgeting의 약자다.

32) 예를 들어, 한 프로그램이 전년도 예산 대비 90%, 95%, 100%, 115%의 비용이 드는 예산안들을 각자의 결과 기대치(예: 90% 예산을 주면 100케이스 완수, …, 115% 예산으로는 160 케이스 완수)와 함께 제출하면, 그 가운데서 합리적 선택을 할 수 있다.

33) 자원을 요청하는 쪽과 제공하는 쪽에서 모두 형식적으로는 영기준을 전제로 하지만, 실행 과정에서는 대부분 점증식으로 의사결정을 하는 경우가 많다는 뜻이다.

34) PPB는 Performance-Program Budget의 약자다.

35) BFR은 Budgeting For Results의 약자다. 참고: O'Looney, J. (1996). *Redesigning the Work of Human Services*. Westport, CT: Quorum.

36) O'Looney, *Redesigning the Work of Human Services*, pp. 206-211.

37) Gates, *Social Program Administration*, p. 180.

38) 상게서, p. 199.

39) Gross, M. (1977). 'Nonprofit Accounting: The continuing revolution'. *The Journal of Accountancy*, *143*(June), p. 66.

40) Wright, D. (1978). *Understanding Intergovernmental Relations*. North Scituate, MA: Duxbury Press, p. 90.

41) McKinney, J. (1995). *Effective Financial Management in Public and Nonprofit Agencies* (2nd ed.). Westport, CT: Quorum.

42) Wildavsky, A. (1978). 'A budget for all seasons? why the traditional budget lasts'. *Public Administration Review, 38*(6), p. 507.

43) MIS에 대해서는 이 책 11, 15장의 설명들을 참고한다.

44) 「사회복지법인 및 사회복지시설 재무·회계 규칙」의 내용에 따른다.

45) 현재 우리나라에서는 대부분 사회복지기관들이 '사회복지시설정보시스템'으로 통합되어 재무 회계를 처리한다.

제**11**장
정보 관리

어느 시대에나 사람들은 정보를 필요로 했고, 이를 만들어서 사용해 왔다. 그러나 정보 자체를 중요한 관리의 대상으로 삼은 것은 불과 최근의 일이다. 정보통신기술 (ICT)의 발달에 힘입은 탓도 크지만, 보다 근원적인 동인은 현대 조직사회의 대규모화와 복잡성 때문이다. 수많은 사람 사이에서 복잡한 의사소통이 확대되는 사회에서는 정보를 관리하는 일이 필수적으로 될 수밖에 없다. 사회복지조직의 경우도 이러한 동일한 사회적 맥락의 영향하에 있다.

1. 정보와 정보 관리

정보 관리란 정보를 관리한다는 것이다. 조직에서 정보는 인력이나 재정과 마찬가지로 중요한 자산이면서, 관리의 대상이 된다. 정보는 다른 조직 자산들과는 차별되는 독특성이 있는데, 그것이 정보 관리의 특성을 결정한다.

1) 정보의 개념

정보(information)란 단순하게는 무언가에 대해 알려 주는 것이다.[1] 이것은 안다는 것을 의미하는 지식과 구분될 필요가 있다. 비록 일상적으로는 유사하게 쓰이지만, 엄격하게는 정보와 지식이 서로 다른 개념이다. 정보가 '알려 주는(inform) 것'이라면, 지식은 '안다는(know) 것'이다.[2] 정보가 무엇인가를 알려 주기 위해 전달되는 사실 단위라고 한다면, 지식은 그것이 인간의 주체적인 이해와 해석 과정을 거쳐 사람에게 소유되는 것이다.

일반적으로 정보란 '소통되는 지식(knowledge communicated)'으로 정의된다.[3] 정보는 지식이 소통될 목적으로 구성된 것을 말한다. 누군가 자신만이 아는 것을 가지고 있으면, 그것은 정보가 될 수 없다. 정보는 소통하려는 것이므로, 이 점에서 메시지(message)의 개념과 유사하다. 차이점은 메시지가 전달자의 의도를 부각한다면, 정보는 상대적으로 객관적 실체로서의 의미를 강조한다는 것에 있다.

어떤 프로그램을 진행하는 사회복지사가 클라이언트에게서 변화가 나타나고 있다는 것을 '안다'고 하자. 클라이언트 변화에 대한 지식을 가지는 것이다. 이것이 정보가 되려면, 소통력을 갖추어야 한다. 누군가에게 그것을 '말'로 전하거나, 측정 도구를 통해 '수치'로 제시하거나, 혹은 '표정'으로라도 보여 주면 그것이 '정보'가 되는 것이다. 그럼에도 발신자의 정보가 수신자가 받아들이는 정보와 완전히 일치하는 것은 아니다. 그래서 정보 역시 완전히 객관적인 사실 단위로만 이해될 수는 없다.

정보의 개념은 흔히 [그림 11-1]과 같은 위계적 구조로 설명된다.[4] 정보는 데이터를 기반으로 구성되는 것이다. 데이터(data)는 정보를 구성하는 요소로서, 상징(symbol)이나 시그널(signal)의 형태로 수록하고 검색될 수 있는 대상이다. 정보는 그런 데이터에 가공의 성격을 더한 것이다. 지식은 그러한 정보를 인간 주체가 이해하고 해석해서 소유하는 것이다. 지식의 최종 목적은 지혜(wisdom)를 갖추기 위한 것이다. 사회복지사가 전문적 지식을 구하는 목적은 실천에 필요한 지혜를 얻기 위해서다.

지식과 정보는 불가분의 관계를 가지는데, 이는 보통 [그림 11-1]에서처럼 정보화

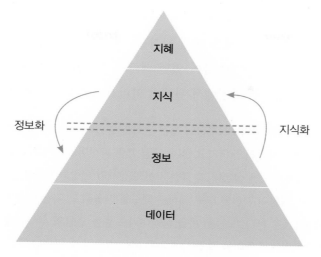

[그림 11-1] 정보와 유관 개념들의 구조

와 지식화로 나타낼 수 있다.

　정보화란 지식이 소통의 목적을 위해 데이터를 기반으로 하는 정보로 치환되는 것을 말한다. 정보화의 과정을 통해 사람의 생각(지식)을 나타내는 음성이나 텍스트, 영상 등이 문서나 테이프, 전자매체 등의 자료 형태로 갖춰진다. 지식화란 정보가 지식으로 환원되는 과정을 말한다.[5] 정보화가 지식의 소통력 증진을 위해 ICT의 적용에 강조를 두는 것이라면, 지식화는 이해와 해석의 주체로서의 인간 역량을 강조하는 것이다.

　20세기 중반 이후의 정보화는 혁명적인 ICT 발달에 따라, 전자매체로 데이터를 디지털화해서 그 소통력을 막대하게 증진시켜 왔다. 현재 '정보화 사회'라고 할 때는 디지털 정보가 지배하는 사회라는 뜻과도 마찬가지가 되었다. 정보화의 장점은 지식의 수용성을 대거 확장시킨 것에 있다. 전통적인 지식은 논리적으로 통합된 하나의 덩어리로 읽히고, 수용되어야 했다. 그러므로 그런 능력과 훈련을 갖춘 소수 지식인들을 제외하고는 지식은 쉽게 얻기가 힘들다는 특성을 가진다. 그러나 지식이 정보로 변형되게 되면, 정보 전달의 내용과 양, 속도에서 폭발적인 증가가 초래된다. 전자 정보화된 지식은 막대한 수용성과 소통력을 가지게 되는 것이다.

　비록 정보화로 인한 유용성이 막대하지만, 그에 따른 단점도 무시하기는 힘들다. 정보화 과정에서 초래되는 지식의 단편화와 왜곡 가능성이 대표적이다. 지식의 소통력을 강조하기 위한 목적으로 정보는 대개 지식을 '단절적' 형태의 단위들로 바꾼다. 그러면 각 단위들은 지식 차원에서 붙어 있던 맥락적 의미를 함께 가져가기 어렵고, 단위별로 저장·가공·편집되는 과정에서 원래의 의미가 상실되기도 한다.

> "이멜다는 필리핀에 사는 어머니로부터의 짧은 전화를 받았다. 늘 그렇지만 통화료를 걱정하는 어머니 탓에 전화는 서둘러 끊어지고 만다. 그럴 때면 자신이 고향에서부터 먼 곳에 내동댕이쳐져 있다는 느낌이 강하게 살아나고, 그런 자신의 신세가 처량하게 느껴진다. 최근 들어 경제력도 제대로 없는 남편이 자신을 마구 대하는 태도를 떠올리고, 자신의 삶이 좌절되는 듯한 느낌에 한없이 가라앉곤 한다. 오늘은 몸을 움직이기도 힘들 만큼의 무력감에 오랫동안 누워 있었다. 그러다 유치원에서 돌아올 딸 생각에 겨우 몸을 일으킬 수 있었다."

> 만약 누군가 이멜다에 대해 이런 내용의 기록을 했다면, 이것 자체도 이멜다의 어떤 날 오후의 일에 대해 '알려 주는 것', 즉 정보가 된다. 그러나 이 기록만 해도 덩치가 크므로, 보다 원활한 소통력을 위해서는 잘게 쪼개는 것이 유용하다. 예를 들자면, '어머니 전화 짧음' '소외감' '신세 한탄' '처량해함' '실업자 남편' '남편의 무시' '좌절감' '무력감' '낮에 장시간 누워 있음' '딸 한 명 있음' '딸이 유치원 다님' 등으로 잘게 정보 단위화할 수 있다. 이들은 어느 하루 이멜다의 경험에서 통합적으로 긴밀하게 붙어서 나타났던 것들인데, 정보화 과정에서 탈맥락적인 해체가 진행되면 이들 정보는 각기 떨어진 독립적인 요소가 되게 된다. 각각은 모두 사실이지만, 이들을 다시 결합한다고 해도 본래의 통합된 의미를 찾기는 힘들다. 아니면, 오히려 왜곡된 형상을 만드는 데 기여할 수도 있다. '이멜다는 낮에 장시간 누워 있는 등으로 무력감이 있다. 남편도 이멜다를 무시한다. 경제력이 부족한데도 딸을 유치원에 보낸다'도 불가능하지 않다.

정보화의 이와 같은 위험성 때문에 정보 관리에서는 정보화의 기술 못지않게 지식화에 대한 관심과 역량이 중요하게 간주된다. 다만, 과거의 지식화처럼 어떤 사람의 지식이 통째로 다른 사람에게로 전승되는 전통적인 방식은 더 이상 어렵게 된다. 현재 사회는 이미 정보화가 진행된 상황으로, 단절되고 탈맥락화된 정보 단위들이 광범위하게 소통되고 있기 때문이다.[6] 정보 관리 본연의 목적을 위해서는 정보화와 지식화에 대한 통합적인 이해와 기술이 요구된다.

2) 사회복지조직의 정보 관리

사회복지조직은 다양한 정보를 필요로 한다. 조직의 목적을 추구하거나 유지에 관한 일들이 어떻게 되고 있는지를 '알려 주는 것', 즉 정보가 필요하다. 정보 관리란 곧 이런 정보를 적절히 생성해서 필요로 하는 측에 제공해 주는 역할을 한다.

장애인생활시설이라는 조직을 관리하려면 다양한 정보가 필요하다. 그중 핵심 정보는 '시설에서 장애인들이 잘 생활하고 있는지'에 대한 것이다. 이 같은 정보는 많은 사람이 알고 싶어 한다. 시설에서 일하는 관리자에서부터 일선 직원들에 이르기까지 각자의 일이 얼마나 적절히 수행되고 있는지를 알고 싶어서 이를 필요로 한다. 외부에서 시설에 재정자원을 제공하거나 관심을 가지는 여러 사람도 그것을 알고 싶어 한다. 이를 근거로 이 시설에 대한 계속 지원 여부를 판단할 수 있기 때문이다.

이와 같은 정보들은 장애인이나 보호자, 생활교사, 외부의 인권지킴이가 각기 어떻게 생각하는지(예: 만족도 조사)를 근거 자료로 해서 생성되거나, 시설이 적절한 생활환경과 서비스 인력, 재정을 확보하는지(예: 시설 평가)를 근거 자료로 삼아 생성될 수도 있다.

휴먼서비스를 수행하는 사회복지조직의 경우에 필요한(요구되는) 핵심적인 정보는 무엇보다도 서비스 수행에 따른 책임성과 관련된다. 이때의 책임성이란 내부 및 외부적 관점을 모두 포함하는 것이다. 내부적 책임성이란 조직이 목적으로 하는 서비스에서 구성원 각자가 맡은 역할을 적절히 수행하는지에 관한 것이다. 이와 관련된 정보는 직원들의 업무수행을 평가하거나 피드백, 수퍼비전을 위해서도 필요하다.

외부적 책임성이란 다양한 환경 주체로서의 재정이나 합법성 제공자, 클라이언트 당사자나 가족 혹은 의뢰자, 자원봉사 참여자나 시민 등이 각자 알고 싶은 것에 대해 대응하는 것이다. 서비스 활동은 윤리적 규범을 준수하며 이루어지고 있는지, 서비스의 산출이나 성과는 기대했던 바(예: 계약)를 넘어서고 있는지, 각종 법적 규제 사항들은 적절히 준수되고 있는지, 그리고 궁극적으로 클라이언트에 대해 의도된 성과(예: 만족도, 변화)는 나타나고 있는지에 대한 정보를 제공하는 것이다. 현실적으로는 이러한 외부적 책임성이 시설에 대한 공식적인 평가 결과의 정보로서 공표되는 경우도 있다.

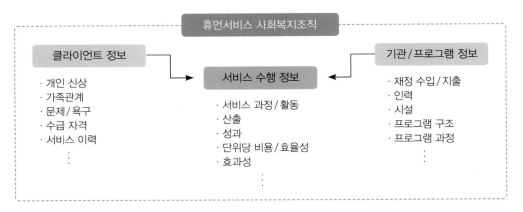

[그림 11-2] 휴먼서비스 사회복지조직의 정보 유형

[그림 11-2]는 휴먼서비스 사회복지조직에 필요한 정보의 유형을 보여 준다. 휴먼서비스에서는 일차적으로 클라이언트에 관련된 정보가 반드시 필요하다. 예를 들어, 클라이언트의 신상이나 문제, 욕구사정, 서비스 진행에서의 클라이언트 상태 변화 등에 대한 정보가 이에 해당한다. 기관과 프로그램의 현황 상태를 알려 주는 정보도 관리를 위해 필요하다. 재정 상태나 인적자원(직원, 자원봉사자 포함), 시설이나 프로그램 등에 대한 내용이 이에 해당한다. 클라이언트 정보와 기관/프로그램 정보가 결합되면 서비스 수행에 대한 정보가 생성될 수 있다. 예를 들어, 휴먼서비스 수행에 따른 효과성, 즉 '클라이언트 문제나 욕구가 프로그램 활동을 통해 해결되었는지'에 관한 정보가 도출될 수 있다.

사회복지조직도 현대 정보사회의 여느 조직들과 마찬가지로 막대한 정보가 소용되고, 관리되어야 한다. 조직이 정보를 체계적으로 관리하려면, 무엇보다도 어떤 정보가 필요한지를 적절히 파악하는 것이 가장 중요한 일이다. 조직 관리의 모든 것이 정보가 될 수는 있지만, 모든 것이 정보 관리의 대상이 될 필요는 없다. 사회복지조직의 정보 관리에서 무엇보다 중요한 것은 '전산화된 자료시스템'이 아니라, 사회복지적 사명과 책임성을 관리하는 데 '어떤 정보'가 필요한지를 아는 것이다.

2. 전산화와 정보관리시스템

정보 관리와 전산화는 마치 붙어 있는 개념처럼 여겨진다. 그러나 엄밀한 의미에서 이 둘은 직접 관련이 없다. 정보 관리는 필요한 정보가 생성, 저장, 처리되게 하는 것이다. 전산화가 이루어지기 이전부터도 이러한 기능은 조직들에서 다양한 방식으로 행해져 왔다. 다만, 20세기 후반 이후 진행된 전산화 정보 관리의 효용성이 워낙 막대한 까닭에 현재는 이 두 개념을 분리해서 생각하기가 쉽지 않다.

1) 사회복지조직의 전산화

사회복지조직에서도 전산화 정보 관리는 필연적으로 진행되고 있다. 업무환경이나 전체 사회가 전산 정보통신기술로 연결되는 상황에서, 사회복지조직도 예외가 될 수는 없다. 사회복지조직의 정보 관리에서 전산화는 다음과 같은 의미를 가진다.[7]

사회-기술 시스템   사람이 컴퓨터를 활용한다는 것은 일종의 사회-기술 시스템을 의미한다. 사회-기술(socio-technical) 시스템이란 사람과 컴퓨터 관련 하드웨어 및 소프트웨어, 자동화된 데이터베이스, 조직 절차 등이 미리 규정된 유형에 따라 상호작용하는 상태를 의미하는 것이다. '자동차를 운전하는 사람'과 같은 상태가 곧 사회-기술 시스템을 뜻한다. 현재 사회복지조직의 일에서 전산화는 '인간과 기술의 상호작용' 과정에 이미 주요 부분을 차지하고 있다.

업무 자동화   전산 시스템은 수동으로 처리하던 작업들을 자동화해 준다. 그로 인해 업무자와 기관 모두가 비용 절감의 효과를 얻고, 서비스 인력과 자원을 직접 서비스에 보다 더 충실할 수 있게 한다.

자료의 거래 및 처리   기관에 입·출력되는 자료들을 거래 관계별로 처리해 준다. 전산화는 기관 내에서 자료가 입력, 기록, 전달, 보고되는 과정들을 일괄적으로 처리할 수 있게 한다. 네트워크의 확대로 조직들 간의 자료 거래와 처리에도 전산화의 활용이 급증하고 있다.

자료 분석   원래 전산 기술은 수량화된 자료의 계산이나 통계처리의 목적으로 발전해 왔다. 컴퓨터(computer, 전산기)라는 명칭도 그에서 비롯되었다. 현재도 이런 기능이 휴먼서비스 조직들에서 많이 쓰인다. 자료 분석이나 데이터베이스 분석 처리 등에 SPSS나 SAS와 같은 통계 패키지 프로그램 등을 쓰는 것이 그 예다.[8]

업무자들의 개인 용도   데스크탑 컴퓨터의 개념이다. 개별 업무자들은 '글'과 같은 워드프로세서 프로그램을 활용해서 문서를 작성하는 것에서부터, 스프레드시트(엑셀 등)나 데이터베이스(ACCESS 등), 프레젠테이션(파워포인트 등) 프로그램 등을 통해 자료 관리와 발표 자료를 작성하는 것, 제반 프로젝트나 스케줄을 관리하는 것 등으로 다양하게 활용한다.

전산정보시스템(CIS)   조직의 정보 관리와 관련된 업무 처리의 시스템을 전산화하는 것이다. 경영정보시스템(MIS)이나 결정지원시스템(DSS) 등이 전산정보시스템의 대표적 활용 방안들이다.[9] MIS는 경영 판단에 필요한 정보들을 자동적으로 제공하기 위한 시스템이고, DSS는 경영에 관한 의사결정-행동을 뒷받침하기 위한 자료분석 능력을 제공하는 시스템이다.

전산망   2000년대 전후에 이루어진 통신 기술의 급속한 발전이 전산화와 결부되면서 컴퓨터들 간의 네트워크, 즉 전산망이 정보사회의 기본 개념처럼 되었다. 이는 개인과 조직 차원 모두에서 정보 소통의 영역을 막대하게 확장시키는 결과를 초래해 왔다. 사회복지조직에서도 기관 내 업무자들 간 공식적 및 비공식적 의사소통뿐만 아니라, 기관이 외부 환경 요소들과 연계하는 많은 과정도 급속히 통합적 전산망에 편입되는 경향을 나타내고 있다.

빅데이터와 인공지능   정보화의 추세가 전산망의 급속한 확대와 맞물려서 대규모의 데이터베이스 구축이 가능해졌는데, 이를 빅데이터(big data)라 한다. 사회복지 분야에서도 빅데이터를 활용해서 사회문제를 예측하거나 특정하는 등의 활용이 가능해지고 있다. 인공지능(AI, Artificial Intelligence)이란 스스로 학습하는 능력을 갖춘 컴퓨터 시스템을 말한다. 방대한 자료를 해석하거나 재수집하고 처리하려면, 인공지능의 사용이 불가피하게 된다.[10]

2) 정보관리시스템

정보관리시스템(IMS) 혹은 정보시스템(IS)이란 정형화된 구조를 통해 다양한 자료들을 수집, 저장, 처리하여 유용한 정보로 전환하는 것이다.[11] 사회복지기관에서 정보시스템은 클라이언트 정보의 처리나 인력 및 재정 관리, 이에 대한 책임성 제시 등의 목적에 주로 사용된다. 최근 들어서는 조직 내·외부로부터 보다 고급 정보를 생성, 활용할 것을 요구하는 경향도 커지고 있다. 이를 효율적으로 수행할 수 있는 전산화된 정보시스템(CIS)을 갖추는 것이 사회복지조직의 정보 관리에서 중요한 일이 되고 있다.[12]

시스템(system, 체계)이란 전체를 부분들의 관계로 나타내서 구성한 것이다. 정보(관리)시스템이란 정보가 만들어지고 유통되는 과정을 체계화한 것이다. 어떤 정보가 필요하고, 각각의 정보를 생성하기 위해서는 어떤 자료를 어떤 방식으로 수집, 보관, 처리해야 할지에 관련된 일들이 연결 작동되게 하는 것이 정보시스템의 역할이다. 전산 정보시스템이란 이러한 과정을 전산화 혹은 컴퓨터 자료처리 방식으로 수행한다는 것이고, 현재 대부분의 정보시스템은 이를 전제로 하고 있다.

휴먼서비스 사회복지조직의 정보시스템은 대개 다음과 같은 목적의 하위 정보시스템들로 구분될 수 있다.

클라이언트 정보시스템   클라이언트에 관한 제반 정보와 클라이언트와 프로그램 간 상호작용에 관한 정보를 생성, 조직, 보고하는 목적의 정보시스템이다. 클라이언트가 서비스 프로그램에 접촉(발굴, 의뢰, 이용 등)하는 지점에서부터 서비스 종료에 이르기까지 조직 과정의 흐름 속에서 필요한 정보를 얻기 위한 것이다. 〈표 11-1〉은 사회복지서비스의 전형적인 단계별 활동에 따라 클라이언트 정보시스템에 포함될 자료와 정보의 내용을 제시하는 것이다.[13]

기관/프로그램 정보시스템   기획이나 예산, 보고, 비용 통제 등과 같은 기본적인 행정 기능을 보조하는 역할의 시스템이다. 주로 외부로부터 자금을 제공하는 기관들이 요구하는 정보를 도출하는 경우가 많다. 기관/프로그램 정보시스템은 전형적으로 조직이 다음과 같은 기능을 수행하는 데 필요한 정보의 생산과 관련이 있다.[14]

표 11-1   클라이언트 정보시스템의 자료/정보

단계	수집 자료/정보
I 수요자 확인	서비스의 잠재적 수요자 명단. 다른 기관들로부터의 의뢰, 비공식 접촉, 아웃리치(outreach) 활동 등의 자료들로부터 정보 도출
II 인테이크	개인이나 가족에 관한 개인력 자료. 문제 현황에 관한 자료
III 자격 여부 결정	대상자의 프로그램 자격 여부를 판단하기에 적합한 정보 산출. 누가 서비스 비용을 지불할지도 포함(정부, 보험회사, 의뢰기관, 클라이언트 자신 등)
IV 프로그램 진단/계획	문제, 욕구, 계획들 간 관계에 대한 기록 자료. 문제 사정은 때로 구술 형식으로 기록. 치료 계획 등은 개인별, 사례별 목표들을 보다 상세히 기록
V 서비스 전달	언제, 누구에 의해, 어떤 서비스가 제공되는지 등에 관한 자료. 연결 서비스들의 경우에 그 과정에 대한 자료를 첨가
VI 사례 모니터링	활동 계획과 실제로 제공된 서비스를 비교하는 자료
VII 사례 평가	사례 혹은 개인의 서비스 결과에 관한 정보. 사례 종료 직전 혹은 종료 후에 발생되는 정보
VIII 사례 종료	사례 종료의 시점과 이유에 관한 정보. 자발적 중단, 목표의 성공적 성취 혹은 실패, 다른 지역으로의 이전 등과 같은 자료를 포함

· 욕구사정   · 시설 및 운영에 관한 기획   · 예산
· 조사연구   · 직원 및 임금 대장   · 회계 및 비용 통제
· 통계 보고 및 예측

　기관/프로그램 정보시스템은 '어떤 자금으로, 누가, 어떤 목적을 위해, 얼마나 사용했는지'에 주된 관심을 두는 것이다. 예를 들어, 직원의 근무시간, 임금, 임차료, 여행, 훈련, 물품, 진단 및 치료 과정, 계약, 서비스 구매 등에 관한 기본 자료들이 재정 관리의 지출 품목에 의거해서 수집되고, 이를 근거로 해서 필요한 정보들이 생성된다. 특정 사회복지조직의 기관/프로그램 정보시스템이 어떤 자료를 수집, 집계하고 어떤 정보를 산출, 활용할지는 조직 내·외부의 정보 요구자들에 달려 있다.

수행성과 정보시스템   조직의 수행성과(performance)에 관한 정보를 다루는 시스템이다. 이 시스템은 조직이 내리는 의사결정의 질을 향상시키려 하거나, 서비스의 생산성이나 효과성을 판단하는 데 필요한 정보들을 취급한다. 휴먼서비스 조직의 환경에서는 상부나 외부로부터 요구되는 정보 보고의 내용이나 형식들이 수시로 변하기 쉽다. 그들의 '알고싶어 하는 것'이 달라지기 때문이다. 또한 새로운 서비스나 프로그램들도 계속적으로 더해지거나 없어지기도 한다.

이러한 환경에서 조직이나 프로그램은 자신의 수행성과를 계속해서 내·외부에 확인시키는 일, 즉 책임성 제시와 관련된 업무 비중이 커질 수밖에 없다. 이러한 조직의 요구를 수월하게 처리하기 위해 필요한 것이 수행성과 정보시스템이다. 수행성과 정보시스템은 굳이 새로운 시스템을 독립적으로 구축하지 않고서도, 클라이언트와 기관/프로그램 정보시스템을 합성해 운용할 수 있다.

수행성과 정보시스템이 다루는 정보들은 크게 기획과 평가라는 두 가지 목적으로 구분될 수 있다. 기획의 목적에서는 조직의 미래 계획을 수립하는 데 필요한 정보를 다룬다. 욕구를 가진 인구(표적 인구)와 서비스 인구(클라이언트 인구)의 예측에 필요한 자료와 정보, 기관 자체의 서비스 역량에 관한 정보가 이에 해당한다. 이를 근거로 예상 서비스 인구의 규모, 조직에 필요한 자원이나 비용들을 예견해 볼 수 있다. 예를 들어, 향후 기관이 감당해야 할 케이스 부담률 예상, 서비스 질 향상의 목적으로 새로운 시설이나 방법을 도입하는 데 따르는 비용 추산 등에 대한 정보를 도출하는 것이다.

수행성과 정보시스템은 평가 정보를 도출하는 목적도 있다. 서비스의 생산성이나 효율성 평가를 위해서는 서비스 단위당 비용의 적절성에 관한 정보가 필요하다. 서비스 질에 대한 평가는 서비스 제공자의 전문성과 기술력에 관한 정보, 이용자로부터의 만족도, 서비스 제공자와 클라이언트 간 상호작용 정보 등이 필요하다. 서비스의 효과성 평가에는 한 기관 내의 정보시스템만으로는 충분한 정보를 얻기 어려울 수도 있다. 사회복지서비스 이용자들은 대개 여러 다른 기관들에서 동시에 서비스를 받을 수 있으므로, 해당 서비스의 효과성 평가를 위해서는 기관 외부 정보시스템들과의 연동이 필요할 수도 있다.

3. 정보시스템의 구축과 운용

정보시스템을 구축한다는 것은 조직이 정보 관리에 관한 체계를 갖추는 것이다. 이를 위해 먼저 기관이나 프로그램이 어떤 정보를 필요로 하는지를 파악하고, 그러한 정보를 안정적으로 도출하는 데 필요한 효과적이고 효율적인 자료처리 능력을 갖추는 과정을 거친다. 조직 정보시스템의 구축에는 다음에 대한 결정이 필요하다. 체계 모형, 자료처리 방식, 데이터베이스, 시스템 구조다.[15]

1) 체계 모형

정보시스템을 디자인하려면 먼저 자료와 정보 간의 관계에 대한 체계 모형이 구성되어야 한다. 체계 모형은 다음과 같은 분석과 검토를 통해 만들어진다.[16]

· 어떤 내용의 정보 요소들이 필요한지를 조직구성원들을 통해 확인한다.
· 각 정보 단위를 생성하는 데 어떤 형태의 자료들이 필요한지를 구체화한다.
· 자료와 정보를 잇는 효과적인 자료처리 기술을 검토한다.

이 같은 분석의 결과, 자료와 정보 간을 연결하는 체계 모형이 드러난다. 자료와 정보는 다른 것이다. 자료는 스스로 의미를 갖지 않으며, 단지 산만한 사실들의 집합에 불과하다. 정보는 그러한 자료들을 의도적으로 구성하고 조직해서, 어떤 의미('알려 주는 것')를 만들어 낸 것이다. 체계 모형은 어떤 자료들에서 어떤 정보를 도출할지에 관한 일종의 개념적인 틀과 같다.

한 조직이 구축하는 정보시스템의 유용성은 그 조직이 과업 수행에서 요구되는 정보들을 얼마나 적절하게 생산해 낼 수 있는지에 달려 있다. 그 성패는 일차적으로 체계 분석과 모형 설정의 적합성에 달려 있다. 조직에서 정보시스템의 구축 과정에 제반 조직구성원들이 폭넓게 참여해야 하는 이유도 여기에 있다. 많은 사회복지기관들이 정보관리시스템의 개발에서 겪는 어려움은 자료나 자료처리 기술의 부족함 때문이라기보다, 그러한 자료들을 통해 유용한 정보로 도출해 낼 수 있는 개념적 역량이 부족하기 때문이라고 보고된다.[17] 따라서 정보시스템의 구축에서 효과적인 체계 분석을 통한 모형 개발은 자료처리 등과 같은 기술적 과제들에 앞서서 중요한 일이다.

2) 자료처리 시스템

자료처리(data processing)는 조직 내의 제반 자료들이 입력, 저장, 활용되는 제반 처리 과정을 뜻한다. 체계분석 모형이 원자료를 정보로 전환하는 개념적 기초를 제시하는 것이라면, 그에 따라 작업이 수행되고 결과 산출을 가능하게 하는 것은 자료처리 시스템이다. 모든 자료처리 시스템은 기본적으로 다음 세 가지의 수단을 갖추어야 한다.[18]

· 입력 수단 : 시스템에 자료를 입력하는 수단
· 처리/저장 수단 : 자료 변형 등의 조작 작업과 결과 저장을 위한 수단
· 출력 수단 : 입력, 처리, 저장된 자료들을 출력하는 수단

자료처리는 수작업으로도 가능하며 계산기나 컴퓨터 등과 같은 다양한 기계적 방법을 사용할 수도 있다. 어떤 형태의 자료처리 시스템을 갖출지는 조직 업무의 성격에 따라 달라지겠지만, 가능한 한 전산화된 자료처리 과정을 갖추는 것이 유용하다. 대부분의 사회복지조직에서도 내·외부로부터의 요구에 의해 전산 시스템의 운용이 필수적이 되고 있으며, 그에 따른 조직 차원의 전산 운영의 역량이 중시된다.

3) 데이터베이스의 구조와 논리

자료처리 능력이 주로 전산 시스템의 하드웨어에 관한 관심이라면, 데이터베이스는 소프트웨어에 관한 것이다. 데이터베이스(DataBase, DB)는 자료의 입력과 저장, 처리 및 산출 등에 대한 구상을 담고 있는 틀이다. 전산화된 정보시스템의 DB를 이해하기 위해서는 무엇보다 세 가지 기초 개념을 알아야 할 필요가 있다. 이는 [그림 11-3]에 예로서 제시되어 있다. 이 데이터베이스 '파일'에는 95개의 '레코드'가 있으며, 각 레

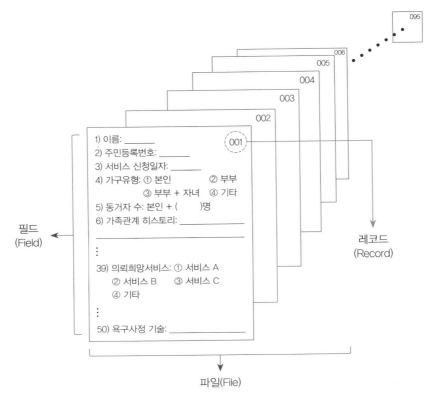

[그림 11-3] 데이터베이스의 주요 개념들

코드(케이스)는 50개의 '필드'로 구성되어 있다.

필드(field)   자료의 범주에 관한 단위 중 가장 기초적인 것이다. 일종의 변수 (variable) 개념과도 같다. 클라이언트에 관한 자료를 수집한다면, 클라이언트의 성격을 규정하는 개별 속성 단위를 필드라 한다. [그림 11-3]의 예에서는 이름, 주민등록번호, 서비스신청일자 … 욕구사정 기술 등이 필드의 각 항목 이름이다. DB에서는 각 필드에 부과된 값으로 해당 레코드 혹은 케이스의 속성을 구분한다. 예를 들어, 케이스 반호가 001인 클라이언트의 성별에 관한 정보는 주민등록번호 필드에 기재된 속성 값 ○○○○○○ − ●○○○○○○에서 추출될 수 있다.

레코드(record)   필드들을 묶어서 자료 수집의 한 단위를 나타내는 것이다. 일종의 케이스 개념과 같다. [그림 11-3]에서처럼 한 레코드에는 클라이언트 한 명에 관한 제반 필드의 값들이 들어 있다. 하나의 프로그램 부서가 독립적으로 클라이언트에 대한 DB를 운영한다면, 레코드의 크기(수)는 클라이언트 혹은 사례의 수와 대부분 일치할 것이다. 클라이언트의 수가 늘어날수록 레코드의 크기도 커진다. 필드의 수는 DB의 구조를 바꾸지 않는 한, 레코드의 크기와는 무관하게 일정하다.

　파일(file)　　레코드들의 집합으로, 모든 케이스에 대한 필드 항목의 값들이 들어있는 자료의 총합이다. 파일은 하나의 독립된 DB로서 자료의 저장과 이동을 위한 기본적인 단위가 된다. 컴퓨터 시스템의 입장에서도 파일은 정보 이동의 기초 단위다. 파일의 형식은 사용되는 소프트웨어에 따라 각기 달라진다. 예를 들어, 엑셀(Excel) 프로그램을 이용해서 DB를 구축한다면, 컴퓨터 시스템에서 자료를 들여다볼 수 있는 파일 형식은 확장자 .xls 등으로 나타날 것이다.

　하나의 독립된 DB 파일은 기본적으로 레코드와 필드에 대한 자료값들을 교차하도록 구성되어 있다. 앞서 [그림 11-3]의 DB 구조를 통해 입력된 자료를 엑셀 자료의 형태로 나타내면 〈표 11-2〉의 예처럼 행렬구조(matrix)가 된다. 행은 레코드 혹은 케이스, 열은 필드를 나타낸다. 이러한 DB를 전산화된 형태로 갖추게 되면, 여기에서부터

표 11-2　클라이언트 DB 파일의 가상 예

Case No.	이름	주민등록 번호	서비스 신청일	가구 유형	동거 가족수	…	희망 서비스	…	욕구사정 기술
001	김갑동	380213-1	16/02/03	①	0	…	B	…	건강상태와 나이를 고려 … 독거상태의 … 판단함
002	박을순	480424-2	16/02/15	③	3	…	A	…	… 그로 인한 … 과부담 … 지역 활동 … 참여 … 요청됨
003	이병자	560915-2	16/03/03	②	1	…	C	…	배우자의 건강 … 돌봄 부담 … 서비스 … 필요함
⋮	⋮	⋮	⋮	⋮	⋮	⋮	⋮		⋮
095	서무순	501225-1	16/03/18	④	2	…	기타	…	정신건강 … 의존상태 … 일부 소득보조 … 검토 필요함

다양한 정보의 추출과 생성이 손쉽게 가능해진다. 예를 들어, A 서비스를 희망하는 클라이언트의 수는 얼마인지, 그들의 가구 유형은 어떠한지, 성별은 어떤지 등에 대해 '알려 주는 것'을 순식간에 구할 수 있다. 중요한 것은 이 DB를 통해 어떤 유용한 정보의 도출에 도움이 될지를 미리 디자인하는 것이다.

대부분의 정보시스템은 복수의 DB를 가질 수 있다. 이들을 결합해서 운용하는 것을 통합 DB라 하는데, 이를 운용하는 정보시스템의 자료처리는 다수의 DB 파일 간 이동이나 합성이 가능하도록 설계된다. 통합 DB의 운용은 한 기관 내 혹은 다수 기관 간에도 가능하다. 통합 DB를 위해서는 기본적으로 개별 DB 파일들을 묶을 수 있는 키필드(key field)를 모든 DB에서 공통적으로 정의해서 가지는 것이 필요하다.[19]

물리적으로 DB를 통합하지 않더라도, 정보의 공유 차원에서 단순히 DB들을 연계하는 것도 가능하다. 예를 들어, 각기 다른 DB를 운용하는 두 군데의 기관에서 클라이언트에 관한 서로의 정보를 공유하기 위해 해당 클라이언트에 대한 DB 접근을 허용하는 것이다. 이를 위해서도 적어도 두 정보시스템의 DB가 키필드에 대한 공통적인 정의를 가지고 있는 것은 필수적이다.

대체로 사회복지조직에서 이러한 통합 DB나 연계 운용은 휴먼서비스의 효과성 증진을 위해서도 필요하지만, 한정된 자원을 서비스에 전념하기 위해 자료와 정보처리에 드는 비용을 분담하려는 목적에서도 유용하다. 다만, 클라이언트에 대한 정보의 통합과 연계에서는 정보 공유에 따른 윤리적인 문제나 정보보호법에 관한 법적 규제들도 고려해야 한다. 이를 위해서는 사회복지조직이 구성원들의 정보를 다루는 민감성에 관한 역량 제고에도 많은 관심을 두어야 한다.

4) 정보시스템의 구조

한 조직 내에서 자료와 정보의 흐름이 이루어지는 양식은 정보시스템의 구조를 통해 잘 나타난다. 조직 구조의 주된 기능이 정보의 흐름에 대한 통제와 관련되어 있기 때문에, 정보시스템의 구조는 조직 구조의 성격을 대부분 그대로 반영하고 있다.[20] 정보시스템 구조는 크게 세 가지의 유형으로 구분되는데, [그림 11-4]와 같다.

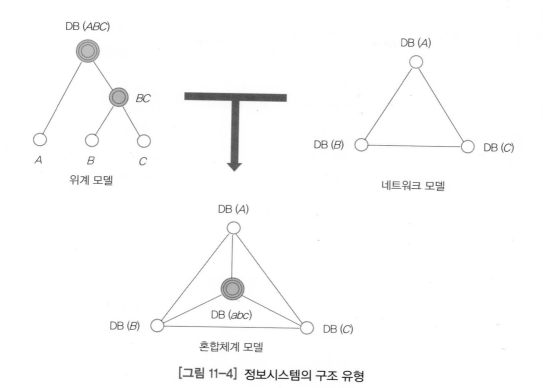

[그림 11-4] 정보시스템의 구조 유형

위계 모델   위계 모델(hierarchical model)은 수직적인 조직 구조를 반영한다. 위계적 조직 구조에서는 정보의 흐름 역시 이와 같이 수직적으로 이동한다. 집권식 위계 모델에서는 정보에 대한 요구('어떤 정보가 필요한지'의 결정과 지시)가 위에서 아래로 내려가고, 자료의 수집과 처리를 통해 작성된 정보는 아래에서 위로 올라간다. 여기에서 정보는 위로 올라가면서 점차 통합되고, 정제되고, 고급화된 형태로 바뀐다. [그림 11-4]에서 보듯이, 전형적인 집권식 위계 모델의 정보시스템에서는 조직의 최상부 혹은 중앙이 모든 자료처리와 DB의 권한을 보유한다. 그로 인해 이러한 시스템을 운용하게 되면, 다음과 같은 문제가 발생한다.

첫째, 하위 실행 단위에서 생성된 자료나 정보가 상부로 이동하기 때문에 비밀보장의 어려움이 있다. 둘째, 부서/기관 단위들 간 수평적 정보의 흐름이 차단되는 구조적인 문제가 있다. 셋째, 통합 DB의 운용을 위해 일 처리와 정보 작성의 형식이 표준화되고 정형화될 수밖에 없으므로, 개별 부서/기관/프로그램 단위들은 유연성을 상실한다. 넷째, 표준화된 정보 양식을 사용해 부서/기관/프로그램 단위들을 관리하게 되면 기준행동이 유발되는 문제가 있다.[21)

휴먼서비스 프로그램을 수행하는 사회복지조직에서는 집권식 위계 모델의 정보시스템이 특히 많은 문제를 제기하기 쉽다. 휴먼서비스에서는 프로그램들 간 혹은 일선 업무자들 간에 수평적 정보 소통이 원활히 이루어지는 것이 매우 중요하다. 이를 통해 유연하면서도 긴밀한 지식정보의 소통이 이루어지고, 그것이 곧 휴먼서비스의 효과성과 직결되어 있기 때문이다. 정형화된 정보처리의 집권식 위계 시스템은 이러한 휴먼서비스 작동의 원리를 저해할 소지가 크다.

네트워크 모델   네트워크 모델(network model)은 정보의 생성과 전달이 수평적인 조직 구조를 반영한다. [그림 11-4]에서처럼 전형적인 네트워크 모델의 조직 구조에서 정보시스템은 각 하위 단위(A, B, C)가 각자의 DB를 독립적으로 운용하는 것이다. 정보의 운용 권한이 평등하게 배분되어 있는 구조로서, 이러한 조직에서는 대개 의사결정의 권한도 이와 유사한 형태를 따른다. 어떤 정보가 필요한지에서부터 DB 운용 방식에 이르기까지 각 부서/기관 단위가 독자적으로 결정한다. 다만, 하나의 정보시스템이 되기 위해서는 어떤 형태이든 연결 구조는 필요하다.

네트워크 정보시스템의 대표적인 장점은 각 하위 조직 단위가 자율적으로 정보 관리를 수행할 수 있다는 것이다. 각 단위는 자신에게 가장 필요한 정보를 파악하고, 그에 적합한 DB를 구축해서 운용한다. 그에 따라 DB는 단위별 상황이나 필요에 따라 쉽사리 변경될 수 있다. 휴먼서비스 부문의 효과성을 위해서는 개별 전문성 영역의 유연성이 존중되는 것이 중요하므로, 독자적 DB와 정보시스템들을 단순 연계하는 방식의 네트워크 모형의 구조가 선호되기 쉽다.

이 모델의 단점은 통합적 정보 관리가 어렵다는 것에 있다. 가능하더라도 복잡하고 비용이 많이 든다. 각 조직 단위들이 자율적으로 DB를 운용한다는 것은 각 DB가 담고 있는 정보의 항목이나 자료들에 대한 정의가 각기 다를 수 있다는 것을 뜻한다. 이에 따라 DB 간 정보나 자료의 호환성이 줄어들게 되고, 그런 만큼 통합이나 연계는 어려워질 수밖에 없게 된다. 만약 이러한 문제를 줄이기 위해 모든 단위의 DB가 정보의 항목들과 정의를 통일(표준화)해서 운용하려 한다면, 그것은 위계 모델의 정보시스템에 가까워지는 결과를 초래한다.

네트워크 모델의 정보시스템의 구축과 운용을 위해서는 각 조직 단위 간 정보 공유를 위한 긴밀한 협력과 합의 과정이 중요하게 된다. 위계적 시스템에서는 상부의 표준화된 지침으로 시스템이 통일될 수 있지만, 네트워크 시스템에서는 각자의 독자적 하위 시스템들이 모여서 통합 시스템의 효과를 창출해 내야 하기 때문이다. 지역사회에서 각기 독립적으로 활동하는 다양한 민간 조직이나 프로그램들을 잇는 정보시스템을 구축할 때는 위계적 모형은 적용하기 어려우므로, 이와 같은 네트워크 모델의 시스템 방식이 고려되기 쉽다.

혼합 모델   혼합 모델은 [그림 11-4]에 제시된 것과 같이 위계 모델과 네트워크 모델을 구조적으로 섞은 것이다. 최근에는 정보시스템의 구조에서 이러한 두 모델 간 차이가 모호해지는 경향이 있다. ICT의 발전이 이러한 경향에 기여하고 있다. 통합 DB를 가지면서도 필요에 따라 개별 DB들이 분산되어 작동하는 것이 가능한 기술이 보편화됨에 따라, 혼합 모델의 조직 구조에 적합한 방식으로 전산 정보시스템을 구축하는 것이 기술적으로는 크게 어렵지 않게 되었다.

한 조직 내에서도 정보의 성격에 따라 위계적 혹은 네트워크적 모델의 정보시스템이 적절한 경우가 따로 있다. 예를 들어, 개별 프로그램별로 전문적인 의사결정과 서비스 수행의 성과를 다루는 데 필요한 정보를 관리하기 위해서는 네트워크 모델의 정보시스템 구축이 적절하다. 반면에, 기관 전체의 재정 자원의 흐름을 파악하고 통제하는 데 필요한 정보를 관리하기 위해서는 위계적 모델의 정보시스템이 요구될 수 있다.

현재는 사회복지조직이나 조직들 간 정보시스템을 구축하는 경우에는 대개 혼합 모델을 따르는 것이 보통이다. 다만, 정보시스템이 조직 체계의 관계 구조적 맥락을 반영하는 것이므로, 그에 따라 정보시스템의 구조가 보다 위계적이거나 혹은 네트워크적인지의 차이는 나타날 수 있다.

4. 사회복지 분야의 통합적 정보시스템

우리나라에서는 1990년대 이후 국가 전체적으로 정보화 추세가 진행되어 왔으며, 사회복지 부문에서도 개별 조직 차원에서 전산화 정보시스템의 구축이 활발하게 이루어져 왔다. 2000년대 이후에는 저출산·고령화 문제 등에 대응하는 보편적 사회서비스가 급격히 확대되고, 다수의 중앙정부 부처들과 광역 및 기초 지자체, 각종 민간 조직 단위들로 구성된 사회복지 전달체계의 다원화와 복잡성이 증가하면서, 이들의 연계와 통합을 위한 통합 정보시스템의 구축에 논의와 노력들이 추진되어 왔다. 다음이 대표적인 경우다.

사회보장정보시스템 (행복e음)   정부 부문을 중심으로 사회복지 관련 정보시스템들의 통합이 이루어져 왔으며, 현재 '사회보장정보시스템(범정부/행복e음)'이라 불리는 것이 대표적이다. 사회보장정보(행복e음)시스템은 지자체에서 수행하는 복지사업을 지원하는 시스템이고, 사회보장정보(범정부)시스템은 각 정부부처의 복지사업을 지원하기 위한 것이다. 두 정보시스템은 모두 개인별·가구별 소득 및 재산 정보, 수급이력 등을 담고 있는 사회보장정보시스템의 통합DB와 연계되어 운영되고 있다. 지자체에서 기초생활보장 업무를 담당하는 사회복지직 공무원은 주로 행복e음 정보시스템과 연동되는 일을 한다.

사회복지시설정보시스템   사회복지서비스를 제공하는 시설들에 대한 정보를 통합적으로 관리하기 위한 시스템이다. 2013년에는 복지서비스의 대상자 이력 정보를 통합하는 형태로 전면 개편이 이루어졌다. 주요 기능으로는 ① 공통행정 관리(사회복지법인·시설의 재무 및 인사 등), ② 후원 관리(후원자 및 후원금, 자원봉사 등), ③ 서비스이력 관리(생활인 및 이용자), ④ 시스템 연계(보조금 정산보고를 위한 행복e음 시스템 등) 등이 있다. 민간 사회복지기관의 사회복지직 업무자들은 행정 업무를 상당 부분 이 시스템과 연동된 활동으로 한다.

이 외에도 사회복지 부문에서는 다양한 정보시스템이 작동하고 있다. 이들은 대개

가능한 한 어떤 형태로든 다른 시스템들과 연계 혹은 통합되는 추세에 있다. 예를 들어, 건강보험공단에서 운영하는 '노인장기요양정보시스템'은 '사회복지시설정보시스템'과 일정 부분의 정보를 공유하기 위해 연계되도록 하는 식이다.

휴먼서비스 프로그램의 효과성 측면만을 고려한다면 이와 같은 통합 정보시스템의 확대는 클라이언트에 유익한 측면이 있다. 클라이언트에 대한 보다 풍부한 정보를 각 기관이나 프로그램이 공유할 수 있어서, 문제의 진단이나 서비스 공급에 대한 보다 전문적인 결정을 내리는 데 기여할 수 있다. 행정 측면에서도 각 기관들마다 중복되는 자료수집과 정보 생산을 위한 비용을 절감할 수 있어서 전체의 효율성이 강화될 수 있다.

휴먼서비스 분야에서는 클라이언트 중심의 통합 정보관리를 위한 목적으로 '트래킹 시스템'이 강조되어 왔다. 현재 사회보장정보시스템에서도 정부의 사회보장 급여에 접근했던 모든 개인·가구의 ID(식별번호)를 키필드로 해서 제반 정보를 통합하는 DB를 구축하는 것이 이러한 예다.

트래킹 시스템(tracking system, 이력관리시스템)   각기 다른 기관과 프로그램들에서 각자가 다루었던 클라이언트들에 대한 정보를 서로 공유할 수 있게 하는 정보관리시스템이다. 클라이언트의 서비스 경로나 행적을 추적해서 알아볼 수 있도록 해 준다. 클라이언트가 이전에 어떤 기관이나 프로그램들에서 어떤 형태의 서비스를 받아 왔는지를 확인할 수 있다. 이 시스템의 활용을 통해서, 기관 및 프로그램들 간의 통합성을 높일 수 있고, 현재 클라이언트를 담당하는 기관에서 클라이언트에 대한 서비스의 목표나 개입전략을 세우는 데 중요한 정보를 얻을 수 있다. 예를 들어, 기초생활수급자의 서비스 이력에 대한 상세한 정보를 통합적으로 보유하게 되면 서비스의 중복이나 누락을 방지할 수 있고, 심지어는 필요한 서비스에 대한 예측까지도 가능하게 만들 수도 있다.[22)]

사회복지의 통합 정보시스템은 숱한 장점과 함께 위험성도 만만치 않다. 대표적으로는 클라이언트 정보가 널리 공유되는 만큼 클라이언트의 비밀보장이나 정보보호의 원칙이 침해받기 쉽다는 점이다. 그러므로 클라이언트 개인정보 보호를 위한 사회복지전문직의 입장에서는 이력관리의 정보 통합 범주를 가급적 제한하려는 노력이 필요하다. 그러나 조직 관리의 입장에서는 통합 정보시스템이 제시하는 관리 정보의 효용성이 크기 때문에 오히려 그 범주를 확대하려는 의도를 가지기 쉽다.

이것은 사회복지행정의 제반 측면에서 '전문직의 원리'와 '조직 관리의 원리'라는 양면적인 가치가 충돌하는 경우를 전형적으로 나타내는 하나의 전형이다. 다른 경우들과 마찬가지로 사회복지 통합 정보시스템을 둘러싼 대립되는 관점에서도 명확한 해결책은 따로 존재하지 않는다. 다만, 각 사회복지조직들마다 정보시스템과 관련된 개별 사안별로 접근해 들어가서 가치 상충이 최소화되는 접점을 찾아 나가려는 노력이 중요하다.

5. 사회복지조직과 정보 관리의 과제

사회복지조직은 휴먼서비스와 비영리 조직의 특성을 띤다. 이러한 조직에서의 정보 관리는 일반 조직들과는 다를 필요가 있다. 정보 관리에 대한 관점에서부터 그것을 실행하는 기술이나 방법에 이르기까지, 휴먼서비스의 목적 실현과 비영리 조직의 가치 중심적 접근에 적합할 수 있도록 정보 관리가 수행되어야 한다. 이를 위해 다음을 고려하는 것이 중요하다.

1) 정보 관리에 대한 조직구성원의 적극적 참여

정보시스템의 개발과 도입은 때로 심각한 조직 구조와 과정의 변화를 수반한다. 그래서 어떤 형태의 정보시스템을 개발하더라도, 그것이 성공적으로 실행되도록 하려면 조직구성원들의 변화에 대한 수용 자세가 필요하다. 변화는 변화에 따른 영향을 가장 많이 받게 되는 사람들에 의해서 가장 잘 관리될 수 있기 때문이다.[23]

정보시스템이 직원들의 욕구에 부합하고 경영 관리에 효용성 높은 정보를 산출하는 방향으로 변화하려면, 이 시스템을 사용하게 될 사용자 집단의 적극적 참여가 무엇보다 중요하다. 참여는 참여자들로 하여금 동기와 책임의식을 유발하게 한다. 향후 정보시스템에 입력될 자료의 질을 위해서도 시스템 개발에 업무자 직원들의 참여는 무엇보다 중요하다.

정보시스템 개발과 관련해서 효율성의 이슈만을 생각한다면, 시스템 개발과 적용을 관리자가 강제할 수도 있다. 그것이 단기적으로는 시간과 비용을 줄이는 효율성을 나타낼 수 있지만, 궁극적으로는 바람직하지 못할 결과를 초래할 가능성이 크다. 강제로 도입된 시스템이 비록 무수한 '자료'들을 만들어 낼 수는 있으나, 실제로 조직과 직원들에게 효용 가치를 주는 '정보'로서는 활용되기 어려울 가능성이 크다.

> 사회복지기관들에서 이러한 경우를 자주 목격할 수 있다. 정보시스템이 일선 서비스 업무자들의 서비스 활동을 반영할 수 없음으로 인해서, 비록 방대하지만 의례적이고 형식적인 자료들만 잔뜩 입력되고, 저장된다. 그것을 위해 일선 서비스 인력들은 이중적인 자료 처리의 부담을 감수해야 하고, 끝내는 정보 관리에 대해 냉소적인 자세로서 일관하게 된다. 그로 인해 정보시스템의 도입이 본래의 목적인 서비스의 효과성과 효율성을 높이기보다는 오히려 그 반대의 목적에 기여하는 경우들이 많게 된다.

따라서 사회복지조직들에서는 일선 서비스 전문 인력들을 중심으로 전체 구성원이 참여하여 정보시스템을 계획하고, 실행하는 것이 무엇보다 중요하다. 그것 없이는 아무리 값비싼 정보시스템을 갖추었더라도, 휴먼서비스 조직의 진정한 정보 관리의 목적에는 기여하기 어렵다.

2) 지식정보 관리를 위한 다중 플랫폼의 운영

휴먼서비스를 실행하는 사회복지조직에서는 다양한 정보와 지식이 필요하다. 일반 행정업무를 처리하는 조직이 아닌 이상, 서비스에 필요한 전문적 지식이 축적, 적용, 전달되는 것은 표준화된 정보의 소통 필요성만큼이나 중요하다. 전문적 지식의 관리는 전산 방식의 정보화 플랫폼(platform)에 맡겨지기 어렵다.[24] 사회복지전문직의 지식 관리를 위한 플랫폼, 예를 들어 지역사회 커뮤니티(community, 場)라든지 전문가 포럼(forum)의 운용 방식이 보다 유효할 수 있다.

지역의 다양한 주민 주체들로 이루어진 커뮤니티 기반의 정보시스템은 정보나 지식의 소통 방식이 대면적, 집단적 커뮤니케이션에 의거해서 생성되고, 기록되거나 혹은 기억되고, 다시 사람들의 기억에서부터 끄집어내어지는 방식으로 작동한다. 예를 들어, 마을이 있다면 거기에서 사람들끼리 나누는 대화들이 유통되고, 기억되고, 회고되는 과정도 일종의 커뮤니티 방식의 정보시스템이라 할 수 있다. 이러한 소통 과정을 보다 정형화시켜 전산 시스템으로 만들기를 시도할 수는 있지만, 그것은 다시 표준화 정보시스템의 한계에 가까이 가게 하는 결과를 초래한다. 사회복지전문직은 이러한 가능성과 한계를 적절히 인지해서, 커뮤니티를 지식정보의 중요한 플랫폼으로 간주하는 노력도 기울일 필요가 있다.

전문가들의 모임인 포럼을 기반으로 하는 플랫폼은 지식과 정보의 소통이 커뮤니티 방식보다는 보다 전문적으로 합의된 개념을 중심으로 의사소통이 이루어진다. 이러한 플랫폼을 기반으로 한다면 전문적 지식이 생성되거나 관리될 필요가 있는 경우에 유리하다.[25] 예를 들어, 클라이언트에 대한 전문적 서비스 실천에 관한 지식이 전문가들 간 생각의 교환이나 토의, 기억이나 혹은 기록과 배포 등의 방식으로 이루어지는 것이다. 클라이언트와 서비스에 대한 보다 풍부한 맥락의 지식 전달이나 소통이 이루어지려면, 포럼 방식의 플랫폼을 강화해서 표준화된 정보시스템을 보완하는 방식이 좋은 대안이 될 수 있다.[26]

휴먼서비스 사회복지조직에서는 전문적 서비스 실천에 필요한 지식이 관리되어야 하고, 한편으로는 외부 환경으로부터의 요구나 조직적 통제에 필요한 정보도 관리되어야 한다. 이를 단순하게 하나의 통합된 정보시스템이 해결해 줄 것으로 기대할 수는 없다. 휴먼서비스 사회복지조직에게 주어진 전문적 조직성이라는 혼합적 과제를 성공적으로 수행해 나가려면, 무엇보다 정보 관리에 대한 보다 다양하고 폭넓은 이해가 요구된다.

미주

1) 영어로 information은 inform(알려 주다)에서 온 것이다. 여기에서 조금 더 들어가면 정보의 개념은 사뭇 복잡해진다. 정보의 개념은 일관적으로 규정되지 않는다. 학문 분야나 실천 상황에 따라 각기 다른 의미로 사용되어 왔기 때문이다. 정보통신기술 분야에서 정보라는 용어는 전자적 방식의 의미 전달 단위로 간주되지만, 심리학 분야에서는 이를 인지적 뇌의 메커니즘에서 일어나는 심리적 구성체(psychic construction)로 규정한다. 대체로 엔지니어링이나 자연과학에서 정보를 바라보는 관점은 관찰자로부터 독립된 존재인 '실제의 차이'를 단순히 표상하는 것이지만, 정보가 전달되는 과정은 사람에 의한 해석이 존재할 수밖에 없다는 점에서 정보의 실체에 대한 논란은 그보다는 복잡하게 진행되어 왔다.

2) 전석호(2002). **정보사회론**. 나남, p. 37.

3) Capurro, R., & Hjorland, B. (2003). 'The Concept of information'. *Annual Review of Information Science and Technology, 37*(8), p. 343. 즉, 지식이 그 자체로서의 성격보다는 소통되는 과정 혹은 결과적 상태로서의 매체 역할을 하는 것을 정보라고 보는 것이다.

4) 서이종(1998). **지식·정보사회학: 이론과 실제**. 서울대학교출판부, p. 8

5) 상게서, p. 8

6) Parton, N. (2008). 'Changes in the form of knowledge in social work: from the 'social' to the 'informational'?' *British Journal of Social Work, 38*, pp. 253-269.

7) 참고: Weiner, M. (1990). *Human Services Management: Analysis and Applications* (2nd ed.). Belmont, CA: Wadsworth Publishing, pp. 376-384.

8) SPSS(Statistical Packages for Social Science)/SAS(Statistical Analysis System)

9) MIS(Management Information System)는 조직 관리에 필요한 정보를 자동적으로 생성 처리될 수 있도록 하는 것에 초점을 둔 시스템이다. DSS(Decision Support System)란 의사결정지원시스템으로 합리적 의사결정을 위해 필요한 자료를 구축하고, 이를 근거로 의사결정에 도움을 주는 정보를 제공하는 용도의 시스템이다. 예를 들어, 아동학대예방 DSS라면, 가구들에 대한 방대한 자료를 근거로 아동학대의 가능성이 높은 가구를 제시해 주는 역할을 수행한다. 이들을 모두 전산정보시스템(CIS, Computerized Information System)이라 한다.

10) 2016년 3월에 있었던 이세돌과 알파고의 바둑 대결이 몰고 온 충격 때문인지, 보건복지부가 같은 달 말에 빅데이터를 활용해서 아동학대예상케이스를 발굴하는 시스템을 개발하겠다고 발표한 바 있다.

11) IMS는 Information Management System의 약자다. IS는 Information System의 약자다.

12) CIS는 Computerized Information System의 약자다.

13) 참고: Bowers, G., & Bowers, M. (1977). 'Cultivating client information systems'. *Human Services Monograph Series*. Washington, DC: U.S. DHEW, pp. 10-13; 〈Gates, B. (1980). *Social Program Administration: The Implementation of Social Policy*. Englewood Cliffs, NJ: Prentice-Hall, p. 255〉에서 재참고.

14) Burch, J., Strater, F., & Grudnitski, G. (1983). *Information Systems: Theory and Practice*. NY: Wiley & Sons, p. 28.

15) Gates, *Social Program Administration*, p. 260.

16) 상게서, pp. 260-263.

17) Bowers & Bowers, 'Cultivating client information systems', p. 58.

18) Gates, *Social Program Administration*, p. 263.

19) 키필드는 각기 다양한 필드들을 갖추고 운영되는 개별 DB들을 잇기 위해 필요한 것이다. 데이터베이스들이 서로 연결되기 위해서는 적어도 모든 DB에서 하나의 필드는 공통적으로 케이스 식별이 가능한 것이 되어야 한다. 예를 들어, 주민등록번호가 대표적인 키필드로 사용된다. 우리나라에서는 주민등록번호라는 키필드를 사용해서 방대한 국가 차원의 제반 전산망 DB들이 쉽게 연결될 수 있었다.

20) Gates, *Social Program Administration*, pp. 268-276.

21) 여기에서 기준 행동이란 단지 규정에 의거된 정보만을 산출하는 것에 집착하게 되어 나타나는 행동을 말한다. 기준행동이 나타나면 서비스의 본질보다는 자료의 생성에 필요한 행동들을 중시하게 되므로, 표준화된 도구들에 의해 모니터링되기 어려운 실질적으로 중요한 서비스 행동들은 억제된다. 워커와 클라이언트 간의 내밀한 인간적 상호작용에 의해 서비스의 본질이 결정되는 휴먼서비스들에서는 기준행동을 조장하는 조직 관리의 관행들은 매우 위험한 것으로 간주된다.

22) 최근에 사회복지 정보시스템에서는 빅데이터(big data)와 인공지능(AI)을 활용한 서비스대상자 발굴이나 예측, 서비스에 관련된 의사결정까지도 수행하는 노력이 이루어지고 있다. 예를 들어, 정보시스템이 빅데이터를 활용해서 아동학대에 취약한 가정을 예측해서 발굴해 내는 등이다.

23) Weiner, *Human Services Management*, p. 378.

24) 플랫폼이란 일반적으로는 강단이나 기차역 등과 같이 사람들이 발을 딛고 다닐 수 있는 평평한 공간을 의미하는 것인데, 정보통신 분야에서는 특정한 하드웨어나 소프트웨어 방식이 구동될 수 있는 환경이라는 의미로 쓰인다. 예를 들어, MS와 애플은 각기 다른 플랫폼을 가진다고 할 수 있다. 여기서는 플랫폼을 정보를 다루는 방식의 차이로 본다. 사회복지 분야에서 전산 방식의 플랫폼의 한계에 대해서는 많은 지적이 있어 왔다. 참고: Leung, Z. (2014). 'Knowledge management in social work: The interplay of knowledge sharing platforms'. *International Social Work, 57*(2), pp. 143-155.

25) Gillingham, P. (2011). 'Computer-based information systems and human service organizations: emerging problems and future possibilities'. *Australian Social Work, 64*(3), pp. 299-312.

26) Leung, 'Knowledge management in social work', pp. 143-155.

제5부

기획 및 프로그램

제12장 ⋯ 기획

제13장 ⋯ 사회복지 프로그램의 개발

제14장 ⋯ 프로그램 및 서비스 관리

제15장 ⋯ 평가

제5부는 기획과 프로그램, 평가에 대해 설명한다. 사회복지행정에서 조직 관리가 하드웨어를 다루는 것이라면, 기획과 프로그램은 소프트웨어에 해당하는 것이다. 제12장 기획에서는 사회복지 분야에서의 기획(planning)에 대해 전반적으로 설명한다. 제13장 사회복지 프로그램의 개발은 프로그램 기획의 제반 과정을 설명한다. 제14장 프로그램 및 서비스 관리에서는 프로그램을 실행하고 관리하는데 소용되는 제반 기법들을 제시한다. 제15장 평가에서는 사회복지 분야 평가의 전반적인 설명과 프로그램의 평가 방법을 구체적으로 설명한다.

제**12**장
기획

기획은 합리적인 판단을 지향한다. 사회복지 기획은 사회복지의 목적을 구현하는 수단인 조직이나 프로그램, 서비스 활동에 대해 합리적으로 판단하려는 것이다. 이는 사회복지 활동의 책임성을 제고하는 데 긴요하다.

1. 사회복지 기획과 의사결정

기획(planning)은 '문제 해결이나 미래 사건의 경로를 통제하기 위한 의식적인 시도로서, 예견과 체계적 사고, 조사, 가치선호를 통해 대책을 선택해 나가는 의사결정'으로 정의된다.[1] 그러므로 사회복지 기획이란 사회복지의 문제나 미래에 대한 대책을 의도적으로 선택하는 의사결정으로, 사회복지조직이나 프로그램, 서비스 활동에 대한 합리성과 책임성을 담보하기 위한 것이다.

1) 합리성과 책임성

합리성(rationality)은 '목적과 수단이 합치되는지'를 뜻한다. 어떤 행위가 합리적인
지에 대한 판단은 그 행위를 통해 성취하려는 목적과 적절히 들어맞는지를 통해 판단
된다. 어떤 행위도 그 자체로는 합리적인지 알 수 없다. 특정 목적의 성취에 적합한 수
단(행위)이 선택될 때, 비로소 그것을 합리적이라고 한다.

> 조직에서 관리자는 직원들에게 '자율적'이거나 '통제적' 리더십 스타일(행위)을 발휘할 수 있
> 다. 이 중 어떤 것이 더 '합리적'일까? 이 자체로는 판단될 수 없다. 목적이 무엇인지를 모르기
> 때문이다. 목적이 직원들의 참여와 동기부여를 위한 것이었다면, '자율적' 리더십 스타일이 합
> 리적이 되기 쉽다. 목적이 직원들의 예산 집행의 엄격한 관리와 책임성을 높이려는 것에 있었
> 다면, '통제적' 리더십 스타일이 합리성을 가질 수도 있다.

합리성을 입증하는 데는 경험적 근거가 필요하다.[2] 휴먼서비스의 행위는 무형적이
고 과정적인 특성들이 있으므로, 경험적 근거가 자연스럽게 도출되기는 힘들다. 그런
이유 때문에 합리적인 근거를 의도적으로 확보하기 위한 노력이 더욱 중요해진다. 경
험적인 합리성의 필요성은 책임성 제시와 필수적으로 연결되어 있다.

책임성(accountability)이란 사회복지조직이 '책임을 다하고 있다'는 것을 효과성이
나 효율성 지표 등과 같은 체계적이고도 경험적인 정보를 기반으로 해서 보여 주는 것
이다. 조직이나 프로그램은 사회적으로 재가(裁可)된 목적을 성취하는 데 쓰이는 수단
이다. 이러한 수단이 목적과의 합리성(합목적성)을 갖추었음을 경험적 근거를 들어서
제시하는 것이 책임성의 과제다.

사회복지의 기획은 합리성과 책임성을 위한 것이고, 이 둘은 긴밀하게 연결되어 있
다. 책임성의 본질은 '누군가에게 무엇을 당당하게 설명할 수 있는(accountable)' 것에
있다. 어떤 사회복지 프로그램의 책임성이 약하다는 것은, 그 프로그램의 합리적 근거
가 당당하게 제시되지 못한다는 것과 같다. 모든 사회복지조직이나 프로그램은 적절
한 기획을 통해 합리성 기반의 책임성을 확보해야 한다. 그래야만 외부 환경으로부터
의 불합리한 요구나 비판들로부터 스스로를 방어할 수 있게 된다.

2) 의사결정

기획은 기본적으로 의사결정(decision making)의 과정이다. 조직이나 프로그램에서 기획은 다양한 대안을 찾아보고 그 가운데서 무엇을 선택할지를 결정하는 과정이다. 선택할 것이 없으면 결정할 것도 없고, 기획도 필요가 없다. 기획은 본질적으로 여러 대안이 존재함을 가정하고, 그 가운데 무엇이 가장 최적(합리적)인지를 선택하려는 의사결정이다.

의사결정의 방식에는 크게 세 가지 접근이 있다. 각각은 사회복지 기획의 상황에 따라 각기 다른 유용성을 가질 수 있다.[3]

포괄적 합리성 접근   가능한 모든 대안을 포괄적으로 찾아내 구체화해 놓고, 이 가운데서 어떤 것이 최적일지를 결정하는 방식이다. 예를 들어, 모든 프로그램 대안들에 대해 각기 비용은 얼마나 들고 그에 따른 편익은 얼마인지를 계산해 보고, 그중 비용 대비 편익이 가장 높은 프로그램을 선택하는 것이다.[4]

점증주의 접근   포괄적 합리성 접근과 배치되는 방식이다. 이전에 선택되었던 결정은 그것이 합리적이든 아니든 일차적으로 존중한다는 것으로, 현재의 의사결정은 급격한 변화보다 거기에다 '점차 덧붙여 가는(incremental)' 방식으로 한다는 입장이다. 대개 정치적 필요나 단순히 편의성 때문에 이런 접근이 채택되는 경우가 많다. 현실적으로도, 목적에 대한 합의가 어렵거나 대안들의 탐색과 선택에 필요한 자원들(시간, 지식)이 부족하면 점증주의 방식의 의사결정이 불가피해진다.

제한적 합리성 접근   점증주의 접근은 합리성과 혁신을 저해한다. 포괄적 합리성 접근 또한 현실적으로 적용되기가 어렵다. 이를 고려해서 절충적 입장의 의사결정 방식으로 제시되는 것이 제한적 합리성 접근이다. 이는 합리성을 현실 상황에 적용 가능한 정도로 제한하는 것이다. 일정한 범주를 제한해 두고서 그 안에서 가능한 대안들을 합리적으로 검토하고 의사결정을 내리는 방식이다. 이 접근은 점증주의보다는 합리적이지만, 합리성을 포괄적으로 제시하지는 못한다.

사회복지 기획에서 어떤 방식의 의사결정이 이루어져야 한다는 규약은 따로 없다. 각기 상이한 맥락과 현실 여건에 따라 의사결정의 방식은 달라질 수 있다. 모든 기획에서는 대체로 합리성의 최대화를 지향하지만, 그럼에도 그것이 몰가치적 합리성에 대한 논리로 흐르는 것은 위험하다. 특히 사회복지 기획에는 다양한 주체가 의사결정에 참여하고, 그들이 가지는 각기 상이한 정치경제적 이해관계와 이념, 가치들이 존중되어야 하기 때문이다.

다양한 이해와 가치들이 상존하는 사회복지의 상황에서 기획의 합리성은 단순히 과학적 계산에 의거할 수 없다. 그보다는 기획의 제반 의사결정 상황에서 각기 적합한 주체와 방법, 기준을 선택하는 것과 같은 정치적 혹은 민주적 합리성을 담보하려는 자세와 노력이 중요하다. 이는 사회복지의 활동이 그로 인해 영향을 받는 모두에게 '설명될 수 있어야' 한다는 책임성의 원리에도 들어맞는다.[5]

(1) 의사결정의 주체

휴먼서비스 사회복지 기획에서는 사회문제나 욕구, 목적, 프로그램과 서비스의 구성, 대상 지역 등의 다양한 사안에 대한 의사결정이 이루어져야 한다. 예를 들어, 어떤 지역의 어떤 문제에 대해 어떤 프로그램 내용을 어떤 서비스 기관이나 부서가 하는 것이 좋을지를 결정하는 것이다. 문제는 '누가' 이러한 의사결정의 주체가 되는지다.

> 지역 주민을 대상으로 하는 프로그램이라면 지역 주민(혹은 대표자)이 의사결정의 유일한 주체인가? 해당 공무원이나 전문서비스 기관, 재정지원자나 자원봉사자, 시민사회단체 등은 주체가 될 수 없는가? 아픈 사람을 치료하기 위한 서비스 방법에 대한 결정은 아픈 사람이 주체가 되어 내리는 것이 적절한가?

특정 기획에서 누가 의사결정의 주체가 되어야 합리적일지에 대한 판단은 상황에 의존한다. 지역사회 서비스 프로그램의 목적이나 방향을 설정하는 과정에서는 수요자로서의 지역 주민이 의사결정의 주체적 권한을 가지는 것이 합리적이다. 주어진 목적에 대한 최적의 개입 수단(프로그램 내용)을 찾는 과정에서는 전문가 집단을 주체로 하는 것이 합리적일 것이다.

(2) 의사결정의 방법과 기준

여러 대안 가운데서 우선순위를 가리는 의사결정에는 두 가지 공식적인 접근 방법이 있다. 첫째, '합의적' 접근이 있다. 의사결정의 주체들이 상호작용의 집단 과정을 통해 각종 지침이나 규제들을 검토하고, 이에 대한 집중적인 토의를 거쳐 대안 선택에 대한 집단적 합의에 도달하는 방법이다. 둘째, '수량적' 접근이 있다. 이는 일반적으로 말하는 민주적 방식에 가까운 것이다. 의사결정에 참여하는 사람들은 각자 동등한 투표권을 행사하며(' $\frac{1}{N}$ '), 투표의 산술 집계로써 최종 의사결정이 이루어진다.

이 두 가지 접근의 공통점은 사람들이 의사결정에 직접 공식적으로 참여한다는 것이다.[6] 비공식적으로 우선순위 결정이 이루어지게 하는 방법도 있다. 사람들이 직접 표출한 의견이 아니라 간접적으로 드러나는 사실을 근거로 사람들의 의견을 추정해내는 것이다. 지역이나 인구 집단들에 대한 사회지표나 각종 서비스 통계치를 근거로 제시해서, 대안들 간의 우선순위에 대한 주민들의 의사결정이 자연스레 드러나게 할 수도 있다.

주체들이 의사결정을 할 때 어떤 기준을 채용하는지도 중요하다. 다양한 문제나 프로그램, 서비스의 대안들 가운데서 상대적으로 무엇이 가장 중요한지를 찾으려면, 비교를 위한 '기준' 혹은 '잣대'가 필요하다. 사회복지 프로그램들에는 보통 중요도, 효과성, 효율성, 필수성 등을 기준으로 적용한다. 동일한 프로그램일지라도 어떤 잣대를 사용하는지에 따라 평가가 달라질 수 있다. 예를 들어, 어떤 프로그램이 중요도 기준으로는 높은 평가를 받더라도, 효율성 기준에서는 낮은 평가를 받을 수도 있다. 그러므로 기획의 의사결정에서 기준에 대한 선택은 그 자체로서도 중요한 의사결정이 된다.

3) 기획의 유형

기획은 다양한 의도와 목적에서 시도될 수 있다. 조직 차원에서는 당면한 과제의 해결이나 미래를 위한 전략을 수립하는 기획이 실행될 수 있다. 프로그램 차원에서도 목적과 실행 수단의 합리적 구상을 위한 기획이 필요하다. 시장 상황에서 작동하는 사회서비스들의 경우에는 마케팅 방식의 기획을 실행할 필요가 생긴다.

　　전략적 기획(strategical planning)　　기관 차원에서의 사명과 가치, 자원 할당을 통해 기관이 추구해 나갈 전략적인 방향을 설정하는 것이다. 조직 내·외부의 환경을 파악해서 그에 대처하는 목표들을 세우고, 이를 달성하기 위한 최적의 미래 행동에 관한 계획을 합리적으로 결정한다.[7]

　　프로그램 기획(program planning)　　프로그램 차원의 목적 설정에서부터 실행, 평가에 이르기까지의 일련의 과정들을 합리적으로 의사결정하고 고안하는 것이다. 비록 다양한 크기와 범주를 가진 프로그램들이 있지만, 프로그램 기획은 변화 목적을 추구하기 위한 과정과 절차에 대한 합리적인 계획을 세우는 의사결정이라는 공통점을 가진다.

　　마케팅 기획(marketing planning)　　마케팅과 관련된 제반 합리적인 계획과 실행에 필요한 의사결정이다. 마케팅(marketing)이란 시장 활동을 하는 것이다. 여기에는 소비자가 무엇을 원하는지 파악하고, 그에 적합한 생산물(서비스)을 만들어 내서, 이를 소비자에게 알리는 일 등이 포함되어 있다. 이러한 마케팅에서 경험적인 자료수집과 그에 근거한 합리적인 의사결정의 도출, 즉 기획은 필수적이다. 사회서비스의 환경이 시장과 유사하게 진행될수록, 사회복지 마케팅 기획의 필요성은 더욱 커진다.

　　사회복지 기획에서는 기관, 프로그램, 서비스 차원에서 각각 경험적 근거에 입각한 합리적인 의사결정이 필요하다. 현실적으로 기관과 프로그램, 서비스 차원은 서로 연결되어 작동된다. 사회복지조직은 대개 '휴먼서비스 프로그램을 실행하는 기관'이기 때문이다. 그럼에도 각 차원마다 요구되는 기획의 주요 과업들은 초점이 다를 수 있으므로, 각기 적합한 이해가 필요하다.

2. 전략적 기획

　　휴먼서비스 사회복지조직은 변화되는 환경 여건하에서 자신을 유지하고, 대의(cause)와 사명(mission)을 구현해 나가야 한다. 전략적 기획은 이러한 과업을 의도적이고 체계적인 방식으로 수행하려는 노력 중 하나다. 전략적 기획이란 '조직이나 지역사회가 변화되는 환경 조건에 따라 자신들이 추구하는 일의 우선순위를 새롭게 정렬하는 과정'을 말한다.[8] 휴먼서비스의 책임성에 대한 강조가 본격화되는 1990년대 이후 사회복지조직을 포함한 제반 휴먼서비스 분야에서 이 같은 전략적 기획에 대한 활용이 증가하고 있다.[9]

전략(strategy)이란 '조직이 무엇인지, 무엇을 하는지, 왜 하는지를 규정하는, 특정한 유형의 의도, 정책, 프로그램, 행위, 결정, 자원할당' 등으로 규정된다.[10] 모든 조직은 전략을 가지고 있다. 다만, 전략이 겉으로 잘 드러나지 않을 뿐이다. 전략적 기획은 조직의 전략들을 보다 겉으로 드러나게 만들고, 체계적 사고와 고민의 과정을 거쳐 보다 효과적인 것들로 만들려는 의도를 가진다.

기관들에서 전략적 기획을 실행하는 과정은 공통적으로 다음의 활동을 포함한다.[11]

· 기관의 사명에 대한 재평가와 미래 비전의 개발
· 외부 환경과 경쟁 조직에 대한 검토
· 내부 역량과 클라이언트 서비스에 대한 검토
· 전략, 과업, 성과, 일정표, 실행 단계 등을 포함한 계획의 개발

전략적 기획의 구체적인 실행과 관련해서는 다양한 실천 모형들이 제시되어 있다. 휴먼서비스 분야에서는 브라이슨(J. Bryson)에 의해 제시된 모형이 대표적이다.[12] 브라이슨은 전략적 기획을 지속적인 과정으로 본다. 그래서 이를 조직의 전략적 사고와 행위를 포함하는 '전략적 관리'와도 유사하게 다룬다. 브라이슨의 실천 모델은 다음 11단계의 절차들로 이루어져 있다.[13]

Ⅰ 전략적 기획 과정에 대한 발의와 동의　　전략적 기획이 성공적으로 발의되고 추진에 따른 동의를 얻으려면, 조직 내 리더십과 문화가 뒷받침되어야 한다. 전략적 기획은 일회성 의사결정이 아니라, 조직의 지속적인 전략적 사고와 행위를 뜻하는 것이다. 그러므로 조직의 리더십과 혁신적 문화가 갖추어져 이를 뒷받침할 수 있어야 한다.

Ⅱ 위임 사안들에 대한 확인　　모든 휴먼서비스 조직은 공식적이거나 비공식적인 위임사안들을 가지고 있다. 위임사안(mandate)이란 조직에 이미 의무적으로 '주어진' 일을 뜻한다. 정부 기관은 법적으로 위임된 사안들을 가지고 있고, 비영리 조직들은

수탁 사업에 부과된 의무적 실행 사항들이 그런 경우다. 이들을 우선적으로 확인해야 하는 까닭은, 전략적 기획을 추구할 수 있는 범주와 자유도가 이에 달려 있기 때문이다.

Ⅲ 이해관계자의 확인   이해관계자(stakeholder)는 기관이 하는 일에 이해(stake)가 걸려 있는 개인이나 집단 혹은 조직이다. 기관에 자원을 제공하는 자, 규제와 감독자, 수요자로서의 클라이언트, 그 가족, 해당 서비스 전문직, 지역사회 집단 등이 모두 이에 해당될 수 있다. 이들은 다양한 방식으로 조직에 대해 기대하거나 요구하고, 평가하고, 직·간접적인 영향을 끼친다. 그러므로 이들이 기관의 활동에 대해 각기 어떻게 보고 있는지를 확인할 필요가 있다. 그것을 통해 특정 이해관계자 측과의 관계 활성화를 위한 전략적 계획이 수립될 수도 있다.

Ⅳ 조직 사명과 가치들의 명확화   기관의 사명(mission, 미션)이란 우리는 '누구'이고, 어떤 사회적 '욕구'들을 다루기 위해 어떤 '일'을 하는가를 명시한 것이다. 여기에 다른 기관들과 구분되는 자기 기관만의 독특한 정체성이 담겨 있다. 조직 가치에 관한 서술문은 보통 바람직한 행동 원칙들을 제시하는 것이다. 전략적 기획을 위해서는 조직이 가지는 사명과 가치들을 재평가해 보는 것이 필요하다. 그 결과는 조직 전반에 널리 확산되어 직원들의 제반 일상 활동을 이끌어 갈 수 있게 한다.

Ⅴ 외부 환경의 검색과 사정   외부 환경을 검색해 보고, 그로부터 기회와 위협 요소들을 확인하는 것이다. 환경을 분석한다는 것은 주요 자원의 통제자나 경쟁자, 협력자 등의 동향을 파악하고 이로부터 변화의 추동력을 산출해 보려는 것이다. 외부 환경 요인의 분석에는 대표적으로 PEST 분석이 쓰인다.[14] 조직이 전략적 기획을 위해 구성한 기획팀은 관련 자료들을 수집하고, 이를 브레인스토밍(brainstorming) 등의 방법을 사용해서 환경으로부터의 기회와 위협 요인들에 대해 논의해 보고, 우선순위를 결정한다. 역장(force field) 분석 기법을 여기에 쓸 수 있다.[15] 조직의 업무 관계적 환경 요소인 규제자, 자금 지원자, 클라이언트, 기관의 경쟁자와 협력자들 역시 유사한 방식으로 검토될 수 있다.

Ⅵ 조직 내부의 강·약점 확인   환경 검토를 마친 후에는 조직 내부의 강점과 약점 요인들을 확인한다. 휴먼서비스 기관의 가장 중요한 자원은 사람들이다. 기관 프로그

램이 요구하는 기대 역할 등에 비추어 직원들이 적절한 능력과 훈련, 사기를 갖추고 있는지를 본다. 기관의 재정 상황도 중요하게 검토된다. 수입과 지출의 균형, 자금 출처들에 대한 예상이나 감사 책임 등의 문제가 다루어진다. 조직 정보관리의 상황 파악을 위해 정보관리시스템의 점검도 필요하다. 이는 조직이 업무 수행을 하는 데 자기평가나 피드백 정보가 원활히 생성되고 있는지를 검토하기 위해서다.

VII 전략적 이슈들의 확인   조직이 전략적으로 추구해나갈 이슈들이 무엇인지를 찾아내 본다. 이 과정은 보통 SWOT 분석에 기초해서 실시된다.[16] SWOT 분석이란 조직 내부의 강점(S)과 약점(W)들이 각기 어떻게 외부 환경적 기회(O)와 위협(T) 요소들과 상호작용하는지를 평가해 보는 것이다. 전략적 이슈는 외부 환경의 제약과 기회에 비추어서 조직이 강점을 발휘할 수 있는 부분에서 찾아진다(예: 특정 서비스의 개발이나 확대). 이는 전술적 이슈와 구분된다. 전략적(strategic) 이슈가 조직 변화의 장기적이고 큰 틀에 관련된 것이면, 전술적(tactic) 이슈는 전략을 실행하는 데 필요한 세부 실행 방법에 관한 것이다.

VIII 전략적 계획서의 작성   채택된 전략적 이슈들에 대해 실행 일정표와 책임자 배정과 같은 행동 계획(action plan)을 마련한다. 모든 이슈에 대해 각기 행동 계획이 완성되고 나면, 이를 토대로 조직의 전략적 계획서(strategic plan)가 작성된다. 여기에는 보통 다음 사항들이 포함된다.[17]

- 계획 수행의 배경과 합당성 이유
- 조직에 위임되어 있는 사안들
- 조직의 사명과 가치
- 조직의 강점 및 약점 분석
- 각 이슈마다의 관리 전략
- 계획의 모니터링 및 업데이트 계획
- 계획의 개발 과정과 참여자 명단
- 주요 이해관계자들의 욕구와 관심
- 조직 환경 분석의 결과
- 행동에 수반된 전략적 이슈들
- 실행 계획

IX 전략적 계획의 검토와 채택   작성된 계획은 조직 전체에 널리 공유되고, 공식적인 발표 과정을 가질 필요가 있다. 조직이 수립한 전략적 계획은 단순한 '뉴스거리'가 되어서는 안 되고, 조직의 모든 부분에서 검토되고 반응이 이루어지는 과정을 거쳐야 한다. 그래야 각 조직 단위나 구성원들이 전략 실행에 따른 각자의 이해와 책임을 확실히 할 수 있다. 이 과정은 전략적 계획 자체의 합리성 못지않게 실행가능성의 담보 차원에서 중요하게 간주되어야 한다.

X 효과적인 실행 과정의 개발   계획을 성공적으로 실행하는 열쇠는 주요 내부 이해관계자들의 헌신에 달려 있다. 상세한 행동 계획(역할과 책임의 할당)을 수립하고, 전략과 일상적 업무를 명확하게 연결하는 것도 중요하다. 필요하다면 기관은 전략 실행을 위한 팀을 따로 꾸릴 수도 있다. 여기에서 전략을 효과적으로 추구하기 위한 새로운 조직 구조나 프로그램 디자인이 시도될 수도 있다. 새로운 자금원으로 교체한다거나, 예산이나 정보 관리의 시스템 방식을 바꾸는 것도 그 같은 예다.

XI 계획의 정규적 모니터링과 업데이트   전략적 계획의 실행은 지속적으로 모니터링되고, 필요하다면 수정되는 것이 바람직하다. 계획 자체가 곧 일상적 업무로 굳어지게 되면, 오히려 새로운 상황 변화에 반응하려는 노력(전략적 기획의 본래 목적)을 저해할 수도 있다. 이를 목적전도라 하는데, 전략적 기획에서는 경계해야 할 현상으로 간주한다.[18] 전략적 계획의 실행에서 강조하는 점은 조직구성원들(리더 포함)이 '전략적으로 사고하고, 관리하는 자세'를 일상화하는 것이다. 그래서 계획을 정기적으로 모니터링하고, 업데이트하는 것이 필요하다.

3. 프로그램 기획[19]

사회복지 프로그램은 사회복지행정의 주요 실천 수단이다. 사회복지행정은 사회복지의 정책이나 목적을 현장의 실천으로 연결하는 과정으로, 그 과정에 대한 구체적인 설계는 사회복지 프로그램들을 통해 나타난다. 정책이 주로 '무엇이 이루어져야 하는지'라는 목적성을 다루고 있다면, 프로그램은 '어떻게 그것을 실현할 것인지'에 대한 방법론을 담고 있다.

사회복지 프로그램을 기획한다는 것은 정책 실현의 방법론에 대한 의사결정을 하는 것이다. 일반적으로 프로그램 기획은 크게 두 가지의 접근으로 구분된다. 상향식 기획과 하향식 기획이 있다. 상향식(bottom-up) 기획이란 프로그램 방법에 관련된 주요 사항들이 아래로부터 확인되어 위로 올라가면서 의사결정이 이루어지는 방식이다. 전형적인 사회복지서비스 프로그램의 기획이 이런 접근을 취한다.[20) 하향식(top-down) 기획은 이와 반대로 주요 결정들이 위에서 확인되어 밑으로 내려오는 방식이다.

상향식 기획 접근에서는 현장의 서비스 수행 기관이 프로그램 내용에 관한 주요 의사결정을 한다. 서비스의 표적 집단에 대한 선정, 서비스 영역의 확인, 서비스 전달 전략의 구체화 등에 관한 대부분의 의사결정을 수행한다. 상위 기관은 현장의 개별 기관들이 제시한 프로그램들에 대해 선호나 우선순위를 파악하고, 그에 따라 자원 할당에 관한 의사결정을 한다.

지역사회보장계획 수립에 관한 정책이 형식적으로는 상향식 접근이다. 시·군·구 지자체에서 자체적으로 지역의 욕구를 파악해서 지역사회보장계획들을 수립하고, 이를 시·도 지자체에 올리면 시·도 지자체는 이를 지원하는 계획을 수립한다.

사회복지공동모금회의 '신청사업' 도 현장 사회복지기관들의 입장에서는 상향식 접근이다. 이 신청사업이란 현장의 사회복지기관들(하위)이 현장의 욕구를 근거로 특정한 프로그램이나 서비스가 필요하다는 것을 예산 요청과 함께 프로포절의 형태로 모금회에 제출하면(상향), 모금회는 이들 가운데 타당성을 검토해서 지원 대상을 결정하는 방식이다.

하향식 접근의 기획은 상향식과 진행 방향이 거꾸로다. 상위 기관(대개 자원 할당의 의사결정 권한을 가지는 쪽)에서 특정 지역이나 대상 집단에 대한 문제와 욕구 분석을 근거로 프로그램의 방향이나 성격에 대한 의사결정을 해서 현장에 내려 보낸다. 그러면 이에 근거해서 현장의 사회복지기관들은 이를 수행하는 데 필요한 정도의 기획을 한다.

사회복지공동모금회의 '기획사업' 이 대표적으로 이에 해당한다. 기획사업이란 특정 문제나 욕구, 서비스 내용까지를 모금회(상위 기관)에서 기획하고, 그 실행을 감당해 줄 현장의 사회복지조직(하위 기관)을 찾는 방식이다. 현장의 하위 기관들은 상위 기관에서 기획해서 내려온 (하향) 기획안을 근거로 실행 프로그램의 계획을 세우는 기획을 한다.

전체 사회적 관점에서 바우처 사회서비스가 이루어지는 맥락도 하향식 기획 접근이다. 사회서비스를 제공하는 현장 (하위) 기관의 입장에서는 상위로부터 내려오는 표준화된 대상자 선정 기준과 서비스 내용에 따라 서비스를 기획하는 것이기 때문이다. 이런 방식에서는 현장의 욕구가 위로 올라가서(상향) 기획에 반영될 소지는 제한적이다.

POSC(서비스구매계약) 방식도 현장 서비스 제공기관의 입장에서는 하향식 기획 접근이다. 서비스의 구매자(예: 시·군·구)가 '어떤 지역의 누구누구에게 이러저러한 내용의 도시락과 말벗서비스 봉사자를 함께 제공할 필요'를 결정하고, 그것을 수행해 줄 대행자(사회복지기관)를 찾아 구매계약을 할 때, 그 사회복지기관의 입장에서는 하향식 의사결정의 과정에 놓여 있는 것이 된다.

최근 사회서비스 분야의 기획 전반에서는 하향식 접근이 늘어나는 추세에 있다.[21] 사회서비스에 대한 공공 부문의 공급 책임이 확대되면서, 공공 부문이 상위 기획자로서의 역할을 강화하는 과정에서 나타나는 현상이다. 이로 인해 사회서비스를 수행하는 일선 조직들은 전형적인 상향식 사회복지서비스 기획 방식에 더해 하향식 기획에 대한 방법적 지식이 보다 강화될 필요가 있다.

실천 현장의 관점에서는 상향식과 하향식 기획이 현실적으로 엄밀하게 분리되는 것은 아니다. 대개 현장의 기관들에서는 하나의 프로그램을 기획하는 과정 속에 상향과 하향식 접근의 필요성을 동시에 가지는 경우가 대부분이다.[22] 현실적으로는, 예를 들어 어떤 기관에서 프로그램 개발을 위한 기획을 성공적으로 수행하려면(예: 프로포절 채택), 현장의 욕구를 적절히 파악해서 그에 합리적인 프로그램의 내용을 작성해서 올리는(상향)의 과정도 중요하지만, 상위 기관의 정책 의도가 적절히 파악되고 반영(하향)되도록 하는 것도 필수적이다.

휴먼서비스 사회복지에서 하나의 프로그램이 기획되고, 전달되는 과정은 단순하지 않다. 이 과정은 사회서비스 공급 환경이 다원화 및 다선화되어 가면서 더욱 복잡해지고 있다.[23] 이러한 가운데 위치한 사회복지조직이나 전문직의 입장에서는, 프로그램 기획에 대한 보다 폭넓은 역량의 확충이 필요하다. 이에 대해 다음 장에서 구체적으로 다룬다.

4. 마케팅 기획

마케팅 방식의 기획은 시장 방식으로 작동되는 사회서비스에 대한 계획을 세울 때 소용된다. 사회서비스는 '사회복지서비스'와 같이 전문적 방식이나, '바우처 사회서비스'처럼 시장적 방식으로 생산될 수도 있다. 앞서 설명했던 프로그램 기획이 전문적 방식에 적합하다면, 마케팅 기획은 시장 방식에 보다 부합된다. 바우처 사회서비스는 서비스 제공자(기관)가 '이용자 본위'에 입각해서 시장의 움직임에 초점을 둘 것을 요구한다.

사회복지조직의 기획에서 시장의 동향을 중시하는 마케팅 접근 방식에 대한 필요성은 근래에 등장했다. 많은 나라들에서 사회서비스 공급을 시장(market) 기제에 의거해야 할 필요성이 늘어나면서부터다. 사회서비스의 시장화 정책이 기대하는 바는, 제한된 수의 고객 확보를 위해 서비스 제공 기관들이 경쟁을 하다 보면, 소비자에 대한 서비스 질이 향상되고 전달체계의 효율성도 증가한다는 것이다. 이런 기대가 타당한지의 여부를 떠나, 사회서비스 생산 기관으로서의 사회복지조직들은 이에 대응하는 마케팅 기획의 역량을 갖출 필요가 있다.[24]

1) 마케팅의 핵심 개념

마케팅(marketing)이란 글자 그대로 시장 활동을 한다는 뜻이다. 서비스 생산자의 입장에서 마케팅이란 '서비스를 어디에서, 누구에게, 얼마에 팔 것인지' '어떻게 하면 더 잘 팔릴지'와 같은 관심들이다. 마케팅을 기획한다는 것은 그러한 관심에 대해 답을 제시하는 의사결정의 과정과 같다. 핵심은 소비자 고객이 어떤 것을 원하는지 읽어내고, 그것을 만족시켜 주기 위해 무엇을 해야 할지를 결정하는 것이다.[25]

이처럼 소비자의 '원함(wants)'에 입각한 마케팅 방식의 기획은 전문가의 '욕구(needs) 사정'에 입각한 사회복지서비스 프로그램의 기획 방식과는 많은 차이가 있다. 마케팅의 시장 활동에서 핵심적인 사안은 클라이언트 욕구에 대한 전문가의 판단(사정)이 아니라, '고객'의 동향과 '경쟁자'의 상황이다.[26] 마케팅 방식의 기획에서 핵심적 결정 사항인 마케팅 믹스(marketing mix)라는 것도 그러한 고객과 경쟁자라는 시장 환경을 종합적으로 고려해서 작성되는 것이다.

(1) 고객 (customer)

구매자로서의 서비스 이용자를 말한다. 사회복지서비스에서의 대상자와 구분되는 개념이다. 예를 들어, 기초생활보장제도의 자활서비스를 받는 사람은 정해진 자격 기준에 해당되는 대상자다. 이들은 자율적 구매력에 기준한 고객의 개념과 다르다. 서비스 제공자(기관)의 입장에서는 서비스를 기획할 때, 이용자가 '고객'인지 아니면 '대상자'인지에 따라 기획의 초점과 내용이 달라질 수밖에 없다. 마케팅 기획의 초점은 구매자로서의 고객이 원하는 바를 알아내고, 이를 만족스럽게 제공하는 것, 그리고 이를 통해 구매를 계속하게 만드는 것에 있다.[27]

사회서비스의 상황에서는 두 가지 유형의 고객 개념이 있다. 서비스를 직접 소비하는 이용자로서의 고객[R]과, 고객[R]이 서비스를 받아서 혜택을 보는 고객[B]가 있다.

예를 들어, 노인돌봄서비스를 받는 노인은 고객[R]이고, 그로 인해 도움을 받는 노인 자신과 가족구성원(돌봄 부담 감소)이 고객[B]가 된다. 확대된 개념으로는, 고객[R]이 지역사회 돌봄 서비스를 받아서 값비싼 요양시설 서비스를 이용하지 않아도 된다면, 그로 인해 돈을 아끼는 혜택을 보는 건강보험이나 정부도 역시 고객[B]가 될 수 있다. 어떤 경우에도 고객이 된다는 것은 서비스 구매 과정에 관여되어 있다는 것을 뜻한다.

일반 시장에서 소비자는 대부분 두 가지 고객 개념이 합쳐진 고객[RB]로 존재한다. 목욕탕에서 때밀이 서비스를 구매하고 받는 사람은 자신이 곧 직접 서비스를 받는 고객[R]이자 그래서 기분이 좋아지는 혜택을 보는 고객[B]가 된다. 그래서 고객[RB]는 자신이 돈을 내고 서비스를 받는다. 물론 이때도 만약 아이가 때밀이 서비스를 받도록 해서 엄마만 기분이 좋아지면, 엄마가 구매자 고객[B]가 되고 억지로 서비스를 받아야 하는 아이는 대상자 고객[R]로 분리된다.

사회서비스 시장은 순수 시장이라기보다는 유사 시장에 가깝다. 그래서 두 가지 고객의 유형이 분리되어 나타나는 경우가 많다.[28] 서비스로 인한 혜택이 반드시 직접 서

비스를 받는 고객[R₁] 개인에게만 발생하지 않고, 간접 혜택을 보는 고객[B]가 사회적
으로 존재하기 때문이다. 그래서 사회서비스는 그러한 사회적 고객[B]를 대표하는 정
부나 기업, 지역사회 등이 서비스 구매가 이루어지도록 관여하는 것이다. 즉, 사회적
방식으로 서비스가 구매, 소비되도록 하는 것이다.

사회서비스가 시장 기제를 따르게 되면, 마케팅의 관점에서 고객의 개념을 중요시해
야 하는 것은 당연하다. 다만, 사회적 방식으로 구매와 소비가 이루어지는 서비스의 특
성상, 서비스 제공자(기관)의 입장에서는 이 같은 이중적 고객에 대한 개념을 적절히 간
주해야만 한다. 그렇지 못하면 두 고객[R, B]가 서로 원하는 바가 다른 경우에 '고객 본
위'는 어떻게 할지를 결정할 수 없게 된다. 사회서비스 마케팅 기획에서는 단순히 고객
의 원함을 주창하기에 앞서 고객을 구성하는 사회적 관계 맥락을 우선 파악해야 한다.

(2) 경쟁자

사회서비스가 시장 상황이 되면, 사회복지조직에도 경쟁의 개념이 중요해진다. 마
케팅 방식의 기획이 필요한 이유도 여기에 있다. 어떤 방식의 사회복지 기획에서도 환
경 분석을 중시한다는 점은 같지만, 마케팅 방식에서는 특히 경쟁자(기관) 동향을 서비
스의 제반 결정에서 우선시한다는 점이 다르다. 일반적으로 경쟁자에 대한 분석은 누
가 경쟁자이고, 그들이 각기 얼마나 강력한지를 파악하는 것이다. 만약 그들과 경쟁하
게 된다면, 무엇을 강점으로 삼아야 할 것인지도 분석한다. 예를 들어, 우리 기관이 양
질의 서비스와 저비용, 지리적 접근의 용이성으로 그들과 경쟁하면 유리할 수 있겠는
지를 파악해 보는 것이다.

일반적인 경우와는 달리, 사회복지조직이 경쟁자 환경을 파악할 때는 영리 추구의
시장 조직들과는 다른 측면도 고려해야 한다. 비영리 사회복지조직으로서는 경쟁자
분석에 지역사회 관계를 고려할 필요가 있다. 지역사회의 상황을 고려해서 '굳이 경
쟁에 뛰어들어야 할지'를 판단해 보아야 한다. 비록 현재 기획 중인 서비스가 다른 기
관들보다 우위에 있다는 강점이 판단되더라도, 지역사회의 비영리 조직으로서 굳이
왜 그런 경쟁에 뛰어들려는지에 대한 뚜렷한 대의나 명분은 찾아야 한다.

(3) 마케팅 믹스

마케팅 믹스(mix)란 서비스 기관이 고객과 경쟁자 상황을 고려해서 시장 활동에 적합한 '서비스, 가격, 경로, 촉진'이라는 네 가지 수단(4P)을 어떻게 구성할지를 결정하는 것이다.[29) 마케팅 기획의 핵심 결과는 바로 이러한 4P에 대한 의사결정과도 같다.

서비스(**P**roduct)   기관이 고객의 필요를 충족시키기 위해 시장에 내놓는 내용물이다. 물건과 같은 상품도 있지만, 사회서비스 기관에서는 주로 휴먼서비스 실행을 생산의 내용물로 한다. 고객의 원함을 최대한 만족시키면서, 경쟁자보다는 더 비교우위를 가질 수 있는 서비스의 내용물을 어떻게 구성할 것인지가 핵심이다.

가격(**P**rice)   서비스를 시장에서 얼마에 팔지를 결정하는 것이다. 아무리 좋은 서비스(프로그램)라도 사람들이 그 가격으로 사고 싶지 않아 한다면 마케팅은 실패한다. 서비스의 질과 가격의 결정 간에는 통상적으로 손익교환(tradeoff) 관계가 발생한다. 대개 서비스의 질을 높이려면, 가격도 높아질 수밖에 없다.[30) 구매자의 선호도는 서비스의 질과는 비례적으로, 가격과는 반비례적으로 작동한다. 그래서 어느 정도의 서비스질에 대해 어느 정도의 가격 책정이 고객의 관점에서 최적일지를 결정해야 한다.

경로(**P**lace)   서비스나 상품이 생산자로부터 소비자에게 전달되는 과정을 말한다. 상품 생산의 경우에는 유통되는 경로를 어떻게 배치하고 운용하는 것이 적절할지를 결정하는 것이다. 휴먼서비스의 경우에는 서비스 생산의 과정 자체가 곧 상품이 되므로, 물품의 보관이나 유통의 경로에 대한 고려와는 다르다. 휴먼서비스에서는 서비스 지역의 배치나 프로그램 운영 시간대에 관한 결정 등이 이에 해당한다.

촉진(**P**romotion, 프로모션)   서비스를 구매하면 소비자는 어떤 혜택을 보게 될 것인지를 고객에게 확신시키기 위한 활동이다. 경쟁자 상황을 고려한다면, 다른 서비스 기관들이 제공하는 동종 혹은 유사 프로그램들과는 어떻게 차별되는지가 강조되어야 한다. 예를 들어, 자기 기관의 서비스는 권위 있는 기관으로부터 공인을 받은 점이라든지, 동일한 서비스의 내용과 질에도 가격이 낮다든지 등을 고객층에게 알리는 것이다.

서비스 기관이 사회서비스의 마케팅 전략을 짜는 기획에서도 4P는 중요한 결정 사항이다. 다만, 사회서비스의 제공 과정은 순수 시장과 달리 사회적 방식의 고객, 즉 서비스 비용의 상당 몫을 부담하는 정부나 후원자, 지역사회와 같은 고객[B]가 존재하므로, 그에 따라 고객 서비스나 가격 등 4P의 결정이 제한을 받는다.

2) 마케팅 전략의 기획 과정

마케팅 전략을 수립하고 실행하기 위한 기획 과정은 대체로 [그림 12-1]처럼 구성된다. 마케팅의 핵심은 시장 상황(고객, 경쟁자 등)에 대한 파악에서 비롯된다. 이를 위해 먼저 PEST 분석 등을 통해 기관의 거시적 외부 환경의 동태를 분석해 본다. 예를 들어, 기관이 소재하는 지역에서의 인구학적 동태(예: 고령인구 규모나 다문화가구, 1인 가구 수의 증감 등에 관한 예상)가 이에 해당한다. 다음으로는 기관의 현황을 3C의 관계로 분석해 본다. 3C는 고객(Consumer), 경쟁자(Competitor), 자기 기관(Company)을 뜻한다. 이를 토대로 마케팅 기획에서 다루어져야 할 몇몇 전략적 이슈들이 도출된다. 이때 SWOT 분석 기법을 흔히 사용한다.

시장 분석을 통해 도출된 전략적 이슈를 근거로 마케팅의 목표를 설정한다. 예를 들어, 지역 내 고령자에 대한 주간보호 시장에 진입하는 것을 목표로 결정한다. 다음으로는 이에 대해 한정된 자원으로 최대한의 효과를 얻을 수 있는, 즉 효율성을 극대화할 수 있는 전략 방안을 찾는다. STP 분석이 여기에 소용된다. 이는 시장 세분화(Segmentation) → 표적시장 선정(Targeting) → 서비스의 포지셔닝(Positioning)으로 진행

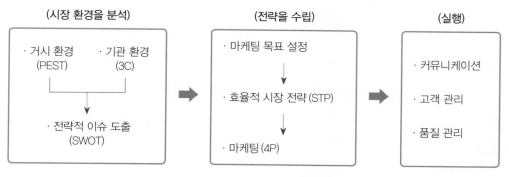

[그림 12-1] 마케팅 기획의 과정

되는 분석인데, 서비스가 시장에서 경쟁우위를 확보하기 적합한 자리를 찾는 것이다.

시장 세분화란 시장을 몇 개의 세분화된 시장으로 나누는 것이다. 예를 들어, 주간보호 시장을 고소득 가족과 저소득 가족을 위한 시장으로 나눈다든지, 보호대상자의 연령이나 건강 상태에 따른 세부 시장으로 구분해 볼 수 있다. 이러한 시장들을 평가해서 표적시장을 선정하고, 각 표적시장에 어떤 서비스 유형이 적절할지에 대한 포지셔닝을 결정한다. 예를 들어, 고소득 가족을 위한 표적시장에서 주간보호 서비스는 '개별화된 요구의 최대 반영'을 포지셔닝(자세 잡기)으로 결정하는 것이다.

효율적 시장에 대한 전략이 STP 분석 등을 통해 찾아지고 나면, 서비스 기관은 마케팅 전략을 구성하는 핵심적인 수단인 4P를 어떻게 구성할지에 대한 의사결정을 한다. 앞서 설명했던 바와 같이, 서비스(P)는 어떤 내용과 브랜드로 구성할지, 가격(P)은 얼마에 어떤 거래조건으로 제시될 것인지, 경로(P)는 어느 지역에서 어떤 시간대에 서비스를 제공할지, 촉진(P)은 광고나 PR, 고객 커뮤니케이션을 어떻게 할 것인지를 결정하는 것이다. 이들을 어떻게 조합(mix)할 것인지가 기관이 통제할 수 있는 전략의 핵심 내용이 된다.

마케팅 전략의 실행에는 서비스에 대한 지속적인 커뮤니케이션을 수행하고, 다양한 방식으로 고객의 피드백(예: 만족도)을 수렴하고, 이를 서비스 생산 과정에 대한 모니터링과 연계하여 반영하는 개선 활동을 해 나가는 것들이 포함된다. 이 과정의 대부분은 고객 관리와 품질 관리로 나타난다.

3) 사회서비스 프로그램과 마케팅 기획

현재 추세에서 보자면, 사회(복지)서비스를 생산하는 기관이나 프로그램들이 시장 기제의 영향을 받을 가능성은 커지고 있다.[31] 시장 기제에서는 서비스 프로그램을 기획할 때 '고객'과 '경쟁자' 등의 개념을 '욕구사정'보다 상대적으로 중시한다.[32] 이런 연유로 사회서비스 프로그램의 기획과 실행에서도 시장 경영학의 고객 중심 '마케팅'과 '품질 관리' 등이 강조되는 것이다.

그럼에도 사회서비스에서 이러한 시장 개념들은 제한적으로 적용될 수밖에 없다.

사회적 방식으로 생성되고 제공되는 '사회서비스'는 일반 시장 방식의 서비스 과정과는 분명히 다르기 때문이다. 사회서비스 생산의 중요한 특징 중 하나가 '외부 시장(external market)'의 존재다. 이는 직접 소비자 이외에도 간접 소비자, 외부 이해관계자들로 구성된 시장을 말한다.[33] 외부 시장의 소비자들의 예를 들면 다음과 같다.

· 의뢰 기관 : 학교, 법원, 다른 비영리 기관 등
· 정책 결정자와 행정 당국 : 정부 부서, 지방자치단체, 재단, 인증평가 기관 등
· 자금 제공자 : 정부 및 지자체, 공동모금회, 재단, 보험공단, 개인기부자, 종교기관 등

일반 시장에서는 직접 소비자로서의 고객이 시장의 핵심인 반면, 사회서비스는 그에 못지않게 외부 시장의 고객이 중요하다. 그래서 서비스 제공자(기관)들은 이들 외부 시장의 고객을 적절히 관리하고 조율할 수 있는 능력을 갖추어야 한다. 외부 시장 요소들이 중요하다는 것이 곧 서비스 프로그램의 외부 시장에 대한 의존성을 강조하는 것은 아니다. 오히려 그와 반대로, 이들 외부 시장에 대한 관심과 적절한 이해를 통해 서비스 기관이나 프로그램이 적절한 포지셔닝을 취할 수 있다면, 그만큼의 자율성 확대에 도움이 되는 것이다.

사회서비스의 마케팅을 위해서는 사회서비스에 특화된 마케팅 기법과 도구들이 필요하다. 이는 일반적인 마케팅의 주요 관심인 4P 등을 단순하게 적용하는 것과 다르다. 그러므로 적어도 사회적으로 생성되는 휴먼서비스라는 특성에 따른 제약 정도는 적절히 이해하고서 마케팅 실행을 고려하는 것이 중요하다.[34]

5. 의사결정 기법

기획은 그 자체가 의사결정과도 같다. 조직이 추구해야 할 전략으로 '무엇'이 바람직할지, 프로그램이 '어떤' 문제와 목적을 설정하고 그것은 '누가' '언제' '어떻게' 수행하는 것이 효과적일지, 서비스를 마케팅하려면 4P는 어떻게 구성하고 배합해야 할지 등과 같이 기획은 수많은 판단과 결정의 연속이다.

대안 선택을 위한 의사결정은 개인적, 집단적 차원에서도 이루어질 수 있다. 개인적 차원의 의사결정이 개인의 가치나 선호를 기준으로 한다면, 집단적 차원의 의사결정은 합의를 위한 기준을 중요시한다. 사회복지 기획에서 쓰이는 다양한 집단적 의사결정의 기법들은 각기 그러한 합의 방식의 차이를 반영한다. 다음이 대표적인 기법들이고, 각각은 나름대로의 쓸모와 장·단점이 있다.[35)]

1) 참여적 집단 의사결정

사회복지 기획에서는 폭넓은 의사결정 참여를 바람직한 것으로 본다. 이것 자체만으로도 기획이 성공이라고도 본다. 집단이 참여하는 의사결정이 효과적으로 이루어지기 위해서는 그 과정에 적합한 기법들에 대한 적용이 중요하다. 다음 두 가지 기법이 대표적으로 쓰인다.

구조화된 브레인스토밍(BrainStorming)   집단 구성원들로부터 자유로운 토론이나 의견 개진을 통해 좋은 아이디어를 도출해 내는 기법이다. '좋은 아이디어를 얻으려면, 우선 많은 아이디어가 나와야 한다'는 것을 기조로 한다. 그래서 브레인스토밍은 의사결정을 위해 모인 집단 참여자들이 최대한 다양한 아이디어들을 자유롭게 쏟아낼 수 있는 분위기를 유도하는 것을 중요한 방편으로 삼는다.

브레인스토밍을 구조화한다는 것은 집단의 진행을 일정한 구조하에 둔다는 뜻으로, 의사결정의 과정이 지나치게 산만해지지 않도록 하려는 것이다. 비록 활발한 아이디어가 '많으면 많을수록 좋다'는 것을 강조하지만, 프로젝터나 보드를 활용하는 등과 같이 집단 참여자들이 논제의 테두리에서 벗어나지 않게 하는 방법이 필요하다.

명목집단(NG, Nominal Group) 기법   이 기법은 의사결정 과정을 구조화해서 참여자의 평등한 의사결정권을 보장하려는 목적에 쓰인다. 명목집단(NG)이란 이름 그대로 집단을 명목적(名目的), 즉 형식적으로만 간주한다는 뜻이다. 비록 구성원들이 집단 속에서 의견을 제시하고 의사결정을 하지만, 구성원 간 집단적 상호작용의 역학이 개입되는 것을 가능한 억제한다.

지역사회의 프로그램 기획에는 지역의 다양한 주체들이 적극 참여하도록 하는 것이 중요하다. 그럼에도 참여자들이 간담회나 워크샵 등의 집단에서 만나게 될 때, '목소리 크기'의 불균형은 필연적으로 예상될 수 있다. 일부 참여자들이 집단적 의사결정의 과정과 내용을 과도하게 지배해 버릴 위험이 있는 것이다. 명목집단 기법은 이런 문제를 해결하기 위해 개발된 것이다.

명목집단 기법은 집단의 진행이 민주적 방식으로 진행될 것을 강조한다. 이를 위해 집단을 이끌 리더를 두고, 리더는 모든 참여자가 의견 제시의 기회와 결정 권한을 동등하게 가질 수 있도록 하는 역할을 한다. 주어진 시간에 돌아가면서 의견을 말하기(round robin) 같은 방법을 사용한다. 최종적인 의사결정은 1인 1표 방식을 원칙으로 한다.

2) 전문적 집단 의사결정

앞서 기법들이 '참여성'을 강조한다면, 초점집단이나 델파이와 같은 기법들은 '전문성'에 초점을 맞춘다. 프로그램 기획의 전체 과정에서는 참여적, 전문적 차원의 의사결정이 각기 모두 필요하다. 전문적 의사결정을 위해 집단을 활용하는 기법은 의사결정의 합리성과 전문적 질(質)에 우선 가치를 둔다. 다음 두 가지가 대표적이다.

초점집단(FG, Focus Group) 면접　집단을 활용한 의사결정 기법으로, 연구 목적의 자료수집 방법으로도 활용된다. 브레인스토밍이나 명목집단과 같이 집단 상황에서의 의사결정을 합리적으로 이끌어 내는 데 소용되는 기법이다.[36] 그럼에도 초점집단 면접은 참여자들 간 집단적 상호작용을 의도적으로 활성화하고, 그로부터 의사결정에 필요한 근거를 찾아낸다는 점에서 명목집단 기법과는 대조적인 지향을 가진다.

사회복지 프로그램 기획에서는 이 기법이 특히 전문가 집단으로부터 비교적 짧은 시간에 특정 현안에 대한 심도 있는 의사결정이나 정보를 획득하려 할 때 유용하다. 초점집단 면접에서는 의사결정의 주제를 다룰 집단을 구성해서, 초점 주제를 집단 참여자들의 대면적 상호작용의 관계에다 던져 넣는다. 그리고 그들 간에 어떤 의견들이 교환되는지, 어떻게 생성, 진전되어 가는지를 기록하고, 이를 근거로 의사결정의 답을 얻는다.

초점집단의 과정에서 논의된 사항들은 진행조정자와 연구팀에서 기록, 녹취, 분석하고, 이를 해석해서 보고하는 절차를 거친다. 초점집단의 과정에서는 진행조정자의 역할이 중요하다. 진행조정자(moderator)는 해당 주제에 풍부한 배경 지식을 갖추고, 대인적 기술도 우수해야 한다. 다른 사람의 이야기를 경청할 줄 알고, 재단적(judgemental)이지 않으며, 대인적 관계 상황을 잘 다룰 수 있어야 한다.

초점집단의 진행 절차는 전반적으로 '질적 조사'와 '집단 면접'의 성격을 띤다. 개방형 질문을 던지고 이에 대한 참여자들 간 토론 내용을 자료로 수집하고, 분석하는 것은 질적 조사방법에 해당한다. 질문과 응답이 개인별 차원이 아닌 집단적 상황하에서 이루어진다는 점은 집단 면접의 성격에 해당한다.[37]

델파이 기법(Delphi technique)   집단을 통해 의견을 수렴하고, 견해의 합치를 이끌어 내는 방법이다. 주로 전문가들의 집단을 대상으로 활발한 의견교환을 의도한다는 점에서 초점집단 기법과 유사하지만, 집단 참여자들 간 관계가 대면적이 아닌 '익명적(anonymous)'이라는 점에서 다르다. 델파이 기법은 집단의 참여자들이 대면적인 상황에서 자유로운 의견 개진을 꺼릴 가능성이 큰 주제나 상황(예: 친분 관계가 있는 집단)에서 유용하다.[38]

델파이 기법은 의사결정에 참여하는 사람들을 익명적 패널(panel) 집단으로 구성한다. 델파이의 패널 참여자는 대개 해당 주제에 대해 전문적 지식이나 견해를 갖춘 사람들로 구성한다. 집단의 구성과 운용을 위해 운용자(facilitator) 혹은 조정자를 두는데, 주로 전문가로 구성된 패널 참여자들 간 집단적 상호작용을 촉진시키고, 매개하는 역할을 한다. 운용자와 패널 참여자들은 점조직(※)처럼 운용된다.[39]

운용자는 수차례 되풀이되는 설문조사를 통해 의견을 모아 간다. 특정 현안에 대해 최초의 설문조사를 실시하고 그 결과(예: 현재 지역에서 제일 심각한 사회문제가 무엇인지를 우선순위로 제시)를 요약해서 정리한다. 그 결과를 패널에게 제시하면서 재차 의견을 묻는다. 결과에 동의 혹은 반대하는지, 이유는 무엇인지 등을 응답하게 한다. 2차 설문의 결과는 다시 정리 요약하고, 이를 다시 3차 설문한다. 이를 패널의 의견이 좁혀질 때까지(예: 사회문제들의 우선순위가 대체로 일치) 계속한다.

이런 과정을 거쳐 패널이 견해 합치에 이르면, 최종적으로 보고서를 작성/공유한다.[40] 델파이 조사의 결과물은 다양한 형태로 활용되지만, 최종 결과보고서만큼은 반드시 패널 참여자들에게 공유되어야 한다. 이는 단지 참여자들에 대한 배려의 의미만이 아니라, 델파이 조사 결과의 신뢰성 확보를 위해서도 필수적이다.

3) SWOT 분석 기법

합리적인 기획을 위해서는 합리적인 의사결정의 방법이 필요하다. SWOT(스왓) 분석은 대부분의 기획에서 보편적으로 쓰이는 의사결정의 기법이다. 조직의 방향을 설정하는 전략적 기획뿐만 아니라, 프로그램이나 서비스 차원의 기획에서도 유용하게 쓰인다.

SWOT 분석은 특정 상황에 대한 강점(Strengths), 약점(Weakness), 기회(Opportunity), 위협(Threats)을 분석해서, 함의를 찾아내는 방법을 말한다. 조직이나 프로그램, 서비스의 내부 환경에서 어떤 강점(S)과 약점(W)을 가지고 있는지, 외부 환경으로부터는 어떤 기회(O)와 위협(T)을 받고 있는지, 그리고 이들을 펼쳐 놓고 보자면 어떤 대응 전략을 추구해 가는 것이 바람직할지를 판단하게 해 준다.

SWOT 분석은 S·W·O·T 자체에 대한 결과 도출도 중요하지만, 분석의 과정에서 합의적 의사결정을 이끄는 도구로서의 유용성도 크다. 조직이나 프로그램의 상황을 의논하는 전반적인 과정에서 구성원들이 S·W·O·T와 같은 체계화된 틀을 통해 참여함으로써 정리된 개념의 의사소통이 가능해지고, 궁극적으로 합의적인 의사결정에 이를 수 있도록 돕는다.

SWOT 분석을 위해서는 먼저 두 부분에 대한 의견수렴을 한다. 현재 우리 조직이나 특정 프로그램, 서비스에서 외부 환경으로부터의 기회(예: 외부 보조금 자원의 증가)와 위협(예: 경쟁 기관들의 증가)이 되는 요소들이 각기 무엇인지를 나열하고, 합의해 보는 것이다. 내부적으로는 어떤 강점(예: 우수한 직원 역량)과 약점(예: 노후화된 시설)을 가지는지를 역시 각기 나열하고 합의해 본다.

이러한 과정을 거쳐 S·W·O·T가 확인되고 합의되면, 그 자체만으로도 중요한 의사결정이지만 더 나아가 이를 통해 조직이나 프로그램, 서비스 개선을 위한 새로운 전략들을 모색해 볼 수 있게 한다. 크게 〈표 12-1〉과 같은 네 가지 유형의 전략들이 가능해진다.

표 12-1 SWOT 분석을 통한 전략 유형

내부 환경 외부환경	강점 (S)	약점 (W)
기회 (O)	SO 전략	WO 전략
위협 (T)	ST 전략	WT 전략

SO 전략   외부 환경으로부터 기회로 파악된 요소들 가운데서 조직 내부의 강점 요소와 결합시켜 가장 유용할 부분을 찾아내서, 그것을 중심으로 전략을 개발하는 것이다. 예를 들어, '외부 보조금 자원이 확대되는 추세에 있다'는 기회 요소를 조직의 '우수한 직원 역량'이라는 강점 요소와 결합해 보면, '효과적인 프로포절 개발을 통해 외부자원 유입의 확대와 조직 사업의 강화'와 같은 공세적인 전략이 나타난다.

WO 전략   조직 내부의 약점을 보강해서 외부의 기회를 최대한 활용하려는 전략이다. 일종의 국면전환 전략이 이에 해당한다. 예를 들어, '시설의 노후화'를 보완해서 외부의 기회 요소로 파악된 '서비스 잠재적 고객 수요의 확대'를 최대한 유용화하겠다는 등이다.

ST 전략   조직 내부의 강점을 가지고 외부로부터의 위협을 회피하거나 최소화하려는 전략이다. 예를 들어, '기관의 지역 내 높은 인지도'라는 강점 요소를 활용해서 '경쟁 기관의 증가'라는 위협 요소에 대처한다는 전략이다.

WT 전략   외부의 위협을 회피하고, 내부 약점을 최소화하는 것이다. 일종의 방어적 전략에 해당한다. 예를 들어, 특정 서비스 분야에서 '경쟁기관의 증가'와 같은 외부 위협 요소에 대해 '시설의 노후화'라는 내부적으로 극복되기 어려운 약점이 결합되는 경우, 이를 회피하기 위해 '지역에서 해당 서비스의 철수'가 전략으로 선택될 수도 있다.

SWOT 분석 기법은 사회복지의 기획에 다양하게 적용될 수 있다. 특히 참여적 의사결정에 소용되는 도구로서의 활용 가치가 크다. 사회복지조직이나 프로그램 차원에서의 제반 기획 과정은 참여적, 합의적 의사결정을 통해 경험적 합리성을 뒷받침해야 할 경우가 많다. 비록 단순하지만 SWOT 기법은 그러한 사회복지 기획의 특성을 적절히 뒷받침할 수 있다.

미주

1) Gilbert, N., & Specht, H. (1977). *Planning for Social Welfare*. Englewood Cliffs, NJ: Prentice-Hall, p. 1.

2) 여기에서 경험적이란 '과학적'이라는 의미와 유사하다. 과학적이란 논리와 경험성(입증)이 결합되어 있다는 것이다. 경험적 합리성이란 곧 논리와 경험적 근거를 결합하는 과학적이라는 뜻과 유사하다.

3) 이 부분의 설명은 주로 참고: York, R. (1982). *Human Service Planning: Concepts, Tools, and Method*. Chapel Hill, NC: The University of North Carolina Press, pp. 39-47.

4) 이를 비용-편익 분석이라 한다. 이 책 15장에서 설명한다.

5) York, *Human Service Planning*, pp. 91-96.

6) 이에 대해서는 이 장 뒷부분 의사결정 기법에서 설명한다.

7) 참고: Bryson, J. (2004). *Strategic Planning for Public and Nonprofit Organizations* (3rd ed.). SF: Jossey-Bass.

8) Lewis, J., Lewis, M., Packard, T., & Souflee, F. (2001). *Management of Human Service Programs* (3rd ed.). Belmont, CA: Brooks/Cole, pp. 43-52.

9) 참고: Bryson, *Strategic Planning for Public and Nonprofit Organizations*; Menefee, D. (1997). 'Strategic administration of nonprofit human service organization: A model for executive success in turbulent times'. *Administration in Social Work, 21*(2), pp. 1-19; Lewis et al., *Management of Human Service Programs*, pp. 43-52.

10) Bryson, *Strategic Planning for Public and Nonprofit Organizations*, p. 130.

11) Austin, M., & Solomon, J. (2009). 'Managing the planning process'. In R. Patti (Ed.), *The Handbook of Human Service Manangement* (2nd ed.). Thousands Oaks, CA: SAGE, pp. 321-338.

12) 참고: Bryson, *Strategic Planning for Public and Nonprofit Organizations*.

13) 〈Lewis et al., *Management of Human Service Programs*, pp. 47-55〉에서 재참고.

14) PEST(Political, Economic, Social, Technological factors). 환경 속성을 정치, 경제, 사회, 기술적 요인들로 나누어 분석해 보는 방법이다.

15) 역장 분석(force-field analysis)은 현장에서 작용하는 힘들을 열거해 보는 방법으로, 보통 긍정-부정적으로 작용하는 요소들을 비교해서 보는 데 쓰인다.

16) SWOT(Strength, Weakness, Opportunity, Threat). 이 장 뒷부분 의사결정 기법에서 설명한다.

17) Lewis et al., *Management of Human Service Programs*, pp. 47-55.

18) 목적전도(goal displacement)란 수단이 목적을 대체해 버리는 현상을 뜻한다. 이 책 1장에서 설명한다.

19) 프로그램 기획의 내용과 절차에 대해서는 이 책 13장에서 설명한다.

20) Lewis et al., *Management of Human Service Programs*, pp. 339-350.

21) 상게서, pp. 339-350.

22) 상게서, pp. 339-350.

23) 우리나라 사회서비스 체계의 다원화와 다선화 현상에 대해서는 참고: 김영종(2012). "한국 사회서비스 공급 체계의 역사적 경로와 쟁점, 개선 방향". 보건사회연구, 32(2), pp. 41-76.

24) 이는 사회복지서비스에서 활용되는 일반적인 프로그램 기획이 문제 분석과 욕구사정을 통해 대상자를 찾는 방식과 뚜렷이 구별된다.

25) Johnson, E., & Venkatesan, M. (2001). 'Marketing'. In T. Connors (Ed.), *The Nonprofit Handbook*. NY:

John Wiley & Sons; Herron, D. (1997). *Marketing Nonprofit Programs and Services*. SF: Jossey-Bass.

26) Herron, D. (1997). *Marketing Nonprofit Programs and Services*. SF: Jossey-Bass.

27) 참고: Johnson & Venkatesan, *Marketing;* Herron, *Marketing Nonprofit Programs and Services.*

28) Martin, L. (2009). 'Program planning and management'. In R. Patti (Ed.), *The Handbook of Human Services Management*. Thousand Oaks, CA: SAGE Publications, pp. 339-350.

29) 상게서, pp. 339-350.

30) 예를 들어, 서비스 질을 높이기 위해 우수한 서비스 인력을 확보하려면, 추가로 인건비가 드는 등 비용 상승이 불가피하기 때문이다.

31) 참고: Herron, *Marketing Nonprofit Programs and Services.*

32) 소비자들에 대한 초점이 시장-지향 접근의 핵심이다. 소비자 욕구의 충족에 대한 강조를 위해 일부 기관들은 서비스 소비자를 고객(customer)과 동일시한다. 영리 부문에서는 소비자가 서비스에 대해 '지불'하고 서비스를 받는다. 이런 경우에 '고객'이란 용어는 선택권을 가진 사람들이란 의미가 강하다. 휴먼서비스 분야에서, 서비스에 대해 비용을 지불하는 측은 대개 서비스의 직접 소비자가 아닌 경우가 많다. 사회(복지)서비스 공급 체계 자체 역시 소비자의 선택권이 강하게 작용되지 않는 경우도 많다. 그래서 고객이라는 용어는 대개 은유 적인 표현으로 사용되면서, 서비스 이용자를 정중하게 다루어야 할 중요성을 강조하는 데 쓰인다.

33) Brody, R. (2005). *Effectively Managing Human Service Organizations* (3rd ed.). Thousands Oaks, CA: SAGE.

34) 참고: Veeder, N. (1991). 'Human services marketing: planning and implementation'. *Administration and Policy in Mental Health, 90*(2), pp. 73-80; Lovelock, C., & Weinberg, C. (1984). *Marketing for Public and Nonprofit Managers*. NY: Wiley.

35) 참고: Iowa State University Extension and Outreach. Community and Economic Development, Self-Help Resources for Community Groups. 〈http://www.extension.iastate.edu/communities/ decision〉

36) 초점집단에 관한 상세한 이해와 활용 가이드를 위해서는 참고: Krueger, R., & Casey, M. (2000). *Focus Group: A Practical Guide for Applied Research* (3rd ed.). Thousand Oaks, CA: Sage Publications.

37) 참고: Morgan, D. (1997). *Focus Groups as Qualitative Research* (2nd ed.). London: Sage; Krueger & Casey, *Focus Group.*

38) 참고: The University of Wisconsin-Extension: Program Development and Evaluation. Collecting Group Data: Delphi Technique, Quick Tips #4. 〈http://www.uwex.edu/ces/pdande/planning/index.html〉

39) 네트워크 분석에서는 이를 별모양(star-shaped) 조직이라 하기도 한다.

40) 참고: Witkin, B., & Altschuld, J. (1995). *Planning and Conducting Needs Assessment: A Practical Guide*. Thousands Oaks, CA: Sage.

제**13**장
사회복지 프로그램의 개발

사회복지 프로그램이란 특정한 사회복지의 목적을 수행하기 위해 '일정 기간 지속되는 기관의 주요 활동 혹은 서비스의 진행 절차'로서, 자체적인 정책과 목적, 목표, 예산을 가지는 것을 실체적인 단위로 한다.[1] 사회복지 분야 전반에서 성과관리나 책임성이 강조되면서, 이 같은 실체적 단위로서의 프로그램에 대한 이해가 중요해지고 있다.[2]

1. 프로그램 구조

프로그램은 하나의 체계로 간주될 수 있다.[3] 프로그램의 구조를 체계로 파악한다는 것은 '프로그램이 어떤 부분들로 구성되어 있으며, 그것들이 서로 어떻게 연결되어 있는지'를 밝히는 것이다. 사회복지 프로그램 기획에서 흔히 사용되는 논리모델도 체계론의 일종이다.

1) 논리모델과 프로그램 이론

논리모델(logic model)은 프로그램의 구조를 체계론으로 파악한다. 프로그램을 '투입' '활동' '산출' '성과'의 구성 부분들로 나누어서 보고, 이들 간의 연결 관계를 단순한 'if － then'의 논리를 통해 설명한다.[4] 프로그램을 논리모델로 나타내는 것은 프로그램의 설명력을 높이기 위함이다. 프로그램이 적절한 구성요소들을 갖추고, 이들 간의 관계가 논리적으로 타당한지를 확인하는 것은 프로그램의 기획과 평가에서 필수적이다.

모든 프로그램은 이론을 가진다. 이론(theory)이란 설명이다. 프로그램이 어떤 목적을 무슨 이유에서 추구하는지, 목적 달성을 위한 실행 구조는 왜 그렇게 구성했는지를 설명하는 것이 이론이다. 사회복지 프로그램에 대한 책임성 제시의 요구들도 결국은 이러한 설명을 요구하는 것이다.[5] 사회복지 실천 전반에서 증거기반(evidence-based) 이론이 강조되는 맥락도 이와 같다. 즉, 실천이든 프로그램이든 그에 대해 타당한 논리적인 설명과 경험적 근거를 갖추어야 한다는 것이다.

[그림 13-1]은 사회복지 프로그램의 이론적 틀을 보여 준다. 프로그램은 자체적으로 추구하는 목적(goal)을 가진다. 그 목적은 개인이나 집단에 대한 전문적 욕구분석을 통해 사정되거나(assessment), 혹은 시장에서 사람들이 원하는 것에서 도출될 수도 있다. 만약 현재의 특정한 상태(Y)를 해결되어야 할 문제나 욕구로 규정했다면, 프로그램의 목적은 그것을 바람직한 어떤 상태(Y′)로 변화시키는 것이다. 프로그램의 실행은 그러한 변화 목적(Y → Y′)을 달성하기 위한 수단이다.

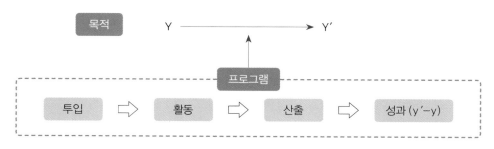

[그림 13-1] 프로그램 이론과 실행 구조

프로그램 이론의 핵심은 특정한 구조의 실행 프로그램이 특정 목적(성과)을 성취하는데 왜 적합한지를 설명하는 데 있다. [그림 13-1]의 경우에 Y를 Y′의 상태로 변화시키는 데 점선과 같은 프로그램의 구조가 적절한지를 보는 것과 같다. 동일한 목적과 성과에 대해서도 각기 다양한 실행 프로그램의 구성이 가능하다. 투입과 활동, 산출을 달리 규정하는 다양한 구조의 프로그램 대안들이 가능할 수 있다는 것이다.

　　미성년 임신 문제의 해결을 목적으로 하는 어떤 프로그램이 있다 하자. 이 프로그램의 이론은 10대 임신의 주된 원인이 피임 방법에 대한 무지(즉, 인지의 문제)나 자아존중감의 결여 등과 같은 심리적인 문제에 있다고 본다. 그 결과, 10대 임신의 감소라는 성과 결과를 위해, 노력과 비용을 투입해서 하는 활동들은 대개가 피임 교육이나 성문제 상담과 같은 실천 방법에 치중한다. 이런 실행 프로그램에 투입되는 비용은 대개 교사나 상담가의 유지에 들 것이다.

　　동일한 목적과 성과를 의도하고서도, 전혀 다른 성격의 프로그램과 활동들이 계획될 수도 있다. 예를 들어, 10대 피임기구 보급 사업 활동을 할 수도 있다. 이 경우 프로그램은 전혀 다른 이론을 제시하는 것이다. 문제를 인식이나 심리적 부분보다는 환경이나 기회 부분과 결부시키는 것이다. 이런 프로그램을 실행한다면, 투입되는 비용은 대개 피임기구 구매나 배포와 관련될 것이다.

　　다양한 형태의 대안적 프로그램들의 구성이 가능하다는 것은 한편으로 그중 어떤 대안이 가장 적절한지에 대한 판단도 필요함을 뜻한다. 프로그램을 기획하고 평가한다는 것은 그 같은 대안 프로그램들의 이론과 구조의 우월성을 비교 검토하는 것과 같다. 여기에 논리모델이 유용하게 동원될 수 있다.

　　실행 프로그램(이를 흔히 프로그램이라 한다)의 구조를 논리모델로 보자면 '투입 ⇨ 활동 ⇨ 산출 ⇨ 성과'와 같은 구성요소들 간의 직선적인 연결 관계로 파악된다.[6] 프로그램의 구조가 합리적(논리적)이려면, 각각의 '⇨' 관계가 인과적으로 합당하게 설명되어야 한다. 즉, '(if) 얼마를 투입하면, (then) 어떤 활동을 할 수 있다. (if) 그런 활동이 이루어지면, (then) 어떤 산출이 나온다. (if) 그 산출이 이루어지면, (then) 목적 성취와 관련된 성과가 나타난다'라는 설명이 가능한지를 확인하는 것이다.

2) 성과

논리모델에서 성과(outcome)란 프로그램 목적이 성취된 정도를 조작적으로 나타낸 것이다. 프로그램이 궁극적으로 의도하는 것은 변화 목적($Y \rightarrow Y'$)의 성취다. 예를 들어, 노인들의 소외를 현재보다 감소(변화)시키는 것이 프로그램의 목적이라면, 그 목적의 성취 정도를 '교류 활동량의 증가' '소외감의 감소' '가족 관계의 질적 상승' 등과 같은 성과로 나타낼 수 있다.

성과는 실행 프로그램이 목적과 결부되어 성취하려는 목표로 나타낼 수 있다. 이를 성과 목표라 한다. 성과는 산출과 구분된다. 산출(output)이란 단지 활동(activity)의 결과 상태를 나타내는 것이다. 활동과 산출은 프로그램의 내용적 구성 부분이고, 그런 내용의 프로그램이 궁극적으로 성과 목표를 달성하게 하는지는 프로그램의 이론적 구성에 해당한다.

예를 들어, 좋은 부모 되기를 목적으로 하는 프로그램의 성과를 '좋은 부모 행동의 습득'이라고 둔다 하자. 프로그램의 내용은 '강의 이수' '상호 경험의 공유' 등의 집단 활동으로 구성되었다. 여기에서 산출은 얼마만큼의 활동(시간, 참여자)이 결과적으로 이루어졌는지를 뜻한다. 산출이 높다는 것과 성과가 높다는 것이 반드시 일치하는 것은 아니다. 아무리 좋은 강의와 경험 공유를 모두가 열심히 참여해서 했더라도, 그것이 좋은 행동으로 연결되지는 않을 수도 있다. 인식하는 것과 행동은 다를 수도 있기 때문이다.

사회복지 프로그램에서 산출(활동)과 성과를 구분하는 것은 매우 중요한 일이다. 산출은 대개 '얼마나 노력했는지'를 나타내는 것이고, 성과는 프로그램의 '목적이 결과적으로 성취되었는지'를 제시하는 것이다. 사회복지 프로그램에 대한 사회적 책임성은 대개 성과의 제시와 연관되고, 이를 산출로서 대신하기는 어려운 일이다. 사회복지 프로그램 평가에서는 특히 이러한 성과 기준에 대해 강조한다. 프로그램의 궁극적 의도가 어느 정도로 실현되었는지를 알아야만, 그에 따른 비용 투입과 활동, 산출과 같은 프로그램 구조 전반에 대한 가치가 평가될 수 있기 때문이다.

논리모델의 프로그램 기획에서는 성과를 다룰 때, 성과 자체의 구조도 중요시한다.

이는 성과를 몇 개의 세부 성과 단위들로 나누고, 그들 간의 관계 구조를 이론적으로 제시하는 것이다. 예를 들면, 다음처럼 구성할 수 있다.

· 초기성과 : 활동의 종료와 산출 시점에서의 성과 (예: 부모의 양육 시간 증가)
· 매개성과 : 초기와 최종 성과를 연결하는 성과 (예: 부모와 자녀 간 교류활동 증가)
· 최종성과 : 프로그램 목적이 의도했던 궁극적인 상태의 성과 (예: 자녀 행동의 개선)

　프로그램이 어떤 성과 구조를 가졌는지에 따라 프로그램의 활동과 산출의 내용은 확연하게 달라질 수 있다. 동일한 자녀 행동의 개선이라는 최종성과 목표를 가지지만, 초기 및 매개성과의 이론적 구조를 어떻게 두는지에 따라 프로그램의 활동 내용은 부모를 교육시키거나, 혹은 부모의 양육 시간을 늘려 주기 위한 지원책을 강구하는 것으로 달리 나타날 수도 있다.

3) 산출

　산출(outputs)이란 활동의 종료 상태나 총량을 나타내는 것이다. 논리모델에서는 이러한 산출이 이루어지면, 성과가 나타날 것으로 예상한다. 예를 들어, (if) 교육을 이수하고 나면(산출), (then) 상황의 변화가 나타날 것(성과)으로 보는 것이다. 산출을 경험적으로 나타내는 기준으로는 '서비스 단위' '서비스 종료' '서비스 질' 등이 있다.

· 서비스 단위 : 접촉 건수, 물량, 소요 시간 등으로 산출을 나타낸다. 예를 들어, 방문상담서비스는 방문 횟수, 교육 활동의 서비스는 이수된 교육의 총 시간을 산출로 한다.
· 서비스 종료 : 서비스를 종료하는 시점을 산출로 간주한다. 예를 들어, 사례관리는 케이스의 종료 수, 교육 프로그램은 수료자의 수를 산출로 한다. 장기적 서비스는 기간별 계획의 종료 시점을 산출로 할 수도 있다.
· 서비스 질 : 서비스의 질적 측면을 산출로 나타낸다. 휴먼서비스의 질을 직접 측정하기 어려우므로, 서비스에 대한 사전 표준이나 이용자 만족도로 제시할 수 있다.[7]

4) 활동

활동(activity)이란 프로그램의 실천 내용을 말한다. 활동의 일차적인 결과는 산출로 나타난다. 활동과 산출이 궁극적으로 의도하는 것은 성과를 달성하는 것이다. 성과는 상태의 변화를 뜻하는 것으로, 어떤 내용과 절차의 활동을 하게 되면 그러한 변화 혹은 전환이 나타나게 될 것으로 프로그램 이론이 제시한다.

사회복지 프로그램은 매우 폭넓은 활동의 범주를 가지고 있다. 상담 프로그램인 경우에는 주된 활동이 '상담 과정', 케어 프로그램은 '생활서비스 제공', 사례관리 프로그램은 '상담, 정보제공, 의뢰, 네트워킹', 치료 프로그램은 '치료', 지역복지 프로그램은 '주민 조직, 참여' 활동 등으로 다양하게 나타난다.

비록 다양하지만, 대부분의 서비스지향적 프로그램 활동은 공통적으로 서비스의 정의, 개입 방법, 과업과 절차, 작업 환경 등으로 구체적으로 규정한다.

- 서비스의 정의 : 서비스에 대해 간단한 문장으로 정의한다. 프로그램이 다룰 클라이언트의 문제와 욕구, 그에 따른 프로그램 활동들을 포괄적이고도 함축적으로 명시하는 것이다.
- 개입 방법 : 서비스 수행의 방법을 구체적으로 규정한다. 예를 들어, 방과 후 보호와 상담 지도를 어떻게 할 것인지(전략)를 구체적으로 제시한다.
- 서비스 과업과 절차 : 서비스에서 수행할 과업을 규정한다. 서비스 과업과 절차, 그에 따른 역할 분담을 통해서 프로그램 실행에 따른 책임성과 모니터링, 평가가 가능해진다.
- 서비스 환경 : 휴먼서비스 프로그램들의 경우, 서비스 환경이란 주로 대인적 환경 요소를 많이 반영한다. 그러므로 과업 절차의 수행 시 이러한 대인적 상황에 대처하는 방법을 제시한다.
- 클라이언트 참여 활동 : 사회복지 프로그램은 클라이언트를 주체화하는 노력을 중요시한다. 그에 따라 클라이언트의 활동과 역할 분담, 책임 내용들을 구체적으로 제시한다.

5) 투입

투입(input)이란 프로그램 활동에 필요한 자원의 내용과 양을 말한다. 투입은 인적자원과 물적자원(현금이나 현물, 시설, 장비 등)으로 구분할 수 있다. 휴먼서비스 프로그램의 주된 활동은 인적자원에 의해 수행되는데, 그러한 인적자원을 어떤 유형으로 얼마나 투입할지는 대개 활동의 내용에 의해 결정된다.

예를 들어, 프로그램 활동의 내용이 자원봉사자를 주로 활용하는 것이라면, 일정 자격과 수의 자원봉사자를 확보하고 운용, 관리하는 데 얼마만큼의 노력(관리자 업무 시간)과 비용(식비, 교통비, 활동비 등)이 발생할지가 제시되어야 한다. 인적자원의 투입은 성별이나 연령 등과 같은 인구학적 변수들이나, 면허증, 자격, 학위 등과 같은 자격관련 변수들로 구체화되어 제시한다.

사회복지 프로그램의 특성상 클라이언트가 중요한 활동의 주체로 규정되는 경우도 많다. 이런 경우는 서비스 수급자격(소득수준, 연령, 거주지역, 장애인등록증 등)과 인구사회학적 특성(성별, 연령, 소득수준, 종교, 교육수준, 혼인상태, 가족관계, 고용상태 등), 서비스 개입을 필요로 하는 문제들에 관한 사정 정보, 개입에 도움을 줄 클라이언트 환경에 관한 변수 정보 등이 모두 투입의 중요한 요소로 제시된다.

2. 프로그램 기획의 과정

프로그램을 기획한다는 것은 '프로그램의 계획 수립, 실행 및 관리, 평가에 이르기까지의 제반 프로그램 과정에서 수행될 일들을 합리적으로 예상해 보고 판단하는 의사결정'을 하는 것이다. 대부분의 프로그램 기획은 연속성을 가진다. [그림 13-2]처럼 한 프로그램의 일생은 특정 시기에 특정 목적(P)을 중심으로 계획 수립에서부터 실행, 평가의 단계를 거친다. 현재 수행된 프로그램의 결과는 피드백의 경로를 거쳐 차기 프로그램의 목적(P′)에 반영되는 등으로 이어져 간다.[8]

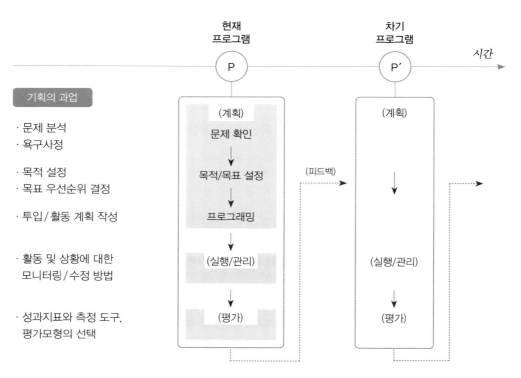

[그림 13-2] 프로그램 기획의 연속성과 단계별 과업

프로그램 기획의 과업은 [그림 13-2]에 제시된 것처럼, 프로그램 진행 과정에서 예상되는 사안들에 대한 의사결정을 내리는 것이다. 프로그램 과정의 각 단계별 의사결정의 과업들은 다음과 같다.

Ⅰ 계획   문제가 무엇인지, 욕구의 성격과 규모는 어느 정도인지를 파악한다. 그에 따라 프로그램이 어떤 목적을 설정하고, 어떤 수단적 목표들을 갖출 것인지를 결정한다. 목표를 수행하려면 어떤 활동들이 언제, 어떻게 이루어져야 하고, 그런 활동에는 어떤 자원들이 얼마만큼 투입되어야 할지도 결정한다.

Ⅱ 실행/관리   프로그램의 제반 활동들이 계획처럼 진행되고 있는지를 어떤 방법으로 파악하고, 모니터링할 것인지를 결정한다. 계획 수립 단계에서 기대했던 내·외부 현황이 예상대로 나타나지 않는다면, 이에 어떻게 대처할지에 대한 방안도 선택 결

정한다.

Ⅲ 평가 단계　　평가의 디자인과 기준은 무엇으로 할지(예: 효과성, 효율성, 노력성), 해당 기준에 적합한 성과 지표는 어떤 것으로 할지를 선택 결정한다. 각 지표의 측정 도구와 측정 주기 및 시점, 자료의 수집과 관리, 분석은 어떻게 할지에 대해서도 결정한다.

비록 프로그램의 진행은 단계로 구분할 수 있지만, 이를 기획하는 과정은 단계별로 쪼개서 이루어지기 어렵다. 기획에 필요한 의사결정은 모든 단계와 과업들이 서로 연관되어 있기 때문이다. 계획의 단계에서 실행/관리와 평가 단계의 과업들을 감안해야 하고, 계획 단계 안에서도 프로그래밍의 실행 가능성이 의문시되면 목적/목표 설정을 다시 해야 할 수도 있다. 따라서 [그림 13-2]에 제시된 기획의 과업들은 포괄적으로 상호 연관되어 수행되는 것으로 간주한다.

이런 이유들로 인해, 사회복지 프로그램 기획에서는 구체적인 계획 수립의 단계에 들어가기 전에 사전 검토가 장려된다. 대략적으로 전체 기획의 과정들이 논리적으로 타당하겠다거나, 마케팅 기획의 경우에는 '시장화'와 연결될 가능성이 있는지 등을 고려해 보고 난 후에 프로그램의 구체적인 기획 단계를 밟아 나가는 것이 실용적이다.

3. 문제 확인과 욕구사정

프로그램 기획은 문제의 확인에서 출발한다. 문제 확인이란 프로그램이 다루어야 할 문제나 욕구의 본질이 무엇인지를 명확하게 규정하는 것이다. 사회복지 프로그램의 문제는 대개 개인이나 집단, 지역사회 등이 처한 어려움과 그로 인한 고통을 다룬다. 확인된 문제는 프로그램의 목적으로 연결되므로, 향후 프로그램 기획 전반의 가치와 합리성도 이 단계에서의 적절성을 기반으로 하는 바가 크다.[9]

1) 사회문제의 분석

사회복지 프로그램은 개인들의 자선적 동기나 목적에서 비롯된 프로그램들과는 구분된다. 자선 프로그램은 소수 개인의 자발적인 동기를 중요시한다. 사회복지 프로그램은 그와 달리 사회문제를 중요시한다. 사회문제란 '사회적으로 규정되는 문제'다.[10] 누군가의 고통이나 어려움이 있다 해서, 그것이 스스로 사회문제가 되는 것은 아니다.

죽음이란 모든 사람에게 고통스러운 일이다. 그렇다면 죽음은 그 자체로 사회문제인가? 대부분 사람들에게 노화로 인한 죽음은 '문제'라기보다는 자연스러운 '삶'의 일부분이다. 그것을 문제라고 하지는 못한다. 그러나 특정한 사람들의 특정한 죽음이 특정한 사회에서는 사회문제로 규정될 수가 있다. 근래 우리나라에서 저소득 무연고 노인의 자살이나 고독사에 관한 상황은 사회문제로 인식되고 있다.

사회문제가 사회적으로 규정된다는 것은 '어떤 상황이나 조건들이 바람직하지 않다는 것이 그 사회를 구성하는 최소한의 다수 사람에 의해 동의되어야 한다는 것'을 뜻한다. 이때 사회란 다양한 범위의 지역사회나 국가 혹은 공동체 사회 등으로 다를 수 있다. 최소한의 다수란 적어도 그 사회에서 영향력 있는 규정에 이를 수 있는 최소한의 사람들의 크기를 뜻한다.

사회적으로 문제가 규정되는 현실적 맥락은 다양하게 나타난다. 어떤 사회복지기관이 특정 지역주민(들)의 어려움이나 고통스러운 상태를 확인해서, 이를 변화시키기 위한 목적의 프로그램을 계획하고, 프로그램 실행을 위한 자원을 정부나 기업 혹은 지역 자체적으로 동원할 수 있었다면, 이것 자체도 사회적으로 규정되는 사회문제의 확인에 해당하는 것이다.

사회복지 프로그램의 기획을 이미 확인된 욕구에 대한 수동적인 계획 수립의 과정만으로 규정하는 것은 옳지 않다.[11] 어떤 경우에도 사회서비스는 사회적으로 규정되고 사회적 자원 할당을 통해 실행에 옮겨진다. 사회복지 프로그램을 기획한다는 것은 이러한 사회문제의 규정 과정에 주체적인 역할로 참여하는 것이다.

2) 욕구사정

욕구사정(needs assessment)은 한정된 범위에서 사람들의 욕구 수준을 확인해 내고, 이를 계량화하는 방법이다.[12] 욕구(needs)란 일반적인 용어로는 '필요'와 같으며, '특정한 사람(들)에게 어떤 구체적인 것(들)이 필요한지'를 뜻하는 것이다.[13] 욕구사정이란 누구에게 무엇이 필요한지를 사정(査定, 조사해서 결정)하는 것이다. 욕구란 스스로 존재하는 것이 아니라, 사정을 통해 규정되는 것이다.

사회복지 프로그램이 다루는 욕구는 사회적으로 규정되는 것이다. 이것은 '원함 (wants)'과 구분된다. 원함이란 '무엇을 원하는 것'이다. 원함은 그것을 원하는 사람 자신이 가장 잘 안다. 반면에, 욕구는 '그 사람에게 무엇이 필요한지'를 다른 사람들 (사회)이 관여해서 규정한다.

> 노숙인을 위한 프로그램을 기획하는 과정에서 그들의 욕구(필요함)가 무엇인지를 어떻게 결정할 것인가. 적어도 '무엇을 원하는지'를 물어보고 그 대답을 단순히 욕구라고 하지는 않을 것이다. 원함은 '돈을 얻는 것'이었더라도, 프로그램 기획자는 욕구를 '돈을 버는 것'이라고 사정할 수도 있다. 그렇다면, 욕구는 누가 어떤 근거로 사정해서 결정되는가?

사회복지 프로그램이 다루는 욕구는 단순히 '사람들이 원하는 것'이 아니라, 그들에게 '무엇이 필요한지'를 규정하는 것이다. 이것이 사회적으로 규정되는 욕구이다. 브래드쇼(J. Bradshaw)는 사회적 욕구가 사정되는 유형을 네 가지로 구분한다.[14] 〈표 13-1〉은 각 유형에 따라 누가(규정의 주체), 어떤 근거 기준으로 욕구를 조사하고 규정하는지를 나타낸다.

표 13-1 브래드쇼의 사회적 욕구 유형

욕구의 유형	근거 기준	규정의 주체
규범적 욕구	전문적 표준	전문가
느껴진 욕구	대상자의 인식	대상자
표출된 욕구	대상자의 행동	대상자
비교적 욕구	외부의 비교집단	일반사회

규범적 욕구(normative needs)   전문직에서 설정해 놓은 표준선(standards)을 욕구 판단의 기준으로 한다. 예를 들어, 아동의 발육 상태는 의학 전문가들에 의해 신체적 영양 상태를 기준으로 작성된 아동발달 표준선에 비추어 판단될 수 있다. 만약 이 표준선에 미치지 못하는 어린이가 있다면, 이를 욕구가 있는 경우로 규정한다. 규범적 욕구 기준은 수량화가 쉽고 표적을 구체적으로 식별할 수 있다는 장점이 있지만, 개별화된 인간 욕구를 획일화시키기 쉽다는 것이 단점이다.

느껴진 욕구(felt needs)   인지적 욕구라고도 한다. 사람들이 스스로 욕구라고 생각하는 것을 기준으로 한다. 주로 서베이 조사 등을 통해 사람들이 '무엇을 원하는지'를 묻고 대답을 집계해서, 이를 기준으로 이들에게 '필요한 것'을 판단한다. 이는 대상자의 원함에서부터 욕구를 끌어낸다는 점에서 이용자 혹은 클라이언트-중심적 접근에 가깝다는 것이 장점이다. 단점은 대상자가 정치경제적으로 힘이 약할 때 이러한 기준이 적용되기 어렵다는 것이다.

표출된 욕구(expressed needs)   대상자의 행동을 기준으로 한다. 사람들이 실제로 필요하다고 행동으로 나타낸 것을 기준으로 욕구를 판단한다. '서비스를 받고 싶다'가 느껴진 욕구라면, '서비스를 받으러 찾아갔다'는 표출된 욕구다. 예를 들어, 특정 서비스에 대한 욕구의 여부를 기존 서비스 기관의 등록자나 대기자 수를 통해 확인하는 것이다. 장점은 보다 현실적인 욕구 수준을 파악하기 쉽다는 것이고, 단점은 해당 서비스가 존재하지 않을 때는 적용되기 어렵다는 것이다.

비교적 욕구(comparative needs)   특정 대상의 욕구를 다른 대상과의 비교 기준을 통해 찾는다. 다른 집단(사회)에는 제공되는 서비스가 대상 집단에서는 제공되지 않는 경우, 이 집단은 비교적 기준에서 서비스가 필요하다는 욕구가 인정된다. 비교적 기준으로 욕구를 사정하는 데 따르는 장점은 적절한 비교 대상만 있으면 특정 집단에 대한 욕구(필요성)를 쉽게 규정할 수 있다는 것이다. 단점은 적절한 비교 대상을 찾기 쉽지 않다는 데 있다.

각 욕구 유형은 욕구를 규정하는 주체에서 차이가 난다. 규범적 욕구는 전문가, 비교적 욕구는 일반사회, 느껴지거나 표현된 욕구는 (잠재적)클라이언트가 욕구 규정의 주체가 되기 쉽다. 어떤 문제나 상황에 대해 모든 주체가 욕구라고 인정한다는 것은 욕구사정에 대한 사회적 합의가 이루어진 것을 의미한다. 이 경우에 그런 욕구를 중심으로 구성되는 사회복지 프로그램은 실행에 무리가 없다. 문제는 그 같은 경우들이 사회복지의 현장에서 쉽지않다는 점이다.

> 아동학대의 경우에 체벌을 하는 교사나 체벌을 받는 아동이 이를 변화의 욕구(필요)로 인식하거나, 표현하지 않을 수 있다. 그럼에도 일반사회나 교사 준칙과 같은 규범적인 기준에서, 혹은 외국 사회 등과의 비교 기준에서는 그것을 욕구(문제)라고 규정할 수 있다. 특히 '가끔 종아리 몇 대 때리는' 등의 체벌 수위를 두고서는 규정 기준들 간 대립은 더욱 복잡한 양상으로 나타날 수 있다. 이 경우에 누구에 의한 규정이 우선되어야 하는지의 문제가 나타난다.

사회적으로 욕구가 규정되는 현실적 과정은 결국 정치경제적 관점으로 이해된다. 욕구 규정의 주체들 간 정치적 파워와 경제적 자원의 차이에 따라 어떤 기준의 욕구가 우세한지가 결정된다. 그러므로 사회복지 프로그램의 기획자가 클라이언트-중심 접근을 강조하고 싶다면, 단순히 그러한 가치의 순수성을 주장하는 것만으로는 부족하다. 클라이언트를 어떻게 임파워(empower)시켜 욕구 규정에서 클라이언트의 관점이 보다 지배적이게 할 수 있을지의 방법 모색이 필요하다. 그것이 보다 책임성 있는 사회복지 프로그램 기획을 만들어 낸다.

3) 욕구의 확인과 추산

프로그램 기획에서 욕구사정은 크게 두 가지의 과정으로 구분된다. 사회적으로 욕구를 확인하는 과정, 확인된 욕구의 크기를 추산해 내는 과정이 있다.[15]

욕구 확인   욕구사정의 출발은 욕구를 확인(identification)하는 과정이다. 조직적 개입(예: 프로그램)을 필요로 하는 어떤 상황이나 조건을 찾아내는 것이다. 개인과 사회의 안녕에 중요한 것으로 간주되는 인간과 사회적 존재의 상태에서부터 '박탈'이나 '장애' 등이 발생하는 경우, 이를 해결할 수 있는 기술이 존재하고 정치적 과정이 동원될 때 그것은 욕구로서 확인된다. 이는 사회문제가 규정되는 과정과 유사하다. 둘 다

사회적으로 규정된다는 것이다.

　　욕구 추산　　확인된 욕구를 가진 사람들의 수를 헤아리거나, 욕구 해결에 필요한 서비스 단위들의 수를 추정해서 산정(enumeration)하는 과정이다. 욕구 확인이 '무엇이 필요한지'를 규정하는 질적(質的) 작업이라면, 욕구 추산은 '얼마나'를 측정하는 양적(量的) 작업이다. 측정에는 기준(잣대)이 필요한데, 그것은 자연적이 아니라 인위적으로 설정되는 것이다. 예를 들어, 어떤 지역사회에서 '노인 소외'에 관한 욕구가 확인되었다면, 그 크기를 추산하기 위해 '몇 세 이상'의 사람 가운데 '어떤 측정 도구'에서 '얼마만큼의 점수 이상'인 사람이 몇 명인지를 파악한다. 이때 어떤 기준과 도구를 사용하는지에 따라 지역사회의 노인 소외의 욕구 크기는 다르게 추산된다.

　　사회복지 프로그램의 기획에서 욕구사정은 획일적이고 일관된 기준으로 행해지기 어렵다. 욕구란 사회적으로 규정되는 것이기 때문이다. 사회적으로 욕구를 확인하고 추산한다는 것은 이 과정에 다양한 주체의 다양한 관점 차이가 개입된다는 것을 의미한다. 사회복지 프로그램의 기획에서 이는 배척해야 할 문제가 아니다. 사회복지 프로그램은 오히려 다양한 관점의 참여를 적극적으로 반영해야만 '사회적' 프로그램으로서의 책임성이 높아진다.

4) 욕구사정을 위한 자료수집

　　욕구사정이란 특정 상황의 사람들에게 '무엇이 필요한지'를 합리적으로 규정하려는 것이다. 이를 뒷받침하기 위해서는 경험적인 자료가 수집, 분석될 필요가 있다. 욕구사정에 필요한 자료의 원천은 〈표 13-2〉와 같이 구분된다.

표 13-2 | 욕구사정을 위한 자료의 유형

자료 유형		수집	욕구 유형
이차자료 / 사회지표		일반 용도로 수집되고 있는 자료 (예: 주민등록통계자료를 이차적으로 활용)	비교적 욕구
서비스 제공자	전문가 자료	해당 문제에 관한 전문가들의 견해를 기록한 자료 (예: 상담/진단/사정 자료)	규범적 욕구
	서비스 통계	클라이언트들의 서비스 접근에 관한 기록 자료 (예: 이용자 현황/대기자 수)	표출된 욕구
	자원실태조사	지역사회 서비스 자원의 실태나 서비스 제공자들의 견해에 관한 자료	표출된 욕구 / 규범적 욕구
지역주민	사회서베이	대상 인구집단의 정보를 직접(일차적) 설문 방식으 로 수집한 자료	느껴진 욕구
	공청회/포럼	해당 문제에 관심 있는 지역 주민들이 표출하는 증언을 취합한 자료	표출된 욕구
주요 정보제공자		대상 인구집단에 관한 내밀한 정보를 제공해 줄 수 있는 사람들로부터 획득한 자료	느껴진 욕구

이차자료 / 사회지표　　　이차자료(secondary data)란 다른 목적으로 이미 수집된 자료들을 욕구 조사의 목적으로 활용하는 것을 말한다. 인구센서스 자료, 경제통계, 사회지표조사, 노동통계, 의료보험, 시군구 등 각급 정부 단위들에서 실시하고 축적하는 사회조사와 행정통계, 각종 연구기관에서 수행되었던 연구 결과물과 통계자료가 이차자료의 예다.

사회지표(social indicators)란 '지역이나 인구 집단을 특징적으로 나타내는 표준화된 수치'를 말한다.[16] 사회복지 욕구 조사에서는 주로 지역사회의 인구사회학적 특성을 반영하는 사회지표들이 중요하게 취급된다. 지역사회의 인구 변화, 성비, 혼인 및 이혼율, 가족구성, 주택보급률, 소득분포, 질병률, 범죄율, 서비스 기관들의 분포 등이 그러한 예다. 사회지표에 관한 이차자료들은 기존의 정부나 민간기관의 통계 데이터베이스에서 추출될 수 있다.

사회복지 프로그램의 기획을 위한 욕구조사의 자료수집에서 이차자료 방식을 채택

하는 데 따르는 대표적인 장점은 신속하고, 저렴하다는 데 있다. 이미 존재하는 자료
들에서 욕구조사에 필요한 것을 추출해 내기 때문에, 자료 수집의 비용이 많이 들지
않고 신속하게 수행될 수 있다. 단점은 구체적 욕구사정의 상황에 적합한 자료를 얻기
어렵다는 점이다. 딱히 들어맞는 이차자료가 부재할 경우가 많고, 소재 파악이 어렵거
나 접근 권한을 얻기 어려운 경우도 발생한다.

서비스 제공자 자료   현재 서비스를 제공하고 있는 기관이나 서비스 인력을 통해
자료를 획득하는 방법이다. 기관이 정기적으로 생성하고 비축하는 각종 정보라든지,
전문직 인력이 작성한 사례관리에 관한 제반 기록 등이 자료 수집의 대상이 된다. 이
를 통해 지역사회의 각종 서비스나 클라이언트 현황, 자원이나 접근성 실태, 미충족
욕구의 현안 등에 대한 파악이 가능하다.

서비스 제공자로부터 자료를 수집하는 데는 비구조화된 면접이나 구조화된 서베
이,[17] 서비스이용 실태조사 방법이 주로 쓰인다. 소수의 관리자나 서비스 인력들로부
터 서비스 정황에 대한 깊이 있는 정보 획득을 위해서는 비구조화된 면접을 주로 사용
한다. 구조화된 서베이는 주로 다수의 현장 서비스 인력들을 대상으로 일관성 있고 표
준화된 자료 수집이 필요할 때 유용하다. 서비스 이용에 관한 실태조사는 서비스 제공
기관이나 전문 인력들이 보유하는 기록 자료로부터 정보를 도출하는 것이다.[18]

지역 주민 자료(서베이, 포럼, 공청회)   지역주민에 관한 자료를 직접 수집해서 이를
욕구사정의 근거로 삼는 것이다. 다수 주민들을 대상으로 실시하는 서베이 방식의 조
사나, 일정 수의 주민들이 참여하는 포럼이나 공청회를 통해 자료수집의 조사가 가능
하다.

지역 주민 대상의 사회서베이(social survey)는 대개 표본 조사를 통해 이루어진다.
전수(全數) 조사는 실시하기도 어렵거니와, 대개 비용에 비해 효용성도 크지 않다. 표
본을 사용한 조사에서는 전체 인구의 특성을 추정하기 위해 대표성 있는 확률 표본의
수집이 필요하다. 만약 확률 표본이 아닌 자료수집의 경우에는 서베이 조사를 통해 지
역사회의 욕구 규모를 추정하는 데 한계가 있다.

포럼(forum)이나 공청회(public hearing)는 비록 많은 수는 아니지만 지역사회의 다
양한 구성원들로부터 가치나 태도, 의견 등을 직접적으로 청취할 수 있는 자료수집의

방식이다. 수집될 정보의 내용이 사전에 결정되지 않으므로, 자유로운 지역사회의 의견 도출이 가능하다. 개인 설문자료로는 알아내기 힘든 지역사회의 총체적인 분위기를 파악하는 데도 유리하다. 단점은 포럼 참석자의 대표성을 통제하기 어려우므로, 특정 집단의 이해가 과도하게 편중된 자료를 도출하기 쉽다는 것이다.

주요 정보제공자 자료   주요 정보제공자(Key Informant, KI)란 대상 인구 집단의 문제를 잘 알고 있는 사람들, 예를 들어 지역사회 내부 사정을 잘 아는 지역 유지, 해당 지역을 담당하거나 관련된 문제의 성격을 가장 잘 파악하고 있는 전문가나 공무원, 연구자, 활동가 등을 말한다. 이들은 욕구사정 조사의 주요 자료원이 될 수 있다. 면접조사의 방식을 통해 이들에게서 지역주민이나 대상 집단에 관한 욕구 및 서비스 이용실태 등을 파악하는 데 필요한 자료를 수집한다. KI 조사는 비교적 적은 비용으로 내밀한 정보를 얻을 수 있는 장점이 있지만, KI들이 가지는 개인적 편향을 배제하기 어려운 단점도 있다.

욕구사정은 욕구의 확인과 추산으로 구성된다. 욕구의 확인은 문제 상황을 둘러싼 정치경제적 작용에 대한 질적 이해를 필요로 하지만, 욕구 추산을 위해서는 경험적인 자료 수집을 통해 욕구의 양적 규모를 추계할 수 있는 조사 기법이 필요하다. 자료의 수집과 분석, 추계를 위한 조사 기법으로 무엇을 선택할지는 개별 욕구사정의 목적이나 기관의 특성, 특정 자료의 가용성, 측정의 정교화 요구 등을 복합적으로 고려해서 결정된다.

일반적으로 욕구사정을 위한 조사에서는 복수의 자료수집 방법을 동시에 적용하는 것이 이상적이다. 각각의 방법들이 가지는 장·단점을 서로 보완해서 욕구 조사의 신빙성을 높일 수 있기 때문이다. 예를 들어, 지역사회 포럼과 서베이 조사를 같이 사용하면, 자유로운 지역사회의 의견 수렴과 전반적인 분위기를 파악하면서 표준화되고 수량화된 욕구사정도 동시에 가능할 수 있다. 여기에 서비스 기관의 자료나 이차자료들까지를 추가해서 비교해 보면, 보다 균형 있고 풍부한 욕구사정이 이루어질 수 있다.

5) 욕구사정 결과의 활용

욕구사정이란 지역사회의 문제를 분석해서 욕구의 성격과 수준을 파악하는 것이다. 이를 통해 욕구들 간의 우선순위를 결정하는 데 필요한 정보를 도출한다. 이러한 정보는 사회복지 기관이나 프로그램들에 대한 자원 할당의 결정이나, 개별 프로그램들이 개발에서 평가에 이르는 기획 과정을 합리적으로 수행하는 데 필수적이다.

비록 명시적이지는 않지만, 이외에도 욕구사정은 중요한 잠재적 기능들을 가지고 있다.[19] 첫째, 서비스 공급자(정책이나 실천 기관 모두)의 관점만으로 서비스 프로그램이 좌지우지되는 것을 막을 수 있게 해 준다. 둘째, 지역사회에서 욕구사정 조사가 수행되는 과정이 일종의 프로그램 홍보와 지지 효과를 초래할 수 있다. 셋째, 프로그램이 변화되어야 할 필요성에 대한 정당성 근거로도 활용될 수 있다.

이 같은 의미에도 불구하고, 실제로는 욕구사정의 합리적 근거 자료들이 현장에서는 적절히 활용되지 못하는 경우가 많다. 현장에서의 의사결정은 그것만으로 이루어지지 않기 때문이다. 다른 분야에서도 마찬가지지만, 사회복지의 의사결정에서도 '정치적 합리성'은 중요하다.[20] 욕구조사를 통해 나타나는 평가의 '분석적 합리성'만으로 조직이나 프로그램의 의사결정을 대체하기는 어렵다. 오히려, 욕구사정이 실질적인 유용성을 갖추려면 이러한 정치적 합리성과의 결합에 대해서도 적절한 관심을 두어야 한다.

사회복지전문직으로서는 클라이언트 집단의 시각에서 욕구사정을 수행하는 것이 중요하다. 물론 이것이 클라이언트 집단만을 고려해서 욕구사정을 비롯한 프로그램의 제반 과정이 이루어져야 함을 뜻하지 않는다. 다만, 사회복지서비스 분야에서는 정치경제적 자원이 부족한 클라이언트 집단의 시각이 기획의 제반 과정에서 소외되기 쉬우므로, 이에 대한 균형자 역할을 수행하기 위해 사회복지전문직이 클라이언트 관점의 욕구를 반영하는 데 보다 의도적이어야 할 필요가 있다.

4. 목적과 목표 설정

사회복지 프로그램을 개발하는 과정에서 목적과 목표를 결정하는 것은 핵심적인 과업이다. 문제 분석이나 욕구사정을 근거로 목적이 결정되고 나면, 그러한 목적을 실현하기 위한 수단으로 어떤 목표들이 필요한지를 찾는다. 이렇게 설정된 목적과 목표들의 관계가 프로그램 이론의 핵심을 형성한다.

1) 목적과 목표

일반적으로는 목적과 목표가 둘 다 '추구하는 바'라는 뜻으로 쓰인다. 그러나 프로그램 기획에서는 목적과 목표의 의미를 뚜렷이 구분해서 사용한다. [그림 13–3]이 그 예다.

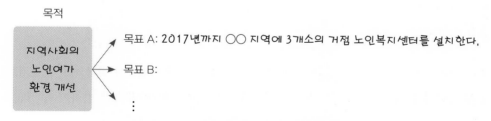

목적

지역사회의
노인여가
환경 개선

목표 A: 2017년까지 ○○ 지역에 3개소의 거점 노인복지센터를 설치한다.

목표 B:

⋮

[그림 13–3] 목적과 목표의 관계 예

- 목적 (goal) : 보통 장기적, 추상적으로 추구하는 바를 나타내는 것이다. 프로그램이 추구하는 특정한 가치나 상태, 결과, 방향 등을 목적으로 제시한다.
- 목표 (objective) : 프로그램 목적을 달성하는 데 필요한 세분화된 활동 방향이나 상태를 나타낸다. 목적이 추상적이라면, 목표는 경험적인 차원을 나타낸다. '경험적'이란 구체적이면서도 관찰과 측정이 가능한 상태를 뜻한다.

프로그램에서 목적과 목표의 관계는 논리적으로 합당해야 한다. 목표들은 목적을 달성하는 데 어떻게 기여하는지를 중심으로 구성되어야 한다. 이와 같은 목적과 목표

간의 연관성이 곧 프로그램 이론의 핵심을 구성한다. 그것은 '어떤 활동을 통해, 무엇을 성취할 것인지'를 설명하는 것이다. 목적과 목표 간 관계가 합당하지 못하면, 각자는 아무리 그럴듯하더라도 프로그램 의도는 적절히 달성되지 못한다.

2) 목적 설정

목적 설정은 프로그램 기획 과정의 핵심 부분이다. 이미 주어진 목적을 다루는 엔지니어링이나 여타 분야와는 달리, 사회복지 프로그램의 기획에서는 목적 설정 자체가 중요한 부분이 된다. 프로그램 기획의 출발 단계에서 목적을 가능한 한 명료하게 설정하는 것은 사회복지 프로그램의 책임성을 위해서도 중요하다. 사회복지서비스 프로그램들의 목적 기술에서 공통적으로 고려해야 할 점은 다음과 같다.[21]

· 문제 분석에서 도출   · 성과 지향적   · 현실적
· 클라이언트 인구의 명시   · 경험적 추정을 예비   · 명료성
· 긍정적 방식으로 기술

프로그램이 추구할 목적은 문제 분석에서 나타나는 인과론(원인과 결과의 관계 설명)과 결부되어야 한다. 프로그램의 목적은 '클라이언트에 대한 바람직한 변화가 무엇인지'의 성과로서 나타내는 것이 좋다. 서비스제공 기관의 입장에서 '기관이 무엇을 할지'로 프로그램의 목적을 기술하는 것은 지양해야 한다. 프로그램의 목적은 현실적 측면을 고려해야 한다. 재정·기술적으로 뒷받침될 수 있고, 윤리·법적으로도 저촉되지 않는 것이어야 한다.

사회복지 프로그램은 사회적 맥락에서 성립되는 것이다. 따라서 프로그램의 목적은 많은 사람에게 쉽고 명료하게 받아들여지도록 쓰여야 한다. 전문적인 용어나 어려운 수식어 등은 가급적 피해야 한다. 프로그램의 목적은 '누구에게 어떤 변화를 의도하는지'를 제시하므로, '누구'라는 클라이언트 인구 대상에 대한 언급을 필히 포함해야 한다.

프로그램의 목적은 그 자체로는 추상적이지만, 성과나 산출 지표 등을 통해 목적 달

성의 과정과 결과가 경험적으로 확인될 수 있어야 한다. 경험적 검증의 기준이나 가능성이 아예 없는 목적으로 기술하는 것은 옳지 않다(예: '노인 복지의 향상'). 목적 기술은 부정적 방식을 가급적 피한다. 예를 들어, '무엇을 줄일지'보다는 '무엇을 증가할지'로 목적을 기술하는 것이 좋다.

3) 목표 설정

목표는 목적 달성을 위한 수단이다. 프로그램의 목적을 성취하는 데 필요한 구체적인 지향이나 활동들을 목표로 나타낸다. 목표는 일정한 분량의 성취도가 측정 가능한 형태로 제시되는데, 프로그램 실행 중에는 모니터링의 대상이 되고, 종료 후에는 결과평가의 경험적 검증 표적이 된다.

하나의 프로그램은 대부분 복수의 목표들로 구성되는데, 각기 설정된 목표들은 프로그램의 구조 내에서 각자의 역할이 주어진다. 이를 논리모델의 관점으로 구분해 보자면, [그림 13-4]에서 제시하는 바와 같다. 논리모델에서는 프로그램이 투입, 활동, 산출, 성과 목표들을 설정하고, 이를 달성하는 것이 곧 프로그램의 목적을 성취하는 것으로 본다.

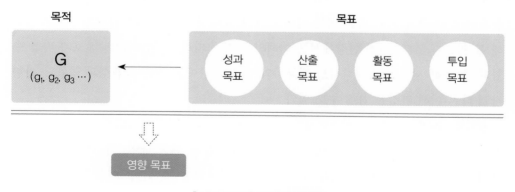

[그림 13-4] **목표의 유형**

영향목표   영향목표(impact objective)는 프로그램의 목적 성취(경험적으로는 성과 목표들의 달성)가 지역사회나 특정 사회문제의 해결에 어느 정도의 영향을 끼치는지로 규정한다. 즉, 프로그램의 외부적인 효과를 뜻한다. 예를 들어, 어떤 프로그램이 A 구역의 청소년 방과후 돌봄이라는 목적을 달성했다면, 그로 인해 지역사회나 가족 혹은 청소년문제의 해결에는 어떤 영향을 주는지를 나타내는 것이다.

영향 목표는 비록 설정될 수 있지만, 하나의 프로그램으로 성취 여부를 직접 판단하기는 어렵다. 영향 목표란 프로그램의 외부에 존재하므로, 그것에 관여하는 다양한 요인들을 통제하기 어렵기 때문이다. 특히 영향 목표의 경우는 하나의 서비스나 프로그램에 의한 직접 인과관계로 나타내기가 어려울 수 있다.[22] 그래서 대개 영향 목표는 상징적으로 제시하거나, 혹은 프로그램의 목적과 직접 관련된 것으로 나타내는 경우도 많다.

성과목표와 산출목표   사회복지서비스 프로그램들에서 산출목표와 성과목표를 적절히 구분하는 것은 중요하다. 이 두 목표 간의 관계가 프로그램 개입이론의 토대를 형성하기 때문이다. 성과목표란 프로그램 시행의 결과로 나타나는 의도된 변화의 크기나 양이다. '사람들이 변화된 정도의 크기, 수' 등으로 흔히 나타낸다. 산출목표는 프로그램 활동의 종료 시 도출되는 생산물의 양으로 보통 나타낸다. '서비스를 받은 사람들의 수' 등이 흔히 제시되는 산출목표다.

프로그램 이론이 발전해 가려면 산출목표와 성과목표를 구분하고, 이 둘을 모두 활용하는 것이 중요하다. 또한 이들 간의 관계가 합리적인지를 논리적, 경험적으로 검증해 볼 필요가 있다. 실천 현장에서는 이해와 관심에 따라 이 둘에 대한 선호가 다를 수 있다. 동일한 서비스에 대해서도 제공자와 이용자 간에는 산출이나 성과 목표에 관한 각기 다른 이해 관심을 가질 수도 있다.

활동목표와 투입목표   활동목표(activity objective)란 '구체적으로 어떤 내용의 서비스를 누가, 어떻게, 얼마나 제공할 것인지'를 나타낸다. 예를 들어, 지역복지 프로그램에서는 활동목표가 '2명의 선임 사회복지사가 일주일에 10시간을 아웃리치 거점에서 주민들과 마을복지계획 수립의 코디네이터 역할을 한다'가 될 수 있다. 재가복지 프로그램의 경우에는 '3명의 방문간호사가 각기 대상 10가구를 일주일에 가구당 30분의 기초건강체크 및 상담 서비스를 제공한다'로 둘 수 있다. 활동목표의 성취로 인한 결과가 곧 산출목표가 되는 경우도 많다.

투입목표(input objective)란 활동목표를 실행하는 데 소요되는 자원들의 내용이나 양을 나타내는 것이다. 예를 들어, 활동목표가 제시하는 '방문간호사'의 자격과 활동 내용 및 시간이 투입되어야 하므로, 프로그램에서는 이를 확보하는 투입목표가 필요하다. 이 외에도 프로그램 활동을 위한 장소나 설비, 제반 경비 등의 확보가 프로그램의 투입목표가 된다. 투입목표가 부실하게 달성되면, 이는 곧 활동목표의 성취에 부정적인 영향을 미치게 되고, 이는 다시 산출목표와 궁극적으로 성과목표 달성을 저하시켜, 프로그램 목적 달성을 저해하는 식으로 연결된다.

하나의 프로그램은 다수의 목표들로 구성되는데, 그들이 어떤 관계로서 연결되는지가 중요하다. 이것이 프로그램 논리의 핵심이 되는 것이다. 하나의 프로그램이 정교한 이론 체계를 갖추려면 목적과 목표들 간의 분화와 위계구조는 명확한 논리적 관계로 정리되어야 한다. 목표들 간에는 서로 어떻게 연관되어 있으며, 그것이 프로그램의 목적 달성에는 궁극적으로 어떻게 기여하는지를 분명히 해야 한다.

프로그램의 목표를 어떻게 기술할지에 대해서는 다양한 지침이 있다. 이 가운데 사회서비스 프로그램의 목표를 기술할 때 공통적으로 요구되는 바는 다음과 같다.[23]

· 욕구와 목적, 실행 구조에 연관
· 클라이언트의 성과 목표를 포함
· 측정 가능한 용어로 기술
· 수행되는 시간을 명시
· 현실적 실행 가능성 고려
· 명확하고, 긍정적인 형태로 기술

프로그램 목표는 프로그램의 목적과 대상 욕구의 실현을 위한 수단이므로, 그러한 관계 구조의 연관성이 적절히 기술되어야 한다. 목표들은 이론적 구조만이 아니라, 실행 구조와도 연관성을 가져야 한다. 예를 들어, '수익사업을 통해 ○○○만 원의 프로그램 비용 확보'라는 활동 및 산출 목표의 기술이 그 자체로는 프로그램 목적에 유용하게 여겨지더라도, 프로그램을 수행하는 모기관이 수익사업을 사명에서 제외하고 있다면, 이 목표는 쓸모없는 것이 된다.

비록 프로그램들에서는 투입이나 활동, 산출 등과 관련된 다양한 목표들을 설정하지만, 휴먼서비스 사회복지 프로그램이라면 적어도 클라이언트에 대한 성과 위주의 목표는 반드시 포함되어 있어야 한다. 기관이나 서비스제공자들의 활동 위주만으로 목표들을 구성하는 것은 바람직하지 못하다.

목표들은 변화의 방향(예: 증가)뿐만 아니라 정도(예: 10%)까지도 나타내야 한다. 그렇지 않고, 예를 들어 어떤 목표가 단순히 '노숙자 수를 감소시킨다'라고만 되어 있으면, 단 한 명의 노숙자만 해당 기간에 줄어들어도 이 목표는 성취된 것으로 간주된다. 구체적으로 규정된 목표들이 있어야 프로그램 평가의 구체적인 표적이 드러난다. 이를 위해 성취되는 시간적 틀도 목표에 들어 있어야 한다. 예를 들어, 노숙자 수를 감소시킨다는 것도, '10년 기간'에 한다는 것과 '6개월 기간'에 한다는 것은 아예 서로 다른 목표가 된다. 보통 단기적 목표들은 단일 회계연도를 기준으로 하지만, 그보다 장기적 목표 설정도 필요에 따라 가능하다.

목표는 실행과 성취가 가능한 현실적인 것으로 규정되어야 한다. 그럼에도 지나치게 현실적인 '쉬운' 목표를 설정하는 것은 바람직하지 않다. 너무 어렵거나 혹은 너무 쉬운 목표들도 모두 성취를 위한 동기부여에 실패한다.[24] 목표를 기술하는 방법은 목적 기술에서와 마찬가지로, 부정적인 측면보다는 긍정적인 변화 측면을 대상으로 삼아 기술하는 것이 좋다.

5. 프로그래밍

프로그래밍(programming)은 프로그램 활동을 선택하고, 이를 구체화하는 과정이다.[25] 목적과 목표들이 설정되고 나면, 각 목표들을 달성하기 위해 어떤 '활동'들이 적합할 것인지를 찾아보고, 그에 따른 프로그램 활동계획을 상세하게 작성하는 과정이다. 사회복지서비스 프로그램에서는 대개 이러한 프로그래밍의 과정이 '서비스 활동의 내용과 절차'에 대한 정의로 이루어진다. 이 과정에서도 다른 프로그램 기획 단계들에서와 마찬가지로 합리적 선택을 위한 의사결정이 중요시된다.

1) 서비스에 대한 정의

　사회복지서비스 프로그램의 기획에서는 프로그래밍을 통해 비로소 사회복지서비스의 상세한 정의가 드러나게 된다. 서비스에 대한 정의는 간단한 예를 들자면, 〈표 13-3〉과 같은 것이 될 수 있다.[26] 여기에는 서비스의 기능, 활동 내용, 생산물에 대한 규정이 들어 있다. 이들을 근거로, 해당 서비스 프로그램을 생산하려면 어느 정도의 비용이 필요할지에 대한 추정도 가능해진다.

　〈표 13-3〉과 같은 예시는 서비스 프로그램에 대한 기본적인 정의만을 보여 준다. 실제 프로그래밍의 과정에서는 이를 실행 상황에 맞추어 보다 구체적으로 묘사한다. 서비스의 정의에는 클라이언트 인구에 대한 예상, 서비스 활동 스케줄 등이 적시되어야 한다. 프로그램 실행에 소요되는 비용의 추정은 기본적으로 이 두 가지 정보를 토대로 이루어진다.

표 13-3　UWASIS II 프로그램 정의 예시

「가족 보존 및 강화 서비스를 위한 CS 프로그램 (UWASIS 7.1.01.01)」

(서비스 기능) 　가족 보존 및 강화 서비스는 가족들이나 개별 가족 단위의 구성원들을 지원하기 위한 것이다. 부부갈등, 부모-자녀관계 갈등, 이성관계 등과 같은 이유로 인해 사회적 기능수행이 어렵게 되거나 …

(카운슬링 활동) 　카운슬링(케이스워크 상담)은 가족이나 가족 구성원들이 직면한 감정적 문제나 일시적 스트레스를 파악하고 해결하도록 조언을 주고, 능력을 부여하기 위해 케이스워크 방법(예: 클라이언트와 인터뷰, 대화, 의논, 공감 청취 관련 전문가)을 사용한다. 상담자는 …

(생산물) ·개인 차원에서 상담 받은 개인들의 수　·상담 받은 사람들의 총 수
　　　　·일대일 관계의 총 상담 시간　　　·집단상담 세션의 총 상담 시간 수
　　　　⋮

클라이언트 인구 추정 　휴먼서비스 프로그램에서는 서비스 대상 인구에 대한 추정

이 프로그래밍 과업의 기초가 된다. 프로그램 대상인구의 추정에는 [그림 13-5]의 인구 깔때기 모형이 유용하게 쓰인다. 이를 통해 일반 인구에서부터 위기 인구를 확인하고, 그 중 프로그램이 표적으로 삼을 인구와 최종적으로 현실적인 상황에서 실제로 서비스에 참여하게 될 클라이언트 수는 어떻게 될지 등을 순차적으로 판단해 볼 수 있다.

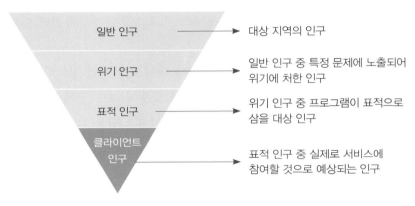

일반 인구 → 대상 지역의 인구

위기 인구 → 일반 인구 중 특정 문제에 노출되어 위기에 처한 인구

표적 인구 → 위기 인구 중 프로그램이 표적으로 삼을 대상 인구

클라이언트 인구 → 표적 인구 중 실제로 서비스에 참여할 것으로 예상되는 인구

[그림 13-5] 프로그램 대상자 결정을 위한 인구 모형

- 일반 인구 (general population) : 프로그램 목적과 관련된 일반적인 인구 집단의 수와 상황을 파악하고 묘사한다. 예를 들어, 만성정신질환자 대상의 프로그램 경우는 일반 인구에서 정신질환의 유포가 어떤 규모와 상태인지를 나타내 보이는 것이다.
- 위기 인구 (risk population) : 일반 인구 가운데 프로그램이 제기하는 사회문제와 관련해서 취약한 상태에 있는 집단이나 사람들의 특성, 그런 특성을 소유한 것으로 판단되는 사람들의 수를 추정하는 것이다.
- 표적 인구 (target population) : 위기 인구 중에서도 프로그램이 구체적인 개입대상으로 삼은 집단의 규모를 추정한다. 프로그램이 채용하는 개입이론의 성격, 가용 자원의 특성 등이 표적 인구를 결정하는 데 영향을 미친다.
- 클라이언트 인구 (client population) : 표적 인구 중 서비스에 실제로 참여할 것으로 예상되는 집단의 크기다. 서비스 접근성의 문제 등으로 표적 인구 모두가 클라이언트 인구로 되지는 않는다.

　　클라이언트 인구에 대한 추정은 프로그램 기획의 초기 단계에서 대략적으로 예상되기도 하지만, 프로그래밍 과정에서는 구체적으로 규모에 대한 판단이 내려져야 한다. 그래야 프로그램에 소요되는 비용을 추산할 수 있기 때문이다.

　　인구 깔때기 모형으로 클라이언트 규모를 추정하는 방식은 전문적 사회복지서비스 상황에 보다 부합된다. 시장 사회서비스의 상황에서는 클라이언트 규모가 이용자의 선택권에 의해 결정되므로, 추정 방식이 깔때기 모형과는 상당 부분 다르게 된다. 이 경우 이용자의 선호도를 기초로 서비스 인구의 규모를 추정하는 마케팅 방식의 접근이 보다 적합할 수 있다.[27]

　서비스 절차와 활동　　프로그래밍에서 이 부분은 프로그램이 실제로 어떤 절차로 진행될 것이고, 참여자들은 어떤 상황에서 각기 어떻게 행동할 것인지를 규정한다. 일종의 행동 계획(action plan)을 제시하는 것이다. 〈표 13-4〉에 간단한 예시가 주어져 있다. 서비스 절차는 서비스 내용이 어떤 시간적 흐름에 따라 진행되는지를 제시하는 것으로, 일종의 생산 공정에 해당한다. 클라이언트가 서비스의 단계를 어떤 순서로 거치

표 13-4 사회복지서비스 프로그램의 규정 – 절차/환경 및 활동

공통	〈상담 프로그램〉	
(1) 사정	(1) 인테이크 및 심사	(2) 문제 규정 및 사정
(2) 개입계획 및 계약 (목표 설정)	(3) 사례계획 수립	(4) 사례계획 실행
(3) 개입 실행	(5) 서비스 제공과정에 대한 모니터링	
(4) 평가	(6) 서비스 효과성 평가	(7) 서비스 종료
	(8) 사후관리	

· 서비스에 영향을 주는 인물들 : 클라이언트에 대한 서비스에 영향을 미치는 사람들의 서비스에 개입 및 참여 여부, 기대 역할이나 활동들에 대한 예상을 규정
· 서비스 작업 환경 : 예) 상담프로그램 : 비밀보장 원칙에 요구되는 상담공간의 설치, 장애인프로그램 : 필수 시설이나 장비의 구비 조건에 대해 규정
· 서비스 상황과 행동 : 클라이언트와 서비스 참여 인력(자원봉사자 포함), 관리자가 서비스 과정의 각 상황들에서 각자 어떻게 행동할지를 규정
· 예상되는 감정 반응 : 휴먼서비스의 긴밀한 대인관계 과정에서 발생하기 쉬운 과도한 감정적 상황을 제어하기 위해, 예상되는 감정적 반응들에 대해 어떻게 대응할지를 규정

고, 각 단계에서는 어떤 활동들이 수행되는지가 제시된다. 여기에서도 다양한 대안들이 검토되고, 이 가운데 프로그램 목적에 최적으로 기여할 것으로 판단되는 절차와 활동을 선택한다.

사회복지서비스는 프로그램 진행 과정이 서비스 제공자와 클라이언트 간 대인적 관계가 주요 환경이자, 핵심 활동으로 구성된다. 그러므로 프로그래밍 단계에서는 이러한 관계에 대한 예상과 적절한 대응을 사전에 구체적으로 규정해 두는 것이 필요하다. 이는 프로그램 활동 내용의 정확한 파악뿐만 아니라, 프로그램에 소요될 비용을 추정하는 근거로도 필수적이다.

생산물의 정의   프로그램에서 생산물에 대한 정의는 프로그램 비용과 밀접히 관련되어 있다. 생산물(product)은 프로그램이 활동을 통해 직접 만들어 내는 결과다. 휴먼서비스 프로그램의 생산물은 일반적으로 세 가지 차원으로 나타낸다.

- 성취 : 프로그램이 의도한 바를 얼마나 달성했는지다. 프로그램이 '사람들의 취업'을 의도했다면, '취업자 수'가 성취 차원의 생산물이다.
- 서비스 단위 : 서비스의 생산 활동이 얼마나 이루어졌는지다. 예를 들어, 상담 시간, 집단 보호 일수, 무료급식 수, 의료검사 건수, 아동학대조사 건수 등이다.
- 소비자 수 : 서비스를 소비한 사람의 수다. 소비자는 직접 서비스를 받는 사람(수급자), 수급자가 서비스를 받게 됨으로써 혜택을 보는 사람(수혜자)으로 분리되는 경우도 있다.[28]

2) 비용 분석과 평가

프로그램 대안 선택에 관한 의사결정에서 비용은 핵심적인 고려 사항이다. 비용 분석(cost analysis)이란 단순하게는 '투입되는 비용을 계산해 내는 것'이다.[29] 프로그램 차원에서 비용 분석은 프로그램 운영이나 성과를 도출하는 데 필요한 활동들의 비용을 추정하는 것이다. 이는 앞서 제시했던 서비스 활동 및 절차, 생산물에 대한 정의에 기초해서 이루어진다.

한 기관에서 대상자들의 자활을 의도로 기획되는 프로그램이 있다하자. 여기에서 고려하는 활동 대안들로는 '취업 알선' 서비스, '취업 상담' 서비스, '취업 교육' 서비스가 있다. 이 중 하나를 선택하려면, 각각의 서비스 대안들이 얼마만큼의 비용이 들고 '효과'의 크기는 각기 어떠한지를 파악하는 정보가 있어야 한다. 그래야 비용대비 효과를 판단하는 분석이 가능하고, 이를 근거로 합리적 의사결정이 가능해지기 때문이다.[30]

최근 휴먼서비스 사회복지 프로그램의 환경에서는 자원제공자들(예: 후원자, 이용자)이 산출보다는 성과에 대한 책임성을 요구하는 경향이 늘고 있다. 그러므로 사회복지 프로그램의 기획이나 관리자들이 프로그래밍 단계에서부터 성과 기준의 비용 분석을 보다 적극적으로 활용하는 것이 필요하다.

3) 서비스 대안의 선택: 기준과 의사결정

각 프로그램 대안들에 대한 활동과 절차, 비용의 조합이 모두 확인되었다면, 다음 단계는 이 가운데서 어떤 것을 선택하느냐는 것이다. 여기에는 프로그램의 목적을 성취하는 데 가장 적절한 수단이 무엇일지를 판단하기 위한 합리적인 '기준'이 필요하다. 일반적으로 다음과 같은 7가지 기준이 사용된다.

- 중요성 : 특정 문제나 인구집단에 대한 평가자의 주관적인 가치를 말한다. 예를 들어, '아동학대' vs. '실업'은 어느 것이 얼마나 더 '중요하게 다루어져야 할' 문제인가를 판단하는 기준이다.
- 효율성(efficiency) : 투입과 생산물의 비율을 뜻한다. 한 프로그램의 효율성은 다른 대안 프로그램들과 비교해서 같은 금액(투입)으로 얼마나 더 많이 생산할 수 있을지로 결정된다.
- 효과성(effectiveness) : 프로그램이 목적 성취에 얼마나 기여했는지를 파악하는 것이다. 주로 프로그램 활동과 성과와의 인과적 관계를 다룬다.
- 실행 가능성 : 프로그램이 현실적으로 실행될 수 있는지에 관한 것이다. 목표가 얼마나 현실적인지, 목표 성취에 필요한 인력배치의 계획, 프로그램 활동과 절차 계획은 적절한지를 본다. 효과성이 논리적 타당성을 본다면, 실행 가능성은 현실적 제약

의 가능성을 본다.

- 필수성 : 현재의 프로그램 이외에 다른 대안은 없는지를 보는 것이다. 어떤 프로그 램이 특정한 문제 해결을 위해 유일한 대안이라면, 비록 효과성과 비용 효율성 등에 서 의문이 있더라도 그것을 무시하기는 힘들다.
- 공평성(equity) : 서비스가 욕구를 가진 개인이나 집단들 사이에서 편파적이지 않게 분배되는 정도를 평가한다. 사회적 목적의 프로그램들에서는 흔히 자원 할당의 정 치적 논리로 인해 공평성 기준이 동원되는 경우가 많다.
- 이차적 결과 : 프로그램의 목적이나 목표에서 명백히 드러나 있지는 않지만, 이를 통해 외부 사회가 이득을 얻을 것인지 아니면 잃을 것인지를 판단하는 것이다.

대안들을 평가할 때 이러한 기준들은 서로 충돌할 수 있다. 예를 들어, 한정된 자원 을 전제로 하면, 효과성과 효율성 기준 중 어느 것을 적용하는지에 따라 동일 프로그 램 대안들에 대한 가치 평가가 달라질 수 있다. 효과성이 높은 대안이 반드시 효율적 이지는 않을 수 있고, 그 반대도 마찬가지다. 그러므로 프로그램 대안의 선택에서 평 가 기준을 무엇으로 할 것인지도, 그 자체로서 프로그래밍의 중요한 의사결정이 된다.

6. 실행 및 관리, 평가

프로그램 계획이 프로포절 과정 등을 거쳐 기관 내 혹은 외부로부터 적절한 승인 (예: 예산 할당)을 얻게 되면, 그 프로그램의 일생은 이제 실행 단계로 넘어간다. 이제 까지는 기획이 계획을 수립하는 일, 즉 장래를 예측하거나 의사결정하는 것에 치중했 다면, 기획의 실행 단계에서 과업은 프로그램의 활동과 진행 상황을 어떻게 모니터링 하고 제대로 굴러가게 만들 것인지의 방법을 제시하는 것이다.[31]

휴먼서비스를 수행하는 사회복지 프로그램은 대부분 사회적, 조직적인 맥락에서 재 가(裁可)를 받아 존재하고 활동한다. 그래서 프로그램을 실행하고 관리하는 일은 그러 한 맥락으로도 이해되어야 한다.

예를 들어, 사회복지관에서 어떤 프로그램을 계획하고 프로포절 과정을 통해 외부로부터 자원을 획득해서 실행의 단계에 들어간다고 하자. 이 프로그램의 실행과 관리는 그 사회복지관의 조직 관리 체계뿐만 아니라 외부 자금기관의 통제(예: 보고와 평가)의 맥락을 존중해서 수행될 수밖에 없다.

내부적으로 프로그램을 관리하는 과정은 프로그램 목표 성취를 위한 활동(주로 서비스)들이 적절히 실행되도록 돕는 것이다. 사회복지 프로그램의 실행 활동은 단지 계획되고 지시된 업무를 수동적으로 이행하는 과정이 아니다. 휴먼서비스 활동의 효과성은 서비스 제공자와 이용자가 자발성과 참여를 통해 이루어 내는 공동생산의 특성과 밀접하게 결부되어 있다. 그래서 사회복지 프로그램을 관리한다는 것은 곧 그러한 인적자원들을 어떻게 개발할 것인지에 대한 휴먼서비스 조직 관리의 과제와도 결부된다.

프로그램 평가는 프로그램의 실행 중이나 종료 후에 실시된다. 실행 과정 중에는 프로그램이 계획대로 진행되고 있는지, 상황 변화가 있다면 그 이유와 대처는 어떻게 되고 있는지 등을 파악하기 위해 평가가 시행된다. 이를 보통 형성평가 혹은 모니터링평가라고도 한다. 이는 단순히 진행과정을 체크만 하는 모니터링과는 다르게, 실행 과정에 대한 판단까지를 내려서 프로그램이 보다 적절히 형성되어 가도록 한다는 점에서 융통성을 필요로 하는 사회복지 프로그램들에서 중요하게 간주된다.

프로그램 실행이 종료되고 난 후에는 그 결과에 대한 평가가 필요하다. 예를 들어, 결과적으로 프로그램이 효과적(목적 달성)이었는지, 효율적(비용 대비)이었는지를 확인하는 것이다. 이를 보통 총괄평가라 한다. 이는 기관 내부적으로도 프로그램 이론의 전문적 검토를 위해 필요하지만, 특히 외부지원의 경우에는 계약을 통해 결과 평가가 의무화되어 있는 경우가 많다.

비록 사회복지 프로그램의 기획 과정에서 계획과 실행, 평가의 단계들이 시기적으로는 다를 수 있지만, 내용적으로는 모두가 서로 얽혀 있다. 계획은 실행으로 나타나고, 그 실행은 평가를 거쳐 새로운 계획 수립을 위한 근거가 된다. 실행 경험에 대한 평가는 프로그램 과정에서 무엇이 적절하고, 적절치 않은지를 판단해 주고, 이는 피드백의 과정을 통해 프로그램이 새롭게 계획될 수 있게 한다.

미주

1) 프로그램이란 용어 자체가 일반적으로 '특정한 목적을 수행하는 진행이나 절차'를 뜻한다. 김영종(2013). **프로그램 개발과 평가**. 학지사, p. 16; Martin, L. (2009). 'Program planning and management'. In R. Patti (Ed.), *The Handbook of Human Services Management*. Thousand Oaks, CA: SAGE, pp. 339-350.

2) Martin, 'Program planning and management', pp. 339-350.

3) 체계 이론에서는 실체를 '구성요소들과 그들 간의 관계'로서 설명한다.

4) 논리 모델에 대한 설명은 〈김영종, **프로그램 개발과 평가**, pp. 349-376〉에서 주로 따옴

5) 이때의 책임성을 영어로 'accountability'라고 부른 것도 이러한 맥락이다. 누군가에게 설명할 수 있어야 한다는 뜻이다. 'responsibility'와는 사뭇 다른 의미다.

6) 여기에서 '⇨'는 if-then의 관계를 의미한다. 예를 들어, 만약 이런 투입을 한다면, 그러면 이런 활동이 가능하다라고 연결될 수 있겠는지를 본다는 뜻이다. 마찬가지로, 이런 산출이 있어야만 이런 성과를 기대할 수 있겠는지를 본다. 프로그램의 논리모델은 기획이나 평가의 과정에서 프로그램을 구성하는 요소들 간에 이런 if-then의 관계가 적절한지를 검토하는 것이다. 논리모델의 적용 기법에서는 기획과 평가에서 각기 구성요소들의 진행을 검토하는 방향이 달라진다. 프로그램을 기획하는 경우에는 투입-활동-산출-성과에서 역방향의 구성 진행을 강조한다. 성과를 위해서는 어떤 산출이 있어야 하는지, 산출이 있으려면 어떤 활동을 해야 하는지, 그러한 활동을 하려면 어떤 내용의 투입이 있어야 하는지와 같은 순서의 검토 과정을 거친다. 그래야 목적과 수단의 관계를 분명히 구분해서, 목적을 앞세워서 가장 적절한 수단(활동, 산출)이 무엇인지를 비교해 보고 찾는 노력을 할 수 있기 때문이다. 이미 개발된 프로그램을 검토하거나 평가하는 단계에서는 순방향으로 '투입 ⇨ 활동 ⇨ 산출 ⇨ 성과'의 흐름을 적용할 수 있다. A를 투입했는지, 투입했다면 B 활동이 나타났는지, B 활동을 했다면 C 산출이 나타났는지, C 산출이 있었다면 D 성과가 나타났는지를 찾아보는 식이다.

7) 표준은 미리 규정된 기준에 비추어서 서비스의 질을 평가하는 것인데, 이 방법의 성패는 적절한 표준을 갖출 수 있는지의 여부에 달려 있다.

8) York, R. (1982). *Human Service Planning: Concepts, Tools and Method*. Chapel Hill, NC: The University of North Carolina Press, p. 27.

9) Rapp, C., & Poertner, J. (1992). *Social Administration: A Client-Centered Approach*. NY: Longman Publishing Group, p. 39.

10) 브루머(Blumer)는 사회문제를 '사회의 내재적 기능 오류에 따른 결과가 아니라, 어떤 상태를 사회문제로 규정해 가는 과정(defining process)에 의한 결과로 나타나는 것'이라고 한다. Blumer, H. (1971). 'Social problems collective behavior'. *Social Problems, 18*, pp. 298-306.

11) Rapp & Poertner, *Social Administration*, p. 39.

12) Gates, B. (1980). *Social Program Administration: The Implementation of Social Policy*. Englewood Cliffs, NJ: Prentice-Hall, p. 101.

13) York, *Human Service Planning*, pp. 56-57.

14) Bradshaw, J. (1972). 'The concept of social need'. *New Society, 19*, pp. 640-643.

15) Gates, *Social Program Administration*, p. 111.

16) Meenaghan, T., Washington, R., & Ryan, R. (1982). *Macro Practice in the Human Services*. NY: The Free Press, p. 179.

17) 구조화란 질문 내용들을 사전에 정해 두는 것이다. 면접을 하기 전에 질문과 응답을 예상하여 정형화된 면접

질문의 틀을 갖추는 것이다. 비구조화 면접은 이와 반대로 대략적인 주제만을 결정하여, 정형화된 질문과 응답 형식 없이 자유롭게 면접을 수행한다. 구조화된 서베이란 보통 설문조사의 형태를 말한다.

18) Gates, *Social Program Administration*, pp. 119-135.

19) Patti, R. (1983). *Social Welfare Administration: Managing Social Programs in a Developmental Context*. Englewood Cliffs, NJ: Prentice-Hall, pp. 72-73.

20) Gates, *Social Program Administration*, p. 137.

21) 참고: Rapp & Poertner, *Social Administration*, pp. 50-52.

22) 이는 프로그램의 효과성 평가를 위한 디자인 이슈와 관련된다. 이 책 15장에서 설명한다.

23) 참고: York, *Human Service Planning*, pp. 100-102; Rapp & Poertner, *Social Administration*, p. 52.

24) 참고: Bell, G. (1978). *The Achievers*. Chapel Hill, NC: Preston-Hill.

25) 프로그램을 넓은 의미로 말할 때는 목적, 개입전략, 성과, 영향 등의 부분을 포괄한다. 좁은 의미에서는 개입 전략을 둘러싼 활동들, 즉 '무엇을 어떻게 할 것인지'를 의미한다. 프로그래밍은 좁은 의미의 프로그램을 어떻게 만들 것인지에 대한 것이다. 일반적으로 현장에서 '프로그램을 짠다'고 할 때는 프로그램 활동들을 계획한다는 좁은 의미에 가깝다.

26) 표는 참고: United Way of America. (1978). *UWASIS II*. Washington, DC: UW, pp. 209-210. UWASIS는 United Way of America Services Identification System의 약자다. 미국의 사회복지 분야 공동모금회를 대표하는 UW에서 미국 사회의 무수한 휴먼서비스 프로그램들을 분류하기 위해 만든 체계표다. 1971년에 1판, 1976년에 2판이 책자로 발간되었다. 여기서는 사회서비스의 위계구조를 6개의 사회적 목적을 상위에 두고, 그 아래 22개의 서비스 시스템, 시스템 아래 총 57개의 서비스, 최종적으로 171개의 휴먼서비스 프로그램들을 배치하고 있다. 이를 통해 특정 프로그램은 어떤 서비스, 서비스 시스템, 사회적 목적에 소속되어 있는지를 파악할 수 있다.

27) 마케팅 방식에 대해서는 이 책 12장에서 자세히 설명한다.

28) 이에 대해서는 이 책 4장에서 설명한다.

29) 비용 분석의 의미와 방법에 대해서는 이 책 10, 15장에서 설명한다.

30) 비용-편익 분석과 비용-효과성(성과) 분석에 대한 자세한 설명은 이 책 15장에서 한다.

31) 프로그램의 실행과 관리 단계의 과업들에 대해서는 이 책 14장, 평가 단계에 대해서는 이 책 15장에서 구체적으로 설명한다.

제**14**장

프로그램 및 서비스 관리

프로그램은 실행 단계로 접어들면 '조직' 활동으로 넘어가므로, 프로그램 관리의 상당 부분도 조직 관리의 제반 측면과 결부되어 있다. 프로그램과 서비스 관리에 소용되는 기법들에는 프로포절, MBO, Gantt와 PERT, 성과 측정 기법, 클라이언트 흐름도 등이 있다.

1. 프로포절 작성과 활용

프로그램 개발 과정을 거치면서 프로그램 계획의 구체적인 모습이 드러난다. 프로그램 계획서는 이를 문건으로 작성한 것이다. 여기에는 프로그램이 개입하고자 했던 사회문제, 그와 결부된 사람이나 지역의 욕구, 이들을 감안해서 결정된 프로그램의 목적, 목적 성취를 위해 채택된 합리적 목표들, 각 목표 달성에 필요한 서비스 활동의 내용과 절차, 역할 등에 대한 상세한 묘사가 담긴다.

완성된 프로그램 계획서는 의사소통의 도구가 된다. 기관 내부에서는 프로그램이 사업으로 인정받고, 예산 할당의 소통 과정에 쓰이는 공식 자료가 된다. 만약 프로그램 기획이 외부 자원의 획득을 전제로 한 것이라면, 프로그램 계획서는 기관 외부와 소통하는 데 쓰이는 자료가 된다. 어떤 경우에도 프로그램 계획서는 의사소통을 위한 도구이므로, 계획서의 작성을 위해서는 의사소통의 기술이 중요시된다.

프로그램 계획서를 기관 외부 자원과의 소통을 위한 프로포절(proposal, 제안서) 형태로 작성할 때는 다음과 같은 단계별 이슈들을 중요하게 고려해야 한다.[1]

1) 사전 평가의 수행

하나의 신규 프로그램을 계획하는 데는 상당한 시간과 에너지, 조직 자원이 투자된다. 그러므로 프로포절 작성 과정을 진행할지에 대해서는 사전에 신중한 판단이 요구된다. 이를 위해 프로그램 실행 기관의 입장에서 다음의 질문을 해 본다.

· 프로그램에 대한 아이디어가 바람직하고, 실행 가능한가
· 우리 조직이 그 프로그램을 수행해 나갈 능력은 있는가
· 외부에서 관심 있는 자금제공자를 찾을 수 있을 것인가
· 만약 외부 자금이 유입된다면, 그로 인해 기관에 미치는 영향은 어떤 것일까

이러한 질문들은 매우 심각하게 고려되어야 한다. 흔히 실행 가능성(혹은 위험성)에 대한 적절한 고려 없이 무작정 프로포절 작성에 덤벼드는 경우들이 많다. 외부로부터의 자금 지원이라는 매력과 함께, 그것이 우선은 자기 기관의 공신력 향상에도 도움이 되는 것처럼 여겨지기 때문이다. 그러나 장기적으로는 그로 인해 발생할 수 있는 기관 내·외의 문제 가능성도 사전에 고려해야 한다. 자칫 외부의 목적 수행에 얽매여서, 기관 내재적인 사명 수행에 소홀해지게 만들 수도 있다.

2) 자금원 찾기

특정한 프로그램을 시도할 충분한 이유와 조직 내·외부의 추진 가능성이 확인되고 나면, 자금원을 어떻게 찾을 것인지에 대해 검토한다. 먼저, 자금이 민간 부문(기업이나 재단 등)이나 정부 부문 중 어느 곳에서 획득될 가능성이 가장 큰지를 탐색해 본다. 민간부문 자금제공자들은 기관이 프로그램을 개발하는 데 상당한 자유도를 허용할 수 있지만, 문제는 대개가 충분한 양의 자원을 지원하기 어렵다는 점이다.

정부 부문은 상당한 금액을 제공할 수는 있지만, 자금지원에 따른 부대 조건들이 상당히 까다롭게 따라붙기 쉽다. 즉, 보조금 지급에 따른 구체적인 조건들에 기관이 순응해야 하므로, 기관의 자율성을 저해할 가능성이 그만큼 커지게 된다. 한편, 정부 자금은 '안정성'의 측면에서 매력이 있으므로, 자원 확보를 위해 기관들 간 경쟁이 치열하다는 것도 특징이다.

사회복지 프로그램들에 대한 자금지원 기관들이 늘어나게 된다면, 프로포절을 어느 곳에 제출해야 할 것인지를 결정하는 것도 중요한 일이 된다. 무작정 모든 자금지원 기관들에 프로포절을 발송하는 것은 바람직하지 않다. 이를 위해서는 우선 조사가 필요하다. 어떤 자원제공 기관들에서 자신의 문제 영역에 대해 가장 많은 관심을 가지고 있으며, 그 분야에 많은 자금 배분을 실행했는지를 파악하는 것이다.

3) 자금원에 적합한 프로포절 쓰기

과거의 자금지원들을 근거로 해서 현재의 관심에 일치하는 것처럼 보이는 자금원들을 찾아본다. 다음으로는 그렇게 찾아진 잠재적 자금원들이 어떤 프로포절을 선호하는지를 우선 파악해 보는 노력이 필요하다. 홈페이지나 대중매체 등을 통해 공식적으로 명시되어 있는 지원사업의 목적 등은 기본적으로 검토해야 하고, 그 외에도 주변을 통해서나 직접 해당 기관에 접근해서 그 자금원이 어떤 선호를 가지는지 파악하는 것이 유용하다.

표적으로 삼은 자금원이 어떤 선호를 가지는지가 충분히 파악되고 난 후에, 그에 적합한 프로포절 쓰기를 한다. 대개의 경우 대규모 공식적인 지원 기관들에서는 정해진 신청서 양식을 프로포절에 사용하도록 한다. 그 양식에서 요구하는 사항들을 적절히 기술해야 함이 일차적이다. 프로그램의 지원신청 양식은 대체로 다음과 같은 차례의 사항들을 포함한다.

① 요약문   ② 욕구 서술   ③ 목적과 목표
④ 활동과 과업   ⑤ 평가 방법   ⑥ 조직의 역량
⑦ 프로그램의 지속성 ⑧ 예산 계획   ⑨ 첨부 자료

요약문은 프로그램에 대한 첫 인상을 결정하는 만큼 매우 중요하다. 프로포절의 주요 내용들을 간결하게 정리해서 제시한다. 보통 한 페이지를 초과하지 않는다. 요약문은 전체 프로포절이 쓰여진 후에 준비되어야 한다.

욕구 서술은 이 프로그램이 어떤 상황을 문제로 삼고, 변화시키려 하는지를 정확하게 규정하는 것이다. 구체적으로 어떤 사람들이 서비스를 받을 것인지에 초점을 맞춘다. 대상 인구집단의 묘사에는 '위험 인구' '표적 인구' '클라이언트 인구' 등으로 명확하게 구분하는 것이 필요하다.

프로그램의 목적은 '욕구 상황을 어떻게 변화시킬 것인지'에 관한 것이다. 목표는 목적 성취를 위해 프로그램이 현실적으로 어떤 '일'을 할 것이고(활동 목표), 그 결과는 어떻게 나타날지(성과 목표)를 제시하는 것이다. 이를 적절히 구분되게 제시하면, 자금원들의 입장에서 도움이 된다. 프로그램을 지원해서 어떤 가시적 효과가 있을 것인지를 알 수 있게 해 준다.

활동과 과업은 목표를 성취하기 위한 구체적인 작업 내용을 제시하는 것이다. 각각의 활동과 과업들은 보통 간트(Gantt) 차트와 같은 일정시간표를 사용해서 진행 경과를 어떻게 모니터링할지에 대한 계획으로 제시한다.[2]

평가 방법은 프로그램 진행 중에 이루어지는 형성(모니터링) 평가와 종료 후의 결과를 통한 총괄 평가가 있는데, 이들을 어떻게 수행할 것인지에 대한 계획이 담긴다. 여기에는 성과 측정의 지표, 자료수집 방법과 시기, 평가 디자인 등이 제시된다. 비록 자체적으로 모니터링과 사후 평가는 어떤 식으로든 이루어지지만, 외부 프로포절에서는

외부 평가자의 관점에서 수용될 수 있는 합리적 방법을 갖추는 것이 중요하다.

대개 외부 자금원은 프로그램 수행 기관의 조직적인 역량에 대해 잘 모른다. 그렇지만 그것을 알아야만 자신들이 제공하는 목적과 자원이 기관을 통해 효과적으로 수행될 수 있을지를 판단하는 데 유용한 정보로 쓸 수 있다. 그러므로 프로포절에서는 기관의 역사, 프로그램 실행 인력의 우수성, 유사 프로젝트를 성공적으로 수행했던 경험, 기타 지역사회로부터의 신뢰를 입증할 수 있는 정황 자료(유력 인사나 기관의 추천서 등) 등을 제시해서 조직의 역량을 충실히 대변하는 것이 필요하다.

민간 자금원들은 대개 일시적으로만 자금을 지원하므로, 프로그램의 향후 지속가능성을 어떻게 대비하는지 알고 싶어 한다. 프로포절에서는 가능하다면 현실적으로 지속 가능하게 만들 의지와 근거를 제시하는 것이 좋다.

외부 자원과의 소통에서 예산 계획의 제시는 필수적이다. 대부분 외부 자금기관들은 각자의 프로포절 양식 안에 예산계획에 대한 상세한 지침이 포함되어 있으므로, 그에 맞추어 작성될 필요가 있다. 최종 지원 예산액의 결정은 자금기관과 협상이 가능한 부분으로 되어 있다.

프로포절 끝부분에는 대개 프로그램의 합리성이나 기관의 신뢰성을 과시하는 데 보탬이 되는 핵심 자료들을 첨부한다. 예를 들어, 프로그램이 다루는 문제 욕구를 임팩트 있게 다룬 신문기사나 간이보고서, 저명인사가 포함된 기관 운영위원 명단, 우수 평가를 받은 기관의 감사보고서, 기타 외부로부터의 각종 표창, 감사장 등이 이에 해당한다.

프로포절은 프로그램 계획서의 한 형태다. 근래 사회복지 공급 자원의 다원화로 인해서, 프로그램들이 기관 외부에 있는 자원들과의 의사소통을 위해 프로포절 형태의 계획서 작성이 더욱 필요해지고 있다. 작성된 프로포절은 외부 자원의 획득뿐만 아니라, 향후 프로그램 실행 과정에 대한 모니터링이나 평가의 근거로도 쓰인다.

2. 프로그램의 목표 관리 (MBO)

프로그램은 목표에 의해서 관리되는 것이 바람직하다. 이를 위해 목표관리제(MBO) 기법이 활용될 수 있다. MBO 방식으로 프로그램을 관리하려면 다음의 활동들이 필요하다.

1) 목표들의 구체화

목표들은 MBO의 핵심이며, 주어진 기간 내에 획득될 수 있는 바람직한 성과들에 대한 구체적인 표현이다. 목표들은 보통 측정 가능하고 명료한 용어로 제시되어야 하며, 추후에 결과에 대한 평가 기준으로 제시될 수 있는 것이 바람직하다. 목표들을 구체화하는 것은 곧 프로그램의 성과를 구체적으로 명시하는 것과 같다.

휴먼서비스 기관의 본질과 전문직 업무자들의 성격을 감안할 때, 목표들은 부서별 혹은 집단별 기준으로 작성되는 것이 바람직하다. 개인 업무자별 목표 설정은 가급적 피한다. 업무자들의 상호작용, 상담, 상호 참여 등을 장려하기 위해서는 공통 과업의 설정에 강조점을 둔다. 개인별 목표들을 강조하면 심각한 경쟁이 초래될 수 있고, 그 것은 클라이언트의 이익에도 파괴적이 될 수 있다. 개인별 목표보다 부서별 목표를 강조하는 것은 개인에서부터 집단으로 책임성을 옮기고, 기관의 분위기를 경쟁에서 상호협조로 바꾸기 위한 것이다. 이는 궁극적으로 휴먼서비스 기관의 생산성 증가에 긍정적 영향을 미친다.

2) 임팩트 모델과 활동, 자원의 결정

목표를 실천하기 위해서는 임팩트 모델이 필요하다. 임팩트 모델(impact model)이란 과업 활동에 따른 일종의 효과성 이론으로서, 'X라는 활동을 어떤 식으로 구성해서 수행하면, Y라는 목표를 성취하게 된다는 것'을 묘사해 주는 것이다. 휴먼서비스에서 이러한 임팩트 모델을 명확하게 제시하기란 쉽지 않다. 인간 이해에 대한 과학적 지식의 부족과 함께, 인간 문제의 도덕적, 가치적 측면을 기계론적인 결정주의 인과론으로 다루기 어려운 이유가 있다. 또한 실천 과정에서의 여러 통제할 수 없는 조건들로 인해 임팩트 모델의 경험적 타당성을 입증하기가 쉽지 않을 수도 있다.

이런 어려움에도 불구하고 휴먼서비스 기관들은 나름대로의 타당한 임팩트 모델을 갖추는 것이 필요하다. 비록 모든 프로그램이나 조직이 나름대로는 목표와 활동에 관한 인과 관계를 설정하고 있겠지만, 보다 합리적으로 목표 추구의 활동을 해 나가기 위해서는 이를 구체화하는 노력이 중요하다. 임팩트 모델이 구체화되어야만 서비스 제공자 개인이나 프로그램 전체적으로도 활동을 위해 어떤 자원들이 왜 필요한지를 정당하게 요구하고 부여받을 수 있다.

3) 업무자의 역할과 책임 부여

임팩트 모델에 의해 수행될 활동들이 결정되고 나면, 구성원들에게 주요 활동에 대한 역할과 책임을 부여한다. 각 개인들이 맡게 되는 역할을 명료하게 만들어 주고, 그에 따른 구체적인 책임을 부여하는 것이 필요하다. 여기에 쓰이는 도구로는 책임행렬표와 같은 것들이 있는데, 주로 목표, 주요 활동, 책임의 종류와 소재 등을 각 구성원별로 구체적으로 명시하고 있다(〈표 14-1〉 참고). 이러한 표를 작성하는 과정도 일방적인 상의하달식 명령으로 이루어져서는 효과적이지 못하다. 개별 행위자들을 책임행렬표의 작성 과정에 참여시킴으로써 이들의 협조와 기여를 이끌어 낼 수 있다.

활동에 필요한 자원을 규정하기 위해서는, 먼저 각 활동이 구체적으로 명확하게 규정되어야 한다. 그것 없이는 활동에 따라 소용될 자원의 유형과 규모, 비용 등의 합리적 산정이 불가능하다. 이러한 활동과 자원 간의 관련성 확인의 작업도 일방적이 아닌 상호작용의 과정을 필요로 한다. 활동이 엄격하게 결정되고 나서 그에 따른 자원을 규정하는 것이 아니라, 가용한 보유 자원들을 고려해 가며 활동 규정을 조정해 나가야 할 필요도 흔히 있기 때문이다.

표 14-1 **책임행렬표의 예**

활동 \ 직위	기관장	자문회의	팀장	관리요원	서비스요원	…
활동 1	B	D	C	G	H	I
활동 2	A	D	B	F	C	I
활동 3	A	D	B	E	H	C
활동 4	A	D	A	E	C	I
⋮						
책임 유형	A – 일반책임 D – 자문필수 G – 사전승인		B – 운영책임 E – 자문권장 H – ( )		C – 특정책임 F – 보고필수 I – ( )	

4) 마일스톤

마일스톤(milestone)은 활동을 모니터링하기 위한 것이다. 수행 활동들에 대한 진행 순서와 일정표를 세우고 이를 근거로 모니터링하는 것이다. 예를 들어, '교육훈련'과 '서비스제공' 활동이 같이 포함되어 있다면, 교육훈련 활동은 어떤 시점에서 시작되어야 하고, 반드시 서비스제공 활동 전에 이루어져야 한다고 정하는 등이다. 활동들에 대한 시간 순서를 규정하는 것은 관리자에게 어떤 시점에서 어떤 자원들이 필요하고 배치되어야 할 것인가를 미리 점검할 수 있게 한다.

여기에 마일스톤 차트와 같이 프로그램의 진행 상황이나 목표 성취 등을 도표로 알기 쉽게 나타내 주는 도구가 필요하다. 보통 많이 쓰이는 것으로 간트 도표가 있다. PERT 역시 같은 기능을 제공하는 것으로, 진행 사항 전반에 관한 보다 고급 정보를 제공할 수 있다.

3. 일정관리 기법 (Gantt, PERT)

프로그램 실행에서 일정을 관리하는 일은 중요하다. 특히 다수의 인력이 프로그램에 참여해서 일을 하는 경우에는, 각 개인들에 대한 역할이 언제 어디서 수행되어야 하고, 그것이 수행되어야만 다음 일정이 진행될 수 있는 등이 상시적으로 파악되고 있어야 한다. 공식적으로 수행되는 사회복지 프로그램의 경우에는, 프로그램의 책임성 제시를 위해서도 그 규모와 상관없이 적절한 일정관리가 이루어져야 한다.

1) Gantt

간트(Gantt) 도표는 프로그램의 진행 일정을 관리할 수 있게 해 주는 간단한 표다. 〈표 14-2〉는 전형적인 간트 도표 방식으로 프로그램의 일정이 제시된 예다.[3] 어떤 기관의 상담서비스 프로그램 활동의 내용과 각 활동에 대한 책임자 지정, 시작과 종료 시

표 14-2　Gantt 도표의 예

활동	책임자	주(週)									
		1	2	3	4	5	6	7	8	9	10
상담가 모집/인터뷰	인력개발팀장	▬	▬	▬	▬						
훈련프로그램 디자인	인력개발팀장	▬	▬	▬	▬						
상담가 선발	기관장/총무과장					▬					
상담가 훈련	인력개발팀장						▬	▬	▬	▬	
클라이언트 모집/인터뷰	사회재활팀장		▬	▬	▬	▬					
클라이언트 O/T 개최	사회재활팀장					▬					
클라이언트 사전 선별	사회재활팀장							▬	▬		
상담 프로그램 시작	재활치료팀장/ 상담교사									▬	▬

점이 이 도표로서 한 눈에 파악될 수 있다. 간트 도표는 비록 단순하지만, 작성의 과정에서 이를 통해 프로그램이 수행되는 활동과 책임을 명확하게 구분할 수 있게 만들어 준다는 것이 장점이다. 또한 각 활동별로 계획된 일정과 실행상 일정이 일치되고 있는지 등을 프로그램 관리의 목적에서 용이하게 파악할 수 있게 해 준다는 것도 장점이다.

2) PERT (프로그램평가검토기법)

다른 경영관리 도구들과 마찬가지로, 목표와 수단을 합리적이고 체계적인 방식으로 연결하는 데 사용되는 기법이다.[4] 공식적 프로그램이나 프로젝트의 기획과 관리를 위해 많이 쓰인다. 복합적인 활동들로 이루어진 프로그램을 관리하기 위해서는, 활동들 간의 상호관계와 연결성을 체계적인 그림으로 명확하게 나타내는 것은 여러모로 유용하다.

(1) PERT의 기본 구조
PERT 네트워크는 프로젝트 수행에 필요한 개별 활동이나 업무들을 서로 연결된 일련의 행사나 목표들로 구성해서 나타내는 것이다. 여기에서 업무자의 활동은 한 목

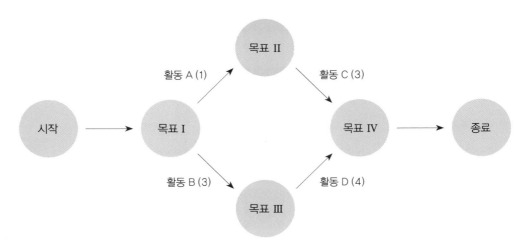

[그림 14-1] PERT의 기본 구조 예

표에서 다음 목표로 이동하는 데 필요로 하는 시간이나 자원으로 나타내진다. [그림 14-1]은 PERT 네트워크에 관한 단순한 예를 보여 준다. 프로젝트가 시작이 되어 목표 I의 과업 활동이 실행되고, 이것이 달성되고 나서야 목표 II와 목표 III으로 이동(성취)하기 위한 활동을 할 수 있다. 이때 활동 A, B는 성격과 내용이 다를 것인데, 이를 소요되는 시간의 차이로 보여 준다. 활동 A와 B가 모두 종료되는 목표 I, II의 성취가 있어야만, 그 후에 목표 IV로 가기 위한 활동 C와 D가 각기 수행될 수 있다. 목표 IV가 달성되고 나서야 비로소 이 프로젝트는 종료된다.

PERT는 프로그램의 진행 일정을 제어하는 목적에서 쓰이므로, 시간 정보를 중요시한다. PERT는 프로그램의 수행에 필요한 개별 활동들을 네트워크 연결로써 파악하는데, 이때 활동은 주로 시간 길이로 표기된다. [그림 14-1]의 예에서 '활동 A (1)'은 업무자가 A 활동(혹은 과업)을 수행하는 데 1(일, 주 등)이 걸릴 것으로 예상한다는 것이다. 마찬가지로 '활동 C (3)'은 완수에 3의 시간이 예상된다는 것을 나타낸다.

각 활동들에 대한 예상 시간을 모두 구하면 프로젝트의 시작에서 종료에 이르기까지 예상되는 총시간을 도출해 볼 수 있게 된다. 또한 어떤 목표 활동에 대해 어느 정도의 여유 시간이 주어지는지도 파악해 볼 수 있다. 프로그램의 관리자들이 개별 목표들과 전체과업 달성에 걸리는 활동 시간 등에 대한 예상을 하는 것은 인적 및 물적 자원의 합리적인 통제를 위해서 중요한 일이다.

(2) PERT 작성의 예[5]

어떤 대도시 지역의 사회복지협의회가 지역사회의 민관협력 네트워크 강화를 위해 다양한 노력을 진행 중이다. 그 일환으로 지역의 공공과 민간 서비스 실무자들이 함께 모여 교육을 이수하고 공감을 나누는 장을 마련하는 프로젝트를 구상한다. 이는 이전에 시행해 본 적이 없던 것으로, 단순한 아이디어 차원을 넘어 그 실행을 시작부터 종료에 이르기까지 진행하는 데는 상당히 많은 정보가 필요하다. 대표적으로는 준비와 실행, 종료에 이르기까지 얼마만큼의 시간이 걸릴 것이며, 어떤 내용의 일들이 언제 어떻게 이루어져야 할지 등을 알아야 한다. 그래야만 프로젝트가 체계적으로 관리될 수 있기 때문이다.

이 프로젝트를 체계적으로 관리하는 데 PERT 기법이 어떻게 적용되는지를 확인해 본다. 먼저, 예시의 프로젝트를 PERT 네트워크의 그림으로 작성하기 위해서는 몇 가지의 정보들을 구해야 한다. 이는 모든 PERT 작성에서 기본적으로 요구되는 것들이다.

· 프로젝트 완수에 필요한 모든 과업 내용들
· 각각의 과업을 달성하는 데 걸리는 시간의 길이
· 과업들 간의 선-후 관계

이러한 정보들은 각 과업에 대해 전문 지식이나 경험을 갖춘 관리자나 직원, 혹은 외부자들의 도움으로 구해질 수 있다. 예시 프로젝트의 경우에, 세미나 개최의 준비에 서부터 개최 완료에 이르는 과정의 모든 과업 활동들을 일차적으로 확인하고 제시한 다. 각 과업들에 대해서는 완성에 걸리는 활동 시간을 적절하게 예상하고, 또한 다른 과업들과의 선선-후행의 관계가 확인되어야 한다. 그 결과 〈표 14-3〉과 개별 과업들 이 파악되었다 하자.

PERT의 목적은 이러한 개별 과업들에 대한 정보를 이용해서 프로젝트의 기획과 관 리에 유용한 새로운 정보를 도출하려는 것이다. 새로운 프로젝트 기획 시에 알기 어 려운 정보, 예를 들어 프로젝트 완수에 걸리는 총시간 등을 PERT를 통해 추정해 낼 수 있다. 이를 위해 PERT는 네트워크 기법을 활용한다. 개별 과업 활동들을 연계하는 네

표 14-3 세미나 개최 프로젝트(가상)의 과업들

과업	활동 내역	선행과업	추정시간 (週)
A	세미나의 내용을 계획	–	2
B	연사 확보	A	1
C	세미나 장소 선정	–	2
D	후원자 물색 및 결정	A	4
E	진행요원 선발	–	3
F	초대장 제작 및 발송	B, C, D	2
G	예약 접수	F	3
H	언론 통보	F	1

트워크 그림을 통해, 다른 방법으로는 알아낼 수 없는 몇 가지 중요한 정보를 도출할 수 있다.

[그림 14-2]는 전형적인 PERT 네트워크의 그림을 보여 주는 것이다. 각 과업 활동들이 동그라미 안에 표시되는데, 동그라미에 과업 목표들을 표시할 때는 그에 수반되는 활동 시간들을 연결선에다 표시하기도 한다. 여기서는 동그라미에다 과업 활동을 표시했고, 동그라미 안의 괄호에는 활동에 걸리는 시간을 표기했다. 각각의 활동들은 선행-후행을 나타내는 화살표들로 연결된 네트워크로 구성한다. 모든 PERT 네트워크의 그림은 [시작]에서 출발해서 [종료]로 끝난다.

[그림 14-2]에서 각 활동들은 각자의 선행 활동들과 연계되어 있음을 볼 수 있다.

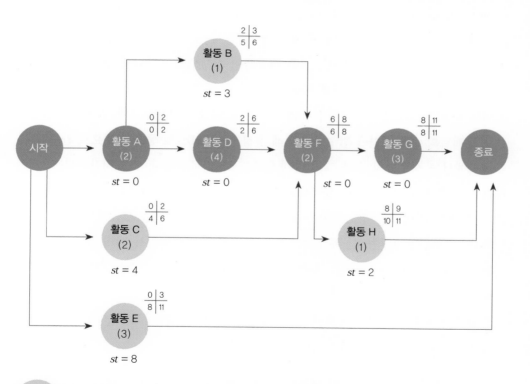

[그림 14-2] PERT/CPM의 예

예를 들어, 활동[B]의 선행 활동은 [A]이고, 활동[F]의 선행 활동은 [B], [D], [C]이다. 활동[F]는 그래서 활동[B], 활동[D], 활동[C]가 모두 완수되기 전까지는 결코 시작될 수 없다. 즉, 연사가 확보되고, 세미나 장소가 선정되고, 후원자 발굴이 완수되기 전까지는 초대장 제작과 발송 과업에 따르는 활동이 시작될 수 없다는 뜻이다. 활동[E]와 같은 경우는 특별한 선행 과업이 요구되지 않으므로 스스로 활동할 수 있으며, 프로젝트의 종료 전까지 완수되기만 하면 된다. 이 경우는 뒤에서 설명하겠지만, 상당한 여유시간을 가질 수 있는 활동에 해당된다.

(3) 임계경로의 확인

PERT/CPM에서 CPM은 임계경로를 다루는 방법을 뜻하는 것이다. 임계경로(critical path)란 여러 활동들을 잇는 경로 중에서 핵심적으로 중요한 것을 말한다. 경로 확인의 전제는 프로젝트 수행을 위해서는 모든 활동들이 수행되어야 한다는 것이다. 임계경로란 모든 활동들이 수행되어 전체 프로젝트 수행을 완수하는 데 필요한 최소한의 시간 길이를 식별하는 데 필수적인 활동들의 연결이다. 그래서 임계경로에 들어 있는 활동들은 프로젝트의 수행 시간을 엄수하기 위해 결정적(critical)으로 중요한 것으로 간주된다.

예시에서는 경로들의 수가 그리 많지 않으므로, 경로들의 총 소요시간을 각각 계산해보고 그중에서 임계경로를 찾아내는 것이 그다지 어렵지는 않다. 그러나 활동들의 수가 점차 더 많아지면 경로들의 수도 늘어나게 되고, 경로들을 계산해서 임계경로를 찾아내는 작업이 그만큼 더 복잡해진다. 프로젝트를 진행하면서 개별 활동들에 대한 시간 수정이 이루어지게 되면, 그때마다 매번 경로들을 일일이 다시 계산해서 임계경로를 확인해 내는 것은 큰 문제가 있다.

그런 이유에서 임계경로를 체계적으로 확인하는 방법이 개발되었는데, 이를 CPM이라 한다. CPM을 위해서는 먼저 다음을 계산해야 한다.

· ES(이른 시작, Early Start): 한 활동이 가장 일찍 시작될 수 있는 시간을 나타내는 것으로, 선행 활동들이 언제 모두 종료될 수 있을지를 고려해서 계산된다.
· LS(늦은 시작, Late Start): 한 활동이 가장 늦게 시작될 수 있는 시간을 나타내는 것으

로, 전체 프로젝트의 진행에 지장을 주지 않는 범위 내에서 계산된다. LS = LF − te. 이때 te는 해당 활동에 소요되는 예상 시간의 추정치다.

· EF(이른 종료, Early Finish) : 한 활동이 가장 일찍 마쳐질 수 있는 시간으로, 이른 시작에다 활동 소요시간을 더해서 계산된다. EF = ES + te

· LF(늦은 종료, Late Finish) : 한 활동이 가장 늦게 마쳐질 수 있는 시간으로, 전체 프로젝트의 진행에 지장을 주지 않는 범위 내에서 계산된다. LF = LS + te

· st(여유시간, slack time) : 전체 프로젝트에 지장을 초래하지 않는 범위 내에서, 한 활동의 시작과 종료 시간이 조절될 수 있는 시간 폭을 나타낸다. 정의상 임계경로에 있는 모든 활동의 st는 각기 0이다. st = LS − ES 혹은 LF − EF

[그림 14-2]의 예에서는, 일차적으로 각 활동들마다 ES, EF, LS, LF를 계산해서 ┼에 넣는다. 먼저 ES와 EF를 모든 활동에 표기한다. 이 경우 활동[A]의 ES는 0인데, 이것은 가장 일찍 시작하려면 지금이라도 당장 할 수 있다는 뜻이다. 선행과업이 없기 때문이다. EF는 ES + te = 2주가 된다. 즉, 활동[A]는 가장 일찍 마치려면 2주만에 가능하다는 것이다. 활동[D]의 경우 ES가 2주라는 것은, 활동[A]가 선행과업이 되어 있으므로, 가장 일찍 시작하더라도 활동[A]의 이른 종료(EF) 시점에야 비로소 가능함을 뜻한다. 계산식에 의해 활동[D]의 EF는 6주가 된다. 활동[F]의 경우는 두 개의 선행과업이 있는데, 활동[B]의 EF = 3, 활동[D]의 EF = 6으로 나타난다. 이 경우 활동[F]의 ES는 3이 아니라 6이 된다. 두 개의 선행과업들이 모두 충족되어야 하고, 그중 가장 이른 시점인 6주째에야 비로소 가능하게 되기 때문이다. 이렇게 해서 네트워크에 있는 모든 활동에 대한 ES와 EF를 먼저 구해 ┼에 표기해 넣는다.

ES와 EF들의 확인으로 일차적으로 도출되는 정보는 프로젝트 수행을 위해 필요한 최소한의 소요 시간이다. 이 예에서는 최소한 총 11주의 시간이 프로젝트 종료에 이르기까지 소요됨을 알 수 있는데, 종료에 임하는 활동들[G, H, E] 가운데 활동[G]의 EF = 11을 통해 파악된다. 활동[E]의 EF = 3을 두고서 이를 가장 이른 종료라고 착각할 수도 있으나, 활동[E]만으로 프로젝트가 완수되는 것이 아니라 모든 활동이 하나도 빠짐없이 완수되어야 프로젝트의 종료에 이르므로, 가장 오랜 시간이 걸리는 활동들의 경로에 있는 마지막 활동의 EF가 그 프로젝트를 위해 소요되는 최소한의 시간 길이가 되는 것이다.

LS와 LF의 계산은 역방향으로 산정된다. 앞의 예에서는 먼저 종료에 임하는 활동들[G, H, E]의 LF는 그 정의상 각각 11이 된다. 프로젝트의 진행에 지장을 초래하지 않고 가장 늦게 마칠 수 있는 시간이므로 활동[G]도 그렇지만, 활동[H]와 활동[E]도 LF는 11을 초과할 수 없다. 그렇다면 활동[G, H, E]의 LS는 정의상 LS = LF − te 이므로, 각각 8, 10, 8이 된다. 활동[F]의 경우에 LF는 8이 된다. 활동[F]는 활동[G]와 활동[H]의 선행과업이며, 활동[G, H]의 LS가 각각 8, 10으로 나타나므로, 아무리 늦어도 활동[F]는 8주째에는 종료가 되어야 한다. 활동[G]가 아무리 늦어도 8주째에는 시작되어야 하기 때문이다. 이렇게 해서 모든 활동에 대한 LF와 LS를 구해서 역시 +에 표시한다.

각 활동들에 대한 ES, EF, LS, LF가 모두 구해져서 +가 채워지고 나면, 임계경로와 여유시간(st)이라는 두 가지의 결정적인 정보들이 도출된다. 임계경로는 ES = LS 혹은 EF = LF인 활동들의 경로를 시작에서 종료에 이르기까지 연결하는 것이 된다. 임계경로가 확인되고 나면, 프로젝트 수행에 걸리는 총소요시간의 확인과 함께, 프로젝트에 포함된 모든 개별 과업 활동들의 st가 계산될 수 있다. st는 그 정의상 LS − ES 혹은 LF − EF로 계산된다. 임계경로에 속해 있는 모든 활동의 st 값은 0이 된다. 즉, 이 활동들은 미적거릴 여유시간이 없다는 것이다. 가장 일찍 시작될 수 있는 시간과 가장 늦게 시작될 수 있는 시간이 일치되어 있기 때문이다. 반면에, 임계경로에 속해 있지 않는 다른 활동들의 경우에는 각각의 여유시간들을 갖고 있다. 활동[H]의 경우 $st = 2$인데, 이것은 활동[H]는 일찍 시작하려 한다면 8주째에 시작해도 되고, 아무리 늦어도 10주째에 시작만 하면 전체 프로젝트의 진행에는 영향을 미치지 않는다는 뜻이다. 만약 8주째에 시작했다면, 원래는 1주의 시간 계획이 되어 있지만 9주째에 반드시 종료될 필요는 없으며, 늦어도 11주째까지만 마치면 된다는 뜻도 된다.

(4) PERT 활용의 의의

PERT는 수행성과(Performance) 혹은 프로그램(Program) 평가검토기법의 약자에서 비롯되었듯이, 한 프로그램이나 프로젝트의 수행과 관련한 기획, 관리, 평가에 이르는 제반 활동들을 적절히 제어하는 데 활용될 수 있는 기법이다. 개별 활동들에 대한 경험이나 지식을 네트워크의 개념을 이용해서 체계화시킴으로써, 그로부터 행정관리에 필요한 제반 주요 정보들을 얻을 수 있게 한다. 앞선 예에서는 다음과 같은 정보들이 도출, 활용될 수 있다.

첫째, 임계경로를 확인함에 의해 전체 프로젝트가 완수되는 데 걸리는 시간을 추정 가능하게 한다. 이것은 일차적으로 개별 활동들의 시간과 활동들 간의 선행−후행 관계가 확인된 후에 계산되는 것이지만, 개별 활동들의 수행시간을 조절해 보면서 전체 수행시간의 단축과 연장 등을 검토하는 것도 가능하게 한다. 이것은 프로그램 기획 관리에서 일차적으로 필요한 정보다.

둘째, 개별 활동들과 전체 프로젝트의 연결에 관한 정보를 제공해 준다. PERT는 네트워크로 구성되어 있으므로, 개별 활동들이 전체 프로젝트의 일정(혹은 자원이나 비용 등과 같은 여타 요소들)에 어떤 양상으로 연결되어 영향을 미치고 있는지를 파악할 수 있게 한다.

셋째, 프로젝트 기간의 단축이나 연장과 관련된 정보를 제시해 준다. 기획이나 혹은 실행 과정 중에는 언제나 프로그램 내·외부의 변화에 의해 예정된 프로젝트의 기간이 단축되거나 혹은 연장되어야 할 필요성들이 등장할 수 있다. 이 경우에, PERT의 임계경로 정보는 어떤 활동들을 앞당기거나 혹은 늦춤으로 인해 전체 프로젝트에 어떤 영향을 미치는지를 쉽게 파악할 수 있게 한다. 프로젝트를 앞당기기 위해 필요한 자원과 노력들은 임계경로에 속한 활동들에 일차적으로 집결되어야 하는 것을 알게 한다. 앞서 예시에서는 활동[B, E, H]를 일주일 앞당기는 데 노력을 쏟아 봐야, 전체 프로젝트가 11주 만에 완수되는 것을 변화시킬 수가 없다. 그러나 만약 활동[G]를 3주에서 2주로 줄일 수 있으면, 프로젝트는 10주 만에 종료될 수 있다.

넷째, 개별 활동들의 여유시간(st)에 대한 정보를 제공해 줄 수 있으므로, 프로그램 관리자들은 자원이나 비용 등을 염두에 두고서 활동들의 수행을 조절할 수 있는 능력을 갖추게 된다. 앞서의 예에서, 활동[E]는 전체 프로그램 진행 과정에서 인력과 비용, 관심 등의 측면에서 가장 여유가 있는 시점에서 수행되도록 하면 되고, 다만 늦어도 8주째에는 시작되어야 한다는 것 등을 알 수 있게 한다.

앞에서 언급한 PERT 활용의 의의는 단지 그 유용성의 일부분만을 제시한 것이다. PERT의 기본적인 논리를 이해하고, 이를 행정의 제반 측면들에 적용하면, 상당히 귀중한 정보들을 도출해 낼 수 있다. 자료는 수집되거나 주어지는 것이지만, 정보는 만들어지는 것이다. 관리자는 자신이 수행하는 프로그램의 기획과 관리에 필요한 정보들이 단순히 '주어질' 것으로 기대해서는 안 된다. 기존의 경험과 자료들을 체계적으로 활용하여 자신의 관리 과업에 필요한 정보들을 '도출'해 낼 수 있는 것이 매우 중요하다. PERT는 그러한 중요성 인식에서 비롯된 행정관리의 기법이다.

여기에서는 PERT를 시간 개념에 초점을 두고서 소개했다. 그러나 PERT의 활용은 시간만이 아니라, 프로젝트에 소요되는 자원, 비용, 노력, 혹은 인력 등과 같은 제반 측면들의 관리를 위한 도구로서도 사용될 수 있다. 비록 그러한 측면들이 시간 개념과 연결된 것이지만, 시간 정보에다 인력이나 자원과 같은 비용의 개념을 추가해서 PERT를 구상해 본다면, 프로그램의 기획과 관리를 위한 보다 세밀하고 고급스러운 정보들을 도출할 수 있다.

4. 성과 측정

성과 측정은 조직이나 프로그램에 대한 합의된 목표들의 실행 과정이나 종료 후에 결과를 측정하는 것이다. 이는 성과를 평가한다는 것과는 다르다. 성과 측정은 프로그램 실행의 결과를 경험적으로 '측정(measurement)'하는 것이다. '평가(evaluation)'는 측정을 포함해서 그 원인에 대한 설명까지도 포함하는 것이다. 성과를 측정한다는 것이 평가를 한다는 것과는 다르지만, 적어도 평가를 위한 필수적인 사전 요건임에는 분명하다.

대개 성과는 개념 자체로서 직접 경험적으로 확인될 수 없다. 특정한 결과가 나타났는지의 성과 측정은 대부분 '지표'를 통해 이루어진다.[6] 지표(indicator)란 특정 현상에 대한 증거나 정보로서, 성과 지표는 성과에 관해 '가리켜 주는' 증거 혹은 측정을 말한다. 하나의 성과에 대해서도 복수의 지표들이 해당될 수 있다.

〈성과〉		〈지표〉
· 불이 남	–	연기, 냄새, 소방차 소리 등
· 학업 성취	–	학점, 만족도, 출석률 등

　성과 측정에 사용되는 모든 지표는 경험적으로 관찰 가능한 것이어야 한다. 경험적이란 사람의 오감(五感) 중 적어도 하나에는 해당되어야 한다는 것을 뜻한다. 대개 보거나(예: 기록, 행동 관찰) 혹은 듣거나(예: 의견, 설문조사)의 시청각 근거를 많이 쓰지만, 냄새를 맡거나 만지고, 맛보는 것도 경험적 관찰에 해당할 수 있다. 이 외에도 성과 측정의 지표를 선정할 때 다음이 중요하게 고려되어야 한다.

· 상식적으로 들어맞는 것이어야 한다. 예를 들어, '공부 잘하게 됨'의 성과 지표를 '눈빛의 변화'로 하는 것은 상식적이라 보기 힘들다. '시험 성적'이라는 지표가 훨씬 상식적이라고 간주된다.

· 직접 측정이 가능한 것이 좋다. 가능하다면 지표는 성과를 직접적으로 측정할 수 있어야 한다. 예를 들어, '10대 흡연의 감소'가 성과라면, 가장 좋은 지표는 10대 흡연자의 수나 %, 혹은 10대들의 흡연 횟수나 니코틴 섭취량을 측정하는 것이다. '금연교실의 참가자 수' 같은 산출 지표는 간접 기준이다.

· 프록시(proxy) 측정도 가능하다. 성과에 따라서는 직접 측정이 원천적으로 불가능하거나, 혹은 시간과 자원의 제약을 가지는 경우도 있다. 이런 경우 대리(프록시)를 내세워 측정하는 것이다. 예를 들어, '청소년들의 지역사회 생활 활발성'에 대한 프록시 측정은 '지역 자원봉사 청소년의 수나 퍼센트' 등으로 할 수 있다.

· 구체적이어야 한다. 지표는 모든 사람이 동일하게 파악하고, 그래서 동일한 자료를 수집할 수 있도록 명확하게 규정되어야 한다. 예를 들어, '자활사업에 참여한 노숙자 수'라는 지표가 있다면, 이때의 '자활 사업'이란 어떤 것이고, '참여'한다는 것이 풀타임 혹은 파트타임, 혹은 의사를 밝히는 정도도 포함하는지, '노숙자'란 어떻게 규정할 것인지 등이 명료해야 한다.

· 현실적으로 유용해야 한다. 지표를 무엇으로 두는지에 따라 성과 측정에 따른 비용이 차이난다. 따라서 지표는 시간이나 자원과 같은 현실적 한계를 감안해 그 안에서 가장 유용하게 쓰일 수 있는 지표를 선정해야 한다.

- 적절한 수의 지표들을 사용한다. 필요한 정보의 수준과 자원의 가용성에 따라 몇 개의 지표를 사용할 것인지가 좌우된다. 대개는 하나의 개념을 포착하는 데 하나 이상의 지표가 필요하다. 그러나 너무 많은 지표를 사용하는 것도 복잡성을 유발해서 이해를 떨어뜨릴 수 있다.
- 양적 및 질적 지표가 모두 가능하다. 지표는 성과의 발생을 수나 퍼센트, 비율, 경우 수 등으로 수량화된 상태에서 제시하는 것이 보통이다. 그러나 질적으로 경험을 나타내는 것도 가능하다. 예를 들어, 8세 아동의 사회성 기술에 대한 지표로 어떤 상황에서 어떤 행동을 보이는지의 여부를 체크하는 것이다.
- 포괄적이어야 한다. 측정 대상인 성과의 제반 측면을 포괄할 수 있어야 한다. 플러스에서 마이너스에 이르는 제반 스펙트럼을 모두 보일 수 있어야 한다.

측정에 사용할 지표가 결정되고 나면, 그에 따라 자료 수집이 이루어진다. 해당 지표들에 대해 자료를 수집하려면, 자료를 제공하는 원천이 누구인지(예: 참여자, 부모,

표 14-4 측정 및 자료수집에 관한 계획표

평가( )	지표	자료원	자료수집 방법	측정 시점
평가(Ⅰ) 프로그램 참여자들은 아동 발달에 관한 지식이 증가되었나?				
	아동 발달 단계에 관한 구체적 지식을 습득한 참여자(#, %)	참여자	회고적 사후서베이	2번째 수업 후
평가(Ⅱ) 참여자들이 새로운 자녀 훈련 방식의 기술을 익히게 되었나?				
	아동에 대한 새로운 훈육 방식을 익힌 참여자(#, %)	참여자	회고적 사후서베이	최종 수업 시
평가(Ⅲ) 참여자들은 새롭게 얻은 기술을 실제로 사용하는가?				
	새롭게 배운 특정 부모 기술을 사용하는 참여자(#, %)	참여자	회고적 사후서베이 전화인터뷰	최종 수업 + 6개월 follow-up
평가(Ⅳ) 참여자들에게서 아동 방임/학대가 감소했나?				
	방임/학대에 대해 기관에 보고된 건 수(#)	기관 기록	기록 검토	참여전 + 1년 후

담당자, 외부전문가), 그들에게 어떤 방법으로 자료를 수집할 것인지(예: 관찰, 대인면접, 설문조사, 기록검토), 자료는 어느 시점에서 수집되어야 할 것인지 등이 결정되어야 한다. 이들은 〈표 14-4〉의 예와 같은 성과 측정의 계획표로 제시된다. 프로그램의 모니터링 평가를 염두에 둔다면 이 측정 계획표에 결과 성과만이 아니라, 투입과 활동, 산출 기준의 결과 측정 지표들도 포함한다.

휴먼서비스 프로그램에서 성과 측정을 위한 자료수집 방법은 서베이, 면접, 관찰, 자기 진술(self-report), 시험, 사진/비디오, 일지(log), 기타 자료의 활용 등으로 다양하다. 각각의 방법들은 정보가 누구에 의해 생성되는지가 서로 다르다. 그에 따라, 서비스 제공자가 판단한 정보(관찰)와 서비스 이용자가 판단하는 정보(자기 진술)가 상이할 가능성도 있다. 또한 이용자는 변화가 충분히 되었다고 대답하는데, 제공자는 부족하다고 보는 경우도 있다. 따라서 자료수집 방법의 결정은 단순히 효율성의 문제만이 아니라 관점 간의 적합성까지가 고려되어야 한다.

5. 클라이언트 흐름도

클라이언트 흐름도(flowchart)는 클라이언트가 기관의 서비스 경로를 거쳐가는 과정을 나타내는 것이다. 프로그램의 진행 과정에서 어떤 활동들이 나타날지를 명확하게 보여 주기 위해서, 클라이언트가 최초 프로그램 혹은 기관에 접근했을 때부터 서비스 종료 시까지 클라이언트의 궤적(track)을 따라가는 서비스 공정도를 디자인하는 것이다.

클라이언트 흐름도의 설정은 기관의 효과적인 서비스 관리를 위해서도 필요하지만, 서비스 관리에 소용되는 경비 산출이나 인력 배치의 시점 등을 고려하기 위해서도 중요하다. PERT 등이 프로그램의 관점에서 진행을 나타내는 것이라면, 클라이언트 흐름도는 개별 클라이언트 관점에서의 서비스 진행을 나타낸다.

'경로(pathway)'라는 용어는 클라이언트가 서비스 전달체계를 거쳐 가는 길에서 연속적으로 이루어진 구조화된 접촉을 묘사하는 것이다.[7] 클라이언트는 이러한 경로를 단일 노선 혹은 복수 노선으로도 밟을 수 있다. 조직들은 나름대로 클라이언트가 조직 내 서비스를 이행해 가는 경로를 설정할 수 있다. 한 조직 내에서도 마찬가지로 서비스들의 성격에 따라 클라이언트의 경로를 여러 형태로 둘 수 있다.

단순하게 식당 서비스의 경우를 예로 든다. 식당에 밥 먹을 욕구를 가진 클라이언트(대개 '손님'이라 함)가 들어서면서 식당들마다 혹은 클라이언트별로 각기 다른 차별적인 경로가 진행될 수 있다. (스스로 들어가거나, 호객꾼에 끌려 들어간다) → (안내를 받아 자리에 앉거나, 그냥 두리번거리다 알아서 자리에 앉는다) → (미리 돈을 내거나, 먹고 나서 돈을 낸다) → (주문하고서야 음식을 만들어 주거나, 미리 만들어 둔 음식들 중 찾아서 먹는다) → (음식 맛이 없다고 불평하면 바꾸어 주거나, 쫓겨난다) → (퇴장 시 돈, 카드, 혹은 바우처 중 하나를 낸다) → (카드나 바우처가 안 된다면, 반드시 돈을 내야 한다) → (그래도 돈을 내지 않으면, 십중팔구 누군가 와서 데려간다)

클라이언트 서비스 공정도의 가치는 클라이언트들이 기관에 들어와서, 기관을 거치면서, 기관을 나가면서 취할 수 있는 다양한 경로를 포괄적으로 묘사해 준다는 것에 있다.[8] 서비스 공정도는 서비스 과정 동안 결정적으로 중요한 의사결정이 이루어져야 하거나 피드백 활동이 나타나야 하는 때, 혹은 각기 다른 대안들이 고려되어야 하는 때가 언제인지를 확인시켜 준다.

휴먼서비스 기관들에서 사용하는 일반적인 흐름도의 한 예는 [그림 14-3]과 같다. 일반 클라이언트 흐름도는 클라이언트가 기관의 서비스 과정을 이동해 다니는 경로를 나타내는 것으로, 이 예는 정신건강 상담을 제공하는 기관을 가상한다.[9] 주택, 고용, 주간보호 등을 외부 서비스로 활용하는 경우인데, 클라이언트는 기관에 스스로 찾아오거나, 가족 구성원 혹은 학교나 병원 등에 의해 의뢰되어 온다. 인테이크 기간 동안 서비스 담당자는 클라이언트가 기관의 서비스를 받을 자격이 있는지에 대한 요구사항을 점검한다(예: 소득 수준, 거주 지역, 서비스 동기). 유료 서비스의 경우는 서비스 이용료를 지불할 수 있는 능력에 대한 판단도 필요하다. 만약 클라이언트가 부적격하다면, 기관은 클라이언트와의 접촉을 종료한다. 그리고 필요하다면 다른 기관에 의뢰한다.

만약 클라이언트가 적격하다면, 특정한 목표에 대한 성취(보호, 서비스, 변화 등)를 포함하는 개입 계획이 기관과 클라이언트 간의 상호 합의된 바에 의해 성립된다. 이후로

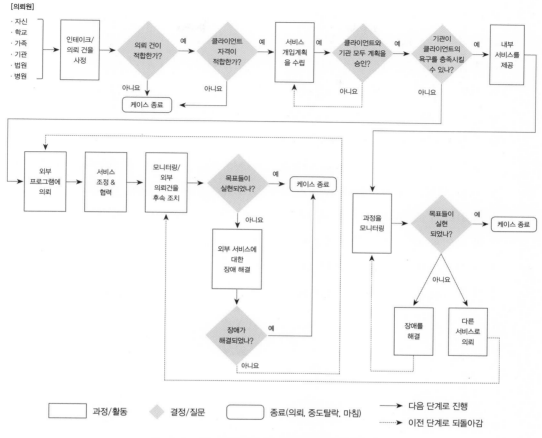

[그림 14-3] 일반적인 클라이언트 흐름도 모형

합의된 목표에 따라 기관의 서비스가 진행된다. 경로를 따라가다 클라이언트가 정상
적으로 목표 성취에 성공하게 되면, 케이스 종료 경로로 연결된다. 이것은 성공 경로
가 된다. 이 과정에서 기관은 클라이언트나 환경에 존재하는 서비스 전달의 장애물들
을 확인해 내고 제거하는 일을 한다. 예를 들어, 한 클라이언트가 약물남용 문제를 해
결하는 과업에서 동기유발이 되지 않거나, 혹은 음주를 부추기는 환경하에 있을 수 있
다. 개입활동이 계속될 수 있기 전에 이런 장애들이 적절히 다루어져야 한다.

이처럼 클라이언트 흐름도는 클라이언트에 관한 몇몇 중요한 의사결정 지점을 드러
낸다. 클라이언트가 기관을 떠나거나 혹은 이전 과정으로부터 되돌아오고, 다른 기관

으로 의뢰되어야 하는 경우도 있다. 클라이언트 경로는 이러한 경우의 의사결정 지점들을 명확하게 표시해 준다. 만약 A기관의 클라이언트가 B기관의 서비스로부터 혜택을 받을 것이라고 결정하면, 의뢰가 이루어지게 된다. 만약 클라이언트가 B기관에서의 서비스에 장애가 생기면, A기관은 대안적인 의뢰를 행할 수도 있고, B기관에서 새로운 의뢰 책임을 가지게 할 수도 있다. 이러한 관계들은 서비스 관리에서 있어서 기관들 간의 협의나 계약에 의해서 이루어진다.

클라이언트 흐름도의 작성은 사회복지기관에 여러 유용함을 제공한다. 클라이언트에 대한 서비스의 체계화와 함께 클라이언트 사례마다 개별화된 서비스 전달의 경로를 확인하게 해 준다. 그로 인해 여러 기관과 협력 관계를 이루기 위해 필요한 자원과 시점 확인과 같은 기관의 사례관리 적용에도 긴요하게 쓰일 수 있고, 기관 관리자가 개별 사례에서 발생하는 서비스 비용을 계상하는 데도 유용하다. 서비스 프로그램의 관리와 기관 관리 모두의 목적에 클라이언트 흐름도의 작성은 중요하다.

미주

1) 이에 관해서는 주로 참고: Brody, R. (2005). 'Preparing effective proposals'. In R. Brody (Ed.), *Effectively Managing Human Service Organizations* (3rd ed.). Thousand Oaks, CA: SAGE, pp. 302-323.

2) 간트나 기타 여러 가지 일정시간표 기법들에 대해서는 이 장 뒷부분에서 설명한다.

3) 표는 참고: Lewis et al. (2001). *Management of Human Service Programs* (3rd ed.). Belmont, CA: Wadsworth, p. 64.

4) 〈McKenna, C. (1980). *Quantitative Methods for Public Decision Making*. NY: McGraw Hill, pp. 273-298〉의 설명 방식을 주로 참고한다. PERT란 Program Evaluation Review Technique의 약자로, 대개가 PERT/CPM을 의미하는 것이다. CPM(임계경로방법, Critical Path Method)은 시간-비용의 경로 추정 기법으로 현재는 PERT 기법에 포함되어 있다.

5) 이에 대해 참고: McKenna, *Quantitative Methods for Public Decision Making*, pp. 273-298.

6) 이 관계는 과학적 조사방법론에서 말하는 '개념적 정의'와 '조작적 정의'의 관계와 같다. 참고: 김영종(2008). **사회복지조사방법론**(2판). 학지사.

7) Brody, *Effectively Managing Human Service Organizations*, pp. 41-44.

8) 상게서, p. 42.

9) 그림 참고: 상게서, p. 41.

제15장

평가

사회복지 분야의 평가는 책임성과 관련이 있다. 사회적 자원을 할당받아 활동하는 사회복지전문직이나 기관, 프로그램으로서는 그에 따른 정당성을 제시해야 할 당연한 의무가 있다. 평가가 그 대표적인 방법이다. 평가는 책임성을 위한 자기 성찰의 메커니즘이면서, 한편으로 외부 검증에 사용되는 수단이다.

1. 공식적 평가의 필요성

평가란 일상적 의미로는 '가치(價)를 평(評)하는 것'이다. 사람이나 행위, 물건 등 모든 것은 평가의 대상이 될 수 있다. 평가는 한 사람의 생각 안에서만 일어날 수도 있고, 공식적 혹은 비공식적으로 사람들끼리 공유될 수도 있다. 사회복지 실천 현장에서는 서비스나 클라이언트 혹은 업무자들에 대해 공식적인 절차에 의한 평가만이 아니라, 사람들 사이에 자연스럽게 '감을 잡는' 방식의 비공식적인 평가가 광범위하게 이루어

지고 있다.[1]

비록 이러한 비공식적인 평가들도 현장의 자기 성찰 기제로서 나름대로의 중요성은 있지만, 이는 공식적 조직이 사회적으로 위임받은 서비스를 운영하는 데 따르는 책임성 제시의 방법으로는 적절치 못하다. 업무자들이 가지는 '감'은 경험적인 근거를 체계적 형태로 전달하기 어려우므로, 자신들을 제외하고는 클라이언트나 이용자, 지역사회, 자원공급자 누구에게도 설명력 있는 평가의 근거로 쓰일 수 없다.

사회복지 분야에서 공식적 평가는 서비스나 프로그램, 기관, 시설 등 모든 공식적 조직의 활동 단위들이 자신들의 활동을 점검하고, 이를 사회적 책임성 제시의 소통 수단으로 활용하는 목적에서 이루어진다. 평가는 단순히 우열을 가리기 위한 수단이 아니라, 내·외부적 소통 목적의 정보를 얻기 위한 것이다. 사회복지조직에서 체계적 평가와 정보가 필요한 구체적인 이유는 다음과 같이 정리된다.[2]

관리 제어(management control)   관리 제어란 '조직의 자원이 조직 목표를 성취하기에 효과적으로 획득되고 사용되는지를 관리자가 확인하는 과정'이다.[3] 업무들이 계획된 기준과 일정에 따라 수행되고 있는지, 심각한 이탈은 없는지를 모니터링하고, 문제가 있다면 복구 행동의 과정까지도 취하는 것이다.[4] 이런 과정에서 관리 제어의 적절한 판단을 내리는 데 체계적인 평가 정보가 필요하다. 예산이나 생산성, 부서나 업무자 간 협력 등에 대한 기관 운영 정보에서부터, 조직이 생산하는 서비스의 질이나 시장성, 유효성 등의 평가 정보들도 조직 사업의 본질을 관리 제어하기 위해 필요하다.

업무자들에 대한 피드백(feedback)   일선 업무자들이 자신의 실천 활동을 되돌아볼 수 있게 하는 평가 정보를 제공한다. 이를 통해 업무자들은 스스로를 평가해서, 특정 훈련이나 기술 확보의 필요성 등을 감지하게 만든다. 서비스 기관이나 프로그램 관리자의 입장에서 피드백 정보는 서비스 제공자들을 적재적소에 배치하는 데 효과적으로 사용될 수 있고, 이들에 대해 기술 및 정서적 수퍼비전을 제공하는 데 참고자료로 활용할 수도 있다.

서비스 혁신(innovation)   평가에서 도출된 정보는 서비스의 변화와 개선을 자극하는 데 유용하게 쓰인다. 클라이언트의 변화와 관련한 정보, 서비스 기술들 간의 우월성 비교, 불충족된 욕구에 관한 자료 등을 통해서 새로운 서비스 전달 양식의 개발 필요성을 자극할 수 있다.

책임성/순응(accountability/compliance) 평가는 조직이 관련 법이나 규제, 절차 등에 순응하는지, 상부나 조직 외부로부터 요구되는 성과 도출의 요구 수준을 충족하는지를 판단할 수 있게 한다. 이와 관련한 자료는 대개 클라이언트의 욕구, 제공된 서비스의 내용, 산출물, 지출 비용 등에서 도출한다.

대외관계(public relation) 공식적 평가를 통해 도출된 정보는 조직의 성과를 외부 사회에 알리는 데 사용된다. 이것은 외부 환경과의 관계에서 조직을 방어하거나 지지를 구축하는데 요긴하게 쓰인다. 또한 연례보고서, 소책자, 언론홍보물, 발표 등으로 평가 정보를 배포해서 기관이나 프로그램, 서비스를 많은 사람에게 알리는 데 도움을 준다.

2. 평가의 체계와 유형

평가가 사회적 책임성과 결부되면 공식성을 띠게 된다. 사회복지전문직이나 기관, 서비스, 프로그램 등을 책임성의 기제로 다루자면, 평가는 조직적인 체계와 형식을 갖추는 공식적 활동으로 된다. 사회복지행정에서 다루는 평가는 다음과 같다.

1) 공식적 평가의 체계

공식적인 평가는 '무엇에 대해(대상), 누가(주체), 어떻게(방법)'의 요소들로 체계적으로 규정된다. 〈표 15-1〉은 사회복지 분야의 평가 체계에서 나타나는 요소들을 보여 준다.

표 15-1 **평가 체계의 구성**

평가 대상	시행 주체	기준 설정	활용 자료		
인력 시설 기관 프로그램 서비스	내부 외부 제3자	사전 표준 사후 검증	자기보고 이력 자격증 시험 현장검증 서베이 심의		

평가 대상   사회복지 분야에서 평가의 대상은 시설이나 프로그램, 서비스 등으로 구분된다. 전문직의 일에서는 종사자 인력도 공식적 평가의 대상이다. 기관은 보통 이들을 혼합하는 개념이다. '어린이집 인증' 제도에서 어린이집은 시설과 프로그램, 서비스, 인력 등을 포괄하는 기관 개념을 뜻한다.[5]

시행 주체   평가는 시설이나 프로그램의 내부나 외부의 주체에 의해서 모두 실시될 수 있다. 법이나 계약에 의해 의무적으로 실시되는 평가는 그것을 요구하는 외부가 주체가 된다. 제3자는 평가 의무를 부과하는 직접 당사자인 외부 주체가 아니면서, 서비스 기관이나 프로그램에 대해 인증평가 업무를 실시하여 인증을 부여하는 권한을 가진 기관(accreditation agency)을 말한다.[6]

기준 설정   평가를 위한 기준은 사전에 표준(standards)을 설정하거나, 사후에 기준을 설정할 수도 있다. 사전 표준이란 평가의 항목과 평점(評點)에 대한 기준선을 미리 명확하게 만들어 두고, 평가를 받을 기관이 이에 대비하도록 하는 방식이다. 기관 인증의 목적에 이를 많이 쓴다. 정형화되기 어려운 프로그램들의 경우에는 시행 결과를 보고 사후에 평가 기준을 만드는 경우가 많다. 기준을 구성하는 지표는 평가의 목적과 용도에 따라 '공평성' '서비스 질' '효과성' '효율성' 등으로 다양하다.

활용 자료   공식적 평가는 경험적 자료에 근거한다. 이를 위해 자기보고(self-report)에서부터 평가자들의 심의 결과까지에 이르는 다양한 자료 원천들이 동원될 수 있다. 최근 사회복지시설 평가에서는 이용자만족도 서베이 조사의 결과도 평가 자료로 활용한다. 어떤 성격의 자료들을 수집할지는 평가의 지표들이 어떤 것인지에 달려 있다.

현실적으로 이루어지는 평가 제도는 각 요소들의 다양한 결합으로 형성되어 있다. 예를 들어, 「사회복지사업법」에서 3년마다 의무적으로 실시하도록 되어 있는 '사회복지시설 평가' 제도는 시설(기관) 대상으로, 외부 주체에 의해, 사후검증 기준을 바탕으로, 자기보고와 현장검증, 서베이, 심의 등의 자료들을 가지고 평가한다.[7]

2) 평가의 제도적 유형

사회복지 평가는 대부분 사회복지서비스를 수행하는 기관이나 프로그램을 대상으로 한다. 사회복지서비스를 전문직 활동이라는 측면에서 다룰 때는, 전문인력도 중요한 평가의 대상이 된다. 이들 각각에 대해 다양한 목적과 유형의 평가들이 있지만, 제도적인 틀에서는 크게 다음처럼 구분된다.

기관 인증제(accreditation)   미리 설정되어 공표된 표준에 의거해서 평가를 실시하고, 평가의 대상이 표준 이상에 도달하면 인증을 부여하는 방식이다. 주로 표준적인 서비스를 실시하는 기관을 대상으로, 최저수준 이상의 서비스 요구사항이나 품질이 가능할지를 평가해서 인증한다. 기준 지표들에는 시설의 안전이나 충족 조건, 서비스 과정이나 절차의 질, 프로그램 운용, 이용자와 지역사회 관계 등이 두루 포함된다. '어린이집 인증'이나 '의료기관 인증' 등이 이러한 기관 인증제의 대표적인 예다.

프로그램 평가제   일정한 표준과 규격으로 평가될 수 있는 기관 인증과는 달리, 한시적이거나 유동적, 개발적 목적의 프로젝트 혹은 프로그램인 경우에는 사전에 평가 기준을 표준화해 두기 어렵다. 가능하더라도 효용적이지 못하다. 이런 경우에 쓰이는 평가 방식을 보통 프로그램 평가라 한다. 전문직이 운용하는 프로그램은 대부분 전문직 자체의 평가 검증의 메커니즘을 내재한다. 외부 자원의 지원을 받은 경우에는 여기에 책임성 제시를 위한 공식적 평가가 덧붙는다. 예를 들어, 공동모금회의 지원을 받은 프로그램은 공식적 평가를 시행하고 그 결과를 제시해야 한다.

시설 평가제   현재 '사회복지시설 평가' 제도에서 나타나는 특이한 평가 유형이다. 평가의 대상이나 내용, 방식은 기관 인증제에 가깝다. 목적과 용도에서는 인증제와 달리 대상 기관들에 대한 서열 등급(ranking)을 평가하고, 이를 일종의 상벌 제도와 연결시키는 제도다.[8]

전문가 자격제(certification)   전문직에 진입하거나 잔류하려는 인력이 해당 전문직이 요구하는 가치나 지식, 기술을 적정한 수준 이상으로 보유하는지를 평가해서 자격을 부여한다. 전문직 자격증은 대개 해당 서비스 실천을 위한 면허증(licence)과 연결된다. 국가 자격증으로서의 '사회복지사' '보육교사' '간호사' 등은 대부분 시험 방식을 근간으로 평가하고, 이수 교육의 내용이나 범주 등은 사전표준을 설정한다.

3. 프로그램 평가

모든 평가에는 목적이 있다. 목적에 따라 평가의 방법과 유형도 각기 달라진다. 평가의 목적은 평가를 통해 도출되는 정보를 어떤 용도로 사용할지와 관련이 있다. 다른 유형들과는 달리 프로그램 평가에서의 주요 목적은 프로그램의 과정이나 활동, 성과 정보를 도출하는 것, 그리고 이러한 정보를 활용해서 프로그램의 개선이나 지원에 관한 의사결정에 반영하는 것에 있다.

1) 유형

프로그램 평가는 크게 두 가지 유형으로 나뉜다. 차이는 프로그램 실행 과정 중에 혹은 종료 후에 시행되는지에 있다.

형성 평가(formative evaluation)   모니터링 평가라고도 한다. 프로그램의 기획이나 실행 과정 중에 실시하는 것으로, 프로그램을 만들어 가는(형성) 목적의 평가다. 프로그램 개발이나 개선에 관련된 정보들을 수집, 평가하는 활동을 주로 한다. 결과보다는 과정 정보를 다루므로 이는 과정 평가(process evaluation)에 해당된다. 프로그램 과정 중 모니터링과 피드백에 소용되는 정보를 얻기 위해 비교적 유연한 틀이 사용된다. 프로그램 내부 정보(예: 담당자 경험)를 중시하면서, 외부(관찰자)의 견해를 개입시키기도 한다. 비록 프로그램 개발이라는 실용적 목적의 가치는 크지만, 형성 평가는 대외적 사회적 책임성 제시에는 취약하다.[9]

총괄 평가(summative evaluation)   프로그램이 종결된 후에 실시하는 평가다. 프로그램 결과로서의 성과 달성 여부(효과성)와 그에 수반된 비용(효율성)에 관한 정보를 주로 도출한다. 과정지향적 평가와는 대비되는 목표지향적 평가다. 일반적으로 공식적 프로그램 평가라고 하면, 일차적으로 총괄 평가를 의미한다. 성과를 검증하는 정보

도출을 위해 엄격한 자료 수집과 분석의 틀이 요구된다. 평가자는 대개 조직 외부로부터의 시각과 전문적 평가방법(디자인과 측정)으로 개입하는 경향이 많다. 총괄 평가는 결과적 성과에 대한 엄격한(객관적) 정보를 도출할 수 있으므로, 프로그램의 사회적 책임성 제시의 목적뿐만 아니라 프로그램 이론의 과학성을 높이는 데도 유용하다.

이 외에도 프로그램 평가는 다양한 방식으로 구분될 수 있다. 평가의 기준을 무엇으로 할지에 따라 수행(노력) 평가, 성과 평가, 공정성 평가, 서비스 질 평가, 효과성 평가, 효율성 평가, 영향 평가 등으로도 나눈다. 이들은 평가의 용도와 목적에 기인해서 결정된다. 현실적으로는 하나의 평가에 복수 기준이 적용되는 경우가 많다.

2) 과정

프로그램을 평가하는 과정은 평가의 유형별로 다를 수 있다. 과정 평가와 결과 평가는 특히 큰 차이를 보인다. 그럼에도 모든 공식적인 프로그램 평가에서 공통적으로 요구되는 단계 과업들은 있다.[10]

Ⅰ 프로그램의 확인　　프로그램의 목적과 목표, 프로그램이 다루는 사회문제, 이와 관련된 프로그램 활동 등을 확인하는 과업이다. 평가의 표적을 찾기 위해서다. 많은 경우에 프로그램들은 평가를 대비해서 사전에 이들을 명료히 준비해 두지 않는다. 혹은 프로그램이 진행되는 과정에서 애초의 의도와 다르게 되는 경우도 많다. 그래서 평가의 시작 단계에서 표적이 되는 프로그램을 명확히 확인하는 것이 중요하다.

Ⅱ 기준 선택　　무엇을 평가할지에 대한 기준 선택이다. 이는 평가 조사를 의뢰한 쪽의 목적과 용도에서 결정되는 바가 크다. 일반적으로 전문직의 목적이라면 효과성, 관리자라면 효율성, 이용자는 서비스 질, 자원제공자는 영향이나 공정성과 같은 기준들을 강조하기 쉽다. 특정 평가에서 어떤 기준(들)을 채택하는지는 곧 평가 조사를 이끌 전략에 관한 핵심적인 판단이다.

Ⅲ 디자인 선택　　평가 기준에 따른 자료들을 어떤 틀(디자인)에다 배열하고 분석할지를 결정하는 것이다. 여기에는 프로그램 종료 후 자료만을 사용할지(사후검사 디

자인), 사전에 수집된 자료들도 포함할지(사전-사후검사 디자인), 통제집단의 자료까지를 준비해야 할지(사전-사후검사 통제집단 디자인), 각 사례별로 서비스 대상자들을 연속 측정한 자료로 변화를 볼지(단일사례 디자인), 아니면 다른 유사 프로그램들의 자료를 통해 비교해 볼지(비교 디자인) 등으로 폭넓은 선택이 가능하다.[11] 프로그램 평가를 위한 디자인 선택에서 '현실적' 유용성과 실행가능성은 과학적 타당성 못지않게 중요하다.

Ⅳ 자료 수집   경험적 근거를 제시하는 자료를 수집한다. 이를 위해 누구 혹은 무엇으로부터, 어떤 유형의 자료(관찰, 서베이, 문헌 등)를 도출할 것이며, 측정 도구와 시점은 어떻게 할지가 결정되어야 한다. 조사 디자인에 따라서는 프로그램 활동이 시작되기 전부터, 통제집단(서비스를 받지 않는 비교 목적의 집단)에 대한 자료 수집도 필요할 수 있다. 이것 역시 프로그램 기획 단계에서부터 평가 방법에 대한 고려를 사전에 해 두었어야만 가능하다.

Ⅴ 자료 분석 및 결과 활용   수집된 자료들을 평가의 목적에 맞추어서 분석한다. 만약 프로그램 효과성 기준의 총괄평가라면, 자료 분석은 '프로그램의 성과 목표가 기준치에 도달했는지' '그것이 프로그램 활동 때문에 그렇게 된 것인지'라는 질문에 경험적인 근거로 대답하는 결과를 제시할 것이다. 어떤 경우에도 자료 분석과 결과 제시는 평가의 목적과 용도에 의거해야 한다.

평가의 단계 과업들이 반드시 순차적으로 진행되는 것은 아니다. 예를 들어, 특정한 자료의 수집이 현실적으로 불가하다고 판단되면, 그에 기초했던 평가 디자인의 단계가 재고될 수 있다. 평가의 과업들에서 중요한 것은 순서 지키기보다는 평가의 용도와 목적에 부합되는 단계들의 조합을 갖추는 것이다.

3) 기준과 자료

평가의 기준과 자료는 평가의 목적에서부터 도출된다. 누가 어떤 목적에서 평가를 하려는지에 따라 얻고자 하는 정보의 기준과 수집될 자료의 내용들도 달라지는 것이다. 프로그램 평가에서도 이는 마찬가지다. 다양한 목적에 근거해서 다양한 평가 기준과 자료들이 동원될 수 있다. 일반적으로 프로그램 평가에서는 노력과 효과성, 효율성 기준을 주로 다룬다. 공공 정책의 기획 목적에서는 영향이나 공정성 기준도 중시된다. 품질관리 목적의 평가에서는 서비스 질이나 과정(요소) 기준도 중요하다.

노력(effort)　　　　프로그램이 어떤 내용과 수준의 활동을 했는지를 파악하는 기준이다. 프로그램 수행을 모니터링하는 평가에 필요한 대부분의 정보는 이에 근거한다. 장차 효과성이나 효율성 등의 평가도 노력 정보를 기본 바탕으로 산출될 수 있다. 노력 기준의 평가 정보는 다음 자료들의 수집과 분석이 필요하다.

· 클라이언트 : 수, 나이, 성별, 소득 수준, 가족 구성 등
· 표적인구의 서비스 활용 정도 : 적용 범위, % 등
· 클라이언트에 의한 서비스 경험 : 서비스 접촉 수/빈도, 대기 시간, 중도탈락 케이스 수 등
· 서비스 담당자의 활동 : 케이스 부담률, 서비스 제공 단위(예: 상담 시간), 서비스 유형(예: 의뢰), 서비스 방법(예: 집단, 개별), 활동 시간 등
· 서비스 담당자의 업무 질 : 개입 기법의 적절성, 계획적 서비스 진행, 행정 규칙과 보고 의무
· 지출과 자원 활용 : 예산 항목의 지출, 물품 사용, 공간과 시설의 적합성 등
· 서비스 비용 : 서비스 단위 당 발생한 실질 비용

효과성(effectiveness)　　　　서비스 활동(노력)과 성취된 결과 간의 관계를 평가하는 기준이다. 효과성 기준의 평가는 의도했던 성과가 나타났는지, 그것이 서비스 활동 때문이었는지를 검증하기 위한 자료들의 수집과 분석이 필요하다. 휴먼서비스의 성과 측정을 위한 자료는 직접, 간접적으로 수집한다.

· 직접 자료 : 성과를 직접적인 지표를 통해 측정한 자료(예: 취업 → 취업률, 가족기능 개선 → 가족기능사정표)
· 간접 자료 : 성과를 간접적인 지표를 통해 측정한 자료(예: 취업 → 프로그램 참여도, 가족기능 개선 → 서비스 만족도)

프로그램의 효과성을 제시하려면 최소한 성과 목표의 성취 여부에 관한 자료가 필요하다. 문제는 휴먼서비스의 특성상 직접 자료에 의한 성과 측정이 쉽지 않은 경우가 많다는 것이다. 유형의 표준화된 품질이 제시될 수 있는 분야와는 달리, 휴먼서비스는 정형화되기 어렵고 가변적인 '휴먼' 특성과 무형의 과정지향적 '서비스' 특성(예: 돌봄서비스)을 함께 가지고 있기 때문이다. 특히 사람들의 내면적 특성(심리, 태도 등)을 다루는 서비스인 경우에는 직접적인 성과 자료를 도출하기가 더욱 쉽지 않은 문제가 된다. 흔히 클라이언트의 서비스 만족도나 참여도와 같은 간접 지표의 측정을 통해 효과성 기준의 자료로 활용하는 것도 그러한 까닭에서 비롯된다.

효율성(efficiency)   프로그램이 자원을 경제적으로 활용했는지 평가하는 기준이다. 주어진 자원들(인력, 자금, 공간 등)을 효율적인 방법으로 활용했는지, 서비스의 결과물(산출, 성과)은 과연 비용에 견주어서 합당한 것인지, 동일한 목적을 달성하기 위해 더 경제적인 방법들은 없었는지에 대한 정보를 다룬다. '결과/비용'을 보는 효율성은 두 가지 용법으로 쓰인다. 보통은 '(산출)결과/(투입)비용'의 관계를 보지만, '(성과)결과/(투입)비용'과 같은 프로그램 목표 획득에 드는 비용과의 관계에 쓰이는 수도 있다. $\frac{산출}{투입}$ 효율성에 관한 평가는 프로그램 노력에 관한 정보를 필요로 한다. $\frac{성과}{투입}$ 효율성의 사정은 노력 정보에다 효과성에 관한 정보를 추가한다. 효율성 정보를 도출하기 위해서는 노력과 결과를 나타내는 자료들을 분석해서 다음과 같은 비용 관련 자료로 전환한다.

· 프로그램 산출물의 단위당 비용(예: '1일 노인단기보호'에 드는 비용)
· 특정 프로그램 목표들을 성취하는 데 부과된 비용(예: 인력, 재료, 장비)
· 대안 프로그램들의 비용
· 서비스 전달에 따른 비용과 편익의 계산

영향(impact)   '영향'이라는 단어의 개념은 폭넓게 쓰인다. 여기서는 영향 기준을 프로그램의 개별적 효과성 기준과 구분되는 개념으로 쓴다. 즉, 하나의 프로그램이 주어진 목표에서 성과를 나타내고 있다면, 그것이 원래 의도했던 사회문제를 해결하는 데는 얼마나 영향을 미쳤는지에 관한 기준이다. 영향 기준의 정보를 생성하기 위한 평가에는 복잡한 추론 과정이 필요하다. 단일 프로그램으로 평가될 수 있는 영역을 벗어나 있기 때문이다.

한 지역사회 청소년상담 프로그램이 주어진 목표(예: 대상 학생 30명의 학교 적응력 향상)에 대해 나름대로 효과성이 있다는 평가 정보가 도출되었더라도, 그 정보로는 지역사회의 청소년 관련 사회문제의 해결에 프로그램이 미친 영향력을 직접적으로 파악할 수 없다. 지역사회에는 수많은 청소년 관련 프로그램들과 거시 사회환경적 요인들이 있으면서 이들이 동시에 그 사회문제에 영향을 미치고 있기 때문이다.

영향 기준의 평가에서는 보통 사회지표와 관련된 자료를 필요로 한다. 예를 들어, 어떤 프로그램이 지역사회 청소년비행이라는 사회문제 개선에 목적을 둔다고 하면, 그 프로그램의 영향이란 '청소년비행률'과 같은 지역사회 지표 자료를 사용한다. 영향 평가는 이 지표의 개선에 프로그램이 몇 % 정도의 기여를 했는지 확인하는 것과 같다. 이것은 효과성 기준에 의해 사정되는 프로그램의 개별적 성취와는 구분된다.

서비스 질(quality)   '품질' 혹은 '질'이라는 용어 역시 영향과 마찬가지로 확산된 개념으로 쓰인다. 일반적으로 품질은 효과성을 나타내는 기준으로도 구분없이 사용되는 경향이 있다.[12] 좁은 의미에서 프로그램의 품질이란 '전문적인 기준이 채용되는 정도', 즉 전문적으로 규정되어 있는 표준이 얼마나 지켜지는지를 기준으로 할 수 있다.[13] 이에 관한 전형적인 지표로는 서비스 업무자들의 전문적인 교육 이수와 경험 수준이 흔히 사용된다. 업무자들이 서비스 수행에 적절한 자격을 갖추고 있는지와 같은 정보들을 통해 해당 프로그램의 서비스 질을 유추하는 것이다.

프로그램 평가에서 품질은 노력 기준 다음으로 많이 쓰이고 있다. 영향이나 효과성 기준에 대한 직접 측정이 어려운 상황에서, 프로그램 자체의 기준을 보는 것도 중요하기 때문이다. 품질 기준을 중시한다는 것은, 프로그램의 품질이 높아지면 그만큼 효과성도 높아질 것이라는 가정을 전제하는 것이다.

직원들의 평균 학력이 높은 기관이 낮은 기관보다 '비행청소년 예방' 성과가 더 높을 것이라고 가정한다. 사회복지사1급이 사회복지사2급보다는 가족치료를 더 잘할 것이라고 가정한다. 전문의가 있는 병원이 일반의가 있는 병원보다 치료를 더 잘할 것으로 가정한다. 특급호텔 주방장 출신이 요리하는 식당의 음식이 동네중국집 주방장 출신의 식당 음식보다 더 맛있을 것이라고 가정한다.

이와 같은 가정에 기저하고 있으므로, 평가 전문가들은 서비스 전달의 품질을 기준으로 하는 효과성 평가를 그리 선호하지 않는다. 이러한 품질 기준이 가정하는 효과성과의 관계가 경험적으로 검증되지 않기 때문이다. 품질과 효과성 기준이 정당한 관계로 입증되려면, 예를 들어 단지 음식의 맛(효과성)만 보고서 주방장이 어디 출신인지(품질)를 알아낼 수 있어야 한다. 품질 기준의 정보를 활용한 평가는 대개 그러한 기저 가정의 한계를 극복하기가 쉽지 않다.

그럼에도 현실적으로 품질 기준이 평가에서 널리 사용되고 있다. 비록 효과성 정보를 직접 제시하지는 못하더라도, 적어도 이 기준의 정보들이 서비스의 현재 상태를 시사해 주는 바가 크기 때문이다. 그래서 서비스 관련 업무자들이나 정책결정자, 클라이언트, 옹호집단 등의 프로그램 이해관련자들에게 품질 기준의 정보들은 프로그램을 쉽게 이해할 수 있는 방법으로 간주되고 있다.

과정(process)   과정 기준의 평가는 프로그램의 결과가 왜 그렇게 도출되었는지에 대한 이유를 밝히는 목적에 쓰인다. 이런 목적에 필요한 정보는 프로그램 진행 과정의 속성들로부터 도출된다. 이런 정보는 프로그램의 개선 방향을 제시하거나, 다른 환경에서 프로그램이 실행될 때 고려해야 할 점들을 밝히는 데 쓰인다. 과정 기준의 평가는 관심의 초점에 따라 몇 가지 차원으로 구분할 수 있다.[14]

· 프로그램 속성 : 프로그램을 구성하는 속성에 초점을 두고, 이를 접근 방식, 개입 방법, 직원 등의 요소들로 쪼갠다. 그러면 이 중 어떤 것이 프로그램에서 문제를 일으키는지를 파악할 수 있게 해 준다.
· 서비스 인구 : 프로그램이 대상으로 하는 서비스 인구의 속성에 초점을 둔다. 서비스 인구를 집단별로 구분해서 보고, 프로그램이 각 집단마다 효과에서 차이가 있는지를 파악한다. 예를 들어, 프로그램이 남성보다 여성 대상에게 더 효과적이었는지 등을 밝히는 것이다.
· 환경 조건 : 프로그램이 제공되는 환경 여건들을 파악한다. 프로그램의 효과가 계절

별로 차이가 있는지, 경쟁 프로그램들이 있는 경우에는 어떠한지, 소속 기관의 차이에 따라서는 어떠한지 등을 평가한다.

· 효과의 본질 : 프로그램이 성취한 효과의 유형 혹은 본질을 파악한다. 예를 들어, 프로그램의 효과가 인지와 관련된 것인지, 아니면 태도 혹은 행동 측면인지를 구분해 보는 것이다. 효과의 지속성이나 영향 차원을 평가하는 것도 이에 해당한다.[15]

공평성(equity)   공평성 기준의 평가는 서비스가 인구 집단들 사이에 치우지지 않고 고르게 배분되는지를 본다. 공평성 기준은 정책 차원의 평가에서 많이 쓰이는데, 합리성보다는 정치적 고려에서 채택되는 경우가 많다. 자원 배분이나 절차의 공평성에 대한 근거는 대개 '일관성' 기준에 의거한다. 비록 '욕구(필요함의 정도)'에 따른 분배 기준이 보다 합리적이겠지만, 그것을 판단하기란 용이치 않은 일이다. 그래서 '모든 대상자에게 똑같이'라는 일관성 기준이 채택되기 쉽다. 정치인이나 관료들의 입장에서는 공평성 기준의 평가를 선호하기 쉽지만, 휴먼서비스 전문직들에게는 공평성 기준이란 오히려 합리성을 저해하는 요소로 인식될 수도 있다.

4) 효과성 평가와 디자인

프로그램을 효과성의 기준에서 평가하는 것이다. 효과성이란 '프로그램 활동이 목표했던 성과의 달성을 초래했는지'를 의미한다. 서비스 프로그램이라면 효과성을 파악하기 위해 다음의 자료가 필요하다.

① 서비스 활동과 산출물의 측정   ② 성과 측정   ③ 비교나 통제를 위한 근거

프로그램의 이론은 서비스 활동과 산출을 원인(X)으로 보고, 프로그램의 목적이나 성과의 달성을 결과(Y)로 본다. 효과성 평가란 이러한 이론, 즉 'X가 Y를 초래했는지'를 경험적으로 검증하는 것이다. 그래서 ①과 ②에 관한 자료는 기본적이고, 여기에 ③도 반드시 필요하게 된다. 이유는 ①과 ②만으로는 '반드시 X 때문에' Y가 초래되었는지를 증명할 수 없기 때문이다.[16]

프로그램의 효과성 평가에서 연구디자인이 필요한 이유는 비교 통제의 근거를 만들어야 하기 때문이다. 측정된 성과에 대해 프로그램 활동 말고는 다른 이유가 가능하지 않음을 보여 주기 위한 것이다. 만약 가능했다면 이 프로그램은 효과성 검증이 어렵게 된다. 연구디자인에 대한 고려를 위해서는 인과관계 검증에 관한 과학적 조사연구방법론의 기본적인 이해가 필요하다. 여기서는 주요 디자인의 논리만을 간단하게 소개한다.[17]

(1) 비통제 디자인

통제의 근거 자료를 생산할 수 없는 디자인이다. [그림 15-1]과 같은 단일집단 전-후 측정 디자인이 대표적이다. 이 디자인은 현실적인 이유에서 사회복지 프로그램들의 평가 방법으로 많이 쓰이고 있다. 단순히 전-후 성과 측정만으로 평가가 가능하기 때문이다.

[그림 15-1]에서 보듯이, 비통제 디자인에서는 프로그램 활동(X_0)이 주어지기 전과 후에 각기 한 번의 측정(Y_A, Y_B)이 이루어진다. 성과의 측정은 변화를 통해 파악한다. 즉, 성과 = ($Y_A - Y_B$)이다. 프로그램의 효과성 평가는 이 성과가 프로그램 활동(X_0) 때문인지를 밝히는 것이다. 그럼에도 이 디자인으로는 다른 외부 효과들($x_1 \cdots x_{10} \cdots$)이 그 과정에서 어떤 영향을 미쳤는지를 알 수 없다. 즉, 그런 다른 이유들 때문에 성과 (변화)가 나타났을 가능성에 대한 설명을 반박할 근거가 없다. 그래서 비용 등의 현실적인 이유로 이 디자인을 쓰더라도, 효과성을 논의하려면 최소한 논리적인 근거들(외

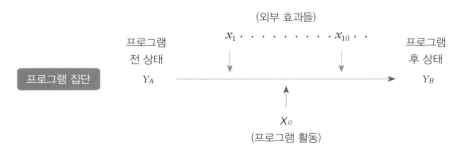

[그림 15-1] 비통제 디자인

부 효과들이 없었을 이유)이라도 갖추고 있어야 한다.

(2) 통제집단 디자인

통제의 근거를 생산할 수 있는 디자인이다. [그림 15-2]와 같은 전형적인 실험디자인, 혹은 통제집단 전-후 측정 디자인이 대표적이다. 이 디자인은 현실적인 평가에서는 거의 쓰이지 않는다. 완벽한 통제비교 집단을 가지기 힘들기 때문이다. 그럼에도 효과성 평가의 필수 요건에 대한 모범과 같은 중요성을 가진다. 현실적으로는 제약된 디자인들을 쓸 수밖에 없더라도, 이 디자인의 이상(ideal)을 통해 그들의 한계가 무엇인지를 비추어 볼 수 있다.

앞서 단일집단 전-후 측정 디자인에 통제비교 집단(C)을 추가한 것이다. 이 집단은 프로그램 활동이 이루어지는 프로그램 집단(P)과 모든 것이 동질적이지만 프로그램 활동만 주어지지 않는다는 차이가 있다. 성과를 위한 측정도 동일한 시점에 동일한 방법으로 똑같이 시행된다. 만약 프로그램 집단의 변화($= Y_{PB} - Y_{PA}$)와 통제비교 집단의 변화($= Y_{CB} - Y_{CA}$) 간의 차이가 있다면, 무엇 때문인지를 설명하는 유일한 근거는 프로그램 개입(X_0)밖에 없다. 다른 외부적인 효과들의 설명은 통제되어 근거가 없어진다(외부 효과들이 두 집단에 같이 나타날 것이기 때문이다). 이 같은 통제 디자인은 프로그램의 효과성을 검증하는 데 이상적이지만, 동질적인 통제집단을 확보하기 어려운 문제와 함께 설령 가능하더라도 프로그램 개입을 실험 목적에서 인위적으로 조작하는 데 따르는 윤리적 문제가 결부되어 현실적인 유용성은 낮다.

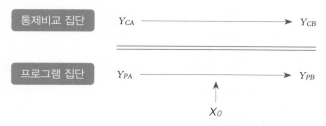

[그림 15-2] 전형적인 실험디자인

(3) 유사통제 디자인

비록 실험디자인의 엄격한 통제 근거는 아니지만, 현실적으로 가능한 유사한 근거를 제시할 수 있는 디자인들도 있다. 휴먼서비스 프로그램에는 다음이 많이 쓰인다.

비동일 통제집단(non-equivalent control group)   디자인 현실적으로 가능한 통제집단을 확보하기 위한 디자인이다. 실험집단과 최대한 유사할 것으로 간주되는 집단을 임의적으로 찾아서 통제의 근거로 삼는다. 실험디자인의 이상에 비추어 보면, 이 디자인은 자체만으로 인과관계를 입증하는 데 충분한 근거 자료를 산출할 수 없다. 그럼에도 현실적인 가용성이 높으므로, 사회복지 프로그램 평가에 유용하게 쓰인다. 이런 디자인을 사용할 때는 평가자가 프로그램 상황을 한층 더 풍부하게 이해해야 한다. 디자인 자체가 제시하지 못하는 불완전한 경험적 근거를 평가자의 지식으로 보완해야 하기 때문이다.[18]

단일사례 디자인(single subject design)   통제집단을 두지 않으면서도 비교/통제의 근거를 가질 수 있는 디자인이다. 통제집단의 근거를 단일사례에서 지속적으로 측정되는 자료들로 대체해서 확보한다. [그림 15-3]의 예에서처럼, 프로그램 개입을 전-후로 해서 개입 전의 자료들을 통제집단(프로그램을 받지 않은 집단), 개입 후를 프로그램 집단처럼 간주할 수 있다. 이것은 단일집단 전-후 측정 디자인과는 뚜렷이 구분된다. 거기서는 단지 전(Y_A)과 후(Y_B) 두 시점에서의 측정만 있었으므로, 과정에서의 변화가 어떻게 진행되었다는 것을 확인할 근거가 없다. 그러나 단일사례 디자인에서는 그림의 예에서와 같이 그 중간 자료들($Y_2, Y_3, \cdots$)이 프로그램 개입(X)이 있고 나서, 비로소 변화가 나타나기 시작했음을 경험적으로 보여 줄 수 있다. 즉, 성과($Y_B - Y_A = 50$)는 프로그램 '때문'이라고 할 근거가 제시되는 것이다.

프로그램 평가의 목적에서 단일사례 디자인은 여러 가지 장점을 가진다. 프로그램 활동이 진행되는 과정 중에 자료수집이 지속적으로 이루어질 수 있다는 점, 통제집단을 따로 두지 않고도 통제 목적의 근거가 가능하다는 점 등으로 인해, 이 디자인은 사회복지실천 현장에서 프로그램 실천과 평가를 병행할 수 있는 유용한 디자인으로 널리 인정받고 있다.

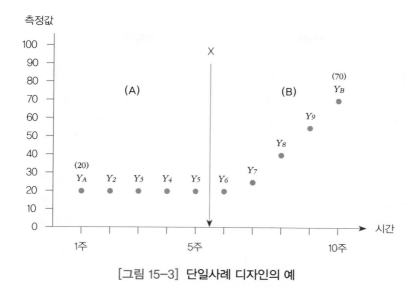

[그림 15-3] 단일사례 디자인의 예

(4) 비교 디자인

비교 디자인은 비교·통제의 근거를 다수의 다른 프로그램들에서 찾는 것이다. 자기 프로그램의 결과(활동과 성과)를 유사한 이론 구조를 가진 다른 프로그램들의 실행 결과와 비교해서, 이를 프로그램 활동 '때문'에 성과가 유발되었다는 근거로 삼는다.

비교 디자인은 프로그램의 효과성을 경험적으로 검증하는 데 많은 취약점을 가지고 있다. 미리 명확한 디자인 틀을 갖추지 않고 평가가 실시되기 때문에, 엄격한 인과관계의 검증을 제시하기 어렵다. 그럼에도 이러한 비교 디자인이 현실적인 평가 목적에서는 유용한 측면이 많다. 다른 프로그램들과의 폭넓은 비교를 통해 평가 정보가 도출되기 때문에, 프로그램의 운영 개선을 위한 현실적인 아이디어들을 이로부터 얻기도 쉽다.

5) 효율성 평가와 비용

프로그램의 효과성 기준이 이론적 측면이라면, 효율성 기준은 비용적 측면을 다루는 것이다. 효율성 역시 프로그램 활동과 성과의 관계를 검증하지만, 비용과 가치 측면을 중시해서 본다. 활동은 비용으로, 성과는 생산된 가치로서 파악한다. 이들을 대비해서 프로그램이 들인 비용에 비해 생산된 가치는 과연 어떠한지를 제시하는 것이다.

공식적 프로그램 평가가 기관 내부에서 프로그램이 존립할 정당성이나 혹은 외부 사회적 책임성의 근거를 확보하려는 것이므로, 이 같은 효율성 기준의 평가도 효과성 평가 못지않게 중요하다. 효율성 평가의 방법으로는 비용 회계 분석, 비용−편익 분석, 비용−성과 분석 등이 있다.[19]

(1) 비용 회계 분석

주로 프로그램 활동에 투입된 비용 요소들을 분석하고, 각각의 비용 크기를 화폐 가치로 계산하는 것이다. 휴먼서비스 프로그램에서의 활동이란 궁극적으로 서비스의 결과물(산출, 성과)을 만들어 내는 모든 직·간접적인 서비스들을 포함한다.

> 예를 들어, 노인 주간보호 프로그램의 활동에 드는 비용을 계산하려면, 서비스(생산물)의 단위를 '노인 1일 4시간 식사포함 케어'로 규정하고, 이를 생산하는 데 필요한 활동과 그에 수반되는 지출 요소들을 파악한다. 인건비, 식사비, 시설비 등은 그러한 근거에서 계산될 수 있다.

비용 회계(cost accounting) 분석은 모든 유형의 효율성 평가를 위해 기본 자료가 된다. 이 분석은 전체 프로그램 활동에 소요된 비용과 함께, 각 생산 단위에 대한 활동과 지출 요소별로 세세한 비용들에 대한 정보도 생성해 준다. 프로그램의 효율성을 평가하거나 개선하려는 노력에서 이러한 정보는 '어떤 요소'에 집중해야 할지를 알게 해 준다. 비용−편익이나 비용−성과 분석을 통한 효율성 평가에서 프로그램 활동과 비용 요소들을 파악해 주는 비용 회계 분석의 정보는 필수적이다.

(2) 비용−편익 분석

비용 회계 분석을 통해 파악된 프로그램 비용을 편익에 대비해 보는 분석이다. 이때 편익(benefit)이란 프로그램을 수행한 결과로 나타난 성과를 화폐적인 가치로 계산한 것이다. 예를 들어, '노인 30명을 주간보호' 하는 프로그램의 1년간 성과를 돈 가치로 환산하면, 이것이 프로그램의 연간 편익이다. 비용−편익 분석은 이를 가지고 프로그램의 효율성을 다음처럼 계산한다.

$$프로그램의\ 효율성 = \frac{편익}{비용}$$

이 분석의 장점은 비용과 편익이 모두 화폐 가치로 계산되므로, 효율성이 수치 값으로 단순하게 파악될 수 있다는 것이다. 그 값이 1이면, 이 프로그램은 효율성이 '본전'이다. 프로그램에 투입한 비용과 편익이 같기 때문이다. 1 이하가 되면 효율성이 없는 것이고, 1보다 크면 클수록 효율성은 그만큼 높은 것으로 평가된다.

이 분석의 단점은 편익 계산의 어려움에 있다. 특히 휴먼서비스의 경우, 성과 자체를 화폐 가치로 계산해 낼 수 있을 만큼 명료하게 규정하기 힘든 경우가 많다. 예를 들어, '지역아동센터' 프로그램의 1년간 성과를 화폐 가치로 환산하려면, 먼저 성과를 화폐로 계산할 수 있는 요소들로 만들어 내야 한다. '현재의 아동 보호' 가치까지는 계산이 가능하더라도, '아동 생애주기에 미치는 파급 효과' '부모나 지역사회, 국가적 차원의 효과' 등은 비록 중요한 성과이지만 계산 가능한 요소가 되기는 힘들다.

(3) 비용-성과의 효율성 분석

비용-효과성 분석이라고도 한다. 이것 역시 비용 회계 분석을 통해 계산된 프로그램 비용을 프로그램이 생산한 결과물과 비교해 보는 효율성 분석이다. 비용-편익 분석의 문제가 편익 계산의 어려움에 있으므로, 비용-성과 분석은 이를 생략한다. 프로그램이 도출한 성과 측정을 그대로 효율성 산식에 투입한다.

$$프로그램의\ 효율성 = \frac{성과}{비용}$$

비용-성과 분석은 성과를 그대로 두고, 이를 비용에 대비시켜 보는 것이다. 이 분석의 장점은 성과의 가치를 편익으로 계산하지 않아도 되므로, 효율성 평가의 과정이 쉬워진다는 것이다. 예를 들어, 만약 동일한 성과 내용을 전제로 한다면, 6천만 원의 비용으로 아동 20명을 보호한 프로그램과 똑같은 아동 15명을 보호한 프로그램은 효율성의 크기가 다르다는 것이 상대적으로 비교될 수 있다.

이 분석의 단점은 유사한 성과를 가진 프로그램들의 효율성 비교에만 적용될 수 있다는 것이다. 성과의 성격이 다른 프로그램들(예: 노인주간보호 10명, 아동심리치료 10명)끼리는 성과의 가치를 비교하기 힘들다. 그럼에도 휴먼서비스 사회복지의 현장에서는 현실적으로 편익 계산의 어려움을 극복하기 어려우므로, 비용−성과 분석의 정도로 유사 성격의 프로그램들끼리 효율성을 평가하는 것이 보통이다.

4. 사회복지조직의 평가 시스템

사회복지 기관이나 서비스, 프로그램은 공식적이든 비공식적이든 평가가 늘 요구된다. 그 결과, 평가를 위해 필요한 정보도 일상적으로 수집, 활용될 필요가 있다. 별도의 조사를 통해 얻어야 하는 특정한 정보가 아니라면, 대부분 평가에 필요한 정보들은 서비스나 프로그램, 조직 관리의 업무수행 중에서 자연스레 생성되도록 할 수 있다. 정보시스템이 그런 것이고, MIS가 대표적이다.[20]

1) MIS

MIS(관리정보시스템)는 조직 관리에 필요한 정보들이 지속적으로 생성될 수 있게 하는 시스템이다. 기관이나 프로그램 관련 자료들이 업무 과정 중에 자연스럽게 축적되도록 하는 자료수집의 구조를 갖추는 것이다. 주로 프로그램의 노력(수행) 기준의 자료를 수집, 관리, 산출하는 데 적절히 사용되지만, 효과성이나 효율성 관련 정보를 생성하는 데도 적용될 수 있다.

어느 기관이나 내부 문서기록 시스템을 갖추고는 있다. 수입과 지출에 관한 출납 내용, 사례 기록(케이스부담, 서비스 유형과 빈도, 소모 시간, 클라이언트의 특성 등) 같은 것들은 어떤 형태로든 기록되어 조직 내 결재 시스템을 거치면서 보관, 관리된다. 서비스나 프로그램 관리에 필수적인 정보는 이로부터 나온다. 한 걸음 더 나아가면, 사회복지서비스 기관의 MIS는 프로그램 목표나 개입전략, 프로그래밍에 필요한 정보 생성까지도 정보시스템화 할 수 있다.

최근에는 MIS를 효과성 측정에 사용하는 경향도 늘고 있다. 성공 사례에 대한 측정이나 클라이언트의 만족도 측정 등과 같은 것을 업무과정의 기록 시스템에 포함시키는 것이 그 예다. 이를 통해 서비스의 수준, 유형, 빈도, 강도 등과 같은 노력 변수들이 클라이언트에 대한 서비스 성과와 어떤 관계에 있는지를 체계적으로 조사할 수 있게 한다. MIS가 이러한 용도로 사용되기 위해서는 문제지향적인 기록 내용, 목표 획득에 관한 잣대, 단일사례 디자인 등이 기관의 정기적 문서기록 시스템에 포함될 필요가 있다. 또한 복잡하고 많은 분량의 정보를 다루기 위해 전산 시스템을 갖추는 것도 효과적이다.

사회복지행정 관리자는 MIS를 프로그램 평가 업무에 이용해서 다음과 같은 유용함을 얻는다. 첫째, 다양한 측면의 프로그램 운영에 관한 자료들에 손쉽게 접근할 수 있다. 둘째, 프로그램 수행성과를 보다 객관적으로 모니터링하고 평가할 수 있는 근거를 확보한다. 셋째, 조직 외부로부터 요구되는 각종 평가 자료들을 저비용으로 유연하게 대처할 수 있다. 넷째, 프로그램 기획이나 실행, 평가에 관련된 다양한 의사결정에 합리성을 부여한다.

실무자의 입장에서도 MIS는 자신들의 활동에 대한 피드백 정보가 보다 신속하게 도출되어 전달되므로, 지속적인 업무 개선을 가능하게 해서 업무수행의 효과성을 높일 수 있다. 또한 업무수행에서 요구되는 사항들과 절차에 관한 모호함도 MIS를 통해 줄여 갈 수 있다.

이러한 장점들에도 불구하고, 사회복지조직에서 MIS의 사용은 몇 가지 유의점을 필요로 한다. 첫째, MIS는 일선 담당자들의 희생(방대한 자료 입력)하에 관리자의 파워 확대와 정보 독점을 초래하기 쉽고, 이로 인해 MIS의 운영에 필요한 하급자들의 협조를 구하기가 쉽지 않다. 둘째, 클라이언트 정보가 오남용될 수 있다는 점에서 전문직 업무자들의 가치와 충돌할 수 있다. 셋째, MIS가 가동되는 데 필요한 자료입력의 양식, 절차, 규칙, 책임 소재 등으로 행정 업무가 복잡하게 가중될 수 있다. 넷째, MIS를 구축하고 운용하는 데 드는 전산정보 관리의 비용도 실질적인 문제가 될 수 있다.

사회복지조직에서 MIS를 도입하는 데는 나름대로의 장·단점이 있다. 상시적이고 체계적으로 프로그램 평가가 이루어지도록 정보시스템을 갖추는 것은 좋지만, 그것에 대해 조직이 지불해야 하는 '비용'도 충분히 고려되어야 한다. 언제나 그렇지만, 프로그램을 위한 자원은 한정되어 있다. 불필요한 정보 수집은 그만큼의 프로그램 자원을 단축하는 불필요한 비용으로 지불되는 것이다. 만약 그러한 자원 단축이 클라이언트에게 직접 쓰여야 할 비용을 희생하는 것이라면, 문제는 더욱 심각하다. 따라서 결정은 사회복지조직에서 MIS가 유용한지 아닌지가 아니라, 어느 정도의 MIS가 유용할지를 판단하는 것이다.

2) 평가 결과의 활용

프로그램 평가에서 도출되는 정보들은 기관이나 프로그램의 목적에 적절히 쓰여야 한다. 이를 위해 관리자는 조직 내에서 평가 정보가 적절히 활용될 수 있는 조직적 환경을 구축해야 한다. 평가 결과의 활용에는 다음과 같은 이슈들이 흔히 나타난다.

외부 평가의 효용성   외부 평가에서 도출되는 정보에 대해 조직 내부에서 의문을 제기할 수 있다. 외부 기관에 의해 수행되는 공식적인 평가에 대해 내부자와 외부자의 시각 차이가 크게 나타나기 쉽다. 동일한 자료나 결과들일지라도, 해석하는 관점에 따라 각기 달리 평가될 수도 있다.

특히 사회복지 프로그램처럼 목표나 과정, 기술에 대한 합의점 도출이 쉽지 않은 경우, 평가에 주관적인 판단 요소들이 개입될 가능성이 한층 높다. 외부 평가자에 대한 불신으로 내부 관리자들은 타당도와 신뢰도가 의문시되는 비공식적인 내부 평가를 선호하는 경향이 있다. 평가는 단지 자원제공 기관이나 공공에 대한 의무 때문에 하는 것으로 치부하는 경향도 있다.

어떤 경우에서든 외부의 공식적 평가는 나름대로의 필요성과 강제성을 갖추고 있다. 따라서 사회복지 기관이나 프로그램 관리자는 평가에 대한 선호의 판단보다는 그런 평가의 과정과 결과를 개선의 목적에 어떻게 적절히 활용할 것인지에 관심을 가져야 한다.

평가와 기준 행동   본래 평가란 성과를 파악하고, 개선시키는 데 도움이 되려는 목적이다. 그럼에도 평가가 본래의 목적을 상실하고, 방법 자체에 함몰되어 왜곡된 결과를 낳을 수도 있다. 공식적인 평가에서는 경험적 근거가 필요하고, 이를 위해 대개 양적 방법의 지표 측정을 한다. 이때 지표란 성과 자체가 아니라, 성과를 가리켜 주는 표식에 불과한 것이다. 그런데도 실제 평가의 과정에서는 이러한 양적 지표들 자체가 성과로 간주되어 버리기 쉽다. '달을 보라는데, 자꾸 손가락만 쳐다본다'는 것이다. 여기서 달은 성과이고, 손가락은 달을 가리키는 지표를 뜻한다.

기관이나 프로그램 평가에서 이러한 지표 사용에 따르는 문제들은, 특히 업무자의 업적 평가와 결부되어 있을 때 더욱 증폭되기 쉽다. 예를 들어, 사례관리 업무에 대한 평가 지표가 '접촉 횟수'로 되어 있다면, 해당 업무의 담당자는 글자 그대로의 '접촉 횟수'를 늘리는 일에 치중하기 쉽다. 그것이 성과 목적(예: 대상자의 문제 해결)을 제대로 가리키는지는 그 지표로 평가를 받게 되는 업무자의 입장에서는 중요치 않을 수도 있다.

이를 일컬어 '기준 행동(criterion behavior)'이라고 한다.[21] 계량화된 엄격한 지표 측정의 기준이 적용되는 평가가 지속될 경우, 업무자들에게서 이러한 기준 행동은 비례해서 증가하게 된다.[22] 이처럼 평가를 통해 양적 지표의 점수 위주로 서비스 과정이 경직되면, 평가는 업무자들의 기준 행동을 강화시키고, 이로 인해 평가의 본래의 목적, 즉 서비스의 효과성 제고에 기여한다는 취지는 오히려 저해된다.

사회복지조직의 서비스 효과성은 비계량화 요소들로 둘러싸여 있다. 예를 들어, 업무자와 클라이언트 간의 내밀한 신뢰감이 대표적이다. 문제는 이것을 평가하는 정보의 도출이 쉽지 않다는 점이다. 그래서 평가의 측정에서 누락되기 쉬운데, 이러한 핵심 요소가 배제된 채 구성되는 계량화 측정들은 실질적인 서비스 효과성과는 무관할 수가 있다. 심하게는 높은 평가 점수를 획득하는 프로그램들일수록, 실제 효과성은 더욱 떨어지는 결과를 초래할 수조차 있다. 프로그램이 양적 평가지표들에만 맹목적으로 매달리게 될 때 충분히 예상될 수 있는 현상이다.

사회복지조직의 관리자는 이처럼 평가 기준을 제시하는 것이 업무자와 클라이언트에 대한 영향, 나아가서 기관이나 프로그램 전체의 유효성에 미치는 결과를 책임져야 한다. 비록 외부 평가로부터 이러한 기준들이 강요되고 있더라도, 이것이 미치는 사회복지서비스에 대한 파장을 최대한 관리할 수 있어야 한다. 이를 위해 일차적으로 관리자의 평가에 대한 깊이 있는 이해가 필요하다.

평가 결과의 공개   공식적 평가는 과정과 결과를 외부에 공개하는 것이 바람직하다. 비록 그로 인해 외부의 관심이 과대해질 수도 있지만, 오히려 그것을 이점으로 삼을 수도 있다. 사회복지조직은 다양한 이해관계로 상충되는 외부 집단들로 둘러싸여 있으며, 기관이나 프로그램의 업무 수행에 갈등적 영향의 소지를 안고 있다. 각자의 이해관계에 따른 요구들만을 주장하기 쉽기 때문이다. 이럴 때 외부의 공식적 평가 결과를 공개하는 과정에서 각각의 이해집단들이 어떠한 요구를 하고 있는지를 모두에게 자연스레 알려 줄 수 있다. 그러면, 조직에 쏟아지는 비난의 원인이 사실은 외부에 있다는 것을 은연중에 밝히는 효과도 얻을 수 있다.

> 한정된 자원밖에 제공받지 못하면서도, 서비스의 양과 질을 높이지 못한다고 특정 외부 주체로부터 부정적인 평가를 받는 사회복지 기관이 있다. 이 경우에는 차라리 평가의 결과(자원 투입과 관한 정보를 포함)를 외부 사회에 폭넓게 공개함으로써, 문제의 근원은 오히려 적은 자원을 제공하면서 일을 통제하는 외부의 어떤 요소에 있음을 자연스레 밝힐 수 있다.

평가의 과정과 결과에 대한 공개는 기관과 프로그램 자체의 개선에도 도움을 준다. 이제껏 불명확하거나 막연하게 규정해 두었던 목표나 방법적 기술, 성과 측정 등에 대해 관심을 가지게 하고, 효과성이나 효율성에 관련된 정보들도 수집하고 분석하게 한다. 비록 이에 소요되는 시간과 비용의 문제는 여전히 남아 있지만, 서비스 개선을 위한 객관적인 정보의 축적이 조직 활동에서 이루어지게 만든다는 점에서 중요하다.

사회복지 기관이나 프로그램, 서비스는 사회복지의 이념과 정책적 목적을 실행하기 위한 조직적인 도구다. 이들은 그러한 도구적 수행에 대해 평가받고 책임진다. 대부분의 사회적 목적들은 그다지 구체적이지 못하다. 따라서 평가와 책임성에 관해서도 다양한 시각과 관점이 개입될 수 있고, 심하게는 동일한 결과를 두고서도 성공과 실패라는 극단적으로 대립된 평가를 할 수도 있다. 따라서 사회복지조직의 관리자는 평가와 책임성 규명의 문제를 단순히 기계적인 목표 성취를 뜻하는 것이 아니라, 다양한 이해 관점을 조화롭게 포용하는 과정으로도 이해할 수 있어야 한다.

미주

1) Weirich, T. (1980). 'The design of information systems'. In F. Perlmutter & S. Slavin (Eds.), *Leadership in Social Administration*. Philadelphia: Temple University Press, p. 153.

2) Patti, R. (1983). *Social Welfare Administration: Managing Social Programs in a Developmental Context*. Englewood Cliffs, NJ: Prentice-Hall, pp. 176-180.

3) Anthony, R., & Herzlinger, R. (1975). *Management Control in Nonprofit Organizations*. Homewood, IL: Richard D. Irwin, p. 16.

4) Robbins, S. (1980). *The Administrative Process* (2nd ed.). Englewood Cliffs, NJ: Prentice-Hall, pp. 376-377.

5) 실제로는 '사회복지시설 평가'에서도 '시설'은 서비스와 프로그램, 인력을 더한 '기관'의 개념에 가깝다. 다만, 생활시설 위주로 형성되어 왔던 역사적 맥락에서 물리적 '시설'의 측면이 여태껏 평가에서 강조되고 있다.

6) 예를 들어, 학생의 영어 실력을 평가하려는 학교 당국이 TOEIC 기관을 제3자 평가 주체로 인정하는 경우다. 비록 완전히 독립된 제3자로 보기는 힘들지만, '어린이집 인증' 평가의 업무를 보건복지부 장관으로부터 위탁받은 '(재)보육진흥원'도 이의 일종이다.

7) 「사회복지사업법」에 시설 평가의 조항이 신설된 것은 1997년 개정 때다. 평가의 기준은 「사회복지사업법」 시행규칙에서 ① 입소정원의 적정성, ② 종사자의 전문성, ③ 시설의 환경, ④ 입소자에 대한 서비스의 만족도, ⑤ 기타 시설의 운영개선에 필요한 사항으로 두었다. 법과 시행규칙이 2012년에 개정되면서, 시설의 평가기준은 현재 '서비스의 최저기준'에 포함된 ① 시설 이용자의 인권, ② 시설의 환경, ③ 시설의 운영, ④ 시설의 안전관리, ⑤ 시설의 인력관리, ⑥ 지역사회 연계, ⑦ 서비스의 과정 및 결과, ⑧ 그 밖에 서비스 최저기준 유지에 필요한 사항으로 바뀌었다.

8) 「사회복지사업법」에서 시설평가의 점수를 근거로 재정 지원에 대한 차등을 두거나, 이용자의 전원 조치(다른 시설로 옮기도록 하는 조치) 등에 활용할 수 있게 해 두고 있다.

9) 체계적이고 공식적인 평가를 강조하는 입장에서는 형성평가와 같은 과정지향적 평가들은 엄밀히 프로그램 평가라는 개념에 포함되지 않는다고도 본다.

10) 참고: York, R. (1982). *Human Service Planning: Concepts, Tools, and Method*. Chapel Hill, NC: The University of North Carolina Press, pp. 140-141.

11) 참고: 김영종(2007). **사회복지조사방법론**(2판). 학지사.

12) 참고: 김영종(2013). **사회복지 프로그램 개발과 평가**. 학지사.

13) 시설이나 프로그램들에 대한 인증(accreditation) 제도가 주로 이 기준을 따르는 방식이다. 참고: 정기원(2000). 사회복지 평가인증제와 심사원 제도. [한국사회복지행정학회 2000년 추계학술대회 자료집], pp. 41-63.

14) Suchman, E. (1967). *Evaluative Research*. NY: Russell Sage Foundation, p. 67.

15) York, *Human Service Planning*, p. 149.

16) 프로그램 논리모델에서는 대개 성과 측정을 강조하는 경향이 있다. 프로그램의 성과 측정이란 성과 목표의 크기(변화량)를 측정하는 것이다. 그러나 이것으로 효과성 평가를 대체한다는 것은 아니다. 성과 측정만으로는 과연 프로그램 활동 때문에 그러한 변화가 나타났는지, 효과성을 검증하지 못하기 때문이다. 현실적으로 효과성 평가를 강조하지 못하는 것은 순전히 현실적인 이유 때문이다. 비용이나 윤리적인 문제로 인해 비교나 통제의 근거 확보가 종종 여의치 않기 때문이다.

17) 참고: 김영종, 사회복지조사방법론.

18) 상게서, pp. 131-135.

19) 비용 회계 분석의 주요 내용은 10장의 비용 분석을 참고.

20) Management Information System(관리정보시스템)의 내용에 대해서는 11장에서 설명한다.

21) 여기에서 기준 행동이란, 업무를 평가하기 위해 지표 측정의 기준을 만드는데 업무자들은 그 기준을 곧 업무 자체로 보고 행동한다는 것이다. 업무자에 대한 평가가 이러한 기준에만 좌우될 때, 이는 피하기 어려운 현상이 된다. 마치 학교 수업에서 학생들의 학습 성과를 평가하기 위해 시험(지표 기준)을 치는데, 학생들은 시험 준비 자체에만 매달리는 행동을 하게 되는 것과 같다.

22) Gates, B. (1980). *Social Program Administration: The Implementation of Social Policy*. Englewood Cliffs, NJ: Prentice-Hall, p. 248.

제6부
- - - - - - - -
서비스 활용과 전문직

제16장 … 사회복지서비스의 활용

제17장 … 책임성과 변화, 사회복지전문직

제6부에서는 사회복지 서비스 활용과 책임성에 대해 설명한다. 제16장 사회복지서비스의 활용은 사회복지서비스의 사회적 효용성을 높이는 활용 전략에 대해 설명한다. 제17장 책임성과 변화, 사회복지전문직은 사회복지의 조직적 활동에 대한 책임성과 변화 지향적인 노력, 이를 위한 사회복지전문직의 역량과 자세를 설명한다.

제**16**장
사회복지서비스의 활용

사회복지서비스의 활용은 사회복지서비스의 욕구를 가진 인구가 서비스에 적절히 도달하는지를 의미한다. 활용(utilization)이란 단순히 서비스 이용자의 수를 헤아리는 정도가 아니라, 이용의 질적 상태를 중요하게 다루는 것이다. 사회복지서비스의 현장은 언제나 제한된 자원에서 작동하므로, '표적 효율성'이 높은 활용을 만들어 내는 일은 언제나 중요하다.[1]

1. 서비스 접근성과 활용

서비스 활용에서는 '접근성'을 중시한다. 조직의 관점에서 접근성이란 서비스 조직(기관, 네트워크, 지역사회 등)이 적절한 서비스를 적절한 사람들에게 제공하는지에 대한 것으로, '개인들의 서비스 활용에 대한 장애를 만들어 내기도 하고 없애기도 하는 조직의 모든 의도적 활동'과 관련된다.[2] 서비스 접근성을 관리한다는 것은 욕구와 서비스를 일치시키는 일이다. 욕구를 가진 표적 인구 집단이 서비스를 실제로 이용하는 클라이언트가 되게 하는 것이다.

[그림 16-1]은 서비스 접근성에 따른 활용의 유형을 보여 준다. 유형A는 이상적인 서비스 활용의 경우로, 표적 인구가 정확하게 클라이언트 인구와 일치한다. 유형B는 과활용이 나타나는 경우로, 표적 인구뿐만 아니라 서비스 의도와 무관한 비표적 인구가 클라이언트에 포함되어 서비스를 이용한다. 유형C는 저활용의 경우이며, 표적 인구 중에서도 클라이언트가 되지 못하는 인구가 있다. 유형D는 과활용과 저활용 오류들이 복합적으로 나타나는 경우다. 서비스 실천 현장에서는 유형D와 같은 복합 활용 오류들이 일상적으로 나타난다.

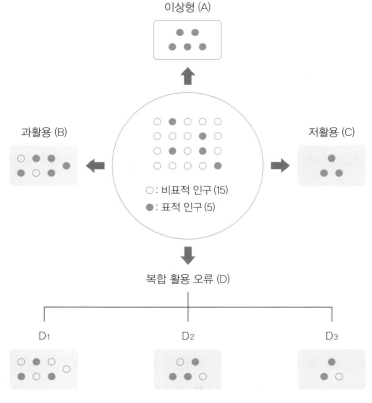

[그림 16-1] 서비스 활용의 유형

서비스 과활용   서비스의 과활용(over-utilization)이란 클라이언트의 수가 표적 인구
수를 초과하는 것으로, 비표적 인구가 서비스에 접근했을 때 나타나는 문제다. 때로는
의도적인 서비스 '사취(詐取, fraud)'로 간주되기도 하지만, 대부분의 경우는 수요자의
기대와 공급자의 기대가 맞지 않을 때 발생한다. [그림 16-1]의 유형B와 유형D₁이 과
활용의 경우다.

> 1980년대 말에 공공부조 프로그램이 활성화된 지 얼마 안 되어서 이른바 '복지 사기' 사건들
> 이 자주 보도되었다. 자가용을 가진 사람이 생활보호 대상자로 판정되는 경우(대개가 행상을
> 위한 수단으로서의 '고물차'였다고 뒤늦게 알려지기는 했지만) 등을 두고 논란이 있었다. 이런
> 경우에 급여를 신청했던 대상자는 자신이 무자격자라는 것을 분명히 알면서도 '사기' 목적을
> 위해 접근했다기보다는, 자신의 '딱한' 처지에 대한 주관적인 (욕구)규정이나 기대로 판단할
> 때 그러한 서비스에 자신이 해당된다고 생각했을 가능성이 크다. 다만, 그것이 서비스 공급자
> 들(소비자[B]를 대변하는 공공기관, 전문가, 납세자 일반인 등)의 서비스 욕구 규정과 기대에
> 맞아 떨어지지 않았을 따름이다.

과활용은 서비스 역량의 부족 문제를 유발할 뿐만 아니라, 사회적 자원 활용의 비효
율을 초래한다. 보다 더 우선순위의 사회적 욕구와 표적 인구들에 투입되어야 할 자원
이 이 서비스 과활용으로 인해 낭비되고 있는 것이다. 서비스 과활용의 문제를 해결하
려면 서비스 인구의 접근성이 적절히 조절되어야 한다.

서비스 저활용   서비스의 저활용(under-utilization)이란 정당한 욕구를 가진 표적
인구가 서비스 접근에 어려움을 겪을 때 나타나는 문제다. 서비스 프로그램들에서 유
형C와 유형D₃의 경우와 같은 저활용의 문제가 쉽사리 나타난다. 기관이나 전달체계
가 서비스 제공의 여력(예: 예산)이 있음에도 불구하고 저활용을 경험한다면, 이는 보
다 심각한 책임성의 문제를 야기할 수 있다.

그래서 이상적인 유형A로 만들기 위해 일단 표적 인구의 예상 수를 확보하지만, 그
것이 유형D₂일 가능성은 여전히 남는다. 유형D₂는 이용자 수의 크기만을 가지고 보면
마치 이상형A인 것처럼 착각될 수 있다. 그러나 실제로는 저활용C와 같은 크기의 욕
구 불충족 오류(2개)에다 동시에 그것들이 과활용 오류(2개)가 되는 복합적인 문제를

나타낸다.

사회복지서비스의 활용에서 빈번하게 나타나는 이 같은 오류들은 접근효과성이라는 지표로 나타낼 수 있다. 이를 표적 효율성이라고도 한다. 접근효과성 지표는 서비스 활용에서 욕구를 가진 표적 인구가 얼마나 효과적으로 서비스에 접근했는지를 지수 기준으로 나타낸다.[3]

$$\text{접근효과성 지표} = \frac{N-O}{T}$$

N: 정상 이용자 수 O: 과활용 이용자 수
T: 전체 표적 인구 수

이 지표에서 접근효과성은 '1'이 최고 점수다. 점수가 1에 근접할수록 해당 서비스의 접근효과성은 높아지는 것이다. [그림 16–1]의 예에서는 유형A의 경우 접근효과성이 $\frac{5-0}{5}=1$로 완벽한 상태다. 유형D_1과 같은 복합적 활용 오류에서는 접근효과성 점수가 마이너스까지도 내려갈 수 있다. 과활용과 저활용이 중복되기 때문이다. 유형B와 유형C의 경우는 접근효과성이 각기 $\frac{5-2}{5}=0.6$, $\frac{3-0}{5}=0.6$으로 같다. 비록 두 유형은 서비스 활용에 관해 서로 다른 성격의 문제를 안고 있지만, 접근효과성의 관점에서는 동일한 크기의 문제로 취급된다. 전체 사회적 비용의 측면에서는 저활용이든 과활용이든 그에 따른 결과적 손실의 크기가 같다고 보기 때문이다.

2. 서비스 활용과 사회적 비용

사회복지서비스에서 낮은 접근효과성의 문제는 사회적 비용의 문제와 직결된다. 비록 개별 조직의 관점에서는 서비스 프로그램에 대한 낮은 접근효과성의 문제가 그리 심각한 문제로 인식되지 않을 수도 있다. 예를 들어, 복합 활용 오류D_2의 경우에 그렇게 되기 쉽다. 그러나 전체 사회적 관점에서는 이것은 다음과 같은 사회적 비용을 초래하는 문제가 된다.[4]

저활용의 사회적 비용   서비스가 필요한 사람들을 제대로 찾아내지 못해서 발생하

는 문제의 비용이다. 이러한 문제 비용은 서비스를 받지 못한 표적 인구 개인들뿐만 아니라, 사회 전체적으로 발생해서 돌아간다. 문제가 해결되지 못한 개인들은 고통이 완화되지 않은 데 따르는 손실 비용이 발생한다. 일반 사람들은 표적 인구가 서비스를 받지 못해 사회문제가 해결되지 않고, 그로 인해 더욱 악화된 사회문제를 해결하기 위해 현재와 미래에 더 많은 세금을 납부해야 하는 비용 부담을 안게 된다.

과활용의 사회적 비용   의도하지 않은 비표적 인구가 서비스에 접근함으로써 발생하는 사회적 자원의 낭비 비용이다. 이러한 비용은 곧 '기회비용'으로 이해된다.[5] 기회비용(opportunity cost)이란 어떤 자원이 보다 적절한 곳에 쓰일 기회를 상실하게 됨으로써 발생하게 되는 비용을 말한다. 과활용은 한정된 사회적 자원을 보다 효용성이 높은 사람들에게 쓰이지 않게 만드는 비용을 발생시킨다. 이러한 비용은 다른 서비스를 필요로 하는 사람들이 자원 부족으로 서비스에 접근할 수 없는 문제(과활용 서비스에 자원이 투입되었기 때문에)와 그에 따른 해당 개인과 전체 사회의 미해결된 사회문제로 인한 고통으로 돌아간다. 즉, 한 서비스에서 초래되는 과활용의 사회적 비용은 다른 서비스에서 초래되는 저활용의 사회적 비용과 대체된다.

행정 비용   조직이 서비스의 접근효과성을 높이기 위한 노력에 수반되는 비용을 말한다. 이런 노력은 행정 활동을 통해서 나타나기 때문에, 이를 행정 비용이라 한다. 행정 활동은 과활용과 저활용을 줄이기 위해 프로그램 활용을 촉진하거나 혹은 억제하는 일을 한다. 이런 일을 하기 위해서는 인력의 증원이나 투입 시간의 증가가 필요하고, 정보시스템이나 절차, 홍보 방법 등을 개선해야 한다. 이러한 것들이 행정 비용이 되는데, 이는 서비스 프로그램에 대한 예산 증가의 형태로 다시 전체 사회와 서비스 이용자들에게 사회적 비용 부담으로 귀속된다.

이러한 세 가지 비용은 상호의존적으로 나타난다. 수요자와 공급자 간에 욕구에 대한 생각이나 규정이 일치되게 하려면 행정 비용을 늘릴 수밖에 없다. 그러면 과활용이나 저활용에 따른 사회적 비용은 감소될 수 있다. 그런데 행정 비용을 늘리지 않는 상태에서 저활용과 과활용의 문제에 접근할 때, 사회적 비용의 비용-편익 측면에서는 마찬가지의 결과를 가진다. 과활용을 줄이기 위한 노력과 그로 인해 얻은 편익의 증가는 저활용으로 인한 사회적 비용이 증가하는 결과로 상쇄되고, 그 반대도 마찬가지다.

국민기초생활보장 서비스의 과활용과 저활용을 줄이기 위해서는 현재보다 더 많은 수의 사회복지전담공무원이 필요하다. 수급자 선정 과정의 정확성을 높이기 위해 전문 인력의 충원이 필요하지만, 이것은 곧 행정 비용을 증가시키는 결과를 초래한다. 만약 행정 비용을 줄이기 위해 현재와 같이 높은 업무부담률을 지속하게 되면, 과활용과 저활용에 따른 문제가 증가하게 된다. 문제는, 행정 비용의 크기는 뚜렷이 나타나지만, 과활용이나 저활용으로 인한 사람들의 고통과 미해결 사회문제의 파급효과 등과 같은 사회적 비용들은 비록 막대하지만 쉽게 드러내지 못한다는 것이다. 그래서 사회복지전담공무원의 충원 문제는 늘 어려움을 겪는다.

각각의 활용 오류들에 따르는 사회적 비용을 확인하는 것은 쉽지 않다. 일반인들은 사회복지서비스의 저활용에 수반되는 사회적 비용을 생각하기조차 어렵다. 사회복지서비스를 '자선(慈善)'으로 보는 사람들은 심지어 저활용을 사회적 비용의 절약으로 간주할 수도 있다. 대부분의 정책입안자들조차도 장차 발생할 수 있는 불확실한 비용(사회적 비용)보다는 현재 나타나는 비용을 더 크게 평가한다. 과활용으로 인한 비용은 당장 눈에 쉽게 띄지만, 저활용으로 인한 사회적 비용은 장기적으로 분산되어 나타나기 때문이다. 교육, 복지, 환경 등의 분야에서 이러한 인식의 문제가 크게 나타난다.

현재 상태에서 비용 지출이 없는 저활용으로부터 장차 초래될 사회적 비용들은 전체 사회에 장기적, 암묵적으로 흩어져 있어서 이슈화되어 드러나기가 어렵다. 그래서 일반인들은 사회복지서비스의 과활용 관련 문제를 저활용 문제들보다 훨씬 더 크게 느끼기 쉽다.[6] 복지에 대한 이념이 부정적으로 형성된 사회에서 이러한 과활용에 따른 비용 우려는 더욱 심하게 표출된다.

사회복지서비스의 활용을 둘러싼 이러한 문제들에 대처하기 위해서는, 사회적으로 사회복지서비스의 가치에 대한 설득력 있는 입장을 견지할 집단이 필요하다. 사회복지전문직은 특히 이러한 역할에 주력해야 할 책임성이 있다. 사회복지서비스의 전문직 관리자들은 서비스 활용의 문제와 그에 따르는 제반 사회적 비용의 유형을 분석적으로 이해할 수 있어야 한다. 외부 사회의 현실이 과활용의 문제에 치중되기 쉽다는 점을 감안해서, 저활용에 따르는 사회적 비용의 심각성도 사회적으로 인식시키기 위한 노력을 해야 한다.

3. 서비스 활용의 과정

사회복지서비스를 활용하는 과정은 다양한 장애들로 구성되어 있다. 이상적으로는 이러한 장애가 비표적 인구의 서비스 활용을 억제하고, 욕구를 가진 표적 인구의 활용은 도와주는 것이어야 한다. 개인들이 서비스에 접근을 시도해서 서비스 활용의 장애를 거쳐 최종적으로 활용에 이르는 과정은 [그림 16-2]처럼 나타낼 수 있다.[7]

이 그림은 사람들이 서비스를 활용하기 위해 접근하는 과정에 어떤 장애 요인들이 존재하는지를 보여 준다. 서비스 활용의 장애는 다수의 복합적 요인으로 구성되어 있다. 각 요인들은 모두 서비스에 대한 접근효과성에 영향을 미친다. [그림 16-2]에서 보면, 서비스가 의도하는 욕구를 가진 사람들(표적 인구)과 그렇지 않은 사람들(비표적 인구)이 모두 서비스 활용에 관심을 가지고 접근한다. 이들은 다양한 장애 요소를 모두 통과해서야만 클라이언트 인구(서비스 이용자)에 도달한다.

장애 요소들의 적용 순서는 서비스의 성격에 따라, 사람들에 따라 각기 달라질 수 있다. 예를 들어, 약물중독치료 서비스의 접근 과정에서 등장하는 장애 요소들의 순서와 어린이집 서비스 접근에서의 장애 순서는 다를 것이다. 또한 동일한 서비스에 접근하더라도 어떤 사람은 심리적 장애가, 어떤 사람은 인지적 장애가 먼저 경험될 수 있다.

동기·인지·지식 장애　　사람들이 서비스를 이용하기 위해서는 먼저 '동기부여'가 있어야 한다. 서비스를 구하려는 동기는 자신이 문제를 가지고 있다는 것과, 외부의 도움 없이는 스스로 문제를 해결할 수 없다는 '인지(perception)'를 통해 부여된다. 문제에 대한 인지와 동기부여가 이루어졌다면, 어디에서 도움을 찾아야 할 것인지를 아는 '지식'도 필요하다. 이러한 초기의 과정이 어떻게 보면 서비스 활용의 접근에서 가장 중요한 단계다.

사람들은 자신이 스스로 해결할 수 없는 문제가 발생할 때, 일차적으로는 주위로부터 비공식적인 개인적 도움을 먼저 구한다. 일반적으로 사람들은 자신이 스스로 다룰

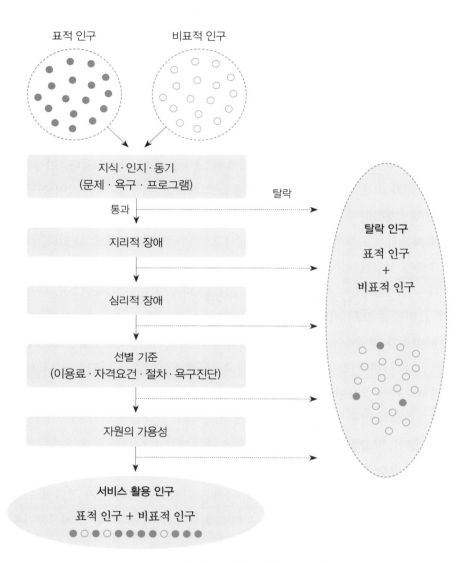

[그림 16-2] 서비스 활용 과정의 장애

수 없는 문제에 대해 공식적인 제도권의 도움(서비스)부터 먼저 받으려 하지 않는다. 대개는 친구나 친척, 혹은 중요 타인들(significant others, 한 개인이 주관적으로 영향력 있게 느끼는 사람들)로부터 일차적으로 해결을 구하는 것으로 보고된다.[8] 이를 보통 '일반인의뢰시스템(lay referral system)'이라 하는데, 이 시스템에서조차 문제 해결이 기대되기 힘들 때 비로소 제도권의 공식적 도움을 찾는 과정이 시작된다고 본다.

개인이 공식적인 서비스를 구하려고 하는 데는 다음의 인지 요인들이 작용한다.

· 문제의 심각성에 대한 인지 정도
· 서비스에서 기대되는 급부에 대한 인지 정도
· 서비스를 구하는 과정에서 당면하게 될 장애들에 대한 인지 정도

이 요인들에 덧붙여서 '촉발 작용' 혹은 일련의 돌발적 사건도 중요하게 작용한다. 공식적인 도움을 구해야겠다는 인지는 생각만으로 그칠 수 있다. 그러한 인지가 실제 서비스를 찾는 행위로 유발되도록 불을 붙이는 작용이 촉발 작용이다. 대개는 가족이나 친구와 같은 일차적 관계의 사람들이 제공하는 정서적 재가(裁可)를 통해 촉발된다. 그들로부터 일종의 '한번 해 보라'는 신호가 개인의 기존 인지에 덧붙여져서 촉발 작용을 일으키는 것이다.

지리적 장애　　지리적 장애는 물리적 거리가 서비스의 이용에 미치는 영향을 말한다. 개인의 서비스 이용은 서비스 기관과 이용자의 거주지 간 지리적 거리에 역으로 작용한다. 거리가 멀수록 서비스 이용이 감소하는 현상이 나타난다. 모든 잠재적 서비스 이용자는 이러한 지리적 장애를 염두에 두는데, 다음과 같은 비용들을 고려한다.

· 나들이 준비 시간, 서비스 시간, 이를 합친 전체 경과 시간
· 낯선 장소에 가는 데 따르는 심리적 부담
· 차비 등과 같은 실질적인 경비

지리적 장애는 절대 기준의 물리적 거리만을 의미하지 않는다. 거리가 지리적 장애로 작용하는 정도는 환경 여건에 따라 가변적이 될 수 있다.[9] 사람들이 느끼는 '거리감'이 매개 작용을 하기 때문이다. 유사한 서비스를 제공하는 대안 시설들이 지역 내에 존재하는지, 대중교통 수단의 빈도나 노선은 적절한지, 보완 시설들이 그 기관에 인접해 있는지(예: 상담서비스 기관의 인근에 보육시설이 있는지) 등에 따라 이용자들이 기관에 대해 느끼는 거리감은 상당히 달라질 수 있다. 따라서 지리적 장애의 원인은 단순히 물리적 '거리'가 아니라 '거리감' 차원에서도 파악되어야 한다.

심리적 장애   도움을 청하는 과정에서 극복되어야 할 또 하나의 장애는 심리적인 것이다. 초기의 인지적 장애들을 극복했더라도, 심리적 측면의 두려움은 그와 다른 차원의 문제다. 예를 들어, 서비스 활용을 위해 접근할 때는 다음과 같은 심리적 두려움이 장애가 된다.

· 어리석게 비추어지지는 않을까라는 걱정
· 개인적 문제를 낯선 사람들에게 누설해야 한다는 것에 대한 꺼림칙함
· 서비스 활용에 따르는 사회적 스티그마
· 서비스 활용으로 신체에 해가 미치지는 않을까에 대한 두려움

이러한 두려움들은 도움을 청하기로 이미 작정하고 최초의 접촉이 이루어졌다고 해서 저절로 사라지지 않는다. 심리적 장애는 서비스 활용의 전 과정에서 계속적으로 다른 장애요인들과 상호작용하면서 남아 있게 된다. 지식과 동기, 인지의 과정에서뿐만 아니라, 지리적 장애에 대한 판단과 같은 경우에도 심리적 장애는 그것들을 증폭시키거나 혹은 감소시키는 역할을 한다.

선별기준 장애   모든 서비스에는 이용자를 선별하는 기준이 있다. 보통은 공식적인 서비스 자격 규정을 두지만, 서비스 이용요금처럼 묵시적으로 이용자 선별 기준을 두는 경우도 있다. 이런 선별 기준들은 명시적으로나 묵시적으로 서비스 접근에 대한 장애요인으로 작용한다. 다음 유형들이 선별기준 장애에 해당한다.

· 이용료 부과 등에 따른 경제적 부담
· 지원 서류(지원서나 각종 증빙 등) 요구의 까다로움
· 복잡하고 품위 없는 행정 절차
· 욕구 진단을 받아야 한다는 부담

자원의 가용성: 관료제적 장애   모든 현실적인 조직은 자원의 제약하에서 활동한다. 그래서 자원의 가용성을 염두에 두는 행정을 할 수밖에 없다. 특히 외부로부터 지원되는 예산에 의존하는 사회서비스에서는, 공급될 서비스의 규모는 할당된 자원의 크기를 초과하기 어렵다. 만약 가용 자원의 규모를 넘어서는 수요가 발생한다면, 조직은 활용

을 최대한 억제하는 시도를 해야 한다. 반면, 예산 증가로 공급 능력은 커지는데 수요가 따라 오지 못할 수도 있다. 이런 경우에는 활용을 증대시키는 시도를 해야 한다.

현실적인 행정에서는 서비스 조직이 가용할 수 있는 자원의 상황에 따라, 서비스에 접근하는 사람들의 욕구 크기와는 무관하게 서비스 접근의 장애물들이 임의적으로 높거나 낮게 설치될 수 있다. 이런 이유로 인해, 자원의 가용성 장애는 앞서 선별 기준의 자격요건 및 절차 장애들과 함께 '관료제적 장애'를 대표한다고 볼 수 있다.

사회복지서비스를 활용하기 위해 접근하는 사람들은 표적 인구이든 비표적 인구이든 모두 일련의 장애를 경험한다. 그러한 장애 요소들은 사람들에게 내재되어 있는 것도 있고, 의도적으로 설치되는 것도 있다. 이상적으로는 모든 장애 요소가 비표적 인구를 탈락시키고, 표적 인구만을 통과시키도록 작동해야 한다. 그렇지 않으면, 그만큼 표적 효율성이 낮아지고 서비스의 과활용이나 저활용과 같은 문제가 발생한다.

사회복지서비스의 활용을 극대화하려는 전략은 우선적으로 서비스 활용에 이르는 과정, 즉 장애 요소들의 성격과 진행 단계를 적절히 파악해야 한다. 서비스 접근의 장애 요소들은 적절히 기획·관리될 수만 있다면, 표적 효율성을 높여 서비스 활용을 극대화하는 데 기여한다.

4. 서비스 활용의 전략

사회복지서비스의 클라이언트는 '수혜자(受惠者)', 즉 혜택을 보는 사람으로 간주되기 쉽다. 클라이언트들이 대부분 저렴하게 서비스를 받으므로, 서비스 활용에 따르는 비용 부담이 적은 만큼 혜택을 본다는 뜻이다. 이러한 수혜자 인식은 불합리한 것이다. 이 같은 인식이 사회복지서비스 활용의 극대화를 통해 사회적 효용성을 제고하려는 노력을 가로막는다. 공급자 관점에서는 저렴한 것처럼 보여도, 클라이언트 당사자 관점에서는 서비스 활용에 따르는 시간이나 심리적 부담 등에서 상당한 비용을 지출한다. 비록 직접적으로 표출되는 비용은 아니지만, 기회비용과 같은 것들이 실질적으로 발생한다.

클라이언트가 서비스를 활용하는 데 수반되는 감정적이고 신체적인 에너지의 소모 혹은 서비스를 위해 소비해야 하는 시간 등은 클라이언트가 서비스 이용을 위해 지불하는 명백한 비용이 된다. 이러한 에너지와 시간 소모 비용은 서비스 활용에 따르는 장애들을 극복하는 과정에서 발생한다. 이 비용에 따라 서비스 활용에 대한 욕구가 주저되기도 하고 장려되기도 한다.[10] 따라서 서비스 프로그램을 기획·집행하는 과정에서 서비스 활용의 극대화를 의도하려면, 클라이언트의 서비스 활용에 따르는 기회비용도 적극 감안해 보아야 한다.

특정 개인이나 집단에 대해 법적으로 서비스를 보장했다 해서 서비스가 충분히 활용될 것이라 생각할 수 없다. 동일한 욕구에 대해서도 개인이나 집단마다 서비스 활용의 정도가 다를 수 있다. 서비스 조직들에 따라서도 활용 정도가 달라질 수 있다. 사회복지서비스의 활용을 극대화하려면, 이처럼 서비스 제공자와 이용자 간의 욕구 합치점을 찾는 노력이 필요하다. 서비스 접근성을 강화하려는 노력이 주로 이에 해당한다. 이는 서비스 이용자들의 입장에서 서비스 활용에 따른 기회비용을 줄여 주는 것이다.

서비스 접근성을 증진하는 것은 그 자체만으로도 중요한 사회서비스의 일종이 될 수 있다.[11] 접근성을 개선하여 서비스 활용을 증대하는 전략으로는 아웃리치, 정보&의뢰, 홍보, 서비스 조직의 개선, 클라이언트와의 신뢰 구축 등이 대표적이다.

1) 아웃리치

아웃리치(outreach, 출장서비스)는 서비스 기관이나 담당자들이 적극적으로 이용자들을 찾아 나서는 시도를 말한다. 이는 이용자들이 서비스에 대해 스스로 알고 찾아오기를 기다리는 것과 대조되는 전략이다. 아웃리치의 용도는 다양한데, 예를 들면 다음과 같다.

· 단순한 정보 제공
· 욕구사정 활동과 연계

· 서비스 활용에 대한 동기부여 및 참여 유도
· 서비스 활용의 심리적 장애 극복에 도움(교통편의, 방문서비스 포함)
· 인테이크(intake)에 대한 보조
· 서비스 종료 후의 후속확인(follow-up) 절차

아웃리치를 하는 업무자는 전문직 직원과 지역 주민 사이의 격차를 메워 주는 역할을 한다. 이러한 서비스 조직과 지역사회 사이의 교량 역할을 수행하기 위해서는 잠재적 서비스 이용자들의 특성에 맞추려는 노력이 중요하다. 만약 아웃리치 담당자를 그 지역의 사람으로 채용한다면, 문화적 괴리가 훨씬 효과적으로 극복될 수 있을 것이다.

노인 프로그램의 아웃리치 담당자를 서비스를 이용하는 노인들 중에서 선발하거나, 청소년 프로그램의 경우 대상 청소년들 중에서 선발하여 활용하는 등이 그런 전략이다. 이런 종류의 전략에는 자원봉사자를 활용하는 것도 효과적이다. 지역사회 자원봉사자들에게 기관 프로그램에 대한 교육을 시키고, 이를 토대로 기관 활동과 지역사회를 연결하는 기능을 담당하게 한다.

다른 조직이나 프로그램과의 협조 관계를 통해 아웃리치의 목적을 실현하는 방법도 있다. 예를 들어, 한 지역에 두 개의 프로그램이 방문 홍보를 할 경우 한 프로그램이 다른 프로그램의 홍보까지 대행해 주는 것이다. 이러한 프로그램들 간 협조를 통한 아웃리치는 적은 비용으로 서비스 활용을 증진시키는 효과를 준다.

2) 정보 & 의뢰

정보 & 의뢰(I & R, Information and Referral) 시스템은 지역사회의 크기에 상관없이 어떤 서비스 프로그램에도 본질적으로 필요한 것이다. 일반적으로 클라이언트는 자신에게 적합한 서비스와 서비스 조직을 스스로 찾아내기가 어렵다. 그래서 유사하게 인식되는 서비스들을 접촉하는 경우가 많다. 마치 특정 외과수술이 필요한 사람이 여기저기 병원들을 찾아다니게 되는 것과 같다. 이 경우에 자기 기관의 서비스와 일치하지 않는 클라이언트를 그냥 돌려보내지 않고, 가능한 다른 적절한 서비스의 종류와 소재를 파악해서 의뢰해 주는 것이 필요하다. 이같은 서비스를 수행하는 것을 정보 & 의뢰

시스템이라 한다.

효과적인 정보 & 의뢰 시스템은 다음을 필히 포함해야 한다.[12]

· 기관 소재 지역사회 내에서 사회서비스를 제공하는 기관들의 명단
· 서비스 프로그램 기관별로 현재 제공하고 있는 서비스들의 구체적인 성격
· 자격 요건 서비스별로 상세한 이용 자격(예: 연령, 장애등급, 이용료 등)

정보 & 의뢰 시스템의 개발은 크게 두 가지 접근 전략으로 구분된다. 각 전략은 시스템에 포함될 조직 단위들 간 협력 관계를 구조화하는 방식(집중식 vs. 분산식)에서 차이 난다.

전문 정보 & 의뢰 기관의 설치   지역사회 내 사회서비스 기관이나 프로그램들이 공동으로 '인테이크 전문기관'을 설치하는 것이다. 지역사회의 서비스 이용자들은 일차적으로 이 인테이크 기관에서 먼저 의뢰를 구하고, 거기에서부터 자신의 욕구에 맞는 서비스를 찾아가는 방법이다. 인테이크 전문기관은 지역사회의 서비스 프로그램들에 대한 충분한 지식과 함께 클라이언트 욕구 분석의 능력도 갖추고 있으면서, 자원과 욕구를 효과적으로 연결해 주는 역할을 한다. 이 전략은 이상적이기는 하지만, 정보& 의뢰 서비스만을 위한 별도 조직과 전문 인력을 운용해야 하기 때문에 비용 문제와 함께, 참여 기관들 간의 협조 문제도 현실적으로 어려움이 될 수 있다.

개별 기관들의 정보 & 의뢰 기능 강화   전문기관 설치의 방법은 정보 & 의뢰를 집중화하는 방식이지만, 이 방식은 분산적이다. 앞의 방식이 관료제적 방식이라면, 이 방법은 네트워크 방식에 가깝다. 개별 서비스 기관들이 각자 정보 & 의뢰 시스템을 강화하도록 만드는 것이다. 따라서 집중화로 인한 비용 증가와 정보 집중으로 인한 폐해 등을 피할 수 있게 한다. 이 전략은 개별 서비스 담당자나 기관들이 각자 지역사회의 서비스 프로그램들에 대해 충분한 정보와 지식을 소유하도록 유도한다. 대부분의 사회복지서비스 조직이 독립적으로 운영되고 있는 현재의 실정을 감안한다면, 이런 방식의 전략이 현실적으로 우선 가능한 방법이다. 그러나 기관들 간의 정보 & 의뢰에 따른 협력 관계를 형성하는 데 있어서의 어려움은 여전히 극복되어야 할 과제로 남는다.

한 지역사회 내에서 효과적인 정보&의뢰 시스템을 만들어 내는 데는 많은 현실적인 어려움이 있다. 대표적으로 조직들 간 협력이 그리 쉽지 않다는 것이다. 비록 모든 기관이 충분히 협조하는 자세를 갖추더라도, 실제로 도움되는 정보를 만들어내고 유지하는 기술적인 작업도 만만치 않다. 다양하고 복잡한 클라이언트들의 욕구에 대응하여 지역사회 내에서 적합한 서비스를 신속히 찾을 수 있게 하는 정보시스템을 갖추기란 기술적으로 쉬운 일이 아니다. 잦은 서비스 환경의 변화와 프로그램 절차들의 변경으로 인해 지속적인 정보 갱신의 문제도 실질적으로 심각하게 나타날 수 있다. 그럼에도 불구하고 지역사회 차원에서 정보&의뢰 시스템을 지속적으로 개발해 가며 서비스 접근성과 활용을 진작시키는 노력은 필수적이다.

3) 홍보

서비스 접근성을 높여 활용을 증진하는 또 다른 방법은 서비스 프로그램들과 자격요건을 해당 지역사회에 널리 홍보(advertizing)하는 것이다. 서비스 제공자의 관점에서는 명백한 것처럼 보이지만, 잠재적 서비스 이용자들의 입장에서는 프로그램 존재 자체를 인지하는 것조차 쉽지 않은 경우가 많다. 이로 인해 서비스를 활용하지 못하게 되는 경우들도 예상외로 많다고 보고된다.[13]

프로그램에 관한 정보를 보급하는 홍보 방법으로 다음을 많이 사용한다.[14]

· 대중매체(TV나 라디오, 신문, 잡지 등)에 뉴스나 선전의 형태로 게재
· 안내소책자, 전단지, 소식지 등을 통한 광고
· 대중 연설이나 발표회를 통해 프로그램 소개
· 기관이나 전문가들의 회합 시 프로그램에 대한 안내
· 지역사회 주민들을 초청하거나, 기관 견학 등을 통해 프로그램 안내

일반 대중을 대상으로 하는 대중매체(예: TV)와 직접 정보 전달의 수단(예: 아웃리치) 중에서 무엇이 더 효과적일지 등에 대한 획일적인 답은 없다. 효과적 방안을 선택하기 위해서는, 표적 인구 혹은 잠재적 클라이언트 집단의 특성을 파악하고 기관의 여건들

을 고려해서 결정하는 것이 적절하다. 하나의 방법에 '올인'하기보다는, 몇 가지 방법을 혼합해서 사용하는 것이 보다 효과적일 수 있다.[15)]

사회복지 프로그램들의 경우는 대체로 대중적인 홍보 방법들로는 부족한 경우가 많다. 사회복지서비스 대상자들은 사회적으로 소외되어 있거나, 기존의 다른 서비스 프로그램들에도 참여하지 않았던 부정적 태도를 가진 사람들일 가능성이 많다. 이런 사람들은 프로그램에 대한 인식도가 낮거나, 참여를 꺼려하는 정도가 보통 사람들보다 더 심할 수 있다. 따라서 이들의 서비스 활용을 유도하기 위해서는, 예를 들어 일간지 홍보와 같은 대중매체의 방법으로는 부족할 수밖에 없다.

보다 적극적으로 지역주민들에 접근하는 방법으로 다음이 유용할 수 있다.[16)]

· 개별 가정별로 전단지를 배포
· 직접 가정 방문을 실시(전문가 혹은 자원봉사자)
· 지역사회 사정에 능통한 사람들(예: 반장, 골목가게 주인 등)에게 부탁
· 현지에 출장소나 지소 등과 같은 아웃리치 센터를 운용
· 해당 지역의 주민을 준전문가로 활용

이런 방법들은 보다 직접적으로 잠재적 이용자를 향해서 프로그램이 손을 뻗는 것이다. 비록 그에 따른 비용은 더 증가할 수 있지만, 일반적인 방법의 정보 전달에서 소외된 사람들에게는 분명히 더 효과적일 수 있다. 대개 이러한 방법들은 사회복지서비스의 저활용에 대한 대책에 소용된다.

사회복지서비스 기관들은 홍보에 무관심하게 되기 쉽다. 특히 할당된 자원의 한계 내에서 넘쳐 나는 수요자를 감당하기 어려운 서비스 프로그램들에서는 홍보는 무의미한 것으로조차 여겨질 수도 있다. 그럼에도 불구하고, 사회복지서비스 기관이 잠재적 클라이언트들을 적극적으로 찾아 나서야 하는 이유는 명백하다. 표적 인구의 서비스 활용을 극대화하기 위해 접근효과성을 높여야 할 당위성은 여전히 존재하기 때문이다. 클라이언트 수가 넘쳐 나는 것과 서비스 활용도가 높은 것은 엄밀하게는 서로 무관한 일이다.

1998년의 소위 'IMF 위기'로 인해 실직자들이 증가했었다. 이때 지역의 어떤 종합사회복지관이 '실직자 자녀들을 위한 무료 여름캠프' 프로그램을 기획해서, 이를 TV 방송을 통해 홍보했었다. 3박 4일의 기간 동안 자원봉사자들과 함께 야외에서 합숙하면서 아동들이 마음껏 뛰놀수 있게 하여, 일시적으로나마 실직 가정의 부모·자녀 모두에게 경제적, 심리적 도움이 되도록 하자는 취지였다고 했다. 인원은 30명으로 제한했고, 선별 기준은 선착순이었으며, 지역 제한이나 소득 등의 수단-검증은 없었다. 신청일이 되자, 언덕진 곳에 위치한 복지관의 주변 길들은 새벽부터 몰려와 줄을 서느라 사람들이 타고 온 고급 자가용 승용차들로 '북새통'이 되었다. 클라이언트 인구는 몇 분 만에 채워졌고, 대기자만도 프로그램 정원의 몇 배가 넘게 등록되었다. 프로그램 관리자는 이를 '대성공'이라 자평했다. 과연 이 프로그램은 서비스 활용도가 높았던 것인가?

사회적으로 소외되어 있는 클라이언트를 찾아나서는 작업은 제한된 사회복지 자원의 효용성을 극대화하기 위한 노력이다. 사회복지전문직과 사회복지조직의 유효성 역시 그러한 노력을 기반으로 한다. 따라서 사회복지서비스에서 표적집단의 접근성을 향상시키는 최적의 홍보전략을 모색하는 일은 언제나 중요하게 다루어져야 한다.

4) 서비스 조직의 개선

서비스 활용성의 극대화라는 목적을 달성하려면, 적정한 클라이언트의 발굴과 확보만으로 한계가 있다. 궁극적으로는 클라이언트들을 대하는 서비스 조직의 근원적인 자세가 중요하다. 서비스 활용을 증대시키기 위한 조직의 노력은 일차적으로 관료제적 병폐 현상을 파악해서 이를 극복하는 데 있다.[17]

관료제 병폐 I – 크리밍 현상   서비스 조직이 보이는 대표적인 관료제적 병폐가 '크리밍' 현상이다. 크리밍(creaming) 현상이란 '서비스 조직들이 접근성 메커니즘을 조정하여, 보다 유순하고 성공 가능성이 높은 클라이언트들을 선발하고, 비협조적이거나 어려울 것으로 예상되는 클라이언트들을 배척하는 경향'을 뜻한다.[18] 모든 전문직이나 전문 조직은 자신들의 개입전략에 잘 맞아떨어지고, 그래서 성공적인 결과가 나타날 가능성이 높은 클라이언트를 선호하는 경향을 자연스레 가지고 있다. 특히 민간 서비스 기관에서는 클라이언트 선별에 따르는 재량권 행사의 폭이 공공 기관들에 비해 넓기 때문에, 이러한 크리밍 현상이 더욱 크게 나타날 수 있다.

이런 경향은 한편으로는 조직이 외부 환경과의 관계 속에서 생존 가능성을 극대화하는 전략의 일환이다. 서비스 기관의 입장에서는 주어진 예산 능력 밖의 서비스 활용에 직면하면 초과 서비스 분량을 회피할 수밖에 없다. 이런 경우에 문제가 해결되기 힘들고 성공 가능성이 낮은 고비용의 소수 케이스들은 버리고, 다수의 성공 가능성이 높은 저비용 케이스들을 선택하는 전략을 채택하기 쉽다. 그것이 조직으로서는 서비스에 대한 사회적 책임성을 수치화하고 가시화하는 데 도움을 주기 때문이다.[19]

이러한 크리밍은 관료제적 조직의 관점에서는 효과적일 수 있으나, 사회복지적 관점에서는 이것이 명백한 '병폐'임이 분명하다. 휴머니즘에 입각한 사회복지조직에서는 '성공' 가능성이 낮은 케이스를 배척하는 것은 옳지 않다. 오히려 그러한 케이스들이 더 많은 고통과 문제를 안고 있으므로, 서비스와 자원 투입에 대한 우선권이 주어져야 하는 것이다. 사회복지서비스 활용을 극대화하려는 조직적인 노력의 출발은 크리밍과 같은 관료제적 병폐에 대항하는 방법을 찾는 데 있다.

관료제 병폐 II – 활용 수준의 조작   서비스 기관들은 공급을 초과하는 수요에 대해 서비스 활용을 줄이려는 전략을 취하기 쉽다. 서비스 접근성과 관련된 다양한 장애를 강화하거나 혹은 추가로 설치함으로써 서비스의 활용을 줄일 수 있다. 이와 관련된 예는 다음과 같다.

· 만원 사례: 추가적으로 들어오는 서비스 지원서들을 반려
· 대기 시간 늘림
· 서비스 운영 시간을 단축
· 아웃리치의 중단
· 사전 예약 제도의 도입
· 다른 기관들로 클라이언트를 돌리기(일명 'cooling-out')

거꾸로, 실제 서비스에 대한 수요가 예상했던 수요를 밑도는 경우도 있다. 이런 경우에도 대부분의 조직은 서비스의 공급 수준을 억지로 맞추기 위해 노력한다. 조직이

할당된 서비스 자원(예산)을 다 쓰지 못하면, 다음 해의 예산 할당에서 불리해지기 때문이다. 문제는 조직의 그런 노력들이 과활용으로 인한 자원 낭비만이 아니라, 서비스 이용자들의 기대치를 불공정하게 높여 서비스 이용을 강요하게 되는 결과를 초래하기도 한다.[20] 이로 인해 남용되는 자원들은 보다 효용성이 높은 욕구와 서비스들에 쓰여야 할 기회비용의 손실을 의미하는 것이다.

　사회복지조직들이 서비스의 활용 수준을 조작하는 것은 조직 차원의 생존에 일시적으로 도움이 될지 모르나, 그로 인해 전체 사회에 대해서는 한정된 사회적 자원의 남용이라는 해를 끼치는 것이다. 사회복지서비스의 활용을 극대화하기 위한 조직적 노력은 이 같은 서비스 활용 수준의 조작이라는 관료제적 병폐에 대항하는 것에도 주어져야 한다.

　서비스 활용의 증대와 관련한 기존 논의들은 대개가 클라이언트 차원에서 겪는 서비스 접근의 장애들을 중심으로 다루어 왔다. 이런 관점에서는 클라이언트의 프로그램에 대한 인지 향상이나 정보 제공 등을 통한 접근성 강화의 전략들이 강조된다. 서비스를 제공하는 조직들이 서비스 활용을 극대화하기 위해 노력하고 있다는 전제하에서는, 이러한 전략들이 효과적이다. 그러나 많은 경우에 사회복지서비스 조직들에서는 서비스에 대한 접근성이나 활용이 관료제적 조직의 작동에 맞추어지는 불가피함을 가진다. 따라서 서비스 활용의 증대를 위한 일차적인 노력은 서비스 조직의 관료제적 병폐를 극복하는 데 둘 필요가 있는데, 이를 위해 사회복지전문직의 역할이 중요하다. 사회복지조직을 관료제적인 행정 논리에 함몰되지 않도록 하여, 사회복지서비스 본연의 목적을 지향토록 하는 것이 전문직 관리자들이 존립하는 이유다.

5) 클라이언트와의 신뢰 구축

　보다 장기적인 관점에서 서비스 활용을 증대시키기 위해서는 사회복지서비스의 본질적 측면에 주목해야 한다. 앞서 제시한 활용 전략들이 주로 서비스에 접근하는 과정에 초점을 두었다면, 이 전략은 서비스 실행의 과정을 중시해서 본다. 서비스 실행 과정에서 클라이언트와의 신뢰 구축이 궁극적으로 서비스 활용을 높이는 가장 좋은 방법이라고 보는 것이다.

휴먼서비스에서는 업무자와 클라이언트 간의 긴밀한 대인적 관계 그 자체가 서비스의 핵심이다. 이 관계에서는 양자 간에 신뢰가 형성되지 않으면 효과성을 성취하기 힘들다. 업무자는 클라이언트의 사적인 영역에 클라이언트로부터의 신뢰를 부여받지 않고 뛰어들 수 없다. 클라이언트 또한 업무자가 도덕성을 갖춘 채 서비스에 참여한다는 신뢰를 가질 수 있어야 협조할 수 있다.

비록 이러한 신뢰는 업무자와 클라이언트 간의 직접 대면관계에서 발생하지만, 이런 관계를 용이하게 만들어 주는 서비스 환경의 조직적 설정도 중요하다. 신뢰 형성에 도움을 주는 서비스 환경 전략들에는 다음이 있다.[21]

인테이크 과정의 적절성　신뢰는 클라이언트의 기대와 프로그램 목표 간에 일치감이 존재할 때 가장 쉽게 형성된다. 그래서 강력한 인테이크 및 사정 절차가 필요하다. 이는 클라이언트의 욕구와 기대를 정확하게 파악하고, 그에 따른 서비스 프로그램의 적합성을 판단하는 데 필요하다. 이를 통해 클라이언트들은 적절한 수준만큼의 기대를 하게 되고, 그에 따라 프로그램에 대한 신뢰도 증가된다.

업무자의 전문적 재량권　사회복지서비스의 실천 과정은 단선적인 과정이 아니다. 애당초 설정했던 목표들이 케이스가 진행되어 감에 따라 서비스 제공자와 클라이언트 양자 간의 합의나 상황의 변화 등으로 수정될 수도 있다. 따라서 이러한 상황에 대처하기 위해서는 각 케이스별로 서비스 목표나 방법에 관해 서비스 제공자가 나름대로의 재량권을 행사할 수 있어야 한다. 그것이 보장될 때 클라이언트는 서비스 제공자에 대해서 신뢰를 가질 수 있으며, 그러한 신뢰 관계가 곧 서비스 프로그램에 대한 신뢰로 확대된다. 따라서 전체적인 서비스 프로그램의 목적을 벗어나지 않는 한도 내에서, 적절한 수준의 전문적 재량권이 업무자들에게 부여될 필요가 있다.

클라이언트의 자율권　사회복지서비스에서는 클라이언트의 자발적인 참여와 협조가 서비스의 효과성 산출에 중요한 요건이 된다. 특히 휴먼서비스적 속성이 강할수록 이러한 원칙이 더욱 중요시된다. 클라이언트의 자발적 참여는 서비스에 대한 신뢰 향상에 도움을 준다. 클라이언트의 자율권 보장은 자신들의 치료 계획에 적극적으로 참여할 수 있는 역할을 보장한다거나, 서비스나 정책 혹은 절차 등에 대한 클라이언트의 피드백 기회를 보장해 주는 것 등으로 실현될 수 있다.

서비스 제공자와 클라이언트의 대면적 관계 자체가 핵심적인 서비스를 형성하는 사회복지서비스 프로그램들에서는, 클라이언트를 통해 형성되는 서비스의 이미지가 장기적인 서비스 프로그램의 활용도를 높이는 데 결정적인 영향을 미친다. 따라서 클라이언트와의 신뢰 구축을 단순한 가치나 자세의 전환으로 볼 것이 아니라, 서비스 환경 속에 내재되어야 할 서비스 활용의 구체적인 전략의 일환으로 인식되어야 한다.

미주

1) 표적 효율성이란 해당 서비스 자원의 취지와 목적에 가장 부합하는 표적 인구를 클라이언트 인구로 삼을 때 높아진다.

2) Gates, B. (1980). *Social Program Administration: The Implementation of Social Policy*. Englewood Cliffs, NJ: Prentice-Hall, pp. 142-143.

3) 상게서, pp. 145-146.

4) 상게서, pp. 146-147.

5) 기회비용이란 어떤 자원이 보다 적절한 곳에 쓰일 기회를 상실하게 됨으로써 발생하게 되는 비용을 말한다. 예를 들어, 100원의 돈으로 100원 값어치의 일을 하고 있을 때, 만약 그것이 다른 곳에 쓰여 150원 값어치의 효용을 산출할 수 있다면 그 100원은 현재 50원의 기회비용을 발생시키고 있는 것이다.

6) Gates, *Social Program Administration*, p. 147.

7) 그림은 참고: 상게서, p. 149.

8) 참고: Friedson, E. (1959). 'Client control and medical practice'. *American Journal of Sociology, 65*, p. 377.

9) 물리적으로는 가깝지만 버스를 두 번이나 갈아타고 가야 하는 곳보다는, 물리적 거리는 멀지만 지하철을 통해 바로 갈 수 있는 곳에 대한 거리감은 더 적게 느껴질 수 있다. 참고: Patti, R. (1983). *Social Welfare Administration: Managing Social Programs in a Developmental Context*. Englewood Cliffs, NJ: Prentice-Hall, p. 117.

10) Gillespie, D., & Marten, S. (1978). 'Assessing service accessibility'. *Administration in Social Work, 2*, p. 187.

11) Kahn, A. (1970). 'Perspective on access to social services'. *Social Work, 15*(2), pp. 95-101.

12) Gates, *Social Program Administration*, pp. 163-165.

13) Katz, D., Gutek, B., Kahn, R., & Barton, E. (1975). *Bureaucratic Encounters*. Ann Arbor, MI: Institute for Social Research, pp. 46-47.

14) Patti, *Social Welfare Administration*, p. 116.

15) 상게서, p. 116.

16) 상게서, p. 116.

17) Gates, *Social Program Administration*, p. 170.

18) Perlman, R. (1975). *Consumers and Social Services*. NY: John Wiley, p. 72.

19) Gates, *Social Program Administration*, p. 170.

20) 상게서, p. 170.

21) Patti, *Social Welfare Administration*, pp. 118-119.

제**17**장
책임성과 변화, 사회복지전문직

사회복지행정은 사회복지의 목적과 정책을 실천으로 연결하는 매개 역할을 한다. 이 역할은 공식적 조직 과정을 통해 수행되는데, 기관이나 프로그램, 전달체계가 주요 수단이다. 이들을 관리하는 데는 당연히 사회적 책임성이 수반된다. 책임성은 변화와 혁신으로 연결된다. 사회복지행정에서 이러한 책임성과 변화를 주도할 주체는 사회복지전문직이다.

1. 사회복지조직의 책임성

사회복지조직의 책임성은 전문직의 내재된 사명에서뿐만 아니라, 외부 환경으로부터의 요구에서 비롯되는 바가 크다. 사회복지 기관이나 프로그램은 내·외부 환경 요소들의 영향을 강하게 받는다. 이들은 단순하지 않고, 다양하고 복잡한 양상의 이해집단 특성을 띤다.[1] 그 결과, 사회복지조직의 책임성은 다원적이면서도 불안정한 환경 요소들의 요구에 적절히 대응해야 하는 과제를 가진다.

1) 환경과 책임성

다양한 이해집단들은 각기 다른 관점에서 기관이나 프로그램을 이해하고 해석한다. 동일한 업무수행의 결과를 놓고서도 서로가 다른 해석을 할 수 있다. 하나의 프로그램에 대해 지역주민이나 납세자는 당사자의 관점과 다를 수 있다. 이해당사자들 내부에서도 예를 들어, 클라이언트와 그 가족 간에 요구하는 바가 어긋날 수 있다. 정부 부서들끼리도 평가 기준을 다르게 할 수 있고, 심지어 조직 내에서조차 부서나 전문직, 담당자 간에 상이한 시각이 존재할 수 있다.

> 예를 들어, 한 사회복지기관에 외부 환경 요소로부터 오는 책임성 요구는 다음처럼 나타난다. 정부보조 사업에 수반되는 지침들의 준수, 외부 서비스 계약자에 대해 서비스 성과 측정과 결과 제시, 장애인 단체로부터의 편의시설 설치 요구, 실습생을 보내는 학교들에서 교육과 경험의 기회 제공 요구, 클라이언트의 질 높은 서비스 요구, 각종 전문직들로부터 프로그램 개선이나 자원배분 조정에 대한 요청, 시민단체로부터 기관운영 참여와 감시 요구, 법인의 사명 실현에 대한 압박, …

일반적으로 책임성의 개념에는 두 가지 의미가 있다. 특정한 업무 수행에 대해 책임을 진다는 의미와, 어떤 집단이나 개인에 대해 책임을 진다는 의미가 있다. 전자는 '무엇을 책임지는(responsible for)'을 강조하고, 후자는 '누구에게 설명할 수 있는(accountable to)'을 강조한다.[2] 사회복지행정의 책임성(accountability)이란 '누구에게 무엇에 대해 설명할 수 있음'이라는 의미가 강하다.

사회복지조직의 책임성은 단순하고 기계적인 목표 성취로써 제시되기는 어렵다.[3] 왜냐하면 책임성이란 다원적인 이해관계의 망 속에서 '누구(들)에게' 기관이나 프로그램의 유효성을 각기 설명해야 하는 것이기 때문이다. 여기에서 책임성의 일차적 과제는 설명을 해야 할 대상이 누구(들)인지를 적절히 파악하는 것이 된다. 이는 조직을 둘러싼 환경의 이해집단을 적절히 분석해서만 드러낼 수 있다.

사회복지조직에 핵심적인 이해관계를 형성하는 집단은 클라이언트와 당사자, 정치 경제적 자원의 제공자, 지역주민, 시민, 자원봉사자, 경쟁자, 협력자 등을 포함해서, 서비스 제공자를 대표하는 각 전문직들과 조직의 운영 주체까지도 해당될 수 있다. 모든 책임성 소재를 빠짐없이 파악하고 일일이 책임지기는 힘들다. 그래서 각 이해집단이 요구하는 책임성의 성격과 강도를 파악하고, 각각이 미치는 영향력의 크기 등을 감안해서 책임성 구현의 우선순위를 설정하는 것도 필요하다.

2) 책임성의 관리

다양한 책임성 요구의 소재들이 확인되고 나면, 그들이 조직을 통해 구현될 수 있도록 해야 한다. 일반적으로 조직 내 책임성의 관리는 다음과 같이 구성된다.

첫째, 특정 상황에서 업무자가 취해야 할 반응은 어떤 것이어야 하는지(should)를 파악한다. 둘째, 업무자들의 활동을 모니터링하고, 모니터링된 현재 활동(is)을 조직이 원하는 반응(should)과 비교해서 사정한다. 셋째, 조직은 업무자들의 바람직한 행동을 유도(is → should)하기 위해 다양한 유인적 동기와 제재 수단을 갖춘다.

사회복지조직에서는 이 같은 전형적인 책임성 관리가 어려운 경우가 많다. 사회복지서비스 이용자들의 문제와 욕구는 단순하지 않고, 그에 반응하는 기술 유형도 불확정적이다. 따라서 이용자 욕구와 기술에 관한 판단은 대개 전문직 업무자들의 재량에 의존하는 경향이 있다. 이 같은 전문적 재량권은 미리 설정된 행정 절차나 규칙에 따라 제어하거나 평가되기는 힘들다.[4]

사회복지조직에서 책임성 실현의 직접적인 역할은 일선 서비스 제공자들이 수행한다. 이들은 서비스 이용자와 내밀한 상호작용 관계를 통해 서비스를 실천한다. 사회복지조직의 유효성은 대개 이 관계가 얼마나 적절하게 수행되는지에 달려 있다. 따라서 사회복지조직의 책임성 관리의 초점도 여기에 주어진다.

조직의 입장에서는 사회적 책임성의 구현을 위해 서비스 업무자들의 행동을 제어할 필요가 있지만, 사회복지서비스의 효과성 측면에서는 개별 서비스 업무자들의 전문적 재량권이 행사될 필요가 있다. 이것이 사회복지서비스 조직의 행정관리에서 대표적으로 나타나는 딜레마 상황이다. 비록 근본적인 해결책은 없지만, 적어도 전문적 재량권과 행정적 제어권 간에 일정한 균형 유지가 필요하다는 점은 분명하다.

사회복지조직의 관리자가 업무자들의 서비스 활동에 관여하고, 행동을 제어하는 데는 단순한 원칙이 적용된다. 관리자는 '자신이 알고 있는 행동 측면들에 대해서만 제어할 수 있다'는 것이다. 대인적 서비스 업무는 매뉴얼로써 표기될 수 없는 측면이 많다. 따라서 관리자는 조직 내 다양한 서비스 제공자(사회복지사, 심리상담가, 물리치료사, 재활교사, 특수교사, 영양사, 간호사, 의사, 자원봉사자 등)의 행동을 적절히 파악할 수 있는 경륜을 갖추어야만 비로소 이들을 제어할 수 있다.

3) 서비스 제공자들의 제어

사회복지조직의 관리자는 책임성 요구에 비추어 조직 내 서비스 제공자들을 제어해야 할 필요성이 있다. 구체적으로 무엇을 어떻게 제어해야 할지는 서비스 제공자들의 행동에 관련된 경험적인 근거를 갖추어서 판단한다. 이를 위해 일반적으로 기록이나 직접 관찰, 수량변수 등의 방법을 쓴다.

기록　　개별 서비스 제공자에 의해 작성된 기록이다. 클라이언트가 제시한 상황 정보와 서비스 제공자가 그에 반응해서 취한 행동들이 수록되어 있다. 이 기록을 기관의 표준화된 기준에 비추어 비교해 보고, 서비스 제공자의 결정과 행위가 조직이 요구하는 책임성의 범주 안에서 수행되고 있는지를 확인할 수 있다. 문제는 표준화 기준을 사용하는 것이 업무자의 재량권을 제한할 수 있다는 점이다. 이는 휴먼서비스 효과성을 결정하는 개별화 특성을 저해할 수 있다. 업무자의 행동은 통제할 수 있지만, 궁극적인 통제의 목적인 서비스 효과성을 오히려 침해할 수 있다는 것을 주의해야 한다.

직접 관찰　　서비스 제공자와 이용자 간의 상호작용을 직접적으로 관찰해서 업무자의 책임성 행동에 관련된 정보를 얻는다. 이 경우에도 관찰자(관리자)가 무엇을 기준으로 어떻게 보아야 할지에 대한 이해가 선행되어야 한다. 그러기 위해서는 서비스에 대한 기본 지식을 갖추고 있어야 한다. 관찰을 통해 얻을 수 있는 정보들은, 절차들이 정확하게 수행되는지, 행동이 상도(常度)에서 벗어나지는 않는지, 주어진 상황에 대한 해석과 그에 따른 행동이 일관적으로 수행되는지 등에 관한 것이다. 직접 관찰은 비용이 많이 들고, 관찰 대상자(업무자)들이 관찰을 의식하는 행동을 하게 되고, 업무자와 클라이언트 관계의 비밀성 보장이 전제되지 않는다는 문제점들이 있다.

수량변수   업무 수행과 관련한 수량화된 측정치들을 사용하는 것이다. 예를 들면, 담당 케이스 수, 종료 케이스 수, 서비스 제공 시간 등이 수량변수에 해당한다. 비록 서비스 제공자의 업무 행동에 관한 추론을 가능케 하는 정보를 주지만, 실질적인 평가 도구로 사용되기에는 조악한 측면이 있다. 서비스 과정에서는 다양한 변수가 상호작용하고 있기 때문에, 몇몇 선발된 수량변수들만으로 현황을 파악하기 쉽지 않다. 또한 업무자들의 행동을 통제하기 위해 수량변수들을 지속적으로 사용하면, '기준 행동'의 위험성이 커져서 통제를 통한 책임성 구현에 오히려 역행하는 결과가 초래될 수도 있다.

케이스 종료 건수가 서비스 제공자의 업무수행에 대한 책임성을 나타내는 수량변수로 사용된다고 하자. 이 경우에 서비스 제공자가 비록 높은 종료 건수를 올리고 있다 하더라도, 실제로 그러한 케이스 종료 건들은 클라이언트들에게 얼마나 도움이 되었는지와 무관하게 진행될 수 있다. 오히려 수량화된 실적을 올리기에만 급급하여 케이스 종료 건수를 높이게 될 때, 수량변수로 측정된 조직의 수행실적은 높아질 수 있다. 그러나 조직의 실질적인 서비스 효과성은 감소할 것이고, 그로 인해 조직의 궁극적인 책임성(누구에게 당당하게 말할 수 있는 것)도 취약해질 수밖에 없다.

기준행동의 문제는 대부분의 사회복지조직에서 심각하게 다루어져야 하는 문제다. 사회복지조직이나 프로그램들이 원래의 이념적인 목적에서 벗어나 유지와 생존을 위한 목적에만 집착하게 될 때, 외부의 자원공급자들이 요구하는 수량적 기준치들을 채우는 데만 급급하게 되는 경향이 있다. 이러한 문제에 대처하기 위해 수량변수들을 계속해서 바꾸거나 시스템 통제를 더 강화한다 해서 문제가 근원적으로 해결되지는 않는다. 오히려 그런 시도들이 기준 행동의 문제를 더욱 강화하는 결과까지도 초래한다. 적어도 서비스 제공자들이 주로 전문직으로 구성되고 재량권의 사용이 효과성을 담보하는 서비스 형태의 조직들에서는 수량변수들을 책임성 지표로 무작정 활용하는 것을 억제할 필요가 있다.

책임성 확보를 위한 조직 내 업무자 통제의 방법들 중에 무엇이 적합할지는 상황에 의존해서 결정된다.[5]

첫째, 단순한 작업 환경을 갖춘 조직일수록 사전에 설정된 기준과 규칙들에 의해 통제가 강화될 수 있다. 예를 들어, 공공부조 담당자들이 서비스 수급자들에 대한 자격 여부를 판단하는 경우다.

둘째, 업무가 명확히 규정되기 어려워서 사전 설정된 표준을 갖추기는 힘들지만, 그나마 관찰은 가능한 경우가 있다. 클라이언트와 서비스 제공자 간의 대면적 상호작용이 서비스의 질을 결정하는 서비스들의 경우다. 이런 경우에는 서비스의 성격을 잘 아는 전문직 수퍼바이저에 의한 관찰과 통제가 적합하다.

셋째, 사전 규정과 관찰이 모두 불가능하고, 단지 서비스 이용자의 관점에 의해서만 평가될 수 있는 것들도 있다. 서비스 제공자(업무자)의 태도나 반응, 혹은 스타일 등과 같은 행동들이 이에 해당한다. 이러한 행동들에 대한 통제는 수퍼비전과 훈련 등을 혼합하여 적용하는 것이 바람직하다.[6]

4) 사회복지 관리자의 자세

일반적으로 관리자가 책임성 역할을 수행하는 방식에는 세 가지 유형이 있다.[7]

첫째, '상징적(symbolic)' 역할로서, 관리자가 조직의 성과에 아무런 영향을 주지 않는 것이다. 행정 활동은 단지 상징적일 뿐이며, 외부 요소들에 대해 조직이 책임성을 수행하고 있다는 인상을 심어 주는 역할만을 한다.

둘째, '반응적(reactive)' 역할로서, 외부의 요구들에 수동적으로 반응하는 것이다. 외부에서 규정한 의무나 절차들만을 충실하게 수행하며, 자신과 조직의 안전을 최우선으로 하는 전형적인 관료의 역할이 주를 이룬다.

셋째, '재량적(discretionary)' 역할로서, 관리자가 보다 적극적으로 외부 환경과의 타협 내지는 개척까지를 모색하는 역할이다.

사회복지조직의 관리자는 이 중에서 재량적 역할을 취하는 것이 필요하다. 환경 요소들의 제반 요구를 단순히 조직의 생존과 관련시켜 수동적으로 따라가는 것은 바람직하지 않다. 휴먼서비스의 가치와 목적에 근거해 능동적으로 환경 요소들을 파악, 선별하는 적극적인 책임성 역할이 바람직하다. 이러한 역할의 관리자는 보다 '창의적인 리더십'을 발휘할 것이 요구된다.[8] 하지만 이러한 적극적인 책임성의 구현이 자칫 편파적인 도덕성 강조로 나타나는 것은 바람직하지 못하다.

 '사회복지계의 전문적 행정 활동의 지배적인 윤리는 궁극적으로 클라이언트와 그들의 욕구에 대한 근본적인 관심에서부터 도출된다. 그러나 이러한 윤리적인 자세는 단순하고 무작정식의 옹호주의에서 벗어날 수 있는 정치적 기술을 필요로 한다. 무작정식의 옹호주의는 관리자의 전문적 신빙성을 약화시킬 따름이고, 어떤 프로그램 변화도 이끌어 내지 못할 정도로 정치적 갈등만을 증폭시킬 수도 있다.'[9]

 전문적인 행정 기술은 관리자가 다양한 이해집단 간의 균형을 유지하고 조화를 찾아내는 방법을 중시한다.[10] 다만, 사회복지서비스에서는 클라이언트 집단의 이해와 관점을 일차적으로 책임성에 포함시켜야 한다. 사회복지서비스 클라이언트는 대개 정치경제적 자원의 부재로 인해 상대적 열세에 처하기 쉽다. 자연스럽게 두면 책임성과 관련된 조직의 기준에서 이들의 관점이 배제될 가능성도 커진다. 따라서 사회복지행정 관리자는 이들의 관점이 책임성 요소에서 우선순위로 포함될 수 있도록 의도적인 노력을 기울여야 한다.[11]

 이처럼 사회복지조직 관리자가 책임성을 재량적 역할로서 적극적으로 실천하기 위해서는 무엇보다도 서비스 실천의 방법과 과정에 대한 풍부한 이해가 필요하다. 사회복지서비스에서는 책임성이 대부분 전문적 서비스 업무자들에게 달려 있는데, 이들을 적절히 통제하고 관리하기 위해서도 관리자는 서비스 과정에 대한 전문적 이해를 갖추어야만 한다.

2. 사회복지조직의 변화 전략

 사회복지조직은 계속적으로 변화해 나가야 한다. 외부로부터의 위임 사항이 변화하고, 각종 자원이나 클라이언트 환경도 변화하며, 조직 내부로부터의 효과성과 효율성 제고에 대한 요구도 등장한다. 이와 같은 조직 내·외부의 환경적 요구들이 계속적으로 변화하는 상황에서 그것을 수용하려면 사회복지조직도 변화할 수밖에 없다.

어떤 경우에도 기존 조직이 변화하기란 그리 쉽지 않다. 조직이 가지는 두 가지 목적 (즉, 개체 유지와 대사회적 목적 추구) 중 하나인 개체 유지가 안정을 희구하는 성향으로 작용하기 때문이다. 즉, 대사회적 목적은 변화를 요구하는 데 반해서, 조직 유지의 목표는 안정을 지향하는 상반된 속성을 나타낸다. 조직이 목적전도 현상을 나타내는 경우는 조직 유지의 목표가 대사회적 목적을 압도할 때 발생한다. 이런 경우에는 외부 환경에서 요구되는 변화에 발맞추어 조직이 바뀌어 가는 것이 불가능해진다. 오히려 조직이 자기 유지에 유리한 환경 요소들을 취사선택하려는 경향까지도 나타낼 수 있다.

사회복지행정 관리자는 일차적으로 조직의 대사회적 목적 추구에 우선적 가치를 부여해야 한다. 조직의 안정과 유지가 불필요한 것은 아니지만, 조직 유지의 정당성은 일차적으로 대사회적 목적 추구에서 비롯됨을 조직 내에 계속적으로 환기시킬 책임이 있다. 사회복지조직과 프로그램들이 이러한 근원적인 가치에 충실하게 될 때, 사회적 책임성의 확보는 그만큼 더 쉬워진다. 관리자가 사회적 책임성 확보를 위한 노력으로 조직의 변화를 유발하는 과정과 전략은 다음과 같다.

1) 변화의 유발 요인

사회복지조직의 변화를 유발하는 요소들은 다양하게 산재해 있다. 이들을 크게 외부 요인과 내부 요인으로 구분해 볼 수 있다.[12] 외부 환경적 요인에는 공공 정책이나 행정 규제 혹은 법원의 명령, 예산 삭감, 인구 추세, 사회적 가치의 변화, 새로운 기술의 출현 등이 있다. 클라이언트를 포함한 각종 외부 자원과 영향 세력의 변화가 조직의 변화를 유발하는데, 예를 들어 노인 케어 서비스 분야에서 기존의 재가보호와 시설 보호에다 주간보호라는 새로운 개념의 서비스 방법이 법적, 기술적, 재정적(예산 지원) 환경 차원에서 가능하게 된 경우다. 관련된 서비스 조직들은 이에 적용하는 과정에서 조직 내 인적 구성이나 자원 배치 등이 변화를 일으킨다.

변화의 동인이 내부에서 일어나는 경우도 있다. 일선 업무자들이 보다 많은 재량권과 자율성을 요구하거나, 전문직들이 클라이언트 관점에서 서비스 환경을 개선하자거나 혹은 케이스 부담률을 낮추어 달라고 요구하는 등에서 쟁점이 발생하고, 조직이 이에 대응하는 변화가 시도될 수 있다. 관리자가 독자적으로 변화를 요구하는 경우도 이에 해당된다. 조직의 사기 저하, 의사소통의 문제, 대인 혹은 업무 단위들 간의 갈등, 업무들 간의 비효과적인 조정 등의 문제를 관리자가 감지하고, 조직 차원의 변화를 시도할 수도 있다.

2) 변화의 과정

변화의 목표는 현재의 상태와 바람직한 상태 간의 비교에서 드러나는 격차를 줄이는데 있다. 조직의 일상적 활동을 수정하는 것에서부터, 근본적인 성격 변화에 이르기까지 다양한 차원의 변화가 가능하다. 변화가 수행되는 과정은 대체로 다음과 같다.[13]

(1) 문제 확인과 분석
변화 과정은 문제에 대한 인식에서부터 시작된다. 조직 내부 및 외부에서 발생하는 다양한 원인에 의해 현재 수준의 업무 수행과 바람직한 업무 수행 간의 격차가 발생하고 있음을 확인하는 것이다. 문제의 확인 다음에는 문제 분석이 이루어진다. 문제 분석이란 확인된 격차를 유발하는 장애 요소들을 찾아내는 것이다. 문제 분석은 비공식적으로 기존 자료나 개인적인 관찰을 활용해서 관리자 차원에서 수행할 수도 있다. 문제가 보다 심각하거나 조직에 미치는 변화 파장이 크다고 보면, 공식적 문제 분석을 시행한다. 행정 절차 감사나 생산성에 대한 운영 감사 등이 이에 속한다. 조직 변화의 핵심 역할을 일선 업무자들이 수행할 경우에는 문제 분석에 그들의 참여가 중요하다.

(2) 변화에 대한 수용과 저항
문제 분석을 통해 문제의 해결책이 마련될 때, 논리적 타당성 못지않게 실행 가능성을 검토해 보는 것이 중요하다. 문제의 해결책은 조직구성원들의 변화를 수반하는데,

변화의 당사자들이 이에 저항할 것인지 혹은 수용할 것인지를 사전에 평가해야 할 필요가 있다. 조직 내에 변화가 도입될 때 나타나는 수용과 저항의 원인들은 다음처럼 제시된다.[14)]

과거의 경험   조직구성원들은 현재 제안된 변화를 과거의 경험에 비추어서 인식한다. 과거에 상급자나 외부 기관이 조직의 변화를 일방적으로 강요했었다면, 현재의 변화 제안을 방어적인 성향이나 냉소주의로 받아들일 가능성이 높다. 이전의 변화 노력들이 별다른 보상이나 인정을 가져다주지 못했으면 특히 새로운 변화 노력에 대해 주저하게 된다. 그 결과, 제안된 변화에 형식적으로만 순응하는 형태를 나타낸다. 실질적인 저항은 드러내지 않은 채, 외형적으로만 순응하는 것처럼 행동하는 것이다. 따라서 관리자는 조직 내에 어떤 경험들이 과거에 존재했었는지를 확인하여, 저항 성향을 예측해 보는 것이 필요하다.

투자회수 비용   모든 조직구성원은 현재의 행동 유형이나 상황을 만들어 내기 위해, 자신들의 시간과 노력, 헌신 등을 투자해 왔다. 그것이 개인적으로는 자신에 대한 투자 비용인데, 이는 흔히 '매몰 비용'으로 간주될 수 있다. 매몰 비용(sunk cost)이란 이미 지출되었기 때문에 회수가 불가능한 비용을 말한다. 일반적으로 매몰 비용이 크면 클수록, 변화에 대한 저항도 그만큼 더 커지게 된다. 현재의 조직 구조와 과정에 오래 몸담았던 사람들일수록, 변화를 통한 매몰 비용의 손실이 더 커진다. 그래서 변화에 더 저항적이 된다. 이러한 투자회수 비용에 따른 저항은 매몰 비용을 대체하기 위한 유인적 동기를 제공해서 극복 가능하다. 변화에 대한 시도가 오히려 기존의 지위나 세력을 강화하는 데 유리함을 보여 주는 것도 한 방법이다.

사회적 관계   조직구성원들은 지위나 집단에 대한 소속감 혹은 정서적 지지를 제공하는 일련의 사회적 관계들 속에서 업무를 수행한다. 업무수행 환경은 개인들 간 기능적 관계뿐만 아니라 동료들과의 밀접한 사회적 관계를 통해서도 유지된다. 이런 가운데 집단 내에는 비공식적인 규범들이 발생하게 된다. 다양한 자리에서 맡는 역할들이나 갈등을 해소하는 방식에서부터, 생산성 수준을 서로 간에 조절하거나 옷차림에 대한 은연 중 합의 등에 이르기까지 다양한 비공식 규범 속에서 사람들은 일한다. 만약 변화의 노력이 이러한 규범들에 저촉되면 저항을 유발하고, 규범에 부합되면 수용을 촉진한다.

　　파워와 자원의 분배　　인력이나 재량권, 예산 할당 등과 관련해서 조직 내 배치 구도
가 변화하게 되면, 그러한 이해 관계의 득실에 따라 수용과 저항이 발생한다.

　　의사소통　　제안된 변화의 본질이 부적절하게 알려지거나 혹은 잘못 이해될 때는
저항이 발생한다. 변화에 대한 불확실성이나 이에 따른 추측 등의 이유 때문에 종종
근거 없는 저항들이 유발되기도 한다.

　　저항과 수용 요소들에 대한 사정은 변화를 위한 평가와 전략 수립에 귀중한 참고 자
료가 된다. 아무리 이론적으로 뛰어난 해결책이라도 현실적인 저항이나 수용의 역학
을 고려하지 못하면 쓸모없는 전략이 되고 만다. 조직 변화를 추동하려는 사회복지행
정 관리자는 변화가 초래할 조직구성원들에 대한 비용 부담을 최소화하기 위한 노력
을 기울일 필요가 있다.

3) 변화를 위한 전략과 리더십

　　관리자가 조직의 변화를 유도하기 위해 선택하는 전략은 대부분은 리더십 스타일과
관련되어 있다. 조직구성원들로 하여금 변화에 대한 필요성을 인식하고 수용하게 하
려면 적절한 리더십이 필요하다. 여기에 하나의 효과적 리더십 스타일은 존재하지 않
는다. 주어진 상황에 가장 적합한 리더십을 선택하는 것이 중요하다. 리더십 전략의
선택에 고려할 상황 변수들은 다음과 같다.[15)]

　　세력 분포　　조직 내에는 변화를 선호하는 쪽과 싫어하는 쪽으로 나뉠 수 있다. 만
약 변화의 추진 세력이 억제 세력보다 더 강력한 상황이면, 리더십 선택은 보다 자유
롭다. 다양한 리더십 스타일을 사용하는 것이 가능하다. 그러나 억제 세력이 더 강한
상황이면, 참여적 리더십 스타일이 보다 효과적이다. 저항을 극복하고 헌신하도록 만
들기 위해서는 참여적 스타일이 긴요하다.

　　시간　　변화를 위해 주어진 시간이 촉박한 상황에서는 지시적 스타일을 쓸 수밖에
없다. 클라이언트의 위험과 같이 즉각 대응이 필요한 위기 상황이나, 상부의 급박한

지시가 하달된 경우 등에는 하급자들의 의견을 구할 여유가 없다. 이때 지시적 스타일을 하급자들이 싫어하면, 최소한 지시적 스타일이 선택된 상황적 이유만큼은 명확히 설득할 필요가 있다.

　　문제의 본질　　관리자가 분별력 있는 결정을 내리는 데 충분한 정보를 가지는 상황에서는, 하급자들의 지나친 참여는 불필요하다. 반대로 문제가 불명확할 경우에는 하급자들을 참여시키는 리더십 스타일이 유효하다. 하급자들로부터 변화에 필요한 정보와 경험을 제공받을 수 있기 때문이다.

　　직원의 경험과 기대　　이전부터 어떤 리더십 스타일로 조직이 운영되어 왔는지에 대한 직원들의 생각이 상황 변수가 된다. 통상적으로 지시적 스타일로 운영되다가 변화의 시점에서 급작스럽게 참여적 스타일로 전환하는 것은 오히려 의심을 유발하고, 책임소재를 떠넘기는 것으로 오해받을 수 있다. 참여적 스타일에서 지시적으로 전환하는 것은 자율성과 협조를 깨기 위한 것으로 의심받을 수 있다.

　　관리자의 파워　　보상이나 제재의 파워를 가지지 못한 관리자는 하급자들의 변화를 강제하기 어렵다. 지시적 스타일에 계속적으로 의존하는 관리자들은 하급자들의 소외를 유발시킬 수 있는데, 수동적인 저항, 의례적인 순응, 혹은 비관주의 등이 나타나게 한다. 이런 경우에 관리자가 상급자들로부터 보상이나 제재에 관한 파워를 부여받지 못하면, 그러한 저항들에 매우 취약하게 된다.

　　실행 과정의 직원에 대한 의존성　　변화의 실행을 위해 직원들의 자발적이고 분별력 있는 협조가 필요할 경우에는, 참여적 스타일이 선호된다. 그것이 직원들로부터 변화에 대한 헌신적 참여와 주체 의식을 불러일으킬 수 있기 때문이다. 세밀한 통제가 불가능할 상황에서는 더욱 직원들의 참여 동기에 의존할 수밖에 없다.

　　조직 변화를 추동하기 위해 어떤 리더십 전략을 선택해야 할지는 상황 변수들의 고려에서 판단된다. 여기서도 어떤 변수에 가중치를 둘지는 관리자의 개인적 소신이나 경영 철학 혹은 장기적 목표에 좌우된다. 일반적으로는 사회복지행정에서 참여적 리더십의 전략을 중요시하는 경향이 있다. 그러나 그것이 사회복지조직의 변화적 상황에서 채택되는 유일한 리더십 스타일도 아니다. 전략은 단지 수단으로 취급되어야 한다. 다양한 리더십 스타일을 포함하는 다양한 조직 변화의 전략들이 주어진 상황에서 적합하게 선택되는 것이 최선이다.

3. 사회복지전문직의 과제

　사회복지전문직은 사회복지행정의 핵심적인 역할을 수행한다. 특히 휴먼서비스 사회복지 분야에서는 사회복지전문직이 조직의 책임성과 변화 추구의 핵심이 된다. 스스로가 책임성과 변화의 주체이면서, 한편으로 대상이기도 하다. 전문직(profession)이란 전통적인 개념으로는 고유의 가치와 지식, 기술을 근거로 특정 사회 영역에서의 배타적 권리와 지위를 제도적으로 확보한 집단을 의미한다. 이에 의거하면 사회복지전문직이란 사회복지 영역에서 제도적 권리와 지위를 갖춘 집단이라고 규정된다.[16]

　대부분 '사회복지사'를 사회복지전문직이라고 규정하지만, 사회복지의 규정을 확대해서 보자면 반드시 사회복지사만을 사회복지전문직이라고 할 수는 없다. 이는 마치 의료전문직이라는 포괄적인 개념을 '의사'라는 한정된 집단과 동일시하는 것과 같다. 의료전문직에는 간호사, 보호사, 치료사, 의료기기기술자뿐만 아니라, 사회복지사까지도 일정한 영역에서는 여기에 편입될 수 있다. 한편, 우리나라에서는 '사회복지시설'과 같은 전문조직이 전문직의 제도적 책임과 권한을 부여받아 왔던 역사적 경로가 잔존한다.[17] 비록 사회복지사를 중심으로 하는 전문직의 개념이 강화되어 왔지만, 여전히 사회복지전문직의 주된 기능은 전문조직을 통해 구현되는 바가 크다.[18] 이를 '조직적 전문직'의 특성이라고도 한다.[19]

　사회복지전문직이 '전문조직'과 '전문인력'이라는 양면적 특성을 가진다는 것은, 사회복지의 책임성 구현과 변화를 이루어 내는 일도 이들 모두에게 주어진 공동의 사명이라는 것을 의미한다. 외형적으로는 사회복지조직의 관리자는 일선 전문직 인력과 대조적인 성격으로 비추어질 수 있다. 그럼에도 사회복지조직 자체가 전문직의 사명을 공동으로 가진다면, 관리자의 행정 기능 역시 실천 전문가와 마찬가지로 사회복지전문직의 일이 되는 것이다.

1) 관리자로서의 역할과 역량

사회복지조직의 관리자가 수행하는 역할은 매우 다양하게 나타난다. 이들의 역할은 조직이나 프로그램, 전달체계, 서비스의 기획이나 실행 관리 등에 대한 책임과 연관되어 있다. 관리자가 각각의 역할을 적절히 수행하려면 그에 부합되는 기술 역량도 갖추어야 한다.[20)]

의사소통(communicating)　조직 활동의 핵심 역할이다. 관리자는 조직 내·외부 관련자들과 효과적인 의사소통을 수행하기 위해 대면, 문서, 전자매체 방법 등을 적절히 다룰 수 있는 기술을 갖추어야 한다.

경계 잇기(boundary spanning)　조직 단위들 간의 경계를 연결해서 잇는 역할이다. 관리자가 다른 조직들과 파트너십을 맺거나 서비스 전달체계의 통합을 모색하는 등의 역할을 수행하려면, 유력자들과의 관계 맺기, 네트워킹, 영향력 행사하기(influencing)와 같은 기술을 갖추어야 한다.

비전 제시(futuring)　외부 동향을 예측하고, 조직이 이에 대응하는 데 필요한 혁신적 대안 전략을 개발하는 역할이다. 사회서비스 환경의 불확실성이 증가함에 따라, 관리자에게 이 역할이 더욱 강조된다. 이를 위해 환경 분석, 전략적 기획, 혁신 추진에 필요한 역량 기술이 중시된다.

조직 정비(aligning)　환경 적응을 위해 조직 내부의 구조와 과정, 조건들을 변화시키는 역할이다. 이를 위해 관리자는 조직 자원의 배치와 업무 흐름을 구조화하는 조직화(organizing), 일에 대한 책임과 권한을 공식적으로 할당하는 위임(delegating), 직원의 채용과 훈련, 보상, 규율 등을 수행하는 스태핑(staffing) 등과 같은 기술을 갖추어야 한다.

자원 관리(resource administration)　기관의 운영과 클라이언트 서비스에 필요한 자원을 확보하고 관리하는 역할이다. 관리자에게는 네트워킹, 기부자 개발, 프로포절 운용, 마케팅, PR, 대중매체 관련 기술이 필요하다.

평가(evaluating)　서비스 욕구의 확인과 기관의 서비스 효과성을 판단하는 역할이다. 조직의 유효성을 대외·내적으로 검증해 보고, 이를 통해 발전적 대안을 위한 정보를 생성해 내는 것이다. 이를 위해 관리자는 욕구 사정과 프로그램 평가와 관련된 제반 기술들이 필요하다.

　정책 실천(policy practice)　　국가나 지역사회 차원에서 정책을 개발하거나 해석하고, 그에 영향력을 행사하는 역할이다. 근래에는 사회복지조직 관리자에 대한 요구가 정책의 단순 순응자 역할을 넘어서서 정책 형성과 행정 과정에 적극 참여를 강조하는 것으로 바뀌고 있다. 따라서 관리자는 정책 분석, 지역사회 조직, 집단 옹호 등에 관련된 지식과 기술을 보다 큰 비중으로 갖추어야 한다.

　옹호(advocating)　　사회복지서비스 관리자의 본원적 역할이다. 주요 이해관련자들 앞에 특정 사례나 계층에 대한 대의(cause)를 조장하거나 대변한다. 이를 위해 관리자는 의사소통이나 경계잇기 등의 다른 기술들과 함께, 집단 행동에 관한 역할 기술도 갖출 필요가 있다.

　수퍼비전(supervising)　　업무 단위들에 대한 일상적 운영 지원을 통해 서비스의 효과성과 효율성을 높이는 역할이다. 사회복지 수퍼비전은 행정적, 교육적, 지지적 역할 모델을 모두 포함한다.[21] 이를 위해 관리자는 직원의 동기유발, 업무 모니터링과 조정, 피드백 제시, 직원 교육과 상담, 사회·정서적 지지 등에 관한 기술이 필요하다.

　촉진(facilitating)　　조직의 비전이나 사명, 목적 성취를 위해 업무자들의 노력을 이끌어 내는 역할이다. 업무자들이 기관과 프로그램 운영에 영향력을 행사하게 해서 업무 수행력과 혁신의 증진을 돕는 '힘 실어 주기(empowering)', 훈련과 교육 기회를 제공해서 전문성 증진을 도모하는 개발(developing), 실천 활동이나 가치 등을 내면화하게 하는 모델링(modeling)과 관련된 기술들이 관리자에게 필요하다.

　팀 개발(team building)　　업무 수행을 위해 기관 내부 혹은 지역사회 차원에서 행정적, 임상적 집단을 구축하고 활용하는 역할이다. 집단 역학과 집단 과정의 단계 과업들에 대한 이해, 사회·감정적 기술과 제휴(coalition)에 관한 기술들이 관리자에게 요구된다.

2) 사회복지 전문 실천과 행정

사회복지조직에서 활동하는 모든 전문 인력은 행정 및 관리자의 역할을 자연스레 내포하고 있다. 공공이나 민간 차원의 조직에서 전문직이 특정 부서나 업무, 프로그램 단위를 운영하는 것은 모두 행정의 범위에 속한다. 지역사회나 국가 차원에서 다수의 조직군으로 구성된 전달체계가 실제로 이어지게 하는 관리도 전문 인력들의 활동에 의해 이루어진다.

이러한 사회복지의 행정과 관리자 역할이 반드시 '장'에 의해서만 수행되는 것이 아니다. 전문 조직의 성격을 띤 사회복지기관에서는 일선 서비스 전문가의 실천 활동이 곧 행정과 관리자, 리더로서의 역할과 불가분의 관계에 있다.

사회복지실천 전문직으로서의 학교사회복지사는 클라이언트와의 인간적 상호작용이 중요하며, 그 과정에서 변화 성과를 이끌어 내는 것이 핵심 기능이다. 실천기술을 활용하는 인간적 상호작용의 과정에서는 자신이 역할 모델도 될 수 있고, 그들의 어려움을 듣고, 이해해 주고, 함께 해결할 길을 모색해 가는 지지적 역할도 수행한다. 그런데 이러한 역할 수행을 적절히 하기 위해 학교사회복지사에게 요구되는 것은 무엇인가? '길을 모색한다'는 것은 클라이언트로 하여금 수많은 대안을 고려할 수 있는 기회를 부여하는 것이다. 부유한 가정의 아이들이 소유하는 막대한 기회에 비해 사회적으로 배제된 아이들에게, 적어도 사회적 지원 방식의 기회들(예: 공공 및 민간 프로그램 지원, 기부, 후원)의 가능성만큼은 최대한 열어 줄 수 있어야 한다. 이 과정에서 사회복지사 자신이 곧 그 아이들에게는 가장 큰 기회 자산이 될 수 있는 것이다. 학교사회복지사가 스스로 기회 자산이 되기 위해 필요한 상당 부분의 지식은 행정 체계의 이해와 연관되어 있다.

예를 들자면, 이와 같다. 일차적으로는 학교 시스템이 어떻게 작동되는지를 이해해야 한다. 학교 조직의 구조와 과정, 정치경제적 역학관계, 서비스 전달체계의 특성 등을 이해할 수 있어야 한다. 그래야만 거기에서 클라이언트를 위해 우호적으로 작동할 수 있는 변화의 여지도 발견할 수 있다. 자신이 변화시킬 수 있는 부분은 무엇이고(예: 교사들이 학교 밖의 상황이 아이들에게 미치는 영향의 중요함을 이해하고, 그것을 위해 노력하려는 자세 전환을 사회복지사를 통해 알게 하는 것), 사회적 규범이나 법 등이 변화해야만 하는 부분(예: 학교사회복지사의 법적 권한 강화)은 무엇인지를 파악하고, 개선 활동을 위한 역량과 기술도 갖추어야 한다. 한편으로는 지역사회복지관이나 그 외 각종 지역사회 자원들(예: 청소년 시설, 병원, 문화 시설, 청소년 인권 옹호 자원)과 교류할 수 있는 역량과 기술도 갖추어야 한다. 사회복지공동모금회는 어떻게 작동하며, 지원하는 방식은 어떤지, 그리고 여타 수많은 정부 지원이나 각종 민간 재단으로부터의 지원은 어떤 방식으로 획득할 수 있는지도 알아야 한다. 프로포절 작성과 프로그램 기획 과정으로 '논리모델과 성과 측정'을 요구한다면 그것은 어떻게 하는 것인지를 숙지해야 할 필요도 있다. 이런 모든 활동은 사회복지의 조직적 맥락에 기초한 행정적 역할에 속하는 것이다.

사회복지사와 같은 휴먼서비스 전문가들은 자신이 복잡하게 분화된 사회 조직적 기능의 한 부분을 관리하고 있음을 이해해야 한다. 이러한 이해가 통합적 서비스 실행을 방해하는 것이 아니라, 오히려 클라이언트 문제의 전일성과 개별화 특성을 적절히 구현하는 데 도움을 준다. 사회복지전문직이 조직과 전문직의 이중적 속성을 가진다는 점을 고려하자면, 사회복지사는 전문적 실천의 효과성과 책임성 제고를 위해서라도 사회복지행정에 대한 적절한 지식과 역량을 갖출 필요가 있다.

미주

1) Hasenfeld, Y. (1983). *Human Service Organizations*. Englewood Cliffs, NJ: Prentice-Hall, p. 9.

2) 영어에서는 'accountable'이 '누구에게 설명할 의무가 있는, 무엇에 대해 설명(해명)할 수 있는'이라는 뜻으로 쓰인다.

3) Gates, B. (1980). *Social Program Administration: The Implementation of Social Policy*. Englewood Cliffs, NJ: Prentice-Hall, pp. 248-249.

4) 김병식(2000). "사회복지행정의 책임성과 통제에 관한 연구". 한국사회복지행정학, 2, pp. 42-43.

5) Gates, *Social Program Administration*, pp. 87-88.

6) 상게서, p. 88.

7) Pfeffer, J., & Salancik, G. (1978). *The External Control of Organizations*. NY: Harper & Row, p. 262.

8) Etzioni, A. (1975). 'Alternative conceptions of accountability: the example of health administration'. *Public Administration Review, 35*(3), pp. 284-285.

9) Gates, *Social Program Administration*, p. 95.

10) Slavin, S. (1978). 'Editor's introduction to part II'. In S. Slavin (Ed.), *Social Administration*. NY: The Haworth Press, pp. 39-42.

11) 상게서, pp. 39-42.

12) Patti, R. (1983). *Social Welfare Administration: Managing Social Programs in a Developmental Context*. Englewood Cliffs, NJ: Prentice-Hall, pp. 189-191.

13) Hershey, P., & Blanchard, K. (1977). *Management of Organizational Behavior* (3rd ed.). Englewood Cliffs, NJ: Prentice-Hall, pp. 273-306. 〈Patti, *Social Welfare Administration*, pp. 194-202〉에서 재참고.

14) Patti, *Social Welfare Administration*, pp. 196-198.

15) 상게서, pp. 200-202.

16) 김영종(2014). "한국 사회복지전문직의 제도적 전문성 경로와 대안적 정향". 사회복지정책, 41(4), pp. 377-404.

17) 상게서, p. 395.

18) 사회복지조직을 전문조직이라고 보면, 그 안에서 활동하는 사회복지사는 '종사자' 개념으로 이해되는 것이다. 사회복지시설과 사회복지사의 전문성을 규정하는 현행 「사회복지사업법」에서 이 같은 제도적 구성이 나타난다.

19) 참고: Noordegraff, M. (2007). From pure to hybrid professionalism: present-day professionalism in ambiguous public domains. *Administration and Society, 39*(6), pp. 761-785; Larson, M. (1977). *The Rise of Professionalism*. Berkeley: University of California Press; 김영종, "한국 사회복지전문직의 제도적 전문성 경로와 대안적 정향", pp. 380-386.

20) 사회복지행정 관리자들에 대한 광범위한 조사를 통해, Menefee(2009)는 사회복지행정의 역할과 관련된 11가지의 핵심 실천 적성(competency)과 그에 관련된 기술(skill)들로 제시한다. 이를 Core Competencies Model (CCM) 모델이라 한다. 참고: Menefee, D. (2009). 'What human services managers do and why they do it'. In R. Patti (Ed.), *Handbook of Human Service Management* (2nd ed.). Thousand Oaks, CA: Sage, pp. 101-116.

21) Kadushin, A., & Harkness, D. (2002). *Supervision in Social Work* (4th ed.). NY: Columbia University Press.

찾아보기

인명

고마츠 리사코 60
구인회 138
김기원 82
김동국 57
김병식 464
김상균 58
김영종 33, 34, 59, 81, 114, 116, 138, 254, 335, 368, 395, 421, 464
김은정 81, 116, 138
김이배 82
김정우 139
김진수 82
김태성 82
김형식 222

남기민 57, 82, 281

박경돈 194

서이종 307
성규탁 281
신준섭 222

안병영 58
엄명용 139
오정수 58
원석조 58
윤혜미 253
이영철 222
이재원 194
이주열 139
이철주 116
이혜경 58
이혜은 60

장인협 58
전석호 307
정기원 421
조영훈 60
조정아 60
조휘일 224

최성재 82, 281
최원규 81

하상락 81
한승주 116
함세남 61
후루가와 코준 60
히라노 타카유키 62

古川孝順 60
小松理佐子 60
平野隆之 62

Agranoff, R. 139
Alexis de Tocqueville 59
Altpeter, M. 173
Altschuld, J. 336
Ammons, D. 173
Anthony, R. 281, 421
Apte, R. 33, 57
Argyris, C. 171
Austin, D. 33, 34, 59, 116, 139, 172, 196, 222
Austin, M. 335

Bargal, D. 172

Barton, E. 446

Bell, G. 369

Bendick, M. 60

Benson, J. 172

Bentham, J. 38

Berger, M. 138

Blair, T. 44

Blake, R. 222

Blanchard, K. 204, 222, 224, 464

Blumer, H. 368

Booth, C. 39

Bowditch, J. 173, 222, 253

Bowers, G. 307

Bowers, M. 307

Boydell, T. 174

Bradshaw, J. 347, 368

Brody, R. 281, 336, 395

Bryson, J. 174, 194, 317, 335

Buono, A. 173, 222, 253

Burch, J. 307

Burgoyne, J. 174

Burisch, M. 253

Cameron, K. 223, 224

Capurro, R. 307

Carlisle, H. 223

Casey, M. 336

Cashman, J. 223

Chalmers, T. 38

Champy, J. 173

Child, J. 172

Cimmino, p. 116

Clinton, B. 49

Craft, J. 252

Daly, A. 253

Davis, M. 224

DiMaggio, P. 172

Dipboye, L. 253

Dunn, P. 254

Edwards, R. 173, 222

Etzioni, A. 464

Ezell, M. 281

Fayol, H. 171

Felten, D. 194

Fiedler, F. 204, 222

Finch, W. 196

Finnegan, J. 173

Flynn, M. 281

Follett, M. 153

Foster, M. 252

Friedlander, W. 33, 57

Friedson, E. 446

Fulmer, R. 222

Gaebler, T. 174

Gardner, J. 138

Garner, L. 194

Gates, B. 33, 139, 195, 281, 307, 368, 422, 446, 464

Giddens, A. 44

Gilbert, N. 139, 335

Gillespie, D. 446

Gillingham, P. 308

Glisson, C. 172

Glueck, W. 253

Goldstein, I. 252

Graen, G. 223

Granof, M. 281

Griffin, R. 171, 222

Grobman, G. 114

Gross, M. 224, 282

Grudnitski, G. 307

Gulick, L. 150, 171

Gummer, B. 173

Gunther, J. 173

Gutek, B. 446

Hall, R. 194

Hammer, M. 173

Harkness, D. 464

Hasenfeld, Y. 33, 171, 172, 194, 223, 464

Hashmi, K. 173

Hawkins, F. 173

Hawley, A. 194

Herron, D. 336

Hersey, P. 204, 222, 224

Hershey, N. 173

Hershey, P. 464

Herzlinger, R. 281, 421

Hjorland, B. 307

Howell, C. 253

Hull, G. 33

Hyde, A. 171

Jane Adams 59

Janet, D. 174

Johnson, D. 224

Johnson, E. 335

Kadushin, A. 224, 464
Kafry, D. 253
Kahn, A. 446
Kahn, R. 446
Kast, F. 195
Katz, D. 446
Katz, R. 214, 223
Keynesian 42
Kirst-Ashman, K. 33
Kish, R. 281
Krueger, R. 336
Kuhnert, K. 223

Larson, M. 464
Lawrence, P. 195
Lebeaux, C. 20, 33
Leiter, M. 253
Lescohier, I. 139
Leung, Z. 308
Lewis, J. 171, 194, 222, 252, 281
Lewis, M. 171, 194, 222, 252, 281
Lewis, P. 223
Likert, R. 222
Lorsch, J. 195
Lovelock, C. 336

Maluccio, A. 223
Marten, S. 446
Martin, L. 336, 368
Maslach, C. 253
Mayo, E. 152
McCallion, P. 173

McCanse, A. 222
McGregor, D. 154
McKenna, C. 395
McKinney, J. 282
Meenaghan, T. 368
Menefee, D. 60, 335, 464
Meyer, J. 172
Milkovich, G. 253
Mill, J. S. 38
Mintzberg, H. 162, 173
Moorhead, G. 171, 222
Morgan, D. 336
Morris, R. 139
Mouton, J. 222
Mushinski, M. 224

Neuhaus, R. 138
Noordegraff, M. 115, 464
Novak, M. 138

O'Looney, J. 282
Orton, D. 196
Osborne, D. 174

Packard, T. 171, 194, 222, 223, 252, 281
Parton, N. 307
Pattakos, A. 139
Patti, R. 59, 195, 252, 281, 369, 421, 446, 464
Pedler, M. 174
Perlman, R. 446
Perrow, C. 171, 195
Peters, T. 253

Pfeffer, J. 172, 223, 464
Pine, B. 223
Pines, A. 253
Poertner, J. 368
Powell, W. 172
Putnam, R. 174

Quinn, R. 207, 222, 223

Rapp, C. 368
Robbins, S. 195, 421
Robert, D. 174
Robertson, I. 171
Rosenweig, J. 195
Rowan, B. 172
Rowntree, S. 39
Ryan, R. 368

Salancik, G. 172, 464
Sarri, R. 59
Schmid, H. 33, 34, 60, 172, 194, 196
Schmidt, W. 173, 223
Selznick, P. 33
Senge, P. 174
Shafritz, J. 171
Shaw, G. B. 58
Skidmore, R. 224
Skocpol, T. 174
Slavin, S. 464
Smith, A. 38
Solomon, J. 335
Souflee, F. 194, 222, 252, 281
Souflee, F. Jr. 171

Specht, H. 139, 335
Spicker, P. 57
Stalker 172
Strater, F. 307
Stretch, J. 281
Suchman, E. 421

Tannenbaum, R. 223
Taylor, F. 147, 171
Taylor, J. 194
Thatcher, M. 43
Thompson, J. 60, 194, 252
Titmuss, R. 21, 33
Townsend, J. 38

Ullman, A. 224
Urwick, L. 150, 171

Van Den Bergh, N. 253
Van Wart, M. 252
Veeder, N. 336
Venkatesan, M. 335
Vinter, R. 281

Wamsley, G. 172
Warren, R. 138
Warsh, R. 223
Washington, R. 368
Watson, K. 224
Webb, B. 58
Webb, S. 58
Weber, M. 145
Weick, K. 196
Weinberg, C. 336
Weiner, M. 33, 171, 252, 307

Weirich, T. 421
Weisbord, M. 171
Whetten, D. 224
Wildavsky, A. 282
Wilensky, H. 20, 33
Witkin, B. 336
Wright, D. 282

Yankey, J. 173
York, R. 335, 368, 421

Zald, M. 172
Zell, D. 173
Zurker, L. 173

내용

1세대 사회서비스 110
2세대 사회서비스 111
3세대 사회서비스 112
3C 327
4P 326

UN구호계획 64
X 이론 154
Y 이론 154

AB 59

accessibility 132
accountability 133, 312, 368, 399, 448
accounting 279
accreditation 401
accrual accounting 280
action plan 363
activity objective 358
ADC 59
administration 33
advertizing 439

advocating 461
AFDC 49, 59
AI 290
Aid to Dependent Children 59
Aid to Families with Dependent Children 59
Aid to the Blind 59
aligning 460
Artificial Intelligence 290
assessment 233, 277
authority 145, 186

Balanced Score Cards 194

BARS 237, 252

behavioral theory 201

Behaviorally Anchored Rating Scales
252

benchmarking 165

beneficiary 100

Beverage report 42

BFR 266, 282

big data 290

blending 226

boundary spanning 460

BPR 165

brainstorming 318, 330

breakeven point 271

BSC 178, 194

budget 255

budget form 258

budgeting 256

Budgeting For Results 282

bureaucracy 90

burnout syndrome 242

Business Process Reengineering
165

CAA 47, 59

care 53

career 226, 245

case advocacy 184

case management 136, 184

casework 41

cash accounting 280

cash transfer 94

categorization 228

CCM 464

centralized 186

CEO 213

certification 401

charismatic leadership 223

Charity Organization Society 40

CIS 290, 307

CIT 240, 253

classification 228

CMHC 48, 59

CO 41

collaboration 158

communicating 460

community 120

Community Action Agencies 59

community care 44, 124

Community Chest 59

Community Mental Health Center
59

comparative needs 348

competition 158

compliance 399

compliance audit 277

comprehensiveness 132

Computerized Information System
307

contingency theory 155, 203

continuity 133

contract 158

cooptation 158

coordination 135, 184

co-production 107

corporate anorexia 166

COS 40, 46

cost accounting 414

cost analysis 266, 364

CPM 395

creaming 168, 441

criterion behavior 419

Critical Incident Techniques 253

critical path 384

Critical Path Method 395

customer 324

data 284

data processing 295

DataBase 295

decentralized 186

decision making 186, 313

Decision Support System 307

defragmentation 133

delivery system 89

Delphi technique 332

Diagnostic and Statistical Manual
173

division of labor 146

domain consensus 176

downsizing 166

DSM 173

DSS 290, 307

EAP 248

effectiveness 365, 405

efficiency 365

effort 405

Employee Assistance Program 248

empowerment 212

equity 366, 409

esprit de corps 150

evaluating 460

evaluation 388

evidence-based 338

expressed needs 348

Fabian Society 40

facilitating 461

feedback 398

felt needs 348

FG 331

financier 99

flexible benefits 247

flexible work hour 247

flowchart 391

Focus Group 331

follower 204, 222

force field 318

formal 33

formalization 187

formative evaluation 402

forum 352

functional budget 261

fund 273

fungibility 275

futuring 460

gain sharing 247

Gantt 379

general environ-ment 176

GHQ 51

Gilbert Act 37

goal displacement 23, 174

government expenditure 115

grant 110

group work 42

halo effect 240

Hawthorne effect 153

hierarchical model 299

hierarchy 186

holism 28

HRD 244, 253

Hull House 46

human relations 151

human resources 153

Human Resources Development
   253

human service 26

humanism 27

I & R 136, 437

impact 406

impact model 376

impact objective 358

IMS 307

individualization 28

inducements-contributions theory
   252

informal 33

information 284, 307

Information & Referral 136, 437

Information Management System
   307

Information System 307

in-kind 77, 95

innovation 398

input 343

input objective 359

institutional theory 160

intake 136

integration 135

interview 230

IS 307

isomorphism 160

job 195, 227

job analysis 228

job description 148, 228

job enlargement 185, 246

job enrichment 246

job rotation 185, 247

job satisfaction 241

job sharing 247

Key Informant 353

KI 353

lay referral system 432

leadership 199

leadership grid 201

learning organizations 166

line-item budget 259

logic model 338

macro-practice 23

Managed Care Organization 60

management 33

Management By Objectives 253

management control 398

Management Information System
   252, 307

manager 218
managerial grid 222
managerialism 168
marketing 323
marketing planning 316
matrix organization 188
MBO 239, 253, 376
MCO 50, 60
measurement 388
mediator 218
mentor 218
micro-practice 23
milestone 378
MIS 252, 290, 307, 416
mixed goods 31
mutual support 17

needs assessment 96, 347
negative externality 84
network model 300
new public management 169, 194
new public service 170
new social risks 73
NG 330
NGO 92, 114
Nominal Group 330
Non Governmental Organization 114
Non Profit Organization 114
non-equivalent control group 412
normalization 119, 138
normative needs 348
NPO 92, 114

OAA 59

Old Age Assistance 59
operational audit 278
opportunity cost 429
organization 18, 143
organizational chart 180
outcome 340
outreach 436
outsourcing 166, 173
overhead 267
over-utilization 427

PDM 212
performance 293
performance appraisal 237
performance budget 261
performance measurement 58
Performance-Program Budget 282
PERT 380, 395
PEST 318, 335
PL 480 64
planning 311
Planning and Programming
  Budgeting System 282
policy practice 461
political economy 157
Poor Law 36
POSC 49, 59, 110, 116
POSDCORB 149
position 195, 227
PPB 265, 282
PPBS 265, 282
PPP 113, 116
private 90
private goods 31

Private-Public Partnership 116
Private-Social-Public Partnership
  116
privatization 49
process 408
profession 29, 195, 459
professional 108
program budget 263
Program Evaluation Review
  Technique 395
program planning 316
programming 360
promotion 231
proposal 372
provider 99
provision 94
PRWORA 49
PSPP 116
public 90
public assistance 77
public goods 31
public hearing 352
public relation 399
Purchase Of Service Contract 59,
  116

QC 164, 253
quality 407
Quality Circle 253
Quality Circles 164
quality of service 236
Quality of Work Life 253
QWL 245, 253

rationality 312

recipient 100

reinventing government 169

resource administration 460

resource dependence 157

responsibility 368

Scalar chain 150

secondary data 351

sector 98

settlement 41

Settlement Act 37

settlement house 41

silo mentality 166

single subject design 412

social administration 21

social benefits 96

social capital 129, 170, 174

social care 124

social cooperative 93

social enterprise 93

social indicators 351

social insurance 76

social investment state 138

social service 78

social survey 352

social work 46, 64

social worker 41, 64

Speenhamland Act 38

STP 327

Subsidy 59

summative evaluation 402

sunk cost 456

supervisee 217

supervising 461

supervision 216

supervisor 217

SWOT 319, 335, 333

system 87

TANF 49

task environment 157, 176

task force 192

tax expenditure 96

team building 461

the third way 44

theory 144

Total Quality Management 164

Toynbee Hall 41

TQM 164

tracking 136

tracking system 303

trait theory 200

treatment team 185

Under-utilization 427

United 59

United Fund 59

utilization 425

Voucher 74, 111

War on Poverty 47

welfare pluralism 44

welfare state 42, 138

Workhouse Act 37

ZBB 265, 282

Zero-Based Budgeting 282

가변 비용 267

가족수당법 43

간접 비용 267

간트 379

개별 급여 77

개별사회사업 41

개별화 28

개연성 이론 155, 203

개인책임및노동기회조정법 49

개호 53

개호보험법 55, 61

거래 비용 129

거래적 리더십 223

격납고 심성 166

결정지원시스템 290

경계 잇기 460

경영정보시스템 252, 290

경쟁 158

경쟁-가치 리더십 206

경쟁자 325

계약 158

계약 제도 55

고객 324

고령화 72

고용보험 76

고용보험법 68

고정 비용 267

공공 90

공공 조직 20

공공기관 90

공공기관의 운영에 관한 법률 91

공공부조 77, 82, 103

공공재 31
공급 체계 79
공급자 99
공기업 90
공동생산 107
공동체 117, 120
공리주의 94
공식 33
공식적 조직 20
공식적 평가 399
공유 비용 267
공청회 352
공평성 366, 409
과정 408
과학적 관리론 147
과활용 427
관료제 90, 145
관료제 병폐 441
관리 24, 33
관리 제어 398
관리격자 222
관리자 218, 460
관리정보시스템 416
관리주의 168
광역지방자치단체 90
교육급여 77
구빈법 36
국민건강보험 76
국민건강보험공단 91, 103, 115
국민건강보험법 91
국민기초생활보장법 69
국민보건서비스법 43
국민보험법 40
국민부조법 43

국민연금 76
국민연금공단 91, 103, 115
국민연금법 68
권위 145
권한 186
규범적 관리론 148
규범적 욕구 348
규정순응 감사 277
규제자 98
근로복지공단 91, 103, 115
근로자보상법 40
근속 수당 232
급여 94
기관 25
기관 인증제 401
기능 예산 261
기본 급여 232
기업거식증 166
기준 행동 308, 418, 422, 451
기초지방자치단체 90
기회비용 429, 446
기획 311
기획프로그램 예산 시스템 265
길버트법 37

네트워크 128
네트워크 모델 300
노력 405
노령연금법 40
노인복지법 52, 68
노인장기요양보험법 73
노인장기요양정보시스템 303
논리모델 338, 368
농경사회 16

느껴진 욕구 348

다운사이징 166
단식부기 280
단일사례 디자인 412
대외관계 399
대인적 서비스 78, 97
대처리즘 43
대행 114
데이터 284
데이터베이스 295
델파이 기법 332
도시화 16
동형화 160
디자인 410

리더 204
리더십 199, 457
리더십 격자 201
리더십 스타일 201

마이크로실천 23
마일스톤 378
마케팅 323
마케팅 기획 316, 323
마케팅 믹스 326
매너리즘 183
매니지드케어 50
매몰 비용 456
매크로실천 23
멘토 218
면접 230
명목집단 330
모자복지법 52

목적 355
목적전도 23, 174
목표 355
목표 관리 376
문제 확인 345
미국 45
민간 90
민간 위탁 91
민간 조직 20
민관협력 113
민생위원 51
민영화 49

바우처 74, 111
반가변 비용 267
발생주의 280
발생주의 회계 280
범주화 228
베버리지 보고서 42
벤치마킹 165
변형적 리더십 223
변화 전략 453
보건복지지구 51
보조금 49, 59, 110
보통교부세 122
복식부기 280
복지 재평가 54
복지3법 51
복지6법 52
복지국가 42, 74, 118, 138
복지다원주의 44
복지사회론 53
부문 98, 172
부정적 외형 80, 84, 107

분권교부세 122
분권식 186
분업 146
불확정성 29
브레인스토밍 318, 330
비공식 33
비교 디자인 413
비교적 욕구 348
비동일 통제집단 412
비영리 조직 92, 114
비용 분석 266, 364
비용 할당 275
비용 회계 분석 414
비전 제시 460
비정부기구 114
비즈니스프로세스혁신 165
비통제 디자인 410
비파편성 133
빅데이터 290
빈곤가정일시부조 49
빈곤과의 전쟁 47

사례관리 136, 184
사례옹호 184
사유재 31
사정 233, 277
사회 자본 170, 174
사회문제 346, 368
사회보장 66, 82
사회보장급여법 75
사회보장기본법 68, 76
사회보장법 47
사회보장정보시스템 89, 114, 302
사회보험 76, 101

사회복지 66
사회복지기획 23
사회복지법 55
사회복지법인 114
사회복지사 459
사회복지사업법 51, 65, 69, 421
사회복지시설 114
사회복지시설 평가 400
사회복지시설정보시스템 282, 302
사회복지전문요원 105
사회복지전문직 459
사회복지정책 23
사회복지직 공무원 105
사회복지협의회 51
사회사업 46, 64
사회사업 전문직 48
사회사업가 41, 64
사회사업행정 66
사회서베이 352
사회서비스 78, 84, 106
사회서비스원 75
사회서비스이용권법 112
사회적 경제 조직 92
사회적 기업 93, 194
사회적 돌봄 124
사회적 비용 429
사회적 양극화 72
사회적 욕구 347
사회적 자본 129
사회적 편익 96
사회적 협동조합 93, 194
사회적기업 육성법 93
사회지표 351
사회통합 72

사회투자국가 44, 119, 138
사회행정 21
산업 172
산업재해법 43
산업재해보상보험법 66
산업재해보험 76
산업화 16
산출목표 358
상호부조 17
상황적합 이론 203
생계급여 77
생산성 236
생활보호법 51, 52, 65, 68
서번트 리더십 209
서비스 공정도 392
서비스 제공자 99
서비스 질 236, 407
서비스 통합 135
서비스 혁신 398
서비스 활용 435
서비스구매계약 49, 110
선별주의 51
성과 340
성과 측정 388, 421
성과관리 168
성과목표 358
성과예산제 266
성문법 146
성향 이론 200
세틀먼트 41
소진증후군 242
손익분기점 271
수급자 100
수요자 100

수퍼바이저 217
수퍼바이지 217
수퍼비전 216, 461
수행 예산 261
수행성과 58, 236, 293
수행성과관리 170
수행평가 237
수행프로그램 예산 시스템 265
수혜자 100
순응 399
스케일러 체인 150
스핀햄랜드법 37
승진 231
시민 임파워먼트 170
시설 25
시설 평가제 401
신경제 72
신고제 70
신공공관리론 74, 194
신구빈법 38
신보수주의 43
신사회적 위험 72
신자유주의 43
신제도 이론 172
신체장애자복지법 51, 52, 55
심신장애자복지법 68

아동법 43
아동복지법 51, 52, 68
아웃리치 436
아웃소싱 166, 173
업무 세분화 182
업무생활의 질 245
업무환경 157, 176

업적평가 237
에스프리 드 코어 150
역장 318
연속성 133
연합군총사령부 51
영국 35
영기준 예산 시스템 265
영리 조직 92
영역 합의 176
영향 406
영향목표 358
예산 255
예산 시스템 265
예산 양식 258
예산과정 256
오리엔테이션 230
오버헤드 267
옹호 461
외원단체 64
욕구 추산 350
욕구 확인 349
욕구사정 96, 347
운영 감사 278
위계 모델 299
위계화 186
위임 114
위탁 110, 114
유사통제 디자인 412
유연근무제 247
유연급여 247
유인-기여 이론 226, 252
의료급여 77
의료보험법 66
의사결정 186, 313

의사결정 기술 215
의사결정지원시스템 307
의사소통 460
의식 전환 44
의존아동가정부조 49
이득공유 247
이력관리시스템 303
이론 144
이양 114
이용권 74, 111
이차자료 351
인간관계 기술 214
인간관계론 151
인공지능 290
인보관 41
인본주의 27
인사 관리 225
인센티브제 232
인적자원 개발 227, 244
인적자원론 151
인테이크 136
일반인의뢰시스템 432
일반환경 176
일본 50
일선관리자 213
일정관리 379
임계경로 384
임계경로방법 395
임파워먼트 212
임팩트 모델 376

자금 273
자금 전용성 275
자금원 373

자료처리 295
자선조직협회 40, 46
자원 관리 460
자원봉사자 248
자원의존 157
자유주의 38
자활급여 77
작업장법 37
작업장테스트법 37
장애자자립지원법 55
장제급여 77
재단법인 114
재무 감사 277
재정 관리 255
재정자 99
재택복지 53
저출산 72
저활용 427
전달체계 25, 87
전략적 기획 316
전문가 자격제 401
전문적 관료제 162
전문적 기술 215
전문직 29, 48, 108, 195
전산정보시스템 290, 307
전산화 289
전일성 28
점증주의 313
접근성 132, 425
접근효과성 428
정보 284
정보 관리 283
정보 & 의뢰 136, 437
정보관리시스템 289

정보화 285
정부 90
정부재창조 169
정부조직법 90
정부지출 115
정상화 119, 138
정신박약복지법 52
정주법 37
정책 실천 461
정치경제 157, 172
정형화 187
제3의 길 44
제도 이론 160
제도적 리더십 24
제도주의적 함정 119
제안서 372
조선구호령 81
조세 지출 96, 115
조정 135, 143, 184
조직 18
조직 정비 460
조직적 전문직 459
조직표 180
조치 116, 195
조치 사무 51, 60
조치 제도 55
종합서비스센터 136
주거급여 77
주요 정보제공자 353
준정부기관 90
중간관리자 213
중앙행정기관 90
중요사건기법 253
중재자 218

증거기반 338
지방교부세법 122
지역복지 55, 139
지역사회 120
지역사회보장계획 75
지역사회보장협의체 75, 129
지역사회보호 44
지역사회복지 75, 117
지역사회복지 행정 121
지역사회복지계획 75
지역사회복지협의체 75
지역사회정신보건센터 48
지역사회조직 23, 41, 42
지역사회통합돌봄 127
지역사회행동기관 47
지역포괄케어시스템 56, 61
직급화 228
직무 195, 227, 252
직무 공유 247
직무 수행력 233
직무 순환 185, 247
직무 확대 185, 246
직무 확충 246
직무 환경 235
직무기술 228
직무기술서 148
직무만족도 241
직무분석 228
직업경력 226, 244
직원 채용 229
직위 195, 227, 252
직접 비용 267
집권식 186
집단사회사업 41

참여적 리더십 153, 210
참여적 의사결정 212
책임성 133, 312, 399, 447
책임행렬표 377
체계 87, 114
초과근무 수당 232
초점집단 331
촉진 461
총괄 평가 402
총괄품질관리 164
최고관리자 213
출장서비스 436
충분성 132
측정 388
치료팀 185

카리스마 리더십 209, 223
커리어 226, 245
커뮤니티 117, 120
커뮤니티 약체화 52
커뮤니티 케어 75, 124
케이스워크 41
크리밍 168, 174, 441
클라이언트 경로파악 136
클라이언트 흐름도 391

탈복지국가 74
탈시설화 119, 139
테스크포스 193
토인비홀 41
통제집단 디자인 411
통합 132
통합 급여 77
통합사례관리 89

투입 343
투입목표 358, 359
투자회수 비용 456
트래킹 시스템 303
특별양호노인홈 52
특별지방행정기관 90
팀 개발 461

파이 논리 53, 61
팔로어 204, 222
폐비안협회 39
평가 234, 236, 388, 397, 460
평가 시스템 237
포럼 352
포섭 158
표적 효율성 425, 446
표출된 욕구 348
품목 예산 259
품질관리 164
프로그래밍 360, 369
프로그램 25, 368, 369
프로그램 기획 316, 320
프로그램 예산 263
프로그램 평가 367
프로그램 평가제 401
프로그램평가검토기법 380
프로포절 371
플랫폼 308
피드백 398
필요사정 96

학습 조직 166
한국전쟁 63
합리성 145, 312

해산급여 77
핵심사안기법 240
행동 계획 363
행동 이론 201
행렬조직 188
행복e음 89, 302
행정 33
행정 비용 276, 429
행정적 관리론 149
허가제 70
헐하우스 46
현금 이전 94

현금주의 280
현대사회 15
현물 77, 95
협동조합 기본법 93
협력 158
형성 평가 402
형질 이론 200
호손 효과 153
혼합 모델 301
혼합재 31
혼화 226
홍보 439

환경 175
활동목표 358
활용 425
회계 279
효과성 236, 365, 405
효율성 236, 365, 413
후광효과 240
휴머니즘 27
휴먼서비스 26, 84
희망e음 114

저자 소개

김영종 (金永鍾 / Kim, Young Jong)

1990년부터 경성대학교 사회복지학과 교수로 재직해 오고 있다. 1984년에 경북대학교 사회학과를 졸업하고, 미국 텍사스 주립대학교(오스틴) 대학원에서 사회복지학으로 석사 및 박사 학위를 받았다(1989년). 한국사회복지학회와 한국사회복지행정학회의 편집위원장과 회장을 역임하였다. 사회복지연대와 부산참여연대 등에서 시민사회 활동도 오랫동안 해 오고 있으며, 기획예산처 사회통합정책관으로 잠시 일하기도 했다. 주요 저서로는『사회복지조사론(2판)』(2023), 『사회복지개론』(공저, 2022), 『한국의 사회서비스: 정책 및 실천』(2019), 『복지사회의 개발: 지역 및 공동체 접근』(2014), 『사회복지 네트워킹의 이해와 적용』(공저, 2008), 『사회복지 성과측정 기법』(공저, 2007) 등이 있다.

e-mail: yjkim@ks.ac.kr

사회복지행정 (5판)
Social Welfare Administration (5th ed.)

1998년 1월   5일 1판   1쇄 발행
2001년 3월 10일 1판   6쇄 발행
2001년 8월 20일 2판   1쇄 발행
2009년 9월 25일 2판 18쇄 발행
2010년 2월 26일 3판   1쇄 발행
2016년 8월 20일 3판 13쇄 발행
2017년 3월 10일 4판   1쇄 발행
2022년 9월 20일 4판   8쇄 발행
2023년 3월 10일 5판   1쇄 발행

지은이 • 김영종
펴낸이 • 김진환
펴낸곳 • (주)**학 지사**

04031 서울특별시 마포구 양화로 15길 20 마인드월드빌딩
대표전화 • 02-330-5114   팩스 • 02-324-2345
등록번호 • 제313-2006-000265호

홈페이지 • http://www.hakjisa.co.kr
페이스북 • https://www.facebook.com/hakjisabook

ISBN 978-89-997-2873-0 93330

정가 25,000원

출판미디어기업 학 지사

간호보건의학출판 **학지사메디컬** www.hakjisamd.co.kr
심리검사연구소 **인싸이트** www.inpsyt.co.kr
학술논문서비스 **뉴논문** www.newnonmun.com
교육연수원 **카운피아** www.counpia.com